SCHÄFFER
POESCHEL

Werner Rockel/Elmar Helten/Herbert Loy/
Peter Ott/Roman Sauer

Versicherungsbilanzen

Rechnungslegung nach HGB, US-GAAP und IFRS

2., überarbeitete und erweiterte Auflage

2007
Schäffer-Poeschel Verlag Stuttgart

Bibliografische Information Der Deutschen Nationalbibliothek
Die Deutsche Nationalbibliothek verzeichnet diese
Publikation in der Deutschen Nationalbibliografie;
detaillierte bibliografische Daten sind im Internet über
<http://dnb.d-nb.de> abrufbar.

Gedruckt auf chlorfrei gebleichtem,
säurefreiem und alterungsbeständigem Papier

ISBN: 978-3-7910-2664-0

Dieses Werk einschließlich aller seiner Teile ist
urheberrechtlich geschützt. Jede Verwertung außerhalb
der engen Grenzen des Urheberrechtsgesetzes ist
ohne Zustimmung des Verlages unzulässig und strafbar.
Das gilt insbesondere für Vervielfältigungen,
Übersetzungen, Mikroverfilmungen und die Einspeicherung
und Verarbeitung in elektronischen Systemen.

© 2007 Schäffer-Poeschel Verlag
für Wirtschaft · Steuern · Recht GmbH
www.schaeffer-poeschel.de
info@schaeffer-poeschel.de
Einbandgestaltung: Willy Löffelhardt
Satz: FROMM MediaDesign GmbH, Selters im Taunus
Druck und Bindung: Kösel Krugzell · www.koeselbuch.de
Printed in Germany
Dezember 2007

Schäffer-Poeschel Verlag Stuttgart
Ein Tochterunternehmen der Verlagsgruppe Handelsblatt

Vorwort zur zweiten Auflage

Die Versicherungsbilanzierung befindet sich international nach wie vor in einem schwierigen Findungsprozess hin zu einer adäquaten Abbildung von versicherungsspezifischen Geschäftsprozessen. Die Diskussion reicht von sicherheitsorientierten Bewertungsvorschriften im Rahmen von Solvency II bis hin zu einer rein an ökonomischen Maßstäben konstruierten Versicherungsbilanz für eine investorenorientierte Berichterstattung. Diesem Spannungsfeld sowie den weiterhin nur spärlich zu findenden Publikationen zur Rechnungslegung der Versicherungsunternehmen bzw. -verträge verdankt das Lehrbuch »Versicherungsbilanzen« seine große Nachfrage, die es erst möglich macht, eine zweite Auflage des Buches zu veröffentlichen.

Im Oktober 2007 wurde vom Bundesjustizministerium angekündigt, dass der Gesetzgeber mit Wirkung zum Geschäftsjahr 2009 im Rahmen der Annäherung zu den internationalen Standards (IFRS) eine umfassende Reform der handelsrechtlichen Rechnungslegung plant (Bilanzrechtsmodernisierungsgesetz – BilMoG). Bisher sind nur die Eckpunkte der Reform veröffentlicht worden. Diese sehen u. a. eine Zeitwertbilanzierung von zu Handelszwecken gehaltener Finanzinstrumente, eine realitätsnähere Bewertung von Rückstellungen (z. B. Diskontierung), die Aktivierung von selbsterstellten immateriellen Vermögensgegenständen des Anlagevermögens (z. B. selbsterstellte Software) sowie die Abschaffung einiger nicht näher spezifizierter Wahlrechte vor. Für Versicherungsunternehmen ist zum Zeitpunkt der Drucklegung unklar, ob die in den §§ 341 ff. HGB und der RechVersV für Versicherungsunternehmen geregelten Sachverhalte vom BilMoG erfasst werden. Nach Bekanntwerden von Details zum Gesetzesvorhaben wird ein Update zum Thema unter www.schaefferpoeschel.de/isbn/978-3-7910-2664-0.htm zur Verfügung gestellt werden.

Im Mittelpunkt der Neuauflage steht die Aktualisierung des Diskussionsstandes um Phase 2 der Entwicklung eines IFRS für Versicherungsverträge. Das IASB arbeitet derzeit akribisch an der Konzeption eines Asset-Liability-Measurement-Ansatzes, mit dessen Umsetzung jedoch nicht vor 2010 zu rechnen ist. Bis zur Verabschiedung des Standards befindet sich die internationale Versicherungsbilanzierung in einem Stadium der »grob-motorischen« Beibehaltung bisheriger Bilanzierungs- und Bewertungsmethoden.

Neu ist in der zweiten Auflage ein Kapitel zur Jahresabschlussanalyse. In der Praxis zeigt sich sehr oft, dass neben der rein inhaltlichen Vermittlung von Rechnungslegungswissen die Analyse von Versicherungsbilanzen einen gewichtigen Stellenwert einnimmt. Im Zentrum des Kapitels steht die kritische

Auseinandersetzung mit der Kennzahlenanalyse, wenngleich dem externen (und gelegentlich auch dem internen) Analysten oftmals keine besseren Informationen zur Verfügung stehen.

Daneben nimmt derzeit kaum ein Thema in der Versicherungswirtschaft eine gewichtigere Rolle ein als die Neuregelung der Solvabilität durch das Projekt Solvency II. Aufgrund der thematischen Nähe zur Bilanzierung haben wir den derzeitigen Stand des Projektes in das Buch mit aufgenommen, um frühzeitig auf Interdependenzen aufmerksam zu machen.

Weiterhin wurden praktisch alle Kapitel z. T. umfassend ergänzt und aktualisiert sowie weitere Beispiele eingearbeitet, die dem Leser den Zugang zu einzelnen Themenfeldern erleichtern sollen. Dabei verstehen wir das Buch »Versicherungsbilanzen« weiterhin primär als Lehrbuch, welches den Lesern einen systematischen Zugang zum Themenfeld vermitteln soll.

Als neuer Mitautor wurde in dieser Auflage Herr Dr. Roman Sauer aufgenommen. Ihm verdanken wir viele intensive Diskussionen über Inhalte und Erweiterungsmöglichkeiten sowie tatkräftige Unterstützung bei der Aktualisierung des Buches. Daneben gilt ein besonderer Dank Frau Dipl.-Kffr. Melanie Hassler, Frau Dipl.-Kffr. Irmgard Schneider sowie Herrn Dr. Christian Schaffer für wertvolle Anregungen und Diskussionsbeiträge sowie Herrn Dipl.-Math. Stefan Engeländer für Anmerkungen zur Bilanzierung der latenten RfB. Den Mitarbeiterinnen und Mitarbeitern des Schäffer-Poeschel Verlags, insbesondere Herrn Frank Katzenmayer sowie Frau Adelheid Fleischer, gebührt unser Dank für die hervorragende Zusammenarbeit.

Wie auch bei der ersten Auflage freuen wir uns auf eine positive Aufnahme des Buches und danken all denjenigen, die dem Buch kritisch gegenüberstehen und zu dessen Weiterentwicklung beitragen.

München, September 2007

Werner Rockel
Elmar Helten
Herbert Loy
Peter Ott
Roman Sauer

Inhaltsverzeichnis

Vorwort zur zweiten Auflage		V
Abkürzungsverzeichnis der Fachbegriffe		XV

Kapitel 1: Grundlagen des Versicherungsgeschäfts ... 1
1 Funktionsweise der Versicherung ... 1
1.1 Definition von Versicherung ... 1
1.2 Versicherungstechnisches Risiko ... 2
2 Besonderheiten des Versicherungsgeschäfts und ihre Auswirkungen auf die Rechnungslegung ... 4
2.1 Rechtliche und wirtschaftliche Formen von Versicherungsunternehmen ... 4
2.2 Zahlungsströme des Versicherungsgeschäfts ... 5
2.3 Eigenschaften der Versicherung und Abbildung in der Rechnungslegung ... 8
3 Adressaten der Versicherungsbilanz ... 12

Kapitel 2: Grundlagen der Rechnungslegung von Versicherungsunternehmen ... 15
1 Grundlagen des betrieblichen Rechnungswesens ... 15
2 Zwecke handelsrechtlicher Rechnungslegung ... 18
3 Grundsätze ordnungsmäßiger Buchführung (GoB) ... 19
3.1 Begriff der Grundsätze ordnungsmäßiger Buchführung ... 19
3.2 Wesentliche Gewinnermittlungsprinzipien ... 20
3.3 Weitere Gewinnermittlungs-GoB ... 21
3.4 Informations-GoB ... 22
4 Besondere Abbildungsprinzipien im Jahresabschluss von Versicherungsunternehmen ... 23
4.1 Besondere Abbildungsprinzipien ... 23
4.2 Primär- und Sekundärprinzip ... 24
4.3 Umsatz- und Erfolgsprinzip ... 25
4.4 Gesamtbestands- und Spartenrechnungsprinzip ... 28
4.5 Gesamterfolgs- und Teilerfolgsprinzip ... 28
4.6 Brutto- und Nettoprinzip ... 29
5 Überblick über Rechnungslegungsvorschriften für Versicherungsunternehmen ... 31

5.1	Einordnung von Versicherungsvorschriften in die Systematik des HGB	31
5.2	Verordnungen für die Rechnungslegung von Versicherungsunternehmen und Versicherungsaufsichtsgesetz	33
6	Aktivierung und Passivierung nach dem HGB	35
6.1	Bilanzstruktur eines Versicherungsunternehmens	35
6.2	Überblick über den Ansatz von Aktiva	36
6.3	Überblick über den Ansatz von Passiva	40
7	Allgemeine Bewertungsvorschriften für Versicherungsunternehmen nach dem HGB	44
7.1	Überblick über Bewertungsvorschriften für alle Kaufleute und Kapitalgesellschaften	44
7.2	Überblick über versicherungsspezifische Bewertungsvorschriften	47

Kapitel 3: Grundlagen der internationalen Rechnungslegung von Versicherungsunternehmen ... 53

1	Unterschiede zwischen Rechnungslegungssystemen	53
2	Bedeutung internationaler Rechnungslegung für deutsche Versicherungsunternehmen	55
2.1	US-GAAP	55
2.1.1	Bedeutung von US-GAAP für Versicherungsunternehmen	55
2.1.2	Wichtige Ziele, Elemente sowie Ansatz- und Bewertungskonzeptionen der US-amerikanischen Rechnungslegung	56
2.2	IFRS	62
2.2.1	Entwicklung und Bedeutung der IFRS	62
2.2.2	Wichtige Ziele, Elemente sowie Ansatz- und Bewertungskonzeptionen der IFRS	64
2.2.3	Entwicklung eines IFRS für Versicherungsverträge	68
3	IFRS 4 für Versicherungsverträge	70
3.1	Zielsetzung	70
3.2	Anwendungsbereich	70
3.3	Ansatz- und Bewertungsvorschriften	74
3.4	Problemfelder in Phase 1	77
3.4.1	Asset-Liability-Mismatching	77
3.4.2	Unbundling und Embedded Derivatives	82
3.4.3	Ermessensabhängige Überschussbeteiligung	84
3.4.4	Rückversicherung	85
3.4.5	Erwerb von Versicherungsunternehmen und -beständen	85
3.4.6	Offenlegungsvorschriften	86

4	Phase 2 des Projekts »Insurance Contracts«	87
4.1	Theoretische Ansätze für Phase 2	87
4.2	Grundzüge einer Fair-Value-Bilanz	90
4.3	Problemfelder in Phase 2	92
4.3.1	Entwicklungsstand	92
4.3.2	Schätzung der Zahlungsströme	92
4.3.3	Diskontierung	93
4.3.4	Risikoadjustierung	95
4.3.5	Bonitätsberücksichtigung	98
4.3.6	Verhalten der Versicherungsnehmer, Kundenbeziehungen und Abschlusskosten	99
4.3.7	Rückversicherung	100
4.4	Phase 2 Beispielvertrag	101

Kapitel 4: Bilanzierung des Vermögens in Versicherungsunternehmen ... 105

1	Aktivseite nach HGB	105
2	Aktivseite nach US-GAAP und IFRS	107
3	Immaterielle Vermögensgegenstände	108
3.1	Immaterielle Vermögensgegenstände nach HGB	108
3.2	Immaterielle Vermögensgegenstände nach IFRS und US-GAAP	110
3.2.1	Allgemeine Regelung	110
3.2.2	Aktivierte Abschlusskosten nach US-GAAP	114
3.2.3	Aktivierter Bestandswert und Erneuerungsrechte nach IFRS und US-GAAP	115
4	Ansatz und Bewertung einzelner Kapitalanlagen nach HGB, US-GAAP und IFRS	116
4.1	Grundstücke, grundstücksgleiche Rechte und Bauten auf fremdem Grund	116
4.1.1	Grundvermögen nach HGB	116
4.1.2	Grundvermögen nach IFRS und US-GAAP	118
4.2	Kapitalanlagen in verbundene Unternehmen und Beteiligungen	121
4.2.1	Verbundene Unternehmen, Beteiligungen und Ausleihungen nach HGB	121
4.2.2	Verbundene Unternehmen, Beteiligungen und Ausleihungen nach IFRS und US-GAAP	124
4.3	Sonstige Kapitalanlagen	126
4.3.1	Sonstige Kapitalanlagen nach HGB	126
4.3.1.1	Aktien, Investmentanteile und andere nicht festverzinsliche Wertpapiere	126
4.3.1.2	Inhaberschuldverschreibungen und andere festverzinsliche Wertpapiere	129

4.3.1.3	Hypotheken-, Grundschuld- und Rentenforderungen	131
4.3.1.4	Sonstige Ausleihungen	131
4.3.2	Sonstige Kapitalanlagen nach IFRS und US-GAAP	133
4.3.2.1	Einteilung der sonstigen Kapitalanlagen in Kategorien	133
4.3.2.2	Through Profit or Loss	134
4.3.2.3	Held-to-Maturity	135
4.3.2.4	Loans and Receivables	136
4.3.2.5	Available for Sale	136
4.3.2.6	Bewertung von Kapitalanlagen nach IFRS und US-GAAP	137
4.4	Einlagen bei Kreditinstituten	139
4.5	Andere Kapitalanlagen	140
4.6	Depotforderungen aus dem in Rückdeckung übernommenen Versicherungsgeschäft	141
4.7	Kapitalanlagen für Rechnung und Risiko von Inhabern von Lebensversicherungspolicen	142
4.7.1	Forderungen aus dem selbst abgeschlossenen Versicherungsgeschäft	144
4.7.2	Abrechnungsforderungen aus dem Rückversicherungsgeschäft	146
4.7.3	Sonstige Forderungen	146
4.7.4	Forderungen nach IFRS und US-GAAP	146
4.8	Sonstige Vermögensgegenstände	147
4.8.1	Sonstige Vermögensgegenstände nach HGB	147
4.8.2	Sonstige Vermögensgegenstände nach IFRS und US-GAAP	148
4.9	Rechnungsabgrenzungsposten	149
4.10	Nicht durch Eigenkapital gedeckter Fehlbetrag	149
4.11	Bilanzierung von Sicherungsbeziehungen nach HGB und IFRS	150
4.11.1	Sicherungsbeziehungen bei Versicherungsunternehmen	150
4.11.2	Bilanzierung von Sicherungsbeziehungen nach HGB	151
4.11.3	Hedge Accounting nach IFRS und US-GAAP	152

Kapitel 5: Bilanzierung des Eigenkapitals in Versicherungsunternehmen .. 155

1	Funktionen des Eigenkapitals	155
2	Zusammensetzung des Eigenkapitals bei Versicherungsunternehmen	157
2.1	Überblick über das Eigenkapital eines Versicherungsunternehmens	157
2.2	Gezeichnetes Kapital und Gründungsstock	158
2.3	Kapitalrücklage und Organisationsfonds	159
2.4	Gewinnrücklagen	161
3	Eigenkapital nach IFRS	162

Kapitel 6: Bilanzierung der versicherungstechnischen Rückstellungen ... 163

1	Begriffsbestimmung und Formen von Rückstellungen	163
2	Spezifische Rückstellungsbildung von Versicherungsunternehmen	165
2.1	Versicherungstechnische Rückstellungen nach HGB	165
2.1.1	Überblick über den Ansatz von versicherungstechnischen Rückstellungen	165
2.1.2	Überblick über die Bewertung von versicherungstechnischen Rückstellungen	168
2.2	Versicherungstechnische Rückstellungen nach US-GAAP	170
2.2.1	Einteilung von Versicherungsverträgen nach US-GAAP	170
2.2.2	Überblick über den Ansatz und die Bewertung von versicherungstechnischen Rückstellungen nach US-GAAP	173
3	Einzelne versicherungstechnische Rückstellungen	175
3.1	Beitragsüberträge	175
3.1.1	Beitragsüberträge nach HGB	175
3.1.2	Beitragsüberträge nach US-GAAP	177
3.2	Rückstellung für erfolgsabhängige und erfolgsunabhängige Beitragsrückerstattung	179
3.2.1	Beitragsrückerstattung nach HGB	179
3.2.2	VVG-Reform	182
3.2.3	Beitragsrückerstattung nach US-GAAP	184
3.3	Deckungsrückstellung	187
3.3.1	Deckungsrückstellung nach HGB	187
3.3.2	Deckungsrückstellung nach US-GAAP	191
3.4	Rückstellung für noch nicht abgewickelte Versicherungsfälle	203
3.4.1	Schadenrückstellungen nach HGB	203
3.4.2	Schadenrückstellungen nach US-GAAP	211
3.4.3	Einsatz von Aktuaren zur Ermittlung der Schadenreserve	213
3.5	Schwankungsrückstellung und ähnliche Rückstellungen	219
3.5.1	Schwankungsrückstellung nach HGB	219
3.5.2	Schwankungsrückstellung nach US-GAAP/IFRS	225
3.6	Sonstige versicherungstechnische Rückstellungen	226
3.6.1	Sonstige versicherungstechnische Rückstellungen nach HGB	226
3.6.2	Sonstige versicherungstechnische Rückstellungen nach US-GAAP bzw. IFRS 4	229
3.7	Versicherungstechnische Rückstellungen im Bereich der Lebensversicherung, soweit das Anlagerisiko von den Versicherungsnehmern getragen wird	234

Kapitel 7: GuV, Anhang und Lagebericht in Versicherungsunternehmen ... 235
1 Gewinn- und Verlustrechnung 235
1.1 Abbildungsprinzipien der Gewinn- und Verlustrechnung eines Versicherungsunternehmens 235
1.2 Erfolgsrechnung von Schaden- und Unfallversicherungsunternehmen sowie von Rückversicherungsunternehmen 238
1.2.1 Versicherungstechnische Rechnung 238
1.2.2 Nichtversicherungstechnische Rechnung 242
1.3 Erfolgsrechnung von Lebens- und Krankenversicherungsunternehmen 247
1.4 Erfolgsrechnung nach US-GAAP 248
2 Anhang 251
2.1 Anhang von Versicherungsunternehmen nach HGB 251
2.1.1 Funktionen des Anhangs 251
2.1.2 Überblick über die Anhangsangaben 252
2.1.3 Erläuterung ausgewählter Pflichtangaben 257
2.2 Anhang von Versicherungsunternehmen nach US-GAAP und IFRS 261
3 Lagebericht 265
3.1 Lagebericht von Versicherungsunternehmen nach HGB 265
3.2 Lagebericht von Versicherungsunternehmen nach US-GAAP und IFRS 272
4 Weitere Publizitätsinstrumente 273
4.1 Segmentberichterstattung 273
4.2 Kapitalflussrechnung 275
4.3 Eigenkapitalspiegel und Eigenkapitalveränderungsrechnung 277

Kapitel 8: Bilanzierung der Rückversicherung 279
1 Grundzüge der Rückversicherung 279
1.1 Definition und Funktionen der Rückversicherung 279
1.2 Formen der Rückversicherung 280
1.2.1 Vertragsrechtliche Formen 280
1.2.2 Versicherungstechnische Formen 281
2 Zahlungsströme der Rückversicherung 285
2.1 Preiskomponenten der Rückversicherung 285
2.2 Haftung der Rückversicherung 286
2.3 Depotstellung 288
3 Bilanzierung der Rückversicherung nach HGB 289
3.1 Abrechnungsforderungen und -verbindlichkeiten 289
3.2 Depotforderungen und -verbindlichkeiten 289

3.3	Ausweisvorschriften	291
3.4	Bilanzierung von Verpflichtungen aus Rückversicherungsverträgen	292
3.5	Bilanzierung von retrospektiven Verträgen	294
4	Bilanzierung der Rückversicherung nach US-GAAP	296
4.1	Kriterien für die Anerkennung eines Rückversicherungsvertrags	296
4.2	Bilanzierung von Rückversicherungsverträgen nach US-GAAP	301
4.3	Bilanzierung von nicht als Rückversicherung eingestuften Verträgen	307
4.4	Bilanzierung von Mehrjahresverträgen	314

Kapitel 9: Jahresabschlussanalyse von Versicherungsunternehmen 317

1	Grundzüge der Jahresabschlussanalyse	317
2	Analyse der Ertragslage von Versicherungsunternehmen	319
2.1	Einflussfaktoren auf die Ertragslage von Versicherungsunternehmen	319
2.2	Vergleich der Ertragslage nach HGB und IFRS	321
2.2.1	Gesamtertragsanalyse	321
2.2.2	Analyse einzelner Quellen der Ertragslage	324
2.2.2.1	Erfolgsegmentierung	324
2.2.2.2	Schaden- und Kostenquote	326
2.2.2.3	Kapitalanlageergebnis	329
2.2.3	Überblick über Angabepflichten zur Ertragslage	332
3	Analyse der Sicherheitslage von Versicherungsunternehmen nach HGB, IFRS und Fair-Value-Bilanzierung	333
3.1	Einflussfaktoren auf die Sicherheitslage von Versicherungsunternehmen	333
3.2	Bilanzielle Messung der Sicherheitslage von Versicherungsunternehmen	334
3.3	Analyse der Sicherheitslage von Versicherungsunternehmen	334
3.3.1	Analyse der Vermögensstruktur	334
3.3.2	Analyse der Reservesituation	336
3.3.3	Analyse der Kapitalstruktur	337
3.3.4	Überblick über Angabepflichten zur Analyse der Risikolage	339
4	Kennzahlenkatalog in der Jahresabschlussanalyse von Lebens- und Krankenversicherungsunternehmen	341
5	Die Sicht der Analysten	345
6	Grenzen der Jahresabschlussanalyse	345

Kapitel 10: Bilanzierung und Aufsichtsrecht 347
1 Bilanzierung und Solvency I 347
2 Überblick über Solvency II 351
3 Berechnung der Kapitalanforderung unter Solvency II 356
3.1 Grundsätze für die Versicherungstechnischen Rückstellungen 356
3.2 Standardmodell 356
3.3 Interne Voll- und Teilmodelle 359
4 Bilanzierung und Solvency II 360
4.1 Grundsätze für die Ermittlung der Eigenmittel 360
4.2 Grundsätze für die versicherungstechnischen Rückstellungen 361
4.3 Anrechenbarkeit von Eigenmitteln 366

Literaturverzeichnis 367

Stichwortverzeichnis 377

Abkürzungsverzeichnis der Fachbegriffe

AFS	Available for Sale
AG	Aktiengesellschaft
AHK	Anschaffungs- und Herstellungskosten
AICPA	American Institute of Certified Public Accountants
AktG	Aktiengesetz
AktuarV	Verordnung über die versicherungsmathematische Betätigung und den Erläuterungsbericht des Verantwortlichen Aktuars
APB	Accounting Principles Board
ARB	Accounting Research Bulletins
BaFin	Bundesanstalt für Finanzdienstleistungsaufsicht
BerVersV	Verordnung über die Berichterstattung von Versicherungsunternehmen gegenüber der BaFin
BFH	Bundesfinanzhof
BilReG	Bilanzrechtsreformgesetz
bkVReV	Verordnung über die Rechnungslegung bestimmter kleinerer Versicherungsvereine
BMF	Bundesministerium der Finanzen
BW	Barwert
CAPM	Capital Asset Pricing Model
CON	Conceptual Framework
DAC	Deferred Acquisition Costs
DeckRV	Deckungsrückstellungsverordnung
DeckRV	Verordnung über Rechnungslegungsgrundlagen für die Deckungsrückstellungen
DRS	Deutscher Rechnungslegungs Standard
DRSC	Deutsches Rechnungslegungs Standards Committee
DSOP	Draft Statement of Principles
EITF	Emerging Issues Task Force
EPS	Earning per Share
EStG	Einkommensteuergesetz
f. e. R.	für eigene Rechnung
FASB	Financial Accounting Standards Board
FinRe	Financial Reinsurance
FIN	FASB Interpretation

GAAP	General Accepted Accounting Principles
GoB	Grundsätze ordnungsmäßiger Buchführung
GuV	Gewinn- und Verlustrechnung
HGB	Handelsgesetzbuch
HTM	Held-to-Maturity
IAS	International Accounting Standards
IASB	International Accounting Standards Board
IASC	International Accounting Standards Committee
IBNR	Incurred But Not Reported
IDW	Institut der Wirtschaftsprüfer in Deutschland e. V.
IFRS	International Financial Reporting Standards
IOSCO	International Organization of Securities Commissions
KalV	Kalkulationsverordnung
KalV	Verordnung über die versicherungsmathematischen Methoden zur Prämienkalkulation und zur Berechnung der Alterungsrückstellung in der Krankenversicherung
KonTraG	Gesetz zur Kontrolle und Transparenz im Unternehmensbereich
KV	Krankenversicherung
LV	Lebensversicherung
MPL	Maximum Possible Loss
NLPR	Net Level Premium Reserve
NYSE	New York Stock Exchange
OFR	Operating and Financial Review and Prospects
PkewBV	Verordnung zur Bestimmung von Pensionskassen als Unternehmen von erheblicher wirtschaftlicher Bedeutung
PrüfV	Verordnung über (zusätzlichen) Inhalt der Prüfungsberichte zu den Jahresabschlüssen von Versicherungsunternehmen
RAP	Rechnungsabgrenzungsposten
RechKredV	Verordnung über die Rechnungslegung der Kreditinstitute
RechVersV	Verordnung über die Rechnungslegung der Versicherungsunternehmen
RfB	Rückstellung für Beitragsrückerstattung
RV	Rückversicherung

S-/UV	Schaden- und Unfallversicherung
SEC	Security and Exchange Commission
SFAC	Statements of Financial Accounting Concepts
SFAS	Statement of Financial Accounting Standard(s)
SOP	Statement of Position
SRA	Rückstellung für Schadenregulierungsaufwendungen
TD	Terminal Dividends
ÜbschV	Verordnung zur Ermittlung und Verteilung von Überzins und Überschuss in der Krankenversicherung
VAG	Versicherungsaufsichtsgesetz
VBR	Versicherungsbilanzrichtlinie
VVaG	Versicherungsverein auf Gegenseitigkeit
ZRQutoenV	Verordnung über die Mindestbeitragsrückerstattung in der Lebensversicherung

Kapitel 1: Grundlagen des Versicherungsgeschäfts

1 Funktionsweise der Versicherung

1.1 Definition von Versicherung

Versicherungsunternehmen wird im Rahmen der Bilanzierung neben den Kreditinstituten eine Sonderstellung zuteil. Die Besonderheiten des Produkts Versicherung sowie die spezifischen Leistungsprozesse der Versicherungsproduktion führen zu einer eigenständigen Versicherungsbilanzierung, die auf den allgemein gültigen Vorschriften des Handelsgesetzbuchs aufbaut, diese jedoch im Sinne der Charakteristika der Versicherung interpretiert und ergänzt. Die Versicherungsbilanzierung ermöglicht die *Abbildung des Versicherungsgeschäfts* als Ganzes und stellt daher das zentrale Modell der Versicherungsbetriebslehre dar. Aufbauend auf einer Formalisierung der Versicherungstechnik und der Kapitalanlage ist die Versicherungsbilanz Ausgangsbasis für die Planung (z. B. in Form von Planbilanzen), die Steuerung (z. B. im Rahmen des Asset-Liability-Managements) und die Kontrolle von Versicherungsunternehmen (etwa durch Aufsichtsrat und Abschlussprüfer).

Die Voraussetzung für eine adäquate Abbildung der Versicherung stellt die Kenntnis von deren Kernelementen und Eigenheiten dar. Der Ausgangspunkt für das »Phänomen« Versicherung besteht darin, dass sowohl Haushalte als auch Unternehmen unwägbaren Entwicklungen ausgesetzt sind, die einer Erfüllung bzw. einem Erreichen von geplanten Zielen im Wege stehen. Ein Individuum unterliegt hinsichtlich seines finalen Handelns demnach regelmäßig einem mehr oder weniger großen Informationsdefizit über das Erreichen der Ziele, das als Risiko bezeichnet wird. Je nach Wahrnehmung des Risikos und in Abhängigkeit von der jeweiligen situationsabhängigen Risikoeinstellung resultieren für das Wirtschaftssubjekt individuelle Absicherungsbedürfnisse, die sich im Zusammenhang mit weiteren Rahmenbedingungen (etwa dem Einkommen oder dem Beruf) zu einem konkreten Absicherungsbedarf entwickeln. Versicherung bildet neben anderen Instrumenten (etwa der Risikomeidung, der individuellen Reservebildung oder der Schadenverhütung) ein zentrales risikopolitisches Mittel zur Deckung dieses Absicherungsbedarfs.

Versicherungsunternehmen stellen das Wirtschaftsgut Versicherungsschutz zur Verfügung, um die Finanzplanung von privaten Haushalten oder von Unternehmen sicherer zu machen. Die Voraussetzung für die Produktion von Versicherungsschutz ist eine Übertragung der »finanziellen Folgen« von Risiken an Versicherungsunternehmen. Der Kern der Versicherung liegt jedoch nicht ausschließlich im Transfer von Risiken, sondern letztlich darin, dass kollektive Reservebildung gegenüber dem individuellen Sparen erhebliche Vorzüge aufweist. Bei kollektiver Betrachtung vieler Wirtschaftssubjekte und/oder einzelner Wirtschaftssubjekte über viele Planperioden kommt das Phänomen zum Tragen, dass (zufällige) Schwankungen in Anzahl und/oder Höhe umso unbedeutender sind, je größer die Menge der beobachteten Elemente ist. Die Grundlage hierfür sind die empirischen Gesetzmäßigkeiten des Ausgleichs im Kollektiv sowie des Ausgleichs in der Zeit. Sie beschreiben die Beobachtung, dass sich in einem größeren Kollektiv die früheren und späteren, die seltenen und die häufigen sowie die großen und kleinen Schäden ausgleichen. Diese empirischen Ausgleichseffekte finden ihren modellhaften Niederschlag in den Gesetzen der großen Zahlen, die Stabilisierungsaussagen über die Gesamtheit der Versicherungsleistungen eines Kollektivs zulassen. Eine Zusammenfassung individueller unsicherer Finanzbedarfe in ein geeignetes Kollektiv verringert somit die kollektive Planungsunsicherheit. Anders formuliert bedeutet dies, dass die kollektiv zu bildende Risikoreserve geringer ausfällt als die Summe der individuell vorzuhaltenden Risikoreserven.

Versicherung lässt sich daher zusammenfassend kennzeichnen als die *planmäßige und kollektiv organisierte Ansammlung von Geldmitteln, die der Zahlung zukünftiger, zum Zeitpunkt ihrer Kalkulation in Anzahl und/oder Höhe unsicheren Versicherungsleistungen dient.*[1]

1.2 Versicherungstechnisches Risiko

Trotz der geschilderten Ausgleichseffekte durch Kollektivbildung trägt das Versicherungsunternehmen noch Restschwankungen aus den Schadenzahlungen. Deshalb besteht in der Folge für das Versicherungsunternehmen eine Ungewissheit über den wahren Schadenaufwand der Gesamtheit von versicherten Risiken in einer zukünftigen Versicherungsperiode und damit die Gefahr einer Abweichung vom geplanten Schadenaufwand.[2] Dieses arteigene Risiko der Versicherung wird als *versicherungstechnisches Risiko* bezeichnet. Das versicherungstechnische Risiko hat unterschiedliche Komponenten, die sich aus verschiedenen Blickwinkeln betrachten lassen.

FARNY unterscheidet die Komponenten Zufallsrisiko, Irrtumsrisiko und Änderungsrisiko:[3]

---

1 Vgl. Helten, Elmar; Bittl, Andreas; Liebwein, Peter [Versicherung, 2000], S. 175.
2 Vgl. Helten, Elmar; Karten, Walter [Risiko, 1984], S. 11.
3 Vgl. Farny, Dieter [Versicherungsbetriebslehre, 2006], S. 83–93.

- Das *Zufallsrisiko* beschreibt die möglichen Abweichungen des kollektiven Effektivwertes der Schäden vom geschätzten Erwartungswert, weil zufällig besonders viele/wenige Versicherungsfälle eintreten und/oder weil zufällig besonders hohe/niedrige Einzelschäden eintreten (zufällige Schwankungen). Das Zufallsrisiko lässt sich in
    - Kumulrisiko (mehrere versicherungstechnische Einheiten sind durch ein Schadenereignis zugleich betroffen),
    - Ansteckungsrisiko (durch den Eintritt eines Versicherungsfalls bei einer versicherungstechnischen Einheit erhöht sich der individuelle Schadenerwartungswert bei weiteren versicherungstechnischen Einheiten) und
    - Großschaden- bzw. Katastrophenrisiko (eine Abweichung übersteigt eine bestimmte Grenze)

    unterteilen.
- Das *Irrtumsrisiko* resultiert aus einer Abweichung des kollektiven Effektivwertes der Schäden vom geschätzten Erwartungswert, weil die Wahrscheinlichkeitsverteilung des Gesamtschadens unzutreffend geschätzt wurde (falsche Gesamtschadenverteilung).
- Das *Änderungsrisiko* beschreibt die möglichen Abweichungen des kollektiven Effektivwertes der Schäden vom geschätzten Erwartungswert, weil sich die Wahrscheinlichkeitsverteilung des Gesamtschadens nach dem Zeitpunkt der Schätzung unerwartet verändert.

HELTEN unterscheidet zwischen Diagnose- und Prognoserisiko:
- Das *Diagnoserisiko* bezeichnet die Möglichkeit, dass die den empirisch ermittelten Schadendaten unterstellte (hypothetische) Wahrscheinlichkeitsverteilung nicht der tatsächlichen (wahren) Schadenverteilung entspricht.
- Das *Prognoserisiko* besteht in der Gefahr, dem zukünftigen Schadenverlauf eine falsche Schadenverteilung zu unterstellen.

ALBRECHT/SCHWAKE unterscheiden das Zufalls- und das Irrtumsrisiko:[4]
- Das *Zufallsrisiko* resultiert aus der Stochastizität des Versicherungsgeschäfts und beschreibt die Gefahr des Übersteigens der Prämien und des Sicherheitskapitals einer Periode durch die Schäden, obwohl die wahre Schadenverteilung bekannt ist.
- Das *Irrtumsrisiko* folgt aus einem Informationsmangel bezüglich der wahren Schadengesetzmäßigkeit und daraus resultierenden negativen Abweichungen zwischen Prämien inklusive Sicherheitskapital und Schäden. Das Irrtumsrisiko wird weiter untergliedert in ein Diagnoserisiko und ein Prognoserisiko.

---

4 Vgl. Albrecht, Peter; Schwake, Edmund [Risiko, 1988], S. 652–653.

Die unterschiedlichen Komponenten des versicherungstechnischen Risikos in den dargestellten Ansätzen lassen sich einander nicht eindeutig zuordnen,[5] da sie aus unterschiedlichen Perspektiven resultieren.

2 Besonderheiten des Versicherungsgeschäfts und ihre Auswirkungen auf die Rechnungslegung

2.1 Rechtliche und wirtschaftliche Formen von Versicherungsunternehmen

Die Legaldefinition von Versicherungsunternehmen findet sich im Versicherungsaufsichtsgesetz (VAG). Versicherungsunternehmen sind solche Unternehmen, »die den Betrieb von Versicherungsgeschäften zum Gegenstand haben und nicht Träger der Sozialversicherung sind« (§ 1 VAG i. V. m. § 341 Abs. 1 S. 1 HGB).

Versicherungsgeschäfte dürfen nur in den Rechtsformen der Aktiengesellschaft (AG), des Versicherungsvereins auf Gegenseitigkeit (VVaG) und der öffentlich-rechtlichen Körperschaft oder Anstalt betrieben werden (§ 7 Abs. 1 VAG). Alle anderen Rechtsformen gelten als ungeeignet, einen wirksamen Schutz für die Versicherungsnehmer zu erzeugen.[6] Für die Bilanzierung von Versicherungsunternehmen nach deutschem Handelsrecht gelten grundsätzlich keine rechtsform- und größenabhängigen Besonderheiten.[7] Nach § 341a Abs. 1 HGB sind Versicherungsunternehmen dazu verpflichtet, einen Jahresabschluss (Bilanz, Gewinn- und Verlustrechnung, Anhang) sowie einen Lagebericht nach den für *große Kapitalgesellschaften* geltenden Vorschriften des HGB zu erstellen. Einzelne dieser Vorschriften sind jedoch nach § 341a Abs. 2 HGB nicht anzuwenden oder werden durch Rechtsverordnungen und andere Vorschriften ersetzt. Zusätzlich zu den für große Kapitalgesellschaften geltenden Normen sind die durch das Versicherungsbilanzrichtlinien-Gesetz in die §§ 341a–h HGB eingefügten Normen maßgeblich, die den Besonderheiten des Versicherungsgeschäfts Rechnung tragen.

Wirtschaftlich lassen sich Versicherungsunternehmen grundsätzlich in Erst- und Rückversicherungsunternehmen unterscheiden. *Erstversicherungsunternehmen*

---

5   Vgl. Liebwein, Peter [Rückversicherung, 2000], S. 19.
6   Vgl. Farny, Dieter [Versicherungsbetriebslehre, 2006], S. 180.
7   Teilweise gelten Ausnahmeregelungen für kleine Versicherungsvereine auf Gegenseitigkeit sowie Pensions- und Sterbekassen.

zeichnen sich dadurch aus, dass sie Versicherungsgeschäfte mit Versicherungsnehmern abschließen. Demgegenüber sind die Kunden von *Rückversicherungsunternehmen* andere Erst- und Rückversicherungsunternehmen, d. h. professionelle Geschäftspartner.

Innerhalb der Erstversicherung dürfen Versicherungsunternehmen nicht alle Versicherungszweige betreiben. Vielmehr fordert das gesetzliche *Spartentrennungsprinzip* (§ 8 Abs. 1a VAG), dass sich der Betrieb der Lebensversicherung und der Betrieb anderer Versicherungszweige in einem Unternehmen ausschließen. Ebenso ist der gleichzeitige Betrieb der substitutiven Krankenversicherung und der Betrieb anderer Versicherungszweige in einem Unternehmen ausgeschlossen. In der Praxis lassen sich folgende wesentlichen Typen von Erstversicherungsunternehmen unterscheiden:
- Lebensversicherungsunternehmen,
- Krankenversicherungsunternehmen und
- Schaden- und Unfallversicherungsunternehmen (Kompositversicherungsunternehmen).

Für die Bilanzierung ergeben sich in Abhängigkeit von der Wahl der wirtschaftlichen Versicherungsform vor allem im Ausweis Unterschiede. Vergleichbare Bilanzierungsprobleme finden sich für Lebens- und Krankenversicherungsunternehmen sowie für Schaden- und Unfallversicherungsunternehmen und Rückversicherungsunternehmen. Während in der Bilanz die Vergleichbarkeit zwischen den beiden Gruppen hoch ist, ergeben sich in der Gewinn- und Verlustrechnung erhebliche Ausweisunterschiede (insbesondere der Kapitalanlagen), die eine Vergleichbarkeit einschränken.

2.2 Zahlungsströme des Versicherungsgeschäfts

Die grundlegende Voraussetzung für ein Bilanzierungssystem ist die Kenntnis über die Leistungsprozesse und die durch sie induzierten Zahlungsströme. Die Zahlungsströme aus dem Versicherungsgeschäft lassen sich nach unterschiedlichen Kriterien systematisieren:
- nach der Zuordnung zu einzelnen Bereichen in Ein- und Auszahlungen gegenüber Beschaffungs- oder Faktormärkten, Kapitalmärkten, Rückversicherungsmärkten, Absatzmärkten und Zahlungen an den Fiskus,[8]

---

8 Vgl. z. B. Eichacker, Hans [Finanzplanung, 1981], S. 34.

- nach versicherungstechnischen und nichtversicherungstechnischen Zahlungsströmen, wobei versicherungstechnische Zahlungsströme in unmittelbarem Zusammenhang mit dem Versicherungsgeschäft stehen,
- nach den Bestandteilen des Versicherungsgeschäfts in Zahlungsströme aus dem Risikogeschäft, dem Spar- und Entspargeschäft sowie dem Dienstleistungsgeschäft,[9]
- nach dem Zeitpunkt des Zahlungsvorgangs,
- nach der Häufigkeit der Zahlungen,
- nach der Prognostizierbarkeit der Zahlungen sowie
- nach den Adressaten des Zahlungsvorgangs.

Im Folgenden werden die wesentlichen Ein- und Auszahlungen nach der Zuordnung zu einzelnen Bereichen der Versicherung dargestellt:[10]
- *Zahlungsströme gegenüber dem Kapitalmarkt* (Beschaffung): Zur Gründung sowie zur Sicherstellung der laufenden Solvenz benötigt das Versicherungsunternehmen Kapital. Die Kapitalbeschaffung führt zu einem Einzahlungsstrom beim Versicherungsunternehmen. Diesem stehen als wesentliche Auszahlungsströme die Kapitalrückzahlung, Zinsen sowie Ausschüttungen gegenüber.
- *Zahlungsströme gegenüber dem Absatzmarkt* (Zahlungsströme mit den Versicherungsnehmern): Den wesentlichen Einzahlungsstrom der Versicherung stellen die Prämien dar, die von den Versicherungsnehmern nach Abschluss des Versicherungsvertrags an das Versicherungsunternehmen zu zahlen sind. Diesen stehen während der Dauer des Versicherungsvertrags stochastische Auszahlungen gegenüber, die bei Eintritt von versicherten Schäden an die Versicherungsnehmer zu leisten sind.
- *Zahlungsströme gegenüber Faktormärkten:* Gegenüber Faktormärkten entstehen Zahlungsströme aus dem Abschluss von Versicherungsverträgen sowie aus der Aufrechterhaltung des laufenden Geschäftsbetriebs (z. B. durch Löhne und Gehälter und Zahlungen für Betriebsmittel).
- *Zahlungsströme gegenüber dem Rückversicherungsmarkt:* Risikopolitische oder finanzwirtschaftliche Motive können dazu führen, dass Teile des transferierten Risikos an einen Rückversicherer zediert werden. Aus dem Rückversicherungsvertrag entstehen als wesentliche Auszahlungen die Rückversicherungsprämie sowie als wesentliche Einzahlungen Schadenzahlungen, Provisionen und Gewinnbeteiligungen.

---

9   Vgl. Farny, Dieter [Versicherungsbetriebslehre, 2006], S. 763.
10 Vgl. Hartung, Thomas [Unternehmensbewertung, 2000], S. 166–167.

- *Zahlungsströme gegenüber dem Kapitalmarkt* (Kapitalanlage): Für den Zeitraum zwischen Prämienzahlung und Schadenzahlung entsteht dem Versicherungsunternehmen die Möglichkeit, die von den Versicherungsnehmern geleisteten Prämien in Kapitalanlagen zu investieren. Mit der Kapitalanlage sind Ein- und Auszahlungen aus Kapitalerträgen, Anlagekäufen und Anlageverkäufen sowie Anlageaufwendungen verbunden.
- *Zahlungsströme gegenüber dem Fiskus:* Gegenüber dem Fiskus fallen Steuern als Auszahlungen (z. B. Versicherungssteuer, Ertragssteuern) und unter Umständen Subventionen als Zuflüsse an.

Werden die Zahlungsströme nach den Bereichen *Versicherungstechnik und Nichtversicherungstechnik* systematisiert, stellen die Prämien- und Schadenzahlungen die wesentliche Komponente der Versicherungstechnik dar und die Zahlungsströme aus der Kapitalanlage die wesentliche Komponente der Nichtversicherungstechnik. Einen weiteren wesentlichen Einflussfaktor der Versicherungstechnik stellt die Rückversicherung dar, die zu einem Abfluss von Prämien an den Rückversicherer, gleichzeitig jedoch zu einer Entlastung möglicher Schadenzahlungen führt. Betriebskosten können sowohl dem Bereich der Versicherungstechnik (z. B. in Form von Schadenregulierungskosten) als auch der Nichtversicherungstechnik (z. B. in Form von Löhnen) zugeordnet werden. Durch eine adäquate Kapitalausstattung soll die Überschuldung des Versicherungsunternehmens und eine hieraus resultierende Insolvenz verhindert werden. Die Notwendigkeit einer ausreichenden Kapitalausstattung resultiert sowohl aus Risiken der Versicherungstechnik als auch aus Risiken der Kapitalanlage sowie schließlich auch aus dem Risiko eines Mismatching zwischen beiden Bereichen.

Abbildung 1.1 stellt die Bereiche der Nichtversicherungstechnik und Versicherungstechnik gegenüber und verdeutlicht die Notwendigkeit, beide Bereiche aufeinander abzustimmen, um eine ständige Zahlungsfähigkeit des Versicherungsunternehmens zu gewährleisten.

Die als Zu- und Abflüsse modellierten Größen im Bereich Versicherungstechnik und Kapitalanlage sind teilweise vom Zufall gesteuert (Schäden, Kapitalanlageergebnisse), teilweise können sie durch die Unternehmensleitung beeinflusst werden (Prämien- und Ausschüttungspolitik). Das vorhandene Kapital bestimmt sich anhand des »Pegelstands« im Becken. Die Mindesthöhe für den Pegelstand könnte als Markierung am Beckenrand verdeutlicht werden. Sie richtet sich nach den Zufallsschwankungen der Abflüsse und Bewertungsveränderungen und kann je nach Betrachtungsperspektive (Rating, IFRS, Solvalabilität, internem Risikokapital) unterschiedlich sein.

Die Kenntnis der Zahlungsströme bildet die Voraussetzung für die Konstruktion eines Rechnungslegungsmodells. In Abhängigkeit vom Zweck der Bilanzierung werden die einzelnen Zahlungsströme einzelnen Perioden zugeordnet, um einen periodengerechten Erfolg des Unternehmens zu ermitteln. Daneben soll das Rechnungslegungssystem sowohl die Struktur (z. B. die Unsicherheit) als auch den zeitlichen Charakter der Zahlungsströme berücksichtigen. Ansatz- und Bewertungsregeln einer Versicherungsbilanz stehen folglich in Abhängigkeit von Bilanzierungszweck (z. B. Kapitalerhaltung oder Information) und den Eigenschaften der versicherungstechnischen und nichtversicherungstechnischen Leistungsprozesse.

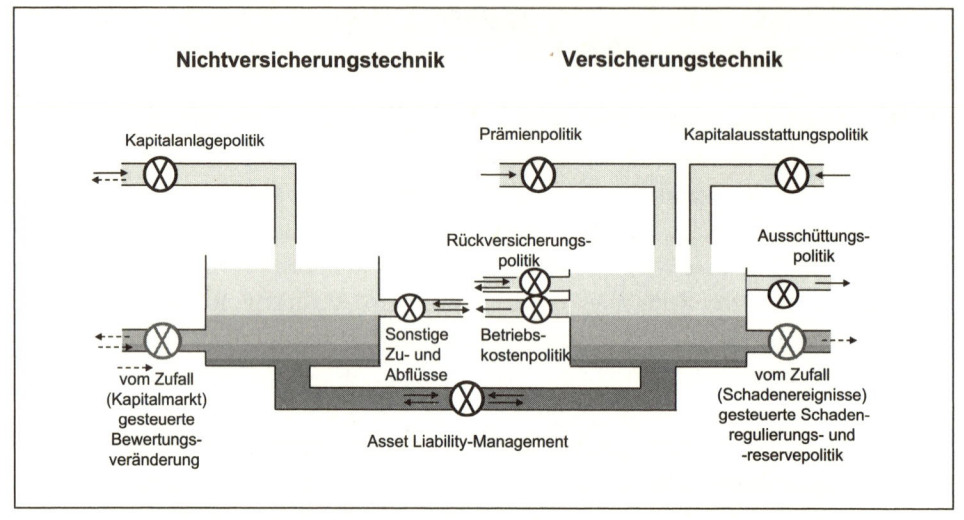

Abb. 1.1: Zahlungsstrom-Modell eines Versicherungsunternehmens mit den wesentlichen Entscheidungsmöglichkeiten (Politiken)

2.3 Eigenschaften der Versicherung und Abbildung in der Rechnungslegung

Als wesentliche Charakteristika der Versicherung können die Zeitraumbezogenheit, die Stochastizität, die Kollektivbezogenheit und die Immaterialität angesehen werden.[11]

Das Gut Versicherungsschutz wird durch das Kriterium der *Zeitraumbezogenheit* bestimmt, weil es durch kontinuierliche, permanente Produktionsprozesse hergestellt wird:
- Insbesondere zeichnet sich das Versicherungsgeschäft durch ein *zeitliches Auseinanderfallen von Prämienzahlung und Schadenzahlung* aus. Der Versicherungsnehmer zahlt die Versicherungsprämie bereits bei Abschluss des Versi-

---

11 Vgl. zu den Eigenschaften von Versicherung Kromschröder, Bernhard [Besonderheiten, 1994], S. 772.

cherungsvertrags, während Schadenzahlungen im Laufe der Versicherungsperiode anfallen. Dieser Vorleistungscharakter ermöglicht dem Versicherungsunternehmen eine Investition in Kapitalanlagen. Bilanziell nehmen *Kapitalanlagen* die *zentrale Position auf der Aktivseite* der Versicherungsbilanz ein. Besonders in der Lebens- und Krankenversicherung sind Versicherungsnehmer wegen des Sparanteils in der Prämie am Erfolg aus den Kapitalanlagen zu beteiligen. Die wichtigste Position in der Versicherungsbilanz, in der Anteile der Versicherungsnehmer am Erfolg des Versicherungsunternehmens ausgewiesen werden, stellt die Rückstellung für die Beitragsrückerstattung dar.

- Regelmäßig sind *Bilanzperiode und Versicherungsperiode* nicht deckungsgleich. Bei Abschluss eines Versicherungsvertrags zahlen Versicherungsnehmer dadurch Prämienteile ein, die in Zusammenhang mit dem Erhalt von Versicherungsschutz in der Folgeperiode stehen. Eine periodengerechte Erfolgsermittlung erfordert bilanziell die Bildung eines transitorischen Rechnungsabgrenzungspostens. In der Versicherungsbilanzierung wird dieser Abgrenzungsposten traditionell als *Beitragsüberträge* bezeichnet. In manchen Versicherungsbilanzierungssystemen erfährt die Vorauszahlung der Prämie eine andere Interpretation. Aus dem Vorleistungscharakter der Prämie wird hierbei die Notwendigkeit abgeleitet, eine ungewisse Verpflichtung zu bilanzieren (im Sinne einer Premium Liability), die den Erwartungswert der mit der Prämienzahlung verbundenen künftigen Schadenzahlungen widerspiegelt.
- In der Regel ist die *Regulierung von Schadenzahlungen* mit einer gewissen Zeitdauer verbunden. Dadurch entstehen Versicherungsfälle, die sowohl wirtschaftlich verursacht oder rechtlich eingetreten als auch gemeldet sind, die zum Zeitpunkt des Bilanzstichtags bzw. der Bilanzaufstellung jedoch noch nicht reguliert worden sind. Daraus entstehen dem Grunde und/oder der Höhe nach ungewisse Verbindlichkeiten, die in der Versicherungsbilanzierung als *Schadenrückstellungen* bezeichnet werden.
- In der *Lebensversicherung* stellt die Langfristigkeit ein zentrales Charakteristikum dar. Neben der Deckung von Risiken erfolgt meist ein Ansparprozess über die Vertragslaufzeit, der parallel zur Bildung einer Rückstellung führt. In der Lebensversicherung wird diese als *Deckungsrückstellung* bezeichnet. Daneben soll eine gleich bleibende Prämie über die lange Vertragslaufzeit gewährleistet werden, obwohl im Lebensablauf der Versicherungsnehmer eine Veränderung der Risikosituation eintritt (z. B. durch ein steigendes Todesfallrisiko). Durch Zuführungen zur und Entnahmen aus der Deckungsrückstellung lässt sich – trotz langer Vertragslaufzeiten – eine Konstanz in den Prämien erreichen.

Die Krankenversicherung wird in Deutschland analog zur Lebensversicherung betrieben, obwohl diese international eine Schadenversicherung ist. Durch die Bildung von Alterungsrückstellungen soll trotz unterschiedlichem

Krankheitsrisiko der jeweiligen Lebensphase eine möglichst gleichbleibende Prämie erzielt werden.
- In der Schaden- und Unfallversicherung führen *Schwankungen im Zeitablauf* dazu, dass einzelne Versicherungsperioden stärker von Schadenzahlungen belastet werden als andere. Traditionell werden in der Versicherungsbilanz diese Schwankungen durch die Bildung einer Schwankungsrückstellung geglättet, um den risikotheoretischen Ausgleich in der Zeit abzubilden.

Neben der Zeitraumbezogenheit nimmt die Eigenschaft der *Stochastizität* eine besondere Bedeutung für die Versicherungsbilanzierung ein. Die vom Versicherer versprochenen finanziellen Leistungen hängen vom unsicheren Eintritt bestimmter versicherter Tatbestände ab. Zum Zeitpunkt der Kalkulation sind die Schäden in Schadenzahl und/oder Schadenhöhe noch ungewiss. In der Lebensversicherung spricht man in diesem Zusammenhang von einer einfachen Stochastizität, weil die Höhe des Schadens in der Versicherungssumme festgelegt wird, während der Schadenzeitpunkt unsicher ist. Demgegenüber zeichnet sich die Schaden- und Unfallversicherung durch eine doppelte Stochastizität aus, weil sowohl Schadenhöhe als auch Schadenzahl ungewiss sind. Dadurch steht der zu erbringende Aufwand erst lange nach Abschluss des Versicherungsvertrags fest. In der Versicherungsbilanz erfordert die Stochastizität eine Bildung von Rückstellungen (versicherungstechnische Rückstellungen) als Vorsorge für die künftige Leistungserbringung. Um eine möglichst risikoadäquate Bewertung dieser Rückstellungen zu ermöglichen, werden zur Bewertung versicherungsmathematische Methoden (z. B. die Chain-Ladder-Methode) herangezogen.

Eine wesentliche Voraussetzung der Funktionsfähigkeit von Versicherung ist eine geeignete *Kollektivbildung*. Da mit wachsendem Kollektiv die relativen Schwankungen geringer werden, benötigt ein größeres Kollektiv einen relativ geringeren Umfang an kalkulatorischem Sicherheitszuschlag und Sicherheitskapital, um dasselbe Sicherheitsniveau zu erreichen. In der Bilanzierung steht diesem Charakteristikum der Grundsatz der Einzelbewertung entgegen. Die Gleichartigkeit der zusammengefassten Risiken ermöglicht jedoch teilweise (z. B. im Rahmen der Bewertung von unbekannten Spätschäden) eine Gruppenbewertung in der Versicherungsbilanzierung.

Das Gut Versicherungsschutz zeichnet sich ferner durch seine *Immaterialität* aus und kann deshalb im Vergleich zu anderen Industriezweigen nicht gelagert werden. Anders als bei Industrieunternehmen nimmt das Sachanlagevermögen für die Versicherungsbilanz keine zentrale Bedeutung ein. Vielmehr konkretisiert sich das immaterielle Gut Versicherungsschutz vorwiegend durch Geldzahlungen im Schadenfall. Daneben erwächst aus der Immaterialität ein besonderes Maß an Erklärungsbedürftigkeit gegenüber Versicherungsnehmern, Investoren, Ratingagenturen und Steuergesetzgebung. Die Vielzahl der Annahmen aus dem stochastischen Versicherungsgeschäft führt zu einer Bewertungsunsicherheit im Zuge der Bilanzierung. Daher sind Bilanzierungs- und Bewertungsmethoden im Vergleich zu Industrieunternehmen in erhöhtem Maße erläuterungsbedürftig.

Allgemein kann aus den Charakteristika der Versicherung abgeleitet werden, dass die Vermögensstruktur in der Versicherungsbilanz durch eine hohe Bedeutung der Kapitalanlagen und eine geringe Bedeutung sachlicher Produktionsfaktoren gekennzeichnet ist. Die Kapitalstruktur ist aufgrund der Vorauszahlung der Prämien und des Sparprozesses in der Lebensversicherung bzw. der Alterungsrückstellung in der Krankenversicherung durch eine überragende Bedeutung der versicherungstechnischen Rückstellungen (versicherungstechnisches Fremdkapital) gekennzeichnet. Die Zeitraumbezogenheit des Versicherungsgeschäfts führt zu einer besonderen Bedeutung der Rechnungsabgrenzung in der Versicherungsbilanz.

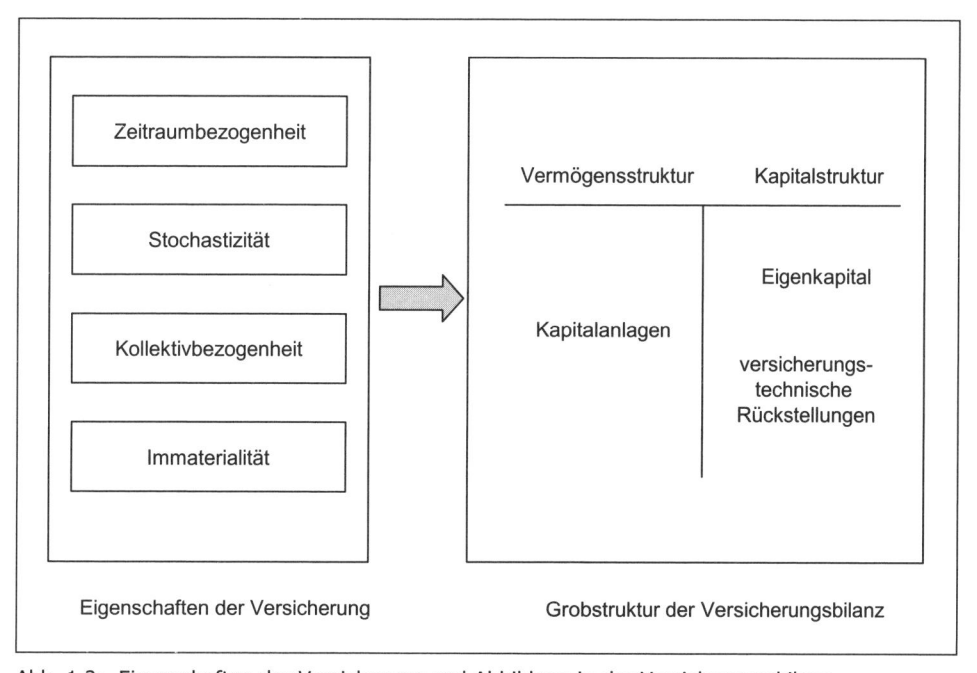

Abb. 1.2: Eigenschaften der Versicherung und Abbildung in der Versicherungsbilanz

Je nach Bilanzierungszweck können die einzelnen Charakteristika eine unterschiedliche Gewichtung erfahren. Dominiert die *Kapitalerhaltung* den Zweck der Bilanzierung, erfährt die Stochastizität eine besondere Bedeutung. In diesem Falle wird zum Schutz der Versicherungsnehmer eine besonders vorsichtige Bilanzierung erforderlich. Daneben werden Kapitalanlagen in einem solchen Bilanzierungssystem meist zu fortgeführten Anschaffungskosten bilanziert und eine Vereinnahmung unrealisierter Gewinne vermieden. Aus Gründen der Vorsicht werden darüber hinaus Diversifikationseffekte aus der Kollektivbildung regelmäßig bilanziell nicht abgebildet. Versicherungstechnische Rückstellungen werden in der Regel nicht diskontiert, wodurch das unterschiedliche zeitliche Anfallen von Zahlungsströmen nicht berücksichtigt wird.

Steht demgegenüber die *Information* von Investoren im Vordergrund der Bilanzierung, werden versicherungstechnische Rückstellungen regelmäßig zu ihrem Best Estimate bewertet, d. h., der Vorsichtsgedanke spielt nur eine untergeordnete Rolle. Kapitalanlagen werden weitgehend mit dem Marktwert bilanziert, wobei auch unrealisierte Gewinne teilweise ergebniswirksam behandelt werden. Aus Gründen der Information werden Schwankungen nicht geglättet, sondern voll der Periode zugerechnet, in der sie aufgetreten sind. Insbesondere dann, wenn versicherungstechnische Rückstellungen in einem solchen Bilanzierungssystem nicht diskontiert werden, entsteht das Risiko eines Asset-Liability-Mismatching. In diesem Fall führen Zinsänderungen der zu Marktwerten bilanzierten Kapitalanlagen zu einer Veränderung des Marktwertes. Demgegenüber bleiben die statisch bilanzierten versicherungstechnischen Rückstellungen unverändert.

3   Adressaten der Versicherungsbilanz

Aufgrund der hohen Schutzbedürftigkeit von Versicherungsnehmern nimmt die Publizität von Versicherungsunternehmen seit jeher einen besonderen Stellenwert ein. So schreibt *Farny*, dass die »Publizität von Versicherungsunternehmen nicht nur verhältnismäßig umfangreich, sondern auch besonders kompliziert« sei.[12] Publizität von Versicherungsunternehmen erfolgt in regelmäßiger Weise sowohl gegenüber der Bundesanstalt für Finanzdienstleistungsaufsicht (BaFin), die eine Art »Stellvertreterfunktion« für die Versicherungsnehmer einnimmt, als auch in Form der externen Rechnungslegung gegenüber einem breiteren Adressatenkreis. Die Rechnungslegung gegenüber der BaFin wird auch als Interne Rechnungslegung bezeichnet. Sie baut auf der externen Rechnungslegung auf, umfasst jedoch einen wesentlich höheren Detaillierungsgrad.

Die Publizität im Sinne einer Veröffentlichung unternehmensbezogener Daten kann sehr unterschiedliche Empfänger haben. Diese können wie folgt unterschieden werden:

---

12   Farny, Dieter [Versicherungsbilanzen, 1975], S. 9.

- nach dem *Informationszugang* in interne oder externe Empfänger: Während der Unternehmensleitung, dem Aufsichtsrat bzw. Beirat oder großen Gesellschaftern und Gläubigern häufig ein Zugang zu internen Information ermöglicht wird, sind kleinere Aktionäre und Gläubiger, Arbeitnehmer, Lieferanten, Kunden, Konkurrenten sowie die interessierte Öffentlichkeit weitgehend auf externe Informationen angewiesen,
- nach der *rechtlichen Stellung* in Adressaten mit rechtlichem Anspruch auf Information (z. B. Versicherungsnehmer, Kapitalgeber, Fiskus) und sonstige Interessenten (z. B. Öffentlichkeit) sowie
- nach dem *Informationsinteresse* in Adressaten, die möglichst an entscheidungsrelevanten Informationen interessiert sind (z. B. Investoren am Kapitalmarkt), und Adressaten, für die eine möglichst sichere Vertragserfüllung im Vordergrund steht (z. B. Versicherungsnehmer).

Folgende Informationsempfänger können grundsätzlich unterschieden werden:
- *Versicherungsnehmer* sind sowohl Kunden als auch Gläubiger eines Versicherungsunternehmens. Als Kunden sind Versicherungsnehmer an Informationen interessiert, die ihnen ein Urteil über Versicherungsangebote mit unterschiedlichen Preis-Leistungs-Relationen ermöglichen. Daneben steht für Versicherungsnehmer – als Gläubiger des Versicherungsschutzes – die Erfüllung der vertraglichen Verpflichtungen durch das Versicherungsunternehmen im Mittelpunkt. Dafür benötigen sie Informationen über die Sicherheit des Unternehmens. Häufig sind Versicherungsnehmer auch an der Ertragslage des Versicherungsunternehmens interessiert, insbesondere dann, wenn sie am Erfolg aus dem Versicherungsgeschäft im Rahmen eines Ansparprozesses oder einer Überschussbeteiligung beteiligt sind.
- Für die *Eigenkapitalgeber* von Aktiengesellschaften stehen zum einen die Rechenschaft über die Verwendung des anvertrauten Kapitals sowie die daraus erwirtschaftete Rendite und zum anderen Informationen über die zukünftige Entwicklung des Unternehmens im Vordergrund des Informationsinteresses. Potenzielle Eigenkapitalgeber stützen sich häufig auf die Urteile von *Finanzanalysten*, die auf Basis systematischer Informationsauswertung versuchen, den Kursverlauf von Aktien vorherzusagen. Im Falle des Versicherungsvereins auf Gegenseitigkeit nehmen die Mitglieder des Vereins eine Doppelstellung als Versicherungsnehmer und Mitglieder ein.
- *Rating-Gesellschaften* beurteilen Versicherungsunternehmen nach zwei Kriterien: Beim Unternehmensrating steht die Messung der Bonität eines Versicherungsunternehmens (vorwiegend die Kapitalausstattung) im Vordergrund. Demgegenüber hat das Produktrating die Messung der Qualitätsanforderungen der Verbraucher an Versicherungsunternehmen (z. B. Kundenorientierung, Sicherheit, Rentabilität) zum Gegenstand.

- Die *Versicherungsaufsicht* hat die Sicherstellung des Schutzes der Versicherungsnehmer (z. B. über Solvabilitätsvorschriften) sowie die Aufrechterhaltung der Stabilität des Finanzsystems zum Gegenstand.
- Die *Finanzverwaltung* ist an Informationen für die steuerliche Gewinnermittlung interessiert, die eng mit dem handelsrechtlichen Jahresabschluss in Verbindung steht.
- Innerhalb des Unternehmens dienen Informationen aus der externen Rechnungslegung der *Unternehmensleitung* zum Zweck der Selbstinformation, dem *Aufsichtsrat* als Bestandteil der Kontrolle des Unternehmens sowie den *Arbeitnehmern*, die an der Qualität und Sicherheit ihrer Arbeitsplätze interessiert sind.
- *Rückversicherer* sind an Daten über Größe und Struktur des Versicherungsbestands, am Produktionsprogramm, an der Struktur der Schaden- und Rückversicherungskosten sowie am Prämienwachstum des Erstversicherers interessiert.
- Rechtlich selbstständige *Versicherungsvermittler* sind am Absatz von Versicherungsverträgen sowie am künftigen Produktionsprogramm interessiert. Daneben lassen sich mit Hilfe der Kostenstruktur und der gezahlten Provisionen Rückschlüsse auf die Vergütungspraxis des Unternehmens ziehen.
- Die *Öffentlichkeit* wird häufig durch Medien vertreten, die ihre Informationen den externen Daten entnehmen. Das Interesse der Öffentlichkeit steht meist im Zusammenhang mit Fragen des Verbraucherschutzes sowie der gesamtwirtschaftlichen Entwicklung einer Branche.

Kapitel 2: Grundlagen der Rechnungslegung von Versicherungsunternehmen

1 Grundlagen des betrieblichen Rechnungswesens

Das Rechnungswesen stellt die Abbildung von wirtschaftlichen Zuständen in einem Zeitpunkt und von Prozessen während eines Zeitraums von gesamten Volkswirtschaften, von einzelnen Betrieben sowie deren Zusammenschlüssen vornehmlich in Geldeinheiten dar.[13]

Demnach gibt es im Rechnungswesen zeitpunktbezogene Stichtagsrechnungen (z. B. die Bilanz) und zeitraumbezogene Rechnungen (z. B. die Gewinn- und Verlustrechnung). Es ist auch entscheidend, ob einzelne Unternehmen (z. B. der Einzelabschluss) im Vordergrund stehen oder deren Zusammenschlüsse (z. B. der Konzernabschluss). Zudem ist zu unterscheiden, ob eine Mengenrechnung (z. B. in Kilogramm oder Metern) bzw. eine Wertrechnung (in Euro) vorgenommen wird. Im Rechnungswesen wird meist die Wertrechnung bevorzugt.

Die wohl wichtigste Einteilung des Rechnungswesens unterscheidet das interne Rechnungswesen vom externen Rechnungswesen (vgl. Abb. 2.1). Das interne Rechnungswesen bildet das wirtschaftlich bedeutsame Geschehen *im Betrieb* ab. Die wesentlichen Zwecksetzungen des internen Rechnungswesens stellen die *Planung* innerbetrieblicher Vorgänge, deren *Steuerung* sowie die *Kontrolle* der Wirtschaftlichkeit mit Hilfe von Soll-Ist-Vergleichen dar. Die Zielgruppe für das interne Rechnungswesen sind interne Adressaten und darunter insbesondere die Unternehmensleitung selbst.

Das externe Rechnungswesen betrifft die Abbildung von Austauschbeziehungen eines Unternehmens zu Dritten und die daraus resultierenden Bestände.[14] Als Zielgruppen des externen Rechnungswesens sind alle Stakeholder des Unternehmens denkbar. Dies können Gläubiger, Investoren, Lieferanten, Mitarbeiter, Kunden, der Staat oder auch die Öffentlichkeit sein. Während interne Daten der Planung, Steuerung und Kontrolle dienen, stehen bei der externen Rechnungslegung die Dokumentation, die Rechenschaft gegenüber Kapitalgebern, die Zahlungsbemessung an Gesellschafter (Jahresabschluss) oder Staat (Steuerbilanz) sowie die Information an externe Interessenten im Vordergrund.

---

13 Vgl. Busse von Colbe, Walther [Rechnungswesen, 1998], S. 599.
14 Vgl. Busse von Colbe, Walther [Rechnungswesen, 1998], S. 601.

	Internes Rechnungswesen	Externes Rechnungswesen
Ziele	– Abbildung des wirtschaftlich bedeutenden Geschehens im Betrieb	– Abbildung von Austauschbeziehungen zu Dritten und daraus resultierender Bestände
Zwecke	– Planung innerbetrieblicher Vorgänge – Steuerung innerbetrieblicher Vorgänge – Kontrolle der Wirtschaftlichkeit (Soll-Ist-Vergleiche)	– Dokumentation von Zahlungsvorgängen – Rechenschaft gegenüber Kapitalgebern – Zahlungsbemessung an Gesellschafter/Staat – Information an externe Interessenten
Adressaten	– Unternehmensführung	– Gläubiger – Anteilseigner – staatliche Institutionen – Fiskus – Arbeitnehmer – Kunden – Lieferanten – Informationsintermediäre (z. B. Ratingagenturen)

Abb. 2.1: Abgrenzung internes und externes Rechnungswesen

In Abhängigkeit von den Rechengrößen des betrieblichen Rechnungswesens können mit der Investitionsrechnung, der Finanzrechnung, der Bilanzrechnung und der Kostenrechnung vier Teilbereiche unterschieden werden.[15] Die Investitionsrechnung basiert auf Zahlungsströmen:

- *Auszahlungen* stellen die liquiditätswirksame Abnahme des Zahlungsmittelbestands dar.
- *Einzahlungen* stellen die liquiditätswirksame Zunahme des Zahlungsmittelbestands dar.

Darüber hinaus bilden Aus- und Einzahlungen auch die Grundlage für die zukünftige Finanzplanung. Demgegenüber werden in der Finanzrechnung die Begriffe Ausgaben und Einnahmen verwendet:[16]

- *Ausgaben* werden als Auszahlungen zuzüglich Forderungsminderungen sowie Schuldenzunahmen definiert.
- *Einnahmen* stellen Einzahlungen zuzüglich Forderungszunahmen sowie Schuldenabnahmen dar.

---

15 Vgl. zur Unterteilung Baetge, Jörg et al. [Bilanzen, 2005], S. 1–6.
16 Vgl. zu den Begriffen Einnahmen und Ausgaben Weber, Kurt [Grundgrößen, 1998], S. 319.

Von Ausgaben und Einnahmen lassen sich Aufwendungen und Erträge abgrenzen. Letztere stellen neben Vermögen und Schulden eine Maßgröße der Bilanzrechnung dar und dienen als Stromgrößen der Gewinn- und Verlustrechnung, d. h., sie führen zu einer Erfolgswirkung in der Periode:
- *Aufwendungen* stellen periodisierte Ausgaben dar.
- *Erträge* stellen periodisierte Einnahmen dar.

Ausgaben	
Erfolgsneutrale Ausgaben	Erfolgswirksame Ausgaben
	Aufwendungen

Abb. 2.2: Abgrenzung von Ausgaben und Aufwand

Aufwendungen und Erträge lassen sich von Kosten und Erlösen abgrenzen. Letztere stellen Rechengrößen der Kosten- und Erlösrechnung dar:
- *Kosten* stellen den bewerteten sachzielbezogenen Verzehr von Gütern und Dienstleistungen einer Abrechnungsperiode dar.
- *Erlöse* geben den Wert der abgesetzten Sachgüter und Dienstleistungen an.

Aufwendungen			
Neutrale Aufwendungen – sachzielfremde Aufwendungen – periodenfremde Aufwendungen – außerordentliche Aufwendungen	Zweckaufwendungen		
	Grundkosten	Anderskosten	Zusatzkosten
		kalkulatorische Kosten	
	Kosten		

Abb. 2.3: Abgrenzung von Aufwand und Kosten

Es existieren sowohl Kosten, die keine Aufwendungen darstellen, als auch Aufwendungen, die keine Kosten bilden:
- *Neutrale Aufwendungen* sind entweder sachzielfremd (z. B. Spenden), periodenfremd (d. h., sie führen in einer anderen Periode zu Kosten) oder außerordentlich (z. B. Betriebsbrand) und stellen keine Kosten der Periode dar.

- *Kalkulatorische Kosten* lassen sich in Anderskosten sowie Zusatzkosten unterteilen. Während *Zusatzkosten* keine Aufwendungen gegenüberstehen (z. B. kalkulatorische Mieten für betrieblich genutzte private Räume), treten *Anderskosten* in anderer Höhe als die dazugehörigen Aufwendungen auf. Dies kann etwa daran liegen, dass kalkulatorische Abschreibungen von bilanziellen Abschreibungen abweichen.

Soweit Aufwendungen und Kosten übereinstimmen, spricht man von *Zweckaufwendungen* bzw. *Grundkosten*.

2 Zwecke handelsrechtlicher Rechnungslegung

Die Vorschriften des Jahresabschlusses sind teilweise abstrakt und auslegungsbedürftig. Daher ist ein Bezugsrahmen notwendig, der als Grundlage für die Auslegung der Jahresabschlussvorschriften dient. Der Sinn und Zweck der handelsrechtlichen Rechnungslegung sind aus der Gesamtheit der gesetzlichen Jahresabschlussvorschriften zu bestimmen.[17] Dies sind aber genau jene Vorschriften, für deren Interpretation man gerade den Sinn und Zweck im Vorfeld wissen muss. MOXTER löst dieses Dilemma, indem er zeigt, dass die gesetzlichen Jahresabschlussvorschriften sukzessive in ein System gebracht werden müssen, das in einem bestimmten Sinn und Zweck des Jahresabschlusses kumuliert und das nicht durch ein anderes System mit anderem Sinn und Zweck ersetzt werden kann. Das von MOXTER entwickelte System baut auf dem *Primärzweck der Zahlungsbemessung* im Sinne eines vorsichtig ermittelten entziehbaren Gewinns (Ausschüttungsbemessung) auf. Ein Gewinn ist entziehbar, wenn er realisiert ist, vorsichtige Maßstäbe an Ansatz und Bewertung gesetzt werden und wenn er nicht zur Deckung drohender Verluste notwendig ist. Ein derart ermittelter Gewinn kann nicht informativ im Sinne einer umfassenden Rechenschaft über die Entwicklung des Unternehmens sein. Der *Sekundärzweck der Einblicksregelung* ist daher eine Nebenaufgabe, die bei Kollision hinter dem Primärzweck zurückzutreten hat.

Die Informationsfunktion des Jahresabschlusses ist bei Kapitalgesellschaften im Wesentlichen auf den Anhang beschränkt. Der Gesetzgeber hat das Einblicksziel nicht präzise formuliert. Lediglich die Forderung nach Anhaltspunkten über die Vermögens-, Finanz- und Ertragslage lässt auf die Informationsfunktion

---

17 Vgl. zur folgenden Darstellung der Zwecke handelsrechtlicher Rechnungslegung Moxter, Adolf [Zweck, 1987], S. 361–374.

schließen. Allerdings hat die Vermittlung eines Einblicks in die Vermögens-, Finanz- und Ertragslage gemäß § 264 Abs. 2 HGB unter Beachtung der Grundsätze ordnungsmäßiger Buchführung zu erfolgen. Die Informationsaufgabe in Bilanz und Gewinn- und Verlustrechnung (GuV) kann daher nur unter der Restriktion der informationsfeindlichen Ungleichbehandlung von Gewinnen und Verluste ausgeübt werden.

3 Grundsätze ordnungsmäßiger Buchführung (GoB)

3.1 Begriff der Grundsätze ordnungsmäßiger Buchführung

Das Handelsgesetzbuch verweist in der Generalnorm für die Buchführung in § 238 Abs. 1 S. 1 HGB sowie in der Generalnorm für den Jahresabschluss in § 243 Abs. 1 HGB auf den Begriff der Grundsätze ordnungsmäßiger Buchführung (GoB):
- § 238 Abs. 1 S. 1 HGB: »Jeder Kaufmann ist verpflichtet, Bücher zu führen und in diesen seine Handelsgeschäfte und die Lage seines Vermögens nach den Grundsätzen ordnungsmäßiger Buchführung ersichtlich zu machen.«
- § 243 Abs. 1 HGB: »Der Jahresabschluss ist nach den Grundsätzen ordnungsmäßiger Buchführung aufzustellen.«

Der Gesetzgeber hat den Begriff GoB nicht näher konkretisiert. Das Ziel der GoB besteht darin, überindividuelle Verhaltensnormen für Kaufleute und eine zweckgerechte Bilanzierung zu schaffen sowie generalklauselhaft Tatbestände aufzufangen, die der Gesetzgeber nicht oder nur auslegungsbedürftig geregelt hat.[18]

Als Methoden der Gewinnung von GoB werden grundlegend die induktive und die deduktive Methode unterschieden.[19] Eine *induktive Ermittlung* bedeutet, *GoB aufgrund des Verhaltens von Kaufleuten zu gewinnen*. Diese Methode ist aber in der Literatur sehr umstritten, da Kaufleute eigene Interessen vertreten, die von den Zielen des Gesetzgebers abweichen können.[20] Nach dem Schrifttum wird die *deduktive Methode* bevorzugt, nach der *GoB aus den Zwecken der handelsrechtlichen Rechnungslegung abgeleitet werden*.[21] Allerdings gelingt die reine Deduktion nicht, da die Rechnungslegungszwecke nicht explizit im Gesetz genannt sind. Insofern

---

18 Vgl. Leffson, Ulrich [Grundsätze, 1987], S. 21–23.
19 Vgl. Leffson, Ulrich [Grundsätze, 1987], S. 28–38.
20 Vgl. Ballwieser, Wolfgang [Grundsätze, 2005], Rz. 2 sowie Baetge, Jörg et al. [Bilanzen, 2005], S. 106.
21 Vgl. Döllerer, Georg [Grundsätze, 1959], S. 1217.

müssen Zwecke und GoB simultan im Rahmen einer *hermeneutischen Auslegung* konkretisiert werden.[22]

GoB können nach unterschiedlichen Kriterien strukturiert werden. Im Folgenden wird eine *GoB-Strukturierung* nach BALLWIESER dargestellt, die zwischen wesentlichen Gewinnermittlungs-GoB, weiteren Gewinnermittlungs-GoB sowie Informations-GoB unterscheidet.[23]

3.2 Wesentliche Gewinnermittlungsprinzipien

Als *wesentliche GoB*[24] gelten das Vorsichtsprinzip, das Periodisierungsprinzip in den Ausprägungen des Realisations- und Imparitätsprinzips sowie das Objektivierungsprinzip.

Das *Vorsichtsprinzip* ist in § 252 Abs. 1 Nr. 4 HGB kodifiziert. »Es ist vorsichtig zu bewerten, namentlich sind« das Realisationsprinzip und das Imparitätsprinzip zu beachten. Nach der Systematik des Gesetzes handelt es sich um einen Bewertungsgrundsatz. Aber durch die Konkretisierung durch das Imparitäts- und Realisationsprinzip folgen jeweils auch Ansatzkonsequenzen. Darüber hinaus hat das Vorsichtsprinzip auch eine eigenständige Bedeutung, die sich durch Aktivierungsverbote (z. B. das Aktivierungsverbot selbst erstellter immaterieller Vermögensgegenstände des Anlagevermögens nach § 248 Abs. 2 HGB), die Schätzung der Nutzungsdauer des abnutzbaren Anlagevermögens (eher kurze als lange Nutzungsdauer), die Wahl der Abschreibungsmethode (z. B. degressive Abschreibung) sowie durch den Zeitpunkt und die Höhe der Rückstellungsbildung (Wahrscheinlichkeit von 50% ist meist hinreichend) kennzeichnet.

Das *Periodisierungsprinzip* ist in § 252 Abs. 1 Nr. 5 HGB kodifiziert. »Aufwendungen und Erträge des Geschäftsjahres sind unabhängig von den Zeitpunkten der entsprechenden Zahlungen im Jahresabschluss zu berücksichtigen.« Folglich wird der Gewinn nicht durch eine Gegenüberstellung von Ein- und Auszahlungen bestimmt, sondern der Gewinn geht auf periodisierte Zahlungen zurück. Da der Gesetzgeber das Periodisierungsprinzip nicht näher konkretisiert hat, muss auf das Realisationsprinzip sowie das Imparitätsprinzip zurückgegriffen werden:

---

22 Vgl. Moxter, Adolf [Zweck, 1987], S. 363, sowie Ballwieser, Wolfgang [Grundsätze, 2005], Rz. 2. Zur Durchführung einer hermeneutischen Auslegung vgl. Baetge, Jörg et al. [Bilanzen, 2005], S. 108–111.
23 Vgl. hierzu und im Folgenden Ballwieser, Wolfgang [Grundsätze, 2005], Rz. 13–85.
24 Vgl. ausführlich zu den wesentlichen Gewinnermittlungs-GoB Ballwieser, Wolfgang [Grundsätze, 2005], Rz. 17–65.

Grundsätze ordnungsmäßiger Buchführung (GoB)

Periodisierungsprinzip:

- Das *Realisationsprinzip* ist in § 252 Abs. 1 Nr. 4 HGB geregelt. »Gewinne sind nur zu berücksichtigen, wenn sie am Abschlussstichtag realisiert sind«. Das Realisationsprinzip ist ein Gewinnrealisationsprinzip, das den Ertragszeitpunkt und die Aufwandszuordnung festlegt. Gewinne entstehen durch Lieferung und Leistung an Dritte. Sie sind daher grundsätzlich umsatzbezogen. Nach dem Alimentationsprinzip ist der Aufwand dem Ertrag einer Periode zuzurechnen (die Auszahlungen, die dazu beitragen, die Umsatzerlöse einer Periode zu erzielen).
- Das *Imparitätsprinzip* führt zu einer Durchbrechung umsatzbezogener Gewinnermittlung. »Alle vorhersehbaren Risiken und Verluste, die bis zum Abschlussstichtag entstanden sind, sind zu berücksichtigen« (§ 252 Abs. 1 Nr. 4 HGB). Hieran zeigt sich, dass nicht Information und Rechenschaft im Vordergrund stehen, sondern eine vorsichtige, die Risiken und Chancen ungleich behandelnde Gewinnermittlung im Sinne eines Gläubigerschutzes. *vs. IFRS!*

Das *Objektivierungsprinzip* verdeutlicht, dass die Rechnungslegung dem Interessenschutz Dritter dient. Aus dem Objektivierungsprinzip folgen das Vermögensermittlungsprinzip (die Bilanz ist kein reiner Zahlungsspeicher, sondern sie nimmt Vermögensgegenstände, Schulden und Eigenkapital auf und führt so zu einer Vergegenständlichung des Bilanzinhalts), das Vollständigkeitsprinzip sowie das Einzelbewertungsprinzip.

3.3 Weitere Gewinnermittlungs-GoB

Weitere Gewinnermittlungs-GoB[25] stellen das Fortführungsprinzip, das Stichtagsprinzip, das Wertaufhellungsprinzip sowie die Bewertungsmethodenstetigkeit dar:
- Das *Fortführungsprinzip* ist in § 252 Abs. 1 Nr. 2 HGB geregelt. »Bei der Bewertung von Vermögensgegenständen und Schulden ist von der Fortführung der Unternehmenstätigkeit auszugehen, sofern dem nicht tatsächliche oder rechtliche Gegebenheiten entgegenstehen.«
- Das *Stichtagsprinzip* (§ 252 Abs. 1 Nr. 3 HGB) legt den Zeitpunkt des Ansatzes und der Bewertung von Vermögensgegenständen und Schulden fest.

---

25 Vgl. ausführlich zu den weiteren Gewinnermittlungs-GoB Ballwieser, Wolfgang [Grundsätze, 2005], Rz. 66–71.

- Das *Wertaufhellungsprinzip* legt fest, dass Umstände, die nach dem Stichtag bekannt geworden sind, bei der Bewertung am Abschlussstichtag zu berücksichtigen sind.
- Die *Bewertungsmethodenstetigkeit* (§ 252 Abs. 1 Nr. 6) legt fest, dass die auf den vorhergehenden Jahresabschluss angewandten Bewertungsmethoden beibehalten werden sollen. Hierunter fällt nur die so genannte vertikale Stetigkeit (über die Zeit). Die horizontale Stetigkeit (gleicher Wertansatz für gleiche Güter) folgt aus dem Gebot der Willkürfreiheit.

3.4 Informations-GoB

Informations-GoB[26] beinhalten das Prinzip der Adressatenorientierung und der Entscheidungsrelevanz, das Klarheitsprinzip, die Darstellungsstetigkeit sowie das Wesentlichkeitsprinzip:
- Das *Prinzip der Adressatenorientierung* verdeutlicht, dass die Rechnungslegung dem Interessenschutz Dritter dient, also den Adressaten.
- Den Adressaten sollen *entscheidungsrelevante Informationen* geboten werden. Allerdings ergeben sich Grenzen der Information aus der Natur der Sache (z. B. wenn Informationen unter Umständen gar nicht existieren), aus dem Wesentlichkeitsgrundsatz, aus Nachteilen für das Unternehmen (vgl. § 286 HGB: Schutzklausel für die Unterlassung von Angaben) sowie aus Kosten-Nutzen-Abwägungen.
- Das *Klarheitsprinzip* äußert sich in der Bilanz z. B. durch Zusammenfassung von Posten (§ 265 Abs. 7 Nr. 3). Es sollen verständliche, eindeutige und nicht vollkommen globale Informationen gegeben werden.
- Die *Darstellungsstetigkeit* soll eine Vergleichbarkeit aufeinander folgender Jahresabschlüsse sichern.
- Das *Wesentlichkeitsprinzip* kommt in einer Vielzahl von Einzelvorschriften zur Geltung, führt aber nicht zu einer Möglichkeit, den Ansatz von Aktiva und Passiva zu unterlassen.

---

26 Vgl. ausführlich zu Informations-GoB Ballwieser, Wolfgang [Grundsätze, 2005], Rz. 75–85.

4 Besondere Abbildungsprinzipien im Jahresabschluss von Versicherungsunternehmen

4.1 Besondere Abbildungsprinzipien

Neben den rechtsform-, branchen- und konzernunabhängigen Grundsätzen ordnungsmäßiger Buchführung[27] erfordert die Abbildung von versicherungsspezifischen Sachverhalten zusätzlich spezifische Abbildungsprinzipien, die aus den besonderen Eigenschaften des Versicherungsgeschäfts resultieren.[28]

Bezüglich des Bilanzansatzes haben insbesondere die Kapitalanlagen sowie die versicherungstechnischen Rückstellungen eine besondere Bedeutung. So zeichnet sich die *Vermögensstruktur* eines Versicherungsunternehmens durch eine hohe Bedeutung der Kapitalanlagen und eine geringe Bedeutung sachlicher Produktionsfaktoren aus. Die hohe Stellung der Kapitalanlagen resultiert insbesondere aus der Vorauszahlung der Prämien durch die Versicherungsnehmer und den zeitlich nachgelagerten Versicherungsfällen, die eine Investition in Kapitalanlagen möglich machen. Die *Kapitalstruktur* ist aufgrund der Vorauszahlung der Prämien und des Sparprozesses in der Lebensversicherung durch eine überragende Bedeutung des versicherungstechnischen Fremdkapitals gekennzeichnet. Zudem führt die Zeitraumbezogenheit des Versicherungsgeschäfts zu einer besonderen Bedeutung der Rechnungsabgrenzung in Versicherungsunternehmen.

Im Rahmen der Bewertung wird insbesondere die Existenz eines besonderen Vorsichtsprinzips für Versicherungsunternehmen diskutiert.[29] Vielfach wird die Auffassung vertreten, dass Versicherungsunternehmen einem *besonderen Vorsichtsprinzip* unterliegen, weil

- Versicherungsunternehmen einem betriebsspezifischen Risiko ausgesetzt sind, das aus der Übernahme von Risiken der Versicherungsnehmer resultiert (Risikotransfer),
- Versicherungsunternehmen als »Nachleistungsbetriebe« über eine besonders »gewissenhafte« Passivenbewertung verfügen müssen, um im Bedarfsfall die Schadenaufwendungen tragen zu können, und
- die Versicherungsnehmer ein ausgeprägtes Schutzbedürfnis haben.

---

27 Vgl. zur Diskussion der Branchenabhängigkeit von GoB Ballwieser, Wolfgang [Grundsätze, 2005], Rz. 89–94.
28 Vgl. zu den Abbildungsprinzipien insbesondere Farny, Dieter [Buchführung, 1992], S. 106–116.
29 Vgl. zu den verschiedenen Positionen Korn, Jochen Heinrich [Schwankungsreserven, 1997], S. 291–293.

Gegen ein besonderes Vorsichtsprinzip spricht
- eine gesetzliche Legitimation zur Legung überhöhter stiller Reserven,
- eine bewusst falsche Periodenabgrenzung und somit ein Verstoß gegen die Bilanzwahrheit (falsche Darstellung der Vermögens- und Ertragslage) und
- die Tatsache, dass Rückstellungen immer mit Ungewissheit verbunden sind und folglich eine Sonderstellung von Versicherungsunternehmen nicht begründet ist.

4.2 Primär- und Sekundärprinzip → betrifft G+V

Die Unterscheidung zwischen Primär- und Sekundärprinzip betrifft den Ausweis von Aufwendungen und Erträgen.
- Das *Primärprinzip* führt zu einem Ausweis von Erträgen, Aufwendungen, Vermögen und Kapital nach Arten, wie sie im Verkehr des Versicherungsunternehmens mit seiner Umwelt auftreten.[30] Das Primärprinzip entspricht dem aus der Rechnungslegung der Kapitalgesellschaften bekannten Gesamtkostenverfahren (§ 275 Abs. 2 HGB).
- Das *Sekundärprinzip* führt zu einer Umgliederung der Postenarten des Jahresabschlusses in die Funktionen »Regulierungen von Versicherungsfällen«, »Abschluss von Versicherungsverträgen«, »Verwaltung von Kapitalanlagen« sowie »Sonstiger Funktionsbereich«.[31] Es entspricht dem aus der Rechnungslegung der Kapitalgesellschaften bekannten Umsatzkostenverfahren (§ 275 Abs. 3 HGB).

Die Gewinn- und Verlustrechnung nach den Rechnungslegungsvorschriften für Versicherungsunternehmen wird durch das *Sekundärprinzip* dominiert. Die gesetzliche Kodifizierung für das Sekundärprinzip stellt § 43 Abs. 1 RechVersV dar. Die gesamten Personal- und Sachaufwendungen des Unternehmens zuzüglich der kalkulatorischen Mietaufwendungen für die eigengenutzten Grundstücke und Bauten sind folgenden Funktionsbereichen zuzuordnen:
- Regulierung von Versicherungsfällen, Rückkäufen und Rückgewährbeträgen,
- Abschluss von Versicherungsverträgen,
- Verwaltung von Versicherungsverträgen und
- Verwaltung von Kapitalanlagen.

---

30 Vgl. Farny, Dieter [Buchführung, 1992], S. 107.
31 Vgl. Will, Reiner; Weidenfeld, Gerd [Ausweis, 1996], S. 432.

Falls Aufwendungen diesen Funktionsbereichen nicht zugeordnet werden können, sind sie unter dem Posten »Sonstige Aufwendungen« auszuweisen (§ 43 Abs. 1 S. 2 RechVersV).

4.3 Umsatz- und Erfolgsprinzip

Die Unterscheidung zwischen Umsatz- und Erfolgsprinzip resultiert aus älteren Rechnungslegungsvorschriften von Versicherungsunternehmen, die in großem Maße durch erfolgsunwirksame Zahlungsströme gekennzeichnet waren.[32]

- Das *Umsatzprinzip* hat die Abbildung von Zahlungsströmen zum Ziel. In der Erfolgsrechnung werden zunächst unabhängig von der Erfolgswirksamkeit Zahlungen abgebildet. Erst in einem zweiten Schritt erfolgt eine offene Abgrenzung in der GuV durch entsprechende Korrekturposten, damit ein periodengerechter Erfolg ermittelt wird.
- Das *Erfolgsprinzip* beabsichtigt die Darstellung eines periodengerechten Erfolgs. Dazu werden keine Zahlungsströme abgebildet, sondern Aufwendungen und Erträge. Das Erfolgsprinzip entspricht daher dem in § 252 Abs. 1 Nr. 5 HGB kodifizierten Periodisierungsprinzip, wonach Aufwendungen und Erträge des Geschäftsjahres unabhängig von den Zeitpunkten der entsprechenden Zahlungen im Jahresabschluss zu berücksichtigen sind.

Im Jahresabschluss von Versicherungsunternehmen *überwiegt das Erfolgsprinzip*. Einige Bereiche werden jedoch nach dem Umsatzprinzip ausgewiesen. Ein Beispiel stellt die Abbildung der Versicherungsbeiträge dar. Diese werden zunächst als Einzahlungen (gebuchte Bruttobeiträge) erfasst und anschließend durch die Verrechnung mit der Veränderung der Beitragsüberträge in der GuV periodisiert.[33] Auch der Ausweis der Aufwendungen für Versicherungsfälle entspricht dem Umsatzprinzip. Dabei wird der Posten innerhalb der GuV zunächst als »Zahlungen für Versicherungsfälle« ausgewiesen und erst in einem zweiten Schritt durch die Veränderung der Rückstellung für noch nicht abgewickelte Versicherungsfälle abgegrenzt.

---

[32] Vgl. Farny, Dieter [Buchführung, 1992], S. 107.
[33] Vgl. zu diesem Beispiel Mayr, Gerhard [Internationalisierung, 1999], S. 181.

Beispiel 2.1: Erfolgs- und Umsatzprinzip

Annahmen:
- Betrachtet wird ein Versicherungsvertrag, der über zwei Jahre läuft.
- Die Beitragszahlung erfolgt zum 01.07.06 sowie zum 01.07.07.
- Im ersten Jahr wird ein Beitrag von 800 Euro erhoben, während im zweiten Jahr ein Beitrag von 1.000 Euro anfällt.
- Am 01.10.06 tritt ein Schaden ein, der bei Bilanzerstellung für das Geschäftsjahr 2006 mit 500 Euro geschätzt wird. Bei tatsächlicher Abwicklung am 01.05.2007 hat sich aber gezeigt, dass der Schaden nur mit 400 Euro reguliert wird.
- Daneben tritt am 01.06.2007 ein Schaden ein, der sofort reguliert wird.

Buchungen 31.12.2007

(1)	Kasse	an	gebuchte Beiträge	800 €
(2)	Δ Beitragsüberträge	an	Rst. für Beitragsüberträge	400 €
(3)	Δ Schadenrückstellungen	an	Schadenrückstellungen	500 €

Buchungen 31.12.2008

(1)	Kasse	an	gebuchte Beiträge	1.000 €
(2)	Rst. für Beitragsüberträge	an	Δ Beitragsüberträge	400 €
(3)	Δ Beitragsüberträge	an	Rst. für Beitragsüberträge	500 €
(4)	Zahlungen für Versicherungsfälle	an	Kasse	400 €
			Δ Schadenrückstellungen	100 €
(5)	Schadenrückstellungen	an	Δ Schadenrückstellungen	400 €
(6)	Zahlungen für Versicherungsfälle	an	Kasse	200 €

Buchungen 31.12.2009

(1)	Rst. für Beitragsüberträge	an	Δ Beitragsüberträge	500 €

Besondere Abbildungsprinzipien im Jahresabschluss von Versicherungsunternehmen   27

Übung

	GuV 31.12.2007	
S		**H**
Zahlungen an VN	0	*Gebuchte Beiträge* 800
Δ Schadenrückstellung	500	*Δ Beitragsüberträge* -400
Schadenaufwendungen	500	Verdiente Beiträge 400
Δ JÜ	**-100**	

	GuV 31.12.2008	
S		**H**
Zahlungen an VN	600	*Gebuchte Beiträge* 1.000
Δ Schadenrückstellung	-500	*Δ Beitragsüberträge* -100
Schadenaufwendungen	100	Verdiente Beiträge 900
Δ JÜ		
800		

Folgende Abbildung veranschaulicht die Vertragskonstruktion und zeigt den Unterschied zwischen Zahlungsstromsicht und bilanzieller Aufwands- und Ertragsvereinnahmung:

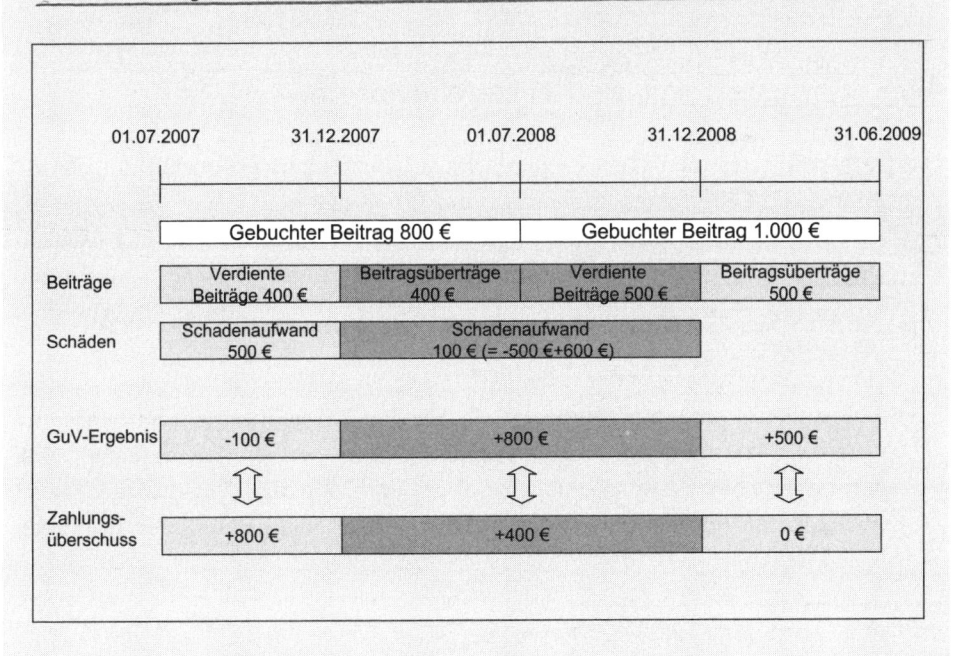

	01.07.2007	31.12.2007	01.07.2008	31.12.2008	31.06.2009
		Gebuchter Beitrag 800 €		Gebuchter Beitrag 1.000 €	
Beiträge	Verdiente Beiträge 400 €	Beitragsüberträge 400 €	Verdiente Beiträge 500 €	Beitragsüberträge 500 €	
Schäden	Schadenaufwand 500 €	Schadenaufwand 100 € (= -500 €+600 €)			
GuV-Ergebnis	-100 €	+800 €		+500 €	
	⇕	⇕		⇕	
Zahlungs-überschuss	+800 €	+400 €		0 €	

4.4 Gesamtbestands- und Spartenrechnungsprinzip

Die Unterscheidung von Gesamtbestands- und Spartenrechnungsprinzip betrifft den Differenzierungsgrad der Darstellung von Aufwendungen und Erträgen.
- Das *Gesamtbestandsprinzip* führt zu einem globalen Ausweis von Aufwendungen und Erträgen des Versicherungsgeschäfts ohne Aufgliederung nach Sparten.[34]
- Demgegenüber führt das *Spartenrechnungsprinzip* zu einer Aufgliederung von Erträgen und Aufwendungen nach Versicherungszweigen, Gruppen von Versicherungszweigen oder nach direktem und indirektem Geschäft.[35] Es erfolgt eine Ermittlung von Erfolgsgrößen für Teilversicherungsbestände (horizontale Erfolgssegmentierung).

Während das Spartenrechnungsprinzip detailliertere Informationen ermöglicht, hat das Gesamtbestandsprinzip den Vorteil der Klarheit. Der Jahresabschluss von Versicherungsunternehmen wird *durch das Gesamtbestandsprinzip geprägt*. Obwohl damit ein Informationsverlust in der GuV verbunden ist, wurde durch die Rechnungslegungsvorschriften von 1994 die Spartenpublizität aufgegeben. Dieser Informationsverlust wurde jedoch durch die Verlagerung von Spartenangaben in den Anhang teilweise aufgefangen.[36]

4.5 Gesamterfolgs- und Teilerfolgsprinzip

Die Unterscheidung zwischen Gesamterfolgs- und Teilerfolgsprinzip betrifft die Zuordnung von Teilerfolgen zu Kosten- und Erlösträgern.
- Das *Gesamterfolgsprinzip* führt zu einem Ausweis von Erträgen und Aufwendungen ohne weitere Unterteilungen nach bestimmten Zuordnungskriterien. Erträge und Aufwendungen werden insofern dem gesamten Unternehmen zugeordnet.
- Im Gegensatz dazu fordert das *Teilerfolgsprinzip* eine Aufspaltung des Gesamterfolgs in einzelne Teilerfolge. In Versicherungsunternehmen wäre eine Aufteilung von Erträgen und Aufwendungen in die Geschäftsbereiche Versicherungsgeschäft, Kapitalanlagegeschäft und sonstige Geschäfte möglich (vertikale Erfolgssegmentierung).[37] Eine zweite Möglichkeit der Erfolgstei-

---

34 Vgl. Farny, Dieter [Buchführung, 1992], S. 109.
35 Vgl. Mayr, Gerhard [Internationalisierung, 1999], S. 184.
36 Vgl. Treuberg, Hubert Graf von; Angermayer, Birgit [Jahresabschluss, 1995], S. 68.
37 Vgl. hierzu insbesondere Farny, Dieter [Buchführung, 1992], S. 108.

lung umfasst die Aufteilung des Erfolgs in einen ordentlichen sowie in einen außerordentlichen Erfolg.[38] Dadurch erhält der Publizitätsempfänger Informationen über regelmäßige Erfolgskomponenten und insofern über die nachhaltige Ertragskraft des Unternehmens.[39]

Im Jahresabschluss von Versicherungsunternehmen kommt das *Teilerfolgsprinzip* zur Anwendung, da die GuV die Bereiche des Versicherungsgeschäfts und des nichtversicherungstechnischen Geschäfts unterscheidet.

4.6 Brutto- und Nettoprinzip

Die Unterscheidung in Brutto- und Nettoprinzip betrifft den Ausweis der Rückversicherung bei Erstversicherern bzw. der Retrozession bei Rückversicherern.
- Die Anwendung des *Bruttoprinzips* führt zu einem unsaldierten Ausweis von Erträgen, Aufwendungen, Aktiva und Passiva sowohl für das Bruttogeschäft als auch für den Anteil der Rückversicherer.[40]
- Das *Nettoprinzip* saldiert hingegen Bruttogrößen mit den Anteilen der Rückversicherer, wobei der Saldo als Größe »für eigene Rechnung« ausgewiesen wird.

In der Versicherungsbilanz erfolgt eine Anwendung des so genannten *modifizierten Nettoprinzips*. Es führt in der Erfolgsrechnung dazu, dass verdiente Beiträge, Aufwendungen für Versicherungsfälle, die Veränderung der übrigen versicherungstechnischen Nettorückstellungen sowie Aufwendungen für den Versicherungsbetrieb in einer Vorspalte sowohl brutto als auch im Anteil der Rückversicherer angegeben werden. In der Hauptspalte erfolgt der Ausweis für eigene Rechnung. In der Bilanz wird das modifizierte Nettoprinzip bei den versicherungstechnischen Rückstellungen angewandt. Lediglich die Schwankungsrückstellung und der Schwankungsrückstellung ähnliche Rückstellungen werden nicht nach dem modifizierten Nettoprinzip ausgewiesen, weil sie für den Selbstbehalt zu berechnen sind und damit ein Bruttoausweis in der Vorspalte entfällt.[41]

---

38 Vgl. zur Ermittlung des ordentlichen und außerordentlichen Erfolgs Metzler, Marco [Jahresabschlussanalyse, 2000], S. 115–140.
39 Vgl. Farny, Dieter [Buchführung, 1992], S. 108.
40 Vgl. Lorch, Manfred [Gestaltung, 1974], S. 89–99.
41 Vgl. Warnecke, Eberhard [Schwankungsrückstellung, 1998], S. 328.

Beispiel 2.2: Modelle der Rückversicherungsbilanzierung

Folgende Aufwendungen und Erträge sind gegeben (in Mio. €):
gebuchte Bruttobeiträge	100
abgegebene Versicherungsbeiträge (Quotenrückversicherung von 25%)	25
Aufwendungen für Versicherungsfälle brutto	80
Anteil der Rückversicherer an den Aufwendungen für Versicherungsfälle	20
Aufwendungen für den Versicherungsbetrieb brutto	20
erhaltene Provisionen und Gewinnbeteiligungen aus dem in Rückdeckung gegebenen Geschäft	10
Erträge aus Kapitalanlagen brutto	5
Aufwendungen für Depotzinsen	2

Modellerfolgsrechnung nach dem reinen Bruttoprinzip:

Aufwendungen		Erträge	
brutto		*brutto*	
Aufwendungen für Versicherungsfälle	80	gebuchte Bruttobeiträge	100
Aufwendungen für den Versicherungsbetrieb	20	Erträge aus Kapitalanlagen	5
Anteil Rückversicherung		*Anteil Rückversicherung*	
abgegebene Versicherungsbeiträge	25	Anteil der Rückversicherer an den Aufwendungen für Versicherungsfälle	20
Aufwendungen für Depotzinsen	2	erhaltene Provisionen und Gewinnbeteiligungen aus dem in Rückdeckung gegebenen Geschäft	10
Gewinn	8		

Modellerfolgsrechnung nach dem reinen Nettoprinzip:

Aufwendungen		Erträge	
Aufwendungen für Versicherungsfälle f. e. R.	60	Beiträge f. e. R.	75
Aufwendungen für den Versicherungsbetrieb f. e. R.	10	Erträge aus Kapitalanlagen f. e. R.	3
Gewinn	8		

Modellerfolgsrechnung nach einem modifizierten Nettoprinzip:

Aufwendungen		Erträge	
Aufwendungen für Versicherungsfälle f. e. R.		Beiträge f. e. R.	
brutto	80	brutto	100
davon ab: Anteil der Rückversicherer	20	davon ab: Anteil der Rückversicherer	25
	60		75
Aufwendungen für den Versicherungsbetrieb f. e. R.		Erträge aus Kapitalanlagen f. e. R.	
brutto	20	brutto	5
davon ab: Anteil der Rückversicherer	10	davon ab: Anteil der Rückversicherer	2
	10		3
Gewinn	8		

5 Überblick über Rechnungslegungsvorschriften für Versicherungsunternehmen

5.1 Einordnung von Versicherungsvorschriften in die Systematik des HGB

Die handelsrechtliche Rechnungslegung wird im Dritten Buch des Handelsgesetzbuchs geregelt. Die Vorschriften zeichnen sich durch einen Aufbau vom Allgemeinen zum Speziellen aus (vgl. Pfeil in Abb. 2.4).

Der Erste Abschnitt des Dritten Buchs (§§ 238–263 HGB) beinhaltet Vorschriften, die für alle Kaufleute gelten. Neben Vorschriften zur Buchführung (§§ 238–241 HGB) finden sich dort insbesondere die Vorschriften zu Ansatz und Bewertung im Jahresabschluss.

Im Zweiten Abschnitt des Dritten Buchs (§§ 264–335b) finden sich ergänzende Vorschriften für Kapitalgesellschaften sowie bestimmte Personenhandelsgesellschaften. Zunächst werden der Jahresabschluss und der Lagebericht der Kapitalgesellschaft geregelt (§§ 264–289 HGB). Weitere wichtige Normen stellen der Konzernabschluss und Konzernlagebericht (§§ 290–315a HGB), die Prüfung (§§ 316–324a HGB) sowie die Offenlegung (§§ 325–329 HGB) dar.

Während der Dritte Abschnitt des Dritten Buchs (§§ 336–339 HGB) spezifische Vorschriften für eingetragene Genossenschaften enthält, werden im Vierten Abschnitt (§§ 340–341p HGB) spezifische Geschäftszweige berücksichtigt. Diese betreffen Kredit- und Finanzdienstleistungsinstitute (§§ 340–340o HGB) sowie Versicherungsunternehmen (§§ 341–341p HGB).

ergänzende Vorschriften für Versicherungsunternehmen (§§ 341–341p HGB)
ergänzende Vorschriften für Kreditinstitute (§§ 340–340o HGB)
ergänzende Vorschriften für eingetragene Genossenschaften (§§ 336–339 HGB)
Konzernbilanzrecht (§§ 290–315a HGB)
ergänzende Vorschriften für Kapitalgesellschaften (§§ 264–289 HGB)
Bilanzrecht aller Kaufleute (§§ 238–263 HGB)

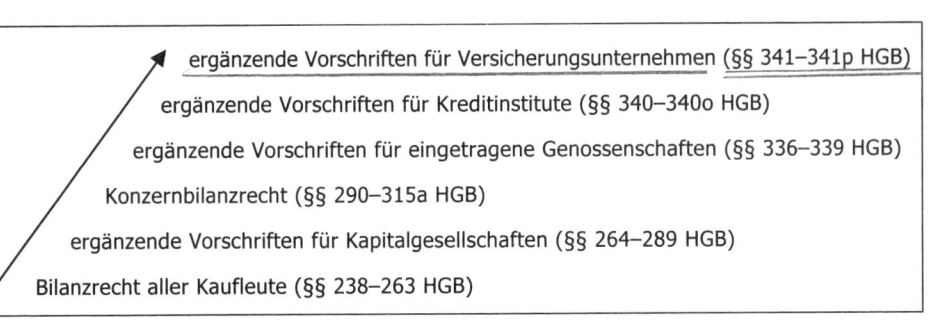

Abb. 2.4: Systematik der handelsrechtlichen Rechnungslegung

Die Vorschriften für Versicherungsunternehmen im HGB stellen die Umsetzung des Versicherungsbilanzrichtlinien-Gesetzes (VersRiLiG) in deutsches Recht dar. Versicherungsspezifische Regelungen sind nur für die Sachverhalte notwendig, die nicht durch die allgemeinen Vorschriften für alle Kaufleute oder Kapitalgesellschaften geregelt sind bzw. deren Abbildung aufgrund der Eigenschaften des Versicherungsgeschäfts einer versicherungsspezifischen Ausgestaltung bedarf. Dies betrifft vor allem die Bewertung von Vermögensgegenständen (§ 341b–d) sowie den Ansatz und die Bewertung der versicherungstechnischen Rückstellungen (§ 341e–h).

Die Anwendung der »Vorschriften für alle Kaufleute« (§§ 238–263 HGB), für Kapitalgesellschaften (§§ 264–289 HGB) sowie für Konzerne (§§ 290–315a HGB) betrifft mittel- oder unmittelbar alle Versicherungsunternehmen unabhängig von ihrer Rechtsform. Das Versicherungsaufsichtsgesetz regelt die Anwendung sowohl für Versicherungsvereine auf Gegenseitigkeit (§ 16 S. 2 VAG), kleinere Versicherungsvereine auf Gegenseitigkeit (§ 53 Abs. 1 S. 1 VAG i. V. m. § 16 S. 2 VAG), öffentlich-rechtliche Versicherungsunternehmen (§ 55 Abs. 1 VAG) als auch für Unternehmen mit Sitz im Ausland, die im Inland eine Niederlassung betreiben (§ 106 Abs. 2 S. 4 i. V. m. § 55 Abs. 1 VAG bzw. § 110d Abs. 2 S. 1 VAG i. V. m. § 55 Abs. 1 VAG).

Versicherungsunternehmen haben den Jahresabschluss und einen Lagebericht nach den für große Kapitalgesellschaften geltenden Vorschriften des Ersten Unterabschnitts des Zweiten Abschnitts aufzustellen (§ 341a Abs. 1 HGB).

Vorschriften, die von den §§ 238–289 HGB für Versicherungsunternehmen nicht oder wahlweise anzuwenden sind, sind in § 341a Abs. 2 HGB niedergelegt.

Größenabhängige Erleichterungen betreffen lediglich kleinere Vereine, die nicht den Bestimmungen der Versicherungsbilanzrichtlinie unterliegen (§ 61 RechVersV i. V. m. § 330 Abs. 4 HGB).

§ 341	Anwendungsbereich
§ 341a	anzuwendende Vorschriften
§§ 341b–341d	Bewertungsvorschriften
§§ 341e–341h	versicherungstechnische Rückstellungen
§§ 341i–341j	Konzernabschluss, Konzernlagebericht
§ 341l	Offenlegung
§§ 341m–p	Straf- und Bußgeldvorschriften

Abb. 2.5: Systematik der versicherungsspezifischen Vorschriften des HGB

5.2 Verordnungen für die Rechnungslegung von Versicherungsunternehmen und Versicherungsaufsichtsgesetz

Neben dem HGB wurde auf Basis von § 330 HGB eine Verordnung über die Rechnungslegung der Versicherungsunternehmen (RechVersV) geschaffen, um das HGB nicht unnötig auszudehnen.[42] Die RechVersV vom 08.11.1994 enthält Formblätter für die Bilanz und die GuV von Versicherungsunternehmen, die von den in §§ 266, 275 HGB dargestellten allgemeinen Gliederungen für Kapitalgesellschaften abweichen. Daneben enthält die RechVersV Vorschriften zu einzelnen Posten der Bilanz (§§ 6–35 RechVersV), der GuV (§ 36–50 RechVersV), dem Anhang (§§ 51–56 RechVersV), dem Lagebericht (§ 57 RechVersV) sowie der Konzernrechnungslegung (§§ 58–60 RechVersV).

§ 1	Anwendungsbereich
§§ 2–5	Bilanz und Gewinn- und Verlustrechnung
§§ 6–35	Vorschriften zu einzelnen Posten der Bilanz
§§ 36–50	Vorschriften zu einzelnen Posten der Gewinn- und Verlustrechnung
§§ 51–56	Anhang
§ 57	Lagebericht
§§ 58–60	Konzernrechnungslegung
§§ 61–62	Befreiungen und Vereinfachungen für bestimmte Versicherungsunternehmen
§ 63	Ordnungswidrigkeiten
§§ 64–65	Schlussvorschriften

Abb. 2.6: Systematik der RechVersV

Neben dem Handelsgesetzbuch und der RechVersV finden sich auch im Versicherungsaufsichtsgesetz Vorschriften zur Rechnungslegung. Im Rahmen der laufenden Missbrauchsaufsicht prüft die BaFin auch nach der Deregulierung die Rechnungslegung der Versicherungsunternehmen. Regelmäßig erfolgt eine Kontrolle der Rechnungslegung und Prüfung der Jahresabschlüsse (§§ 55–64 VAG) sowie die Kontrolle der Berechnung von Deckungsrückstellung und Deckungsstock (§§ 65–79a).

---

[42] Vgl. BT-DS. 12/5587, S. 16.

HGB	Handelsgesetzbuch	– allgemeine Bestimmungen aus dem Ersten Abschnitt (§§ 238–263 HGB) sowie die ergänzenden bzw. modifizierenden Normen für große Kapitalgesellschaften des Zweiten Abschnitts (§§ 264–335b HGB) – Versicherungsspezifischer Zweiter Unterabschnitt des Vierten Abschnitts (§§ 341–341p HGB): Ansatz und Bewertung der Kapitalanlagen und versicherungstechnischen Rückstellungen
RechVersV	Verordnung über die Rechnungslegung von Versicherungsunternehmen	– Vorschriften zur Verwendung von Formblättern, die anstelle der allgemeinen Gliederungsvorschriften von Bilanz und GuV treten (§§ 2–5 RechVersV) – Inhalte und Abgrenzungen einzelner versicherungsspezifischer Posten in Bilanz (§ 6–35 RechVersV), GuV (§ 36–50 RechVersV), Anhang (§ 51–56 RechVersV) und Lagebericht (§§ 57 RechVersV) – Bestimmungen zur Konzernrechnungslegung (§§ 58–60 RechVersV)
VAG	Versicherungsaufsichtsgesetz	– Regelung von maßgebenden Grundsätzen für die Rückstellungsbildung
VUBR (bis 1994)	Bilanzierungsrichtlinien für Versicherungsunternehmen	– allgemeine Verwaltungsvorschrift des BAV zur externen Rechnungslegung von Versicherungen – VUBR haben seit Verabschiedung der RechVersV keine unmittelbare Bedeutung mehr, aber sind weiterhin als Kommentierung für Einzelfragen verwendbar
BerVersV	Verordnung über die Berichterstattung von Versicherungsunternehmen gegenüber der BaFin	
DeckRV	Verordnung über die Rechnungsgrundlagen für die Deckungsrückstellungen	

Abb. 2.7: Auswahl wichtiger Rechnungslegungsvorschriften für Versicherungsunternehmen

Außerdem ermöglicht das VAG den Erlass weiterer Verordnungen, die einen Einfluss auf die Rechnungslegung ausüben:[43]

---

43 Vgl. zur Zusammenstellung der Verordnungen Hesberg, Dieter [Rechnungswesen, 1997], S. 53. Zu einzelnen Verordnungen vgl. Lorenz, Egon; Wandt, Manfred [Versicherungsrecht, 2001], S. 359–657.

- BerVersV (Verordnung über die Berichterstattung von Versicherungsunternehmen gegenüber der BaFin) vom 29.03.2006, BGBl I S. 622,
- DeckRV (Verordnung über Rechnungslegungsgrundlagen für die Deckungsrückstellungen) vom 06.05.1996, BGBl I S. 670,
- KalV (Verordnung über die versicherungsmathematischen Methoden zur Prämienkalkulation und zur Berechnung der Alterungsrückstellung in der Krankenversicherung) vom 18.11.1996, BGBl I S. 1783,
- ZRQuotenV (Verordnung über die Mindestbeitragsrückerstattung in der Lebensversicherung) vom 23.07.1996, BGBl I S. 1190,
- ÜbschV (Verordnung zur Ermittlung und Verteilung von Überzins und Überschuss in der Krankenversicherung) vom 08.11.1996, BGBl I S. 1687, zuletzt geändert am 12.10.2005, BGBl I S. 3016,
- AktuarV (Verordnung über die versicherungsmathematische Betätigung und den Erläuterungsbericht des Verantwortlichen Aktuars) vom 06.11.1996, BGBl I S. 1681, zuletzt geändert am 12.10.2005, BGBl I, S. 3015,
- bkVReV (Verordnung über die Rechnungslegung bestimmter kleinerer Versicherungsvereine) vom 27.01.1988, BGBl I, S. 104,
- PkewBV (Verordnung zur Bestimmung von Pensionskassen als Unternehmen von erheblicher wirtschaftlicher Bedeutung) vom 16.04.1996, BGBl I S. 618,
- PrüfV (Verordnung über (zusätzlichen) Inhalt der Prüfungsberichte zu den Jahresabschlüssen von Versicherungsunternehmen) vom 03.06.98, BGBl I S. 1209.

6 Aktivierung und Passivierung nach dem HGB

6.1 Bilanzstruktur eines Versicherungsunternehmens

Die Bilanzstruktur eines Versicherungsunternehmens wird von den Eigenschaften der Versicherungsproduktion geprägt. Daher existiert für Versicherungsunternehmen ein eigenes Formblatt, das anstelle des allgemeinen Gliederungsmusters der Bilanz (§ 266 HGB) anzuwenden ist.[44] Im Gegensatz zur GuV ist die Bilanzgliederung für Schaden- und Unfallversicherungsunternehmen, Lebens- und Krankenversicherungsunternehmen sowie Rückversicherungsunternehmen einheitlich.

Abweichend von der allgemeinen Bilanzstruktur unterscheiden Versicherungsunternehmen nicht nach Anlage- und Umlaufvermögen. Vielmehr werden

---

44 Die Grundlage hierfür bilden § 341a Abs. 2 S. 2, § 330 Abs. 3 und 4 sowie § 2 RechVersV.

Vermögensgegenstände in die vier Kategorien »Immaterielle Vermögensgegenstände«, »Kapitalanlagen«, »Forderungen« sowie »Sonstige Vermögensgegenstände« unterteilt.

Die Passivseite einer Versicherungsbilanz unterscheidet sich in ihrer Systematik insbesondere im Ansatz von Versicherungstechnischen Rückstellungen, die über den in § 249 Abs. 1 und 2 HGB genannten abschließenden Rückstellungskatalog bei Versicherungsunternehmen gebildet werden.

Aktivseite	Passivseite
Vermögen – Anlagevermögen – Umlaufvermögen	Eigenkapital
	Rückstellungen
	Verbindlichkeiten
Aktivierungshilfen	Rechnungsabgrenzungsposten
Rechnungsabgrenzungsposten	Sonderposten mit Rücklageanteil
Korrekturposten zu Passiva	Korrekturposten zu Aktiva

Abb. 2.8: Allgemeine Bilanzstruktur

Aktivseite	Passivseite
Vermögensgegenstände – immaterielle Vermögensgegenstände – Kapitalanlagen – Forderungen – sonstige Vermögensgegenstände	Eigenkapital
	Genussrechtskapital
	nachrangige Verbindlichkeiten
	Sonderposten mit Rücklageanteil
	versicherungstechnische Rückstellungen
	andere Rückstellungen
Aktivierungshilfen	Verbindlichkeiten
Rechnungsabgrenzungsposten	Rechnungsabgrenzungsposten
Korrekturposten zu Passiva	Korrekturposten zu Aktiva

Abb. 2.9: Bilanzstruktur eines Versicherungsunternehmens

6.2 Überblick über den Ansatz von Aktiva

Die Ansatzpflicht von Aktiva folgt aus dem Vollständigkeitsgebot des § 246 Abs. 1 HGB: »Der Jahresabschluss hat sämtliche Vermögensgegenstände und (aktive) Rechnungsabgrenzungsposten zu enthalten, soweit gesetzlich nichts anderes bestimmt ist.« Die gesetzliche Einschränkung betrifft bestimmte Ansatzwahlrechte (z. B. der derivative Geschäfts- oder Firmenwert gemäß § 255 Abs. 4 HGB) und Ansatzverbote (z. B. selbst erstellte immaterielle Vermögensgegenstände des Anlagevermögens gemäß § 248 Abs. 2 HGB).

Der Begriff »Vermögensgegenstand« wird durch das Gesetz nicht konkretisiert. Das Gesetz gibt lediglich Hinweise dafür, welche Kategorien von Vermögensgegenständen unterschieden werden können. Beispiele sind etwa:
- das Anlagevermögen und Umlaufvermögen (§ 247 Abs. 1 HGB),
- materielle und immaterielle Vermögensgegenstände (§ 248 Abs. 2 HGB),
- entgeltlich erworbene und selbst erstellte Vermögensgegenstände (§ 248 Abs. 2 HGB) und
- abnutzbare und nicht abnutzbare Vermögensgegenstände (§ 253 Abs. 2 S. 1 HGB).

Während im Sinne des bürgerlichen Rechts der Begriff »Vermögensgegenstände« Sachen und Rechte umfasst, unterscheidet die handelsrechtliche Literatur verschiedene *Kriterien*, die einen Vermögensgegenstand kennzeichnen:[45]

Einzelverkehrsfähigkeit: Ein Vermögensgegenstand existiert nach dem Kriterium der Einzelverkehrsfähigkeit dann, wenn er einzeln beschaffbar ist bzw. einzeln veräußert werden kann. Die Einschränkung auf die Einzelveräußerbarkeit vernachlässigt Vermögensgegenstände, die aufgrund rechtlicher oder vertraglicher Veräußerungsbeschränkungen nicht einzeln veräußerbar sind. Daher unterscheiden Vertreter dieses Kriteriums eine konkrete von einer abstrakten Einzelverkehrsfähigkeit.[46] Die abstrakte Einzelverkehrsfähigkeit schließt im Gegensatz zur konkreten Einzelverkehrsfähigkeit Vermögensgegenstände mit ein, die vertraglichen oder rechtlichen Veräußerungsbeschränkungen unterliegen. Dadurch wird das Kriterium zwar erweitert, bleibt aber dennoch ungenau.

Einzelverwertbarkeit:[47] Das Kriterium der Einzelverwertbarkeit bezeichnet ein Gut dann als Vermögensgegenstand, wenn es gegenüber Dritten verwertet, d. h. durch Veräußerung, Erteilung von Nutzungsrechten oder durch bedingten Verzicht in Geld umgewandelt werden kann.[48] Die Einzelverwertbarkeit bestimmt die handelsrechtliche Diskussion der Eigenschaften eines Vermögensgegenstands, da sie präziser als die abstrakte Einzelverkehrsfähigkeit auf das wirtschaftlich verwertbare Potenzial abzielt.[49]

Einzelvollstreckbarkeit: Nach dem Kriterium der Einzelvollstreckbarkeit liegt ein Vermögensgegenstand vor, wenn ein Gut gepfändet werden kann.[50] Das Kriterium widerspricht dem Gedanken des Fortführungsprinzips (§ 252 Abs. 1 Nr. 2

---

45 Vgl. zu unterschiedlichen Vorschlägen Adler, Hans; Düring, Walther; Schmaltz, Kurt [Rechnungslegung, 1995], S. 185–188, Rd. 15–25.
46 Vgl. ausführlich zur Unterscheidung zwischen abstrakter und konkreter Einzelveräußerbarkeit Baetge, Jörg et al. [Bilanzen, 2005], S. 157.
47 Vgl. etwa Baetge, Jörg; Kirsch, Hans-Jürgen [Grundsätze, 1995], S. 164.
48 Vgl. Lamers, Alfons [Aktivierungsfähigkeit, 1981], S. 216.
49 Vgl. insbesondere Baetge, Jörg et al. [Bilanzen, 2005], S. 157.
50 Vgl. Baetge, Jörg et al. [Bilanzen, 2005], S. 157.

HGB). Zudem finden sich in den Gliederungsvorschriften zur Bilanz (§ 266 Abs. 2 HGB) Beispiele (wie etwa Urheberrechte), die nach dem Gesetz als Vermögensgegenstände eingeordnet werden, aber nicht einzelvollstreckbar sind. Das Kriterium ist insofern zu eng definiert.

Während die handelsrechtliche Literatur zur abstrakten Einzelverkehrsfähigkeit bzw. Einzelverwertbarkeit als Kriterium für Vermögensgegenstände tendiert, wurden vom *BFH (Bundesfinanzhof)* eigene *Kriterien* aufgestellt, die aufgrund des Maßgeblichkeitsprinzips auch für die Handelsbilanz von Bedeutung sind. Demnach umfassen Wirtschaftsgüter (Vermögensgegenstände) »nicht nur Sachen und Rechte, sondern auch tatsächliche Zustände, konkrete Möglichkeiten und Vorteile für den Betrieb, deren Erlangung sich der Kaufmann etwas kosten lässt und die nach der Verkehrsauffassung einer besonderen Bewertung zugänglich sind«.[51] Die Kriterien des BFH lassen sich folgendermaßen systematisieren:

- Es muss ein Vermögensvorteil über den betrachteten Stichtag hinaus existieren.
- Dieser Vorteil muss hinreichend konkretisiert bzw. greifbar sein.
- Das Wirtschaftsgut muss einzeln oder im Zusammenhang mit dem Betrieb übertragbar sein.
- Das Wirtschaftsgut muss selbstständig bewertbar sein.

Formblatt 1 unterteilt für die Bilanz von Versicherungsunternehmen Vermögensgegenstände in »Immaterielle Vermögensgegenstände«, »Kapitalanlagen«, »Forderungen« und »Sonstige Vermögensgegenstände«. Insbesondere die Systematik der *Immateriellen Vermögensgegenstände* nach § 6 RechVersV widerspricht den Kriterien für Vermögensgegenstände. Diese werden unterteilt in:

- Aufwendungen für die Ingangsetzung und Erweiterung des Geschäftsbetriebs nach § 269 Abs. 1 S. 1 HGB,
- einen entgeltlich erworbenen Geschäfts- oder Firmenwert sowie
- sonstige immaterielle Vermögensgegenstände, zu denen auch ein entgeltlich erworbener Gesamt- oder Teilversicherungsbestand gehört.

Aufwendungen für die Ingangsetzung und Erweiterung des Geschäftsbetriebs weisen den Charakter einer Bilanzierungshilfe auf, werden aber dennoch unter den Vermögensgegenständen ausgewiesen.[52] Ebenso wird der entgeltlich erworbene Geschäfts- oder Firmenwert als Vermögensgegenstand ausgewiesen. Diese Regelung entspricht dem Ausweis für Kapitalgesellschaften nach dem allgemeinen Gliederungsschema des § 266 Abs. 2 HGB. Allerdings ist der derivative Ge-

---

51 BFH vom 29.04.1965
52 Vgl. BT-Drs. 823/94, S. 113.

schäfts- oder Firmenwert weder einzelverkehrsfähig noch einzelverwertbar und weist somit eher den Charakter einer Bilanzierungshilfe auf.

Kapitalanlagen bilden den Schwerpunkt innerhalb der Vermögensgegenstände in der Versicherungsbilanz. Formblatt 1 unterteilt die Kapitalanlagen in fünf Kategorien:
- Grundstücke, grundstücksgleiche Rechte und Bauten einschließlich Bauten auf fremden Grundstücken,
- Kapitalanlagen in verbundenen Unternehmen und Beteiligungen,
- sonstige Kapitalanlagen,
- Depotforderungen aus dem in Rückdeckung übernommenen Geschäft und
- Kapitalanlagen für Rechnung und Risiko der Inhaber von Lebensversicherungspolicen.

Forderungen werden insbesondere dahingehend unterteilt, ob sie mit dem selbst abgeschlossenen Versicherungsgeschäft oder dem in Rückdeckung gegebenen Geschäft in Verbindung stehen. In der Versicherungsbilanz finden sich folgende Kategorien von Forderungen:
- Forderungen aus dem selbst abgeschlossenen Geschäft gegenüber Versicherungsnehmern, Versicherungsvermittlern sowie gegenüber Mitglieds- und Trägerunternehmen,
- Abrechnungsforderungen aus dem in Rückdeckung gegebenen Geschäft und
- sonstige Forderungen.

Vermögensgegenstände, die nicht unmittelbar mit dem Versicherungsgeschäft in Verbindung stehen, werden in der Versicherungsbilanz unter den »_Sonstigen Vermögensgegenständen_« ausgewiesen. Der Posten teilt sich in vier Kategorien auf:
- Sachanlagen und Vorräte,
- laufende Guthaben bei Kreditinstituten, Schecks und Kassenbestand,
- eigene Anteile und
- andere Vermögensgegenstände.

Rechnungsabgrenzungsposten entstehen infolge des Periodisierungsprinzips und sorgen insofern für eine periodengerechte Erfolgsermittlung. Nach dem Vollständigkeitsgebot unterliegen sie wie Vermögensgegenstände einer Ansatzpflicht. Es können zwei grundsätzliche Arten der Rechnungsabgrenzung unterschieden werden:[53]

---

[53] Vgl. etwa Baetge, Jörg et al. [Bilanzen, 2005], S. 527.

- *Transitorische (aktive) Rechnungsabgrenzungsposten* regelt das Gesetz in § 250 HGB. »Als Rechnungsabgrenzungsposten sind auf der Aktivseite Ausgaben vor dem Abschlussstichtag auszuweisen, soweit sie Aufwand für eine bestimmte Zeit nach diesem Tag darstellen« (§ 250 Abs. 1 S. 1 HGB). Ein Beispiel hierfür stellen im Voraus gezahlte Mieten dar.
- *Antizipative (aktive) Rechnungsabgrenzungsposten* entstehen dann, wenn in einer Periode ein Ertrag vorliegt, der erst nach dem Abschlussstichtag zu einer Einzahlung führt. Während transitorische Rechnungsabgrenzungsposten in der Bilanz als aktive Rechnungsabgrenzungsposten ausgewiesen werden, erfolgt bei antizipativen Rechnungsabgrenzungsposten ein Ausweis unter den Forderungen. Damit fallen antizipative aktive Rechnungsabgrenzungsposten unter die Kategorie der Vermögensgegenstände.

6.3 Überblick über den Ansatz von Passiva

Die Passivierungspflicht von Schulden folgt aus dem aus dem Vollständigkeitsgebot des § 246 Abs. 1 HGB: »Der Jahresabschluss hat ›sämtliche‹ Schulden und (passive) Rechnungsabgrenzungsposten zu enthalten, soweit gesetzlich nichts anderes bestimmt ist.« Wie bei Vermögensgegenständen liefert das Gesetz keine Legaldefinition des Begriffs Schulden. In der Literatur finden sich Kriterien, die eine Schuld charakterisieren:[54]

- Es muss eine *Verpflichtung* des bilanzierenden Unternehmens vorliegen.
- Mit der Verpflichtung muss eine wirtschaftliche Belastung für das bilanzierende Unternehmen verbunden sein.
- Die wirtschaftliche Belastung muss quantifizierbar sein.
- Schulden können in die Formen Verbindlichkeiten und Rückstellungen unterteilt werden.
- Verbindlichkeiten sind Verpflichtungen, deren Existenz und Höhe sicher feststehen.
- Rückstellungen sind Verpflichtungen, deren Existenz und/oder Höhe unsicher sind.

Verbindlichkeiten spielen in Versicherungsunternehmen im Vergleich zu den Rückstellungen eine verhältnismäßig geringe Rolle. Das hängt insbesondere damit zusammen, dass eine Kreditfinanzierung bei Versicherungsunternehmen aufsichtsrechtlich nicht uneingeschränkt möglich ist. Verbindlichkeiten finden sich in der Versicherungsbilanz in drei Kategorien:

---

54 Vgl. zu den Kriterien Baetge, Jörg et al. [Bilanzen, 2005], S. 168.

- nachrangige Verbindlichkeiten,
- Depotverbindlichkeiten aus dem in Rückdeckung gegebenen Geschäft und
- andere Verbindlichkeiten, die in Verbindlichkeiten aus dem selbst abgeschlossenen Geschäft, Abrechnungsverbindlichkeiten aus dem Rückversicherungsgeschäft, Anleihen, Verbindlichkeiten gegenüber Kreditinstituten sowie sonstige Verbindlichkeiten unterschieden werden.

Das Gesetz nennt in § 249 HGB einen abschließenden Rückstellungskatalog. Demnach können Rückstellungen unterteilt werden in
- Rückstellungen für ungewisse Verbindlichkeiten,
- Rückstellungen für drohende Verluste aus schwebenden Geschäften sowie
- Aufwandsrückstellungen.

Rückstellungsart	Rückstellungen für ungewisse Verbindlichkeiten	Rückstellungen für drohende Verluste aus schwebenden Geschäften	Aufwandsrückstellungen
Ansatzpflicht	Ansatzpflicht nach § 249 Abs. 1 HGB	Ansatzpflicht nach § 249 Abs. 1 S. 1 HGB)	Ansatzpflicht nach § 249 Abs. 1 S. 2 bzw. Ansatzwahlrecht nach § 249 Abs. 1 S. 3 HGB sowie § 249 Abs. 2 HGB
Außen-/Innen-verpflichtung	Außenverpflichtung	Außenverpflichtung	Innenverpflichtung

Abb. 2.10: Rückstellungen nach § 249 HGB

Der Rückstellungskatalog des § 249 HGB wird als abschließender Rückstellungskatalog bezeichnet, da Rückstellungen für andere Zwecke nicht gebildet werden dürfen (§ 249 Abs. 3 S. 1 HGB). Dieses Verbot wird für Versicherungsunternehmen in § 341e Abs. 1 S. 1 HGB insoweit aufgehoben, als Versicherungsunternehmen versicherungstechnische Rückstellungen zu bilden haben, »wie dies nach vernünftiger kaufmännischer Beurteilung notwendig ist, um die dauernde Erfüllbarkeit der Verpflichtungen aus den Versicherungsverträgen sicherzustellen«.

Bei versicherungstechnischen Rückstellungen handelt es sich um Rückstellungen, die unmittelbar mit dem Versicherungsgeschäft verbunden sind. Ähnlich wie bei den Vermögensgegenständen stimmt die gesetzliche Systematik der versicherungstechnischen Rückstellungen nicht mit den Kriterien für Rückstellungen überein, da sie teilweise den Charakter von Verbindlichkeiten und Rechnungsabgrenzungsposten aufweisen. Nach FARNY stellen versicherungstechnische Rückstellungen »*der Höhe nach ungewisse Verpflichtungen aus einzelnen Versicherungsverträgen oder dem gesamten Versicherungsbestand dar*«[55]. Die Ansatzvorschrift für versicherungstechnische Rückstellungen folgt aus den allgemeinen Bilanzierungsvorschriften des § 341e HGB. Demnach sind versicherungstechnische Rückstellungen zu bilden für:

- Beiträge, die einen Ertrag für eine bestimmte Zeit nach dem Abschlussstichtag darstellen (Beitragsüberträge),
- erfolgsabhängige und erfolgsunabhängige Beitragsrückerstattung, soweit die ausschließliche Verwendung der Rückstellung zu diesem Zweck durch Gesetz, Satzung, geschäftsplanmäßige Erklärung oder vertragliche Vereinbarung gesichert ist (Rückstellung für Beitragsrückerstattung),
- Verluste, mit denen nach dem Abschlussstichtag aus bis zum Ende des Geschäftsjahres geschlossenen Verträgen zu rechnen ist (Rückstellung für drohende Verluste aus dem Versicherungsgeschäft) und
- Rückstellungen nach den Fällen der §§ 341 f–h HGB (Deckungsrückstellung, Rückstellung für noch nicht abgewickelte Versicherungsfälle, Schwankungsrückstellung und ähnliche Rückstellungen).

Versicherungstechnische Rückstellungen können nach unterschiedlichen Gesichtspunkten differenziert werden. Nach dem *Zeitbezug* gibt es:[56]
- versicherungstechnische Rückstellungen, die mit zukünftigen Versicherungsleistungen in Verbindung stehen, mit denen aufgrund des abstrakt zu gewährenden Versicherungsschutzes zu rechnen ist (z. B. Beitragsüberträge, Schwankungsrückstellung),
- versicherungstechnische Rückstellungen, die mit bereits eingetretenen Versicherungsfällen in Verbindung stehen, die aber noch nicht ausgezahlt sind (z. B. Schadenrückstellung), und
- versicherungstechnische Rückstellungen, die für eine Beteiligung der Versicherungsnehmer bestimmt sind, die aber noch nicht ausgezahlt sind (Beitragsrückerstattung).

In Abhängigkeit von der *Geschäftszugehörigkeit* können unterschieden werden:
- versicherungstechnische Rückstellungen, die in Verbindung mit dem Beitragszyklus entstehen (z. B. Beitragsüberträge, Beitragsrückerstattung, Stornorückstellung) und
- versicherungstechnische Rückstellungen, die in Verbindung mit dem Schaden- und Leistungszyklus entstehen (z. B. Schadenrückstellung, Schwankungsrückstellung, Drohverlustrückstellung, Deckungsrückstellung).

---

55 Farny, Dieter [Buchführung, 1992], S. 129.
56 Vgl. in ähnlicher Weise Farny, Dieter [Buchführung, 1992], S. 129.

Rechnungsabgrenzungsposten auf der Passivseite können wiederum in transitorische und antizipative Rechnungsabgrenzungsposten aufgeteilt werden:[57]

- Als *transitorische (passive) Rechnungsabgrenzungsposten* sind nach § 250 Abs. 2 HGB »auf der Passivseite [...] als Rechnungsabgrenzungsposten Einnahmen vor dem Abschlussstichtag auszuweisen, soweit sie Ertrag für eine bestimmte Zeit nach diesem Tag darstellen«. Ein Beispiel stellen im Voraus erhaltene Mieten dar.
- *Antizipative (passive) Rechnungsabgrenzungsposten* entstehen dann, wenn in einer Periode ein Aufwand vorliegt, der erst nach Abschlussstichtag zu einer Auszahlung führt. Während transitorische Rechnungsabgrenzungsposten in der Bilanz als passive Rechnungsabgrenzungsposten ausgewiesen werden, erfolgt bei antizipativen Rechnungsabgrenzungsposten ein Ausweis unter den Verbindlichkeiten.

Die Rechnungsabgrenzung hat im Versicherungsunternehmen aufgrund der Zeitraumbezogenheit eine besondere Bedeutung. Das hängt damit zusammen, dass die Versicherungsperiode häufig vom Zeitraum des Geschäftsjahres abweicht. Dadurch erhalten Versicherungsunternehmen Beiträge, die nur zu einem bestimmten Teil der Periode zurechenbar sind und daher abgegrenzt werden müssen. Nach der oben dargestellten Systematik handelt es sich um Einzahlungen vor dem Abschlussstichtag, die teilweise erst für eine bestimmte Zeit danach Erträge darstellen.

In der Versicherungsbilanz erfolgt die Periodisierung mit Hilfe von Beitragsüberträgen. Diese stellen ihrem Charakter nach einen passiven transitorischen Rechnungsabgrenzungsposten dar. Allerdings werden sie nach der Gesetzessystematik als versicherungstechnische Rückstellungen ausgewiesen. Diese Einordnung stammt aus der statischen Bilanztheorie, die Beitragsüberträge als Ausdruck einer künftigen Verpflichtung (der Leistung von Versicherungsschutz) zuschreibt.[58] Daher werden Beitragsüberträge unter den versicherungstechnischen Rückstellungen ausgewiesen, obwohl der bilanztheoretische Charakter eines Rechnungsabgrenzungspostens allgemein anerkannt wird.[59] Abbildung 2.11 veranschaulicht vereinfacht das Problem der Rechnungsabgrenzung in Versicherungsunternehmen:

---

57 Vgl. etwa Baetge, Jörg et al. [Bilanzen, 2005], S. 527.
58 Vgl. Gürtler, Max [Erfolgsrechnung, 1958], S. 79 f.
59 Vgl. etwa Farny, Dieter [Buchführung, 1992], S. 130.

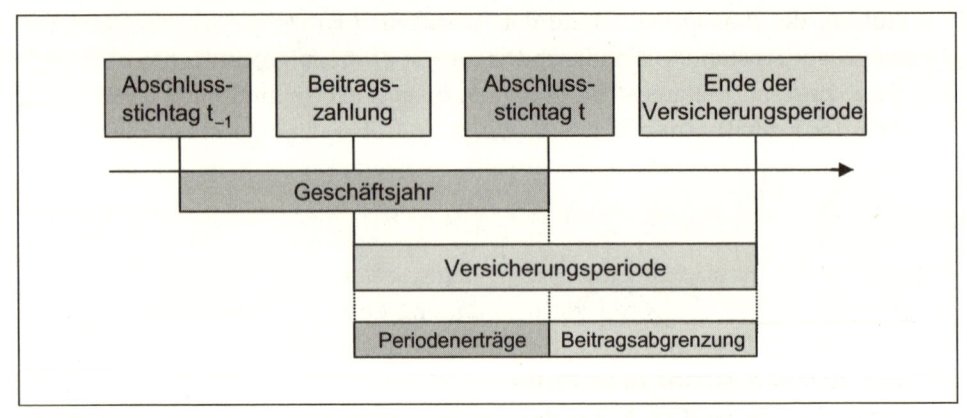

Abb. 2.11: Problem der Rechnungsabgrenzung in Versicherungsunternehmen

7 Allgemeine Bewertungsvorschriften für Versicherungsunternehmen nach dem HGB

7.1 Überblick über Bewertungsvorschriften für alle Kaufleute und Kapitalgesellschaften

Neben dem Ansatz von Aktiva und Passiva in der Bilanz müssen die einzelnen Vermögensgegenstände und Schulden bewertet werden. Die Bewertung ist in den Vorschriften für alle Kaufleute in den §§ 252–256 HGB geregelt. Trotz dieser gesetzlichen Regelung hat die Bewertung immer eine subjektive Komponente, da wirtschaftliche Sachverhalte von unterschiedlichen Bewertern unterschiedlich eingeschätzt werden. Zudem liefert das Gesetz neben Ansatzwahlrechten auch vielfältige Bewertungswahlrechte.

Eine Bewertung kann in *zwei Stufen* unterteilt werden. Die erste Stufe umfasst die *Zugangsbewertung*. Im Rahmen der Zugangsbewertung wird der Wert ermittelt, den ein Vermögensgegenstand bzw. eine Schuld zum Zeitpunkt des Zugangs zum Unternehmen aufweist. Die Zugangsbewertung ist in § 253 Abs. 1 HGB geregelt.

- *Vermögensgegenstände* sind *höchstens mit ihren (planmäßig fortgeführten) Anschaffungs- oder Herstellungskosten zu bewerten*. Anschaffungskosten sind die Aufwendungen, die geleistet werden, um einen Vermögensgegenstand zu erwerben und ihn in einen betriebsbereiten Zustand zu versetzen, soweit sie dem Vermögensgegenstand einzeln zugeordnet werden können (§ 255 Abs. 1 S. 1 HGB). Herstellkosten sind die Aufwendungen, die durch den Verbrauch von

Gütern, die Inanspruchnahme von Diensten für die Herstellung eines Vermögensgegenstands, seine Erweiterung oder für eine über seinen ursprünglichen Zustand hinausgehende wesentliche Verbesserung entstehen (§ 255 Abs. 2 S. 1 HGB). Planmäßig fortgeführte Vermögensgegenstände sind solche, deren Nutzung zeitlich begrenzt ist. Diese sind um planmäßige Abschreibungen zu vermindern (§ 253 Abs. 2 S. 1 HGB). Dadurch werden die Anschaffungs- oder Herstellungskosten in Abhängigkeit von ihrem Nutzungsverlauf sowie ihrem Restbuchwert auf die angenommene Nutzungsdauer verteilt.

- *Verbindlichkeiten* sind zu ihrem Rückzahlungsbetrag zu bewerten.
- *Rentenverpflichtungen*, für die eine Gegenleistung nicht mehr zu erwarten ist, sind zu ihrem *Barwert* zu bewerten.
- *Rückstellungen* sind in Höhe des Betrags anzusetzen, der nach *vernünftiger kaufmännischer Beurteilung* notwendig ist. Eine Abzinsung von Rückstellungen ist nur dann möglich, wenn die ihnen zugrunde liegenden Verbindlichkeiten einen Zinsanteil enthalten.

Die zweite Stufe der Bewertung stellt die *Folgebewertung* dar. Im Rahmen der Folgebewertung wird der Wertansatz der Vermögensgegenstände und Schulden in jeder Periode überprüft. Das Gesetz regelt Wertkorrekturen in § 253 Abs. 2–5:

- Vermögensgegenstände des Anlagevermögens *können* unabhängig davon, ob ihre Nutzungsdauer zeitlich beschränkt ist, um außerplanmäßige Abschreibungen vermindert werden, um die »Vermögensgegenstände mit dem niedrigeren Wert anzusetzen, der ihnen am Abschlussstichtag beizulegen ist; sie sind vorzunehmen bei einer voraussichtlich dauernden Wertminderung.« (§ 253 Abs. 2 S. 3 HGB). Das Wahlrecht einer Minderung des Wertansatzes um außerplanmäßige Abschreibungen bei voraussichtlich nicht dauerhafter Wertminderung wird als *gemildertes Niederstwertprinzip* bezeichnet.
- Das Umlaufvermögen wird durch das *strenge Niederstwertprinzip* geprägt. Vermögensgegenstände des Umlaufvermögens *sind* um außerplanmäßige Abschreibungen zu mindern, »um diese mit einem niedrigeren Wert anzusetzen, der sich aus einem Börsen- oder Marktpreis am Abschlussstichtag ergibt« (§ 253 Abs. 3 S. 1). Falls ein Börsen- oder Marktpreis nicht ermittelbar ist, muss eine Abschreibung auf den niedrigeren beizulegenden Wert erfolgen (S. 2). Zudem dürfen Abschreibungen zur Antizipation künftiger Wertschwankungen erfolgen (S. 3).
- Das Gesetz ermöglicht darüber hinaus Abschreibungen im Rahmen vernünftiger kaufmännischer Beurteilung (§ 253 Abs. 4 HGB).
- Eine Abschreibung ist auch dann möglich, wenn Vermögensgegenstände mit dem niedrigeren Wert angesetzt werden, der auf einer nur steuerlich zulässigen Abschreibung beruht (§ 254 HGB).
- Bei Wegfall der Abschreibungsgründe dürfen die niedrigeren Werte beibehalten werden (§ 253 Abs. 5 HGB).

	Anlagevermögen	Umlaufvermögen
	abnutzbar (1) beizulegender Wert (2) steuerlich zulässiger Wert (3) Wert im Rahmen vernünftiger kaufmännischer Beurteilung	**nicht abnutzbar** (4) beizulegender Wert (5) steuerlich zulässiger Wert (6) Wert im Rahmen vernünftiger kaufmännischer Beurteilung	(7) Börsen- oder Marktpreis (8) beizulegender Wert (9) Wert zur Antizipation zukünftiger Wertschwankungen (10) steuerlich zulässiger Wert (11) Wert im Rahmen vernünftiger kaufmännischer Beurteilung

Abschreibungswahlrecht auf (1) oder (4) bei voraussichtlich nicht dauernder Wertminderung

Abschreibungszwang auf (7) oder (8), wenn niedriger als Anschaffungs- oder Herstellungskosten

Abb. 2.12: Überblick über die Folgebewertung von Vermögensgegenständen

Die dargestellten Bewertungsvorschriften werden in den §§ 279 und 280 HGB für Kapitalgesellschaften eingeschränkt:
- Abschreibungen nach vernünftiger kaufmännischer Beurteilung sind nicht erlaubt (§ 279 Abs. 1 S. 1 HGB).
- Abschreibungen bei Vermögensgegenständen des Anlagevermögens auf den niedrigeren beizulegenden Wert bei nur vorübergehender Wertminderung dürfen nur bei Finanzanlagen angewendet werden (§ 279 Abs. 1 S. 2 HGB).
- Rein steuerliche Abschreibungen dürfen nur vorgenommen werden, wenn sie aufgrund des umgekehrten Maßgeblichkeitsprinzips in Handels- und Steuerbilanz simultan vorgenommen werden (§ 279 Abs. 2 HGB).
- Das Beibehaltungswahlrecht bei Wegfall der Gründe für die Abschreibung gilt nicht für Kapitalgesellschaften. § 280 Abs. 1 HGB kodifiziert ein Wertaufholungsgebot, d. h., es muss eine Zuschreibung erfolgen. Allerdings kann von dieser Zuschreibung abgesehen werden, wenn der niedrigere Wertansatz in der steuerrechtlichen Gewinnermittlung beibehalten werden kann und die Beibehaltung an den niedrigeren Wertansatz in der Handelsbilanz geknüpft wird (§ 280 Abs. 2 HGB). Die Wertaufholung wurde durch das Steuerentlastungsgesetz 1999/2000/2002 in § 6 Abs. 1 Nr. 1 S. 4 und § 6 Abs. 2 Nr. 2 S. 3 EStG kodifiziert. Dadurch wird § 280 Abs. 2 HGB nahezu bedeutungslos.

7.2 Überblick über versicherungsspezifische Bewertungsvorschriften

Fragestellungen der Bewertung betreffen bei Versicherungsunternehmen insbesondere die Bewertung der Kapitalanlagen sowie die Bewertung der versicherungstechnischen Rückstellungen. Ein versicherungsspezifisches Problem der Bewertung von Vermögensgegenständen resultiert daraus, dass Versicherungsunternehmen im Ansatz nicht nach Anlagevermögen und Umlaufvermögen unterscheiden. Dennoch erfordern die Vorschriften der §§ 341b–d im Rahmen der Bewertung eine Zuteilung der einzelnen Kapitalanlagen zu Anlage- oder Umlaufvermögen. Die *Bewertung der Kapitalanlagen* kann auf vier verschiedene Weisen erfolgen:[60]

Gruppe 1: Bewertung wie Anlagevermögen ohne Abschreibung bei nur vorübergehender Wertminderung

Kapitalanlagen der Gruppe 1 werden nach den für das Anlagevermögen geltenden Vorschriften ohne Anwendung des gemilderten Niederstwertprinzips bewertet. Insofern werden die für alle Kaufleute geltenden Vorschriften dahingehend modifiziert, dass bei voraussichtlich dauerhafter Wertminderung eine Abschreibungspflicht besteht, während bei nur vorübergehender Wertminderung keine Abschreibung vorgenommen wird. § 253 Abs. 2 S. 3 HGB wird damit für diese Bewertungsgruppe nicht angewendet. Die Bewertung gleicht den Vorschriften für Kapitalgesellschaften nach § 279 Abs. 1 S. 2 HGB für Sachanlagen sowie immaterielle Vermögensgegenstände.

Inhaltlich werden zur Bewertungsgruppe 1 entgeltlich erworbene immaterielle Vermögensgegenstände, Grundstücke, grundstücksgleiche Rechte einschließlich der Bauten auf fremden Grundstücken, technische Anlagen und Maschinen, andere Anlagen, Betriebs- und Geschäftsausstattung, Anlagen im Bau und Vorräte gezählt (§ 341b Abs. 1 S. 1 HGB).

Gruppe 2: Bewertung wie Anlagevermögen mit Wahlrecht der Abschreibung bei nur vorübergehender Wertminderung

Bei Vermögensgegenständen der Gruppe 2 besteht das Wahlrecht einer außerplanmäßigen Abschreibung bei nur vorübergehender Wertminderung. Insofern ist § 253 Abs. 2 S. 3 HGB anzuwenden. Bei einer voraussichtlich dauerhaften Wertminderung besteht eine Abschreibungspflicht. Die Bewertung dieser Vermögensgegenstände folgt also den Bewertungsvorschriften für alle Kaufleute. Nicht angewendet wird daher die Regelung des § 279 Abs. 1 S. 2 HGB für Kapitalgesellschaften.

---

60 Vgl. Becker, Thomas [Jahresabschluss, 1999], S. 178–184.

Die Regelung der Bewertungsgruppe gilt nach § 341b Abs. 1 S. 2 HGB jedoch vorbehaltlich von § 341b Abs. 2 HGB sowie § 341c HGB. Demnach können für die genannten Vermögensgegenstände abweichende Bewertungsregeln gelten.

Vermögensgegenstände, für deren Bewertung ein gemildertes Niederstwertprinzip möglich ist, stellen Beteiligungen, Anteile an verbundenen Unternehmen, Ausleihungen an verbundene Unternehmen oder an Unternehmen, mit denen ein Beteiligungsverhältnis besteht, Namensschuldverschreibungen, Hypothekendarlehen und andere Forderungen und Rechte, sonstige Ausleihungen sowie Depotforderungen aus dem in Rückdeckung übernommenen Versicherungsgeschäft dar.

Gruppe 3: Bewertung wie Umlaufvermögen mit strengem bzw. ohne strenges Niederstwertprinzip

Vermögensgegenstände der Gruppe 3 werden wie Umlaufvermögen nach dem strengen Niederstwertprinzip behandelt, soweit sie nicht längerfristig dem Geschäftsbetrieb dienen sollen. Auch bei nur vorübergehender Wertminderung muss bei diesen Vermögensgegenständen eine außerplanmäßige Abschreibung auf den niedrigeren Börsen- oder Marktpreis bzw. einen niedrigeren beizulegenden Wert erfolgen (§ 341b Abs. 2 S. 1 HGB).[61] Die Bewertung nach dem strengen Niederstwertprinzip kann jedoch dann unterbleiben, wenn die Vermögensgegenstände dauerhaft dem Geschäftsbetrieb dienen sollen. Diese Veränderung des § 341b HGB wurde durch die Verabschiedung des Versicherungskapitalanlagen-Bewertungsgesetzes ermöglicht. Demnach können auch Vermögensgegenstände, die der Bewertungsgruppe 3 zugeordnet werden, nach den Vorschriften des Anlagevermögens bewertet werden, wenn sie dazu bestimmt sind, dem Geschäftsbetrieb langfristig zu dienen. Danach sind Versicherungsunternehmen nicht mehr verpflichtet, Aktien bei voraussichtlich nicht dauerhafter Wertminderung abzuschreiben. Die Neuregelung des § 341b Abs. 2 HGB führt zu einer Angleichung der Bewertungsvorschriften von Versicherungsunternehmen an die für Banken im § 340e HGB geltende Vorschrift. Vermögensgegenstände der Bewertungsgruppe 3 umfassen Aktien einschließlich der eigenen Anteile, Investmentanteile sowie sonstige festverzinsliche und nicht festverzinsliche Wertpapiere.

Gruppe 4: Wahlrecht der Nennwertbilanzierung

§ 341c HGB ermöglicht für Namensschuldverschreibungen, Hypothekendarlehen und andere Forderungen ein Wahlrecht der Nennwertbilanzierung anstelle einer Bewertung zu Anschaffungskosten. Die Bewertung wird in § 341c HGB konkretisiert und in zwei Fälle untergliedert:

---

[61] Die §§ 254, 256, 279 Abs. 1 S. 1 und Abs. 2, 280 HGB sind bei dieser Bewertungsgruppe anzuwenden.

- Falls der *Nennbetrag* (= Rückzahlungsbetrag) *größer* ist als die *Anschaffungskosten* (= Auszahlungsbetrag), besteht die Pflicht zur Bildung eines passiven Unterschiedsbetrags, der planmäßig aufzulösen ist (§ 341c Abs. 2 S. 1 HGB). Das *Disagio* lässt sich als *zusätzlicher Zins* interpretieren, der über die Laufzeit der Ausleihung als Zinsertrag vereinbart wird.[62]
- Falls der *Nennbetrag kleiner* ist als die *Anschaffungskosten* sind, besteht ein Wahlrecht zur Bildung eines aktiven Rechnungsabgrenzungspostens, der planmäßig aufgelöst wird (§ 341c Abs. 2 S. 2 HGB). Das *Agio* wird als *Zinsminderung* interpretiert, die kapitalanteilig nach der Zinsstaffelmethode auf die Laufzeit der Ausleihung zu verteilen ist (keine Erhöhung des Zinsaufwands, sondern Verminderung des Zinsertrags, da eine zu diesem Zinsaufwand gehörende Schuld fehlt).[63]

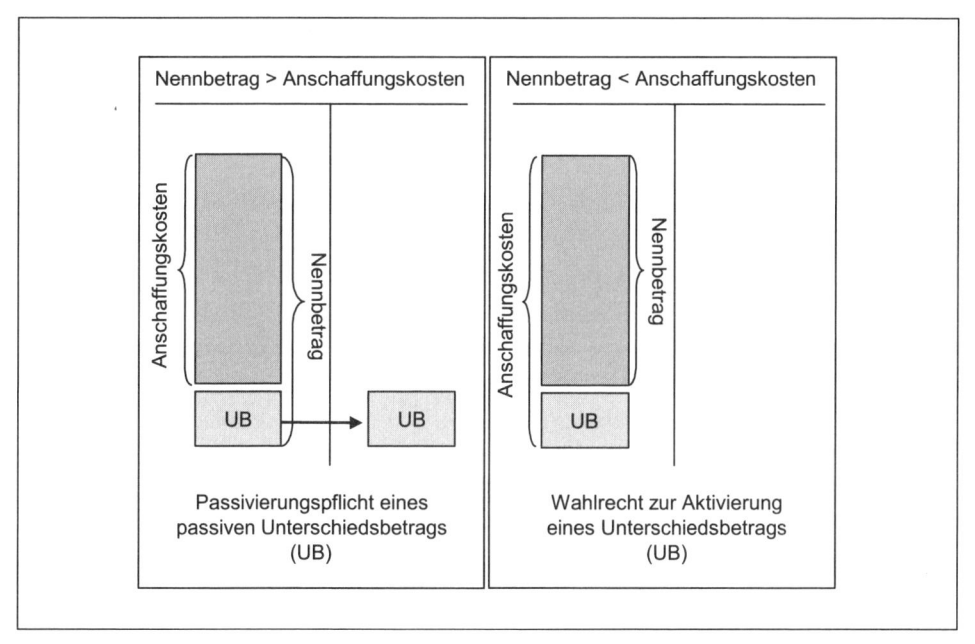

Abb. 2.13: Bewertung nach § 341c HGB

Die Bewertung der *versicherungstechnischen Rückstellungen* ist in den §§ 341e–h geregelt. Diese versicherungsspezifischen Vorschriften ergänzen die Bewertungsvorschrift für Rückstellungen nach § 253 Abs. 1 S. 2 HGB. Ebenso wie in den allgemeinen Vorschriften erfolgt die Bewertung der versicherungstechnischen Rückstellungen nach vernünftiger kaufmännischer Beurteilung. Nach § 341e

---

62 Vgl. Stuirbrink, Wolfgang; Schuster, Anselm [§ 341c HGB, 1998], S. 227.
63 Vgl. Stuirbrink, Wolfgang; Schuster, Anselm [§ 341c HGB, 1998], S. 228.

Abs. 1 HGB »sind versicherungstechnische Rückstellungen auch insoweit zu bilden, wie dies nach vernünftiger kaufmännischer Beurteilung notwendig ist, um die dauernde Erfüllbarkeit der Verpflichtungen aus den Versicherungsverträgen sicherzustellen«. Die allgemeinen Rückstellungsvorschriften werden damit sowohl dem Grunde als auch der Höhe nach erweitert.[64] Daneben sind für die Bewertung versicherungstechnischer Rückstellungen auch aufsichtsrechtliche Vorschriften über die bei der Berechnung der Rückstellungen zu verwendenden Rechnungsgrundlagen einschließlich des dafür anzusetzenden Rechnungszinsfußes und über die Zuweisung bestimmter Kapitalerträge zu den Rückstellungen zu berücksichtigen (§ 341e Abs. 1 S. 2 HGB). Die Bewertung der versicherungstechnischen Rückstellungen erhält daher neben bilanzrechtlichen auch aufsichtsrechtliche Vorschriften, die im Versicherungsaufsichtsgesetz geregelt sind.

Als allgemeine Bewertungsregel für versicherungstechnische Rückstellungen gilt das *Einzelbewertungsprinzip*. Das Einzelbewertungsprinzip besagt nach § 252 Abs. 1 Nr. 3 HGB, dass Vermögensgegenstände und Schulden am Abschlussstichtag einzeln zu bewerten sind. Das Einzelbewertungsprinzip gilt grundsätzlich auch für die Bewertung der versicherungstechnischen Rückstellungen.[65] Eine *Gruppenbewertung* kann nur dann vorgenommen werden, wenn gleichartige oder annähernd gleichwertige Schulden zu einer Gruppe zusammengefasst werden können (§ 240 Abs. 4 HGB). Die Einzel- und Gruppenbewertung wird in den Vorschriften des § 341e Abs. 3 HGB ausdrücklich auch für die Bewertung der versicherungstechnischen Rückstellungen genannt. Von diesem Grundsatz kann dann abgewichen werden, wenn eine Einzel- bzw. Gruppenbewertung nicht möglich ist oder der Aufwand hierfür unverhältnismäßig wäre (§ 341e Abs. 3 HGB). In diesem Fall erfolgt die Bewertung mit Hilfe von *Näherungsverfahren,* von denen angenommen wird, dass sie »zu annähernd gleichen Ergebnissen wie Einzelberechnungen führen« (§ 341e Abs. 3 HGB). Regelungen zu Näherungs- und Vereinfachungsverfahren finden sich in § 27 RechVersV. Als zulässige Methoden gelten demnach die Nullstellungsmethode, das Standardsystem für Versicherungszweige oder -arten, in denen nach Zeichnungsjahren abgerechnet wird, sowie die zeitversetzte Bilanzierung bei nicht ausreichenden Informationen für eine ordnungsgemäße Schätzung:

- *Nullstellungsmethode* (§ 27 Abs. 2 S. 1 RechVersV): Nullstellung bedeutet eine Neutralisierung von gebuchten Beiträgen mit Zahlungen für Versicherungsfälle und Aufwendungen für den Versicherungsbetrieb, wobei ein entstehender Saldo passiviert wird.[66] Die Anwendung der Methode erfolgt nur so lange, bis ausreichende Informationen für eine nach allgemeinen Grundsätzen

---

64 BT-Drs. 12/5587, S. 27.
65 BT-Drs. 12/5587, S. 27.
66 Vgl. ausführlich Dorenkamp, Ludger [Näherungsverfahren, 1998], S. 277.

ermittelte Rückstellung vorliegen, spätestens jedoch am Ende des dritten auf das Zeichnungsjahr folgenden Geschäftsjahres (§ 27 Abs. 2 S. 3 RechVersV). Üblich ist die Anwendung der Nullstellungsmethode in der Transportversicherung.[67]

- *Standardsystem* (§ 27 Abs. 2 S. 2 RechVersV): Die Bewertung der versicherungstechnischen Rückstellungen kann auch auf der Grundlage eines bestimmten Prozentsatzes der gebuchten Beiträge erfolgen (Pauschalverfahren), wenn nach der Eigenart des versicherten Risikos ein solches Verfahren zweckmäßig ist. Die Anwendung des Standardsystems ist insbesondere dann möglich, wenn ein gleichförmiger Schaden- und Kostenverlauf über mehrere Geschäftsjahre vorliegt.[68] Die Anwendungsbegrenzung entspricht den Vorschriften für die Nullstellungsmethode.

- *Zeitversetzte Bilanzierung* (§ 27 Abs. 3 RechVersV): Bei mangelhafter Informationslage für eine ordnungsgemäße Schätzung ist eine zeitversetzte Bilanzierung zulässig. Danach werden Zahlen des Jahres eingesetzt, das dem Geschäftsjahr ganz oder teilweise, jedoch nicht um mehr als ein Jahr, vorausgeht. Die Anwendung dieser Methode erfolgt überwiegend bei Rückversicherungsunternehmen sowie in der Kreditversicherung.

Die genannten Näherungsverfahren stellen keine vollständige Aufzählung dar. Weitere statistische Verfahren wie z. B. die Trendextrapolation oder einfache Durchschnitte zählen ebenfalls zu den Näherungsverfahren des § 341e Abs. 3 HGB, soweit sie zu annähernd gleichen Ergebnissen wie Einzelberechnungen führen.[69]

Ein weiteres Bewertungsproblem versicherungstechnischer Rückstellungen stellt die *Abzinsung* dar. Die allgemeinen Bewertungsvorschriften für Rückstellungen sehen eine Abzinsung nur dann vor, wenn die ihnen zugrunde liegenden Verbindlichkeiten einen Zinsanteil enthalten (§ 253 Abs. 1 S. 2 HGB). Der Ansatz eines Barwertes ist insofern nur für Rentenverpflichtungen vorgesehen. Verbindlichkeitsrückstellungen, die unverzinslich sind und keinen verdeckten Zinsanteil enthalten, dürfen nicht abgezinst werden. Zinsanteile können dann angenommen werden, wenn die auf einem Rechtsgeschäft basierende ungewisse Verbindlichkeit einen Kreditanteil enthält.

In der Versicherungswirtschaft wird eine Abzinsung insbesondere für die Schadenrückstellung diskutiert. Die Versicherungsbilanzrichtlinie (VBR) der EG vom 19.12.1991 sieht vor, dass bei der Schadenrückstellung ein offener Diskontabschlag zur Einbeziehung von Anlageerträgen zugelassen ist. Diese Vorschrift

---

67 Vgl. Treuberg, Hubert Graf von; Angermayer, Birgit [Jahresabschluss, 1995], S. 124.
68 Vgl. Dorenkamp, Ludger [Näherungsverfahren, 1998], S. 278.
69 Vgl. Treuberg, Hubert Graf von; Angermayer, Birgit [Jahresabschluss, 1995], S. 123.

ist jedoch so auszulegen, dass eine Abzinsung ausschließlich zu Zwecken der Einbeziehung von Anlageerträgen erlaubt ist, womit eine Abzinsung zu anderen Zwecken ausgeschlossen ist.[70] Die handelsrechtliche Möglichkeit der Abzinsung von Rückstellungen nach § 253 Abs. 1 S. 2 HS. 2 HGB ist jedoch nur auf einen enthaltenen Zinsanteil, nicht jedoch auf die Einbeziehung von Anlageerträgen beschränkt. Die Schadenrückstellung enthält keinen Zinsanteil, da der Versicherte wohl nicht mit einer bewussten Verzögerung der Entschädigungsleistung einverstanden ist, womit eine Kreditierung ausgeschlossen erscheint.[71] Insofern hat der deutsche Gesetzgeber von dem in der EG-VBR eingeräumten Mitgliedsstaatenrecht keinen Gebrauch gemacht, da eine Kongruenz zwischen Ermächtigungsnorm der EG-VBR und den handelsrechtlichen GoB fehlt.[72]

Eine Abzinsung von versicherungstechnischen Rückstellungen wird auf die Rückstellung für Rentenversicherungsfälle beschränkt. Obwohl auch bei dieser kein Zinsanteil erkennbar ist, fordert der Gesetzgeber einen Ansatz zum Barwert. Die Abzinsung kann insofern als Ausnahme interpretiert werden, die aber kaum mit den handelsrechtlichen GoB vereinbar ist.[73]

---

70 Vgl. Boetius, Jan [Handbuch, 1996], S. 108.
71 Vgl. Angerer, August [Abzinsung, 1994], S. 40.
72 Vgl. Boetius, Jan [Handbuch, 1996], S. 109.
73 Vgl. kritisch Angerer, August [Abzinsung, 1994], S. 41.

Kapitel 3: Grundlagen der internationalen Rechnungslegung von Versicherungsunternehmen

1 Unterschiede zwischen Rechnungslegungssystemen

Die Ausgestaltung von Rechnungslegungssystemen ist von den jeweiligen Rahmenbedingungen eines Landes abhängig. Für das Verständnis unterschiedlicher Bilanznormen müssen daher die sozio-kulturellen, politisch-rechtlichen, einzel- und gesamtwirtschaftlichen sowie physisch-technischen Rahmenbedingungen untersucht werden.

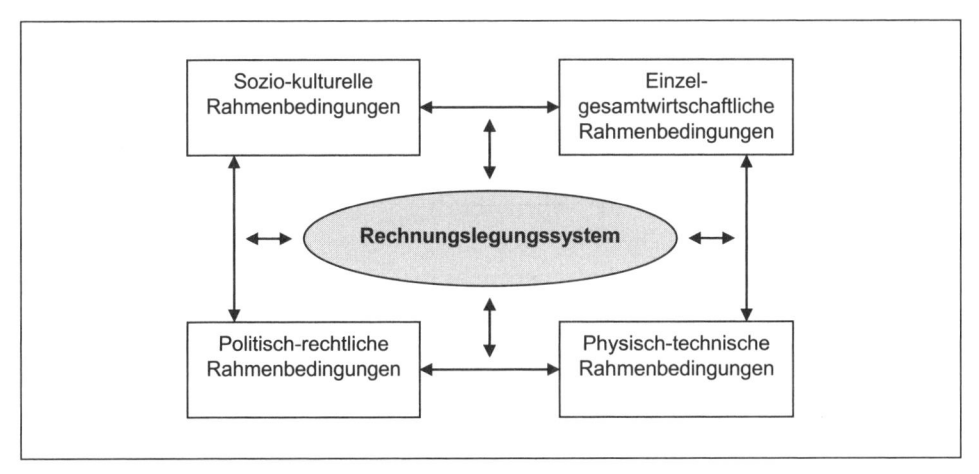

Abb. 3.1: Rahmenbedingungen der Rechnungslegung

Sozio-kulturelle Rahmenbedingungen führen zu Unterschieden zwischen Gesellschaften, die sich in verschiedenartigen Normen, Überzeugungen, Motiven, Verhaltensweisen und Institutionen äußern. Ein Einfluss auf die Rechnungslegung resultiert insbesondere aus dem Gegensatz zwischen kollektiven und individualistischen Gesellschaften.[74] Von kollektiven Gesellschaften wird vermutet, dass eine informelle Organisation (z. B. Kaufmannsehre) die Aufgabe der Rechnungs-

---

[74] Vgl. zu folgender Argumentation Pellens, Bernhard [Rechnungslegung, 2006], S. 35.

legung übernehmen kann. In individualistisch geprägten Kulturen ist die Gefahr größer, dass die Vertragspartner opportunistisch handeln. Insofern werden sich die beteiligten Parteien nicht auf eine Institution wie die Kaufmannsehre verlassen, sondern auf eine Regelung wie die Rechnungslegung als Möglichkeit der Objektivierung zurückgreifen.

Politisch-rechtliche Rahmenbedingungen üben insbesondere durch Unterschiede des Rechtssystems sowie der Verbindung zwischen Handels- und Steuersystem einen wesentlichen Einfluss auf die Rechnungslegung aus. Beispielsweise unterscheidet sich das kontinentaleuropäische Rechtssystem (Code Law) stark vom angelsächsischen Rechtssystem (Common Law).[75] Das kontinentaleuropäische System zeichnet sich durch umfangreiche gesetzliche Vorschriften zur Standardisierung sowie durch einen hohen Abstraktionsgehalt aus. Maßgebliche Prinzipien werden dementsprechend deduktiv aus übergeordneten abstrakten Rechtsprinzipien abgeleitet. Demgegenüber basiert das angelsächsische Common Law weniger auf Gesetzesvorschriften als auf einer Vielzahl von Einzelfällen. Daher werden Rechtsprinzipien weitgehend induktiv aus bereits vorhandenen Urteilen abgeleitet. Außerdem unterscheiden sich Rechnungslegungssysteme in der Verbindung von Handels- und Steuerrecht. In Ländern, die durch ein Maßgeblichkeitsprinzip geprägt sind, hat die Rechnungslegung eine Auswirkung auf die Substanz- und Ertragsbesteuerung (z. B. Deutschland, Frankreich). Demgegenüber zeichnen sich kapitalmarktorientierte Rechnungslegungssysteme durch eine Trennung von Handels- und Steuerbilanz aus (z. B. USA).

Einzel- und gesamtwirtschaftliche Rahmenbedingungen betreffen neben Faktoren wie z. B. den möglichen Rechtsformen, der durchschnittlichen Unternehmensgröße oder der Art der Börsenaufsicht insbesondere die Art der Finanzierungsquellen der Unternehmen eines Landes. In Abhängigkeit von einer eigen- oder fremdkapitalbestimmten Finanzierung stehen unterschiedliche Adressaten im Mittelpunkt der Rechnungslegung. So zeichnet sich die kontinentaleuropäische Rechnungslegung durch eine überragende Bedeutung des Gläubigerschutzes aus. Diese resultiert aus einer traditionell stark institutionellen Fremdkapitalfinanzierung. Damit verbunden ist das Bilanzierungsziel der Ermittlung eines vorsichtig ermittelten, realisierten, verlustantizipierenden und objektivierten Gewinns. Demgegenüber zeichnen sich angelsächsische Rechnungslegungssysteme durch eine überwiegend anonyme Kapitalbeschaffung an öffentlichen Kapitalmärkten aus. Daher nimmt die Information der Kapitalmarktteilnehmer in diesen Ländern eine weit größere Bedeutung ein. Das Ziel der Bilanzierung besteht damit in der Bereitstellung von entscheidungsrelevanten und zuverlässigen Informationen.

---

75 Vgl. Herzog, Peter [Rechtssystem, 1989], S. 197.

Auch physisch-technische Rahmenbedingungen können einen wesentlichen Einfluss auf die Rechnungslegung ausüben. Ein hoher technischer Entwicklungsstand ermöglicht die Bereitstellung von scheinbar unerschöpflichen Informationsmengen ohne räumliche und zeitliche Grenzen. Investoren fordern eine möglichst zeitnahe Bereitstellung von Informationen. Besonders börsennotierte Unternehmen versuchen dieser Forderung durch eine Umsetzung von »Fast-Close-Konzepten« gerecht zu werden.

2 Bedeutung internationaler Rechnungslegung für deutsche Versicherungsunternehmen

2.1 US-GAAP

2.1.1 Bedeutung von US-GAAP für Versicherungsunternehmen

Die US-GAAP stellen die bisher einzigen vollständigen, international anerkannten Rechnungslegungsstandards für die Bilanzierung von versicherungstechnischen Sachverhalten dar. Die Umstellung auf US-amerikanische Regeln wird im Wesentlichen durch folgende Motive gekennzeichnet:

- *Börsennotierung in den USA:* Deutsche Unternehmen sind bestrebt den größten Kapitalmarkt der Welt als Finanzierungsquelle zu nutzen. Anders als an den übrigen Börsen der Welt akzeptiert die US-amerikanische Börsenaufsichtsbehörde Securities and Exchange Commission (SEC) kein »Reziprozitätsprinzip«. Dieses besagt, dass beispielsweise deutsche Unternehmen, die in Frankreich an einer Börse notiert sind, lediglich einen deutschen Abschluss aufstellen müssen, wenn auch französische Unternehmen mit französischer Rechnungslegung in Deutschland akzeptiert werden. Vielmehr fordert die SEC für eine Börsenzulassung in den USA eine Rechnungslegung nach den Generally Accepted Accounting Principles (US-GAAP) bzw. eine Überleitung von Jahresüberschuss und Eigenkapital von dem jeweiligen Recht zu den US-GAAP (Reconciliation). Das einzige bisher an der New York Stock Exchange (NYSE) notierte deutsche Versicherungsunternehmen ist die Allianz AG, die seit dem 11.03.2000 an der NYSE gelistet wird. Ferner sind einige Versicherungsunternehmen als Konzernunternehmen internationaler Versicherungsgruppen unmittelbar von den US-amerikanischen Bilanzierungsnormen betroffen.
- *Harmonisierung der Rechnungslegung:* Das Ziel der Harmonisierung der Rechnungslegung besteht darin, Unterschiede zwischen den einzelnen Rechnungslegungssystemen zu vermindern und dadurch die Vergleichbarkeit zwischen den einzelnen Jahresabschlüssen zu erhöhen. US-GAAP als welt-

weit angesehenes Regelungssystem könnte geeignet sein, eine globale Harmonisierung der Rechnungslegung zu erreichen.
- _EU-Verordnung:_ Bis Ende 2004 galt eine Öffnungsklausel für kapitalmarktorientierte (bzw. zunächst nur börsennotierte) Mutterunternehmen, einen befreienden Konzernabschluss nach § 292a HGB aufzustellen. Dadurch wurde es diesen Unternehmen möglich, anstelle eines handelsrechtlichen Konzernabschlusses einen Konzernabschluss nach »international anerkannten Rechnungslegungsvorschriften« aufzustellen. Darunter wurden im Wesentlichen die IFRS gefasst. Diese befristete Regelung wurde durch eine EU-Verordnung (Nr. 1606/2002) ersetzt, die ab 2005 alle kapitalmarktorientierten Unternehmen verpflichtet, ihre Konzernabschlüsse nach IFRS vorzunehmen. Die Umsetzung in deutsches Recht wurde durch das Bilanzrechtsreformgesetz und die Schaffung des § 315a HGB vorgenommen. Für Anwender von US-GAAP gilt eine Übergangszeit bis 2007. Allerdings wird auch 2007 die Bedeutung der US-amerikanischen Regeln für die Bilanzierung der versicherungstechnischen Rückstellungen nicht abnehmen, solange die IFRS keine vollumfänglichen Regeln für die Bilanzierung des Versicherungsgeschäfts entwickelt haben.

Die SEC avisiert, Abschlüsse nach den vom IASB in London verabschiedeten IFRS anzuerkennen. Aufgrund von Verwerfungen zwischen den originären IFRS und den von der EU übernommenen IFRS dürften dann Zusatzangaben oder Überleitungsrechnungen von »europäischen« auf originäre IFRS US-amerikanischer Auslegung erforderlich werden.[76]

2.1.2 Wichtige Ziele, Elemente sowie Ansatz- und Bewertungskonzeptionen der US-amerikanischen Rechnungslegung

Die Ziele der US-amerikanischen Rechnungslegung sind im Conceptual Framework des Financial Accounting Standards Board (FASB) niedergeschrieben. Das Conceptual Framework dient sowohl dazu, bestehende Rechnungslegungsgrundsätze und -praktiken zu begründen als auch als Deduktionsbasis zukünftiger Rechnungslegungsstandards. Es lässt sich in sieben Statements of Financial Accounting Concepts (SFAC) einteilen, die von 1978 bis 2000 erarbeitet wurden. Diese bilden gemeinsam einen Rahmen für die Rechnungslegung. Auf der obersten Ebene stehen dabei die Ziele der Rechnungslegung, die durch qualitative Anforderungen sowie die Elemente der Rechnungslegung auf der zweiten Ebene konkretisiert werden. Auf der untersten Ebene finden sich einzelne Vorschriften für den Ansatz und die Bewertung.

---

[76] Vgl. zur Regulierungsdiskussion und ökonomischen Erwägungen zur Überleitungspflicht gemäß Form 20-F Dobler, Michael [Überleitungsrechnungen, 2007].

Die Zielsetzung der Rechnungslegung nach US-GAAP besteht nach SFAC 1 »Objectives of Financial Reporting by Business Enterprises« in der Bereitstellung von Informationen, die für die Unternehmensbeteiligten als Grundlage für wirtschaftliche Entscheidungen dienen sollen. Die Informationen sollen so beschaffen sein, dass künftige Zahlungsströme zwischen Investor und Unternehmen nach Umfang, zeitlicher Struktur und Sicherheit abgeschätzt werden können.[77]

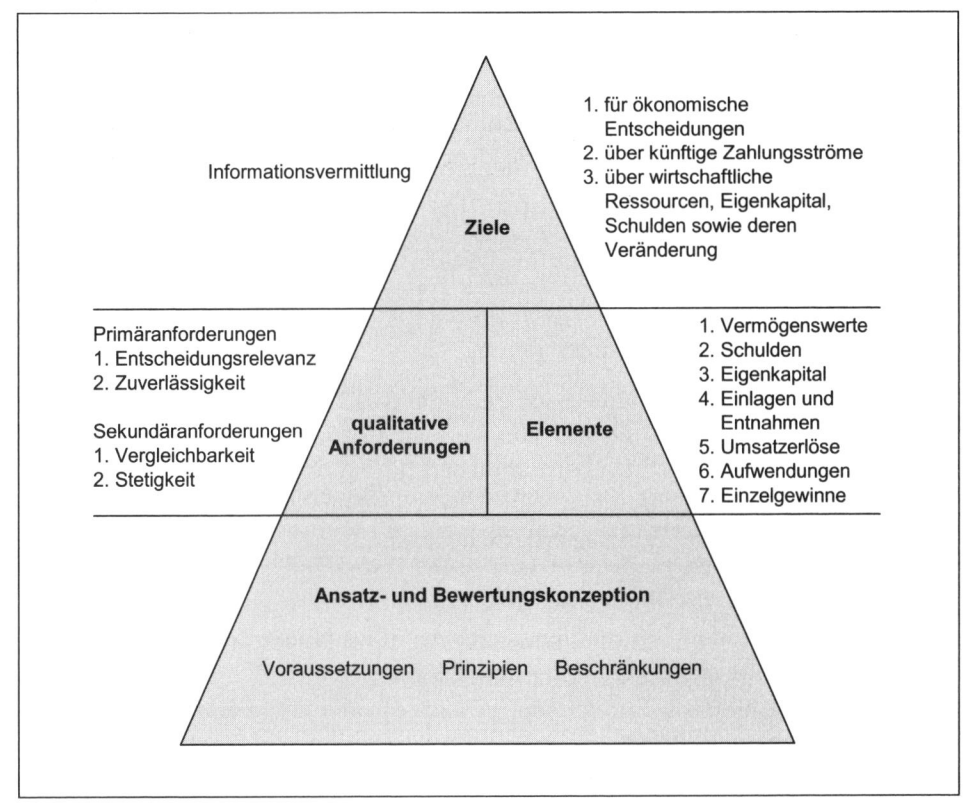

Abb. 3.2: Aufbau des Conceptual Framework[78]

Obwohl das FASB die Informationsadressaten auf alle Interessenten an Rechnungslegungsdaten ausdehnt, steht die Zielgruppe der Eigen- und Fremdkapitalgeber deutlich im Vordergrund. Dabei wird unterstellt, dass Informationen, die für Entscheidungen der Kapitalgeber nützlich sind, auch für die Geldansprüche anderer Adressaten Nutzen stiften. Einen Vorteil aus der Bereitstellung von In-

---

77 Vgl. Schildbach, Thomas [US-GAAP, 2002], S. 40.
78 In Anlehnung an Kieso, Donald E.; Weygandt, Jerry J.; Warfield, Terry D. [Accounting, 2001], S. 36.

formationen sollen besonders jene Kapitalgeber bekommen, die keine andere Möglichkeit der Informationsbeschaffung von dem Unternehmen besitzen, in das sie investiert haben. Für eine fundierte Abschätzung zukünftiger Zahlungsströme sollen Informationen über die Erfolgszusammensetzung, die Unternehmensressourcen, die Verpflichtungen, das Eigenkapital sowie über Finanzmittelzuflüsse bzw. Finanzmittelabflüsse bereitgestellt werden (CON 1.40). Daneben sollen Informationen eine Rechenschaft des Managements gegenüber den Kapitalgebern ermöglichen (CON 1.50).

Aufgrund der dominierenden Stellung der Informationsfunktion fehlen in der US-amerikanischen Rechnungslegung im Gegensatz zur handelsrechtlichen Rechnungslegung eine Ausschüttungsbemessungsfunktion und insofern auch eine Verbindung von Handels- und Steuerbilanz. Das Fehlen eines Maßgeblichkeits- bzw. Umkehrmaßgeblichkeitsprinzips wird damit begründet, dass eine steuerliche Gewinnermittlung der Steuerbemessung dient und somit einer vergangenheitsorientierten Perspektive unterliegt, während Rechnungslegungsinformationen künftige Entscheidungen unterstützen sollen und insofern eine zukunftsbezogene Perspektive einnehmen.

SFAC 2 »Qualitative Characteristics of Accounting Information« stellt aufbauend auf dem Zielsystem qualitative Anforderungen an die bereitzustellenden Informationen. Die obersten Anforderungen an die Rechnungslegung stellen die Relevanz (Relevance) sowie die Zuverlässigkeit (Reliability) dar. Entscheidungsrelevanz der Informationen ist gegeben, wenn diese in der Lage sind, Entscheidungen der Adressaten zu beeinflussen (CON 2.46-57). Das Kriterium der Relevanz wird durch das FASB folgendermaßen konkretisiert:
- Die bereitgestellten Informationen geben Hilfestellung bei der Beurteilung zukünftiger Entscheidungen (Predictive Value).
- Die bereitgestellten Informationen bestätigen oder revidieren früher formulierte Erwartungen (Feedback Value).
- Informationen sind aktuell und werden rechtzeitig zur Verfügung gestellt (Timeliness).

Neben der Relevanz steht die Zuverlässigkeit der Informationen im Vordergrund. Informationen sind dann zuverlässig, wenn sie folgende Eigenschaften aufweisen (CON 2.63-80):
- Sämtliche Geschäftsvorfälle müssen wahrheitsgetreu und fehlerfrei im Jahresabschluss enthalten sein und messbar sein (Representational Faithfulness).
- Die bereitgestellten Informationen müssen objektiv überprüfbar sein (Verifiability).
- Sachverhalte müssen neutral beurteilt werden können (Neutrality).

Auf der zweiten Ebene werden die Kriterien der Vergleichbarkeit (Comparability) sowie Stetigkeit (Consistency) eingeordnet. Während mit dem Kriterium der Vergleichbarkeit gleichartige Ermittlung und Darstellung von gleichartigen Sachverhalten bei verschiedenen Unternehmen angesprochen wird, soll Stetigkeit eine »Vergleichbarkeit« gleichartiger Sachverhalte im Zeitablauf gewährleisten.

Die Elemente der Financial Statements sind in SFAC 6 geregelt. Folgende Basiselemente werden dabei unterschieden:

- *Vermögensgegenstände* (Assets) zeichnen sich nach CON 6.25 durch einen wahrscheinlichen künftigen wirtschaftlichen Nutzen aus, der darin besteht, dass der Vermögensgegenstand direkt oder indirekt in künftigen Nettoeinzahlungsüberschüssen mündet. Dieser Nutzen steht dem betroffenen Unternehmen zu bzw. das Unternehmen kann den Zugriff anderer auf diesen Nutzen kontrollieren. Darüber hinaus muss die Transaktion oder das Ereignis, das den Nutzen begründet, bereits eingetreten sein. Im Vergleich zum handelsrechtlichen Begriff des Vermögensgegenstands geht der Begriff des Assets weiter, da er sowohl Rechnungsabgrenzungsposten als auch Bilanzierungshilfen berücksichtigt.
- *Schulden* (Liabilities) stellen künftige Belastungen eines Unternehmens dar, die aus bestehenden Verpflichtungen resultieren. CON 6.36 konkretisiert Schulden dahingehend, dass sie aus vergangenen Transaktionen oder Ereignissen stammen, die gegenüber Dritten rechtlich oder wirtschaftlich bestehen. Im Vergleich zum handelsrechtlichen Begriff der Schulden werden Liabilities nicht danach unterschieden, ob sie dem Grunde und/oder der Höhe nach ungewiss sind. Darüber hinaus werden Aufwandsrückstellungen grundsätzlich nicht zu den Schulden gerechnet.
- Das *Eigenkapital* (Equity or Net Assets) wird nach CON 6.49 als Differenz zwischen Vermögensgegenständen und Schulden bezeichnet.
- Neben den grundsätzlichen Bilanzelementen werden in CON 6 Sachverhalte geklärt, die zu einer Veränderung des Eigenkapitals führen:
  - *Einlagen und* Entnahmen *der Eigner* (Investments by and Distributions to Owners) sind Eigenkapitalveränderungen, die aus Transaktionen des Unternehmens mit den Eigentümern resultieren.
  - *Umsatzerlöse* (Revenues) und *Aufwendungen* (Expenses) sind Erträge bzw. Aufwendungen, die mit dem für das Unternehmen typischen Geschäft in Verbindung stehen;
  - *Einzelgewinne* (Gains) und *Einzelverluste* (Losses) sind Erträge bzw. Aufwendungen, die aus Transaktionen resultieren, die nicht in unmittelbarer Verbindung mit dem typischen Geschäft eines Unternehmens stehen, oder die nur selten oder zufällig entstehen. Ausgeschlossen sind auch Transaktionen, die mit den Eigentümern des Unternehmens getätigt werden.

Die unterste Ebene des Conceptual Framework stellt die Ansatz- und Bewertungskonzeption dar. In SFAC 5 »Recognition and Measurement in Financial Statements of Business Enterprises« werden verschiedene Voraussetzungen, Prinzipien und Beschränkungen festgelegt, die den Ansatz und die Bewertung der Rechnungslegungselemente bestimmen. Voraussetzungen sind das Prinzip der wirtschaftlichen Einheit (Economic Entity), der Grundsatz der Unternehmensfortführung (Going Concern), die Bewertung in Geldeinheiten (Monetary Unit) sowie die Periodenbetrachtung (Periodicity). Prinzipien der Ansatz- und Bewertungskonzeption betreffen die Bilanzierung zu Anschaffungs- und Herstellungskosten (Historical Cost), die Gegenüberstellung von Aufwendungen und Erträgen (Matching Principle), den Zeitpunkt der Ertragsrealisation (Revenue Recognition) sowie den Umfang der Offenlegung (Full Disclosure):

- *Bewertung zu Anschaffungs- und Herstellungskosten* (Historical Cost): Die Bewertung zu Anschaffungs- und Herstellungskosten stellt den zentralen Bewertungsmaßstab dar. Insbesondere Sachanlagen sowie die meisten Vorräte werden mit Historical Cost bewertet. Allerdings existiert kein für alle Bilanzpositionen gültiger Bewertungsmaßstab. Daher nennt CON 5.67 weitere Bewertungsmaßstäbe. Wiederbeschaffungskosten (Current Cost) sind für einige Vorräte anzusetzen, insbesondere dann, wenn die Wiederbeschaffungskosten unter den Anschaffungskosten liegen. Marktwerte (Current Market Value) sind im Gegensatz zu Wiederbeschaffungskosten nicht auf den Beschaffungsmarkt, sondern auf den Absatzmarkt konzentriert. Die Bewertung zu Marktwerten betrifft vor allem marktgängige Wertpapiere. Ein zu erwartender Wert (Net Realizable Value) stellt einen zu erwartenden Veräußerungserlös abzüglich der bis dahin noch zu erwartenden direkten Kosten dar (Nettoverkaufserlös). Dieser Bewertungsmaßstab wird insbesondere bei kurzfristigen Forderungen bzw. Verbindlichkeiten angewendet. Während kurzfristige Forderungen und Verbindlichkeiten nicht diskontiert werden, erfolgt bei langfristigen Forderungen bzw. Verbindlichkeiten eine Bewertung zum Barwert der erwartenden künftigen Zahlungen (Present Value of Future Cash Flows), d. h., es findet eine Diskontierung statt.
- *Ertragsrealisation* (Revenue Recognition) und *Gegenüberstellung von Aufwendungen und Erträgen* (Matching Principle): Die Ertragsrealisation erfolgt grundsätzlich erst zu dem Zeitpunkt, zu dem die Leistung erbracht wird. Abweichend vom handelsrechtlichen Realisationsprinzip existieren jedoch Ausnahmen, die zu einem Ausweis von unrealisierten Gewinnen führen (z. B. Langfristfertigung). Das Matching Principle gleicht dem handelsrechtlichen Alimentationsprinzip. Demnach sind die Erträge einer Periode den zugehörigen Aufwendungen gegenüberzustellen.[79]

---

79 Vgl. Moxter, Adolf [Zweck, 1987], S. 367.

- Der Umfang der *Offenlegung* richtet sich nach dem »Full Disclosure Principle«. Demnach müssen alle für den Entscheidungsprozess relevanten Informationen zur Verfügung gestellt werden. In SFAC No. 5 Par. 13 ergeben sich als Bestandteile des US-amerikanischen Abschlusses
  - die Bilanz (Statement of Financial Position),
  - die Gewinn- und Verlustrechnung (Statement of Earnings and Comprehensive Income),
  - die Kapitalflussrechnung (Statement of Cash Flows) sowie
  - eine Eigenkapitalveränderungsrechnung (Statement of Investments by and Distributions to Owners).

  Diese Pflichtangaben werden um einen Anhang (Notes) ergänzt.

Beschränkungen der Rechnungslegung stellen die Kosten-Nutzen-Überlegungen (Cost-Benefit), der Grundsatz der Wesentlichkeit (Materiality), die branchenspezifischen Regelungen (Industry Practice) sowie das Vorsichtsprinzip (Conservatism) dar.

- *Kosten-Nutzen-Überlegungen* (Cost-Benefit): Die Offenlegung von Informationen wird durch Kosten- und Nutzenüberlegungen beschränkt. Unter der Nebenbedingung der Relevanz und Zuverlässigkeit von Informationen nehmen Kosten-Nutzen-Überlegungen einen hohen Stellenwert ein, wenn bei zu hoher Informationsfülle und -tiefe mit den Kosten der Informationsoffenlegung gleichzeitig ein Absinken der Qualität der Informationen verbunden ist.[80]
- *Wesentlichkeit* (Materiality): Im Jahresabschluss sind nur wesentliche Tatbestände und Sachverhalte zu berücksichtigen. Informationen sind wesentlich, wenn ihre Offenlegung die Entscheidungsfindung einer relevanten Person möglicherweise beeinflussen würde.[81] Probleme ergeben sich jedoch bei der Festlegung von quantitativen Wesentlichkeitsgrenzen, die kaum willkürfrei festzulegen sind. Der Wesentlichkeitsgrundsatz führt dennoch zu einer Beschränkung der Rechnungslegung, da eine Offenlegung unwesentlicher (nicht entscheidungsrelevanter) Informationen vermieden werden soll.
- *Branchenspezifische Regeln* (Industry Practice): In Ausnahmefällen können allgemeine Grundsätze durchbrochen werden, wenn branchenspezifische Gepflogenheiten dies erfordern.
- *Vorsichtsprinzip* (Conservatism): Das Vorsichtsprinzip existiert auch in der US-amerikanischen Rechnungslegung. Während es jedoch im Handelsgesetzbuch ein wesentliches Gewinnermittlungsprinzip darstellt, ist seine Bedeutung in den US-GAAP wesentlich geringer. Das hängt mit dem übergeordne-

---

[80] Vgl. kritisch Kuhlewind, Andreas-Markus [Grundlagen, 1997], S. 99–100.
[81] Vgl. als Überblick zur Wesentlichkeit Lück, Wolfgang [Materiality, 1975], S. 23–41.

ten Gedanken der Informationsfunktion zusammen. Hierbei ist kein Platz für eine vorsichtige Gewinnermittlung. Das Vorsichtsprinzip dient insofern lediglich als Entscheidungshilfe in Zweifelsfragen. Ausgeschlossen ist jedoch eine Legitimation zur Bildung stiller Reserven. Abbildung 3.3 vergleicht zusammenfassend wesentliche Gewinnermittlungsprinzipien nach dem Handelsgesetzbuch mit ihrer Bedeutung in der US-amerikanischen Rechnungslegung.

HGB	US-GAAP	Unterschiede
Vorsichtsprinzip	Conservatism	– niedrigere Bedeutung in den USA, da keine Ansatzkonsequenzen folgen – nach US-GAAP Entscheidungshilfe in Zweifelsfragen
Periodisierungsprinzip – Realisationsprinzip – Imparitätsprinzip	Accrual Principle – Revenue Recognition (Ertragsrealisation) – Matching (Aufwandszurechnung)	Bewertung von Trading Securities und Available-for-Sale-Securities nach US-GAAP über Anschaffungskosten kein übergeordneter Grundsatz in der US-amerikanischen Rechnungslegung
Objektivierung	Reliability	in den USA höhere Hürde für die Rückstellungseinbuchung

Abb. 3.3: Wesentliche GoB und ihre Bedeutung in der US-amerikanischen Rechnungslegung

2.2 IFRS

2.2.1 Entwicklung und Bedeutung der IFRS

International Financial Reporting Standards (IFRS) bzw. die den IFRS vorausgehenden *International Accounting Standards* (IAS) stellen den Versuch einer weltweit harmonisierten Rechnungslegung dar. Gerade in der Förderung einer weltweiten Anerkennung sieht das *International Accounting Standards Board* (IASB) seine vordringliche Aufgabe.

Das IASB wurde 1973 unter dem Namen *International Accounting Standards Committee* (IASC) als Reaktion auf kontinentaleuropäische Harmonisierungsbestrebungen gegründet. Bereits bei der Zusammensetzung der Gründungsmitglieder zeigt sich die angelsächsische Prägung des IASB. Während aus der kontinentaleuropäischen Rechnungslegungstradition lediglich drei Gründungsmitglieder stammten, waren sechs Mitglieder durch eine angelsächsische Rechnungslegung geprägt. Die erste Entwicklungsphase[82] der Arbeit des IASC (1973 bis 1988) zeichnete sich durch eine unsystematische Aufstellung von Rechnungslegungsstandards aus, die mit vielen Wahlrechten verbunden waren. Letztere waren Ergebnis der unterschiedlichen Ansichten der Mitgliedsstaaten. So scheinen die 28 in dieser Zeit verabschiedeten IAS eher dem Zweck einer Konsensfindung als dem Zweck der Rechnungslegung zu dienen. Die zweite Phase der Entwicklung (1989 bis 1993) diente deshalb insbesondere einer Reduzierung von Wahlrechten. Diese war eine unmittelbare Folge einer Zusage der internationalen Wertpapieraufsichtsbehörde IOSCO (International Organization of Security Commissions), IAS als weltweite »Börsenzugangskarte« anzuerkennen, falls die bestehenden Wahlrechte abgeschafft werden. Seit 1994 versuchte das IASC daher eine Anerkennung der einzelnen IAS durch die IOSCO zu erreichen. Im Mai 2000 erfolgte die Empfehlung der IOSCO, IAS grundsätzlich als Börsenzulassungsstandards an den nationalen Börsen anzuerkennen.

Die *EU-Kommission* hat 2002 in der Verordnung 1606/2002 festgelegt, dass ab 2005 kapitalmarktorientierte Unternehmen zur Erstellung von IFRS-Konzernabschlüssen verpflichtet werden. Dabei wurde den Mitgliedsstaaten freigestellt, diese Vorschrift – als Pflicht oder als Wahlrecht – sowohl auf nicht börsennotierte Unternehmen als auch auf die Erstellung von Einzelabschlüssen auszudehnen. Eine Übergangsfrist bis 2007 hat das IASB für Unternehmen eingeräumt, die aufgrund ihrer Börsennotierung in den USA noch nach US-GAAP bilanzieren. Ferner gilt diese Frist auch für Unternehmen, die ausschließlich Fremdkapitaltitel emittieren.

Der deutsche Gesetzgeber hat auf die EU-Verordnung im Dezember 2004 mit der Verabschiedung des *Bilanzrechtsreformgesetzes* (BilReG) reagiert (Bgbl. 2004 Teil 1 Nr. 65), das die verpflichtenden Vorschriften der EU-Verordnung in deutsches Recht und die in der Verordnung gegebenen Wahlrechte wie folgt umsetzt:

- *Nichtkapitalmarktorientierte Unternehmen* erhalten das Wahlrecht, anstelle eines HGB-Konzernabschlusses einen befreienden Abschluss nach IFRS zu erstellen.
- Die Anwendung der IFRS auf den *Einzelabschluss* wird nicht erlaubt. Lediglich für die Offenlegung im Bundesanzeiger wird ein Wahlrecht zwischen IFRS und HGB eingeräumt. Insofern sind für Zwecke der Ausschüttungsbemessung, Kapitalerhaltung und Publizität beim Handelsregister weiterhin die

---

[82] Vgl. ausführlich zur Entwicklung des IASB Pellens, Bernhard et al. [Internationale Rechnungslegung, 2006], S. 74–82.

bisherigen nationalen Regelungen gültig. Die von der EU zugelassene Bewertung von Finanzinstrumenten zum beizulegenden Zeitwert (Fair Value) wird ebenfalls nicht in nationales Recht übernommen. In Anhang und Lagebericht werden jedoch künftig zusätzliche Informationen über Einsatz, Management und Risiken von Finanzinstrumenten gefordert.

2.2.2 Wichtige Ziele, Elemente sowie Ansatz- und Bewertungskonzeptionen der IFRS

Die wichtigsten Grundsätze der Rechnungslegung nach den IFRS sind im *Rahmenkonzept* des IASB festgelegt, das 1989 verabschiedet wurde. Das Rahmenkonzept des IASB ist in weiten Teilen dem US-amerikanischen Conceptual Framework ähnlich.

Die *Zielsetzung* der Rechnungslegung besteht nach der Vorstellung des IASB in der Vermittlung von Informationen über die Vermögens-, Finanz- und Ertragslage sowie deren Veränderungen (F.12). Durch Rechnungslegung sollen die Adressaten bei ihren wirtschaftlichen Entscheidungen unterstützt werden. Adressaten der Rechnungslegung stellen dabei nicht ausschließlich Investoren des Unternehmens da. Explizit genannt werden im Framework zudem Arbeitnehmer, Kreditgeber, Lieferanten, Kunden, der Staat sowie die allgemeine Öffentlichkeit (F.9). Die Rechnungslegung kann jedoch nicht alle Informationsbedürfnisse der Adressaten befriedigen. Daher erfolgt eine Konzentration auf die Bedürfnisse von (potenziellen) Investoren. Dabei wird die Annahme vertreten, dass Informationen, die dem Informationsbedarf der Investoren entsprechen auch für eine Befriedigung des Informationsbedarfs der weiteren Adressaten dienen (F.10). Die Rechnungslegung umfasst folgende *Elemente* (IAS 1.7, F.7):

- Bilanz (Balance Sheet),
- Gewinn- und Verlustrechnung (Income Statement),
- Kapitalflussrechnung (Statement of Changes in Financial Position),
- Anhang (Notes),
- weitere Aufstellungen und Erläuterungen, die integraler Bestandteil des Jahresabschlusses sind (z. B. Segmentberichterstattung),
- Eigenkapitalveränderungsrechnung.

Ähnlich wie im US-amerikanischen Conceptual Framework werden im Framework des IASB qualitative Anforderungen an die Rechnungslegung gestellt. Ähnlich wie im US-amerikanischen Conceptual Framework werden im Framework des IASB qualitative Anforderungen an die Rechnungslegung gestellt.[83] Die wichtigsten Anforderungen stellen die Verständlichkeit, Relevanz, Verlässlichkeit und Vergleichbarkeit dar (F.24).

- Das Kriterium der *Verständlichkeit* (Understandability) fordert von der Rechnungslegung Informationen, die vorgebildete Adressaten bei entsprechender Sorgfalt verstehen können (F.25). Allerdings dürfen wesentliche Informationen, die für die Entscheidungsfindung der Adressaten wichtig sind, allein aus dem Grund der Komplexität nicht weggelassen werden.
- Ein weiteres Kriterium stellt die *Relevanz* (Relevance) der Informationen dar (F.26). Informationen sind dann relevant, wenn sie Entscheidungen der Adressaten beeinflussen, indem sie bei der Beurteilung vergangener, gegenwärtiger oder zukünftiger Ereignisse helfen oder vergangene Beurteilungen bestätigen oder verändern. Allerdings wird die Rechnungslegung nicht als konkrete Prognoserechnung verstanden. Vielmehr soll die Rechnungslegung die Prognose durch die Darstellung von Informationen zu vergangenen Geschäftsvorfällen und Ereignissen beeinflussen.
- Neben der Verständlichkeit und Relevanz steht die *Verlässlichkeit* (Reliability) von Informationen im Vordergrund der Rechnungslegung. Informationen sind dann verlässlich, wenn sie frei von materiellen Fehlern und frei von Informationsverzerrungen sind (F.31). Eine Konkretisierung der Verlässlichkeit wird in F.33–38 durch die Sekundärprinzipien der Abbildungstreue (Faithful Representation), Wirtschaftlichkeit (Substance over Form), Neutralität (Neutrality), Vorsicht (Prudence) und Vollständigkeit (Completeness).[84]
- Für Zeit- und Unternehmensvergleiche muss die Rechnungslegung zudem das Kriterium der *Vergleichbarkeit* (Comparability) erfüllen (F.39–42). Darüber hinaus müssen die Adressaten über die zu Grunde gelegten Bilanzierungs- und Bewertungsmethoden, die Änderungen bei diesen Methoden sowie deren Auswirkungen informiert und Vorjahreszahlen angegeben werden.

Die qualitativen Anforderungen der Relevanz und Verlässlichkeit werden durch *Nebenbedingungen* ergänzt (F.43–45).

- Die Verlässlichkeit kann aufgrund der Notwendigkeit, zeitnahe Informationen zu liefern, beeinträchtigt werden (Timeliness).
- Der Nutzen, der aus Informationen besteht, muss die Kosten der Bereitstellung der Informationen übersteigen, d. h., Kosten und Nutzen müssen abgewogen werden (Cost-Benefit).

---

83 Vgl. zur Zielsetzung und den qualitativen Eigenschaften der Finanzberichterstattung nach US-GAAP und IFRS im Vergleich sowie zu einer kritischen Würdigung auch der avisierten Änderungen Dobler, Michael; Hettich, Silvia [Rahmenkonzepte, 2007].
84 Vgl. zur Interpretation Pellens, Bernhard [Rechnungslegung, 2006], S. 1084–111.

- Im Rahmen der Abschlusserstellung ist eine Ausgewogenheit der dargestellten qualitativen Anforderungen notwendig.

Neben den Anforderungen an den Jahresabschluss werden im Rahmenkonzept die Elemente des Jahresabschlusses definiert.
- *Vermögensgegenstände* (Assets) werden definiert als »resource controlled by the enterprise as a result of past events and from which future economic benefits are expected to flow to the enterprise« (F.49). Ein Vermögensgegenstand zeichnet sich folglich durch einen künftigen wirtschaftlichen Nutzen aus, der direkt oder indirekt einen Zufluss von Zahlungsmitteln oder Zahlungsmitteläquivalenten zum Unternehmen gewährleistet (F.53–59). Vermögensgegenstände können sowohl materiell als auch immateriell sein. Weiterhin ist nicht das Eigentumsrecht für die Bilanzierung eines Vermögensgegenstandes entscheidend. Vielmehr entscheidet die wirtschaftliche Nutzung über den Ansatz eines Vermögensgegenstands.
- *Schulden* (Liabilities) werden definiert als »present obligation of the enterprise arising from past events, the settlement of which is expected to result in an outflow from the enterprise of resources embodying economic benefits« (F.49). Schulden zeichnen sich folglich durch das Vorliegen einer gegenwärtigen Verpflichtung aus, die wahrscheinlich zu einem zukünftigen Ressourcenabfluss führt (F. 60–64). Die Definition der Schulden umfasst sowohl Verbindlichkeiten als auch Rückstellungen. Wie bei den Vermögensgegenständen kommt es bei der Bilanzierung der Schulden auf die wirtschaftliche Betrachtungsweise an. Daher gehören auch Kulanzrückstellungen dazu. Aufwandsrückstellungen stellen jedoch keine Schulden dar, da sie nicht gegenüber Dritten bestehen.
- Das *Eigenkapital* (Equity) wird als »residual interest in the assets of the enterprise after deducting all its liabilities« (F.49) bezeichnet. Es wird folglich als Residualgröße zwischen Vermögensgegenständen und Schulden ermittelt. Im Rahmenkonzept erfolgt eine Einteilung des Eigenkapitals in gezeichnetes Kapital, Kapitalrücklagen, Gewinnrücklagen, Satzungsrücklagen und Steuerrücklagen (F.65). Durch die Aufteilung des Eigenkapitals sollen den Adressaten zusätzliche Informationen bereitgestellt werden.
- *Aufwendungen* (Expenses) werden definiert als »decreases in economic benefits during the accounting period in the form of outflows or depletions of assets or incurrences of liabilities that result in decreases in equity, other than those relating to distributions to equity participants« (F.70). Die Definition umfasst sowohl betriebliche Aufwendungen (Expenses) als auch außerbetriebliche Aufwendungen (Losses).

- *Erträge* (Income) werden verstanden als »increases in economic benefits during the accounting period in the form of inflows or enhancements of assets or decreases of liabilities that result in increases in equity, other than those relating to contributions from equity participants« (F.70). Wie bei den Aufwendungen umfasst die Definition der Erträge sowohl betriebliche Erträge (Revenues) als auch außerbetriebliche Erträge (Gains).

Ansatz- und Bewertungskonzeptionen von Vermögensgegenständen und Schulden finden sich in F.82–98. Für den Ansatz werden zwei Kriterien genannt, die kumulativ zu erfüllen sind. Ein Posten ist zu erfassen (F.83),
- wenn der Zufluss bzw. Abfluss eines wirtschaftlichen Nutzens, der mit dem Sachverhalt verbunden ist, wahrscheinlich ist und
- wenn die Anschaffungs- oder Herstellungskosten oder der Wert des Sachverhalts zuverlässig ermittelt werden können.

Für die Bewertung nennt das Rahmenkonzept verschiedene Bewertungsmaßstäbe. Allerdings lässt sich die Anwendung spezifischer Bewertungsmaßstäbe für einzelne Sachverhalte nicht aus dem Framework, sondern aus den einzelnen Standards ableiten. Im Framework werden grundsätzlich vier Bewertungsgrundsätze genannt (F.100):
- *Historische Anschaffungs- oder Herstellungskosten* (Historical Cost): *Vermögenswerte* (Assets) werden mit dem Betrag angesetzt, der den zum Zeitpunkt ihres Erwerbs aufgewendeten liquiden Mitteln bzw. Zahlungsmitteläquivalenten oder dem beizulegenden Wert einer sonstigen zu ihrem Erwerb hingegebenen Gegenleistung entspricht (Anschaffungs- oder Herstellungskosten). *Schulden* (Liabilities) werden mit dem Betrag bewertet, den der Bilanzierende durch das Eingehen der Verpflichtung erhalten hat, oder in manchen Fällen (z. B. bei Einkommensteuern) mit dem zu zahlenden Betrag, der voraussichtlich gezahlt werden muss, um die Schuld bei Unterstellung eines normalen Geschäftsverlaufs zu tilgen.
- *Wiederbeschaffungskosten* (Current Cost): *Vermögenswerte* werden mit dem Betrag angesetzt, der der Summe der liquiden oder sonstigen Mittel entspricht, die zur Wiederbeschaffung des entsprechenden oder eines gleichwertigen Vermögenswertes zum gegenwärtigen Zeitpunkt aufgewendet werden müsste. *Schulden* werden mit dem Betrag bewertet, der zum gegenwärtigen Zeitpunkt für die Begleichung der Verpflichtung aufgewendet werden müsste.
- *Realisierbarer Betrag* (Realizable Value): *Vermögenswerte* werden mit dem Betrag angesetzt, der der Summe der liquiden oder sonstigen Mittel entspricht, die bei einem Verkauf des Vermögenswertes zum gegenwärtigen Zeitpunkt gezahlt werden müssten. *Schulden* werden mit dem Erfüllungsbetrag bewertet, d. h. mit der nicht abgezinsten Summe aller liquiden oder sonstigen Mit-

tel, die bei Unterstellung eines normalen Geschäftsgangs für die Begleichung der Verpflichtung gezahlt werden müssten.

- *Barwert* (Present Value): *Vermögenswerte* werden mit dem Barwert aller zukünftigen Nettoeinzahlungen bewertet, die bei Unterstellung eines normalen Geschäftsgangs voraussichtlich durch den Vermögenswert erzeugt werden. *Schulden* werden mit dem bei normalem Geschäftsgang zu erwartenden Barwert der künftigen Nettoabflüsse bewertet, die zur Begleichung der Verpflichtung notwendig sind.

2.2.3 Entwicklung eines IFRS für Versicherungsverträge

Bisher existiert kein umfassender IFRS für eine Bilanzierung von versicherungsspezifischen Geschäftsvorfällen. Versicherungsunternehmen, die seit Inkrafttreten des § 292a HGB einen befreienden IFRS-Konzernabschluss aufstellen, konnten – nach dem Grundsatz der *Best Practice* – für die Abbildung der Versicherungstechnik auf die Vorschriften der US-GAAP zurückgreifen. Die Anwendung US-amerikanischer Bilanzierungsvorschriften ermöglichte der IAS 1 (überarbeitet 1997), der bei Fehlen von spezifischen IFRS-Vorschriften die Anwendung anerkannter Branchenpraktiken oder Erklärungen anderer Standardsetzer vorschreibt (IAS 1.22c). Seit der Überarbeitung von IAS 1 und IAS 8 im Jahr 2003 ist die Regelung des IAS 1.22c jedoch weggefallen und durch eine *Hierarchie in IAS 8.10–11* ersetzt worden, die bei Fehlen bestimmter Regelungen Anhaltspunkte für die Bilanzierung nach IFRS gibt. Von der Anwendung dieser Hierarchie werden Versicherungsunternehmen befreit und können folglich so lange auf nationale Regeln wie die US-GAAP zurückgreifen, bis ein eigenständiger IFRS für Versicherungsverträge normiert ist.[85] Allerdings orientieren sich die US-GAAP allein an den Produkten des US-amerikanischen Versicherungsmarktes und sind für kontinentaleuropäische Produkte oftmals nur unzureichend anwendbar.[86] Daher ist eine eigenständige, möglichst umfassende internationale Regelung für die Versicherungstechnik unabdingbar.

Das IASB hat die Notwendigkeit einer internationalen Neugestaltung der Versicherungsbilanzierung erkannt und 1997 mit der Einrichtung eines Steering Committee ein Projekt »Insurance Contracts« initiiert.[87] Aus der Diskussion ging im Dezember 1999 die Veröffentlichung eines *Issues Paper* für Versicherungsver-

---

85 Nach dem Standardentwurf sollte diese Befreiung nur bis 2007 erfolgen (Sunset Clause). Diese Einschränkung wurde allerdings in einem späteren Update verworfen.
86 Vgl. zur Zuordnung deutscher Versicherungsprodukte in die Systematik der US-GAAP Mayr, Gerhard [Internationalisierung, 1999], S. 57–62.
87 Vgl. zum Normierungsprozess Kölschbach, Joachim [Zeitwerte, 2000], S. 432–436; Widmann, Ralf; Korkow, Kati [Spielräume, 2002], S. 79–81.

träge hervor, das den ersten Schritt eines branchenspezifischen IFRS für Versicherungsunternehmen darstellt und eine Bilanzierung von Versicherungsverträgen mit einem am Absatzmarkt orientierten Fair Value vorsieht.[88] Das Issues Paper wurde in der Fachwelt unterschiedlich aufgenommen.[89] Während die Bilanzierungspraxis und die Aufsichtsbehörden sehr kritisch reagierten, standen insbesondere Aktuare den Vorschlägen des Steering Committee eher positiv gegenüber.

Die nächste Entwicklungsstufe eines IFRS für Versicherungsverträge war die Veröffentlichung des *Draft Statement of Principles* (DSOP) im Juni 2001, das trotz der vielfältigen Kritik auf dem im Issues Paper verfolgten Zeitwertansatz aufbaut.[90] Anstelle einer Bilanzierung zum Fair Value wird im DSOP allerdings eine Bewertung von Versicherungsverträgen zum Entity Specific Value präferiert.[91]

Bereits im Jahr 2002 wurde allerdings deutlich, dass die geplante Umsetzung des Projekts »Insurance Contracts« für das Bilanzjahr 2005 aufgrund der zahlreichen ungeklärten Punkte einer hypothetischen Marktwertkonstruktion von Versicherungsverträgen nicht gelingen wird. Deshalb wurde das Projekt in *Phase 1 und 2* geteilt:

- *Phase 1* ist zur Anwendung ab 2005 vorgesehen und bildet die Grundlage eines umfassenden Regelwerks, bewahrt Versicherungsunternehmen aber vor weitreichenden Änderungen der bisherigen Bilanzierungspraxis. Zu Phase 1 hat das IASB Ende Juli 2003 ein Exposure Draft (ED 5) veröffentlicht, aus dem mit wenigen Modifikationen im März 2004 der IFRS 4 entstanden ist.
- *Phase 2* soll später in Kraft treten und einen vollständigen Standard zum Ansatz und Bewertung von Versicherungsverträgen bereitstellen. Nach dem im Mai 2007 veröffentlichten Diskussionspapier wird ein Exposure Draft zur Phase 2 gegen Ende 2008 und ein IFRS gegen Ende 2009/Anfang 2010 erwartet. Eine erstmalige Anwendung erscheint somit frühestens für das Geschäftsjahr 2011 realistisch. Mit Phase 2 soll nach derzeitigem Stand eine vollumfängliche Zeitwertbilanzierung etabliert werden.

---

88 Vgl. IASB [Issues Paper, 1999].
89 Vgl. Geib, Gerd [Diskussionsstand, 2001], S. 114.
90 Vgl. IASB [DSOP, 2001].
91 Vgl. Geib, Gerd [Diskussionsstand, 2001], S. 121.

3 IFRS 4 für Versicherungsverträge

3.1 Zielsetzung

Die *Zielsetzung* von IFRS 4 besteht darin, die Finanzberichterstattung für Versicherungsverträge zu regeln, bis das IASB die zweite Phase des Projekts »Insurance Contracts« abgeschlossen hat.

Im Wesentlichen sollen mit IFRS 4 nur wenige, eingeschränkte Verbesserungen der Bilanzierungspraxis erzielt werden. Größere Veränderungen, die in Phase 2 eventuell wieder rückgängig gemacht werden müssten, sollen bei diesem Unterfangen vermieden werden.

Daneben sollen Jahresabschlussadressaten vermehrt Informationen in Form von Anhangsangaben bekommen, die eine bessere Beurteilung von künftigen Zahlungsströmen sowie deren Fristigkeiten und Unsicherheit ermöglichen sollen. Insofern sollen in Phase 1 die Transparenz und Vergleichbarkeit verbessert werden, ohne jedoch tief greifende Bewertungsfragen zu verändern. Regelungsinhalte des IFRS 4 betreffen vornehmlich Inhalte, die auch in Phase 2 relevant sind, jedoch bereits im Vorfeld der wesentlichen Ansatz- und Bewertungsfragen geregelt werden können. Im Einzelnen sind folgende *Themen* zu nennen:

- Definition von Versicherungsverträgen (Anwendungsbereich),
- Behandlung von eingebetteten Derivaten in Versicherungsverträgen,
- Anhangsangaben,
- Ergänzungen betreffend Nicht-Versicherungsverträge, die unter IAS 39 fallen.

Zusätzlich soll IFRS 4 Bilanzierungspraktiken eliminieren, die in Phase 2 mit Sicherheit nicht mehr akzeptiert werden.

3.2 Anwendungsbereich

Die Versicherungsbilanzierung basiert traditionell auf einer Abbildung der Geschäftsprozesse des gesamten Versicherungsunternehmens. Diese Perspektive wird im IFRS 4 zugunsten einer Bilanzierung von Versicherungsverträgen aufgegeben (IFRS 4.1). Unter den Anwendungsbereich fallen nur Verträge, die einem versicherungstechnischen Risiko unterliegen. Neben Versicherungs- bzw. Rückversicherungsverträgen gehören auch Finanzinstrumente unter IFRS 4, wenn es sich um Verträge mit ermessensabhängiger Überschussbeteiligung handelt (Discretionary Participating Feature), wobei der garantierte Bestandteil gegebenenfalls Gegenstand einer zusätzlichen Mindestanforderung nach IAS 39 ist. *Nicht unter den Regelungsbereich* von IFRS 4 fallen:

- Gewährleistungen eines Produzenten,
- Aktiva und Passiva des Arbeitgebers in der betrieblichen Altersvorsorge,
- Finanzgarantien (soweit keine (Kredit-)Versicherung vorhanden),
- bedingte Kaufpreisanpassungen bei Unternehmenszusammenschlüssen sowie
- Erstversicherungsverträge aus Sicht des Versicherungsnehmers.

Ein Versicherungsvertrag wird definiert als »ein Vertrag, nach dem eine Partei (der Versicherer) ein signifikantes Versicherungsrisiko von einer anderen Partei (dem Versicherungsnehmer) übernimmt, indem sie vereinbart, dem Versicherungsnehmer eine Entschädigung zu leisten, wenn ein spezifiziertes, ungewisses, zukünftiges Ereignis (das versicherte Ereignis) den Versicherungsnehmer nachteilig betrifft« (IFRS 4, Appendix A).

Damit erfolgt eine Abgrenzung von derivativen Finanzinstrumenten sowie anderen Produkten, die lediglich finanzielle, aber keine versicherungstechnischen Risiken beinhalten. Verträge, die zwar aufsichtsrechtlich als Versicherungsvertrag eingeordnet werden, die jedoch aufgrund des Fehlens eines versicherungstechnischen Risikos nicht unter die Definition des Versicherungsvertrags fallen, werden nicht durch einen branchenspezifischen IFRS für Versicherungen abgedeckt, sondern nach IAS 39 wie Finanzinstrumente behandelt.

Ein *Versicherungsrisiko* zeichnet sich daher durch das Übertragen von Risiko vom Versicherungsnehmer auf das Versicherungsunternehmen aus, ohne jedoch ein Finanzrisiko darzustellen (IFRS 4.A). Auch Stornorisiko, Bestandsfestigkeitsrisiko oder Kostenrisiko stellen keine Versicherungsrisiken dar, bevor Teile des Risikos auf eine andere Partei übertragen werden. Ein Finanzrisiko wird als Änderungsrisiko bezüglich Zinssätzen, Wertpapierkursen, Rohstoffpreisen, Wechselkursen, Preisindizes, Kreditratings, Kreditindizes oder ähnlichen finanziellen Variablen oder nichtfinanziellen parteiunspezifischen Variablen definiert. Demgegenüber betrifft ein Versicherungsvertrag immer einen spezifischen Vertragspartner. Als wesentliche Kriterien für einen Versicherungsvertrag nennt IFRS 4
1. die Signifikanz eines *versicherungstechnischen Risikos* und
2. das Vorliegen eines *unsicheren zukünftigen Ereignisses*.

Das erste Kriterium für die Einordnung eines Vertrags als Versicherungsvertrag stellt das Ausmaß oder der Anteil des versicherungstechnischen Risikos dar. Im Standard findet sich folgende Konkretisierung (IFRS 4.B23):

Als signifikant wird ein versicherungstechnisches Risiko bezeichnet, wenn »ein versichertes Ereignis bewirken könnte, dass ein Versicherer unter irgendwelchen Umständen signifikante zusätzliche Leistungen erbringen muss, ausgenommen solche Umstände, denen es an kommerzieller Bedeutung mangelt (d. h., die keine wahrnehmbare Wirkung auf die wirtschaftliche Sicht des Geschäfts haben)«.

Insofern reicht bereits die Möglichkeit eines signifikanten versicherungstechnischen Risikos für das Vorliegen eines Versicherungsvertrags aus. Für eine Konkretisierung eines signifikanten Ereignisses ist sowohl dessen Eintrittswahrscheinlichkeit als auch die mögliche Schadenhöhe maßgeblich (IFRS 4.B2). Genaue quantitative Angaben werden jedoch im Hinblick auf potenzielle negative Anreizwirkungen auf das Management vom IASB abgelehnt (IFRS 4.BC33). Insbesondere wird eine Gefahr darin gesehen, dass Unternehmen quantitative Grenzen durch Vertragsgestaltung bewusst umgehen können. Der Nachweis eines versicherungstechnischen Risikos erfolgt vertragsbezogen (IFRS 4.B25). Folglich kann ein signifikantes versicherungstechnisches Risiko auch dann vorliegen, wenn infolge einer Aggregation von Verträgen zu einem Bewertungsportfolio in der Summe kein signifikanter Einfluss auf den Barwert der Zahlungsströme vorliegt.

Durch das Kriterium der Signifikanz sollen Verträge ausgeschlossen werden, deren Versicherungsschutz gegenüber dem Finanzanteil vernachlässigbar gering ist.

Neben der Signifikanz erfordert die Definition von Versicherungsverträgen das Vorliegen eines unsicheren zukünftigen Ereignisses. Unsicherheit muss über einen oder mehrere der folgenden Punkte bestehen:
- Tritt das zukünftige Ereignis überhaupt ein (Schadenzahl)?
- Wann tritt das zukünftige Ereignis ein (Schadendatum)?
- Wie viel muss der Versicherer für das versicherte Ereignis im Eintrittsfall bezahlen (Schadenhöhe)?

Neben der grundsätzlichen Definition eines Versicherungsvertrags sind auch Änderungen im Grad des versicherungstechnischen Risikos von Bedeutung. Falls ein Versicherungsvertrag einmal als Versicherungsvertrag eingestuft wurde, bleibt er dies bis zur Erfüllung aller Rechte und Pflichten (IFRS 4.B30). Im Falle einer gemischten Lebensversicherung reduziert sich beispielsweise der Risikobeitrag für den Todesfall, wobei gleichzeitig der Wert des Sparanteils zunimmt. Der Vertrag bleibt trotz der abnehmenden Signifikanz des versicherungstechnischen Risikos ein Versicherungsvertrag. Ebenso kann es sein, dass ein Vertrag bei Beginn zwar kein signifikantes Risiko aufweist, bei normalem Geschäftsverlauf aber zu erwarten ist, dass später im Vertragsverlauf ein signifikantes Risiko entsteht. Beispiel: Im Fall von aufgeschobenen Rentenversicherungen besteht zwar während der Sparphase kein signifikantes versicherungstechnisches Risiko, aber in der Rentenphase. Die Ausübung des Rentenwahlrechts kann als ein Fall von »kommerzieller Substanz« angesehen werden, es sei denn, der Rentenfaktor liegt im Ermessen des Versicherungsunternehmens und das Erlebensfallrisiko ist infolge prohibitiver Konditionen vermeidbar (IFRS 4.B29). Falls der Rentenfaktor jedoch marktgerecht ist und mit der Ausübung der Option durch den Versicherungsnehmer zu rechnen ist, besteht (bei Vorliegen von Signifikanz) schon von Beginn an ein Versicherungsvertrag.

Im Ergebnis sind beinahe alle im deutschen Recht als Versicherungsverträge klassifizierte Verträge Bestandteil von IFRS 4. Ausnahmen lassen sich lediglich bei folgenden Verträgen feststellen:[92]
- bei bestimmten Altersvorsorgeverträgen nach dem Gesetz über die Zertifizierung von Altersvorsorgeverträgen (»Riester«-Verträge),
- bei Pensionsfondsverträgen oder anderen aufgeschobenen Rentenversicherungen ohne Versicherungsschutz in der Aufschubzeit und freier Bestimmbarkeit der Rentenfaktoren bei Rentenwahl sowie
- bei bestimmten Gruppenversicherungs- und Rückversicherungsverträgen, insbesondere wenn es sich um Financial-Reinsurance-Verträge handelt.

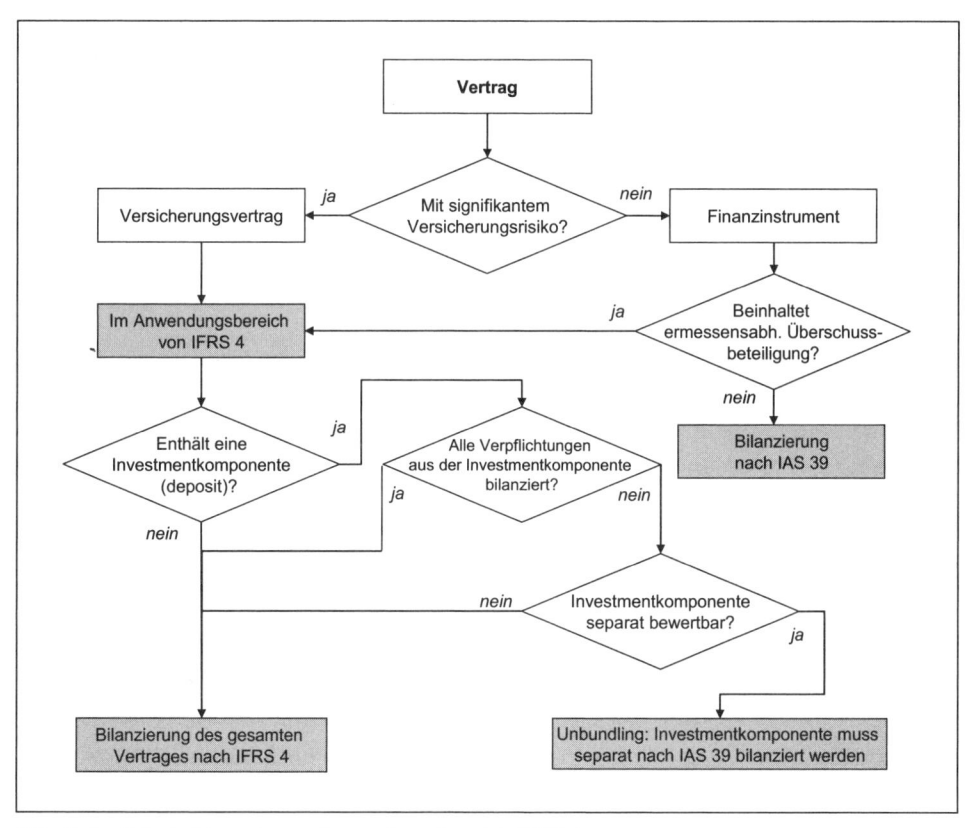

Abb. 3.4: Entscheidungsbaum Anwendungsbereich IFRS 4

---

92 Vgl. KPMG [IFRS aktuell, 2004], S. 140.

3.3 Ansatz- und Bewertungsvorschriften

Das Ziel von Phase 1 besteht vorwiegend darin, den Umstellungsaufwand in 2005 möglichst gering zu halten, aber dennoch die Transparenz und Vergleichbarkeit zu erhöhen.[93] Da die bisher geltenden nationalen Bilanzierungsnormen bis auf wenige Ausnahmen unter IFRS 4 weiterhin Anwendung finden, soll dieses Ziel durch eine erhebliche Ausweitung der Vorschriften zur Offenlegung erreicht werden. Abweichungen von der bisherigen Bilanzierungspraxis sind den bilanzierenden Unternehmen erlaubt, wenn den Adressaten relevantere und zuverlässigere Informationen vermittelt werden (IFRS 4.22) oder IFRS 4 dies ausdrücklich vorgibt. Als Anreiz eines Wechsels auf ein System mit entscheidungsnützlicheren Informationen sieht der Standard die Option einer einmaligen Umkategorisierung der Asset-Klassen des Unternehmens in die Kategorie »At Fair Value through Profit or Loss« vor (IFRS 4.45).

Einige Bilanzierungsmethoden hat das IASB als besonders *informationsfeindlich* identifiziert und ihre Anwendung explizit nur dann erlaubt, falls sie Teil der bisherigen Bilanzierungspraxis sind (IFRS 4.25). Genannt werden in diesem Zusammenhang:

- eine Bewertung von versicherungstechnischen Verpflichtungen ohne Berücksichtigung eines Diskontierungseffekts,
- eine über den Zeitwert hinausgehende Bewertung von zukünftigen Gewinnen aus Verwaltungs- und Betriebskostenzuschlägen[94] und
- eine uneinheitliche Bilanzierungspolitik für Versicherungsverträge bei Tochtergesellschaften und insofern ein Verstoß gegen IAS 27 (IFRS 4.BC131).

Weiterhin wird in Phase 1 eine »extrem« vorsichtige Bewertung von versicherungstechnischen Verpflichtungen erlaubt, wenn diese Bestandteil der nationalen Bilanzierungspraxis ist (IFRS 4.26). Falls das Versicherungsunternehmen bereits eine ausreichende Vorsichtskomponente berücksichtigt, kann diese zwar grundsätzlich beibehalten werden, der Vorsicht soll jedoch nicht noch mehr Rechnung getragen werden. Ebenso fordert IFRS 4 keine Änderung in der Einbeziehung künftiger Kapitalerträge in den versicherungstechnischen Verpflichtungen. Falls etwa zukünftige Kapitalerträge durch Diskontierung der versicherungstechnischen Verpflichtungen mit der erwarteten Rendite der Kapitalanlagen vorweggenommen werden, müssen diese nicht eliminiert werden (IFRS 4.27). Es wird je-

---

93 Vgl. Hommel, Michael [Standardentwurf, 2003], S. 2114–2120; Rockel, Werner; Sauer, Roman [Exposure Draft 5, 2003], S. 1108–1119.
94 Dies betrifft vor allem die Bewertung des Vertragsbestands von Versicherungstöchtern mit dem Embedded Value, die meist von britischen Bankkonzernen angewendet wird. Vgl. Engeländer, Stefan; Kölschbach, Joachim [Standard, 2004], S. 576.

doch als widerlegbare Vermutung angesehen, dass die Bilanz eines Versicherungsunternehmens an Relevanz und Zuverlässigkeit verliert, wenn ein Bilanzierungssystem eingeführt wird, das zukünftige Kapitalerträge berücksichtigt. Als Ausnahme davon gelten nur Versicherungsverträge, die Kapitalerträge in den vertraglichen Verpflichtungen enthalten.[95]

Eine entscheidende Änderung für Konzerne, die bisher einen HGB-Konzernabschluss aufstellen, resultiert aus der Auflösung der *Schwankungs- und Großrisikenrückstellungen* (IFRS 4.BC87–93). Während nach HGB eine Schwankungsrückstellung als Bestandteil der versicherungstechnischen Rückstellungen gebildet werden muss (§ 341h HGB), erfüllt diese nach den Vorstellungen des IASB nicht die Kriterien an eine Liability (F.49b), sondern besitzt vielmehr Eigenkapitalcharakter. Eine bewusste Bilanzglättung widerspricht zusätzlich der Darstellung neutraler Informationen, indem sie sich an der Erfüllung aufsichtsrechtlicher Anforderungen orientiert und nicht die Vermittlung entscheidungsrelevanter Informationen verfolgt.[96] Nicht zuletzt wird die Schwankungsrückstellung allein auf der Basis vergangener Geschäftsjahre gebildet und beinhaltet daher keine relevanten Informationen über die zukünftige Risikosituation. Mit der Auflösung der Schwankungsrückstellung ist eine Umbuchung in die Gewinnrücklagen verbunden. Dabei wird im Standard ausdrücklich die Möglichkeit des Ausweises eines separaten Postens im Eigenkapital eingeräumt (IFRS 4.BC93), der dem Ausgleich zukünftiger Gewinne und Verluste dienen könnte.

Anders als bei der erforderlichen Ausbuchung der Schwankungsrückstellung erfolgen in Phase 1 keine materiellen Änderungen in der Behandlung von Abschlusskosten aus Versicherungsverträgen. Vielmehr besteht während Phase 1 ein Wahlrecht, ob Abschlusskosten aktiviert und über den Vertragszeitraum planmäßig abgeschrieben oder im Anfalljahr sofort als Aufwand verbucht werden. Auch eine passivische Absetzung von den Rückstellungen (Zillmerung), wie in Deutschland bei der Bilanzierung der Deckungsrückstellung üblich (§ 25 Abs. 1 S. 2 RechVersV), wird ausdrücklich erlaubt (IFRS 4.BC116).

Die ausreichende Reservierung versicherungstechnischer Verpflichtungen soll in Phase 1 mit Hilfe eines *Liability-Adequacy-Tests* gewährleistet werden (IFRS 4.15). Dafür werden die zukünftigen Zahlungsströme aus den Versicherungsverträgen geschätzt und mit den bilanziell bereits gebildeten Rückstellungen verglichen. Das IASB nimmt kaum Einfluss auf die Ausgestaltung des Tests (IFRS 4.BC101). Vielmehr können national bereits existierende Vorgaben, die gewisse Mindestanforderungen erfüllen, übernommen werden. Der Test muss aktuelle Annahmen über die vertraglichen und mit dem Vertrag verbundenen Zahlungsströme (z. B. Schadenbearbeitungskosten) enthalten sowie Zahlungsströme be-

---

95 Vgl. für ein Beispiel einer widerlegbaren Vermutung IFRS 4.28.
96 Vgl. Rockel, Werner; Sauer, Roman [Exposure Draft 5, 2003], S. 1111.

rücksichtigen, die aus eingebetteten Optionen und Garantien resultieren. Zusätzlich muss eine mögliche Differenz zwischen tatsächlichen und bilanziellen Verpflichtungen ergebniswirksam verbucht werden (IFRS 4.16). Falls nationale Vorschriften fehlen, ist ein Vergleich der bilanziell ausgewiesenen Rückstellungen mit einer hypothetischen Bewertung der Verpflichtungen nach IAS 37 »Provisions, Contingent Liabilities and Contingent Assets« vorzunehmen (IFRS 4.19). Unterschreiten die bilanziellen Verpflichtungen den Wert, der nach IAS 37 resultieren würde, ist die gesamte Differenz ergebniswirksam zu berücksichtigen (IFRS 4.17). Dafür sind eventuell aktivierte Abschlusskosten bzw. in Beziehung stehende immaterielle Vermögensgegenstände abzuschreiben oder die versicherungstechnischen Verpflichtungen zu erhöhen. Der Liability-Adequacy-Test muss nicht auf Ebene von einzelnen Verträgen erfolgen (IFRS 4.18). Vielmehr können Nationale Vorschriften über den Umfang der einzubeziehenden Verträge übernommen werden, falls diese den Mindestanforderungen des IFRS 4.16 entsprechen. Für den Vergleich mit IAS 37 ist ein Portfolio von Verträgen heranzuziehen, in dem ähnliche Risiken – etwa zum Zweck der Steuerung – zusammengefasst werden. Die Vorgabe eines Liability-Adequacy-Tests führt somit weder für Konzerne, die nach HGB bilanzieren, noch für Anwender von US-GAAP zu materiellen Konsequenzen.

- Im HGB werden künftige Auszahlungsüberschüsse über die Bildung von Rückstellungen in Folge des Imparitätsprinzips ausreichend berücksichtigt (z. B. über die Bilanzierung von Drohverlustrückstellungen und über die prospektive Bewertung der Deckungsrückstellung).
- Äquivalent zu dem im IFRS 4 vorgesehenen Liability-Adequacy-Test erfolgt nach US-GAAP eine Überprüfung zum Ausgleich eines Prämiendefizits *(Premium Deficiency)* nach Statement of Financial Accounting Standard (SFAS) 60.32–37.

Im Ergebnis entstehen für deutsche Versicherungsunternehmen durch IFRS 4 keine erheblichen Änderungen. Inwiefern es in Phase 1 vergleichbar und transparent ist, dass ein IFRS-Abschluss auf der Aktivseite nach IFRS zu bilanzieren ist, auf der Passivseite – je nach bisheriger Anwendung – nach HGB oder US-GAAP, bleibt fraglich. Zudem zeigt die Praxis der Abschlüsse des Jahres 2005 und 2006 erhebliche Differenzen in der Interpretation einzelner Vorschriften des IFRS 4, insbesondere im Rahmen der Offenlegungsanforderungen.

3.4 Problemfelder in Phase 1

3.4.1 Asset-Liability-Mismatching

Bereits in den Erläuterungen des IASB zum IFRS 4, der Basis of Conclusion, wird die unter bestimmten Umständen auftretende Problematik eines bilanziellen *Asset-Liability-Mismatching* aufgegriffen. Durch die unterschiedlichen Bewertungsprinzipien kann es zu einer Inkongruenz in der Entwicklung von Aktiv- und Passivposten kommen: Ein Marktzinsanstieg verursacht einen Kursrückgang bei den zum Fair Value bewerteten Anleihen, während es bei den nach nationalen Vorschriften meist undiskontierten und vorsichtig bewerteten versicherungstechnischen Rückstellungen zu keiner Veränderung des Buchwertes kommt. Dadurch wird unter Umständen die ökonomische Wirklichkeit verzerrt. Wenn der Versicherer durch eine Duration-Matching-Strategie im Rahmen des Asset-Liability-Managements eine Fristenkongruenz von Aktivposten und Verpflichtungen erreicht, hat er sich aus ökonomischer Sicht gegenüber den Folgen von Marktzinsänderungen weitgehend immunisiert, bilanziell wirken sich diese jedoch weiterhin aus. Bei einer Einstufung der Anleihen als Available-for-Sale-(AFS-)Wertpapiere wird der Kursverlust zwar nicht in der GuV erfasst, das Eigenkapital reduziert sich jedoch in entsprechender Höhe. Das IASB hat dieses Problem zwar erkannt, die zu erwartenden Auswirkungen sind bei der Erstellung des Standards allerdings als nicht so schwerwiegend angesehen worden, als dass sie den Aufwand einer speziellen Lösung innerhalb von Phase 1 gerechtfertigt hätten. Die meisten während der Kommentierungsfrist eingereichten Anmerkungen zum Standardentwurf des IFRS 4 hatten das Problem des Mismatching schwerwiegender bewertet. So verlieren die IFRS-Abschlüsse nach Meinung vieler kommentierender Institutionen durch die inkonsistenten Bewertungsregeln für Aktiv- und Passivseite an Aussagekraft und Entscheidungsrelevanz.

In einer *Beispielrechnung*, die auf unterschiedlichen Szenarien basiert, werden die Auswirkungen der bilanziellen Ungleichbehandlung von Anleihen und Verpflichtungen aufgezeigt. Angenommen wird, dass trotz langfristiger Haltestrategien eine 20-jährige Anleihe (Nennwert 100.000 Euro) als Wertpapier der Kategorie AFS bilanziert wird, da im Falle einer Einstufung in die Kategorie Held-to-Maturity (HTM) bei einem unter Umständen nötigen vorzeitigen Verkauf Sanktionen drohen.[97] Das Versicherungsunternehmen muss nun die Marktwertschwankungen des AFS-Wertpapiers im Eigenkapital erfassen. Auch wenn sich

---

[97] Das Unternehmen darf dann für zwei Jahre dieser Bewertungskategorie keine Papiere mehr zuordnen (tainting rule). Vgl. hierzu IAS 39.83. Ein vorzeitiger Verkauf kann etwa durch einen überraschend adversen Schadenverlauf, vorzeitige Vertragsstornierungen sowie eine für den Versicherer nicht mehr tragbare Verschlechterung der Bonität des Emittenten notwendig werden.

der Marktzins über die gesamte Laufzeit von 20 Jahren nicht ändern würde, ergäbe sich durch die derzeit am Markt existierende ansteigende (normale) Zinskurve[98] während der Laufzeit ein zunächst ansteigender Fair Value der Anleihe. Erst die letzten Jahre vor Fälligkeit würde sich der Marktwert wieder dem Nennwert annähern. Diese an sich triviale finanzwirtschaftliche Begebenheit führt zu der in Abbildung 3.5 illustrierten Wertentwicklung der Anleihe.

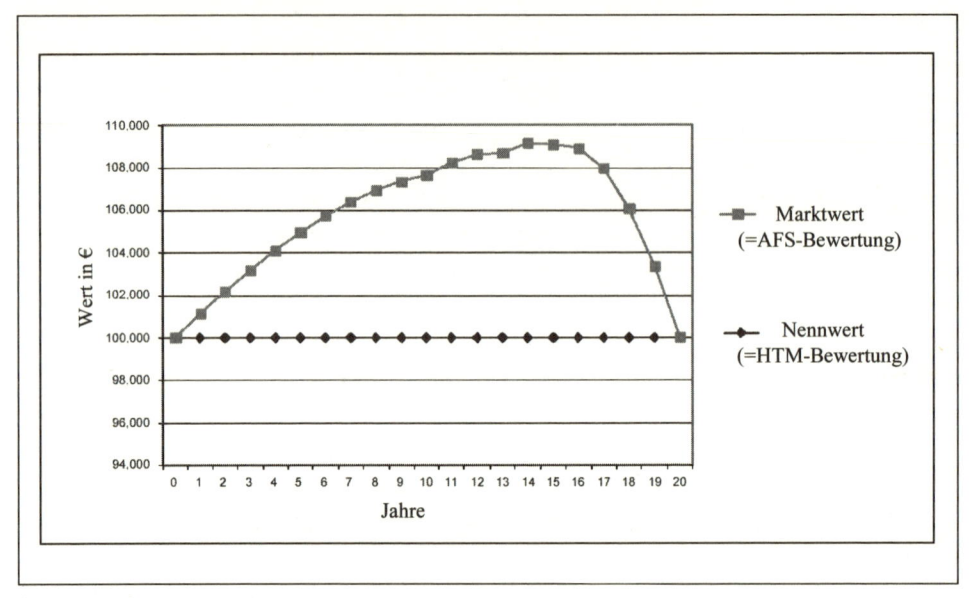

Abb. 3.5: Bewertung einer 20-jährigen Anleihe bei stabilem Zinsniveau und einer ansteigenden Zinsstruktur[99]

Wenn das Versicherungsunternehmen mit der Anleihe eine nach 20 Jahren fällige Auszahlung an einen Versicherungsnehmer absichert und sich somit – in Bezug auf diesen Posten – Aktiv- und Passivseite in Laufzeit und Höhe genau decken, sollten aus ökonomischer Sicht in der Bilanz während der Haltedauer keine Wertschwankungen resultieren. Bei einer AFS-Bewertung kommt es in den ersten 15 Jahren zu einem ständigen Zuwachs des Eigenkapitals. In den letzten Jahren schmilzt das Eigenkapital dann wieder auf den ursprünglichen Wert ab. Nur aufgrund der inkonsistenten Bewertungsregeln kommt es zu erheblichen Schwankungen des Eigenkapitals.

In der Realität wird der oben gezeigte Effekt allerdings von den Schwankungen des Zinsniveaus überlagert (bei obigem Beispiel gleich Null gesetzt). Wird

---

[98] Unterstellt wird die Zinsstruktur für US-Staatsanleihen von Juni 2003.
[99] Vgl. ACLI/IAA [Supplement, 2004], S. 8.

die Zinsentwicklung der Jahre 1984 bis 2003 als Basis für eine Simulationsrechnung benutzt, indem eine spiegelbildliche Entwicklung für die kommenden 20 Jahre unterstellt wird, also die jährlichen Durchschnittszinsen rückwärts von 2003 bis 1984 gerechnet werden, ergeben sich die in Abbildung 3.6 gezeigten jährlichen Veränderungen bei einer AFS-Bewertung. Diese direkt ins Eigenkapital zu buchenden Wertschwankungen führen zu einer starken Volatilität des ausgewiesenen Eigenkapitals von jährlich bis zu 13% des Nennwertes der Kapitalanlagen.

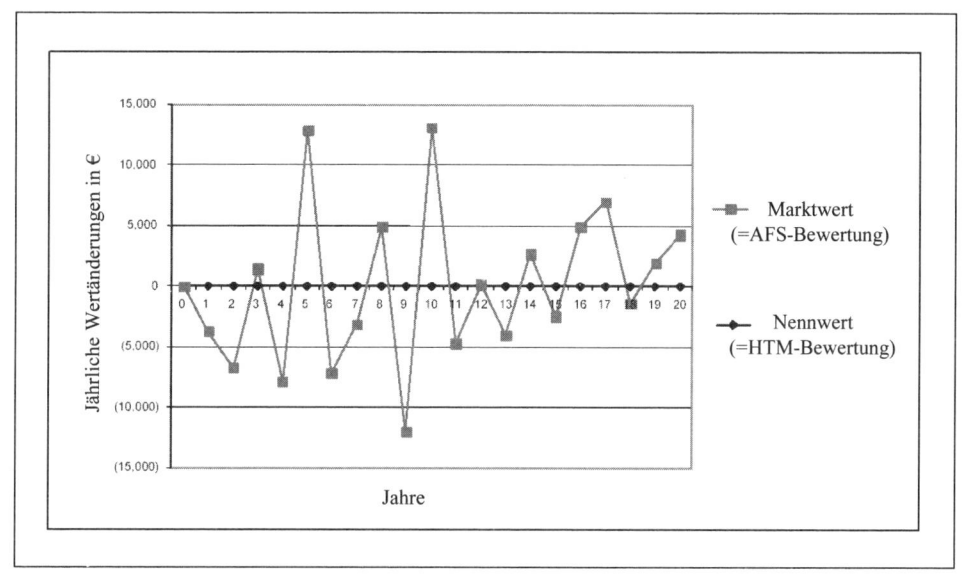

Abb. 3.6: Jährliche Marktwertschwankungen einer 20-jährigen Anleihe bei Simulation der realen Zinsentwicklung von 2003 bis 1984 rückwärts gerechnet[100]

Das IASB argumentiert, die Situation der ungleichen Behandlung von Kapitalanlagen und versicherungstechnischen Verpflichtungen bestehe bereits seit längerem auch in den US-GAAP-Regelungen und habe dort auch nicht zu größeren Verwerfungen geführt. Dem ist zu widersprechen: Die seit dem Jahr 1993 bestehende AFS-Bewertung in den USA hat durchaus Schwankungen in den Abschlüssen von US-GAAP-Bilanzierenden verursacht. Durch den starken Marktzinsrückgang in diesem Zeitraum ist der Wert von festverzinslichen Papieren allerdings tendenziell gestiegen, die Eigenkapitalbasis wurde somit gestärkt.[101] Bei einer umgekehrten Zinsentwicklung, wie sie sich seit geraumer Zeit abzeichnet, könnten viele Lebensversicherungsunternehmen massive Probleme bezüg-

---

100 Vgl. ACLI/IAA [Supplement, 2004], S. 14.
101 Vgl. ACLI/IAA [Supplement, 2004], S. 17–18.

lich ihrer Eigenkapitalausstattung bekommen und die Bewertungsproblematik würde offensichtlich.

Aufgrund der zahlreich eingegangenen kritischen Kommentare zum Standardentwurf für Versicherungsverträge bezüglich der oben aufgezeigten Probleme, hat das IASB zum Problem des bilanziellen Asset-Liability-Mismatching eine Reihe von Lösungsmöglichkeiten untersucht:

- Eine Möglichkeit bestand darin, eine neue Bewertungskategorie für Kapitalanlagen – *Assets Held Back to Insurance Liabilities* – zu schaffen. Die zur Deckung der versicherungstechnischen Verpflichtungen gehaltenen Kapitalanlagen hätten demnach zu fortgeführten Anschaffungskosten bilanziert werden dürfen, wodurch es eher zu einem Gleichlauf mit der Bewertung der Verpflichtungen gekommen wäre. In den Erläuterungen zum Standardentwurf hat das IASB diese Möglichkeit wegen Abgrenzungsproblemen, der Gefahr von Bilanzierungsarbitrage und der anvisierten Vermeidung von branchenspezifischen Sonderregelungen allerdings abgelehnt.
- In zwei weiteren Ansätzen wurde die *Aufweichung der Restriktionen* bezüglich der Veräußerung von Wertpapieren der Kategorie HTM vorgeschlagen, um Versicherungsunternehmen in die Lage zu versetzen, dieser Kategorie einen größeren Anteil ihrer Papiere zuzuordnen. So könnte auch beim Eintritt von unerwartetem Storno, überraschenden Schadenhöhen sowie bei einer zu erwartenden Verschlechterung der Kreditwürdigkeit von Emittenten ein frühzeitiger Verkauf von Kapitalanlagen der HTM-Kategorie ohne Sanktionen bleiben.
- Neben den skizzierten Lösungsmöglichkeiten auf der Aktivseite könnte auch eine Anpassung der *Bewertung der versicherungstechnischen Verpflichtungen* zu einer Beseitigung des Mismatching führen. Durch Diskontierung der Verpflichtungen mit einem am Marktzins angelehnten Zinsfaktor könnte eine zur Aktivseite äquivalente Reaktion auf Zinsänderungen erreicht werden. Hierzu ist anzumerken, dass bereits im Standardentwurf der Übergang von einer undiskontierten zu einer diskontierten Basis bei der Bewertung der versicherungstechnischen Verpflichtungen nicht ausgeschlossen wurde. Falls Änderungen der bisher praktizierten Bilanzierungsmethoden im Abschluss zu entscheidungsrelevanteren Informationen im Sinne des IAS 8 führen, sind diese ausdrücklich erlaubt. Allerdings verlangt IAS 8 eine konsistente Anwendung von Bewertungsregeln für gleichartige Vorfälle. Das IASB hat schließlich festgehalten, dass die Anwendung von marktorientierten Diskontierungssätzen bei der Bewertung der Rückstellungen die Kriterien der Relevanz und Zuverlässigkeit erfüllt und somit bereits in Phase 1 erlaubt ist. Auf eine konsistente Anwendung bei allen gleichartigen Posten, wie eigentlich von IAS 8 gefordert, verzichtet das Board.

- *Investment-Maintenance-Reserve:* Diese Methode stammt aus der aufsichtsrechtlichen Bilanzierung in den USA (Statutory Accounting Principles). Sie soll verhindern, dass bei einem vorzeitigen Verkauf eines zu fortgeführten Anschaffungskosten bilanzierten Bonds (HTM) in einer Phase gesunkener Zinsen in der Erfolgsrechnung ein hoher Veräußerungsgewinn ausgewiesen wird. Nachfolgend muss nämlich das Versicherungsunternehmen die freigewordenen Mittel in niedrigverzinsliche Papiere zum Marktniveau investieren. Deshalb wird die Realisierung der durch den Zinsvorteil erzielten Veräußerungsgewinne durch Bildung einer Investment-Maintenance-Reserve, die über die hypothetische Restlaufzeit des verkauften Wertpapiers abzuschreiben ist, auf einen längeren Zeitraum verteilt. IFRS 4 sieht jedoch keine in diese Richtung gehenden Sonderregelungen vor.
- Bereits Ende 2003 hat das IASB klargestellt, dass es eine weitere Möglichkeit, die Auswirkungen des Mismatching zu mildern, offen lassen will – die US-GAAP-Praxis des *Shadow Accounting* (Schattenrechnung). Durch eine fiktive erfolgswirksame Behandlung von unrealisierten Gewinnen oder Verlusten aus der Marktbewertung von AFS-Wertpapieren werden diese Veränderungen nicht mehr ausschließlich im Eigenkapital erfasst. Die Schwankungen werden vielmehr, je nach Ausgestaltung der verwendeten nationalen Vorschriften zur Abbildung des versicherungstechnischen Geschäfts, auch in der Bewertung der aktivierten Abschlusskosten, in einer latenten Rückstellung für Beitragsrückerstattung (RfB) und in der Bildung eines Postens für latente Steuern berücksichtigt.

Trotz der aufgezeigten Probleme und der Bedenken vieler Kommentatoren hat das IASB für Phase 1 entschieden, neben den angesprochenen Möglichkeiten des Shadow Accounting und der marktorientierten Diskontierung der versicherungstechnischen Rückstellungen, keine weiteren Maßnahmen zur Vermeidung eines Asset-Liability-Mismatching zu ergreifen.

Das IASB hat stets einen Asset-Liability-Measurement-Ansatz für Phase 2 propagiert und hält nur diesen für geeignet, den Adressaten entscheidungsrelevante Informationen zu vermitteln, weshalb die Billigung einer massiven Verzerrung der Abschlüsse in der Übergangsphase überraschen muss. Auch in Phase 2 werden die aufgezeigten Probleme durch die vorgesehene Marktbewertung auf der Passivseite nicht automatisch hinfällig, so lange kein einheitliches Erfolgskonzept in den IFRS entwickelt wird. Eine langfristige Regelung in Abstimmung mit den Projekten Financial Instruments und Revenue Recognition Reporting bleibt unabdingbar.

3.4.2 Unbundling und Embedded Derivatives

Das IASB fasst unter den Begriff *Unbundling* die Aufspaltung von Verträgen, die neben einer Risikokomponente auch eine Spar- oder Investmentkomponente enthalten (IFRS 4.10).[102] Aus Gründen der Konsistenz mit IAS 39 wird untersucht, welche Komponenten dieser Verträge den Finanzinstrumenten und welche den Versicherungsverträgen zuzuordnen sind.[103] Bei einer Trennung würde die Versicherungskomponente unter die Regelung eines zukünftigen Versicherungs-IFRS fallen, während die Investmentkomponente nach IAS 39 bzw. eine darin enthaltene Verwaltungskomponente nach IAS 18 zu bilanzieren wäre. Die Diskussion über ein mögliches Unbundling von Versicherungsverträgen war in der Entstehungsphase von IFRS 4 durch ständige Kurswechsel geprägt. Produkte der Kranken- und vor allem der Lebensversicherung enthalten häufig neben der Risikokomponente auch eine Sparkomponente. Während eine bilanzielle Trennung dieser Komponenten im Issues Paper 1999 noch vorgesehen war, wurde im DSOP 2001 sowie im ED 5 und im IFRS 4 ein Unbundling im Wesentlichen nicht mehr gefordert.

Der weitgehende Verzicht auf ein Unbundling in Phase 1 wird damit begründet, dass eine Aufspaltung der Verträge zu unverhältnismäßigem Umstellungsaufwand führen würde (IFRS 4.BC44). Es können folgende Regelungen des IFRS 4 unterschieden werden:

- *Wahlrecht eines Unbundling:* IFRS 4 erlaubt ein Unbundling dann, wenn ein Versicherungsunternehmen die Investmentkomponente separat messen kann.
- *Pflicht eines Unbundling:* Falls die Investmentkomponente separat gemessen werden kann und gleichzeitig die bisher anzuwendenden Bilanzierungsvorschriften keine vollständige Erfassung der Verpflichtungen und Rechte aus der Investmentkomponente sicherstellen, ist ein Unbundling verpflichtend (IFRS 4.10).
- *Verbot eines Unbundling:* Eine Aufspaltung ist in denjenigen Fällen nicht erlaubt, in denen die Investmentkomponente nicht separat gemessen werden kann.

Insgesamt ist eine Zerlegungspflicht für HGB-Anwender in der Regel nicht erforderlich, weil das Vollständigkeitsprinzip (§ 246 Abs. 1 HGB) sowie die Pflicht zur Bildung einer Drohverlustrückstellung aus schwebenden Geschäften (§ 249 Abs. 1 S. 1 HGB) für eine ausreichende Bilanzierung der Rechte und Pflichten aus den

---

[102] Vgl. zum Unbundling ferner IFRS 4.IG5 und IFRS 4.BC40–54.
[103] Vgl. Rockel, Werner; Sauer, Roman [Exposure Draft 5, 2003], S. 1112.

Versicherungsverträgen sorgen. Auch für US-GAAP Anwender bestätigt die Praxis der Abschlussjahre 2005 und 2006 diese Vermutung weitgehend.

> **Beispiel 3.1: Unbundling nach IFRS 4**
>
> 1. Es wird ein Rückversicherungsvertrag gezeichnet, bei dem die Schadenzahlungen des Rückversicherers durch steigende Prämien in künftigen Perioden zurückgezahlt werden. Ein *Unbundling ist zwingend,* wenn die Rückzahlung nicht ungewiss ist und die Rückzahlungsverpflichtung nicht als Verbindlichkeit ausgewiesen wird.
> 2. *Keine zwingende Zerlegung* liegt bei einem Lebensversicherungsvertrag vor, der eine Finanzkomponente enthält, bei der nach der bisherigen Bilanzierungspraxis der Sparanteil als Verbindlichkeit auszuweisen ist.

Neben dem Problem des Unbundling werden auch *eingebettete Derivate* (Embedded Derivatives) in IFRS 4 aufgegriffen. Darunter werden Verträge gefasst, die eine rechtlich untrennbare Kombination aus einem nicht derivativen Trägerinstrument (Basisvertrag) und einem eingebetteten derivativen Finanzinstrument darstellen. Nach IAS 39 sind eingebettete Derivate von ihrem Basisinstrument zu trennen und zum Fair Value zu bewerten, wenn folgende Voraussetzungen kumulativ erfüllt sind (IAS 39.11):

- Das Derivat erfüllt für sich allein die Kriterien eines derivativen Finanzinstruments.
- Die Charakteristika und Risiken des Derivats sind nicht eng mit denen des Trägerkontrakts verbunden.
- Das strukturierte Produkt wird nicht zum Fair Value bewertet.

Nach der Vorstellung des IASB stellt der Fair Value aufgrund seiner hohen Transparenz den einzig relevanten Wertmaßstab für Derivate dar (IFRS 4.BC190). Versicherungsverträge enthalten eine Vielzahl von eingebetteten Derivaten, wie etwa Rückkaufswerte, garantierte Mindestverzinsungen, Ablaufleistungen sowie Verlängerungs- oder Kündigungsoptionen. Dennoch sieht IFRS 4 für Optionen in Versicherungsverträgen in Phase 1 weitgehend keine separate Bilanzierung mit dem Fair Value vor (IFRS 4.BC192). Aufgrund der Beibehaltung bisheriger Bilanzierungspraxis in Phase 1 wird für Versicherungsverträge zunächst keine Fair-Value-Bilanzierung gefordert. Analog wird in IFRS 4 keine Notwendigkeit gesehen, Optionen, die in Versicherungsverträge eingebettet sind, in der Übergangszeit bis Phase 2 mit dem Fair Value zu bewerten, wenn diese selbst die Kriterien eines Versicherungsvertrags erfüllen (IFRS 4.7).

Ebenso kann auf eine separate Bilanzierung verzichtet werden, wenn der Versicherungsvertrag und das eingebettete Derivat so eng zusammenhängen, dass eine separate Bewertung des Derivats nicht möglich ist (IFRS 4.BC193).

Die Problematik einer Wertermittlung von Optionen wird daher weitgehend auf Phase 2 verlagert. Ein Versicherungsunternehmen braucht infolgedessen in Ausnahme zu IAS 39 eine Rückkaufsoption des Versicherungsnehmers zu einem vereinbarten Rückkaufswert nicht getrennt zum Fair Value zu bilanzieren, selbst wenn der Ausübungspreis von der Höhe der für den Vertrag gebildeten Rückstellung abweicht (IFRS 4.8). Eine separate Bilanzierung zum Fair Value wird nach IFRS 4 jedoch dann notwendig, wenn die Höhe des Rückkaufswertes von einem Index (z. B. aktienindexgebundene Lebensversicherung) abhängig ist, da hier der enge Zusammenhang zum Versicherungsvertrag fehlt (IFRS 4.IG, Example 2.14).

3.4.3 Ermessensabhängige Überschussbeteiligung

Besondere Regeln finden sich für Versicherungs- und Finanzverträge mit *ermessensabhängiger Überschussbeteiligung*. Diese zeichnen sich durch einen vertraglichen Anspruch auf Überschussbeteiligung aus, wobei die Höhe oder der Zeitpunkt der Zuteilung vertraglich im Ermessen des Versicherers liegen. Die zusätzliche Leistung basiert gemäß Vertrag auf dem Überschuss des Unternehmens, eines Teilbestands oder eines Teils des Überschusses wie Zins- und Sterblichkeitsüberschuss.

Mit der Regelung der ermessensabhängigen Überschussbeteiligung soll vornehmlich ein Problem der britischen Bilanzierungspraxis gelöst werden, das einen Ausweis von noch nicht eindeutig zugewiesenen Überschüssen in einem gesonderten Bilanzierungsposten zwischen Eigen- und Fremdkapital ermöglicht. IFRS 4.34 sieht demgegenüber ausschließlich eine Zuordnung zum Eigen- oder Fremdkapital als sachgerecht an. Falls kein Ausweis als Fremdkapital vorgenommen wird, ist jedoch eine gesonderte Kategorie des Eigenkapitals zu bilden.

Für die deutsche Bilanzierung sind insbesondere folgende Sachverhalte von Relevanz:[104]

- Eine im Einzelabschluss angesetzte Rückstellung für Beitragsrückerstattung (RfB) stellt eine nach IFRS 4 zu passivierende Verpflichtung dar. Die freien Teile der RfB sind im Rahmen der Fortführung der bisherigen Bilanzierungstätigkeit ebenfalls weiterzuführen. Eine Änderung der Bilanzierungspraxis infolge der Vermittlung von verlässlicheren und relevanteren Informationen kommt nicht in Betracht, da die freie RfB nach § 56a S. 4 HGB einer Verwendungssicherung zugunsten der Versicherungsnehmer unterliegt.
- Wenn ein Teil der ermessensabhängigen (zusätzlichen) Leistung im Eigenkapital ausgewiesen wird, muss die Gesamtrückstellung für den Vertrag mindestens dem Wert entsprechen, den eine Bilanzierung nach IAS 39 in Verbin-

---

[104] Vgl. KPMG [IFRS aktuell, 2004], S. 150.

dung mit IAS 18 für den garantierten Teil ergeben würde (IFRS 4.35b). Die Konsequenz hieraus ist, dass anfängliche Abschlusskosten nur insoweit berücksichtigt werden dürfen, als IAS 39 bzw. IAS 18 dies für den garantierten Teil erlauben.
- Wird die ermessensabhängige Überschussbeteiligung insgesamt als Rückstellung ausgewiesen, ist IFRS 4 wie üblich unter Beachtung des Liability-Adequacy-Tests anzuwenden.
- In IFRS 4 finden sich keine Vorgaben bezüglich temporärer Unterschiede zwischen dem HGB-Einzelabschluss und dem IFRS-Konzernabschluss. Im Zuge der Fortführung der bisherigen Bilanzierungspraxis wird eine Berücksichtigung von im IFRS-Abschluss vorab ausgewiesenen Überschüssen bzw. unrealisierten Gewinnen bei der Bildung der RfB notwendig. Insofern ist die aus den US-GAAP bekannte latente Rückstellung für Beitragsrückerstattungen auch im IFRS-Konzernabschluss zu bilden.

3.4.4 Rückversicherung

Als Rückversicherungsverträge werden von IFRS 4 Verträge bezeichnet, die ein Versicherungsunternehmen (Zessionär) mit einem anderen Versicherungsunternehmen (Zedent) schließt, um dieses für Schäden aus selbst abgeschlossenen Versicherungsverträgen zu kompensieren (IFRS 4, Appendix A). Grundsätzlich unterscheiden sich Rückversicherungsverträge bezüglich ihrer bilanziellen Anerkennung nicht von Erstversicherungsverträgen. Im Standardentwurf hatte das IASB noch detaillierte Regeln für die passive Rückversicherung vorgesehen. Diese wurden jedoch nicht in den endgültigen Standard aufgenommen. IFRS 4 regelt lediglich das Impairment von Vermögensgegenständen aus Rückversicherungsbeziehungen (IFRS 4.20). Demnach ist eine Abschreibung ergebniswirksam vorzunehmen, wenn nach einem Schadenereignis objektiv nachgewiesen wird, dass der Zedent nicht die vollständige im Vertrag vorgesehene Summe erhält und das Schadenereignis einen zuverlässig messbaren Einfluss auf den vom Rückversicherer zu leistenden Betrag hat. Weiterhin ist der Rückversicherungsanteil an den versicherungstechnischen Positionen der Bilanz und der Gewinn- und Verlustrechnung immer offen auszuweisen. Ein reiner Nettoausweis ist somit nicht zulässig.

3.4.5 Erwerb von Versicherungsunternehmen und -beständen

Der zukünftige IFRS für Versicherungsverträge soll Versicherungsunternehmen nicht davor bewahren, erworbene Vermögensgegenstände oder Schulden aus Versicherungsverträgen zum Fair Value zu bilanzieren. Äquivalent zu IFRS 3 »Business Combinations« fordert IFRS 4 für erworbene Vertragsbestände, die aus Unternehmenszusammenschlüssen oder der Übertragung von Teilbeständen resultieren, eine Bilanzierung zum Fair Value (IFRS 4.31). Allerdings wird ein Wahlrecht eingeräumt, die einzelnen Komponenten der Bestandsübertragung differenzierter darzustellen. Insofern können die aus den übernommenen Verträgen resultierenden Verpflichtungen separat als Schuld bilanziert und nach bisherigen nationalen Vorschriften bewertet werden. Der zum Fair Value resultierende Unterschiedsbetrag wird als immaterieller Vermögensgegenstand bilanziert und über die Laufzeit der zugrunde liegenden Verträge abgeschrieben (IFRS 4.BC149). Dieser aus dem Versicherungsbestand resultierende, immaterielle Vermögenswert wird konsequenterweise aus dem Anwendungsbereich der IAS 36 und IAS 38 ausgeschlossen, da er dem Loss-Adequacy-Test des IFRS 4 unterliegt und in Abhängigkeit der Bilanzierung der Verpflichtungen bewertet werden soll.

3.4.6 Offenlegungsvorschriften

Das IASB versucht, der Zielsetzung des IFRS 4 in Phase 1 – zumindest einen kleinen Fortschritt hinsichtlich der Verbesserung der Informationsfunktion der Abschlüsse zu erreichen – mit einer signifikanten Erweiterung der Offenlegungspflichten im Anhang gerecht zu werden. Dafür sind zwei Kernbereiche maßgeblich (IFRS 4.36-38):

- Erläuterungen zu den Positionen von Bilanz und Gewinn- und Verlustrechnung sowie
- Informationen über Höhe, Zeitpunkt und Unsicherheit zukünftiger Zahlungsströme aus den Versicherungsverträgen.

Noch im Standardentwurf war vorgesehen, eine verpflichtende Offenlegung des Fair Value ab dem Geschäftsjahr 2006 im Anhang zu fordern. Diese Absicht hat das IASB im IFRS 4 nicht umgesetzt. Der Fair Value im Anhang würde die Hinwendung des IASB zu einer umfassenden Marktwertbilanzierung in Phase 2 festschreiben.

In der Implementation Guidance werden ausführliche Hinweise und Beispiele vor allem zur Umsetzung der Offenlegungsprinzipien gegeben. Das Board stellte jedoch klar, dass die Implementation Guidance lediglich Möglichkeiten der Umsetzung der geforderten Offenlegungsprinzipien aufzeigt. Nicht alle vorgeschlagenen Angaben müssen tatsächlich im Anhang enthalten sein.[105]

---

105 Zu einzelnen Anhangsangaben vgl. Kapitel 7.

4 Phase 2 des Projekts »Insurance Contracts«

4.1 Theoretische Ansätze für Phase 2

Für die Umsetzung einer Bilanzierung von Versicherungsverträgen in Phase 2 wurde von Beginn des Projekts über zwei sehr unterschiedliche theoretische Ansätze diskutiert. Das erste Konzept bildet der *Deferral-and-Matching-Ansatz*, dessen Ziel darin besteht, einen periodengerechten Erfolg zu ermitteln. Demnach sollen die Erträge der Periode den zugehörigen Aufwendungen zugeordnet werden. Die Rechnungsabgrenzung hat eine hohe Bedeutung, weil durch Rechnungsabgrenzungsposten eine Verteilung von Erträgen auf unterschiedliche Perioden möglich ist. So können etwa vorausgezahlte Prämieneinnahmen der Periode, die erst in der Folgeperiode einen Ertrag darstellen, übertragen werden. Ebenso werden Abschlusskosten aktiviert und auf die Perioden der Vertragsdauer verteilt. Im Extremfall wird die Bilanz zu einem reinen Abgrenzungskonto der Periode. Eine periodengerechte Gewinnermittlung entspricht in weiten Teilen der Idee der dynamischen Bilanztheorie von Eugen Schmalenbach.[106] Damit verbunden ist regelmäßig eine Bewertung zu fortgeführten Anschaffungs- und Herstellungskosten. Ein Einbezug von Zeitwerten beschränkt sich im Wesentlichen auf einen niedrigeren Börsen- oder Marktpreis bzw. einen niedrigeren beizulegenden Wert. Dieses so genannte »*Imparitätische Fair-Value-Konzept*«[107] führt zu einer Ungleichbehandlung von unrealisierten Gewinnen und Verlusten. Während unrealisierte Verluste antizipiert werden und zu Aufwendungen in der Periode führen, bleiben unrealisierte Gewinne ergebnisneutral. In einigen Fällen kann es Ausnahmen geben, die eine Bewertung von Vermögensgegenständen zu Zeitwerten vorsehen. So fordern die US-GAAP bei bestimmten Wertpapieren eine Bewertung über den Anschaffungskosten.

Dem Deferral and Matching Approach steht der *Asset-Liability-Measurement-Ansatz* gegenüber. Dieser Ansatz versucht eine asymmetrische Behandlung von unrealisierten Gewinnen und Verlusten zu vermeiden. Eine bilanzielle Verlustvorsorge wird durch eine bilanzielle Gewinnantizipation ergänzt. Insofern führt jede Wertänderung zu einem erfolgswirksamen Vorgang. Im Vordergrund steht keine periodengerechte Erfolgsermittlung, sondern die exakte Ermittlung von Vermögensgegenständen und Schulden eines Unternehmens. Der Asset-Liability-Measurement-Ansatz kennt demnach keine Rechnungsabgrenzung. Die Bilanz wird geprägt von Vermögensgegenständen, Schulden und Eigenkapital. Das Eigenkapital nähert sich dem Unternehmenswert an, da sowohl Vermögensgegen-

---

106 Vgl. Schmalenbach, Eugen [Dynamische Bilanz, 1953], S. 59.
107 Vgl. Baetge, Jörg; Zülch, Henning [Fair Value, 2001], S. 548.

stände als auch Schulden mit dem Zeitwert bilanziert werden[108]. Die Ermittlung des Eigenkapitals erfolgt als Residualgröße aus der Veränderung des Reinvermögens zwischen Beginn und Ende der Periode.

Der Asset-Liability-Measurement-Ansatz ist sehr stark an die statische Bilanztheorie angepasst. Diese von HERMAN VEIT SIMON[109] geprägte Bilanztheorie stellt die Ermittlung des Reinvermögens unter der Annahme der Unternehmensfortführung in den Mittelpunkt der Bilanzierung. Im Vergleich zur dynamischen Bilanztheorie steht nicht die Erfolgsrechnung im Vordergrund, sondern die Bilanz.

Das IASB hat bereits frühzeitig die Anwendung des Asset-Liability-Measurement-Ansatzes für Versicherungsverträge diskutiert. Mit einem reinen Asset-Liability-Measurement-Ansatz wären folgende *Konsequenzen* für die Versicherungsbilanz verbunden:

- *Abschlussaufwendungen* stellen keinen aktivierungsfähigen Vermögensgegenstand dar. Vielmehr führen sie zu Aufwendungen in der Periode, die sofort erfolgswirksam zu erfassen sind.
- *Beitragsüberträge* stellen nur dann eine Schuld dar, wenn seitens des Versicherungsunternehmens ein Erfüllungsrückstand am Stichtag entsteht. In den Prämien sind Gewinnmargen und Deckungsbeiträge für Abschlusskosten enthalten, denen keine Schuld aus Erfüllungsrückstand gegenübersteht. Insofern kommt es zu einem Gewinnausweis bei Abschluss des Vertrags, wobei eine teilweise Kompensierung von verausgabten Abschlusskosten durch die vereinnahmten Deckungsbeiträge erfolgt.
- Versicherungstechnische Verpflichtungen sind *abzuzinsen*, damit die wirtschaftliche Belastung infolge zukünftiger Zahlungen in Abhängigkeit von der Fälligkeit abgebildet wird.
- Die Bewertung der versicherungstechnischen Rückstellungen muss *Risikozuschläge* integrieren. Diese geben den Preis an, den ein vertragswilliger Partner verlangen würde, um die mit künftigen Zahlungen verbundene Unsicherheit zu übernehmen.
- *Schwankungsrückstellungen und ähnliche Rückstellungen* erfüllen nicht die Anforderungen an eine Schuld. Sie werden daher in der Bilanz nicht passiviert.

---

108 Konzeptionell handelt es sich bei dem dann ausgewiesenen Periodenerfolg um den ökonomischen Gewinn. Eine Verbindung zu gegenwärtigen Rechnungslegungssystemen erfolgt in praxi häufig in der internen Erfolgsrechnung über Residualgewinne, d. h. Wertbeiträge auf Basis angepasster Jahresabschlusszahlen. Ein Überblick über die Varianten findet sich bei *Schaffer, Christian* [Unternehmensführung, 2005], S. 15–33.

109 Vgl. Simon, Herman Veit [Bilanzen, 1899].

- Zum *Zeitpunkt des Vertragsabschlusses* ist der erwartete Gesamtgewinn aus dem Versicherungsvertrag sofort zu vereinnahmen. Dabei ist die Beteiligung der Versicherungsnehmer am Überschuss in der Deckungsrückstellung zu berücksichtigen. Nur im Fall von darüber hinausgehenden Überschüssen ist eine separate Rückstellung für Beitragsrückerstattung zu bilden.

Die Diskussion des Asset-Liability-Measurement-Ansatzes ist vornehmlich in Deutschland auf große Kritik gestoßen.[110] Insbesondere wird angeführt, dass die versicherungsspezifischen Charakteristika der Langfristigkeit sowie der Zeitraumbezogenheit nicht ausreichend berücksichtigt werden. In Abbildung 3.6 werden die wesentlichen Unterschiede zwischen Deferral and Matching Approach und Asset Liability Approach gegenübergestellt.

	Deferral and Matching Approach	**Asset Liability Approach**
Bilanztheorie	dynamische Bilanztheorie	statische Bilanztheorie
Ziel	periodengerechte Erfolgsermittlung	Bewertung von Assets und Liabilities, die aus Versicherungsverträgen resultieren, steht im Vordergrund.
Bilanzinhalt	Vermögensgegenstände, Schulden, Eigenkapital, Rechnungsabgrenzungsposten, Aktivierung von bestimmten Kosten	Vermögensgegenstände, Schulden, Eigenkapital
Gewinnprinzip	Die Erträge der Periode sind den zugehörigen Aufwendungen gegenüberzustellen.	Residualgewinn als Veränderung des Eigenkapitals
Gewinnausweis	Realisationsprinzip	Ausweis unrealisierter Gewinne in der Erfolgsrechnung aufgrund der Fair-Value-Bewertung
Kosten	Aktivierung von Kosten, damit Aufwendungen in der Periode entstehen, in denen die zugehörigen Erträge anfallen	keine Aktivierung von Kosten
Versicherungstechnische Verpflichtungen	keine Abzinsung von versicherungstechnischen Verpflichtungen	Abzinsung von versicherungstechnischen Verpflichtungen, da Zeitwertbilanzierung

Abb. 3.6: Vergleich theoretischer Ansätze für die Bilanzierung in Phase 2

---

110 Vgl. insbesondere DSR [Positionspapier 1, 2000], S. 11–14.

4.2 Grundzüge einer Fair-Value-Bilanz

Vermögensgegenstände und Schulden aus Versicherungsverträgen sind in einem Asset-Liability-Measurement-Ansatz grundsätzlich *prospektiv* auf der Basis ihrer zukünftigen Ein- und Auszahlungen zu bewerten.

Für die Bewertung der versicherungstechnischen Verpflichtungen ist der *Fair Value* oder unter bestimmten Voraussetzungen der *Entity Specific Value* heranzuziehen.[111] Dem Fair-Value-Konzept liegt die Annahme zugrunde, dass die Vermögensgegenstände und Schulden der bilanzierenden Unternehmen marktnäher abgebildet werden und die in der Bilanz angesetzten Werte eine höhere Informationsrelevanz besitzen.[112]

Der Fair Value entspricht dem auf den Bilanzstichtag diskontierten Erwartungswert der zukünftigen Zahlungen aus den Versicherungsverträgen, wobei ein (Markt-)Risikozuschlag für die mit den Verpflichtungen verbundene Unsicherheit zu berücksichtigen ist. Bei der Bewertung der Risikozuschläge ist nach dem Konzept des *Exit Value* diejenige Risikoprämie zu bestimmen, die ein sachverständiger und vertragswilliger Geschäftspartner für die Übernahme der zukünftigen Verpflichtungen fordern würde.[113] Demgegenüber ist unter Maßgabe eines *Entry Value* diejenige Risikoprämie zu berücksichtigen, die ein Versicherungsunternehmen bei Neuabschluss eines Versicherungsvertrags – mit identischen Merkmalen wie die zu bewertenden versicherungstechnischen Verpflichtungen – am Markt fordern könnte. Die Abzinsung auf den Bilanzstichtag soll die unterschiedliche wirtschaftliche Belastung entsprechend der Fälligkeit zukünftiger Zahlungsströme widerspiegeln.[114] Falls die Unsicherheit bereits in den Zahlungsströmen berücksichtigt wird, erfolgt eine Diskontierung mit dem risikolosen Zinssatz.[115] Alternativ kann der Zinssatz mit Hilfe von Zu- oder Abschlägen modifiziert werden.

Neben dem Fair Value wird in der Diskussion eine Ermittlung des Wertansatzes für Versicherungsverträge auf Basis des *Entity Specific Value* diskutiert. Letzterer ist aus Sicht eines Asset-Liability-Measurement-Ansatzes nur dann heranzuziehen, wenn

---

111 Vgl. IASB [DSOP, 2001], Tz. 3.3 und 3.4.
112 Vgl. Baetge, Jörg; Zülch, Henning [Fair Value, 2001], S. 545. Ob die daraus abgeleitete Erfolgsgröße höhere Informations- und somit Wertrelevanz besitzt als herkömmliche Periodenergebnisse, ist umstritten. Vgl. die Darstellung empirischer Befunde und die Kritik bei Schaffer, Christian [Unternehmensführung, 2005], S. 46–72.
113 Vgl. Kölschbach, Joachim [Zeitwerte, 2000], S. 434.
114 Vgl. Geib, Gerd [Diskussionsstand, 2001], S. 119.
115 Vgl. Hesberg, Dieter [Internationalisierung, 2001], S. 186.

1. marktbasierte Informationen nicht erhältlich sind oder
2. mit der Beschaffung solcher Informationen erhebliche Kosten verbunden sind.

Danach ist für die Bewertung derjenige Preis heranzuziehen, den ein Marktteilnehmer zu zahlen bereit ist, wenn dieser über die gleichen Informationen und spezifischen Handlungsalternativen wie das betreffende Unternehmen verfügen würde.[116] Folglich wird der Informationsvorsprung des bilanzierenden Unternehmens gegenüber den anderen Marktteilnehmern in die Bestimmung des Wertansatzes einfließen. Damit werden komparative Vorteile eines Unternehmens – etwa das Bestehen einer effizienten Innenorganisation, die Größe und Homogenität der Bestände oder besondere Managementqualitäten – berücksichtigt.

Aufgrund nicht vorhandener Märkte für versicherungstechnische Verpflichtungen sind Annahmen über die Höhe der am fiktiven Markt geforderten Risikoprämie zu treffen. Die Risikoprämie auf Basis des Fair Value und des Entity Specific Value soll sowohl *diversifizierbare als auch nicht-diversifizierbare* Risiken widerspiegeln. Im Gegensatz dazu wurde im Issues Paper noch argumentiert, auf der Basis finanzwirtschaftlicher Modelle seien nur nicht-diversifizierbare Risiken in einer Marktrisikoprämie zu berücksichtigen. Der Einbezug diversifizierbarer Risiken wird mit den Charakteristika von Versicherungsmärkten begründet, die den idealisierten Annahmen des Kapitalmarktes nicht gerecht werden. Demnach sind
1. Versicherungsmärkte ineffizient und
2. Informationen nicht kostenlos erhältlich, d. h., eine Diversifikation ist in der Realität nicht vollständig möglich.

Die Wahl des Wertmaßstabes für die Zeitwertbilanzierung von Versicherungsverträgen wurde stets mit der Entwicklung des IAS 39 »Financial Instruments« verknüpft. Nach dessen Überarbeitung im Jahr 2003 gewinnt für Finanzinstrumente der Fair Value zunehmend an Bedeutung, wobei dessen Wertänderungen sofort und unabhängig von ihrer Realisierung in der Gewinn- und Verlustrechnung zu erfassen sind (IAS 39.IN16). Insofern hatte das IASB in einem vorläufigen Beschluss 2003 die Präferenz zum Fair Value für Versicherungsverträge – mit der Einschränkung auf eine erfolgsneutrale Eingangsbewertung – erneut bekräftigt.

---

116 Vgl. Perlet, Helmut [Zeitwertbilanzierung, 2001], S. 297; Hitz, Markus; Kuhner, Christoph [Barwertermittlung, 2000], S. 893.

4.3 Problemfelder in Phase 2

4.3.1 Entwicklungsstand

Das IASB hat im Mai 2007 ein Diskussionspapier (IASB [DP, 2007]) veröffentlicht, das Eckpunkte eines künftigen IFRS für Versicherungsverträge diskutiert:
- Als Wertmaßstab wird ein *Current-Exit-Value* vorgeschlagen, definiert als der Betrag, den ein Versicherungsunternehmen erwartungsgemäß bezahlen müsste, um seine verbleibenden Rechte und Pflichten aus dem Versicherungsverträgen an ein anderes Versicherungsunternehmen zu transferieren. Die Definition ist nicht gleichbedeutend damit, dass tatsächlich eine Übertragung der versicherungstechnischen Verpflichtungen stattfinden kann, wird oder sollte.
- In der Bewertung sind marktbezogene Annahmen über die künftigen Zahlungsströme zu treffen, die regelmäßig auf ihre Aktualität hin zu überprüfen und anzupassen sind.
- In die Bewertung der versicherungstechnischen Verpflichtungen ist die Zeitpräferenz (Zeitwert des Geldes) mittels Diskontierung der zukünftigen Zahlungsströme zu berücksichtigen. *time-value of money*
- Aufgrund der Stochastizität versicherungstechnischer Verpflichtungen sind neben Servicemargen insbesondere Risikomargen explizit in die Bewertung einzubeziehen, wobei Ausgleichseffekte innerhalb eines Kollektivs zu berücksichtigen sind. Die Kreditwürdigkeit des Schuldners ist Bestandteil der Bewertung, wenngleich nach Ansicht der Boards materiell kaum relevant.
- Abschlusskosten sollen im Gegensatz zu US-GAAP nicht aktiviert, sondern sofort als Aufwand verbucht werden. Allerdings sind sie Teil der Erneuerungsrechte des Versicherungsunternehmens (Kundenbeziehung), für die das Board – selbst im Widerspruch zu IAS 38 – die Eigenschaft eines Vermögenswertes sieht, der in die Bewertung der versicherungstechnischen Verpflichtungen saldiert eingeht.

4.3.2 Schätzung der Zahlungsströme *Ermittlung d. Current Estimates of CFs*

Relevanz und Zuverlässigkeit bei der Schätzung von Zahlungsströmen erfordern nach dem Diskussionspapier eine Konsistenz mit der Bewertung von beobachtbaren Marktpreisen (Insurance DP.37). Das Board begründet dies damit, dass nur auf diese Weise subjektive Annahmen ausgeschlossen werden, sämtliche am Markt verfügbaren Informationen in die Bewertung einfließen, und dass die Bewertung für die Informationsempfänger aufgrund des einheitlichen Bewertungsrahmens verständlich ist.

Um die volle Bandbreite möglicher Schadenzahlungen abzubilden, lehnt sich das Board an den *Expected-Cashflow-Approach* an, der die möglichen Zahlungsströme mit ihren jeweiligen Eintrittswahrscheinlichkeiten gewichtet und damit den Erwartungswert aus den Zahlungsströmen abbildet (Insurance DP.39). Inbegriffen in die Bandbreite möglicher Zahlungsströme sind Optionen und Garantien aus den Versicherungsverträgen sowie die Stornoerwartung.

Im Hinblick auf Änderungen in der Schätzung künftiger Zahlungsströme während der Vertragslaufzeit orientiert sich das Board am *Current-Estimate-Approach*. Demnach werden während der gesamten Laufzeit alle zur Verfügung stehenden Informationen für die Bewertung der versicherungstechnischen *Assets* und *Liabilities* genutzt, um regelmäßig die beste Schätzung der Zahlungsströme zu erhalten. Das Board präferiert diesen Ansatz, obwohl es auch Vorteile eines *Lock-In-Prinzips* sieht. Nach diesem würden zu Vertragsbeginn Annahmen über die künftige Entwicklung festgelegt und über die gesamte Laufzeit konstant gehalten. Änderungen der Annahmen würden ignoriert, außer wenn im Rahmen eines *Liability-Adequacy-Test* die versicherungstechnischen Verpflichtungen eine Unterdeckung aufweisen.

Allerdings lassen sich durch eine regelmäßige Überprüfung der Annahmen zuverlässige und relevante Informationen über Höhe, zeitlichen Verlauf und Unsicherheit der versicherungstechnischen Zahlungsströme vermitteln. Daneben vermeidet eine Berücksichtigung von Änderungen in den Annahmen einen separaten *Liability-Adequacy-Test*, liefert ein stimmiges Rahmenkonzept für die Bewertung komplexer Versicherungsverträge (z. B. Mehrjahresverträge) und ist konsistent mit der Bewertung von Rückstellungen nach IAS 37 (*Provisions*) sowie von *Financial Liabilities* nach IAS 39 (Insurance DP.45).

4.3.3 Diskontierung

In vielen geltenden Bilanzierungssystemen werden (versicherungstechnische) Rückstellungen nicht diskontiert. Eine Diskontierung dient grundsätzlich dazu, die Zeitpräferenz von Zahlungsströmen zu modellieren. Gegen eine Diskontierung werden insbesondere folgende Argumente angebracht:[117]
- Die Wahl eines Diskontierungszinses schafft zuviel Subjektivität und unterstützt ein Earnings Management.
- Eine Diskontierung von Rückstellungen erfordert wesentliche Investitionen in die systemtechnische Umsetzung, deren Kosten den möglichen Nutzen für Investoren übersteigen könnten.

---

117 Vgl. IASB [Observers, 2004], S. 5–6.

- Versicherungsunternehmen könnten aufgrund der Diskontierung ihre Rückstellungen unterreservieren.
- Durch Diskontierung werden zukünftige Kapitalerträge vorweggenommen, was einem vorsichtigen Underwriting widerspricht.
- Versicherungstechnische Rückstellungen werden implizit bereits diskontiert, indem oftmals keine zukünftigen Inflationseffekte in die Bewertung einbezogen werden.
- In den US-GAAP werden versicherungstechnische Rückstellungen nicht diskontiert. Durch den Verzicht auf eine Einbeziehung von Risikoprämien wird der Diskontierungseffekt jedoch kompensiert.

Für eine Diskontierung werden demgegenüber die folgenden Argumente angebracht:
- Entscheidungsträger sind nicht indifferent, zu welchem Zeitpunkt Zahlungsströme anfallen. Die Zeitpräferenz zeichnet sich dadurch aus, dass Einzahlungen lieber früher und Auszahlungen lieber später anfallen sollen. Ein Verzicht auf Diskontierung würde die ökonomische Realität insofern nur unzureichend abbilden.
- Mit Hilfe einer Diskontierung wird der Anreiz eliminiert, Transaktionen durchzuführen, denen es an wirtschaftlicher Substanz fehlt (z. B. Financial Reinsurance Transaktionen) und die allein zum Zweck der Rechnungslegungsarbitrage eingesetzt werden.
- Andere IFRS, die einen langfristigen Charakter aufweisen (z. B. Pensionsverpflichtungen) werden ebenfalls diskontiert. Somit wird eine Konsistenz in der Bewertung von Rückstellungen geschaffen.

Im Diskussionspapier präferiert das IASB eindeutig eine Diskontierung von zukünftigen Zahlungsströmen (Insurance DP.68). Zu klären bleibt die Wahl des richtigen Diskontierungszinses. In Barwertmodellen erfolgt eine Diskontierung regelmäßig mit dem risikolosen Zins, wobei auf Marktzinssätze von Anleihen der öffentlichen Hand zurückgegriffen wird, deren Laufzeiten den Laufzeiten der zu bewertenden Vermögenswerte oder Schulden entsprechen. Neben Staatsanleihen werden auch Corporate Bonds als mögliche risikolose Zinssätze herangezogen, falls kein aktiver Handel von Staatsanleihen zu beobachten ist oder falls die Bonität des Staates als zu gering eingeschätzt wird. Zu klären ist ferner, inwieweit der gewählte Zinssatz über die Laufzeit konstant bleibt, oder ob eine Veränderung des risikolosen Zinses im Zeitablauf stattfindet. Die Modellierung solcher Veränderungen basiert in der Regel auf so genannten Zinsstrukturkurven.[118] Konstante

---

118 Zur Ableitung eines laufzeitkonstanten risikolosen Zinssatzes aus Zinsstrukturdaten vgl. Reese, Raimo; Wiese, Jörg [Ermittlung, 2007], S. 38–52.

risikolose Zinssätze werden durch eine flache Zinsstrukturkurve beschrieben. Im Falle einer normalen Zinsstrukturkurve steigen die risikolosen Zinssätze mit zunehmender Laufzeit. Demgegenüber zeichnet sich eine inverse Zinsstrukturkurve durch sinkende risikolose Zinssätze im Zeitablauf aus. Risikolose Zinssätze einer Periode werden mit Hilfe von marktgehandelten Zero Bonds (Nullkuponanleihen) verschiedener Laufzeiten dupliziert.

4.3.4 Risikoadjustierung

Neben der Berücksichtigung der Zeitpräferenz stellt die Abbildung der Risikopräferenz von Marktteilnehmern eine zentrale Bedeutung der Marktwertkonstruktion.

Als Argumente gegen die Berücksichtigung von Risikomargen werden die folgenden Argumente aufgeführt:
- Risikomargen sind nicht beobachtbar und können in der Praxis nicht zuverlässig gemessen werden.
- In der Bewertung von Risikomargen fehlt eine Neutralität zwischen einer positiven und negativen Zukunftsentwicklung. Im Zuge der Bilanzierung, die vornehmlich Informationen vermitteln soll, wird diese Ungleichbehandlung nicht als adäquat betrachtet. Vielmehr sind Risikomargen zur Erfüllung von aufsichtsrechtlichen Vorschriften maßgeblich.
- Risikomargen führen zu einer Überreservierung von versicherungstechnischen Rückstellungen.

Demgegenüber sprechen folgende Argumente für eine Einbeziehung von Risikomargen:
- Die Risikopräferenz ist wesentliches Kriterium für die Bewertung ökonomischer Sachverhalte. Ohne eine Einbeziehung von Risikomargen lassen sich Zahlungsströme nicht adäquat bewerten.
- Marktteilnehmer zeichnen sich durch eine konkave Risikonutzenfunktion (Risikoaversion) aus, d. h. für die Übernahme von Risiken fordern sie eine Risikoprämie. Ebenso würde ein Versicherungsunternehmen Versicherungsverträge nicht ohne die Berücksichtigung von Risikozuschlägen zeichnen.

Im Diskussionspapier sieht das IASB eine Risikomarge vor, wobei das Risiko *explizit* bewertet werden soll. Dabei erfüllt die Risikomarge den Zweck einer Kompensation für das Tragen von risikobehafteten Zahlungsströmen und nicht den Zweck eines »Shock-Absorbers« (Insurance DP.75). Auf Basis eines Kompensationsansatzes soll eine unverzerrte Schätzung derjenigen Marge erfolgen, welche *Marktteilnehmer* für die Übernahme des zugrunde liegenden Risikos verlangen würden. Das IASB legt hier ausdrücklich keine spezifische Technik zur Bestimmung der Marge einer Risikoeinheit fest. Vielmehr werden exemplarisch diverse Methoden diskutiert, die gleichermaßen mit den Prinzipien des IASB verträglich sein können. Unter anderem ist es demnach möglich, die Marge mit Hilfe eines *Mindest-Konfidenzniveaus* für die Rückstellungen oder auf Basis der *ökonomischen Risikokapitalkosten* zu fixieren.

Für die *Quantifizierung* einer Risikomarge könnten grundsätzlich folgende theoretische Modelle herangezogen werden, von denen einige auch im Diskussionspapier genannt werden (Insurance DP.F9):[119]

- Auf Basis des CAPM und der Investitionstheorie lässt sich ein Zusammenhang zwischen den Fremdkapitalgebern und den Eigentümern eines Versicherungsunternehmens herstellen und dadurch der Marktpreis für den Transfer versicherungstechnischer Verpflichtungen aus Sicht der Eigentümer bestimmen.
- Neben der kapitalmarktorientierten Perspektive liefert die Risikotheorie einen weiteren Zugang zur Ableitung einer Risikoprämie für versicherungstechnische Verpflichtungen. In der Schadenreservierung erfolgt eine Projektion vergangener Abwicklungsdreiecke zur Prognose künftiger Zahlungsströme aus den Versicherungsverträgen. Das Ziel der Projektion besteht in einer möglichst genauen Prognose des künftigen Schadenverlaufs (Best Estimate). Eine Risikoprämie lässt sich aus den zunächst deterministischen Verfahren ableiten, wenn die Variabilität der Schäden durch den Einsatz stochastischer Modelle abgebildet wird.
- Daneben wird in der Prämienkalkulation die Variabilität von Schäden durch die Ableitung eines Sicherheitszuschlages mit Hilfe von Prämienprinzipien vorgenommen. Zu untersuchen ist der Anteil eines Versicherungsvertrages am Gesamtrisiko eines Kollektivs. Daher bildet die aggregierte Wahrscheinlichkeitsverteilung über die Schäden die Basis für die Ableitung von Parametern, auf deren Grundlage eine Risikoprämie festgelegt wird. Vor dem Hintergrund traditioneller Prämienprinzipien erfolgt die Messung des Risikoanteils eines Vertrages über die zusätzlich benötigte Menge an Kapital, die mit der Aufnahme eines Vertrages verbunden ist (Grenzkapital- bzw. Grenzvarianzmodell). Eine weitere Möglichkeit zur Ableitung einer Risikoprämie besteht darin, eine Ruinwahrscheinlichkeit zu fixieren und darauf aufbauend die Menge der benötigten Vermögensgegenstände zu bestimmen, die über die Höhe der Verpflichtungen hinaus benötigt werden, um den Fortbestand

---

119 Vgl. zu den verschiedenen Modellen Rockel, Werner [Fair Value, 2004]. Zu verschiedenen Verfahren der Risikoberücksichtigung im Rahmen der Unternehmensbewertung vgl. Reese, Raimo; Wiese, Jörg [Komponenten, 2006], S. 13–49.

des Unternehmens zu gewährleisten (Ruinwahrscheinlichkeitsmodell). In einem weiteren Ansatz wird die ursprüngliche Schadenverteilung in Abhängigkeit von der Risikoeinstellung des Bewerters transformiert und aus der Differenz der Mittelwerte zwischen transformierter und ursprünglicher Verteilung wird eine Risikoprämie abgeleitet (Transformationsmodell).

Als weiterer Aspekt diskutiert das IASB die *Kalibrierung* der Risikomarge (Insurance DP.78-82); auch hier werden im Diskussionspapier zwei Möglichkeiten diskutiert, bei denen das IASB davon ausgeht, dass beide Ansätze zum selben Ergebnis bei Erstbewertung führen, solange Unternehmen am Markt ihr *Pricing* zu denselben Annahmen wie das bilanzierende Unternehmen vornehmen:

- Der erste Ansatz, der von der Versicherungsbranche präferiert wird, geht davon aus, dass der Preis für einen spezifischen Versicherungsvertrag jeweils zu Vertragsabschluss – und nur dann – objektiv auf Basis der jeweiligen Prämie bestimmbar ist (*Entry Value*). Folglich sollte diese auch als Basis für die Kalibrierung der Risikomarge herangezogen werden, sofern nicht im Rahmen eines Angemessenheitstests ein Defizit festgestellt wird. Unter einem derartigen Ansatz wäre ein Gewinnausweis zu Vertragsabschluss grundsätzlich ausgeschlossen.
- Das IASB präferiert einen zweiten Ansatz, der die Kalibrierung der Risikomarge an den jeweils gültigen Verhältnissen am Veräußerungsmarkt (*Exit Value*) ausrichtet. Dies lässt grundsätzlich auch einen Gewinnausweis zu Vertragsabschluss zu.

Die Risikomarge realisiert sich im Laufe der Vertragslaufzeit entsprechend der Vertragserfüllung (»Release from Risk«), d. h. sie wird über die Laufzeit abgebaut. Bei Vorliegen neuer Erkenntnisse über die Unsicherheit der Zahlungsströme ist die Risikomarge anzupassen, d. h. zu vermindern bzw. zu erhöhen (Insurance DP.4e).

In Bezug auf die Einbeziehung von Margen in der hypothetischen Marktwertkonstruktion unterscheidet das Diskussionspapier zwischen einer Risikomarge, die ausschließlich den Wert der Dienstleistung »Risikotragung« reflektiert, und einer Servicemarge für sonstige Dienstleistungen. Als wichtigstes Beispiel für Letztere wird die Rolle des Versicherers als Investment Manager, speziell in der überschussberechtigten gemischten Lebensversicherung und der Fondsgebunden Lebensversicherung genannt. Für derartige Verträge sollen Servicemargen explizit mit in die Bewertung der Rückstellungen einfließen.

In der Diskussion um Risikomargen für Phase 2 kann zudem zwischen Pre-claim- und Post-claim-Liabilities unterschieden werden:
- *Pre-claim-Liabilities* entstehen mit Abschluss des Versicherungsvertrages. Das Versicherungsunternehmen erhält eine Prämie und übernimmt im Gegenzug stochastische Auszahlungsströme, wobei eine Unsicherheit darüber besteht, ob bzw. wann ein Schaden entsteht und in welcher Höhe Auszahlungen anfallen. Aufgrund dieser Unsicherheit wird das Versicherungsunternehmen in Abhängigkeit seiner Risikoeinstellung eine Risikoprämie fordern.
- *Post-claim-Liabilities* entstehen, wenn ein Schaden wirtschaftlich verursacht oder rechtlich entstanden ist. Die Unsicherheit beschränkt sich darauf, dass die Abwicklung von Schäden zu höheren Auszahlungen führt, als bei Eintritt des Schadens erwartet wurde. Insofern zeichnen sich Post-claim-Liabilities durch einen höheren Wissenstand und damit eine geringere Unsicherheit des Versicherungsunternehmens aus als Pre-claim-Liabilities.

Grundsätzlich besteht Einigkeit darüber, dass eine Bewertung von versicherungstechnischen Verpflichtungen auf Einzelvertragsebene nicht zielführend ist (Insurance DP.199). Die Risikomarge soll auf Basis von *Kollektiven* von Verträgen bestimmt werden, welche einem weitgehend ähnlichen Risiko unterliegen (Homogenität) und vom Versicherungsunternehmen als einzelnes Portefeuille gesteuert werden. Zentral ist weiterhin die Feststellung, dass kollektivübergreifende Diversifikationseffekte und bestehende negative Korrelationen zwischen Kollektiven in der Risikomarge nicht berücksichtigt werden dürfen (Insurance DP.200-201), nur der Ausgleich innerhalb eines Kollektivs.

4.3.5 Bonitätsberücksichtigung

Neben der Risikoadjustierung erfordert eine hypothetische Marktwertkonstruktion eine Berücksichtigung von weiteren Einflussfaktoren auf den Marktpreis (IAS 39.AG 82, CON 7.23 und 39). Letztere stellen Faktoren dar, die in der Regel kaum identifizierbar sind (etwa Marktunvollkommenheiten oder die Illiquidität von Finanztiteln) und deren separate Bewertbarkeit mitunter fraglich bleibt. Strittig ist in diesem Zusammenhang vornehmlich der Einflussfaktor der Kreditwürdigkeit des Schuldners. Während sich das IASB sowohl im Diskussionspapier für Versicherungsverträge als auch in der Neufassung des IAS 39 (revised 2003) für einen Einbezug der Bonität in die Marktwertkonstruktion entschlossen hat (IAS 39 BC.89), ergeben sich in der Umsetzung »paradoxe« Ergebnisse. Die Problematik einer Bonitätsberücksichtigung zeigt sich in der Folgebewertung von Verpflichtungen und resultiert aus der in Full-Fair-Value-Konzepten erwünschten Symmetrie in der Bewertung von Vermögensgegenständen und Schulden. Verschlechtert sich die Bonität des Schuldners, wird die Wahrscheinlichkeit größer, dass dieser nicht in der Lage ist, seinen Verpflichtungen jederzeit nachkommen zu können. Aus Sicht eines Gläubigers führt die Bonitätsreduktion des Schuldners zu einem Absinken des Wertes der Forderungen. Äquivalent dazu erfordert die Bewertung durch den Schuldner ein bonitätsbedingtes Absinken der Höhe der Verpflichtungen, obwohl aus Unternehmenssicht keine Änderung der tatsächlichen Zahlungsverpflichtungen erfolgt. In einer isolierten Betrachtung könnten Investoren dadurch zu dem Schluss einer gesunkenen Fremdkapitalbelastung des Unternehmens gelangen und einen falschen Eindruck über die Finanzlage des Unternehmens gewinnen. Im Extremfall wird eine drohende Insolvenz eines Unternehmens nicht in den Verpflichtungen abgebildet. In diesem Fall ist die Verpflichtung im Markt ohne Wert und damit in der Bilanz mit null anzusetzen.

Falls sich bis zum Zeitpunkt der Fälligkeit der Verpflichtungen die Bonität des Schuldners verbessert, steigt die Höhe der Verpflichtung an. Folglich hat ein Unternehmen mit geringer Bonität ceteris paribus keinen Anreiz, seine Bonität zu steigern. Vielmehr führt die Erfolgswirkung dazu, dass für das Management diesbezüglich Anreize zu einer Gläubiger schädigenden Unternehmenspolitik geschaffen werden und die Grundsätze des Shareholder Value pervertiert werden. Zusätzlich werden in einer isolierten Betrachtung der Bonität des Schuldners entgegenwirkende Einflussfaktoren (etwa Garantien und aufsichtsrechtliche Vorschriften) vernachlässigt, die einer Sicherung der Ansprüche von Gläubigern dienen. Im Ergebnis ist daher eine Adjustierung der Bonität – nicht zuletzt in Folge des Grundsatzes der Unternehmensführung – abzulehnen.

4.3.6 Verhalten der Versicherungsnehmer, Kundenbeziehungen und Abschlusskosten

In Folge von Storno und Vertragsverlängerungen entsprechen sich wirtschaftliche und vertraglich vereinbarte Laufzeit von Versicherungsverträgen nicht in jedem Fall. Insbesondere die Option ohne erneute Risikoprüfung den Vertrag fortzuführen (garantierte Versicherbarkeit), wird von vielen Versicherungsnehmern ausgeübt. Im Diskussionspapier wird argumentiert, dass dem Versicherungsunternehmen aus der Möglichkeit der Vertragsverlängerung ein ansatzfähiger Vermögenswert in Form einer Kundenbeziehung entsteht, obwohl hier kein vertragliches Recht vorliegt (Insurance DP.140-142). Grundsätzlich dürfen gemäß IAS 38 selbst erstellte immaterielle Vermögenswerte wie eine intern generierte Kundenbeziehung nicht zum bilanziellen Ansatz kommen. Das Board sieht bei der Möglichkeit der Vertragsverlängerung jedoch einen so engen Bezug zu den grundsätzlich in der Bewertung zu berücksichtigenden Optionen des Versicherungsnehmers, dass die Erneuerungsrechte als Kundenbeziehung bilanziert werden sollen. Der Vermögenswert Kundenbeziehung muss nicht getrennt von den vertraglichen Verpflichtungen ausgewiesen werden, sondern soll als Reduktion der entsprechenden Rückstellungen erfasst werden, indem er direkt in die Bewertung dieser einfließt (Insurance DP.147). Aus Transparenzgesichtspunkten und vor dem Hintergrund des grundsätzlichen Saldierungsverbots im IAS 1.32 ist dieser Nettoausweis kritisch zu beurteilen.

Direkt verbunden mit der Frage des Ansatzes der Kundenbeziehung ist die Behandlung der Abschlusskosten. Nach dem Diskussionspapier werden verausgabte Abschlusskosten sofort als Aufwand erfasst (Insurance DP.165), da sie keinen aktivierungsfähigen Vermögenswert darstellen. Durch die bilanzielle Berücksichtigung der vertraglich vereinbarten Versicherungsbeiträge und zukünftigen Überschüsse bei Vertragsverlängerungen (Kundenbeziehung), werden die Abschlusskosten als Teil der kalkulierten Versicherungsprämie indirekt bereits berücksichtigt, insoweit das Kriterium der garantierten Versicherbarkeit erfüllt ist. Eine zusätzliche Aktivierung oder passivische Abgrenzung würde unweigerlich zu einer Doppelerfassung führen. Allerdings ist hierdurch immer dann ein anfänglicher Verlust beim bilanzierenden Versicherungsunternehmen zu erwarten, wenn zukünftige Beiträge nicht in Form eines ansatzfähigen Vermögenswertes aktiviert werden.

4.3.7 Rückversicherung

Während das IASB in Phase 1 darauf beschränkt hatte, einen Nettoausweis der Rückversicherung in Bilanz und Ergebnisrechnung zu verbieten (IFRS 4.14(d), was sich auch in Phase 2 nicht ändern wird (Insurance DP.204), schlägt das IASB im Rahmen des Diskussionspapiers Bewertungsregeln für die aktive (Sicht Rückversicherer) und passive (Sicht Erstversicherer) Rückversicherung vor. Erst- wie Rückversicherer sollen aus Rückversicherungstransaktionen resultierende Aktiva und Passiva zum *Current-Exit-Value* bewerten. Die Risikomarge, welche die Verpflichtungen des Erstversicherers erhöht, erhöht anlog das entsprechende Rückversicherungsaktiva für den rückversicherten Teil des Risikos beim Erstversicherer. In einem zweiten Schritt reduziert jedoch das Ausfallrisiko des Rückversicherers das Rückversicherungsaktiva beim Erstversicherer, indem von diesem der wahrscheinlichkeitsgewichtete Barwert des möglichen Ausfallbetrags abgezogen wird (Insurance DP.213). Aufgrund des durchgängigen *Current-Exit-Value*-Ansatzes hält das IASB Vorschriften zur Vermeidung einer sofortigen Gewinnrealisierung durch den Abschluss von Rückversicherungsverträgen für überflüssig (Insurance DP.216). Falls durch einen solchen Gewinne entstehen, entspricht dies der ökonomischen Realität und wird nicht durch inadäquate Bilanzierungsregeln hervorgerufen, wie das in der Vergangenheit teilweise der Fall war.

4.4 Phase 2 Beispielvertrag

Im Folgenden werden anhand eines einfachen Beispielvertrages aus dem Non-Life-Bereich die zentralen Mechanismen einer Fair-Value-Bewertung von Versicherungsverträgen im Asset-Liability-Measurement-Ansatz (ALM-Ansatz) verdeutlicht. Gleichzeitig werden die Unterschiede zu der traditionellen Darstellung des Versicherungsgeschäfts im Deferral-Matching-Ansatz (DM-Ansatz) aufgezeigt. Diese wurden grundsätzlich bereits in Abschnitt 4.1 erörtert.

Annahmen

Betrachtet wird ein einjähriger Versicherungsvertrag (01.07.2007 bis 30.06.2008), dessen Schäden sich bis Ende des Jahres 2010 komplett abwickeln. Zudem wird angenommen, dass sich die ursprünglichen Annahmen hinsichtlich Zeitpunkt und Höhe der Zahlungen in der Realität einstellen. Alle Zahlungen fallen zum 01.07. bzw. 31.12. eines Jahres an und die freien Zahlungsmittel werden in festverzinsliche Kapitalanlagen investiert. Die zum 31.12. erhaltenen Zinsen werden sofort reinvestiert.

Dem Vorsichtsprinzip ist im DM-Ansatz durch einen pauschalen Risikozuschlag i.H.v. 5% auf die versicherungstechnischen Rückstellungen Rechnung getragen. Im ALM werden zukünftigen Zahlungen mit einem risikolosen Zinssatz diskontiert. Die Risikomarge wird mit 2% im Diskontierungszins berücksichtigt. Im Einzelnen ergeben sich folgende Annahmen (alle Angaben in Euro, die einzelnen Zahlungsströme sind in der nachfolgenden Tabelle B aufgeführt):

KA-verzinsung p.a.	5,0%	Vorsichtszuschlag auf vt-RS in % (nur für DM-Ansatz)	5,0%
Abwicklungsquoten 2007	30%		
Abwicklungsquoten 2008	40%	Risikoprämie ALM-Ansatz	2,0%
Abwicklungsquoten 2009	15%		
Abwicklungsquoten 2010	15%	risikoloser Zins 2007	4,0%
		risikoloser Zins 2008	3,0%
Erwartungswert (EW) Schäden	650	risikoloser Zins 2009	3,0%
Abschlusskosten	200		
EW Regulierungskosten	100		
Prämien	1000		

A: Zahlungsströme des Beispielvertrags	2007		2008		2009		2010	
	1.7.	31.12.	1.7.	31.12.	1.7.	31.12.	1.7.	31.12.
Prämien	1000,0							
Schadenregulierungskosten		-30,0		-40,0		-15,0		-15,0
Abschlusskosten	-200,0							
Schäden		-195,0		-260,0		-97,5		-97,5
Kapitalanlageerträge		20,0		29,8		16,2		11,4
Freier Cashflow	*800,0*	*595,0*		*324,8*		*228,5*		*127,4*

B: Deferral Matching-Ansatz	2007		2008		2009		2010	
Gewinn- und Verlustrechnung								
gebuchte Beiträge	1000,0		0,0		0,0		0,0	
Veränderung Beitragsüberträge	500,0		-500,0		0,0		0,0	
verdiente Beiträge		*500*		*500*		*0*		*0*
Zahlungen für Versicherungsfälle	-195,0		-260,0		-97,5		-97,5	
Veränderung Schaden-RS	-136,5		-68,3		102,4		102,4	
Aufwendungen für Versicherungsfälle		*-331,5*		*-328,3*		*4,9*		*4,9*
bezahlte Regulierungskosten	-30,0		-40,0		-15,0		-15,0	
Veränderung Schadenreg.-RS	-21		-10,5		15,75		15,75	
Abschlussaufwendungen	-100,0		-100,0		0,0		0,0	
Aufwendungen für den Versicherungsbetrieb		*-151,0*		*-150,5*		*0,8*		*0,8*
versicherungstechnisches Ergebnis		*17,5*		*21,3*		*5,6*		*5,6*
Kapitalanlageergebnis		20,0		29,8		16,2		11,4
Jahresergebnis		*37,5*		*51,0*		*21,9*		*17,0*
Bilanz								
Kapitalanlagen		595,0		324,8		228,5		127,4
Aktivierte Abschlusskosten (DAC)		100,0		0,0		0,0		0,0
Aktiva		695,0		324,8		228,5		127,4
Eigenkapital		37,5		88,5		110,4		127,4
Beitragsüberträge		500,0		0,0		0,0		0,0
Schaden-Rückstellungen		136,5		204,8		102,4		0,0
Schadenregulierungs-Rückstellungen		21,0		31,5		15,8		0,0
Passiva		695,0		324,8		228,5		127,4

C: Asset Liability Measurement-Ansatz	2007		2008		2009		2010	
Gewinn- und Verlustrechnung								
Erwartungswert Prämien	1000,0		0,0		0,0		0,0	
Erwartungswert Schäden	-650,0							
Erwartungswert Kosten	-300,0		0,0		0,0		0,0	
Diskontierungseffekt	32,5		0,0		0,0		0,0	
Risikoprämie	-15,8		0,0		0,0		0,0	
Ergebnis Neugeschäft		*66,7*		*0,0*		*0,0*		*0,0*
Riskorealisierung	0,0		10,2		4,4		2,2	
Zinsannahmenänderung	0,0		-3,2		0,0		0,0	
Ergebnis Bestandsgeschäft		*0,0*		*6,9*		*4,4*		*2,2*
Abwicklung Diskonteffekt aus Rückstellungen	0,0		-20,3		-6,7		-3,3	
Kapitalanlageergebnis	20,0		29,8		16,2		11,4	
Ergebnis Kapitalanlagebereich		*20,0*		*9,4*		*9,6*		*8,1*
Jahresergebnis		*86,7*		*16,3*		*14,0*		*10,3*
Bilanz								
Kapitalanlagen		595,0		324,8		228,5		127,4
Aktiva		595,0		324,8		228,5		127,4
Eigenkapital		86,7		103,1		117,1		127,4
Rückstellung aus Erfüllungsrückstand		508,3		221,7		111,4		0,0
Passiva		595,0		324,8		228,5		127,4

Im Vergleich zeigen sich zwischen dem Deferral-Matching-Ansatz (Tabelle B) und dem Asset-Liability-Measurement-Ansatz (Tabelle C) vor allem die folgenden Unterschiede in Ansatz und Bewertung:
- Im DM-Ansatz werden die Prämien über Beitragsüberträge abgegrenzt, während diese im ALM-Ansatz sofort erfolgswirksam vereinnahmt werden.
- Abschlusskosten werden im DM-Ansatz aktiviert und über die Vertragslaufzeit verteilt (nach HGB indirekt verwirklicht über Kostenabzug bei den Beitragsüberträgen bzw. Zillmerung der Deckungsrückstellung), im ALM-Ansatz jedoch sofort voll als Aufwand erfasst.
- Zukünftige Auszahlungen für eingetretene Schäden und Regulierungskosten werden im DM-Ansatz zu einem vorsichtig geschätzten Erfüllungsbetrag reserviert, während diese im ALM-Ansatz unter Berücksichtigung einer Risikomarge zum Barwert passiviert werden (»Rückstellung aus Erfüllungsrückstand«). Hieraus resultieren zum 31.12.2007 im DM-Ansatz Nettoverpflichtungen von 557,5 Euro (Beitragsüberträge + Rückstellungen – aktivierte Abschlusskosten) während diese im ALM-Ansatz nur 508,3 Euro betragen.

In der Ergebnisrechnung ergeben sich die folgende Konsequenzen:
- Die Gewinn- und Verlustrechnung im ALM-Ansatz unterteilt sich in die Abschnitte Neugeschäft, Bestandsgeschäft und Kapitalanlagebereich, während sich die Bereiche Neugeschäft und Abwicklung im DM-Ansatz grundsätzlich vermischen.
- Der geschätzte Gewinn aus dem Vertrag wird im ALM-Ansatz bereits zum ersten Abschlussstichtag ausgewiesen. Aus den erwarteten Prämien, Schäden und Kosten sowie der Diskontierung und der Risikoadjustierung ergibt sich ein Saldo von 66,7 Euro.
- Im DM-Ansatz zeigt sich aufgrund der Beitragsabgrenzung, der Nichtdiskontierung der Rückstellungen und der vorsichtigen Bewertung im Jahr 2007 lediglich ein versicherungstechnisches Ergebnis von 17,5 Euro.
- Die mit der Abwicklung des Vertrages abnehmende Unsicherheit reflektiert sich im ALM-Ansatz in einer über die Jahre abnehmenden Risikomarge. Dies hat die Vereinnahmung eines entsprechenden Ertrags (»Risikorealisierung«) zur Folge. Ansonsten ergeben sich aus dem Bestandgeschäft nur Erfolgswirkungen, wenn sich die bei der Eingangsbewertung getroffenen Bewertungsannahmen ändern. Dies zeigt sich im Beispiel im Jahr 2008, in dem der Diskontierungszins von 4% auf 3% angepasst wird, was einen Aufwand von 3,2 Euro nachsichzieht (»Zinsannahmenänderung«). In der Realität kommt es bei einem fehlenden Lock-in-Prinzip zu weiteren Anpassungserfordernissen, wenn sich die Annahmen hinsichtlich Höhe, Zeitpunkt oder Unsicherheit der zukünftigen Auszahlungen ändern.

Im Beispiel wird offensichtlich, dass die Zahlungsströme eines Vertrages (Tabelle A) die Ausgangsbasis jeglicher bilanziellen Abbildung sind, unabhängig vom gewählten Bilanzierungssystem. Auch der Gewinn aus einem Vertrag ist über die Totalperiode hiervon unbeeinflusst. Im Beispiel ergibt sich in beiden Ansätzen ein Gesamtgewinn aus den Jahren 2007 bis 2010 von 127,4 Euro (= Eigenkapital im Jahr 2010). Beträchtliche Unterschiede zeigen sich jedoch hinsichtlich des Realisationszeitpunktes des Erfolgs und der Darstellung des Geschäfts in der Gewinn- und Verlustrechnung sowie in der Bilanz.

In der Abbildung 3.8 werden in der linken Grafik die unterschiedlichen Periodenerfolge im DM-Ansatz und im ALM-Ansatz gegenübergestellt. Tendenziell kommt es im ALM-Ansatz zu einer Vorverlagerung der Ergebnisrealisierung. In der rechten Grafik wurde eine zentrale Annahme des Beispiels variiert: Die Risikomarge im ALM-Ansatz wurde von 2% auf 7,5% angehoben. Hierdurch wird die Gewinnvereinnahmung verzögert und es ergibt sich ein zum DM-Ansatz ähnlicher Verlauf der Ergebnisrealisierung. Dies verdeutlicht nochmals die hohe Bedeutung der Risikomarge in der laufenden Diskussion des Phase 2 Bilanzierungsmodells für Versicherungsverträge.

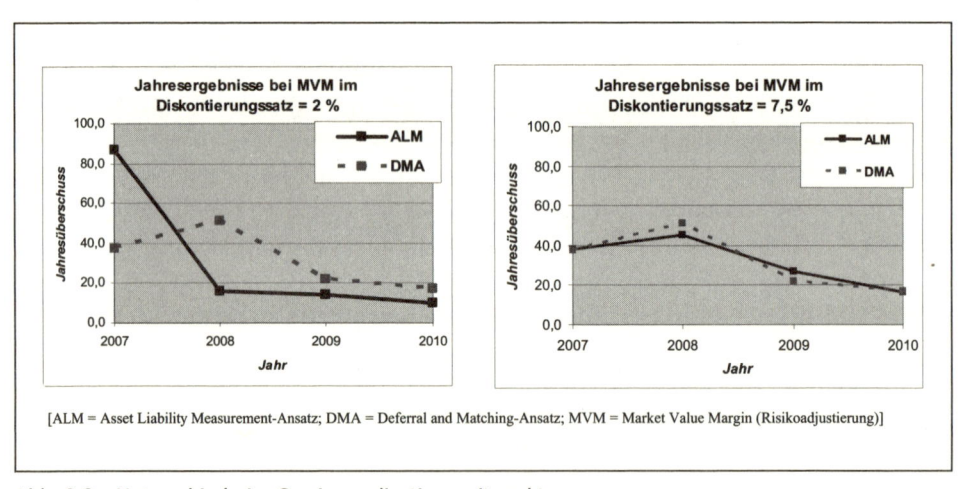

Abb. 3.8: Unterschiede im Gewinnrealisationszeitpunkt

Kapitel 4: Bilanzierung des Vermögens in Versicherungsunternehmen

1 Aktivseite nach HGB

Die Aktivseite einer Versicherungsbilanz wird durch die überragende Bedeutung der Kapitalanlagen geprägt. Die Gliederung der Aktivseite ergibt sich aus Formblatt 1 der RechVersV. Für Versicherungsunternehmen gilt insofern nicht das Gliederungsschema für Kapitalgesellschaften nach § 266 Abs. 2 HGB. Der Grund dafür liegt in den Besonderheiten der Versicherungsproduktion. Eine Unterscheidung in Anlage- und Umlaufvermögen erscheint nicht sinnvoll, da Versicherungsunternehmen im Vergleich zu Industrieunternehmen nicht über ein großes Anlagevermögen verfügen. Vielmehr zeichnet sich die Versicherungsbilanz aufgrund der Zeitraumbezogenheit der Versicherungsproduktion durch eine Vielzahl unterschiedlicher Kapitalanlagen aus. Die Gliederungsvorschriften der RechVersV kommen diesem Umstand insoweit entgegen, als einzelne Kapitalanlagen in der Bilanz separat ausgewiesen werden. <u>Anstelle einer Aufteilung der Vermögensgegenstände in Abhängigkeit von der Nutzungsdauer im Versicherungsbetrieb erfolgt in der Versicherungsbilanz eine Gliederung nach einzelnen Vermögensgegenständen.</u> Im Rahmen der Zuordnung zu Bewertungsgruppen müssen diese jedoch trotzdem zu Anlage- und Umlaufvermögen zugeteilt werden, obwohl die Bewertungsgruppen nicht zusammenhängend in der Bilanz ausgewiesen werden. Dadurch wird ein Einblick in die Vermögenslage für die Bilanzadressaten erschwert, da aus dem Ausweis des Vermögens keine direkten Rückschlüsse auf die Bewertung gezogen werden können.

A. Anlagevermögen
    I. Immaterielle Vermögensgegenstände
    II. Sachanlagen
    III. Finanzanlagen

B. Umlaufvermögen
    I. Vorräte
    II. Forderungen und sonstige Vermögensgegenstände
    III. Wertpapiere

C. Rechnungsabgrenzungsposten

Abb. 4.1: Gliederung der Aktivseite von Kapitalgesellschaften nach § 266 Abs. 2 HGB

Die folgende Abbildung 4.2 gibt einen Überblick über die Aktivseite der Versicherungsbilanz.

A. **Ausstehende Einlagen auf das gezeichnete Kapital**
B. **Immaterielle Vermögensgegenstände**
C. **Kapitalanlagen**
  I. Grundstücke, grundstücksgleiche Rechte und Bauten einschließlich Bauten auf fremden Grundstücken
  II. Kapitalanlagen in verbundenen Unternehmen und Beteiligungen
  III. Sonstige Kapitalanlagen
    1. Aktien, Investmentanteile und andere nicht festverzinsliche Wertpapiere
    2. Inhaberschuldverschreibungen und andere festverzinsliche Wertpapiere
    3. Hypotheken-, Grundschuld- und Rentenforderungen
    4. Sonstige Ausleihungen
       a) Namensschuldverschreibungen
       b) Schuldscheinforderungen und Darlehen
       c) Darlehen und Vorauszahlungen auf Versicherungsscheine
       d) Übrige Ausleihungen
    5. Einlagen bei Kreditinstituten
    6. Andere Kapitalanlagen
  IV. Depotforderungen aus dem in Rückdeckung übernommenen Versicherungsgeschäft
D. **Kapitalanlagen für Rechnung und Risiko von Inhabern von Lebensversicherungspolicen**
E. **Forderungen**
F. **Sonstige Vermögensgegenstände**
G. **Rechnungsabgrenzungsposten**
H. **Nicht durch Eigenkapital gedeckter Fehlbetrag**

Abb. 4.2: Gliederung der Aktivseite von Versicherungsunternehmen nach Formblatt 1 der RechVersV

2 Aktivseite nach US-GAAP und IFRS

Weder nach US-GAAP noch nach IFRS existieren feste versicherungsspezifische Formvorschriften für die Erstellung der Bilanz. Ein mögliches Gliederungsschema weist den in der Abbildung 4.3 dargestellten Aufbau auf.

A. Immaterielle Vermögenswerte
  I. Geschäfts- oder Firmenwert
  II. Sonstige immaterielle Vermögenswerte

B. Kapitalanlagen
  I. Grundstücke und Bauten einschließlich der Bauten auf fremden Grundstücken
  II. Anteile an verbundenen Unternehmen und assoziierten Unternehmen
  III. Darlehen
  IV. Sonstige Wertpapiere
     1. Bis zur Endfälligkeit gehalten
     2. Zur Veräußerung verfügbar
     3. Handelsbestände
  V. Depotforderungen
  VI. Sonstige Kapitalanlagen

C. Kapitalanlagen für Rechnung und Risiko von Inhabern von Lebensversicherungspolicen

D. Forderungen

E. Laufende Guthaben bei Kreditinstituten, Schecks und Kassenbestand

F. Aktivierte Abschlusskosten

G. Anteil der Rückversicherer an den versicherungstechnischen Rückstellungen

H. Aktive Steuerabgrenzung

I. Übrige Aktiva

Abb. 4.3: Mögliches Gliederungsschema einer Bilanz nach IAS bzw. US-GAAP

Das Gliederungsschema unterscheidet sich von einem Abschluss nach HGB insbesondere in der Untergliederung der Kapitalanlagen. Diese werden nach IFRS bzw. US-GAAP nicht separat ausgewiesen, sondern zu Kategorien zugeordnet. Darüber hinaus werden Abschlusskosten nach US-GAAP aktiviert, während nach deutschem Recht ein Verbot für die Aktivierung von Abschlusskosten besteht (§ 248 Abs. 3 HGB).

3 Immaterielle Vermögensgegenstände

3.1 Immaterielle Vermögensgegenstände nach HGB

Aufgrund der Eigenschaft der Immaterialität des Versicherungsprodukts nehmen immaterielle Vermögensgegenstände in der Versicherungsbilanz einen hohen Stellenwert ein. Unter immateriellen Vermögensgegenständen werden allgemein alle nicht körperlich fassbaren Vermögensgegenstände eingeordnet.[120]

Das Gesetz unterteilt immaterielle Vermögensgegenstände in entgeltlich erworbene und selbst erstellte immaterielle Vermögensgegenstände. Übereinstimmend mit § 5 Abs. 2 EStG enthalten die Vorschriften für alle Kaufleute in § 248 Abs. 2 HGB ein Aktivierungsverbot für selbst erstellte immaterielle Vermögensgegenstände des Anlagevermögens. Demgegenüber besteht für entgeltlich erworbene immaterielle Vermögensgegenstände (z. B. für erworbene Versicherungsbestände) nach dem Vollständigkeitsgebot des § 246 Abs. 1 HGB ein Aktivierungsgebot.

Beispiele für immaterielle Vermögensgegenstände bilden Konzessionen (z. B. Verkehrskonzessionen), gewerbliche Schutzrechte (z. B. Patente), ähnliche Rechte (z. B. Nutzungsrechte, Nießbrauchsrechte), wirtschaftliche Werte (z. B. Knowhow) sowie Lizenzen an Rechten und Werten.

Die Versicherungsbilanz gliedert *immaterielle Vermögensgegenstände* nach § 6 RechVersV in *drei Gruppen*:
1. Aufwendungen für die Ingangsetzung und Erweiterung des Geschäftsbetriebs nach § 269 S. 1 HGB,
2. entgeltlich erworbener Geschäfts- oder Firmenwert,
3. sonstige immaterielle Vermögensgegenstände, zu denen auch ein entgeltlich erworbener Gesamt- oder Teil-Versicherungsbestand gehört.

Ad 1: *Aufwendungen für die Ingangsetzung und Erweiterung des Geschäftsbetriebs* dürfen nach § 269 S. 1 HGB als Aktivierungshilfe bilanziert werden. In der Bilanz der Kapitalgesellschaften werden Ingangsetzungs- und Erweiterungsaufwendungen als separater Posten vor dem Anlagevermögen ausgewiesen. Dieser getrennte Ausweis verdeutlicht den Charakter der Ingangsetzungs- und Erweiterungsaufwendungen als Bilanzierungshilfe und nicht als Vermögensgegenstand.

In der Versicherungsbilanz erfolgt ein Ausweis unter den immateriellen Vermögensgegenständen. Obwohl dadurch der Eindruck entstehen könnte, Ingangsetzungs- und Erweiterungsaufwendungen als Vermögensgegenstände zu

---

120 Vgl. Coenenberg, Adolf G. [Jahresabschluss, 2005], S. 138.

klassifizieren, bleibt der Charakter einer Bilanzierungshilfe erhalten.[121] Bei Aktivierung von Ingangsetzungs- und Erweiterungsaufwendungen tritt nach § 269 S. 2 HGB eine Ausschüttungssperre in Kraft. Demnach dürfen Gewinne nur ausgeschüttet werden, wenn die nach der Ausschüttung verbleibenden, jederzeit auflösbaren Gewinnrücklagen zuzüglich eines Gewinnvortrags und abzüglich eines Verlustvortrags dem angesetzten Betrag mindestens entsprechen.

Ingangsetzungsaufwendungen stellen Kosten dar, die während der Anlaufphase des Versicherungsbetriebs durch den erstmaligen Aufbau der Innen- und Außenorganisation und durch die Bereitmachung des Geschäftsbetriebs ausgelöst werden.[122] Erweiterungsaufwendungen fallen durch eine räumliche oder sachliche Erweiterung des Geschäftsbetriebs an. Allerdings sind sie nur in einem sehr engen Rahmen aktivierbar. Beispiele für Erweiterungsaufwendungen stellen Aufwendungen für Gutachten, für Marktforschung sowie für den Aufbau einer spezifischen Betriebs- oder Schadenorganisation dar.

Ad 2: Die Aktivierung eines *entgeltlich erworbenen Geschäfts- oder Firmenwertes* ist in § 255 Abs. 4 HGB geregelt. Er stellt den Unterschiedsbetrag dar, um den die für die Übernahme eines Unternehmens bewirkte Gegenleistung den Wert der einzelnen Vermögensgegenstände des Unternehmens abzüglich der Schulden im Zeitpunkt der Übernahme übersteigt (§ 255 Abs. 4 S. 1 HGB). Die Ursachen für einen positiven Unterschiedsbetrag liegen in besonderen Wertkomponenten, die sich nicht in den bilanziellen Vermögensgegenständen widerspiegeln. Beispiele für solche Werte stellen besondere Managementqualität, Standortvorteile sowie die Qualität des Versicherungsbestands dar. Solche Werte werden von einem Unternehmen im Laufe der Geschäftstätigkeit als so genannter originärer Goodwill aufgebaut. Dieser originäre Goodwill darf jedoch nicht aktiviert werden, da er unter das in § 248 Abs. 2 kodifizierte Aktivierungsverbot selbst erstellter immaterieller Vermögensgegenstände des Anlagevermögens fällt. Der Grund dieses Aktivierungsverbots kann in der mangelnden Zuverlässigkeit und Objektivierbarkeit dieser subjektiven Werte gesehen werden. Durch die Übernahme eines Unternehmens im Rahmen eines Erwerbs der Vermögensgegenstände und Schulden eines Unternehmens (Asset Deal) werden diese Werte jedoch objektiviert, da sie im Rahmen der Kaufpreisbildung berücksichtigt wurden. Es entsteht ein derivativer Geschäfts- oder Firmenwert, der bei Aktivierung in jedem Geschäftsjahr zu mindestens einem Viertel durch Abschreibungen zu tilgen bzw. planmäßig auf die Geschäftsjahre der voraussichtlichen Nutzungsdauer zu verteilen ist (§ 255 Abs. 4 S. 2 HGB).

---

121 Vgl. auch BT-DRS. 823/94, S. 113.
122 Vgl. Stöffler, Michael [§ 6 RechVersV, 1998], S. 424.

Ad 3: Die Aktivierung *sonstiger immaterieller Vermögensgegenstände* folgt aus dem Vollständigkeitsgebot des § 246 Abs. 1 HGB, wonach entgeltlich erworbene immaterielle Vermögensgegenstände zu aktivieren sind. In der Versicherungsbilanz gehören zu den sonstigen immateriellen Vermögensgegenständen ein derivativer Gesamt- oder Teil-Versicherungsbestand, entgeltlich erworbene EDV-Software sowie Anzahlungen auf sonstige immaterielle Vermögensgegenstände (§ 6 Abs. 1 Nr. 3 RechVersV).

Schwierigkeiten bereitet häufig die Abgrenzung immaterieller Vermögensgegenstände des Anlage- und Umlaufvermögens, da für selbst erstellte immaterielle Vermögensgegenstände des Anlagevermögens ein Aktivierungsverbot besteht. Da die Gliederung der Versicherungsbilanz zusätzlich nicht zwischen Anlage- und Umlaufvermögen unterscheidet, ist die Zuordnung zu prüfen. Nach herrschender Meinung werden der Versicherungsbestand, der Außendienst sowie selbst entwickelte Software dem Anlagevermögen zugeordnet, womit ein Aktivierungsverbot begründet wird.[123]

3.2 Immaterielle Vermögensgegenstände nach IFRS und US-GAAP

3.2.1 Allgemeine Regelung

Die Behandlung immaterieller Vermögensgegenstände nach *IFRS* erfolgt nach IAS 38 im Rahmen eines zweistufigen Prüfungsprozesses. Ein *Intangible Asset* ist dann in die Bilanz aufzunehmen, wenn er

- *die Definition immaterieller Vermögenswerte erfüllt:* Ein immaterieller Vermögenswert weist neben dem Fehlen der Gegenständlichkeit sowie der Nicht-Monetarität die Eigenschaften der Identifizierbarkeit (Identifiability), der Kontrolle durch das bilanzierende Unternehmen (Control) sowie einen zukünftigen wirtschaftlichen Nutzen (Economic Benefit) auf;
- *den Ansatzkriterien für immaterielle Vermögenswerte gerecht wird:* Es ist wahrscheinlich (probable), dass der mit dem Asset verbundene wirtschaftliche Nutzen dem Unternehmen zufließen wird und sich die Anschaffungs- und Herstellungskosten des Assets zuverlässig ermitteln lassen (Measured Reliability) (IAS 38.11–21).

Im Gegensatz zum Ansatz nach deutschem Recht ist der entgeltliche Erwerb eines immateriellen Vermögensgegenstands nicht unbedingt für eine Aktivierung erforderlich. Für eine Prüfung der Aktivierbarkeit von selbst geschaffenen imma-

---

[123] Vgl. Treuberg, Hubert Graf von; Angermayer, Birgit [Jahresabschluss, 1995], S. 172.

teriellen Vermögensgegenständen wird der Erstellungsprozess des Vermögenswertes in eine *Forschungs-* und in eine *Entwicklungsphase* aufgeteilt (IAS 38.52). Während ein aus der Forschung entstehender immaterieller Vermögenswert nicht aktiviert werden darf, ist ein aus der Entwicklung entstehender immaterieller Vermögenswert unter bestimmten Voraussetzungen aktivierungspflichtig. Dazu muss das Unternehmen kumulativ folgende Nachweise erfüllen (IAS 38.57):
- die technische Realisierbarkeit der Fertigstellung des immateriellen Vermögenswertes, damit er zur internen Nutzung oder zum Verkauf zur Verfügung stehen wird,
- die Absicht, das Gut zu produzieren und zu vermarkten oder es selbst zu nutzen,
- die Fähigkeit, den immateriellen Vermögenswert zu nutzen oder zu verkaufen,
- den Beweis der Existenz künftiger Rückflüsse, indem die Existenz eines Marktes für das Gut oder das Gut selbst aufgezeigt wird oder, bei interner Nutzung, der Nutzen des immateriellen Vermögenswertes belegt wird,
- die Existenz adäquater technischer, finanzieller und sonstiger Ressourcen für den Abschluss des Projekts,
- die Fähigkeit, die dem immateriellen Vermögenswert während seiner Entwicklung zurechenbaren Ausgaben zuverlässig zu bewerten.

Falls sämtliche Voraussetzungen nachgewiesen werden, müssen die Entwicklungsausgaben aktiviert werden, sonst sind sie als Aufwand der laufenden Periode zu behandeln.

Für die wichtigsten immateriellen Vermögensgegenstände in der *Versicherungsbilanz* ergeben sich dadurch folgende Ansatzregelungen:
- Für den derivativen Geschäfts- oder Firmenwert besteht anders als nach HGB kein Wahlrecht, sondern eine Aktivierungspflicht.
- Software wird wie nach HGB aktiviert, wenn sie entgeltlich erworben wurde. Anders als nach HGB erfolgt unter den oben genannten Voraussetzungen eine Aktivierung selbst erstellter Software.
- Ein entgeltlich erworbener Versicherungsbestand wird aktiviert.
- Ein originärer Versicherungsbestandwert wird wie nach HGB nicht aktiviert.

Die Bewertung immaterieller Vermögensgegenstände erfolgt entweder zu *Anschaffungs-* oder *Herstellungskosten*, abzüglich planmäßiger bzw. außerplanmäßiger Abschreibungen (IAS 38.74) oder auf der Basis eines *Neubewertungsbetrags* unter Zugrundelegung eines aktiven Marktes (IAS 38.75–87).

Für die Abschreibung eines immateriellen Vermögensgegenstands ist entscheidend, ob eine bestimmte oder eine unbestimmte Nutzungsdauer vorliegt (IAS 38.88). Unbestimmt ist eine Nutzungsdauer dann, wenn keine Anhaltspunkte dafür vorliegen, dass ein Vermögenswert ab einem bestimmten Zeitpunkt keine positiven Zahlungsströme für das Unternehmen mehr erwirtschaftet.[124] Eine planmäßige Abschreibung ist nicht zulässig, falls keine bestimmte Nutzungsdauer ermittelbar ist (IAS 38.107). Vielmehr sind in diesem Fall ein jährlicher Wertminderungstest (IAS 38.109) sowie eine Überprüfung der Bestimmbarkeit einer Nutzungsdauer vorzunehmen. Falls im Rahmen dieses Tests eine Nutzungsdauer bestimmbar ist, sind Bewertungsdifferenzen nach IAS 8 zu bilanzieren. Eine planmäßige Abschreibung hat dann zu erfolgen, wenn eine bestimmte Nutzungsdauer vorliegt. Der Vermögenswert ist dann über die geschätzte Nutzungsdauer, die anhand von internen und externen Faktoren bestimmt wird (IAS 38.90), abzuschreiben.

Als Alternative zur Bewertung von Anschaffungs- oder Herstellungskosten ist eine Bewertung zum Neubewertungsbetrag möglich. Im Rahmen der Folgebewertung sind Wertminderungen ergebniswirksam (es sei denn, dass es sich um die Rückgängigmachung früherer Werterhöhungen handelt) und Wertsteigerungen ergebnisneutral (es sei denn, dass es sich um die Rückgängigmachung früherer Wertminderungen handelt) zu behandeln. Der neubewertete Ansatz des Vermögensgegenstands ist planmäßig auf die Restnutzungsdauer abzuschreiben. Die Voraussetzung der Anwendung der Neubewertungsmethode stellt das Vorhandensein eines aktiven Marktes dar, der für Intangible Assets in der Regel jedoch nicht existiert.

Der Goodwill wird nach IFRS durch IFRS 3 geregelt[125]. Anstelle der früher vorgenommenen planmäßigen Abschreibung sieht dieser einen jährlichen Werthaltigkeitstest und gegebenenfalls eine außerplanmäßige Abschreibung nach IAS 36 vor (IFRS 3.54–55).

Nach *US-GAAP* werden immaterielle Vermögensgegenstände nach drei Kriterien unterschieden (APB 17.1):
- Nach der *Art des Erwerbs* werden isolierte, zusammen mit anderen Vermögensgegenständen erworbene sowie selbst erstellte immaterielle Vermögensgegenstände unterschieden.
- Nach der *Abgrenzbarkeit* ist immaterielles Vermögen entweder eindeutig von anderen Vermögensgegenständen abgrenzbar oder nicht eindeutig abgrenzbar, also dem Unternehmen als Ganzes verbunden.
- Nach der *Art der Nutzung* wird unterschieden, ob das immaterielle Gut dem eigenen Unternehmen dient oder ob es zur Veräußerung an Dritte bestimmt ist.

---

124 Vgl. Pellens, Bernhard et al. [Rechnungslegung, 2006], S. 277–280.
125 Vgl. zur Goodwill-Behandlung bei Versicherungsunternehmen Dobler, Michael; Gampenrieder, Peter [Goodwill-Bilanzierung, 2006], S. 393–397 sowie S. 431–435.

Immaterielle Vermögensgegenstände

In Abhängigkeit von diesen Kriterien entsteht eine Ansatzpflicht, ein Ansatzwahlrecht bzw. ein Ansatzverbot, wie in Abbildung 4.4 dargestellt.

	Individuell abgrenzbar (z. B. Patente, Lizenzen, Urheberrechte, Konzessionen, Warenzeichen)	**Individuell nicht abgrenzbar (z. B. Goodwill, Ingangsetzungskosten, Gründungskosten)**
Isoliert entgeltlich erworben	Ansatzpflicht	–
Mit anderen entgeltlich erworben	Ansatzpflicht	Ansatzpflicht
Selbst erstellt	bei Eigennutzung: faktisches Ansatzwahlrecht bei Veräußerungsabsicht: Ansatzpflicht	Ansatzverbot

Abb. 4.4: Aktivierung immaterieller Vermögensgegenstände nach US-GAAP[126]

Für immaterielle Vermögensgegenstände der Versicherungsbilanz ergeben sich folgende Ansatzregeln:
- Ein derivativer Geschäfts- oder Firmenwert muss aktiviert werden.
- Entgeltlich erworbene Software muss aktiviert werden.
- Selbst erstellte Software muss dann aktiviert werden, wenn sie für eine Veräußerung an Dritte und unter deren Risiko vorgesehen ist. Falls Software auf eigenes Risiko mit Veräußerungsabsicht entwickelt wird, besteht eine Ansatzpflicht von dem Zeitpunkt an, zu dem das Programm sich als technisch realisierbar erweist (SFAS 86.3 und 4). Bei Eigennutzung der Software entsteht ein faktisches Ansatzwahlrecht.[127]
- Ein entgeltlich erworbener Versicherungsbestand muss aktiviert werden.

Die Bewertung immaterieller Vermögensgegenstände erfolgt nach US-GAAP zu Anschaffungs- oder Herstellungskosten. Allerdings sind Kosten bei selbst erstellten immateriellen Vermögensgegenständen nur in einem geringen, zuordenbaren Rahmen aktivierbar.[128] Beim Goodwill erfolgt nach SFAS 142 keine planmäßige Abschreibung eines aktivierten Goodwill. Vielmehr wird ein jährlicher *Wert-*

---

126 In Anlehnung an Schildbach, Thomas [US-GAAP, 2002], S. 98.
127 Vgl. hierzu ausführliche Darstellung Schildbach, Thomas [US-GAAP, 2002], S. 74–75.
128 Vgl. Pellens, Bernhard et al. [Rechnungslegung, 2006], S. 290.

haltigkeitstest (Impairment-Only Approach) durchgeführt, der den Buchwert des Goodwill mit seinem Zeitwert vergleicht und gegebenenfalls zu einer außerplanmäßigen Abschreibung führt.[129]

3.2.2 Aktivierte Abschlusskosten nach US-GAAP

Im Gegensatz zur Versicherungsbilanz nach HGB findet sich nach US-GAAP ein zusätzlicher immaterieller Vermögensgegenstand in der Bilanz: Aktivierte Abschlusskosten (*Deferred Acquisition Costs* oder kurz DAC). Nach US-GAAP sind Kosten, soweit diese einen zumindest mittelbaren Bezug zum Neugeschäft oder zur Verlängerung von Verträgen haben und sich variabel zu diesen verhalten, aktivierungsfähig. Dabei ist es unerheblich, ob es sich um interne oder externe Kosten handelt, sodass nicht nur Provisionen und Courtagen, sondern auch Kosten des Underwriting-Prozesses (z. B. für Risikoprüfung) sich ansetzen lassen. Letztere beinhaltet auch die Löhne und Gehälter des fest angestellten Innen- und Außendienstes im Vertrieb, soweit diese Positionen variable oder zumindest sprungfixe Kosten darstellen, die Beschäftigung somit dem Auslastungsgrad flexibel angepasst werden kann. Im Ergebnis zählen einige bestandproportionale Kosten nach HGB zwar zu den Abschlusskosten da sie einen Bezug zum Vertragsabschluss aufweisen, sie sind jedoch nach US-GAAP aufgrund der fehlenden Variabilität zum Neugeschäft nicht als DAC ansatzfähig.[130]

Die aktivierten Abschlusskosten werden grundsätzlich über die Laufzeit der Verträge abgeschrieben. Bei kurzfristigen Verträgen (hauptsächlich Schaden-Unfallversicherung) welche nach FAS 60 bilanziert werden, erfolgt die Tilgung entsprechend der Vereinnahmung der Beiträge und folgt somit der zeitproportionalen Auflösung der Beitragsüberträge. In der Lebensversicherung wird die Position proportional zu der Vereinnahmung der Bruttobeiträge (FAS 60) oder zu dem auf das Geschäftsjahr entfallenden Anteil des gesamten Rohergebnisses aus dem Vertrag (FAS 97, 120) amortisiert. Die Detailregelungen hierzu werden in Kapitel 6, Abschnitt 3.3.2 zur Deckungsrückstellung nach US-GAAP erläutert.

Die Aktivierung der Abschlusskosten ersetzt in Teilen die nach HGB mögliche Zillmerung der Deckungsrückstellung bzw. den teilweisen Abschlusskostenabzug bei der Bewertung der Beitragsüberträge.

---

129 Vgl. ausführliche Darstellung Pellens, Bernhard [Goodwill, 2001], S. 715–717.
130 Detailliert hierzu vgl. Zimmermann, Christoph [Abschlußkosten, 2002], S. 151–176.

3.2.3 Aktivierter Bestandswert und Erneuerungsrechte nach IFRS und US-GAAP

Neben den aktivierten Abschlusskosten zeigt sich unter den immateriellen Vermögenswerten der Aktivseite einer Versicherungsbilanz nach IFRS bzw. US-GAAP eine weitere branchenspezifische Besonderheit. Bei dem Erwerb bzw. der Übertragung eines Versicherungsbestandes, von Erneuerungsrechten oder einem Unternehmenskauf ist ein immaterieller Vermögenswert zu aktivieren.

Bei einem Unternehmenskauf ist die Differenz zwischen dem Saldo der zum Fair Value neubewerteten Vermögenswerten und Verpflichtungen (Purchase-GAAP) auf der einen und dem Kaufpreis auf der anderen Seite nicht komplett als Goodwill anzusetzen. Vielmehr sind nach IFRS wie nach US GAAP weitere identifizierbare und zuverlässig zu bewertende erworbene Vermögenswerte bilanziell separat zu erfassen. Regelmäßig werden die übernommenen versicherungstechnischen Rückstellungen jedoch nicht zum Fair Value neubewertet, sondern es werden lediglich die Bewertungsparameter der Rückstellungskalkulation aktualisiert.

Im Lebens- und Krankenversicherungsbereich kommt bei Akquisitionen vor allem dem Bestandwert des laufenden Geschäfts eine zentrale Rolle zu. Der im angelsächsischen Raum als PVFP (Present Value of Future Profits oder »VOBA« = Value of Business Acquired) bezeichnete Wert des bestehenden Vertragsbestands ist auf Basis von aktuariellen Methoden als Barwert der zukünftigen Nettocashflows aus dem *Bestandsgeschäft* zum Zeitpunkt des Erwerbs zu bestimmen. Dabei ist analog der Fair-Value-Bewertung bzw. dem Embedded Value der Unsicherheit in den zukünftigen Zahlungsströmen mit einem Risikoaufschlag beim Diskontierungszins oder einem absoluten Abschlag bei den geschätzten Zahlungsströmen Rechnung zu tragen. Der Wert des erwarteten *Neugeschäfts* hingegen spiegelt sich im Goodwill wieder.

Der PVFP ersetzt als Aktivposten den Betrag der aktivierten Abschlusskosten (DAC) aus dem übernommenen Bestand, welche in der Bilanz des Käufers nicht mehr angesetzt werden. In den Folgeperioden ist der PVFP mit denselben Methoden über die Laufzeit des Bestandes zu amortisieren, die auch bei der Abschreibung der DAC Anwendung finden. Der Abschreibungsaufwand des PVFP wird üblicherweise wie auch die DAC-Abschreibung als Abschlusskosten erfasst.

Im *Non-life-Bereich* ergeben sich bei Unternehmensakquisitionen aufgrund der kurzen Vertragslaufzeit in der Regel keine materiellen Bestandswerte. Ein ökonomischer Wert besteht in den erworbenen Erneuerungsrechten (renewal rights) bzw. Kundenbeziehungen. IFRS 3.IE nennt in Beispiel 4 bei Fremderwerb diese Rechte explizit als ansatzpflichtigen Vermögenswert. Ein solcher ist nach IFRS 3 getrennt vom Goodwill anzusetzen. Als Abschreibungsdauer findet die mittlere wirtschaftliche Vertragslaufzeit, d. h. inklusive erwarteter Vertragsverlängerungen, Anwendung. Auch außerhalb einer Unternehmensübernahme führt der entgeltliche Erwerb von Erneuerungsrechten zum Ansatz eines immateriellen Vermögenswertes welcher über die wirtschaftliche Vertragslaufzeit abzuschreiben ist.

Nach HGB sind entgeltlich erworbene immaterielle Vermögenswerte wie ein übernommener Versicherungsbestand oder Erneuerungsrechte ebenfalls aktivierungsfähig, wie bereits in Abschnitt 3.1 erläutert.

4 Ansatz und Bewertung einzelner Kapitalanlagen nach HGB, US-GAAP und IFRS

4.1 Grundstücke, grundstücksgleiche Rechte und Bauten auf fremdem Grund

4.1.1 Grundvermögen nach HGB

Grundstücke, grundstücksgleiche Rechte und Bauten auf fremden Grund werden in der Versicherungsbilanz als Sammelposten ausgewiesen. *Grundstücke* sind durch Vermessung abgegrenzte Teile der Erdoberfläche, die im Grundbuch als selbstständige Grundstücke eingetragen sind. Sie lassen sich in Abhängigkeit von ihrer *Bebauung* in bebaute und unbebaute Grundstücke unterscheiden.

- *Bebaute Grundstücke* umfassen Grundstücke, die mit Gebäuden (Geschäfts-, Fabrik- oder Wohnbauten) oder anderen selbstständigen Bauten (z. B. Parkplätzen, Dämmen) in Zusammenhang stehen.
- *Unbebaute Grundstücke* stellen beispielsweise Wälder, Wiesen, Seen oder Äcker dar. Sie werden ausgewiesen, wenn sie selbstständig verwertbar sind.

Zivilrechtlich bilden Grundstücke und bebaute Grundstücke häufig eine rechtliche Einheit. Im Bilanzrecht werden Grundstücke und bebaute Grundstücke jedoch getrennt behandelt.[131]

Bebaute Grundstücke können in Abhängigkeit vom rechtlichen *Eigentum* dahingehend unterschieden werden, ob die Bauten auf eigenen oder auf fremden Grundstücken erfolgen.
- *Bauten auf eigenen Grundstücken* zeichnen sich dadurch aus, dass das rechtliche Eigentum an Gebäude und Grundstück beim bilanzierenden Unternehmen liegt.

---

131 Vgl. Baetge, Jörg et al. [Bilanzen, 2005], S. 310.

- *Bauten auf fremden Grundstücken* stellen Wohn-, Geschäfts-, Fabrik- und andere Bauten dar, die rechtlich nicht auf einem dem bilanzierenden Unternehmen gehörenden Grundstück errichtet worden sind.[132] Zivilrechtlich werden diese Bauten nach §§ 93, 94 BGB in der Regel zu wesentlichen Bestandteilen des fremden Grundstücks. Allerdings sind sie wirtschaftlich weiterhin dem bilanzierenden Unternehmen zuzurechnen.

In Abhängigkeit von der *Nutzung* können Grundstücke auch in eigengenutzte und fremdgenutzte Grundstücke unterteilt werden.
- *Eigengenutzte Grundstücke und Bauten* werden vom bilanzierenden Unternehmen im Rahmen seiner eigenen Tätigkeit genutzt.
- *Fremdgenutzte Grundstücke und Bauten* stehen im Eigentum des bilanzierenden Unternehmens, werden aber nicht im Rahmen der eigenen Tätigkeit genutzt.

Für den Bilanzausweis ist es unerheblich, ob die Grundstücke und Gebäude vom Versicherungsunternehmen selbst oder fremd genutzt werden. Nach § 52 Nr. 1a RechVersV ist jedoch der Bilanzwert der eigengenutzten Grundstücke und Bauten im Anhang anzugeben. Dadurch soll der Bilanzleser einen Einblick in die Fungibilität eines Grundstücks bzw. von Bauten gewinnen, die durch eine Eigennutzung erheblich eingeschränkt wird.[133] Diese weisen weniger den Charakter einer Kapitalanlage als vielmehr einer Sachanlage auf.

Grundstücksgleiche Rechte sind dingliche Rechte, die zivilrechtlich wie Grundstücke behandelt werden. Beispiele für grundstücksgleiche Rechte sind Erbbaurechte, Bergwerkseigentum oder bestimmte Wohn- und Nutzungsrechte. Die Bilanzierung erfolgt wie bei Grundstücken, da grundstücksgleiche Rechte diesen wirtschaftlich und vielfach auch rechtlich gleichkommen.[134] Neben den im Sammelposten erwähnten Grundstücken, grundstücksgleichen Rechten und Bauten auf fremdem Grund werden auch weitere, nicht genannte Posten wie Anteile an Grundstücksgesellschaften (nur wenn nicht gewerblich) bürgerlichen Rechts sowie Vorauszahlungen auf Grundstücke, Anzahlungen auf Bauten und Planungskosten, soweit keine erheblichen Zweifel an einer Realisierung des Bauvorhabens bestehen, ausgewiesen.[135]

Die *Bewertung* von Grundstücken, grundstücksgleichen Rechten und Bauten einschließlich der Bauten auf fremdem Grund ist in § 341 b Abs. 1 HGB geregelt

---

132 Vgl. Hölzl, Werner [Nichtversicherungstechnische Posten, 2001], Rd. 34.
133 Vgl. Ellenbürger, Frank; Hormbach Lothar; Kölschbach, Joachim [Einzelfragen, 1996], S. 42.
134 Vgl. beispielhaft Baetge, Jörg et al. [Bilanzen, 2005], S. 310.
135 Vgl. Treuberg, Hubert Graf von; Angermayer, Birgit [Jahresabschluss, 1995], S. 174.

und hat *nach den für das Anlagevermögen geltenden Vorschriften* zu erfolgen.[136] Die Bewertung erfolgt zu Anschaffungs- oder Herstellungskosten vermindert um planmäßige oder außerplanmäßige Abschreibungen. Zu den Anschaffungskosten zählen auch Anschaffungsnebenkosten wie Gerichts- und Notarkosten, Vermittlungsprovisionen, Vermessungsgebühren und die Grunderwerbsteuer.[137] Im Rahmen von außerplanmäßigen Abschreibungen ist zu beachten, dass nach § 341b Abs. 1 S. 3 HGB eine Abschreibung bei nur vorübergehender Wertminderung nicht erlaubt ist. Zudem ist nach § 341b Abs. 3 HGB eine Festbewertung bei Grundstücken, Bauten und im Bau befindlichen Anlagen nicht erlaubt.

4.1.2 Grundvermögen nach IFRS und US-GAAP

Die Bilanzierung des Grundbesitzes wird *international* in IAS 2 (Inventories), IAS 16 (Property, Plant and Equipment), IAS 40 (Investment Property) sowie bezüglich der grundstücksgleichen Rechte in IAS 38 (Intangible Assets) geregelt. Abbildung 4.5 gibt einen Überblick über die relevanten Standards nach IFRS.

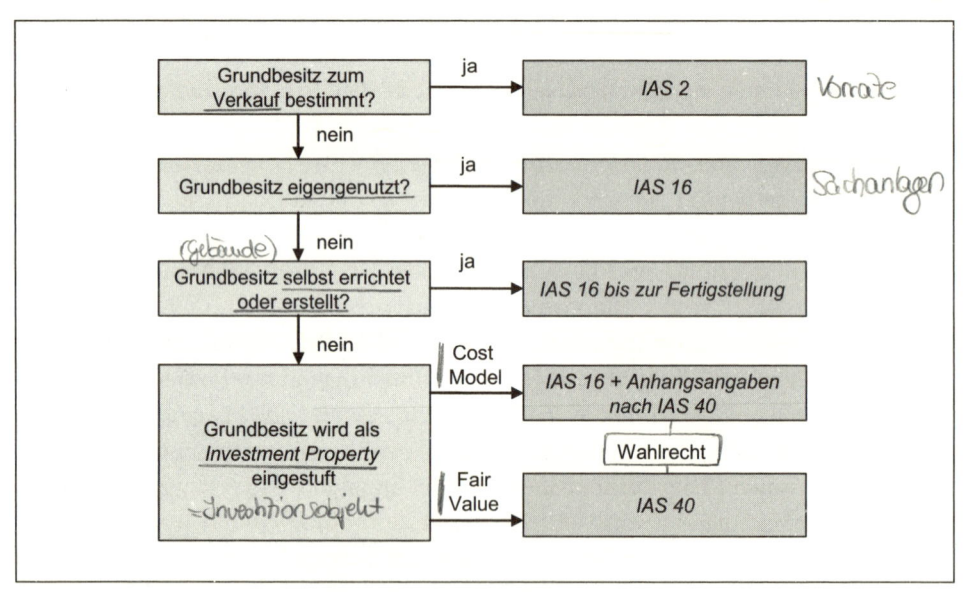

Abb. 4.5: Bilanzierung des Grundvermögens nach IFRS[138]

---

136 Eine Ausnahme bilden im Rahmen von Zwangsversteigerungen erworbene Grundstücke, die nach dem strengen Niederstwertprinzip zu bilanzieren sind. Vgl. Treuberg, Hubert Graf von; Angermayer, Birgit [Jahresabschluss, 1995], S. 177.
137 Vgl. Hölzl, Werner [Nichtversicherungstechnische Posten, 2001], Rd. 40.
138 Abbildung in Anlehnung an Fourie, Dirk; Velthuysen, Oliver [Grundbesitz, 2001], S. 648.

Der *Anwendungsbereich* bestimmt sich nach dem Verwendungszweck der Grundstücke und Bauten. IAS 2 (Vorräte) ist nur dann bei der Bilanzierung von Grundstücken anzuwenden, wenn der Verkauf einer Immobilie im Vordergrund steht. Falls Grundvermögen selbst genutzt wird bzw. Gebäude sich im Bau befinden, wird IAS 16 (Sachanlagen) angewendet. IAS 40 (Anlageimmobilien) umfasst die Bilanzierung von Grundvermögen, das einem Eigentümer oder Leasingnehmer gehört, zur Erzielung von Wertsteigerungen oder von laufenden Einnahmen dient und nicht als Handelsobjekt oder zu Produktions- oder Verwaltungszwecken genutzt wird.[139]

Mit dem anzuwendenden Standard wird die Bewertung des Grundvermögens festgelegt. Die *Bewertung nach IAS 16* unterscheidet ein Benchmark Treatment und ein Alternative Treatment. Das bilanzierende Unternehmen kann zwischen der Bewertung zu fortgeführten Anschaffungs- bzw. Herstellungskosten (Benchmark) und der Bewertung zu einem Neubewertungswert (Alternative) wählen (IAS 16.29). Das Wahlrecht ist pro Klasse an Vermögenswerten auszuüben. Bei der Bilanzierung zu Anschaffungs- und Herstellungskosten sind planmäßige Abschreibungen sowie gegebenenfalls Wertminderungen bzw. Wertaufholungen nach IAS 36 vorzunehmen. Die planmäßige Abschreibung erfolgt nach der voraussichtlichen unternehmensspezifischen Nutzungsdauer. Den Neubewertungswert eines Grundstücks bzw. Gebäudes stellt in der Regel der Marktwert dar, der mit Hilfe von Gutachtern zu ermitteln ist (IAS 16.32–33). Die Neubewertung ist grundsätzlich alle drei bis fünf Jahre vorzunehmen, bei volatilen Vermögenswerten häufiger (IAS 16.34). Falls eine Neubewertung durchgeführt wird, muss die gesamte Klasse an Vermögenswerten neu bewertet werden (IAS 16.36). Wertänderungen werden im Rahmen der Neubewertung wie folgt behandelt (IAS 16.39–40):

- Erhöht sich der Buchwert durch die Neubewertung, wird der Unterschiedsbetrag der Neubewertungsrücklage zugeführt. Ein Ertrag wird nur dann vereinnahmt, wenn in früheren Jahren vorgenommene erfolgswirksame Wertminderung rückgängig gemacht werden. ↳ erfolgsneutral
- Wird der Buchwert durch die Neubewertung gemindert, wird der Unterschiedsbetrag als Aufwand erfasst, es sei denn, dass eine in früheren Jahren vorgenommene Werterhöhung rückgängig gemacht wird. In diesem Fall wird die Wertminderung mit der Neubewertungsrücklage verrechnet. ↳ erfolgswirksam

Im Rahmen der Überarbeitung von IAS 16 hat das IASB verschärfte Vorschriften zur Zerlegung des Sachanlagevermögens festgelegt. Nach dem *Komponentenansatz* ist Sachanlagevermögen in signifikante Kostenbestandteile zu zerlegen. Von

---

139 Vgl. Fourie, Dirk; Velthuysen, Oliver [Grundbesitz, 2001], S. 649.

besonderer Bedeutung ist diese Zerlegung für die Abschreibung eines Vermögenswertes, da diese getrennt für jeden Vermögensbereich eines Vermögenswertes zu bestimmen ist (IAS 16.43), wenn diese Komponenten einen wesentlichen Anteil der Anschaffungs- oder Herstellungskosten ausmachen. Damit wird der unterschiedlichen Nutzungsdauer der jeweiligen Teilbereiche Rechnung getragen. Das IASB hat keine klaren Kriterien für die Anwendung des Komponentenansatzes verankert, sondern dem Anwender erhebliche Ermessensspielräume offen gelassen. In der Praxis wird eine Zerlegung stets am Kriterium der Wesentlichkeit zu messen sein. Als Näherungslösung könnte vertretbar sein, dass eine separate Erfassung und Abschreibung unterbleiben kann, wenn der Wert einzelner Bestandteile 5% der ursprünglichen Anschaffungs- oder Herstellungskosten nicht überschreitet. Falls eine Komponente ersetzt wird, ist für den Restbuchwert der Komponente ein Abgang darzustellen und der Einbau der neuen Komponente entsprechend als Zugang zu aktivieren (IAS 16.13).

IAS 40 sieht grundsätzlich eine Bewertung zum Fair Value (Markt-/Zeitwert) vor, sofern ein solcher Wert zuverlässig zu ermitteln ist (IAS 40.33). Im Gegensatz zu IAS 16 werden Wertänderungen nicht über die Neubewertungsrücklage, sondern über die GuV erfolgswirksam verrechnet. Alternativ dazu kann der gesamte Bestand auf der Basis fortgeführter Anschaffungs- oder Herstellungskosten bewertet werden (IAS 40.56). In diesem Fall muss der Fair Value im Anhang angegeben werden (IAS 40.79). Ein Wechsel von Fair-Value- auf Anschaffungs- oder Herstellungskosten-Bewertung ist praktisch ausgeschlossen.

Die Behandlung von *Grundbesitz nach US-GAAP* fällt unter die Regelungen des Sachanlagevermögens. Das Sachanlagevermögen (Property, Plant and Equipment) betrifft alle materiellen Vermögenswerte, die zur Produktion von Gütern oder zur Erbringung von Dienstleistungen bestimmt sind. Die betriebsgewöhnliche Nutzungsdauer des Sachanlagevermögens muss länger als der Operating Cycle (Geschäftsjahr) bzw. als ein Kalenderjahr sein.[140]

Nach Regulation S-X Rule 12-06 sind folgende, für den Posten »Grundvermögen« relevante Gruppen zu bilden:
- Land (Grundstücke),
- Buildings (Gebäude),
- Leasehold Improvements (Leasingobjekte),
- Construction in Progress (Anlagen im Bau).

Die Bewertung erfolgt nach US-GAAP mit *historischen Anschaffungs- oder Herstellungskosten,* die den Wert des Grundvermögens zum Erwerbszeitpunkt widerspiegeln. Im Rahmen der Folgebewertung sind die Anschaffungs- oder Herstel-

---

140 Vgl. beispielhaft Coenenberg, Adolf. G. [Jahresabschluss, 2005], S. 149.

lungskosten planmäßig auf die Nutzungsdauer der Vermögenswerte abzuschreiben. Die Notwendigkeit außerplanmäßiger Abschreibungen hängt vom Verwendungszweck des Grundvermögens ab. Bei geplanter Veräußerung ist eine Abschreibung auf den niedrigeren Net Realisable Value, d. h. den geschätzten Fair Value abzüglich Veräußerungskosten, vorzunehmen.[141] Bei Eigennutzung des Grundvermögens ist dann auf einen niedrigeren Fair Value abzuschreiben, wenn der mit einer künftigen Nutzung verbundene undiskontierte Netto-Cashflow unter Berücksichtigung eines am Ende der Nutzung erzielbaren Veräußerungserlöses den Buchwert unterschreitet.

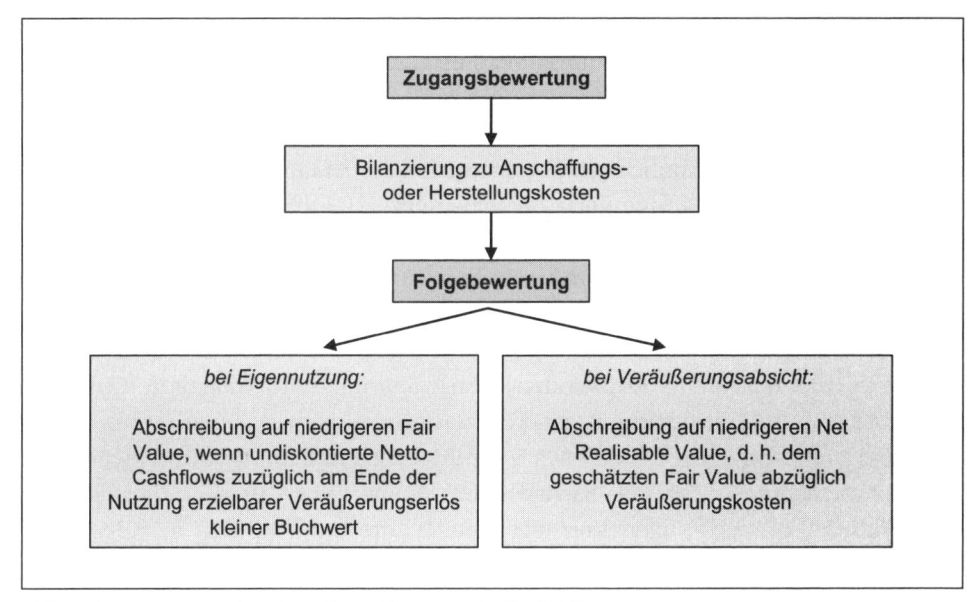

Abb. 4.6: Bewertung des Grundvermögens nach US-GAAP

4.2 Kapitalanlagen in verbundene Unternehmen und Beteiligungen

4.2.1 Verbundene Unternehmen, Beteiligungen und Ausleihungen nach HGB

Die finanziellen Beziehungen zwischen verbundenen Unternehmen und Unternehmen, mit denen ein Beteiligungsverhältnis besteht, werden nach der RechVersV in einem Bilanzposten zusammengefasst. Der Posten enthält

---

[141] Vgl. hierzu und im Folgenden Menn, Bernd-Joachim; Wahl, Christian [Sachanlagen, 2002], S. 2147.

- Anteile an verbundenen Unternehmen,
- Beteiligungen,
- Ausleihungen an verbundene Unternehmen und
- Ausleihungen an Unternehmen, mit denen ein Beteiligungsverhältnis besteht.

Die Bilanzierung der *Anteile an verbundenen Unternehmen* im Einzelabschluss dient dazu, die finanziellen Beziehungen eines Unternehmens transparent zu machen.[142] Der Begriff der verbundenen Unternehmen findet sich sowohl im Aktienrecht (§ 15 AktG) als auch im Handelsrecht (§ 271 Abs. 2 HGB). Für die Bilanzierung maßgeblich ist die Regelung des § 271 Abs. 2 HGB. Demnach sind verbundene Unternehmen solche, die als Mutter- oder Tochterunternehmen (§ 290 HGB) in den Konzernabschluss eines Mutterunternehmens nach den Vorschriften über die Vollkonsolidierung einzubeziehen sind. Im Gegensatz zu den Vorschriften des § 266 Abs. 2 HGB erfolgt in der Versicherungsbilanz kein getrennter Ausweis der Anteile an verbundenen Unternehmen im Anlagevermögen (Finanzanlagen) sowie im Umlaufvermögen (Wertpapiere). Das hängt damit zusammen, dass Formblatt 1 der RechVersV nicht zwischen Anlage- und Umlaufvermögen unterscheidet.

Die Verbindung zwischen Mutter- und Tochterunternehmen ist in § 290 HGB geregelt. Demnach können zwei Konzeptionen unterschieden werden, die ein Mutter-Tochter-Verhältnis begründen. Nach dem Control-Konzept muss die rechtliche Möglichkeit bestehen, das Tochterunternehmen zu beherrschen. Diese Beherrschungsmöglichkeit wird nach § 290 Abs. 2 HGB dann vermutet, wenn das Mutterunternehmen über die Mehrheit der Stimmrechte verfügt, Bestellungs- oder Abberufungsrechte hat, oder wenn das Mutterunternehmen in Folge eines Beherrschungsvertrags oder einer Satzungsbestimmung einen beherrschenden Einfluss auf das Tochterunternehmen ausüben kann.[143] Während beim Control-Konzept die reine Möglichkeit der Ausübung bestimmter Rechte für ein Mutter-Tochter-Verhältnis ausreicht, muss beim Konzept der einheitlichen Leitung die einheitliche Leitung tatsächlich ausgeübt werden. Von einer einheitlichen Leitung kann dann gesprochen werden, wenn die geschäftspolitischen Entscheidungen der einzelnen Konzerngesellschaften von der Konzernspitze aufeinander abgestimmt werden.[144]

Wenn die Charakteristika eines Anteils an einem verbundenen Unternehmen nicht erfüllt sind, muss ein Ausweis unter den *Beteiligungen* untersucht werden. Der Ausweis unter den Anteilen an verbunden Unternehmen geht aber in jedem Fall dem Ausweis unter den Beteiligungen vor. Eine Beteiligung wird gesetzlich

---

142 Vgl. Coenenberg, Adolf. G. [Jahresabschluss, 2005], S. 542.
143 Vgl. ausführlich hierzu Leuthier, Rainer [Konsolidierungskreis, 2002], S. 1334.
144 Vgl. Coenenberg, Adolf. G. [Jahresabschluss, 2005], S. 524.

dann vermutet, wenn die Anteilsquote 20% überschreitet (§ 271 Abs. 1 S. 3 HGB). Beteiligungen stellen nach § 271 Abs. 1 HGB Anteile an anderen Unternehmen dar, »die bestimmt sind, dem eigenen Geschäftsbetrieb durch Herstellung einer dauernden Verbindung zu jenen Unternehmen zu dienen«.

- Anteile an anderen Unternehmen dienen dem eigenen Geschäftsbetrieb, wenn sie einen Beitrag zur Realisierung der Unternehmensziele des beteiligten Unternehmens liefern.
- Eine dauerhafte Geschäftsbeziehung geht über die reine Kapitalüberlassung hinaus. Beispiele dafür stellen längerfristige Lieferungs- und Leistungsbeziehungen, Kooperationen von Unternehmensbereichen oder auch ein Personalaustausch dar.[145]

Im Versicherungsbereich zeigen sich als typische Charakteristika einer Beteiligung die Branchenverwandtschaft (z. B. zu Vermögensverwaltungsgesellschaften), unternehmerische Verbindungen (z. B. Rückversicherungsbeziehungen, gemeinsame Vertriebsstrukturen), personelle Verflechtungen im Vorstand und Aufsichtsrat sowie Funktionsausgliederungsverträge.[146]

Der Zugang von Beteiligungen gestaltet sich abhängig vom Anlass des Beteiligungserwerbs.[147]

- Bei Gründung einer Kapitalgesellschaft können Zahlungen erst dann unter Beteiligungen gebucht werden, wenn der Gesellschaftsvertrag geschlossen wurde.
- Bei erworbenen Anteilen gilt als Zugangszeitpunkt der Zeitpunkt des Aufnahme- oder Übernahmevertrags oder der Zeitpunkt der Übertragung von Gesellschaftsanteilen.
- Bei Kapitalerhöhung gilt der Zeitpunkt der Eintragung ins Handelsregister.

Die *Bewertung* von *Anteilen an verbundenen Unternehmen und Beteiligungen* erfolgt gemäß § 341b Abs. 1 S. 2 HGB nach den für Anlagevermögen geltenden Vorschriften. Die Bewertung erfolgt zu Anschaffungskosten aus dem Kaufpreis zuzüglich Anschaffungsnebenkosten (z. B. Notarkosten, Maklerprovisionen) abzüglich Anschaffungspreisminderungen (§ 255 Abs. 1 HGB). Eine Besonderheit der Bewertung im Versicherungsunternehmen stellt der Organisationsfonds dar. Dieser ist von den Aktionären zusätzlich zu den Einlagen zur Deckung der Kosten des Aufbaus einer Verwaltung sowie eines Vertreternetzes zu entrichten. Nach herrschender Meinung werden Zahlungen in den Organisationsfonds eines

---

145 Vgl. Förschle, Gerhard [Beteiligungen, 2002], S. 331.
146 Vgl. Hölzl, Werner [Nichtversicherungstechnische Posten, 2001], Rd. 60.
147 Vgl. ausführlich auch Förschle, Gerhard [Beteiligungen, 2002], S. 332.

verbundenen Unternehmens handelsrechtlich als zusätzliche Anschaffungskosten für die betreffende Beteiligung aktiviert.[148]

Ausleihungen stellen Finanzforderungen dar, die auf der Grundlage eines schuldrechtlichen Austauschvertrags gegen Hingabe von Kapital erworben werden. Sie sind mit der Absicht verbunden, dem Empfänger für einen längeren Zeitraum Kapital zur Verfügung zu stellen.[149] Der Ausweis von Ausleihungen erfolgt in Abhängigkeit vom Empfänger unter Ausleihungen gegenüber verbundenen Unternehmen, gegenüber Unternehmen, mit denen ein Beteiligungsverhältnis besteht, und gegenüber sonstigen Unternehmen (sonstige Ausleihungen). Als Ausleihungen an verbundene Unternehmen sowie Unternehmen, mit denen ein Beteiligungsverhältnis besteht, kommen sowohl Inhaberschuldverschreibungen als auch andere festverzinsliche Wertpapiere und sonstige Ausleihungen in Betracht.

Die *Bewertung von Ausleihungen* an verbundene Unternehmen sowie Unternehmen, mit denen ein Beteiligungsverhältnis besteht, erfolgt gemäß § 341b Abs. 1 S. 2 HGB nach den für das Anlagevermögen geltenden Vorschriften. Alternativ dürfen nach § 341c HGB Namensschuldverschreibungen mit ihrem Nennbetrag angesetzt werden. Anschaffungskosten von Ausleihungen stellen in der Regel die ausgezahlten Beträge dar. Falls Ausleihungen unverzinslich sind bzw. sich nur niedrig verzinsen, gilt der Barwert der Darlehensforderung als Anschaffungskosten.[150]

4.2.2 Verbundene Unternehmen, Beteiligungen und Ausleihungen nach IFRS und US-GAAP

Verbundene Unternehmen und Beteiligungen werden nach IFRS in separaten Standards behandelt. *Verbundene Unternehmen* stellen nach IAS 27 Mutter-Tochter-Beziehungen dar, die sich durch einen beherrschenden Einfluss des Mutterunternehmens gegenüber der Tochter auszeichnen (IAS 27.4). Beherrschung stellt dabei die Möglichkeit dar, die Finanz- und Geschäftspolitik eines Unternehmens zu bestimmen, um aus dessen Tätigkeit Nutzen zu ziehen. Es kommt dabei nicht auf die tatsächliche Ausübung der Bestimmungsmacht, sondern auf die Möglichkeit der Inanspruchnahme sowie die Absicht an, aus der Geschäftstätigkeit des Tochterunternehmens einen Nutzen zu generieren.

Die *Bewertung von Anteilen an verbundenen Unternehmen* erfolgt nach IAS 27.37 im Einzelabschluss des Mutterunternehmens zu Anschaffungskosten oder nach IAS 39 als zur Veräußerung verfügbare Vermögenswerte.

---

148 Vgl. Treuberg, Hubert Graf von; Angermayer, Birgit [Jahresabschluss, 1995], S. 188.
149 Vgl. Rehkugler, Heinz [Finanzanlagen, 2002], S. 773.
150 Vgl. Rehkugler, Heinz [Finanzanlagen, 2002], S. 774.

Beteiligungen liegen nach IAS 28.2 dann vor, wenn ein Unternehmen auf ein anderes Unternehmen einen maßgeblichen Einfluss ausüben kann und dieses Unternehmen weder ein Tochterunternehmen noch ein Gemeinschaftsunternehmen darstellt. Ein maßgeblicher Einfluss zeichnet sich durch die Möglichkeit aus, an den finanz- und geschäftspolitischen Entscheidungsprozessen des Beteiligungsunternehmens mitzuwirken, ohne diese jedoch beherrschen zu können. Eine widerlegbare Vermutung eines maßgeblichen Einflusses besteht dann, wenn der Anteilseigner direkt oder indirekt 20% oder mehr der Stimmrechte des assoziierten Unternehmens hält (IAS 28.6). IAS 28.7 nennt Indikatoren für das Vorliegen eines maßgeblichen Einflusses:
- Zugehörigkeit zu den Organen des assoziierten Unternehmens,
- Mitwirkung an der Geschäftspolitik des assoziierten Unternehmens,
- bedeutende Geschäftsbeziehungen zwischen Anteilseigner und assoziiertem Unternehmen,
- Austausch von Führungskräften,
- Weitergabe von bedeutenden Informationen.

Die *Bewertung von Anteilen an assoziierten Unternehmen* im Einzelabschluss des Anteilseigners erfolgt nach IAS 28.13 zu Anschaffungskosten, nach der Equity-Methode oder als zur Veräußerung verfügbare finanzielle Vermögenswerte (IAS 39).

US-GAAP regelt die Bilanzierung von verbundenen Unternehmen und Beteiligungen ebenfalls in getrennten Standards. Während verbundene Unternehmen in SFAS 94 behandelt werden, finden sich die Vorschriften zu den assoziierten Unternehmen in APB 18. Die Definitionen entsprechen im Wesentlichen den IFRS. Die Bewertung von Beteiligungen an assoziierten Unternehmen erfolgt sowohl im Einzelabschluss als auch im Konzernabschluss nach der Equity-Methode (APB 18.17). Anteile an verbundenen Unternehmen führen im Konzernabschluss zu einer Vollkonsolidierung des Tochterunternehmens (SFAS 94.2). Da dem Einzelabschluss nach US-GAAP keine eigenständige Bedeutung zukommt, finden sich hierzu keine spezifischen Vorschriften.

Ausleihungen gehören sowohl nach IFRS als auch nach US-GAAP zur Kategorie Held-to-Maturity. Im Rahmen der Bewertung ergeben sich keine prinzipiellen Unterschiede zur Behandlung im HGB.

4.3 Sonstige Kapitalanlagen

4.3.1 Sonstige Kapitalanlagen nach HGB

4.3.1.1 Aktien, Investmentanteile und andere nicht festverzinsliche Wertpapiere

Der Posten »*Aktien, Investmentanteile und andere nicht festverzinsliche Wertpapiere*« wird in § 7 RechVersV geregelt. Abbildung 4.7 gibt einen Überblick über diesen Posten.

Wertpapiere des Postens »Aktien, Investmentanteile und andere nicht festverzinsliche Wertpapiere« werden bei ihrem Erwerb zu Anschaffungskosten zuzüglich Anschaffungsnebenkosten (z. B. Gebühren, Provisionen) bewertet. Die Folgebewertung von Wertpapieren erfolgte in der Vergangenheit nach § 341b HGB ausschließlich nach den Vorschriften des Umlaufvermögens mit der Anwendung des *strengen Niederstwertprinzips*. Demnach mussten Wertpapiere auch bei nur vorübergehender Wertminderung auf einen niedrigeren Börsen- oder Marktpreis abgeschrieben werden (§ 253 Abs. 3 S. 1 HGB).

Aktien	Ausweis von Inhaber-, Vorzugs- und Namensaktien, die nicht als Anteile an verbundenen Unternehmen oder Beteiligungen charakterisiert sind
Zwischenscheine	Ausweis von Aktienersatzpapieren, die stets auf den Namen lauten (§ 10 AktG) und bis zur drucktechnischen Herstellung der Aktien an die Zeichner ausgegeben werden können
Investmentanteile	Ausweis von Anteilen an Grundstücks-, Wertpapier- und Beteiligungssondervermögen, die nach den Vorschriften von Kapitalanlagegesellschaften ausgegeben und verbrieft werden
Optionsscheine	Ausweis von Berechtigungen zum Bezug bestimmter Wertpapiere
Gewinnanteilscheine	Ausweis von Dividendenscheinen und Ertragsscheinen von Investmentzertifikaten[151]
Genussscheine	Ausweis von börsenfähigen Inhaber- oder Orderpapieren[152]
Andere nicht festverzinsliche Wertpapiere	Ausweis von Bezugsrechten auf Aktien, Partizipationsscheinen und Liquidationsanteilsscheinen soweit sie börsenfähig sind

Abb. 4.7: Ausweis des Postens »Aktien, Investmentanteile und andere nicht festverzinsliche Wertpapiere« nach § 7 RechVersV

---

151 Nach § 7 S. 2 RechVersV umfasst der Posten auch Gewinnanteilsscheine, die vor Fälligkeit hereingenommen werden. Fällige Gewinnanteilscheine werden unter »Sonstige Forderungen« ausgewiesen. Zinsscheine stellen keine Gewinnanteilscheine dar. Sie werden unter »Inhaberschuldverschreibungen und andere festverzinsliche Wertpapiere« ausgewiesen (§ 8 RechVersV).

152 Andere Genussscheine werden unter dem Posten »Übrige Ausleihungen« ausgewiesen. Vgl. Ellenbürger, Frank; Horbach Lothar; Kölschbach, Joachim [Einzelfragen, 1996], S. 44.

Durch die Veränderung des § 341b HGB im Rahmen des *Versicherungskapitalanlagen-Bewertungsgesetzes* können Wertpapiere aber auch dem Anlagevermögen zugeordnet werden, wenn sie dem Geschäftsbetrieb dauerhaft dienen. In diesem Fall kann das *gemilderte Niederstwertprinzip* angewendet werden. Danach entsteht ein Wahlrecht, bei nur vorübergehender Wertminderung auf den niedrigeren Börsen- oder Marktpreis abzuschreiben (vgl. Abb. 4.8).

In der Gesetzesbegründung werden verschiedene Gründe für die Änderung der Bewertung genannt:[153]

- Die Anpassung der Bewertungsvorschriften von Versicherungsunternehmen (§ 341b Abs. 2 S. 1 HGB) an die für Banken gültigen Regelungen (§ 340e Abs. 1 S. 2 HGB) soll für eine Wettbewerbsgleichheit an den Finanzmärkten sorgen.
- Vorübergehende Kursschwankungen sollen nicht zu einer Beeinträchtigung der Überschüsse von Versicherungsunternehmen führen.
- Versicherungsnehmer sollen in der Lebensversicherung durch die Gewährleistung von Überschüssen, die sich am Bilanzgewinn orientieren, geschützt werden.

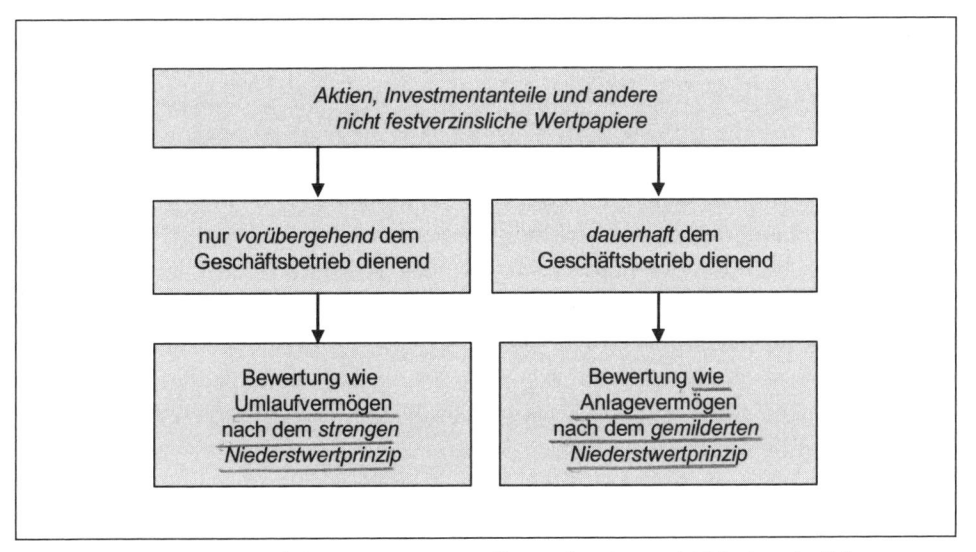

Abb. 4.8: Bewertung von Aktien, Investmentanteilen und anderen nicht festverzinslichen Wertpapieren nach der Neuregelung des § 341b HGB

---

[153] BT-Drs. 14/7436.

Nach einer Stellungnahme des Instituts der Wirtschaftsprüfer zur Auslegung des § 341b HGB müssen mehrere Kriterien erfüllt sein, die für die Bestimmung, *dauernd dem Geschäftsbetrieb zu dienen*, zu beachten sind (IDW RS VFA 2):

- Das Versicherungsunternehmen muss in der Lage sein, die Wertpapiere so zu verwenden, dass sie dauernd dem Geschäftsbetrieb dienen. Dazu muss es über anderweitige Liquiditätsreserven verfügen und die Papiere dürfen keinen Beschränkungen unterliegen (z. B. aus vertraglicher Vereinbarung), die der Daueranlage entgegenstehen. Das Versicherungsunternehmen muss anhand eines Finanz- oder Liquiditätsplans die Fähigkeit zur Daueranlage darlegen.
- Bei Wertpapieren mit begrenzter Laufzeit darf die Restlaufzeit ein Jahr nicht unterschreiten. Wertpapiere, deren Restlaufzeit nicht mehr als ein Jahr beträgt, werden dem Umlaufvermögen zugeordnet[154].
- Das Versicherungsunternehmen muss die Absicht haben, die Wertpapiere auf Dauer zu halten (subjektive Entscheidung über die Zweckbestimmung der Wertpapiere).
- Die Entscheidung der Zweckbestimmung ist aktenkundig zu machen.
- Die erstmalige Zuordnung zum Anlagevermögen hat zeitnah zum Erwerb der Wertpapiere zu erfolgen. Da eine willkürliche Änderung der Zweckbestimmung unzulässig ist, kann eine Rückgliederung zum Umlaufvermögen nur in sachlich begründeten Ausnahmefällen erfolgen. Verkäufe von Wertpapieren aus dem Anlagevermögen sind zulässig.
- Die Zweckbestimmung soll für jeden Vermögensgegenstand einzeln erfolgen.

Eine *voraussichtlich dauernde Wertminderung* bedeutet ein nachhaltiges Absinken des den Wertpapieren zum Abschlussstichtag beizulegenden Wertes unter den Buchwert. Im Rahmen der Beurteilung, ob eine Wertminderung voraussichtlich nur vorübergehend ist, sind zusätzliche Erkenntnisse bis zum Zeitpunkt der Aufstellung zu berücksichtigen. Obwohl geringfügige Kursschwankungen kein Indiz für eine voraussichtlich dauernde Wertminderung sind, ist zu prüfen, ob Hinweise für eine solche vorliegen. Bei der Beurteilung einer dauernden Wertminderung sind die folgenden Indizien zu berücksichtigen:

- Höhe der Differenz (je höher die Differenz zwischen historischen Anschaffungskosten/Buchwert und Zeitwert ist, desto eher muss von einer voraussichtlich dauernden Wertminderung ausgegangen werden),
- Dauer der eingetretenen Wertminderung,
- stark abweichender Kursverlauf von gängigen Indizes,
- Substanzverluste des Emittenten,
- unternehmensspezifische oder branchenweite Verschlechterung der zukünftigen Entwicklung,

---

154 Vgl. Dobler, Michael; Maul, Karl-Heinz [Wertpapiere, 2007].

- erhebliche finanzielle Schwierigkeiten des Emittenten und
- eine hohe Wahrscheinlichkeit einer Insolvenz oder eines sonstigen Sanierungsbedarfs des Emittenten.

In der ersten Zeit nach Inkrafttreten des Gesetzes wurde eine voraussichtlich dauernde Wertminderung in Folge der besonderen Kapitalmarktsituation auf der Basis einer Durchschnittskursmethode berechnet. Seit Erholung der Kapitalmarktsituation ist die Angemessenheit eines vom Börsenkurs abweichenden beizulegenden Wertes anhand folgender Verfahren zu beurteilen:

- *Analystenschätzungen bezüglich künftiger Börsenkurse:* Die Kursschätzungen von Analysten können dann herangezogen werden, wenn es sich um fundierte Aussagen einer Mehrzahl von unabhängigen externen Analysten handelt. Keine Berücksichtigung dürfen extreme Einschätzungen von einzelnen Analysten finden, die von der allgemeinen Einschätzung abweichen. Vielmehr kann unter Bereinigung von Extremschätzungen eine Mittelwertberechnung aus mehreren Schätzquellen vorgenommen werden. Von Bedeutung ist ferner, dass die Schätzungen zeitnah zum Bilanzstichtag abgegeben werden und dass die Auswahl der Analysequellen begründet werden kann und konsistent ist.
- *Ertragswertverfahren basierend auf Earnings per Share (EPS):* Diese Verfahren sind in ihrer Struktur Ertragswertverfahren ähnlich. Anstelle interner Planungsdaten wird bei börsennotierten Anteilen auf EPS-Konsensus-Schätzungen unabhängiger Analysten zurückgegriffen, die von Finanzinformationsdiensten veröffentlicht werden. Das Ertragswertverfahren ist zweistufig, da in der ersten Phase (1 bis 5 Jahre) auf EPS-Konsensus-Schätzungen abgestellt wird, während in der zweiten Phase eine ewige Rente (Terminal Value) auf der letzten verfügbaren Konsensus-Schätzung aufgebaut wird. Als Annahmen werden ein risikoloser Zinssatz von 5%, eine Marktrisikoprämie von mindestens 4% und historische Betafaktoren in Form von Adjusted Betas (d. h. solche, die unterstellen, dass sich alle Betafaktoren langfristig dem Wert von 1 annähern) zugrunde gelegt. Für den Endwert werden maximal 1,5% als Wachstumsfaktor akzeptiert.

4.3.1.2 Inhaberschuldverschreibungen und andere festverzinsliche Wertpapiere

Der Ausweis von Inhaberschuldverschreibungen und anderen festverzinslichen Wertpapieren wird in § 8 RechVersV geregelt. Demnach sind unter diesem Posten Titel auszuweisen, die börsenfähig und nicht als Ausleihungen auszuweisen sind. Der Begriff der *Börsenfähigkeit* wird in der RechVersV nicht näher erläutert. Daher wird auf die Definition des § 7 Abs. 2 RechKredV zurückgegriffen. Demnach sind Wertpapiere börsenfähig, wenn sie die Voraussetzungen einer Börsenzulassung erfüllen. Bei Schuldverschreibungen genügt es, dass alle Stücke einer Emission hinsichtlich Verzinsung, Laufzeitbeginn und Fälligkeit einheitlich ausgestattet sind (§ 7 Abs. 2 RechKredV). Nach § 8 RechVersV werden die in Abbildung 4.9 genannten Titel unter dem Posten »Inhaberschuldverschreibungen und andere festverzinsliche Wertpapiere« ausgewiesen.

Die *Bewertung von Inhaberschuldverschreibungen und anderen festverzinslichen Wertpapieren* erfolgt nach den für Umlaufvermögen geltenden Vorschriften (§ 341b Abs. 2 S. 1 HGB), es sei denn, dass sie dazu bestimmt werden, dauernd dem Geschäftsbetrieb zu dienen. In diesem Fall orientiert sich die Bewertung an den für das Anlagevermögen geltenden Vorschriften.[155]

Festverzinsliche Inhaberschuldverschreibungen und andere festverzinsliche Inhaberpapiere	Ausweis unabhängig von der Verbriefung in Wertpapierurkunden oder einer Ausgestaltung als Wertrechte
Orderschuldverschreibungen	Ausweis von durch Indossament übertragbaren Schuldverschreibungen, die Teil einer Gesamtemission sind und das Kriterium der Börsenfähigkeit erfüllen
Schatzwechsel, Schatzanweisungen, Kassenobligationen	Ausweis ohne weitere Einschränkungen
Andere Geldmarktpapiere	Ausweis von z. B. Commercial Papers, Euro-Notes, Certificates of Deposit, bons de caisse und ähnlichen verbrieften Rechten
Zinsscheine	Ausweis, wenn Zinsscheine vor Fälligkeit hereingenommen werden[156]
Sparbriefe, Sparobligationen, Sparschuldverschreibungen	Ausweis unter diesem Posten nur bei Ausstattung als reine Inhaberschuldverschreibungen[157]
Null-Kupon-Anleihen	Ausweis von Wertpapieren, deren Zinsen in Form eines Disagios bei der Emission oder eines Agios bei der Rückzahlung anfallen
Wertpapiere mit veränderlichem Zinssatz	Ausweis von Wertpapieren, deren Zinssatz an eine bestimmte Referenzgröße (z. B. Libor, Fibor) gebunden ist
Asset Backed Securities	Ausweis von Wertpapieren, die durch einen Pool von Finanzaktiva, insbesondere Hypotheken gedeckt und besichert sind

Abb. 4.9: Ausweis unter dem Posten »Inhaberschuldverschreibungen und andere festverzinsliche Wertpapiere«

---

155 Hierzu wird auf die im Kapitel 4.3.1.1 »Aktien, Investmentanteile und andere nicht festverzinslichen Wertpapieren« dargestellten Ausführungen verwiesen.
156 Fällige Zinsscheine werden unter »Sonstige Forderungen« ausgewiesen.
157 In der Regel werden Sparbriefe als Namensschuldverschreibungen unter »Sonstige Ausleihungen« ausgewiesen. Vgl. Treuberg, Hubert Graf von; Angermayer, Birgit [Jahresabschluss, 1995], S. 199.

4.3.1.3 Hypotheken-, Grundschuld- und Rentenforderungen

Hypotheken-, Grundschuld- und Rentenforderungen werden in § 9 RechVersV geregelt. Demnach sind unter diesem Posten Forderungen auszuweisen, für die dem bilanzierenden Unternehmen Pfandrechte an Grundstücken oder Schiffen bestellt wurden und bei denen die Befriedigung insbesondere durch Verwertung des belasteten Objekts erfolgen soll. Zu diesem Posten zählen auch Forderungen, die durch einen Versicherungsvertrag zusätzlich gesichert sind. Forderungen, bei denen der Versicherungsvertrag die Hauptleistung darstellt, werden jedoch im Posten »Sonstige Ausleihungen« ausgewiesen.

Die *Bewertung von Hypotheken-, Grundschuld- und Rentenforderungen* erfolgt entweder nach den Vorschriften, die auch für Anlagevermögen mit Anwendung des gemilderten Niederstwertprinzips gelten (§ 341b Abs. 1 S. 2 HGB), oder zum Nennwert (§ 341c HGB).

Bei Anwendung der Nennwertbilanzierung ist der Unterschiedsbetrag zu den Anschaffungskosten als passiver Rechnungsabgrenzungsposten auszuweisen und planmäßig aufzulösen (§ 341c Abs. 2 S. 1 HGB). Im Fall eines niedrigeren Nennbetrags entsteht ein Wahlrecht zur Aktivierung eines aktiven Rechnungsabgrenzungspostens, der dann planmäßig aufzulösen ist (§ 341c Abs. 2 S. 2 HGB).

4.3.1.4 Sonstige Ausleihungen

Im Posten »Sonstige Ausleihungen« sind ohne Rücksicht auf ihre Laufzeit jene Ausleihungen auszuweisen, die nicht im Posten »Ausleihungen an verbundene Unternehmen« oder im Posten »Ausleihungen an Unternehmen, mit denen ein Beteiligungsverhältnis besteht« erfasst sind. § 10 RechVersV untergliedert die »Sonstigen Ausleihungen« wie folgt:

- Namensschuldverschreibungen,
- Schuldscheinforderungen und Darlehen,
- Darlehen und Vorauszahlungen auf Versicherungsscheine sowie
- übrige Ausleihungen.

Namensschuldverschreibungen zeichnen sich im Gegensatz zu Inhaberschuldverschreibungen dadurch aus, dass ein Berechtigter namentlich genannt ist. Sie werden vorrangig von Hypothekenbanken und öffentlich-rechtlichen Banken in Form von Namenspfandbriefen, Namensschiffspfandbriefen und Namenskommunalobligationen emittiert.[158] Aufgrund ihrer erschwerten schuldrechtlichen Übertragung, einem meist nur geringen Emissionsvolumen sowie der damit ver-

---

158 Vgl. Hippler, Michael [Schuldverschreibungen, 1998], S. 16.

bundenen geringen Fungibilität, stellen Namensschuldverschreibungen keine Wertpapiere, sondern Buchforderungen dar.[159]

In § 10 RechVersV werden folgende Formen von Namensschuldverschreibungen genannt:
- Namenspfandbriefe,
- Namenskommunalobligationen,
- Namenslandesbodenbriefe und
- Anleihen des Bundes, der Länder und der Gemeinden, die auf den Namen des bilanzierenden Versicherungsunternehmens im Schuldbuch eingetragen worden sind.

Schuldscheinforderungen und Darlehen zeichnen sich wie Namensschuldverschreibungen dadurch aus, dass die Kreditwürdigkeit des Schuldners im Vordergrund steht.[160] Allerdings erfolgt ein Ausweis von Darlehen unter diesem Posten nur dann, wenn es sich um ungesicherte oder nur dinglich gesicherte Darlehensforderungen handelt. Gesicherte Forderungen werden unter dem Posten »Hypotheken-, Grundschuld- und Rentenforderungen« ausgewiesen. Schuldscheinforderungen und Darlehen werden gewöhnlich als Schuldscheindarlehen bezeichnet. Es existiert keine allgemein gültige Definition von Schuldscheindarlehen. Schlagwortartig zeichnen sie sich durch eine anleiheähnliche, nicht am börsenmäßig organisierten Kapitalmarkt erfolgende langfristige Großkreditaufnahme bei Kapitalsammelstellen aus, wobei diese nicht zu den Kreditinstituten nach § 1 KWG zählen (insbesondere also Versicherungsunternehmen, Pensionskassen und Sozialversicherungsträger).[161]

Darlehen und Vorauszahlungen auf Versicherungsscheine werden den Versicherungsnehmern nach den Allgemeinen Versicherungsbedingungen gewährt. Darlehen auf Versicherungsscheine (Policendarlehen) bezeichnen Darlehen des Versicherungsunternehmens, die gegenüber den Versicherungsnehmern gewährt werden, sobald die Versicherung rückkaufsfähig ist.[162] Vorauszahlungen auf Versicherungsscheine stellen Vorauszahlungen auf die Versicherungssumme dar, die bei Fälligkeit der Versicherungssumme verrechnet werden.

Übrige Ausleihungen werden nach § 10 Abs. 1 Nr. 4 RechVersV in Tilgungsdarlehen sowie Darlehen und Gehaltsvorschüsse an Arbeitnehmer und freie Vertreter in Höhe von mehr als sechs Monatsbezügen unterteilt. Geringere Ausleihungen sind unter den »Sonstigen Forderungen« auszuweisen. Darüber hinaus

---

159 Vgl. Krumnow, Jürgen et al. [RechKredV, 1994], S. 900.
160 Vgl. Treuberg, Hubert Graf von; Angermayer, Birgit [Jahresabschluss, 1995], S. 206.
161 Vgl. Reutter, Karl [Handwörterbuch, 1988], S. 759.
162 Vgl. Treuberg, Hubert Graf von; Angermayer, Birgit [Jahresabschluss, 1995], S. 207.

umfassen die »Übrigen Ausleihungen« auch nicht börsenfähige oder als Inhaber- oder Orderpapiere ausgestaltete Genussscheine.[163]

Die *Bewertung* der »Sonstigen Ausleihungen« erfolgt grundsätzlich gemäß § 341b Abs. 1 S. 2 HGB nach den Bewertungsvorschriften für das Anlagevermögen mit gemildertem Niederstwertprinzip. Die Bewertung von Namensschuldverschreibungen und anderen Forderungen kann nach § 341c HGB jedoch auch zum Nennwert vorgenommen werden. Der Unterschiedsbetrag zu den Anschaffungskosten kann in einem aktiven Rechnungsabgrenzungsposten berücksichtigt werden, falls der Nennwert unter dem Wert der Anschaffungskosten liegt (§ 341c Abs. 2 S. 2 HGB). Im Fall eines Nennwertes über den Anschaffungskosten besteht die Pflicht zur Bildung eines passivischen Unterschiedsbetrags (§ 341c Abs. 2 S. 1 HGB).

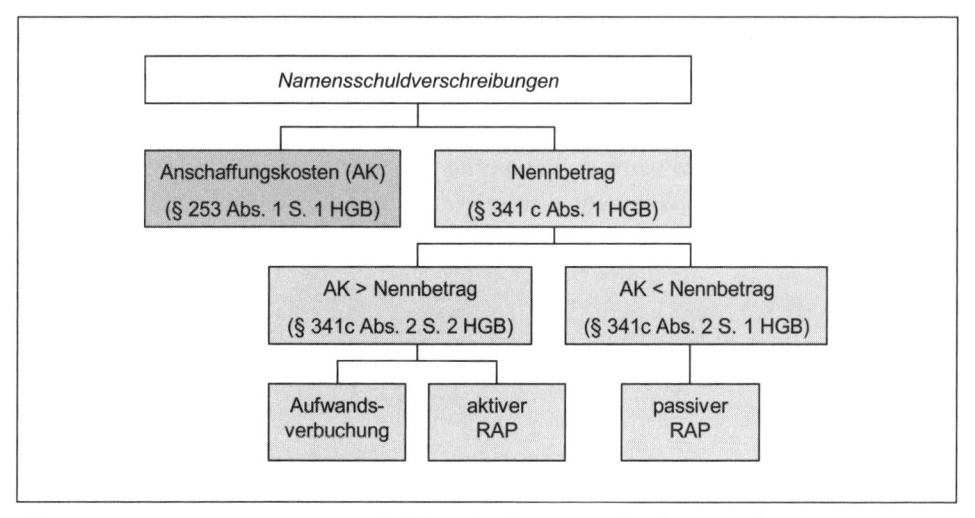

Abb. 4.10: Bewertung von Namensschuldverschreibungen und anderen Forderungen

4.3.2 Sonstige Kapitalanlagen nach IFRS und US-GAAP

4.3.2.1 Einteilung der sonstigen Kapitalanlagen in Kategorien

Kapitalanlagen werden *nach den IFRS* in IAS 39 (Financial Instruments) geregelt. Ein Finanzinstrument wird definiert als Vertrag, der gleichzeitig bei dem einen Unternehmen zu einem finanziellen Vermögenswert und bei dem anderen zu einer finanziellen Verbindlichkeit oder einem Eigenkapitalinstrument führt (IAS 39.11). Nach dieser Definition werden Vereinbarungen bzw. Verträge dann als

---

163 Vgl. Hölzl, Werner [Nichtversicherungstechnische Posten, 2001], Rd. 115.

Finanzinstrument bezeichnet, wenn die zugrunde liegenden Rechte oder Pflichten finanzielle Sachverhalte beinhalten. Folgende Finanzinstrumente werden dadurch geregelt:
- originäre Finanzinstrumente,
- derivative Finanzinstrumente,
- Verpflichtungen zur Lieferung von Finanzinstrumenten sowie Geldforderungen aus der Erbringung eigener Lieferungen und Leistungen.

Finanzielle Vermögenswerte werden nach IAS 39 in vier Kategorien eingeteilt (IAS 39.45):
- Fair Value through Profit or Loss (zu Handelszwecken gehaltene Finanzinstrumente bzw. als zum Fair Value mit GuV-Effekt designierte Vermögenswerte),
- Held-to-Maturity (bis zur Endfälligkeit zu haltende Finanzinvestitionen),
- Loans and Receivables (Kredite und Forderungen) und
- Available for Sale (zur Veräußerung verfügbare Vermögenswerte).

Diese vier Kategorien müssen sich jederzeit anhand nachprüfbarer Kriterien objektiv und eindeutig abgrenzen lassen.[164]

Innerhalb der *US-GAAP* werden Wertpapiere nach SFAS 115.6–12 ebenfalls in Kategorien eingeteilt, die dem Charakter der Wertpapiere am besten entsprechen. Wie nach IAS/IFRS werden in die Kategorie »Trading Securities« Wertpapiere eingestuft, die mit Veräußerungsabsicht gehalten werden. Gläubigerpapiere, die das Unternehmen bis zur Endfälligkeit halten will, werden in die Kategorie »Held-to-Maturity« eingeordnet. Wertpapiere, die keiner dieser zwei Kategorien zuzuordnen sind, werden als »Available for Sale« eingestuft.

Im Folgenden werden die Kategorien nach IAS 39 dargestellt und dem jeweiligen HGB-Ausweis gegenübergestellt.

4.3.2.2 Through Profit or Loss

In die Kategorie »Financial Instruments at Fair Value through Profit or Loss« werden vornehmlich Finanzinstrumente einbezogen, die für Handelszwecke gehalten werden. Hierzu zählen Wertpapiere, die hauptsächlich mit der Absicht der Gewinnerzielung aus *kurzfristigen Preisschwankungen* erworben wurden bzw. eingegangen sind oder die Teil eines verwalteten Portfolios von Finanzinstrumenten darstellen, dessen Ziel ebenfalls in einer kurzfristigen Gewinnerzielung liegt. Zudem werden derivative Finanzinstrumente grundsätzlich in diese Kategorie eingeordnet, außer wenn sie zu Sicherungszwecken bestimmt sind.

---

164 Vgl. Scharpf, Paul [IAS 39, 2001], S. 21.

IAS 39 ermöglicht darüber hinaus eine Einordnung sämtlicher Finanzinstrumente – mit Ausnahme von Eigenkapitalinstrumenten, für die kein aktiver Markt besteht bzw. für die kein verlässlicher beizulegender Zeitwert bestimmbar ist – in die Kategorie »through Profit or Loss« (IAS 39.46c bzw. IAS 39.AG16-25).

Die generelle Möglichkeit, Finanzinstrumente zum beizulegenden Zeitwert zu bilanzieren, wird durch eine Ergänzung zu IAS 39 »Finanzinstrumente: Ansatz und Bewertung – Wahlrecht der Bewertung zum beizulegenden Zeitwert (Fair Value Option)« vom 16.06.2005 konkretisiert. Die Überarbeitung schränkt die Nutzung des Wahlrechts auf Finanzinstrumente ein, die bestimmte Bedingungen erfüllen (IAS 39.BC74):

- Die Nutzung der Fair-Value-Option führt zur Beseitigung einer Rechnungsanomalie (accounting mismatch) oder verringert diese erheblich.
- Eine Gruppe finanzieller Vermögenswerte und/oder finanzieller Verbindlichkeiten wird auf Fair-Value-Basis gesteuert und ihre Erfolgsentwicklung entsprechend eingewertet, jeweils korrespondierend mit der niedergelegten Management- oder Investmentstrategie.
- Ein Instrument enthält ein eingebettetes Derivat. Eine Einordnung des gesamten zusammengesetzten Vertrags als finanzieller Vermögenswert oder als finanzielle Verbindlichkeit der Kategorie »At Fair Value through Profit Loss« ist möglich, es sei denn, das eingebettete Derivat führt nicht zu einer signifikanten Veränderung der Zahlungsströme des Vertrags oder ist ein Derivat, für das im Rahmen eines ähnlich strukturierten Produkts eine getrennte Bilanzierung offensichtlich nicht zulässig ist.

Folgende Bilanzpositionen nach der RechVersV werden regelmäßig dem Handelsbestand zugeordnet:
- Aktien, Investmentanteile und andere nicht festverzinsliche Wertpapiere,
- Inhaberschuldverschreibungen und andere festverzinsliche Wertpapiere und
- andere Kapitalanlagen.

4.3.2.3 Held-to-Maturity

Kapitalanlagen werden der Gruppe Held-to-Maturity zugeordnet, wenn sie bis zur Endfälligkeit gehalten werden. Sie weisen folgende Charakteristika auf:[165]
- feste oder bestimmte Zahlungen,
- eine feste Laufzeit sowie
- die Absicht und Fähigkeit, die finanziellen Vermögenswerte bis zur Endfälligkeit zu halten.

---

165 Vgl. Scharpf, Paul [IAS 39, 2001], S. 25.

Folgende Bilanzpositionen nach der RechVersV lassen sich dieser Ansatzgruppe zuordnen:
- Hypotheken-, Grund- und Rentenschuldforderungen,
- Namensschuldverschreibungen,
- Schuldscheinforderungen und Darlehen sowie
- übrige Ausleihungen.

4.3.2.4 Loans and Receivables

Loans and Receivables (Ausleihungen und Forderungen) sind nicht-derivative finanzielle Vermögenswerte mit festen oder bestimmbaren Zahlungsströmen, die nicht an einem aktiven Markt gehandelt werden. Alle finanziellen Vermögenswerte, die diese Definition erfüllen und die nicht in die Kategorien »through Profit or Loss« bzw. »Available for Sale« eingeordnet werden, sind dieser Kategorie zuzuweisen.

Aus den Bilanzpositionen der RechVersV lassen sich insbesondere Darlehen und Vorauszahlungen aus Versicherungsscheinen zuordnen. Außerdem werden Schuldtitel, die direkt vom Emittenten erworben werden (z. B. Inhaberschuldverschreibungen) als originäre Forderungen eingeordnet, wenn die Zahlung dem Emittenten direkt zufließt und der Investor nicht die Absicht einer sofortigen Veräußerung hat.[166] In diesem Fall müsste eine Einordnung unter die Kategorie »through Profit or Loss« erfolgen. Anders als Darlehen werden im Rahmen von Kaufverträgen an Sekundärmärkten erworbene Geldforderungen wie z. B. Schuldscheindarlehen nicht dieser Kategorie zugeordnet.

4.3.2.5 Available for Sale

Finanzielle Vermögenswerte, die der Kategorie »Available for Sale« zugeordnet werden, stellen eine Art Auffangbecken für alle Kapitalanlagen dar, die weder zu Handelszwecken noch bis zur Endfälligkeit gehalten werden bzw. die vom Unternehmen auch nicht als Ausleihungen und Forderungen ausgereicht werden. Es handelt sich um zur Veräußerung verfügbare Finanzinstrumente, die keiner anderen Kategorie zugeordnet wurden.

Von den Bilanzpositionen der RechVersV lassen sich grundsätzlich folgende Posten zu dieser Kategorie zuordnen:
- Aktien, Investmentanteile und andere nicht festverzinsliche Wertpapiere,
- Inhaberschuldverschreibungen und andere festverzinsliche Wertpapiere,
- Namensschuldverschreibungen sowie
- andere Kapitalanlagen.

---

166 Vgl. Scharpf, Paul [IAS 39, 2001], S. 33.

4.3.2.6 Bewertung von Kapitalanlagen nach IFRS und US-GAAP

Finanzinstrumente sind nach IFRS bei ihrer erstmaligen Verbuchung mit ihren *Anschaffungskosten* zu bilanzieren, die dem Fair Value der erbrachten bzw. erhaltenen Gegenleistung entsprechen (IAS 39.43). Bei Wertpapieren des Handelsbestands lässt sich der Fair Value in der Regel anhand eines Transaktionspreises oder eines anderen Marktpreises ermitteln.

Die Folgebewertung erfolgt im Regelfall für sämtliche finanzielle Vermögenswerte mit dem *beizulegenden Wert* ohne Abzug von eventuell anfallenden Transaktionskosten aus künftigen Verfügungen (IAS 39.46). Ausgenommen sind Wertpapiere, die den Kategorien »Held-to-Maturity« oder »Loans and Receivables« zugeordnet werden (Bewertung zu fortgeführten Anschaffungskosten nach der Effektivzinsmethode). Ferner werden Investitionen in Eigenkapitaltitel von anderen Unternehmen, für die kein aktiver Markt vorhanden ist und deren beizulegender Zeitwert nicht verlässlich ermittelt werden kann, sowie Derivate auf solche Eigenkapitaltitel zu fortgeführten Anschaffungskosten bewertet.

Held-to-Maturity Securities werden unter Anwendung der Effektivzinsmethode mit fortgeführten Anschaffungskosten (Amortized Costs) bewertet:

- Festverzinsliche Wertpapiere werden grundsätzlich zu Anschaffungskosten bewertet.
- Abgezinste Wertpapiere (Zero-Bonds) zeichnen sich aufgrund der Entstehung von Zinsen durch einen steigenden Buchwert im Laufe der Zeit aus. Diese Zinsen werden erfolgswirksam verrechnet.

Wertänderungen von Wertpapieren der Kategorie »*Through Profit or Loss*« werden erfolgswirksam in der Gewinn- und Verlustrechnung erfasst. Wertpapiere der Kategorie »*Available for Sale*« sind ebenfalls zum Fair Value zu bewerten. Allerdings werden Gewinne und Verluste aus der Neubewertung ergebnisneutral im Eigenkapital erfasst, bis das Investment verkauft, eingezogen oder anderweitig veräußert wird bzw. bis eine dauerhafte Wertminderung erfolgswirksam zu erfassen ist. Bei der Bilanzierung von Wertpapieren der Kategorie »Available for Sale« sind latente Steuern und latente Rückstellungen für die Beitragsrückerstattung zu berücksichtigen.

Für alle finanziellen Vermögenswerte, die nicht ergebniswirksam zum beizulegenden Zeitwert bilanziert werden, ist nach IAS 39.58 an jedem Bilanzstichtag ein *Werthaltigkeitstest* vorzunehmen. Dabei ist zu prüfen, ob einzeln oder zusammengefasst in einer Gruppe objektive Hinweise für eine Wertminderung vorliegen (z. B. Vertragsbruch, Konkursgefahr, Zahlungsverzüge bei einer Gruppe ähnlicher Schuldner). In diesen Fällen ist in Abhängigkeit der Wertpapierkategorie der *Wertminderungsbetrag* zu bestimmen:

Bei Wertpapieren der Kategorien »*Held-to-Maturity*« und »*Loans and Receivables*« wird die Differenz zwischen dem Buchwert und dem Barwert der künftigen Zahlungsströme, die mit dem ursprünglichen effektiven Zinssatz des Vermögenswertes diskontiert werden, gebildet. Die Differenz wird als Aufwand im Periodenergebnis berücksichtigt (IAS 39.63). Bei variabler Verzinsung wird auf den aktuellen, vertraglich vereinbarten Referenzzins abgestellt (IAS 39.AG84).

Bei Wertpapieren der Kategorie »*Available for Sale*« ist ein im Eigenkapital erfasster kumulierter Verlust aus dem Eigenkapital auszubuchen und ergebniswirksam zu berücksichtigen (IAS 39.55b). Zur Bestimmung des kumulierten Verlusts wird die Differenz von Anschaffungskosten und beizulegendem Zeitwert abzüglich bereits erfasster Wertminderungsaufwendungen gebildet. Eine eventuelle *Wertaufholung* ist maximal bis zu der Höhe erfolgswirksam vorzunehmen, in der zuvor Wertminderungen erfolgswirksam erfasst wurden (IAS 39.70). Ab diesem Wert sind Werterhöhungen ergebnisneutral über das Eigenkapital zu erfassen. Falls es sich um Eigenkapitalinstrumente handelt, sind Wertaufholungen stets direkt im Eigenkapital zu erfassen (IAS 39.69). Abbildung 4.11 fasst Ansatz und Bewertung nach IAS 39 zusammen.

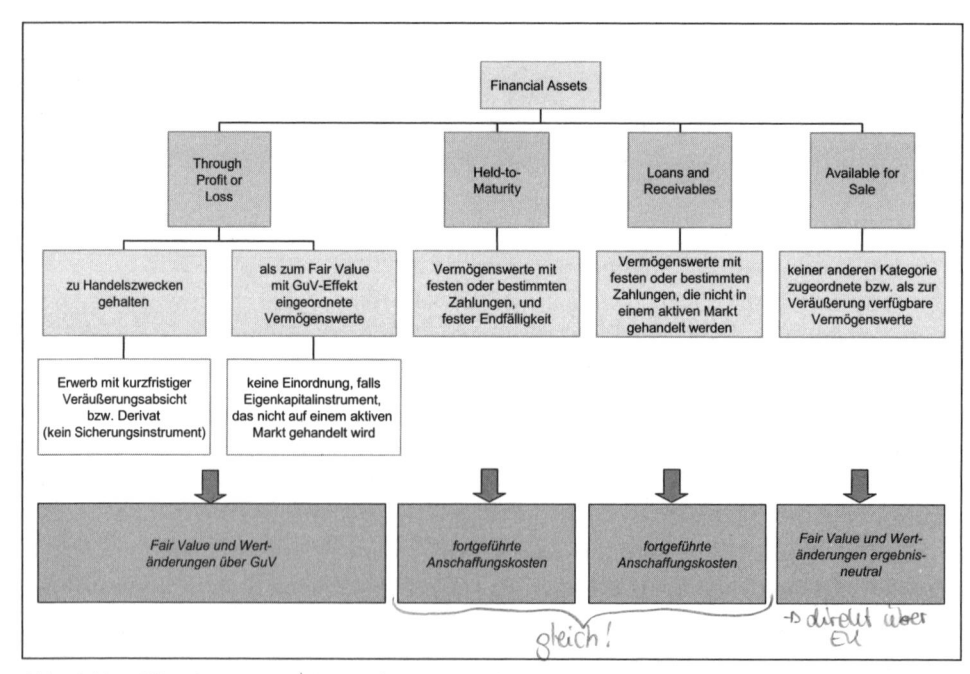

Abb. 4.11: Bilanzierung von Financial Assets nach IAS 39

Die Bewertung von Wertpapieren nach *US-GAAP* entspricht im Wesentlichen den Grundsätzen der Bewertung nach IAS 39. Nach SFAS 115 ergeben sich folgende Regelungen (vgl. auch Abb. 4.12):

- Wertpapiere der Kategorie »*Trading Securities*« werden nach US-GAAP mit dem Fair Value bewertet. Unrealisierte Gewinne und Verluste werden erfolgswirksam verrechnet.
- Wertpapiere der Kategorie »*Available for Sale*« werden nach US-GAAP mit dem Fair Value bewertet. Unrealisierte Gewinne werden immer erfolgsneutral über eine gesonderte Rücklage verrechnet. Das Wahlrecht einer erfolgswirksamen Berücksichtigung existiert nicht. Nur bei dauerhafter Wertminderung, die eine eventuell vorhandene Rücklage übersteigt, erfolgt eine erfolgswirksame Abschreibung. Eine eventuelle Wertaufholung erfolgt erfolgsneutral über die gesonderte Eigenkapitalrücklage.
- Wertpapiere der Kategorie »*Held-to-Maturity*« werden mit fortgeführten Anschaffungskosten (Amortized Costs) bewertet. Vorübergehende Gewinne und Verluste werden nicht berücksichtigt. Eine dauerhafte Wertminderung führt zu einer erfolgswirksamen Behandlung. Eine spätere Wertaufholung ist nicht gestattet.

4.4 Einlagen bei Kreditinstituten

Einlagen bei Kreditinstituten stellen nach § 11 RechVersV Guthaben und Sparguthaben bei Kreditinstituten dar, über die erst nach Ablauf einer Kündigungsfrist verfügt werden kann. Weiterhin werden unter diesem Posten Geldbestände ausgewiesen, die zugunsten ausländischer Regierungen als Kaution hinterlegt wurden. Falls über Einlagen bei Kreditinstituten trotz Verzinsung jederzeit verfügt werden kann, werden diese unter dem Posten »Laufende Guthaben bei Kreditinstituten, Schecks und Kassenbestand« ausgewiesen (§ 11 S. 3 RechVersV). Die Bewertung der Guthaben bei Kreditinstituten erfolgt zum Nennwert.[167]

---

167 Vgl. Treuberg, Hubert Graf von; Angermayer, Birgit [Jahresabschluss, 1995], S. 212.

	IAS 39	SFAS 115
Through Profit or Loss – Ausgangsbewertung – Folgebewertung – Erfolgsverrechnung – Ausnahmen	– Anschaffungskosten – Fair Value – Gewinne und Verluste erfolgswirksam verrechnen – keine	– Anschaffungskosten – Fair Value – Gewinne und Verluste erfolgswirksam verrechnen – keine
Available for Sale – Ausgangsbewertung – Folgebewertung – Erfolgsverrechnung – Ausnahmen	– Anschaffungskosten – Fair Value – erfolgsneutrale Verrechnung von Gewinnen und Verlusten – erfolgswirksame Berücksichtigung von Verlusten bei objektiven Hinweisen einer Wertminderung und später zugehörige Wertaufholung erfolgswirksam (Fremdkapitalinstrumente) bzw. erfolgsneutral (Eigenkapitalinstrumente); darüber hinaus gehende Wertaufholung stets ergebnisneutral	– Anschaffungskosten – Fair Value – erfolgsneutrale Verrechnung von Gewinnen und Verlusten – erfolgswirksame Berücksichtigung von Verlusten bei dauerhafter Wertminderung, aber später eventuelle Wertaufholung erfolgsneutral
Held-to-Maturity – Ausgangsbewertung – Folgebewertung – Erfolgsverrechnung – Ausnahmen	– Anschaffungskosten – Amortized Costs – erfolgswirksame Berücksichtigung außerplanmäßiger Abschreibungen bei objektiven Hinweisen auf Wertminderung – Wertaufholung erfolgswirksam	– Anschaffungskosten – Amortized Costs – keine Berücksichtigung vorübergehender Gewinne und Verluste; bei dauerhafter Wertminderung erfolgswirksame Abschreibung – keine Wertaufholung zulässig

Abb. 4.12: Zusammenfassender Vergleich der Wertpapierbewertung nach IAS 39 und SFAS 115

4.5 Andere Kapitalanlagen

Der Posten »Andere Kapitalanlagen« stellt einen Sammelposten für alle Kapitalanlagen dar, die nicht unter einem der anderen Posten im Bereich der Kapitalanlagen ausgewiesen werden können. § 12 RechVersV stellt lediglich fest, dass unter den anderen Kapitalanlagen »auch die Ausgleichsforderungen aus der Währungsreform von 1948« auszuweisen sind (§ 11 S. 1 RechVersV). Falls der Posten einen größeren Umfang aufweist, muss eine Erläuterung des Postens im Anhang erfolgen (§ 12 S. 2 RechVersV). Folgende Kapitalanlagen werden unter diesem Posten ausgewiesen:

- *Ausgleichsforderungen aus der Währungsreform von 1948* stellen »Schuldbuchforderungen gegen den Bund und die Länder« dar. Diese sind heute jedoch nahezu vollständig abgewickelt und haben daher keine Bedeutung mehr.[168] Sie wurden den Versicherungsunternehmen bei der Währungsreform 1948 zum Ausgleich ihrer Bilanzlücken gegeben. Die Verzinsung erfolgt mit 3 oder 3,5%, wobei die Tilgung nur langsam voranschreitet. Die Bedeutung des Postens im Verhältnis zum Gesamtvermögen nimmt ständig ab.
- *Anteile an eingetragenen Genossenschaften und GmbH-Geschäftsanteilen* sind weder Anteile an verbundenen Unternehmen noch Beteiligungen oder Aktien. Nach § 271 Abs. 1 S. 5 RechVersV dürfen Anteile an eingetragenen Genossenschaften nicht als Beteiligung ausgewiesen werden. Zudem kommt eine Zuordnung zum Posten »Aktien, Investmentanteile und andere festverzinsliche Wertpapiere« aufgrund der fehlenden Verbriefung nicht in Betracht.
- *Anteile an gemeinschaftlichen Kapitalanlagen* stellen Kapitalanlagen dar, die von mehreren Unternehmen oder Pensionsfonds gemeinsam gehalten werden. Unter dem Posten »Andere Kapitalanlagen« erfolgt ein Ausweis des Anteils, den das bilanzierende Unternehmen hält.[169]

Die Bewertung der »Anderen Kapitalanlagen« erfolgt nach § 341b HGB. Ausgleichsforderungen werden mit dem Nennwert bilanziert.

4.6 Depotforderungen aus dem in Rückdeckung übernommenen Versicherungsgeschäft

Unter diesem Posten werden die Forderungen an Vorversicherer in Höhe der von diesen einbehaltenen Sicherheiten oder der bei diesen oder Dritten gestellten Sicherheiten ausgewiesen (§ 13 Abs. 1 RechVersV). Die Depotforderungen dürfen weder mit anderen Forderungen der Vorversicherer zusammengefasst noch mit Verbindlichkeiten gegenüber dem Vorversicherer verrechnet werden (§ 13 Abs. 2 RechVersV). Falls der Rückversicherer das Eigentum an Wertpapieren, die bei einem Vorversicherer oder einem Dritten hinterlegt werden, behält, müssen die Wertpapiere unter den jeweiligen Kapitalanlagen ausgewiesen werden (§ 13 Abs. 1 S. 1 RechVersV).[170]

---

168 Vgl. zum Ausweis nach altem Recht und zur inhaltlichen Begründung Farny, Dieter [Buchführung, 1992], S. 121.
169 Vgl. Stuirbrink, Wolfgang; Schuster, Anselm [§ 12 RechVersV, 1998], Rd. 5.
170 Vgl. zu Details sowie zur Behandlung nach US-GAAP Kapitel 8.

4.7 Kapitalanlagen für Rechnung und Risiko von Inhabern von Lebensversicherungspolicen

Der Aktivposten »Kapitalanlagen für Rechnung und Risiko von Inhabern von Lebensversicherungspolicen« (§ 14 RechVersV) dient als Bedeckung von Verpflichtungen aus der *fondsgebundenen Lebensversicherung*. Bei der fondsgebundenen Lebensversicherung erfolgt die Anlage der Sparbeiträge nach § 54 b VAG in Anteilen an Investmentfonds. Der *Anlagestock* des § 54b Abs. 1 VAG ermöglicht die Anlage in folgende Vermögenswerte:
- Anteile an Sondervermögen, das von einer Kapitalanlagegesellschaft verwaltet wird,
- Anteile, die von einer Investmentgesellschaft ausgegeben werden oder
- Werte, die für das Sondervermögen einer Kapitalanlagegesellschaft zugelassen sind.

Die Besonderheit der fondsgebundenen Lebensversicherung besteht darin, dass die Ablaufleistung des Versicherungsunternehmens nicht im Voraus bestimmbar ist, da der wirtschaftliche Wert des Vertrags von der Wertentwicklung der Anteile an einem Sondervermögen (Anlagestock, Fonds) abhängig ist.[171] Im Gegensatz zur konventionellen Lebensversicherung wird damit das Kapitalanlagerisiko auf den Versicherungsnehmer übertragen.

Neben der fondsgebundenen Lebensversicherung umfasst § 14 RechVersV auch die *indexgebundene Lebensversicherung*. Diese zeichnet sich dadurch aus, dass die Wertentwicklung von einem Aktienindex (z. B. DAX oder EuroStoxx) oder einem Währungs- bzw. sonstigen Index abhängig ist. Nach § 54 b Abs. 2 VAG sind die Bestände der bedeckenden Vermögensanlage in einem *separaten Anlagestock* anzulegen:
- in Anteilen, die den Bezugswert darstellen oder, sofern keine Anteile gebildet werden,
- in Vermögenswerte, die denjenigen Werten entsprechen, auf denen der besondere Bezugswert beruht und die ausreichend sicher und veräußerbar sind (hier erwirbt der Versicherer kein dem Index entsprechendes Aktienpaket, sondern es erfolgt eine Nachbildung durch den Erwerb von Optionen).

Weiterhin sind nach § 14 RechVersV auch Kapitalanlagen zu erfassen, die für Mitglieder eines Tontinenunternehmens gehalten werden und zur Verteilung an diese bestimmt sind. Das System der Tontine besteht darin, dass das von einer Personengruppe eingezahlte Kapital und die daraus erwirtschafteten Zinsen die-

---

171 Vgl. Pflaum, Rainer [Investmentfonds, 1993], S. 104.

jenigen enthalten, die nach Ablauf eines bestimmten Zeitraums noch am Leben sind bzw. deren Rechtsnachfolger.[172]

Die *Bewertung des Anlagestocks der fondsgebundenen Lebensversicherung* erfolgt nach § 341d HGB mit dem Zeitwert unter Berücksichtigung des Grundsatzes der Vorsicht. Diese versicherungsspezifische Bewertungsregel wird dadurch begründet, dass sich bei der fondsgebundenen Lebensversicherung der Zeitwert des Vermögenswertes in der Deckungsrückstellung niederschlägt. Eine Bilanzierung zu Anschaffungskosten würde daher zu einem Ungleichgewicht zwischen Aktiv- und Passivseite führen, da die erhöhte Deckungsrückstellung nicht durch einen Gegenposten auf der Aktivseite, der den Unterschiedsbetrag zwischen Zeitwert und Anschaffungskosten widerspiegelt, ausgeglichen wird.[173]

Rechtsgrundlage	§ 55 RechVersV	§ 56 RechVersV
Kapitalanlageform	Grundstücke, grundstücksgleiche Rechte und Bauten auf fremden Grundstücken	übrige Kapitalanlagen
Grundsatz	Zeitwert entspricht dem Marktwert	Zeitwert entspricht dem Freiverkehrswert
Ermittlung des Zeitwertes	Schätzung (mindestens alle 5 Jahre) für jedes einzelne Grundstück oder Gebäude nach allgemein anerkannten Methoden (§ 55 Abs. 3 RechVersV) *sowie* Wertberichtigung bei Verminderung des Marktwertes (§ 55 Abs. 4 RechVersV)	Börsenkurswerte am Bilanzstichtag (§ 56 Abs. 2 RechVersV) *oder bei nicht börsennotierten Kapitalanlagen:* Durchschnittswert, zu dem die Kapitalanlagen am Bilanzstichtag am Markt gehandelt werden (§ 56 Abs. 3 RechVersV)
Veräußerungsabsicht	bei bereits vorgenommener oder beabsichtigter Veräußerung Verminderung des Marktwertes um Realisierungsaufwendungen (§ 55 Abs. 5 RechVersV)	bei bereits vorgenommener oder beabsichtigter Veräußerung Verminderung des Freiverkehrswertes um Realisierungsaufwendungen (§ 56 Abs. 4 RechVersV)

Abb. 4.13: Zeitwertermittlung nach §§ 55 und 56 RechVersV

---

172 Die Tontine galt bis zur 3. Richtlinie zur Lebensversicherung als versicherungsfremdes Geschäft und war daher in Deutschland verboten. Seither ist sie auch in Deutschland als aufsichtspflichtiges Versicherungsgeschäft zugelassen. Vgl. Fürstenwerth, Frank von; Weiß, Alfons [Versicherungs-Alphabet, 2001], S. 637.
173 Vgl. Geib, Gerd; Ellenbürger, Frank; Kölschbach, Joachim [Fragen, 1992], S. 223.

Die Ermittlung des Zeitwertes von Kapitalanlagen wird in den §§ 55 und 56 RechVersV geregelt, die für »Kapitalanlagen für Rechnung und Risiko von Inhabern von Lebensversicherungsprodukten« analog zu anderen Kapitalanlagen angewendet werden (vgl. Abb. 4.13):[174]

- Falls es sich bei den Vermögensgegenständen im Anlagestock um Grundstücke und Bauten handelt, ist nach § 55 RechVersV der *Marktwert* zum Zeitpunkt der Bewertung maßgeblich (§ 55 Abs. 1 RechVersV).
- Handelt es sich bei den Vermögensgegenständen im Anlagestock um übrige Kapitalanlagen, ist nach § 56 RechVersV der *Freiverkehrswert* maßgeblich (§ 56 Abs. 1 RechVersV).

4.7.1 Forderungen aus dem selbst abgeschlossenen Versicherungsgeschäft

Unter den Forderungen aus dem selbst abgeschlossenen Versicherungsgeschäft werden nur Forderungen aus Versicherungsgeschäften ausgewiesen, die im Namen des bilanzierenden Unternehmens als Erstversicherungsgeschäft nach außen hin abgeschlossen wurden. Diese setzen sich aus folgenden Geschäftsposten zusammen:

- *Alleingeschäft*, d. h. das vom bilanzierenden Versicherungsunternehmen allein gezeichnete Versicherungsgeschäft,
- *Führungseigengeschäft*, d. h. Anteile des Versicherungsgeschäfts, die von dem bilanzierenden Unternehmen als eigene Anteile gezeichnet wurden,
- *Beteiligungsgeschäft*, d. h. Anteile, die das bilanzierende Unternehmen im Rahmen der offenen Mitversicherung von anderen Versicherungsunternehmen erhalten hat.[175]

Der Ausweis der Forderungen aus dem selbst abgeschlossenen Versicherungsgeschäft erfolgt getrennt nach Forderungen gegenüber Versicherungsnehmern, gegenüber Versicherungsvermittlern sowie gegenüber Mitglieds- und Trägerunternehmen.

- *Forderungen an Versicherungsnehmer* setzen sich aus Beitragsforderungen aus noch nicht eingelösten Versicherungsscheinen, Nachträgen und Folgebeitragsrechnungen sowie sonstigen Forderungen zusammen. Im Bereich der *Lebensversicherung* sowie bei Pensions- und Sterbekassen sind die Forderungen gegenüber Versicherungsnehmern nach Formblatt 1 in »*fällige Ansprüche*« und »*noch nicht fällige Ansprüche*« zu untergliedern.[176] Noch nicht fällige Ansprüche umfassen Forderungen für Beiträge der Versicherungsnehmer und

---

174 Vgl. Treuberg, Hubert Graf von; Angermayer, Birgit [Jahresabschluss, 1995], S. 142.
175 Vgl. Stuirbrink, Wolfgang; Schuster, Anselm [§ 15 RechVersV, 1998], S. 450.
176 Vgl. Formblatt 1 RechVersV, Fn. 2.

Mitglieds- und Trägerunternehmen, die geleistete, rechnungsmäßig gedeckte Abschlusskosten betreffen (§ 15 Abs. 1 RechVersV). Diese resultieren aus der Verrechnung des Anspruchs an die Versicherungsnehmer auf Tilgung der Abschlusskosten mit der Deckungsrückstellung (Zillmerverfahren).[177]
- *Forderungen an Versicherungsvermittler* resultieren aus Provisionsvorschüssen, Provisionsrückforderungen sowie Ansprüchen auf kassierte, aber noch nicht abgeführte Beträge.[178] Als Versicherungsvermittler gelten hier freie und angestellte Versicherungsvertreter, Versicherungsvermittler sowie andere Versicherer im Rahmen eines Beteiligungsgeschäfts oder eines Agenturvertrags.[179]
- *Forderungen an Mitglieds- und Trägerunternehmen* werden von Pensions- und Sterbekassen getrennt ausgewiesen, soweit sie das Versicherungsgeschäft betreffen. Falls Forderungen das nicht-versicherungstechnische Geschäft betreffen, erfolgt ein Ausweis unter den sonstigen Forderungen (§ 17 S. 2 RechVersV).

Die *Bewertung* von Forderungen erfolgt grundsätzlich nach den allgemeinen Vorschriften des Handelsrechts. Demnach sind Vermögensgegenstände höchstens mit Anschaffungskosten anzusetzen (§ 253 Abs. 1 HGB). Diese Vorschrift wird für Forderungen so ausgelegt, dass sie grundsätzlich zum Nennwert anzusetzen sind. Forderungen, die zweifelhaft sind, sind auf den wahrscheinlich zu realisierenden Betrag abzuschreiben, während uneinbringlich gewordene Forderungen voll abzuschreiben sind (§ 253 Abs. 3 S. 2 HGB). Neben Einzelwertberichtigungen können Risiken einer Forderung auch durch eine Pauschalwertberichtigung berücksichtigt werden. Wenn sich in den Vorjahren gezeigt hat, dass über die zuvor berücksichtigten Einzelwertberichtigungen hinaus ein bestimmter Anteil des gesamten Forderungsbestands uneinbringlich war, kann in Höhe des künftig zu erwartenden Ausfalls eine pauschale Abschreibung auf den Forderungsbestand vorgenommen werden.[180] Bei Versicherungsunternehmen kommen folgende Pauschalwertberichtigungen von Forderungen in Betracht:[181]
- Forderungen an Versicherungsnehmer zur Berücksichtigung des Zahlungsausfallrisikos,
- noch nicht fällige Ansprüche an Versicherungsnehmer,
- Forderungen an Versicherungsvertreter zur Berücksichtigung des Zahlungsausfallrisikos, des Veruntreuungsrisikos sowie des Inkassorisikos.

---

177 Vgl. Hesberg, Dieter [Rechnungswesen, 1997], S. 66.
178 Vgl. Stuirbrink, Wolfgang; Schuster, Anselm [§ 15 RechVersV, 1998], S. 450.
179 Nicht zu den Forderungen an Versicherungsvermittler zählen nach § 17 S. 2 RechVersV Forderungen aus der Versicherungsvermittlung für andere Versicherungsunternehmen.
180 Vgl. Schäfer, Wolf [Grundsätze, 1977], S. 115.
181 Vgl. Nr. I 0.1 Abs. 3 Nr. 2–4 VUBR.

4.7.2 Abrechnungsforderungen aus dem Rückversicherungsgeschäft

Der Posten »Abrechnungsforderungen aus dem Rückversicherungsgeschäft« enthält laufende Abrechnungen mit den Vor- und Rückversicherern bzw. Rückversicherungsmaklern in Form von Forderungssalden aus dem in Rückdeckung übernommenen und in Rückdeckung gegebenen Versicherungsgeschäft (§ 16 S. 1 RechVersV). Falls Rückversicherungsverträge gekündigt werden, enthalten die Abrechnungssalden auch die auf diese entfallenden versicherungstechnischen Rückstellungen, sofern sie am Abschlussstichtag abgelöst werden (§ 16 S. 2 RechVersV).[182]

4.7.3 Sonstige Forderungen

Sonstige Forderungen sind nach § 17 RechVersV solche, die keinem anderen Posten zuzuordnen sind. Folgende Forderungen werden hierunter eingeordnet (§ 17 RechVersV):
- Forderungen aus der Versicherungsvermittlung für andere Versicherungsunternehmen,
- Forderungen aus dem Führungsfremdgeschäft,
- Forderungen aus sonstigen Dienstleistungsverträgen,
- geleistete Kautionen,
- der Versicherungsvereinen auf Gegenseitigkeit zur Verfügung gestellte Gründungsstock sowie
- Forderungen an Mitglieds- und Trägerunternehmen, die nicht aus dem Versicherungsgeschäft stammen.

Zusätzlich werden weitere Forderungen, etwa Kredite an Vorstands- und Aufsichtsratsmitglieder, Darlehen und Gehaltsvorschüsse an Mitarbeiter oder fällige, aber rückständige Mieten, unter die sonstigen Forderungen eingeordnet.[183] Die Bewertung der Forderungen erfolgt wiederum zum Nennbetrag.

4.7.4 Forderungen nach IFRS und US-GAAP

Forderungen sind nach *IAS 39* lediglich für finanzielle Vermögenswerte detailliert geregelt. Nach IAS 39.14 sind vom Unternehmen ausgereichte Forderungen in der Bilanz als finanzielle Vermögenswerte zu erfassen. Die Aktivierung erfolgt zum Zeitpunkt, an dem das Unternehmen ein Recht auf Empfang von liquiden

---

[182] Vgl. zu Details sowie zur Bilanzierung nach US-GAAP Kapitel 8.
[183] Vgl. zu Details Treuberg, Hubert Graf von; Angermayer, Birgit [Jahresabschluss, 1995], S. 246–248.

Mitteln erworben hat (IAS 39.14). Die Zugangsbewertung erfolgt nach IAS 39.43 mit den Anschaffungskosten und beinhaltet ferner direkt zurechenbare Transaktionskosten. In der Folgebewertung werden Forderungen grundsätzlich zu fortgeführten Anschaffungskosten (nach der Effektivzinsmethode) bewertet (IAS 39.46), es sei denn, es handelt sich um Forderungen, die zu Handelszwecken gehalten werden (diese werden zum Zeitwert bewertet) oder um Forderungen ohne feste Laufzeit, die mit ihren Anschaffungskosten zu bilanzieren sind.

Falls eine Forderung wahrscheinlich nicht einbringbar ist, ist eine Wertberichtigung auf der Basis der einzelnen Forderung vorzunehmen. Eine Wertberichtigung auf Portfoliobasis ist dann möglich, wenn eine Gruppe gleichartiger Forderungen vorhanden ist und eine individuelle Beeinträchtigung nicht ermittelbar ist (IAS 39.64). Pauschalwertberichtigungen sind grundsätzlich nicht vorgesehen.

Für eine außerplanmäßige Abschreibung wird die Differenz zwischen dem Buchwert des Vermögenswertes und dem Barwert der voraussichtlichen künftigen Mittelzuflüsse und Mittelabflüsse gebildet. Für die Abzinsung wird dabei der ursprüngliche effektive Zinssatz der Forderung zugrunde gelegt (IAS 39.63).

Nach *US-GAAP* sind Forderungen dann zu aktivieren, wenn der Umsatzvorgang abgeschlossen ist (d. h., die vereinbarte Leistung wurde erbracht bzw. das Gut wurde geliefert) oder der Gefahrenübergang in anderer Weise auf den Käufer erfolgt ist. Die Bewertung erfolgt zum Nettoverkaufserlös unter Berücksichtigung von Wertberichtigungen für zweifelhafte Forderungen (SFAS 5). Wertberichtigungen sind grundsätzlich einzeln vorzunehmen. Pauschalwertberichtigungen sind in der Regel nicht zulässig.

4.8 Sonstige Vermögensgegenstände

4.8.1 Sonstige Vermögensgegenstände nach HGB

Sonstige Vermögensgegenstände werden nach der Gliederungssystematik der RechVersV in die Kategorien Sachanlagen und Vorräte, laufende Guthaben bei Kreditinstituten, Schecks und Kassenbestand, eigene Anteile und andere Vermögensgegenstände eingeteilt:
- *Sachanlagen und Vorräte* umfassen nach § 18 Abs. 1 RechVersV technische Anlagen und Maschinen, andere Anlagen, die Betriebs- und Geschäftsausstattung sowie hierauf geleistete Anzahlungen und Anlagen im Bau. Vorräte werden nach § 18 Abs. 2 RechVersV in Betriebsstoffe und Büromaterial sowie hierauf geleistete Anzahlungen unterteilt. Die Bewertung erfolgt gemäß § 341b HGB nach den für das Anlagevermögen geltenden Vorschriften; bezüglich der Vorräte entspricht dies nicht den allgemeinen Vorschriften, die eine Bewertung wie Umlaufvermögen vorsehen.

- *Laufende Guthaben bei Kreditinstituten, Schecks und Kassenbestand* stellen liquide Mittel des Versicherungsunternehmens dar. Die Bewertung erfolgt zum Nominalwert.
- *Eigene Anteile* können bei Aktiengesellschaften auftreten, die eigene Aktien zu bilanzieren haben, die sich in ihrem Eigentum befinden. Die Bewertung erfolgt gemäß § 341b Abs. 2 HGB nach den für das Umlaufvermögen geltenden Vorschriften. Auf der Passivseite ist entsprechend eine Rücklage für eigene Anteile zu bilden (§ 272 Abs. 4 HGB), um eine Ausschüttung zu vermeiden.
- *Andere Vermögensgegenstände* stellen einen Sammelposten für solche Sachverhalte dar, die keinem anderen Posten zugeordnet werden können.

4.8.2 Sonstige Vermögensgegenstände nach IFRS und US-GAAP

Für die im HGB unter den sonstigen Vermögensgegenständen bilanzierten Sachverhalte sind in den *Vorschriften der IFRS* unterschiedliche Standards maßgeblich:
- *Sachanlagen* werden nach IAS 16 zu Anschaffungs- oder Herstellungskosten bilanziert (IAS 16.15). Für die Folgebewertung besteht ein Wahlrecht, Sachanlagen zu fortgeführten Anschaffungs- oder Herstellungskosten oder nach der Neubewertungsmethode zu bewerten (IAS 16.29). *Vorräte* werden nach IAS 2 bilanziert. Die Bewertung erfolgt einzeln bzw. unter Zugrundelegung von Verbrauchsfolgeverfahren mit dem niedrigeren Wert aus Anschaffungs- oder Herstellungskosten und Nettoveräußerungswert (IAS 2.9).
- *Liquide Mittel* (Zahlungsmittel und Zahlungsmitteläquivalente) werden nach den Regeln der IAS 39 – äquivalent zu Forderungen – als dem Umlaufvermögen zugehörige Wertpapiere bilanziert.
- *Eigene Anteile* werden nach IFRS nicht aktiviert. Vielmehr müssen diese im Zusammenhang mit dem Eigenkapital entweder in der Bilanz oder im Anhang gesondert angegeben werden (IAS 1.74, SIC-16). Die Bewertung erfolgt entweder nach dem Nennbetrag oder zu Anschaffungskosten.
- Ein separater Posten »*Andere Vermögensgegenstände*« ist in den Gliederungsvorschriften der IFRS nicht enthalten, kann jedoch wahlweise hinzugefügt werden, da IAS 1.68 nur Mindestvorgaben an die Gliederung stellt.

Nach *US-GAAP* sind folgende Vorschriften maßgeblich:
- *Sachanlagen* werden als Property, Plant and Equipment zu Anschaffungs- oder Herstellungskosten bilanziert (ARB 43 Ch 9). Die Folgebewertung erfolgt auf der Basis fortgeführter Anschaffungs- oder Herstellungskosten. *Vorräte* werden nach ARB 43 Ch 4.4 einzeln bzw. mit Hilfe von Verbrauchsfolgeverfahren auf der Basis von fortgeführten Anschaffungs- und Herstellungskosten bewertet.

- *Liquide Mittel* zählen nach SFAS 107.3 zu den Finanzinstrumenten und sind insofern als solche zu bilanzieren.
- *Eigene Anteile* werden nach US-GAAP vom Eigenkapital offen abgesetzt. Die Bewertung erfolgt zu Anschaffungskosten oder zum Nennbetrag (ARB 43). Nur in Ausnahmen ist ein Ausweis auf der Aktivseite möglich.
- Unter dem HGB-Posten »*Andere Vermögensgegenstände*« subsumierte Sachverhalte sind entweder den langfristigen oder den kurzfristigen (non-current bzw. current Assets) zuzuordnen und entsprechend zu bewerten.

4.9 Rechnungsabgrenzungsposten

Rechnungsabgrenzungsposten werden im HGB nach § 250 HGB geregelt. Auf der Aktivseite der Bilanz sind Ausgaben vor dem Abschlussstichtag auszuweisen, soweit sie Aufwand für eine bestimmte Zeit nach diesem Tag darstellen (§ 250 Abs. 1 HGB). Beispiele für Rechnungsabgrenzungsposten sind vorausbezahlte Mieten sowie auf Vorräte entfallene Zölle und Verbrauchssteuern (§ 250 Abs. 1 S. 2 Nr. 1 HGB), falls diese nicht in die Anschaffungs- oder Herstellungskosten einbezogen wurden, sowie Umsatzsteuer auf erhaltene Anzahlungen (§ 250 Abs. 1 S. 2 Nr. 2 HGB). Ein Disagio kann in den aktiven Rechnungsabgrenzungsposten aufgenommen werden, muss jedoch planmäßig abgeschrieben werden. Im Falle einer Nennwertbilanzierung von Namensschuldverschreibungen wird der Unterschiedsbetrag zwischen Anschaffungskosten und Nennbetrag als Rechnungsabgrenzungsposten ausgewiesen, falls der Nennbetrag niedriger als die Anschaffungskosten ist.

Nach den Regelungen der *IFRS* ergeben sich Rechnungsabgrenzungsposten infolge des in IAS 1.25 verankerten Grundsatzes der Periodenabgrenzung. Ein Disagio ist nicht zu aktivieren. Vielmehr wird der niedrigere Auszahlungsbetrag passiviert und eine Zuschreibung der Zinskomponente im Zeitablauf vorgenommen. Nach *US-GAAP* werden kurzfristige Abgrenzungsposten als Prepaid Expenses und langfristige Abgrenzungsposten als Deferred Charges bezeichnet. Das Disagio wird äquivalent zu den IFRS behandelt.

4.10 Nicht durch Eigenkapital gedeckter Fehlbetrag

Ein nicht durch Eigenkapital gedeckter Fehlbetrag entsteht im Fall der Überschuldung eines Unternehmens. Falls das Eigenkapital durch Verluste aufgebraucht ist und sich ein Überschuss der Passiv- über die Aktivposten ergibt, wird der übersteigende Betrag am Ende der Aktivseite ausgewiesen (§ 268 Abs. 3 HGB).

4.11 Bilanzierung von Sicherungsbeziehungen nach HGB und IFRS

4.11.1 Sicherungsbeziehungen bei Versicherungsunternehmen

Versicherungsunternehmen nutzen zunehmend die Möglichkeiten durch das Eingehen von Sicherungsbeziehungen Kapitalmarktrisiken (z. B. Kurs-, Zinsänderungs- oder Fremdwährungsrisiken) zu minimieren. Indem eine Position (meist ein Derivat) aufgebaut wird, welche sich in ihrer Reaktion auf die Veränderungen gewisser ökonomischer Rahmenbedingungen entgegengesetzt zu einem abzusichernden Grundgeschäft verhält, entsteht eine Sicherungsbeziehung (Hedge).

Als wichtigste Absicherungsarten können Fair-Value-Hedges und Cashflow-Hedges unterschieden werden: Während beim Ersteren die Kurschwankungen von vorhandenen Vermögenswerten oder Verpflichtungen abgesichert werden sollen, steht beim Cashflow-Hedge die Sicherung zukünftiger risikobehafteter Zahlungsströme im Vordergrund. Gängige Beispiele für Absicherungsgeschäfte von Versicherungsunternehmen sind in der Abbildung 4.14 aufgezeigt.

Grundgeschäft	Risiko	Absicherungsinstrument	Absicherungsart
Festverzinsliche Anleihe	Änderung Marktwert wg. Marktzinsänderung	Zinsswap	Fair-Value-Hedge
Aktie	Änderung Marktwert	Verkaufsoption, Terminverkauf	Fair-Value-Hedge
Fremdwährungsforderung	Schwankung Rückzahlungsbetrag in Euro wg. Wechselkursänderungen	Devisenverkaufsoption, Devisenterminverkauf	Fair-Value-Hedge
Emission einer Anleihe (in der Zukunft)	Zinsanstieg und Reduktion Ausgabeerlös	Forward Zinsswap	Cashflow-Hedge

Abb. 4.14: Absicherungsgeschäfte von Versicherungsunternehmen[184]

Insoweit Grundgeschäft und Sicherungsinstrument nach vergleichbaren bilanziellen Vorschriften behandelt werden, zeigt sich die kompensatorische Wirkung der Absicherungsbeziehung auch im Abschluss. Oft werden die beiden ökonomisch zusammengehörigen Positionen Grundgeschäft und Sicherungsinstrument jedoch unterschiedlich bilanziert, woraus ein *Accounting-Mismatch* resultiert. Dieser kann grundsätzlich aufgrund von

---

184 In Anlehnung an Heuser, Paul J.; Theile, Carsten [IFRS, 2007], Tz. 2210–2214.

- Bewertungsunterschieden (z. B. Bewertung des Sicherungsinstruments erfolgswirksam zum Fair Value vs. Bewertung des abgesicherten Instruments erfolgsneutral zum Fair Value oder zu fortgeführten Anschaffungskosten) und
- Ansatzunterschieden (z. B. Ansatz des Sicherungsinstruments in der Bilanz vs. kein Bilanzansatz der abgesicherten Transaktion) entstehen.

4.11.2 Bilanzierung von Sicherungsbeziehungen nach HGB

Nach *HGB* gibt es keine kodifizierten Vorgaben hinsichtlich der Bilanzierung von Absicherungsgeschäften. Das Einzelbewertungsprinzip und das Imparitätsprinzip (§ 252 Abs. 1 HGB) sind deshalb zweckadäquat zu interpretieren. Nach herrschender Meinung sind auch nach HGB unter bestimmten Voraussetzungen bei Versicherungsunternehmen Bewertungseinheiten zu bilden, wodurch es zu einer Verrechnung unrealisierter Bewertungsgewinne und -verluste kommt. Als grundlegende Anforderungen zur Bildung einer Bewertungseinheit gelten:[185]

- Die zugehörigen Einzelgeschäfte und die Sicherungsbeziehung müssen eindeutig identifiziert und exakt dokumentiert sein. Zudem wird trotz Bildung der Bewertungseinheit eine getrennte Bestandführung gefordert.
- Die verbundenen Geschäfte müssen zur Absicherung objektiv geeignet sein.
- Die Wertentwicklung von Grund- und Sicherungsgeschäft muss negativ korreliert sein. Jedoch werden keine perfekte Korrelation oder eine Korrelation innerhalb einer Bandbreite gefordert.
- Nicht erforderlich ist, dass Grund- und Sicherungsgeschäft dieselbe Laufzeit aufweisen, sofern eine Anschlusssicherung vorgesehen ist. Jedoch wird eine Durchhalteabsicht über einen vorher fest definierten Zeitraum gefordert.

Im Gegensatz zu den Regelungen nach IAS 39 wird sich die Sicherungsbeziehung nur indirekt in der Bilanz niederschlagen. Der Ausgleich ergibt sich in einer außerbilanziellen Nebenrechnung, nicht direkt in der Ergebnisrechnung wie nach IFRS. Schwebende Geschäfte wie Derivate sind nach HGB grundsätzlich bilanzunwirksam, solange sie nicht in eine Verlustposition laufen und die Bildung einer Drohverlustrückstellung notwendig wird. Wird beispielsweise eine zu Anschaffungskosten bewertete festverzinsliche Anleihe (Grundgeschäft) durch einen Zinsswap (Sicherungsinstrument) abgesichert, so führen zinsindizierte Wertminderungen der Anleihe insoweit nicht zu einer Abschreibung, als das die positive Wertentwicklung des bilanziell nicht erfassten Swaps die Verluste ausgleicht. Im Ergebnis bleibt die bilanzielle Bewertung der Anleihe zu Anschaffungskosten trotz der

---

185 Vgl. Stuirbrink, Wolfgang; Brüggentisch, Christoph [§ 341b HGB, 1998], S. 221–224.

Wertminderung erhalten. Umgekehrt wird von der Bildung einer Drohverlustrückstellung für den in einer Verlustposition stehenden Swap abgesehen, wenn diese Verluste durch die unrealisierten Gewinne der Anleihe kompensiert werden.

4.11.3 Hedge Accounting nach IFRS und US-GAAP

Um die ökonomische Sicherungsbeziehung auch bilanziell abzubilden, enthält IAS 39 entgegen dem HGB spezielle Vorschriften zum Hedge Accounting. Diese setzen die ansonsten anzuwendenden Regeln für die Bilanzierung von Finanzinstrumenten teilweise außer Kraft. Das Hedge-Accounting ist meist recht komplex und geschieht auf freiwilliger Basis. Oftmals bietet sich ersatzweise die Nutzung der *Fair-Value-Option* des IAS 39 an: Indem Grundgeschäft und Sicherungsinstrument beide erfolgswirksam zum Fair Value bewertet werden, kommt es nicht zu den beschriebenen *mismatch*. Die Nutzung der Fair-Value-Option ist zur Vermeidung eines *Accounting Mismatches* in IAS 39.9 ausdrücklich vorgesehen.

Zur Anwendung der *Hedge-Accounting-Regeln* nach IFRS sind zunächst u. a. die folgenden Voraussetzungen zu erfüllen:

- Es muss eine formale Designation und umfassende Dokumentation der Sicherungsbeziehung vor Beginn des Hedge Accountings stattfinden.
- Zu Beginn des Absicherungszeitraums und während der gesamten Laufzeit der Hedge-Beziehung muss die Absicherung »hoch effektiv« sein, d. h. die Wertänderungen/Cashflows des Grundgeschäfts müssen in einer Bandbreite von 80 bis 125% von den Wertänderungen/Cashflows des Sicherungsinstruments aufgefangen werden. Die Effektivität der Hedge-Beziehung muss fortwährend zuverlässig bestimmt werden können und ist mindestens zu jedem Berichtstag retrospektiv und prospektiv nachzuweisen.

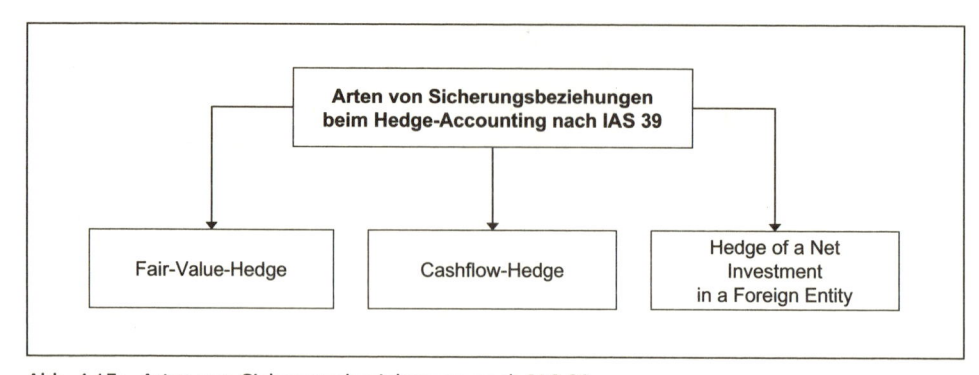

Abb. 4.15: Arten von Sicherungsbeziehungen nach IAS 39

Beim Fair-Value-Hedge-Accounting gelten nach IAS 39.89-94 die folgenden Vorschriften:
- Das Ergebnis aus der Bewertung des Sicherungsinstruments wird direkt erfolgswirksam in der Gewinn- und Verlustrechnung vereinnahmt.
- Die Wertänderungen des Grundgeschäfts, die sich auf das abgesicherte Risiko beziehen, werden ebenfalls unmittelbar in der GuV erfasst, um die Wertänderungen des Derivats auszugleichen.

Da beim Cashflow-Hedging die abgesicherten Zahlungsströme zunächst noch nicht in der Bilanz abgebildet werden, unterscheiden sich die diesbezüglichen Regeln von denen des Fair-Value-Hedge-Accounting wie folgt (IAS 39.95-101):
- Die Gewinne und Verluste aus dem Sicherungsinstrument werden zunächst erfolgsneutral in der Neubewertungsrücklage im Eigenkapital erfasst.
- Sobald das gesicherte Grundgeschäft ergebniswirksam wird, erfolgt eine Umgliederung dieses Betrags in die Gewinn- und Verlustrechnung, wo es wiederum zum erfolgswirksamen Ausgleich kommt.

Darüber hinaus existieren noch Regelungen zur Abbildung der Absicherung einer Nettoinvestition in eine ausländische Tochtergesellschaft, die sich an denen des Fair Value Hedge-Accountings anlehnen (IAS 39.102).

Die Bilanzierung nach den Regelungen des Hedge-Accounting ist zu beenden, wenn die Effektivität der Sicherungsbeziehung nicht mehr gewährleistet ist, das Grundgeschäft beendet wird, das Sicherungsinstrument ausgeübt oder verkauft wird oder ausläuft.

Nach US-GAAP (FAS 133, FAS 149) existieren zu IFRS vergleichbare Regelungen zum Hedge Accounting, die sich nur in wenigen Details, etwa der Definition eines derivativen Finanzinstruments oder spezieller Regelungen zum Portfolio Hedge von Zinsrisiken, von diesen unterscheiden.

Beispiel 4.1: Fair-Value-Hedge-Accounting nach IAS 39

Annahmen:
Ein Unternehmen kauft 10 Aktien à 20 Euro am 01.01.2007 und klassifiziert die Aktie als Available-for-Sale-Finanzinstrument. Zur Absicherung der Wertschwankungen wird analog für 10 Aktien ein Verkaufs-Terminkontrakt (Ausübung 31.12.2008) für 20 Euro eingegangen. Es soll Fair-Value-Hedge-Accounting angewendet werden. Die Wertentwicklung der Fair Values beider Instrumente zeigt sich wie folgt:
- Aktie: 01.01.2007: 20 Euro; 31.12.2007: 18,2 Euro; 31.12.2008: 19,4 Euro;
- Terminkontrakt: 01.01.2007: 0 Euro; 31.12.2007: 16 Euro; 31.12.2008: 6 Euro;

01.01.2007: Einbuchung der Aktien und des Terminkontraktes

Konto	Soll	Haben
Aktiva: Aktien AFS	200	
Aktiva: Derivat	0	
Aktiva: Kasse		200

31.12.2007: Buchung des Kursrückgangs der Aktie (−18) und der Wertänderung des Terminkontraktes (+16). Ineffektivität der Absicherung wird in der GuV als Aufwand erfasst (−2).

Konto	Soll	Haben
GuV: Ineffektivität	2	
Aktiva: Derivat	16	
Aktiva: Aktien AFS		18

31.12.2008: Buchung des Kursanstiegs der Aktie (+12) und der Wertänderung des Terminkontraktes (−10). Ineffektivität erzeugt Ertrag (+2).

Konto	Soll	Haben
GuV: Ineffektivität		2
Aktiva: Derivat		10
Aktiva: Aktien AFS	12	

31.12.2008: Lieferung der 10 Aktien und Erhalt von 200 EUR aus dem Terminkontrakt.

Konto	Soll	Haben
Aktiva: Kasse	200	
Aktiva: Derivat		6
Aktiva: Aktien AFS		194

Kapitel 5: Bilanzierung des Eigenkapitals in Versicherungsunternehmen

1   Funktionen des Eigenkapitals

Eigenkapital stellt eine Residualgröße dar, die sich aus der Differenz zwischen der Summe der Aktiva und der Summe der Schulden abzüglich der passiven Rechnungsabgrenzungsposten ermittelt. Die Höhe des Eigenkapitals ergibt sich insofern indirekt aus der Bewertung von Vermögensgegenständen und Schulden.

Das Eigenkapital entsteht entweder durch die Bereitstellung von Mitteln durch die Eigentümer des Unternehmens oder durch Thesaurierung von Gewinnen, d. h. durch Verzicht auf Ausschüttungen. Reduziert wird das Eigenkapital durch Gewinnentnahmen oder im Fall eines Verlustausgleichs.

Das Eigenkapital hat unterschiedliche Funktionen, die teilweise allgemeingültig sind,[186] teilweise aber für Versicherungsunternehmen eine spezielle Bedeutung aufweisen. Darunter fallen:
1. die Fortführungsfunktion,
2. die Haftungsfunktion,
3. die Sicherungsfunktion,
4. die Gewinnbeteiligungs- und Mitbestimmungsfunktion und
5. die Beurteilungsfunktion.

Ad 1: Eine Entnahme des nominalen Eigenkapitals ist nur in dem vom Gesetz abschließend geregelten Fall einer Kapitalherabsetzung möglich.[187] Insofern steht das Kapital dem Unternehmen grundsätzlich dauerhaft zur Verfügung und dient somit der *Fortführung* der Unternehmenstätigkeit.[188]

Ad 2: Die *Haftungsfunktion* der Eigentümer des Unternehmens zeigt sich im gesonderten Ausweis des gezeichneten Kapitals, das den Nennbetrag der ausgegebenen Gesellschaftsteile widerspiegelt. Während die Eigentümer selbst nur in Höhe ihrer Anteile haften, spiegelt sich die Haftungsfunktion des Eigenkapitals

---

[186] Vgl. zu den Funktionen des Eigenkapitals allgemein Baetge, Jörg [Notwendigkeit, 1990], S. 219–220.
[187] Vgl. zu den Möglichkeiten einer Kapitalherabsetzung Baetge, Jörg et al. [Bilanzen, 2005], S. 486–491.
[188] Eine Ausnahme stellt die Rücklage § 272 Abs. 4 HGB sowie bei Versicherungsunternehmen der Organisationsfonds als Bestandteil der Kapitalrücklage dar.

auch darin wider, dass eine Kapitalgesellschaft mit ihrem gesamten Vermögen für mögliche Schulden der Gesellschaft einsteht.

Ad 3: Eine im Versicherungsunternehmen zentrale Funktion des Eigenkapitals besteht darin, die unternehmerischen Risiken zu tragen und damit die Sicherheit des Unternehmens zu gewährleisten *(Sicherheitsfunktion)*. Das Eigenkapital dient daher als »Puffer« oder auch als Sicherheitsgarantie gegen eine mögliche Insolvenz. In der Sicherheitsfunktion spiegelt sich insofern die Eigenschaft von Eigenkapital als *risikopolitisches Mittel* wider. Die besondere Schutzbedürftigkeit der Versicherungsnehmer schafft die Grundlage für eine aufsichtsrechtliche Regulierung des Eigenkapitals von Versicherungsunternehmen im Rahmen der Solvabilitätsvorschriften. Zu diesem Zweck wird jedoch nicht ausschließlich das Eigenkapital zugrunde gelegt, sondern es werden darüber hinaus gewisse stille Reserven, mögliche Nachschusspotenziale bei Versicherungsvereinen sowie gewisse Fremdkapitalanteile und Zukunftsgewinne bei Lebensversicherungsunternehmen einbezogen.[189] Anstelle von Eigenkapital wird dabei von Eigenmitteln (Solvabilitätsmittel) gesprochen.

Ad 4: Die *Gewinnbeteiligungs- bzw. Mitbestimmungsfunktion* verdeutlicht den Anspruch der Aktionäre bzw. Gesellschafter auf entstandene Gewinne des Unternehmens bzw. auf die Mitbestimmung an dessen Geschäftsführung. Letztere ist bei Aktiengesellschaften auf Aktionärsrechte in der Hauptversammlung beschränkt.

Ad 5: Nicht zuletzt dient die Eigenkapitalausstattung eines Versicherungsunternehmens als *Beurteilungsfunktion* für unterschiedliche Adressaten bzw. für die Unternehmensführung selbst. Die Notwendigkeit der Bereitstellung einer ausreichenden Menge an Eigenkapital kann hingegen divergieren, ob die Unternehmensführung selbst oder externe Adressaten die Eigenmittelausstattung beurteilen. Aus Unternehmenssicht wird im Sinne eines *ökonomischen Kapitals* (Risikokapital) dasjenige Kapital bestimmt, das benötigt wird, um eine bestimmte Überlebenswahrscheinlichkeit des Versicherungsunternehmens zu gewährleisten.[190] Um das ökonomische Kapital zu berechnen, muss eine Gesamtrisikoverteilung für das Versicherungsunternehmen bestimmt werden, die auf einer Aggregation von einzelnen Risikokategorien aufbaut. Zusätzlich ist ein Risikomaß zu definieren, auf dessen Basis schließlich die für ein bestimmtes Sicherheitsniveau erforderliche Kapitalmenge bestimmt wird. Anders verhält es sich bei externer Sicht

---

[189] Vgl. zu den Einzelheiten der Solvabilitätsberechnung § 53c Abs. 3 VAG sowie Farny, Dieter [Versicherungsbetriebslehre, 2006], S. 781–797.
[190] Vgl. Dal Santo, Daniel [Kapitalmanagement, 2002], S. 99.

der Kapitalausstattung des Versicherungsunternehmens. Aus einer kapitalmarktorientierten Perspektive könnte z. B. dasjenige Kapital von Interesse sein, dass zur Erreichung einer bestimmten Einstufung durch Ratingagenturen erforderlich ist *(Ratingkapital)*. Dies kann unter Umständen eine andere Kapitalausstattung erforderlich machen, als es eine Mindestausstattung zu *aufsichtsrechtlichen Zwecken* (Solvabilitätsvorschriften) bedingen würde.

2 Zusammensetzung des Eigenkapitals bei Versicherungsunternehmen

2.1 Überblick über das Eigenkapital eines Versicherungsunternehmens

Der Aufbau des Eigenkapitals von Versicherungsunternehmen entspricht grundsätzliche demjenigen von Nicht-Versicherungsunternehmen. Die Gliederung des § 272 HGB in
1. gezeichnetes Kapital,
2. Kapitalrücklagen und
3. Gewinnrücklagen

hat insofern Gültigkeit. Allerdings weist der Aufbau des Eigenkapitals wenige rechtsformabhängige Spezifika auf.

Das *gezeichnete Kapital* ist dasjenige Kapital, auf das die Haftung der Gesellschafter beschränkt ist. Bei Versicherungsvereinen auf Gegenseitigkeit tritt an die Stelle des gezeichneten Kapitals der *Gründungsstock,* der von den Garanten des Unternehmens aufgebracht wird. Für öffentlich-rechtliche Versicherungsunternehmen ist der dem gezeichneten Kapital *entsprechende Posten* auszuweisen.

In der *Kapitalrücklage* werden Beträge eingestellt, die dem Unternehmen von außen in die Rücklagen zufließen. Die Kapitalrücklage bestimmt sich aus den branchenunabhängigen Vorschriften des § 272 Abs. 2 HGB bzw. den §§ 232 und 237 Abs. 5 AktG. Unter die Kapitalrücklage von Versicherungsunternehmen wird zusätzlich der *Organisationsfonds* subsumiert, der als »über die Eigenkapitalausstattung hinausreichende Starthilfe« gilt. Obwohl ein Davon-Vermerk nicht gefordert wird, ist dieser aus Gründen der Klarheit dennoch angebracht.[191]

---

191 Vgl. KPMG [Rechnungslegung, 1994], S. 105.

Gewinnrücklagen werden aus dem Jahresergebnis gebildet. Bei den Gewinnrücklagen wird anstelle einer gesetzlichen Rücklage bei Versicherungsvereinen auf Gegenseitigkeit eine *Verlustrücklage* und bei öffentlich-rechtlichen Versicherungsunternehmen eine *Sicherheitsrücklage* ausgewiesen.

Falls der Ausweis *ohne Ergebnisverwendung* erfolgt, wird ein Gewinnvortrag/Verlustvortrag aus dem Vorjahr sowie der Jahresüberschuss/Jahresfehlbetrag ausgewiesen. Liegt demgegenüber eine teilweise Verwendung des Ergebnisses vor, wird lediglich der verbleibende Bilanzgewinn/Bilanzverlust des Jahres ausgewiesen.

Versicherungs-AG	Versicherungsvereine	Öffentlich-rechtliche Versicherungsunternehmen
I. Gezeichnetes Kapital	I. Gründungsstock	I. Entsprechender Posten
II. Kapitalrücklage davon: Organisationsfonds	II. Kapitalrücklage davon: Organisationsfonds	II. Kapitalrücklage davon: Organisationsfonds
III. Gewinnrücklage	III. Gewinnrücklage	III. Gewinnrücklage
1. Gesetzliche Rücklage	1. Verlustrücklage	1. Sicherheitsrücklage
2. Rücklage für eigene Anteile	2. Rücklage für eigene Anteile	2. Rücklage für eigene Anteile
3. Satzungsmäßige Rücklage	3. Satzungsmäßige Rücklage	3. Satzungsmäßige Rücklage
4. Andere Gewinnrücklagen	4. Andere Gewinnrücklagen	4. Andere Gewinnrücklagen
IV. Gewinnvortrag/ Verlustvortrag	IV. Gewinnvortrag/ Verlustvortrag	IV. Gewinnvortrag/ Verlustvortrag
V. Jahresüberschuss/ -fehlbetrag	V. Jahresüberschuss/ -fehlbetrag	V. Jahresüberschuss/ -fehlbetrag

Abb. 5.1: Eigenkapital von Versicherungsunternehmen

2.2 Gezeichnetes Kapital und Gründungsstock

Das gezeichnete Kapital ist in § 272 Abs. 1 HGB geregelt. Demnach stellt es das Kapital dar, auf das die Haftung der Gesellschaft für die Verbindlichkeiten der Kapitalgesellschaft gegenüber den Gläubigern beschränkt ist. Falls Einlagen auf das gezeichnete Kapital ausstehen, sind diese auf der Aktivseite vor dem Anlagevermögen gesondert auszuweisen und entsprechend zu bezeichnen (§ 272 Abs. 1 S. 2). Als Alternative hierzu ist auch eine offene Absetzung der Einlagen vom Posten »Gezeichnetes Kapital« möglich, wobei der verbleibende Betrag in diesem

Fall als »Eingefordertes Kapital« in der Hauptspalte ausgewiesen wird (§ 272 Abs. 1 S. 3 HGB). Der eingeforderte, aber noch nicht eingezahlte Betrag ist unter den Forderungen auszuweisen und entsprechend zu bezeichnen.

Versicherungsvereine auf Gegenseitigkeit (VVaG) verfügen nicht auf Dauer über ein nominell festgeschriebenes, gezeichnetes Kapital. An die Stelle des gezeichneten Kapitals tritt ein der Beteiligungsfinanzierung ähnlicher *Gründungsstock*, der von den »Garanten« des Versicherungsvereins bei der Gründung aufgebracht wird.[192] Diese Art der Gründungsfinanzierung ist gesetzlich in § 22 VAG geregelt. Demnach dient der Gründungsstock der Finanzierung der Kosten der Vereinseinrichtung (Errichtungsstock), des laufenden Geschäftsbetriebs (Betriebsstock) sowie als Sicherheitsmittel (Gewährstock). Die genauen Bedingungen der Aufbringung und Tilgung des Gründungsstocks sind in der Satzung des Vereins festzulegen. Je nach Ausgestaltung (mit oder ohne Tilgung, mit oder ohne gewinnabhängige Vergütung, mit oder ohne Entscheidungsrechte für die Garanten) nimmt der Gründungsstock insofern den Charakter von Fremd- oder Eigenkapital an.

In der Regel ist in der Satzung eine Rückzahlung des Gründungsstocks an die Garanten geregelt. In diesem Fall sieht § 22 Abs. 4 VAG folgende Grundsätze der Tilgung vor:

- Die Tilgung muss beginnen, sobald aktivierte *Ingangsetzungs- und Erweiterungsaufwendungen* (§ 269 HGB) abgeschrieben sind (spätestens nach Ablauf der ersten fünf Jahre).
- Eine Rückzahlung aus dem Anfangsvermögen ist unzulässig. Stattdessen erfolgt eine Tilgung aus den »*Jahreseinnahmen*«.
- Eine Tilgung kann nur simultan mit dem Anwachsen einer »*Verlustrücklage*« vorgenommen werden, d. h., dass die Summe aus noch nicht getilgtem Gründungsstock und der Rücklage den Anfangsbetrag des Gründungsstocks nicht unterschreiten darf.

2.3 Kapitalrücklage und Organisationsfonds

Die Kapitalrücklage umfasst vornehmlich Beträge, die dem Eigenkapital eines Unternehmens von außen über das gezeichnete Kapital hinaus zufließen. Nach § 272 Abs. 2 HGB sind folgende Beträge in der Kapitalrücklage auszuweisen:

---

192 Vgl. zur betriebswirtschaftlichen Interpretation des Gründungsstocks Farny, Dieter [Versicherungsbetriebslehre, 2006], S. 831–832.

- der Betrag, der bei der *Ausgabe von Anteilen* einschließlich von Bezugsanteilen über den Nennbetrag oder, falls ein Nennbetrag nicht vorhanden ist, über den rechnerischen Wert hinaus erzielt wird *(Agio)*,
- der Betrag, der bei der *Ausgabe von Schuldverschreibungen* für Wandlungsrechte und Optionsrechte zum Erwerb von Anteilen erzielt wird,
- der Betrag von *Zuzahlungen*, die Gesellschafter gegen Gewährung eines *Vorzugs* in das Eigenkapital leisten,
- der Betrag von *anderen Zuzahlungen*, die Gesellschafter in das Eigenkapital leisten.

Unter den Kapitalrücklagen ist bei Versicherungsunternehmen zusätzlich der *Organisationsfonds* auszuweisen. Nach der Systematik des § 272 Abs. 2 Nr. 4 HGB handelt es sich hierbei um *andere Zuzahlungen* der Gesellschafter. Die Bildung des Organisationsfonds ist *zweckgebunden*. Nach § 5 Abs. 5 Nr. 3 VAG ist bei Gründung eines Versicherungsunternehmens eine Schätzung der für den *Aufbau der Verwaltung* und des *Vertreternetzes* erforderlichen Aufwendungen vorzunehmen. Das Unternehmen hat nachzuweisen, dass die dafür notwendigen Mittel (Organisationsfonds) zur Verfügung stehen.

Der Organisationsfonds wird von den Aktionären einer AG oder den Garanten eines VVaG eingezahlt und ist in der Regel ohne Gegenleistung des Versicherungsunternehmens (d. h., es findet keine Rückzahlung, Tilgung und Gewinnbeteiligung statt). Insofern lässt sich der Organisationsfonds auch als über die Eigenkapitalausstattung hinausgehende *verlorene Starthilfe* interpretieren.

Der Organisationsfonds übt neben einer *Finanzierungsfunktion* (Instrument zur Finanzierung von Gründungsaufwendungen) auch eine *Bilanzierungsfunktion* aus. Sein Aufbau dient der Vermeidung von Anfangsverlusten in Folge nicht aktivierungsfähiger immaterieller Investitionen. Bei Aktivierung von Ingangsetzungs- und Erweiterungsaufwendungen ist die Entnahme (aus dem Organisationsfonds) auf die Höhe der Abschreibung dieses Postens beschränkt. Dies gilt jedoch nicht, wenn die Organisationsaufwendungen aus dem Jahresüberschuss gedeckt werden können.

Von Bedeutung ist der Organisationsfonds im Rahmen der *Kapitalkonsolidierung*. Als Teil der Kapitalrücklage ist er in die Kapitalkonsolidierung einzubeziehen. Entnahmen aus dem Organisationsfonds sind in der Folgekonsolidierung auf der Ebene des Konzernabschlusses rückgängig zu machen und mit den Gewinnrücklagen zu verrechnen.[193]

---

193 Kontrovers diskutiert wird die Behandlung des Organisationsfonds, falls ein ausdrücklicher Verzicht auf Rückzahlung, Tilgung und Gewinnbeteiligung vereinbart wird. Vgl. hierzu Richter, Horst; Geib, Gerd [Grundzüge, 1990], Tz. 240; Angermayer, Birgit; Oser, Peter [Konzern, 1996], S. 957.

2.4 Gewinnrücklagen

Nach § 272 Abs. 3 und 4 HGB bezeichnen die Gewinnrücklagen diejenigen Teile des Eigenkapitals, die aus Gewinnen früherer Perioden oder des laufenden Geschäftsjahres gebildet worden sind. Folgende Teilrücklagen sind zu unterscheiden:

- Die *gesetzliche Rücklage* ist für Versicherungsaktiengesellschaften nach § 150 Abs. 1 und 2 AktG zum Schutz der Gläubiger zwingend vorgeschrieben. In die gesetzliche Rücklage sind jährlich mindestens 5% des um einen eventuellen Verlustvortrag bereinigten Jahresüberschusses einzustellen, bis sie zusammen mit der Kapitalrücklage 10% oder einen satzungsmäßig bestimmten höheren Teil des Grundkapitals erreicht (§ 150 Abs. 2 AktG). Für Versicherungsvereine auf Gegenseitigkeit sieht § 37 VAG die Bildung einer *Verlustrücklage* vor, die an die Stelle der gesetzlichen Rücklage tritt. Demnach kann die Satzung bestimmen, dass außergewöhnliche Verluste aus dem Geschäftsbetrieb durch eine Rücklage (Verlustrücklage, Reservefonds) gedeckt werden. Ähnlich wie beim VVaG existiert bei öffentlich-rechtlichen Versicherungsunternehmen mit der *Sicherheitsrücklage* eine der gesetzlichen Rücklage adäquate Rücklage. Die Zuführungen und Mindestbeträge werden wie beim VVaG von der Satzung geregelt.
- Die *Rücklage für eigene Aktien* soll eine faktische Verminderung des haftenden Eigenkapitals reduzieren, indem in Höhe der vom Unternehmen gehaltenen eigenen Aktien ein Passivposten in äquivalenter Höhe gebildet wird.
- Die Satzung bzw. der Gesellschafterbetrag können vorsehen, dass den Gewinnrücklagen aus dem Jahresüberschuss weitere Beträge zuzuführen sind (*satzungsmäßige Rücklage*).
- Die *anderen Gewinnrücklagen* enthalten alle Beträge, die aus dem Jahresüberschuss in die Gewinnrücklagen eingestellt werden und die nicht durch Gesetz oder Satzung bzw. als Rücklage für eigene Anteile geregelt sind. Die Einstellung von Beträgen in diese Rücklagen wird bei Aktiengesellschaften nach § 58 AktG geregelt.

3 Eigenkapital nach IFRS

Das Eigenkapital wird in den IFRS im Framework neben den Assets und Liabilities definiert. Nach F.49c wird Eigenkapital als *Residualbetrag* verstanden, der sich als Differenz von Vermögensgegenständen (Assets) und Schulden (Liabilities) ergibt. Die Gliederung des Eigenkapitals kann nach der in § 266 HGB vorgegebenen Form erfolgen (IAS 1.75e).

Nach IAS 32 ist es von besonderer Bedeutung, Eigenkapitalinstrumente von Schulden zu unterscheiden. IAS 32.11 sieht als Eigenkapitalinstrument einen Vertrag, der einen Residualanspruch an den Vermögenswerten des Unternehmens nach Abzug aller Schulden begründet. Ein *Eigenkapitalinstrument* liegt nur dann vor, wenn folgende zwei Bedingungen kumulativ erfüllt sind (IAS 32.16):[194]

1. Das Instrument beinhaltet *keine vertragliche Verpflichtung* seitens des Emittenten zur Lieferung von flüssigen Mitteln bzw. anderen finanziellen Vermögenswerten oder zur Übertragung bzw. Übernahme von finanziellen Vermögenswerten oder Schulden unter potenziell ungünstigen Bedingungen (nach IAS 32.18 wären daher Vorzugsaktien oder Personengesellschafts- bzw. Fondsanteile, die auf Verlangen des Inhabers durch einen fixen Geldbetrag zu tilgen sind, als Fremdkapital einzustufen).
2. Sowohl im Fall derivativer als auch nicht derivativer Finanzinstrumente muss oder kann das Finanzinstrument auf Verlangen des Emittenten durch Eigenkapitalinstrumente des Emittenten getilgt werden. Derivative Finanzinstrumente müssen jedoch auf den *Austausch* eines fixen Geldbetrags *gegen eine fixe Anzahl eigener Aktien* gerichtet sein; ebenso müssen nicht derivative Finanzinstrumente auf die *Lieferung einer fixen Anzahl eigener Aktien* gerichtet sein.

Im Wesentlichen enthalten die IFRS lediglich Mindestangaben für den Ausweis von Eigenkapital. Nach IAS 1.75e erfolgt ein gesonderter Ausweis des gezeichneten Kapitals, der Kapitalrücklagen und der übrigen Rücklagen entweder in der Bilanz oder im Anhang. Im Unterschied zum HGB umfasst das Eigenkapital zusätzlich eine Neubewertungsrücklage, die Beträge aus erfolgsneutralen Neubewertungen (z. B. aus Wertveränderungen von Wertpapieren der Kategorie »Available for Sale«) aufnimmt.

---

194 Vgl. ferner Grünberger, David; Grünberger, Herbert [Finanzinstrumente, 2004], S. 121.

Kapitel 6: Bilanzierung der versicherungstechnischen Rückstellungen

1 Begriffsbestimmung und Formen von Rückstellungen

Rückstellungen sind Passivposten für bestimmte *Verpflichtungen* des Unternehmens, die am Bilanzstichtag dem *Grunde* und/oder der *Höhe* nach *ungewiss* sind. Insofern unterscheiden sich Rückstellungen von *Verbindlichkeiten*, deren Höhe und Existenz sicher ist. Nach der abschließenden Systematik des § 249 HGB können

1. Verbindlichkeitsrückstellungen,
2. Drohverlustrückstellungen und
3. Aufwandsrückstellungen

unterschieden werden.

Ad 1: *Rückstellungen für ungewisse Verbindlichkeiten* beruhen auf einer Außenverpflichtung, d. h. einer Verpflichtung gegenüber Dritten. Die ungewisse Verpflichtung kann sowohl rechtlicher bzw. öffentlich-rechtlicher als auch faktischer Natur sein.[195] Rechtliche Verpflichtungen können etwa Pensionsrückstellungen, Steuerrückstellungen und Garantieverpflichtungen darstellen. Demgegenüber ergeben sich faktische Verpflichtungen aus Gewährleistungen (Kulanzen), die vom Kaufmann in die Bilanz aufzunehmen sind, auch wenn er hierzu rechtlich nicht verpflichtet ist.

Ad 2: *Rückstellungen für drohende Verluste aus schwebenden Geschäften* sind eine Folge des Imparitätsprinzips. Demnach sind nicht realisierte Verluste im Gegensatz zu nicht realisierten Gewinnen zu antizipieren und im Geschäftsjahr zu berücksichtigen. Obwohl die Drohverlustrückstellung eine ungewisse Verbindlichkeit darstellt, wird sie im Gesetzestext eigenständig aufgeführt.

Ad 3: *Aufwandsrückstellungen* stellen Innenverpflichtungen dar, die ohne rechtliche oder faktische Verpflichtung erst in späteren Jahren anfallen. Die Passivierung von Aufwandsrückstellungen ist Ausfluss einer dynamischen Bilanztheorie,

---

[195] Vgl. Coenenberg, Adolf G. [Jahresabschluss, 2005], S. 350. Eine eigenständige Kategorie für faktische Verpflichtungen unterscheidet Baetge, Jörg et al. [Bilanzen, 2005], S. 413.

wonach der betriebsintern verursachte Wertverzehr zur Periode den korrespondierenden Erträgen zugeordnet wird. Zum Zweck der Objektivierung schränkt § 249 HGB den Ansatz von Aufwandsrückstellungen auf bestimmte Formen ein. Passivierungspflichtig sind nach § 249 Abs. 1 S. 2 »im Geschäftsjahr unterlassene Aufwendungen für Instandhaltung, die im folgenden Geschäftsjahr innerhalb von drei Monaten« nachgeholt werden, oder unterlassene Aufwendungen für »Abraumbeseitigung, die im folgenden Geschäftsjahr nachgeholt werden«. Darüber hinaus sieht § 249 Abs. 1 S. 3 HGB bzw. § 249 Abs. 2 HGB ein Passivierungswahlrecht von

a) Aufwendungen für Instandhaltung vor, wenn die Instandhaltung nach Ablauf von drei Monaten aber noch innerhalb des Geschäftsjahrs nachgeholt wird und

b) von Aufwendungen, die ihrer Eigenart genau umschrieben sind und dem Geschäftsjahr bzw. einem früheren Geschäftsjahr zuzuordnen sind, die am Abschlussstichtag wahrscheinlich oder sicher, aber hinsichtlich ihrer Höhe oder des Zeitpunkts ihres Eintritts unbestimmt sind.

Für Kapitalgesellschaften wird der *bilanzielle Ausweis* von Rückstellungen geregelt. Demnach unterscheidet § 266 Abs. 3 HGB für große Kapitalgesellschaften zwischen Pensionsrückstellungen, Steuerrückstellungen und sonstigen Rückstellungen. Demgegenüber können kleine Kapitalgesellschaften sämtliche Rückstellungen unter einer Position ausweisen (§ 249 Abs. 1 S. 2 HGB).

In den IFRS definiert IAS 37.10 Rückstellungen *(Provisions)* als Schulden, die im Hinblick auf ihre Fälligkeit oder ihre Höhe ungewiss sind. Daneben regelt IAS 37 auch abgegrenzte Schulden *(Accruals)*, die prinzipiell ebenfalls einer Unsicherheit unterliegen, die hinsichtlich der Fälligkeit und Höhe allerdings so gering ist, dass sowohl ein Ausweis unter den Verbindlichkeiten als auch ein Ausweis unter den Rückstellungen in Betracht zu ziehen ist.[196] Beispiele für abgegrenzte Schulden sind Kosten der Abschlussprüfung oder Urlaubsverpflichtungen gegenüber Arbeitnehmern. Während für Verbindlichkeiten *(Liabilities)*, Rückstellungen und abgegrenzte Schulden eine Ansatzpflicht besteht, sind die zusätzlich in IAS 37.10 geregelten Eventualschulden *(Contingent Liabilities)* lediglich im Anhang anzugeben. Eventualschulden sind

a) mögliche Verpflichtungen, deren Existenz allerdings noch von Bedingungen abhängig ist, die das Unternehmen nicht allein beeinflussen kann oder

b) gegenwärtige Verpflichtungen, die höchstwahrscheinlich nicht in Anspruch genommen werden bzw. deren Höhe nicht zuverlässig geschätzt werden kann.

---

196 Vgl. Heuser, Paul J.; Theile, Carsten [IFRS, 2007], S. 404.

Eigenständige Regelungen existieren darüber hinaus für drohende Verluste aus Fertigungsaufträgen (IAS 11), Steuerschulden (IAS 12) und Leistungen an Arbeitnehmer (IAS 19).

Nach *US-GAAP* werden Rückstellungen definiert als eine Schuld, die bezüglich ihrer Fälligkeit oder ihrer Höhe ungewiss ist. Unterschiedliche Rückstellungsarten nennt SFAS 5, der Rückstellungen für ungewisse Verbindlichkeiten und Rückstellungen für drohende Verluste unterscheidet. Nicht gebildet werden dürfen Aufwandsrückstellungen (SFAS 5.8). Für Rückstellungen von Versicherungsunternehmen finden sich spezifische Regelungen in den SFAS 60, 97 und 120.

2 Spezifische Rückstellungsbildung von Versicherungsunternehmen

2.1 Versicherungstechnische Rückstellungen nach HGB

2.1.1 Überblick über den Ansatz von versicherungstechnischen Rückstellungen

Die *versicherungstechnischen Rückstellungen* prägen die Passivseite der Versicherungsbilanz. Grundsätzlich hat für Versicherungsunternehmen der abschließende Rückstellungskatalog des § 249 HGB Gültigkeit. Die allgemeine Regelung wird jedoch durch die versicherungsspezifische Vorschrift des § 341e Abs. 1 HGB erweitert: »*Versicherungsunternehmen haben versicherungstechnische Rückstellungen auch insoweit zu bilden, wie dies nach vernünftiger kaufmännischer Beurteilung notwendig ist, um die dauernde Erfüllbarkeit der Verpflichtungen aus den Versicherungsverträgen sicherzustellen.*«

Der Begriff »versicherungstechnisch« verdeutlicht den unmittelbaren Zusammenhang dieser Rückstellungen mit der Leistungserstellung von Versicherungsunternehmen, da sich ihr Ansatz und ihre Höhe aus der Versicherungstechnik ableiten. Allerdings wird mit den versicherungstechnischen Rückstellungen neben der *Sicherstellung einer dauernden Leistungsfähigkeit* zusätzlich das Ziel einer *periodengerechten Erfolgsermittlung* verfolgt.[197] Um dieses Ziel zu erreichen, hat der Gesetzgeber den Begriff *versicherungstechnische Rückstellungen* über das bilanzrechtliche Verständnis von Rückstellungen hinaus sehr weit gefasst. Daher

---

197 Vgl. Buck, Heiko [Rückstellungen, 1994], S. 45.

fallen unter den Ausweis von versicherungstechnischen Rückstellungen teilweise auch passive Rechnungsabgrenzungsposten und Verbindlichkeiten.

Der Begriff der versicherungstechnischen Rückstellungen wird im Handelsbilanzrecht nicht definiert. Im Folgenden sollen in Anlehnung an FARNY unter versicherungstechnischen Rückstellungen *zukünftige Verpflichtungen aus einzelnen Versicherungsverträgen oder dem gesamten Versicherungsbestand* gefasst werden.[198] Im Einzelnen folgt hieraus die Passivierung folgender versicherungstechnischer Rückstellungen:

- *Beitragsüberträge* resultieren aus Abweichungen zwischen dem Zeitraum einer Versicherungsperiode und dem Zeitraum eines Geschäftsjahres (§ 341e Abs. 2 Nr. 1 HGB). Versicherungsunternehmen erhalten regelmäßig Beiträge, die nur zu einem bestimmten Teil der aktuellen Abrechnungsperiode zurechenbar sind und nach dem Grundsatz periodengerechter Erfolgsermittlung abzugrenzen sind.[199] Obwohl Beitragsüberträge ihrem Charakter nach einen passivischen transitorischen Rechnungsabgrenzungsposten darstellen, werden sie in der Versicherungsbilanz traditionell als versicherungstechnische Rückstellungen ausgewiesen.[200] Die Einordnung unter den versicherungstechnischen Rückstellungen entspricht der Perspektive einer statischen Bilanztheorie, die Prämien den Charakter einer künftigen Verpflichtung (der Leistung von Versicherungsschutz) zuschreibt.[201]

- Innerhalb der Bilanzierung zukünftiger Schadenzahlungen für Versicherungsfälle können einzelne *Schadenrückstellungen* (§ 341g HGB) für bereits eingetretene, aber noch nicht vollständig abgewickelte Versicherungsfälle unterschieden werden. Ihrem Charakter nach können diese Rückstellungen nach dem Informationsstand des Versicherungsunternehmens in einzelne Teilrückstellungen unterteilt werden.

- Neben den Beitragsüberträgen und den Schadenrückstellungen existiert im deutschen Handelsrecht mit der *Schwankungsrückstellung* eine versicherungstechnische Rückstellung, die zufällig auftretende Über- und Unterschäden einzelner Versicherungsperioden über die Zeit ausgleicht (§ 341h HGB). Die Schwankungsrückstellung gilt als eine der Höhe nach ungewisse Verpflichtung aus dem gesamten Versicherungsbestand, die auf den in der Zukunft noch abstrakt zu gewährenden Versicherungsschutz ausgerichtet ist.[202] Teilweise wird der Schwankungsrückstellung jedoch auch der Charakter von Eigenkapital zugewiesen, da sie nicht einzelnen Versicherungsnehmern zuzu-

---

198 Vgl. ähnlich Farny, Dieter [Buchführung, 1992], S. 129.
199 Vgl. Treuberg, Hubert Graf von; Angermayer, Birgit [Jahresabschluss, 1995], S. 277.
200 Vgl. Boetius, Jan [Handbuch, 1996], S. 194.
201 Vgl. Gürtler, Max [Erfolgsrechnung, 1958], S. 79–80.
202 Vgl. Meyer, Lothar [Vorsichtsprinzip, 1994], S. 108.

ordnen ist, sondern lediglich einem unbestimmten Kollektiv. Zusätzlich stellt die Schwankungsrückstellung bei Liquidation des Unternehmens Eigenkapital dar.
- Infolge von Gesetz, Satzung, geschäftsplanmäßiger Erklärung oder vertraglicher Vereinbarung ist eine *Rückstellung für Beitragsrückerstattung* zu bilden, um eine Auszahlung von Gewinnanteilen an die Versicherungsnehmer sicherzustellen (§ 341 Abs. 2 Nr. 3 HGB).
- In der Lebens- und Krankenversicherung sowie in der nach Art der Lebensversicherung betriebenen Schaden- und Unfallversicherung ist eine *Deckungsrückstellung* (§ 341f HGB) zu bilden. Diese enthält Beträge, die zur Deckung eines Rechtsanspruchs auf eine künftige Geldleistung versicherungsmathematisch berechnet und verzinslich angesammelt werden.[203]

Zusätzlich werden unter dem Posten »*Sonstige versicherungstechnische Rückstellungen*« die Rückstellung für drohende Verluste aus schwebenden Versicherungsgeschäften, die Stornorückstellung sowie die der Schwankungsrückstellung ähnliche Großrisikenrückstellung zusammengefasst.

In Abbildung 6.1 werden die wesentlichen versicherungstechnischen Verpflichtungen sowie deren Charakter nochmals zusammengeführt.

Versicherungstechnische Rückstellungen	Sparte	Zweck	Charakter
Beitragsüberträge	LV KV S-/UV	periodengerechte Erfolgsermittlung	passiver RAP
Rückstellungen für Beitragsrückerstattung	LV KV	Gewinnbeteiligung von Versicherungsnehmern	Verbindlichkeit
Schadenrückstellungen	S-/UV	Erfüllung künftiger Versicherungsleistungen	Rückstellung
Schwankungs- und Großrisikenrückstellungen	S-/UV	Glättung von Schwankungen im Zeitablauf	Eigenkapital bzw. Rückstellungen
Deckungsrückstellungen	LV KV S-/UV nach Art der LV	Erfüllung künftiger Versicherungsleistungen	Rückstellung
LV = Lebensversicherung; KV = Krankenversicherung; S-/UV = Schaden/ und Unfallversicherung; RAP = Rechnungsabgrenzungsposten			

Abb. 6.1: Überblick über die wesentlichen versicherungstechnischen Rückstellungen

---

[203] Vgl. Kromschröder, Bernhard [Besonderheiten, 1994], S. 787.

Der Ausweis der versicherungstechnischen Rückstellungen erfolgt nach dem modifizierten Nettoprinzip. Grundsätzlich wird in der Hauptspalte der Nettobetrag (Ausweis für eigene Rechnung) angesetzt. Im Unterschied zum reinen Nettoprinzip wird jedoch der Anteil von Rückversichern an den versicherungstechnischen Rückstellungen in der Vorspalte angezeigt.

2.1.2 Überblick über die Bewertung von versicherungstechnischen Rückstellungen

Die Bewertung der versicherungstechnischen Rückstellungen folgt grundsätzlich den Bewertungsvorschriften des § 253 Abs. 1 S. 2 HGB. Demnach sind Rückstellungen in Höhe des Betrags anzusetzen, der nach *vernünftiger kaufmännischer Beurteilung* notwendig ist. Eine Abzinsung der Rückstellungen ist nur dann erlaubt, wenn die ihnen zugrunde liegenden Verbindlichkeiten einen Zinsanteil enthalten.

Umstritten ist im Zuge der Bewertung von versicherungstechnischen Rückstellungen die Interpretation des *Vorsichtsprinzips*. Die Notwendigkeit einer dauernden Erfüllbarkeit der Versicherungsverträge könnte zu einer besonderen Interpretation des Vorsichtsprinzips für Versicherungsunternehmen führen. Die Argumente *für ein besonderes Vorsichtsprinzip* werden darin gesehen, dass

- Versicherungsunternehmen einem betriebsspezifischen Risiko unterliegen, das aus der Übernahme von Risiken der Versicherungsnehmer resultiert (Risikotransfer),
- Versicherungsunternehmen als »Nachleistungsbetriebe« über eine besonders »gewissenhafte« Passivenbewertung verfügen müssen, um im Bedarfsfall die Schadenaufwendungen tragen zu können, und
- die Versicherungsnehmer einem ausgeprägten Schutzbedürfnis unterliegen.[204]

Gegen ein besonderes Vorsichtsprinzip spricht,
- dass mit einem besonderen Vorsichtsprinzip eine gesetzliche Legitimation zur Legung überhöhter stiller Reserven verbunden ist,
- dass mit einem besonderen Vorsichtsprinzip die Basis für eine bewusst falsche Periodenabgrenzung gelegt wird und somit ein Verstoß gegen die Bilanzwahrheit (d. h. eine falsche Darstellung der Vermögens- und Ertragslage) vorliegt, und

---

[204] Vgl. zu den Befürwortern eines besonderen Vorsichtsprinzips Kühnberger, Manfred [Drohverlustrückstellungen, 1990], S. 696; Ziegler, Günter [Bilanzrecht, 1975], S. 468; Faßbender, Jürgen [Jahresabschlusspolitik, 1997], S. 171.

- die Tatsache, dass Rückstellungen immer mit Ungewissheit verbunden sind und folglich keine Sonderstellung von Versicherungsunternehmen begründet ist.[205]

Selbst wenn eine besondere Bedeutung des Vorsichtsprinzips abgelehnt wird, sind Schätzungen in der Bewertung der versicherungstechnischen Rückstellungen so vorzunehmen, dass das Realisations- und Imparitätsprinzip nicht durch zu optimistische Schätzungen unterlaufen wird.[206] Dennoch verweist § 341e Abs. 1 S. 2 HGB darauf, dass zum Zweck des Schutzes der Versicherungsnehmer die »erlassenen aufsichtsrechtlichen Vorschriften über die bei der Berechnung der Rückstellungen zu verwendenden Rechnungsgrundlagen einschließlich des dafür anzusetzenden Rechnungszinsfußes und über die Zuweisung bestimmter Kapitalerträge zu den Rückstellungen zu berücksichtigen« sind. Gerade die Versicherungsaufsicht ist im Grundsatz des Gläubigerschutzes verankert, der in Zweifelsfragen eher zu einer höheren als zu einer niedrigeren Dotierung der versicherungstechnischen Rückstellungen führt.[207]

Für die Bewertung der versicherungstechnischen Rückstellungen ist grundsätzlich eine *Einzelbewertung* nach § 252 Abs. 1 Nr. 3 HGB vorzunehmen. Von diesem Grundsatz darf jedoch abgewichen werden, wenn gleichartige oder annähernd gleichartige Schulden bewertet werden (§ 240 Abs. 4 HGB). Diese können zu Gruppen zusammengefasst werden *(Gruppenbewertung),* sofern diese zu annähernd gleichen Ergebnissen wie Einzelberechnungen führen. Darüber hinaus sieht § 341e Abs. 3 HGB für Versicherungsunternehmen eine Bewertung auf der Basis von *Näherungsverfahren* vor, wenn sowohl die Einzel- als auch die Gruppenbewertung nicht möglich oder der damit verbundene Aufwand unverhältnismäßig hoch ist. Folgende Näherungsverfahren werden nach § 27 RechVersV üblicherweise angewendet:

- In Versicherungszweigen, in denen nach Zeichnungsjahren abgerechnet wird (z. B. Transportversicherung), kann die *Nullstellungsmethode* angewendet werden. Die versicherungstechnische Rückstellung resultiert dabei aus dem Überschuss der in einem Geschäftsjahr eingenommenen Beiträge über die Zahlungen für Versicherungsfälle und die Aufwendungen für den Versicherungsbetrieb (§ 27 Abs. 2 RechVersV). Diese Rückstellung kann auch nach dem *Standardverfahren* (§ 27 Abs. 2 RechVerV) in Höhe eines bestimmten Prozentsatzes der Beitragseinnahmen gebildet werden, wenn nach der Eigenart

---

[205] Vgl. zu den Gegnern eines besonderen Vorsichtsprinzips Baur, Wolfgang [Periodisierung, 1984], S. 159; Perlet, Helmut [Rückstellungen, 1986], S. 86–87.
[206] Vgl. Perlet, Helmut [Rückstellungen, 1986], S. 87.
[207] Vgl. Faßbender, Jürgen [Jahresabschlusspolitik, 1997], S. 171.

des versicherungstechnischen Risikos ein solches Verfahren zweckmäßig ist (z. B. bei konstanten Schadenverläufen).
- In der Kreditversicherung und im in Rückdeckung übernommenen Versicherungsgeschäft nennt die RechVersV die Möglichkeit einer *zeitversetzten Bilanzierung* (§ 27 Abs. 3 RechVersV), indem in die versicherungstechnische Rechnung Zahlen des Geschäftsjahres eingesetzt werden, das dem Geschäftsjahr ganz oder teilweise vorausgeht. Dabei darf die Zeitversetzung ein Jahr nicht überschreiten. Allerdings ist die in der RechVersV genannte zeitversetzte Bilanzierung heute kaum mehr üblich und wird sehr restriktiv ausgelegt.

2.2 Versicherungstechnische Rückstellungen nach US-GAAP

2.2.1 Einteilung von Versicherungsverträgen nach US-GAAP

Seit Veröffentlichung des IFRS 4 besteht zwar ein IFRS für Versicherungsverträge, ohne allerdings umfassende eigenständige Regelungen für Ansatz und Bewertung der versicherungstechnischen Rückstellungen aufzustellen. Versicherungsunternehmen, die in der Zeit von 1998 bis 2004 nach § 292a HGB einen befreienden IFRS-Konzernabschluss aufgestellt haben, mussten sich daher – nach dem Grundsatz der *Best Practice* – für die Abbildung der Versicherungstechnik auf die Vorschriften der US-GAAP stützen. Die Anwendung US-amerikanischer Bilanzierungsvorschriften ermöglichte in der Vergangenheit IAS 1 (überarbeitet 1997), der bei Fehlen von spezifischen IFRS-Vorschriften die Anwendung anerkannter Branchenpraktiken oder Erklärungen anderer Standardsetzer vorschreibt (IAS 1.22c). Seit der Überarbeitung von IAS 1 und IAS 8 im Jahr 2003 ist die Regelung der IAS 1.22c jedoch weggefallen und durch eine *Hierarchie in IAS 8.10–12* ersetzt worden, die bei Fehlen bestimmter Regelungen Anhaltspunkte über die Bilanzierung nach IFRS gibt. Von der Anwendung dieser Hierarchie werden Versicherungsunternehmen nach Inkrafttreten des IFRS 4 weitgehend befreit und können folglich so lange auf nationale Regeln wie die US-GAAP zurückgreifen, bis ein eigenständiger – Ansatz und Bewertung regelnder – IFRS für Versicherungsverträge normiert ist (IFRS 4.13–14).[208]

Allerdings orientieren sich die US-GAAP allein an den *Produkten des US-amerikanischen Versicherungsmarktes*.[209] Daher ist eine Einordnung der deutschen Produkte in die Systematik der US-amerikanischen Versicherungsstandards er-

---

208 Nach dem Standardentwurf sollte diese Befreiung nur bis 2007 erfolgen (Sunset Clause).
209 Vgl. zur Zuordnung deutscher Versicherungsprodukte in die Systematik der US-GAAP Mayr, Gerhard [Internationalisierung, 1999], S. 57–62.

forderlich. Grundsätzlich existieren in den US-GAAP vier Standards zur Bilanzierung der versicherungstechnischen Geschäftsvorfälle:
- *SFAS 60* regelt allgemeine Versicherungsprodukte und umfasst im Wesentlichen die Sachversicherung, die Krankenversicherung und die Lebensversicherung ohne natürliche Gewinnbeteiligung.
- *SFAS 97* umfasst Regelungen für Versicherungsprodukte mit Investitionscharakter. Insbesondere fallen unter diesen Standard die fonds- und indexgebundene Lebensversicherung, Investmentverträge und Universal-Life-Verträge.
- *SFAS 120* i. V. m. SOP 95-1 regelt die Lebensversicherung mit natürlicher Gewinnbeteiligung.
- In *SFAS 113* werden die Bilanzierung von Rückversicherungsbeziehungen und die Abgrenzung von Versicherungsverträgen normiert.

Die Zuordnung von Versicherungsprodukten zu den einzelnen Standards folgt einer Systematik, die in Abbildung 6.2 dargestellt wird.

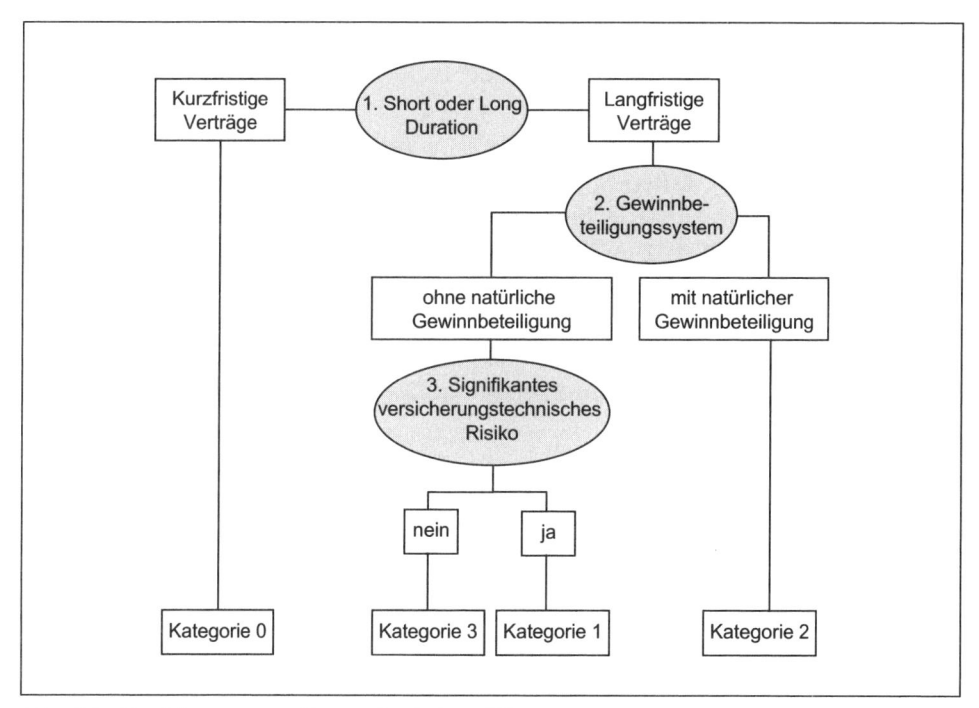

Abb. 6.2: Versicherungsverträge nach US-GAAP[210]

---

210 Vgl. in ähnlicher Form Mayr, Gerhard [Internationalisierung, 1999], S. 60.

Zunächst ist zwischen *kurz- und langfristigen Verträgen* zu unterscheiden. *Kurzfristige Verträge (Short Duration Contracts)* zeichnen sich dadurch aus, dass der Versicherungsschutz nur für einen festgelegten, kurzen Zeitraum gültig ist. Der Versicherer hat am Ende des Zeitraums das Recht, den Vertrag zu stornieren oder die Prämie anzupassen. Insbesondere wird nicht davon ausgegangen, dass der Vertrag über einen langen Zeitraum im Bestand bleibt. Demgegenüber setzen *langfristige Verträge (Long Duration Contracts)* die Tätigkeit verschiedener Dienstleistungen über einen langen Zeitraum voraus. Im Gegensatz zu kurzfristigen Verträgen unterliegen langfristige Verträge nicht einseitigen Änderungen der Versicherungsbedingungen. Es wird angenommen, dass der Vertrag eine lange Laufzeit besitzt.

Eine zweite Abgrenzung wird anhand des *Kriteriums der natürlichen Überschussbeteiligung* vorgenommen. Eine natürliche Gewinnbeteiligung im Sinne von FAS 120 liegt vor, wenn (FAS 120.5) die Versicherungsnehmer eine Beteiligung am Überschuss des Lebensversicherungsunternehmens erhalten, die sich an den tatsächlichen Ergebnissen orientiert. Die Verteilung des festgestellten Überschusses orientiert sich daran, inwieweit der einzelne Vertrag zum Gesamtüberschuss beigetragen hat (z. B. Zinsergebnisse entsprechend der Deckungsrückstellung und Risikoergebnis entsprechend der unter Risiko stehenden Versicherungssumme).

Ferner stellt das Vorhandensein *eines signifikanten versicherungstechnischen Risikos* ein Abgrenzungskriterium dar. Von einem nicht signifikanten versicherungstechnischen Risiko ist insbesondere dann auszugehen, wenn wesentliche Vertragsbestandteile (z. B. die Todesfallleistung, Ablaufleistung und Beitragshöhe) nicht vertraglich festgelegt bzw. garantiert sind. Beispielsweise fehlt dann ein signifikantes versicherungstechnisches Risiko, wenn das Versicherungsunternehmen ein separates Konto für den Versicherungsnehmer führt, auf dem die Prämienzahlungen abzüglich der Kosten und zuzüglich der Zinsen gutgeschrieben werden (SFAS 97.12b).

Anhand der aufgezeigten Kriterien lassen sich nun einzelne Verträge zu den Rechnungslegungsstandards zuordnen:

- Verträge der *Kategorie 0* stellen kurzfristige Verträge dar. Diese werden von *SFAS 60* geregelt. Unter diese Kategorie fallen beispielsweise der Großteil der Schaden- und Unfallversicherung sowie die Kreditversicherung.
- Verträge der *Kategorie 1* zeichnen sich als langfristige Verträge aus, für die keine natürliche Überschussbeteiligung vorliegt, die jedoch einem signifikanten versicherungstechnischen Risiko unterliegen. Die Normierung zu Verträgen der Kategorie 1 stellt *SFAS 60* dar. Ein Beispiel für diese Kategorie stellt ein Lebens-/Rentenversicherungsvertrag mit festgelegter Beitragshöhe, garantierten Leistungen und ohne Gewinnbeteiligung dar.

- Verträge der *Kategorie 2* werden durch *SFAS 120 i. V. m. SOP 95-1* geregelt. Charakteristisch für Verträge dieser Kategorie sind ihre Langfristigkeit, das Vorliegen einer natürlichen Überschussbeteiligung sowie ein signifikantes versicherungstechnisches Risiko. Innerhalb von Kategorie 2 ist z. B. eine gemischte Lebens-/Rentenversicherung mit Gewinnbeteiligung einzustufen.
- Verträge der *Kategorie 3* stellen ebenfalls langfristige Verträge dar. Diese weisen jedoch keine natürliche Gewinnbeteiligung auf und unterliegen auch keinem signifikanten versicherungstechnischen Risiko. Für die Bilanzierung solcher Verträge ist *SFAS 97* maßgeblich. Neben der fondsgebundenen Lebensversicherung ist hier insbesondere die *Universal-Life-Versicherung* einzuordnen. Hierbei handelt es sich um ein Produkt auf dem amerikanischen Versicherungsmarkt, das eine Kombination aus Todesfallschutz und Sparen für den Erlebensfall darstellt. Zu Beginn der Versicherung wird eine Todesfallleistung vereinbart, die aber in gewissen Grenzen variieren kann. Der erste Jahresbeitrag darf ein Minimum nicht unterschreiten, später allerdings kann die Beitragszahlung variieren bzw. der Versicherungsnehmer kann die Beitragszahlung sogar unterbrechen. Die Beiträge werden zunächst vollständig in die Deckungsrückstellung eingebracht. Die für Risiko und Kosten vorgesehenen Beiträge werden anschließend entnommen und als Beiträge ausgewiesen.

Nach der Klassifizierung des Bestands in die einzelnen Kategorien ist eine weitere Unterteilung in Teilbestände (Blocks of Business) erforderlich.[211] In der Sachversicherung wird gewöhnlich in Abhängigkeit von der Tarifgruppe nach Sparten mit unterschiedlicher Schadenabwicklungscharakteristik (z. B. Haftpflicht, Unfall, Kasko, Rechtsschutz etc.) unterteilt. In der Lebensversicherung ist neben einer Unterteilung nach Tarifgruppen (Er- und Ableben, Todesfall, Rente) eine Unterscheidung nach Zugangsjahren üblich.

2.2.2 Überblick über den Ansatz und die Bewertung von versicherungstechnischen Rückstellungen nach US-GAAP

In den US-GAAP werden Rückstellungen unter die Liabilities gefasst. Rückstellungen werden nach SFAS 5.8 sowie FIN 14 bzw. CON 6.36 als Schulden definiert, die bezüglich ihrer Fälligkeit oder ihrer Höhe ungewiss sind. Eine Bildung von Rückstellungen erfolgt dann, wenn folgende Kriterien kumulativ erfüllt sind:[212]

---

211 Vgl. AVÖ [Leitfaden, 2001], S. 6.
212 Vgl. Hayn, Sven; Waldersee, Georg Graf [IAS, 2002], S. 161–162.

- Vor der Veröffentlichung des Abschlusses verfügbare Informationen deuten darauf hin, dass am Bilanzstichtag wahrscheinlich eine Verpflichtung *(Außenverpflichtung)* vorliegt, die *wirtschaftlich bzw. rechtlich verursacht* ist.
- Die Verpflichtung wird wahrscheinlich in Anspruch genommen.
- Die Verpflichtungshöhe muss zuverlässig bestimmbar *(quantifizierbar)* sein.

Als versicherungstechnische Rückstellungen (Policy Liabilities) werden folgende Arten von Rückstellungen eingeordnet, für die ein separater Ausweis vorgeschrieben ist (Rule 7-03 S-X):[213]
- Beitragsüberträge (Unearned Premiums),
- Deckungsrückstellung (Liability for Future Policy Benefits),
- Schadenrückstellung (Liability for Unpaid Claim Costs),
- Rückstellung für Beitragsrückerstattung (Other Policyholders' Funds),
- sonstige versicherungstechnische Rückstellungen (Other Policy Claims and Benefits Payable) und
- Rückstellungen im Rahmen der fondsgebundenen Lebensversicherung (Liabilities Related to Separate Accounts).

Während das HGB einen Ausweis der versicherungstechnischen Rückstellungen nach dem modifizierten Nettoprinzip vorsieht, ist nach US-GAAP ein *Bruttoausweis* erforderlich. Falls Teile der versicherungstechnischen Rückstellungen in Rückversicherung gegeben werden, sind diese Anteile als Forderungen auf der Aktivseite auszuweisen (SFAS 113.14).

Die Bewertung von Rückstellungen erfolgt nach US-GAAP zum Betrag der bestmöglichen Schätzung *(Best Estimate)*. Im Regelfall stellt der erwartete Verlust die beste Schätzung dar (SFAS 5.69). Falls sich eine Quantifizierung nur mittels einer Bandbreitenschätzung vornehmen lässt, ist der Wertansatz mit der höchsten Eintrittswahrscheinlichkeit heranzuziehen. Theoretisch ist auch der Fall denkbar, dass die Wahrscheinlichkeiten innerhalb einer Bandbreite nicht unterschieden werden können. In diesem Fall ist der niedrigste Wert der Bandbreite heranzuziehen (FIN 14.3).

---

213 Vgl. Mayr, Gerhard [Internationalisierung, 1999], S. 86.

3 Einzelne versicherungstechnische Rückstellungen

3.1 Beitragsüberträge

3.1.1 Beitragsüberträge nach HGB

Versicherungsperiode und Geschäftsjahr des Versicherungsunternehmens sind oftmals nicht identisch. Falls beispielsweise ein Versicherungsnehmer am 01.07.2005 eine Jahresprämie an das Versicherungsunternehmen zahlt, stellt lediglich der Teil, der bis zum Ende des Geschäftsjahres 2005 (in der Regel der 31.12.2005) gerechnet wird, einen verdienten Beitrag für diese Periode dar. Der im Voraus bezahlte Teil der Beiträge, der für das Jahr 2006 (bis zum 30.06.2006) bereits geleistet wird, dient insofern für den in der Folgeperiode zu gewährenden Versicherungsschutz. Die der Folgeperiode zuzurechnenden Beitragsanteile sind als Beitragsüberträge in das nachfolgende Geschäftsjahr zu übertragen. Dem Charakter nach handelt es sich hierbei um *transitorische passive Rechnungsabgrenzungsposten*. Abbildung 6.3 verdeutlicht die Abgrenzung der Beitragsüberträge.

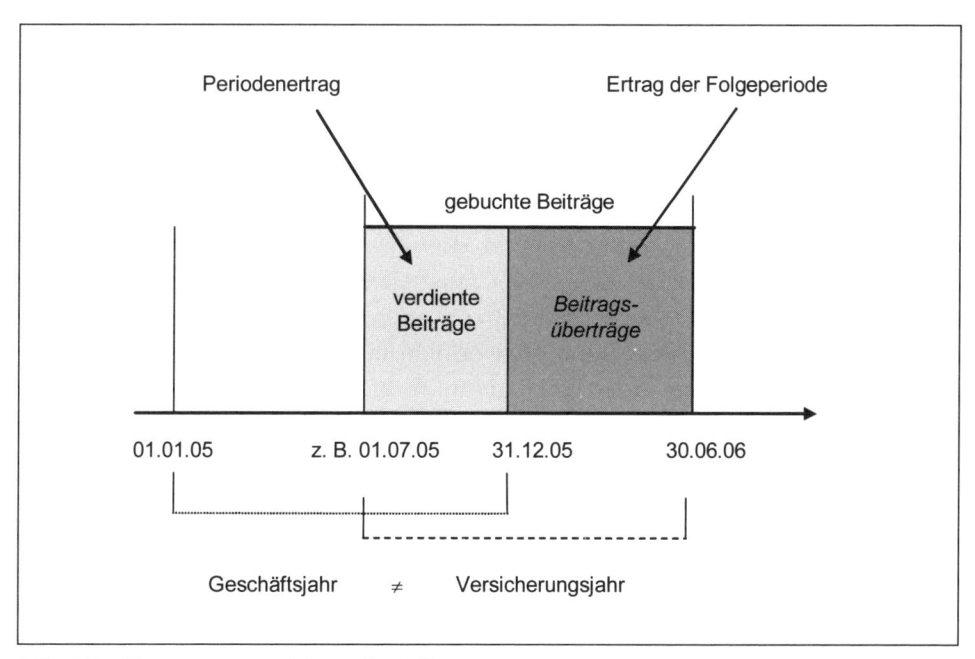

Abb. 6.3: Abgrenzung von Beitragsüberträgen

Nach § 341e Abs. 2 Nr. 1 HGB sowie § 24 RechVersV besteht eine Passivierungspflicht »für den Teil der Beiträge, der Ertrag für eine bestimmte Zeit nach dem Abschlussstichtag darstellt«. Weder das HGB noch die RechVersV konkretisieren diejenigen Beitragsteile, die übertragungsfähig sind. Daher wird auf eine steuerrechtliche Regelung zurückgegriffen, die in Form eines *koordinierten Ländererlasses* die Berechnung der Beitragsüberträge regelt.[214] Demnach sind die Beitragsüberträge auf der Grundlage der um Versicherungssteuer und Ratenzuschläge gekürzten Beiträge (= *Tarifbeiträge*) ermittelt. *Nicht übertragungsfähig sind*

1. im selbst abgeschlossenen Versicherungsgeschäft bei Schaden- und Unfallversicherungsunternehmen 85% der Provisionen und sonstigen Bezüge der Vertreter und
2. im Lebensversicherungsgeschäft der kalkulierte Inkassozuschlag, falls er nicht mehr als 4% des Beitrags beträgt.

Im indirekten Versicherungsgeschäft von Schaden- und Unfallversicherungsunternehmen sowie Rückversicherungsunternehmen werden 92,5% der vereinbarten Rückversicherungsprovision abgezogen.

Die Tarifbeiträge abzüglich der genannten Kostenbestandteile bilden die Bemessungsgrundlage für die Beitragsüberträge. Der zurückzustellende Betrag resultiert schließlich aus der zeitlichen Abgrenzung der Bemessungsgrundlage.

Der Kostenabzug führt zu einer indirekten Aktivierung von Teilen der Abschlusskosten. Nach herrschender Meinung resultiert hieraus jedoch kein Verstoß gegen das Aktivierungsverbot für Abschlusskosten (§ 248 Abs. 3 HGB), sondern vielmehr die pauschale Annahme, dass diese Teile der Beiträge nicht einem späteren Geschäftsjahr zuzurechnen sind.

Die Anteile der Rückversicherer an den Beitragsüberträgen kommen nur für proportionale Rückversicherungsverträge in Betracht.[215] Nichtproportionale Rückversicherungsverträge umfassen in der Regel keine reine Rückversicherungsprovision, sondern lediglich Gewinnanteile, die für einen Kostenabzug nicht in Frage kommen.

Die *Ermittlung* der Beitragsüberträge erfolgt im selbst abgeschlossenen Versicherungsgeschäft grundsätzlich nach dem Verhältnis der noch ausstehenden Gegenleistung (Versicherungsschutz nach dem Stichtag) zur gesamten Gegenleistung (Schutz während des gesamten Versicherungszeitraums). In der Regel wird dabei ein gleich bleibender Risikoverlauf, d. h. eine *zeitliche Proportionalität* zwischen der Gewährung von Versicherungsschutz und der Zahlung des Beitrags, angenommen. Die Ermittlung der Beitragsüberträge hat grundsätzlich für den *einzelnen Versicherungsvertrag pro rata temporis* (taggenau mit 1/360-Methode bzw. halbtaggenau mit der 1/720-Methode) zu erfolgen.[216]

---

214 Vgl. BMF [Beitragsüberträge, 1974], S. 118.
215 Vgl. hierzu und im Folgenden Buck, Heiko [Rückstellungen, 1995], S. 112.
216 Vgl. zu Verfahren der Ermittlung von Beitragsüberträgen Geib, Gerd; Telgenbüscher, Franz R. [Posten, 2003], Rd. 15–26.

Als Ausnahme vom Grundsatz der Einzelbewertung sieht § 341e Abs. 3 HGB die Berechnung mit *Näherungsverfahren* als zulässig an, wenn anzunehmen ist, dass diese zu annähernd gleichen Ergebnissen wie die Einzelberechnung führt. Durch die Entwicklung der EDV-Technik haben Näherungsverfahren allerdings weitgehend an Bedeutung verloren. Als Näherungsverfahren können Bruchteilsverfahren und Pauschalmethoden unterschieden werden:

- *Bruchteilsverfahren* führen dazu, dass Beitragseinnahmen je nach Fälligkeit auf bestimmte gleich große Zeitabschnitte eines Geschäftsjahres aufgeteilt werden und die Beitragsüberträge in Bruchteilen dieser Beträge ermittelt werden. Übliche Näherungslösungen folgen aus der Anwendung der 1/24-Methode (Monatsmitte als Fälligkeit), der 1/12-Methode (Monatsanfang als Fälligkeit) sowie der 1/8-Methode (Quartalsmitte als Fälligkeit).
- Die *Pauschalmethode* kommt nur für Versicherungszweige und Versicherungsarten in Betracht, in denen Versicherungsverträge eine sehr kurze Laufzeit aufweisen (z. B. Transportversicherung). Es erfolgt eine Multiplikation der gesamten Beitragseinnahmen eines Geschäftsjahres mit einem bestimmten Prozentsatz (Beitragsübertragssatz). Wird beispielsweise eine gleichmäßige Verteilung der Prämienfälligkeiten über das ganze Jahr unterstellt, so ergibt sich ein Multiplikatorsatz von 50%.

Für das in *Rückdeckung übernommene Geschäft* wird in der Regel die Bruchteilsmethode in Abhängigkeit von der Abrechnungshäufigkeit durch den Vorversicherer verwendet. Für das in *Rückversicherung abgegebene Geschäft* ist grundsätzlich das Verfahren heranzuziehen, das für die Berechnung der Bruttobeitragsüberträge angewendet wird.

Bei *fehlender zeitlicher Proportionalität* zwischen Risikoverlauf und Beitrag ist gemäß § 24 S. 2 RechVersV der Bruttobetrag der Beitragsüberträge nach Verfahren zu ermitteln, die der im Zeitablauf unterschiedlichen Entwicklung des Risikos Rechnung tragen (z. B. Baurisiko- oder Montageversicherung).

3.1.2 Beitragsüberträge nach US-GAAP

In den US-GAAP werden Erträge gemäß CON 5.84c nach dem Leistungsfortschritt (Percentage of Completion-Method) vereinnahmt. Daher sind in der Schaden- und Unfallversicherung Beiträge so über die Laufzeit zu verteilen, wie der entsprechende Versicherungsschutz gewährt wird (SFAS 60.13).[217] Beiträge, die in der einen Periode zu einer Einzahlung, jedoch erst in der Folgeperiode zu einem Ertrag führen, sind am Abschlussstichtag abzugrenzen *(Unearned Premiums)*.

---

217 Vgl. zu Beitragsüberträgen nach US-GAAP Mayr, Gerhard [Internationalisierung, 1999], S. 90–91.

Beispiel 6.1: Berechnung der Beitragsüberträge

Annahmen: Versicherungsbeginn: 03.02.200X
Bilanzstichtag: 31.12.200X
Jahresbeitrag: 1.200 €
Provisionssatz: 25%

a) Aufgrund eines veralteten EDV-Systems wird zur Beitragsabgrenzung ein Näherungsverfahren (Bruchteilsmethode) angewendet. Die unterstellte Fälligkeit der Beiträge ist am Monatsanfang.
b) Im Vergleich wird eine Berechnung pro rata temporis dargestellt:

1. Schritt: Berechnung der nicht übertragungsfähigen Beitragsteile:
Höhe der Abschlusskosten: 0,25 · 1.200 € = 300 €
Nicht übertragungsfähige Kosten: 0,85 · 300 € = 255 € (45 € sind übertragungsfähig)

2. Schritt: Berechnung des Beitragsübertrags
a) Bruchteilsmethode: Bemessungsgrundlage: 1.200 € − 255 € = 945 €
   Abgrenzung: 945 € · 1/12 = 78,75 € (= Beitragsüberträge)
b) pro rata temporis   Bemessungsgrundlage: 1.200 € − 255 € = 945 €
   Abgrenzung: 945 € · 32/360 = 84 € (= Beitragsüberträge)

Beispiel: Übertragssätze bei Anwendung der Bruchteilsmethode im selbst abgeschlossenen Geschäft bei jährlicher Zahlungsweise

1/24-Methode
unterstellt Fälligkeit: Mitte des Monats Januar, d. h.:
(01.01.–15.01.) ist abzugrenzen   1/24 des Jahres
(01.01.–15.02.) sind abzugrenzen   3/24 des Jahres etc.

1/12-Methode
a) unterstellte Fälligkeit: Monatsanfang
   für Januar   keine Abgrenzung   (01.01.–31.12.)
   für Februar   1/12   (01.01.–01.02.)
   für März   2/12   (01.01.–01.03.) etc.
b) unterstellte Fälligkeit: Monatsende
   für Januar   1/12
   für Februar   2/12
   für März   3/12 etc.

Beispiel: Übertragssätze bei Anwendung der Bruchteilsmethode im übertragenen Geschäft
bei vierteljähriger Abrechnung:
   3. Quartal Vorjahr: 12,5% (1/8)
   4. Quartal Vorjahr: 37,5% (3/8)
   1. Quartal Geschäftsjahr: 62,5% (5/8)
   2. Quartal Geschäftsjahr: 87,5% (7/8)
bei halbjähriger Abrechnung:
   2. Halbjahr Vorjahr: 25,0% (1/4)
   1. Halbjahr Geschäftsjahr: 75,0% (3/4)
bei jährlicher Abrechnung: 50,0% (1/2)

Annahmen: Jahresbeiträge gleich verteilt über den Abrechnungszeitraum und um ein halbes Jahr zeitversetzter Abrechnungszeitraum

Die Ermittlung der Beitragsüberträge erfolgt auf der Grundlage der Bestandsbeiträge am Ende des Geschäftsjahres oder der während des Geschäftsjahres gebuchten Beiträge, wobei Nebenleistungen der Versicherungsnehmer sowie Ratenzahlungszuschläge abzuziehen sind. Im Wesentlichen unterscheidet sich SFAS 60.13 nicht von den bekannten Regelungen des HGB:
- Es wird in der Regel unterstellt, dass sich das versicherungstechnische Risiko gleichmäßig über die Laufzeit des Versicherungsvertrags verteilt (*zeitproportional*). In Fällen, in denen ein gleichmäßiger Risikoverlauf nicht zu erwarten ist, müssen die Beitragsüberträge entsprechend gewichtet werden.
- Die Ermittlung der Beitragsüberträge erfolgt in der Regel *pro rata temporis*. Falls im HGB *Näherungsverfahren* angewendet werden, können diese auch nach US-GAAP zugrunde gelegt werden, falls hierdurch eine sachgerechte Verteilung der Beiträge gewährleistet wird. In den USA wird insbesondere die 1/24-Methode verwendet.
- Im Gegensatz zum HGB erfolgt bei den Beitragsüberträgen nach US-GAAP *kein Kostenabzug*. Vielmehr werden Abschlusskosten (Deferred Acquisition Costs) aktiviert und über die Laufzeit verteilt.

In der *Lebensversicherung mit natürlicher Gewinnbeteiligung* und in der *Krankenversicherung* werden Beiträge nicht über Beitragsüberträge abgegrenzt (SOP 95-1.12 sowie SFAS 60.15 i. V. m. SFAS 97.30). Vielmehr erfolgt mit der sofortigen Ertragsvereinnahmung eine entsprechende Erhöhung der Deckungsrückstellung.

3.2 Rückstellung für erfolgsabhängige und erfolgsunabhängige Beitragsrückerstattung

3.2.1 Beitragsrückerstattung nach HGB

Aufgrund von Sicherheitszuschlägen in den Beiträgen und Zinserträgen aus den Kapitalanlagen erwirtschaften Versicherungsunternehmen Überschüsse. An diesen Überschüssen sind die Versicherungsnehmer insbesondere in der Lebens- und Krankenversicherung (§§ 81c und d VAG) angemessen zu beteiligen.[218] Der Vorstand bestimmt (unter Einhaltung der in der ZRQuotenV bzw. ÜbschV vorgegebenen Mindestüberschüsse) mit Zustimmung des Aufsichtsrates die Höhe der Überschussbeteiligung (§ 56a VAG bzw. §§ 3, 38 VAG). Beträge, die nicht aufgrund eines Rechtsanspruchs der Versicherten zurückzustellen sind, dürfen für die Überschussbeteiligungen nur bestimmt werden, soweit aus dem verblei-

---

218 Vgl. zur Rückstellung für Beitragsrückerstattung insbesondere Stuirbrink, Wolfgang; Westenhoff, Manfred; Reich, Hanno [§ 341e HGB, 1998], Tz. 76–129.

benden Bilanzgewinn noch ein Gewinn in Höhe von mindestens 4% des Grundkapitals verteilt werden kann (§ 56a S. 1 und 2 VAG). Die Rückstellung für Beitragsrückerstattung enthält nun diejenigen Beiträge, die für eine spätere Ausschüttung an die Versicherungsnehmer bestimmt sind.[219] Sie stellt somit eine Masse thesaurierter Mittel dar, die zwar schon der *Gesamtheit der Versicherungsnehmer* gewidmet, aber am Bilanzstichtag noch nicht den einzelnen Versicherungsnehmern gutgeschrieben ist.

Voraussetzung für die Rückstellungsbildung ist die Sicherung einer ausschließlichen Verwendung zur erfolgsabhängigen und erfolgsunabhängigen Beitragsrückerstattung durch Gesetz, Satzung, geschäftsplanmäßige Erklärung oder vertragliche Vereinbarung (§ 341e Abs. 2 Nr. 2 HGB). § 56a VAG sieht eine Verwendung der Beträge, die der Rückstellung für die Beitragsrückerstattung zugewiesen wurden, nur für die Überschussbeteiligung der Versicherungsnehmer vor. Lediglich im Fall eines Notstands können mit Zustimmung der Aufsicht Überschussanteile im Interesse der Versicherungsnehmer zu anderen Zwecken verwendet werden.

In § 28 Abs. 2 und 3 RechVersV werden mit der erfolgsabhängigen und der erfolgsunabhängigen Beitragsrückerstattung zwei Formen der Rückstellungsbildung unterschieden.

- Die *erfolgsabhängige Beitragsrückerstattung* umfasst die Beträge, die vom Gesamtergebnis, vom versicherungstechnischen Gewinn des gesamten Versicherungsgeschäfts oder vom Ergebnis eines Versicherungszweigs oder einer Versicherungsart abhängig sind.
- Die *erfolgsunabhängige Beitragsrückerstattung* umfasst die Beträge, die vom Schadenverlauf oder vom Gewinn eines oder mehrerer Versicherungsverträge abhängig oder die vertraglich vereinbart oder gesetzlich geregelt sind.

Den Versicherungsnehmern bereits zugeteilte und gutgeschriebene Überschussanteile, die noch nicht ausgeschüttet wurden, werden unter dem Posten »Verbindlichkeiten aus dem selbst abgeschlossenen Versicherungsgeschäft gegenüber Versicherungsnehmer« ausgewiesen (§ 28 Abs. 4 RechVersV).

Die *erfolgsabhängige Beitragsrückerstattung* kommt insbesondere in der Lebens- und Krankenversicherung vor. Falls Gewinnanteile nicht direkt gutgeschrieben werden (Lebensversicherung mit Direktgutschrift), werden sie nicht in der Periode der Entstehung sofort ausgeschüttet, sondern in die Rückstellung für Beitragsrückerstattung eingestellt. Zusätzlich existiert in der Lebensversicherung oftmals die Vereinbarung einer Schlussüberschussbeteiligung. Die Überschüsse, die für eine Schlusszahlung vorgesehen sind, werden als Teilrückstellung *(Schlussüber-*

---

[219] Vgl. Farny, Dieter [Buchführung, 1992], S. 133.

schussanteilsfonds) der Rückstellung für Beitragsrückerstattung gebildet (§ 28 Abs. 6 RechVersV). Im Rahmen der erfolgsabhängigen Beitragsrückerstattung sind die aufsichtsrechtlichen Vorschriften zu beachten, die in den Verordnungen zur Überschussbeteiligung verankert sind.

Eine *erfolgsunabhängige Beitragsrückerstattung,* die sich am Schadenverlauf orientiert, findet sich in der Regel nur in der Krankenversicherung sowie in der Schaden- und Unfallversicherung. In der *Krankenversicherung* kann der Überzins neben der Einstellung in die Alterungsrückstellung auch teilweise festgelegt werden und innerhalb von drei Jahren zur Prämienermäßigung oder zur Vermeidung bzw. Einschränkung von Prämienerhöhungen verwendet werden (§ 12a Abs. 3 VAG und § 28 Abs. 1 S. 2 RechVersV). Diese Thesaurierung ist Bestandteil der erfolgsunabhängigen Beitragsrückerstattung.

In der *Schaden- und Unfallversicherung* ist zu prüfen, ob für eine Beitragsrückerstattung versicherungsvertraglich ein mehrjähriger Beobachtungszeitraum vereinbart ist. In diesem Fall sind als Rückstellung für die Beitragsrückerstattung nur die nach Ablauf des Beobachtungszeitraums feststehenden Beitragsrückerstattungen auszuweisen. Die bereits vor Ablauf des Beobachtungszeitraums (in Höhe der zu erwartenden Beitragsrückerstattungen) vorsorglich gebildete Rückstellung für Beitragsrückerstattung ist unter dem Posten »E. IV. sonstige versicherungstechnische Rückstellungen« auszuweisen (§ 31 Abs. 2 Nr. 3 RechVersV).

Die *Verwendung der laufenden Überschussanteile* kann in unterschiedlicher Form erfolgen. Neben einer Barausschüttung werden in der *Lebensversicherung* Beiträge, die der Rückstellung für Beitragsrückerstattung entnommen werden, oftmals in entsprechender Höhe in die Deckungsrückstellung eingestellt. Es handelt sich um einen über die Erfolgsrechnung abgewickelten Passivtausch. Gewinnanteile an die Versicherungsnehmer werden der Rückstellung für Beitragsrückerstattung entnommen und analog einer Einmalprämie mit dem Zweck einer Erhöhung des Versicherungsschutzes der Deckungsrückstellung zugeführt. In der Krankenversicherung werden Beiträge zur Vermeidung oder Begrenzung von Prämienerhöhungen im Alter aus der Bruttorückstellung für Beitragsrückerstattung entnommen und gemäß § 12a VAG der Alterungsrückstellung zugeführt.

Abbildung 6.4 gibt einen Überblick über die Entnahmeformen aus der Rückstellung für Beitragsrückerstattung und ihre bilanzielle Behandlung. Die RfB kann in eine freie und eine gebundene RfB eingeteilt werden:
- Die *gebundene RfB* beinhaltet Mittel, die im Folgejahr an die Versicherungsnehmer ausgeschüttet werden, d. h., sie wird in der Höhe gebildet, wie voraussichtlich Mittel entnommen werden, um die deklarierten Überschussanteile zu finanzieren (laufende Überschussanteile). Daneben werden in die gebundene RfB die Schlussüberschüsse eingerechnet, die durch Vertrag oder Satzung den Versicherungsnehmern zugesagt sind.

- Die *freie RfB* stellt den Teil der RfB dar, dessen Zuteilung weder zeitlich noch in der Höhe festgelegt ist. Diese Mittel stehen der Gemeinschaft der Versicherten grundsätzlich zu. Allerdings ist über deren konkrete Verwendung noch kein Beschluss gefasst. Die freie RfB nimmt dabei die Funktion eines »Sicherheitspolsters« ein, indem sie eine möglichst gleichmäßige Gewinnzuteilung an die Versicherungsnehmer sicherstellt.

Entnahmeform	Ausweis
1. Barausschüttung	1. Verminderung der Bankposition
2. Verrechnung mit Beiträgen	2. Beiträge aus der RfB und Erhöhung der Deckungsrückstellung
3. Verzinsliche Ansammlung der Überschussanteile	3. Verbindlichkeiten gegenüber Versicherungsnehmern
4. Einzahlung zur Erhöhung der Versicherungssumme	4. Erhöhung der Deckungsrückstellung
5. Verkürzung der Versicherungsdauer	5. Erhöhung der Deckungsrückstellung

Abb. 6.4: Formen der Entnahme aus der RfB

3.2.2 VVG-Reform

Neben den aufsichtsrechtlichen Vorschriften des VAG, die grundsätzliche Regelungen zur angemessenen Überschussbeteiligung der Versicherungsnehmer festlegen, wird im Rahmen der Reform des Versicherungsvertragsgesetzes (VVG) mit § 153 VVG eine *Beteiligung* der Versicherungsnehmer an den *Bewertungsreserven* der Kapitalanlagen vorgeschrieben. Neben den weiterhin gültigen Regelungen des § 81c VAG wird nun erstmals vertragsrechtlich normiert, dass die Verteilung der Überschüsse auf einzelne Verträge nach einem verursachungsorientierten Verfahren bzw. nach vergleichbaren angemessenen Verteilungsgrundsätzen zur erfolgen hat.

Ausgangspunkt der Reform war ein Urteil des Bundesverfassungsgerichts vom 26.07.2005, das den Gesetzgeber aufgefordert hat, eine rechtliche Regelung zu treffen, welche gewährleistet, dass Versicherungsnehmer auch an unrealisierten Wertänderungen angemessen zu beteiligen sind. Diese nicht im handelsrechtlichen Jahresabschluss berücksichtigten Bewertungsreserven sind jährlich neu zu ermitteln und nach einem verursachungsorientierten Verfahren rechnerisch zuzuordnen. § 153 Abs. 3 VVG sieht vor, dass bei der Beendigung des Vertrages der für diesen Zeitpunkt zu ermittelnde Betrag zur Hälfte zugeteilt und an den Versicherungsnehmer ausgezahlt wird. Eine frühere Zuteilung kann vereinbart werden.

In diesem Zusammenhang erfolgt eine Änderung des § 54 RechVersV. Demnach sind über die bisherigen Vorschriften hinaus die Zeitwerte aller zum Anschaffungswert oder zum Nennwert ausgewiesenen Kapitalanlagen im Anhang anzugeben. Zudem sind die Gesamtsumme der Anschaffungskosten der in die Überschussbeteiligung einzubeziehenden Kapitalanlagen, die Gesamtsumme des beizulegenden Zeitwertes selbiger Kapitalanlagen und der sich daraus ergebende Saldo offenzulegen. Somit ist aus dem Anhang unmittelbar ersichtlich, welche Bewertungsreserven zur Überschussbeteiligung zur Verfügung stehen.

Der Versicherungsnehmer ist nicht generell an sämtlichen Bewertungsreserven zu beteiligen. Ausgeschlossen sind Bewertungsreserven auf Kapitalanlagen, die von nicht mehr bestehenden Verträgen, nicht anspruchsberechtigten Verträgen (z. B. Verträge ohne Überschussbeteiligung) sowie von Eigenkapital verursacht werden.

In der externen Rechnungslegung sieht ein gemeinsamer Vorschlag von *GDV* und *BaFin* folgende Behandlung der zugeteilten Beträge nach § 153 Abs. 3 und 4 VVG vor:

- Falls die Überschussbeteiligung in Form einer Direktgutschrift erfolgt, können die ausgezahlten oder zur Leistungserhöhung verwendeten Beträge als sonstige versicherungstechnische Aufwendungen gebucht werden (analog zur Direktgutschrift für verzinsliche Ansammlung nach § 44 Nr. 2b RechVersV),
- Falls eine Entnahme aus der RfB erfolgt, werden die ausgezahlten Beträge nicht erfolgswirksam in der GuV ausgewiesen, sondern erfolgsneutral zu Lasten der RfB.

Einen Spezialfall bilden Rentenversicherungen, bei denen keine Kapitalzahlung erfolgt. In diesem Fall kann anstelle einer Auszahlung eine Leistungserhöhung erfolgen. Die Verbuchung erfolgt unter dem Posten »Veränderung der übrigen versicherungstechnischen Rückstellungen – Deckungsrückstellung«.

Am Bilanzstichtag besteht eine Passivierungspflicht nur dann, wenn die Leistung dem Grunde nach feststehend und der Höhe nach zugesagt ist. Fällige, aber nicht ausgezahlte Beträge aus der Beteiligung der Versicherungsnehmer an den Bewertungsreserven sollen als Verbindlichkeiten gegenüber den Versicherungsnehmern ausgewiesen werden.

Ein zusätzlicher Einfluss auf die Bilanzierung ergibt sich durch § 169 Abs. 3 VVG bezüglich der Berechnung des *Rückkaufswerts* durch den Versicherungsnehmer. Der Rückkaufswert entspricht dem nach versicherungsmathematischen Methoden bestimmten Deckungskapital der Versicherung. Bei einer Kündigung des Versicherungsverhältnisses ergibt sich der Rückkaufswert mindestens als Betrag des Deckungskapitals bei gleichmäßiger Verteilung der Abschluss- und Vertriebskosten auf die ersten fünf Vertragsjahre. Zu beachten ist dabei der aufsichtsrechtliche Höchstzillmersatz. Zugrunde zu legen sind dabei nicht die tatsächlich angefallenen oder erwarteten Abschlusskosten, sondern die kalkulatorischen, d.h. die in den Rechnungsgrundlagen der Prämienkalkulation verwendeten Abschluss- und Vertriebskosten.

3.2.3 Beitragsrückerstattung nach US-GAAP

In den US-GAAP finden sich keine konkreten Vorschriften über die Zuführung zur Rückstellung für Beitragsrückerstattung. Für Produkte, die der Kategorie nach SFAS 120/SOP 95-1 zugeordnet werden (insbesondere die Lebensversicherung mit natürlicher Gewinnbeteiligung) bedingt das deutsche Überschussbeteiligungssystem auch in den US-GAAP die Bildung einer Rückstellung für Beitragsrückerstattung. Dabei wird auf die nationalen Regelungen der HGB-Bilanzierung zurückgegriffen. Allerdings ist die Teilrückstellung für Schlussüberschussanteile von der Rückstellung für Beitragsrückerstattung abzuziehen. Diese ist nach US-GAAP Bestandteil der Deckungsrückstellung (Liability for Terminal Dividends). Für Produkte, die nach SFAS 60 bilanziert werden, kann ebenfalls auf die HGB-Bilanzierung zurückgegriffen werden.

Im Rahmen der IFRS-Erstanwendung bzw. bei der Umbewertung vom Einzelabschluss nach HGB auf Konzernabschluss nach internationalen Rechnungslegungsvorschriften resultieren Unterschiedsbeträge, die bei natürlichen Überschusssystemen im Sinne des SFAS 120 zu einer *latenten Beitragsrückerstattung* sowie zu *latenten Steuern* führen. Diese latente Beitragsrückerstattungspflicht aus positiven Unterschiedsbeträgen aus der Umbewertung ist in die *Rückstellung für latente Beitragsrückerstattung* einzustellen. Die Höhe der latenten Rückstellung für Beitragsrückerstattung bemisst sich nach dem Anteil, in dem, im Fall ihrer Realisierung, der Versicherungsnehmer aufgrund gesetzlicher oder vertraglicher Regelungen partizipieren wird.[220]

---

[220] Im Geschäftsbericht der Allianz Gruppe 2004 werden als Bezugsgröße sämtliche Überschussquellen genannt und als Prozentsatz für die Lebensversicherung 90% und die Krankenversicherung 80% genannt.

Einzelne versicherungstechnische Rückstellungen

Beispiel 6.2: Latente Rückstellung für Beitragsrückerstattung

Fall 1:
- Erstanwendung von US-GAAP
- Zuschreibung von »Available-for-Sale-Wertpapieren« über Anschaffungskosten
- Einstellung des verbleibenden Rests in die Neubewertungsrücklage »Nicht realisierte Gewinne und Verluste« (unrealized Gains and Losses)

Annahme: Ein *Available-for-Sale-Wertpapier* wird in Höhe von 100 bei der Erstanwendung zugeschrieben. Es ist folgendermaßen zu buchen (vereinfachte Annahme: 90-prozentige Einstellung; Steuersatz: 50%).

	Soll	Haben
• Wertpapier	100	
• latente RfB (Bilanzposten)		90
• passive latente Steuern (Bilanzposten)		5
• nicht realisierte Gewinne (Bilanzposten) ← Unterschiedsbetrag		5

Fall 2:
- Erstanwendung US-GAAP
- Zuschreibung eines sonstigen Aktivums (d. h. kein »Available-for-Sale-Wertpapier«)

	Soll	Haben
• betreffender Aktivposten	100	
• latente RfB (Bilanzposten)		90
• passive latente Steuern (Bilanzposten)		5
• übrige Gewinnrücklagen (Bilanzposten)		5

Fall 3:
- Erstanwendung US-GAAP
- Verminderung eines Passivpostens (z. B. Deckungsrückstellung)

	Soll	Haben
• betreffender Passivposten	100	
• latente RfB (Bilanzposten)		90
• passive latente Steuern (Bilanzposten)		5
• übrige Gewinnrücklagen (Bilanzposten)		5

Fall 4:
- Folgeanwendung
- Zuschreibung von »Available-for-Sale-Wertpapieren«

	Soll	Haben
• Wertpapier	20	
• latente RfB (Bilanzposten)		18
• passive latente Steuern (Bilanzposten)		1
• nicht realisierte Gewinne (Bilanzposten)		1

Die Höhe der einzustellenden Beträge (in Prozent der Unterschiedsbeträge) orientiert sich an den den Versicherungsnehmern tatsächlich gutzuschreibenden Überschussanteilen. Der in der Vergangenheit den Versicherungsnehmern zugewiesene Gesamtüberschuss dient als Orientierungshilfe. Die verbleibenden Unterschiedsbeträge werden unter Berücksichtigung latenter Steuern in das Eigenkapital (vgl. Fallbeispiele oben) eingestellt bzw. ertragswirksam in der GuV verbucht. Insbesondere in der *Umbewertung von Kapitalanlagen können unrealisierte Gewinne und Verluste* entstehen. Diese unrealisierten Gewinne und Verluste sind nicht vollständig dem Eigenkapital zurechenbar. Vielmehr sind Versicherungsnehmer über eine Rückstellung für latente Beitragsrückerstattung und auch der Staat über eine Rückstellung für latente Steuern zu berücksichtigen. Bei Realisierung von unrealisierten Gewinnen und Verlusten wird die Rückstellung für latente Beitragsrückerstattung aufgelöst und eine Rückstellung für Beitragsrückerstattung gebildet.

Beispiel 6.2 verdeutlicht unterschiedliche Fälle einer latenten Rückstellung für Beitragsrückerstattung.

Nicht explizit geregelt ist die Frage, wie mögliche negative Bewertungsdifferenzen zu behandeln sind.[221] Dies kann insbesondere dann auftreten, wenn im HGB-Abschluss das Wahlrecht des § 341b HGB ausgenutzt wird, d. h. wenn der Buchwert von Kapitalanlagen über deren niedrigeren beizulegenden Wert liegt (Bildung stiller Lasten). In Folge der Marktbewertung nach IFRS übersteigt damit der Wert der Aktiva nach HGB die Bewertung nach IFRS mit der Folge, dass unter Umständen die Bewertungsdifferenzen insgesamt negativ sind, IFRS also zu einem konservativeren Ergebnis führt als HGB.

Bei analoger Anwendung der Vorgehensweise zu latenten Steuern könnten im Saldo negative Umrechnungsdifferenzen zwischen HGB und IFRS zu einer aktiven latenten RfB führen. Diese analoge Anwendung lehnt das IASB aber ab, da ein Posten »aktive latente RfB« die Kriterien eines Vermögenswerts nach IFRS nicht erfüllt. Ein eigenständiger Aktivposten kann nicht begründet werden, da sich dessen Wert ausschließlich aus einem Verrechnungsrecht mit einer entsprechenden, bereits angesetzten Verpflichtung ergibt. Negative Bewertungsdifferenzen stellen eine Minderung einer Verpflichtung, keine Forderung dar. Insofern können negative Bewertungsdifferenzen nur dadurch berücksichtigt werden, dass vorhandene Verbindlichkeiten, insbesondere die HGB-RfB, niedriger bewertet werden. Dies ist dann möglich, wenn es wahrscheinlich ist, dass die negativen Bewertungsdifferenzen zukünftig mit bereits in der HGB-RfB enthaltenen Beträgen verrechnet werden. In diesem Umfang stellt die HGB-RfB aus IFRS-Sicht keine Verbindlichkeit dar, ist also insoweit aufzulösen.

Folgende Fragestellungen sind in diesem Zusammenhang zu klären:
- Es ist zu prüfen, ob die HGB-RfB unter der nach IFRS bestehenden Sicht der Zukunft (es wird unterstellt, dass die Bewertung nach IFRS realistisch ist) unter Berücksichtigung möglicher künftiger Verlustverrechnung tatsächlich in voller Höhe als Verbindlichkeit anzusetzen ist.
- Es ist zu prüfen, in welcher Höhe tatsächlich eine Minderung der HGB-RfB möglich ist. Es ist festzustellen, wann sich die Bewertungsdifferenzen umkehren werden und ob es in den betreffenden Perioden erwartungsgemäß zu ei-

---

221 Vgl. hierzu und im Folgenden *Ludwig, Felix et al.* [Beitragsrückerstattung, 2007].

nem Rohüberschuss (bzw. zu einem Überschuss der jeweiligen Ergebnisquellen) oder einem Rohverlust kommen wird (bzw. zu negativen Ergebnissen von Ergebnisquellen), der allein vom Unternehmen zu tragen wäre. Im Umfang des letzteren Betrages darf die HGB-RfB nicht gemindert werden, soweit nicht als sicher unterstellt werden kann, dass die RfB mit Genehmigung der Aufsichtsbehörde zur Verlustabdeckung gesenkt werden kann. Absehbare Verluste des Unternehmens dürfen nicht vorläufig durch Minderung der HGB-RfB versteckt werden.

3.3 Deckungsrückstellung

3.3.1 Deckungsrückstellung nach HGB

Die gesetzliche Grundlage der Deckungsrückstellung findet sich in § 341f HGB. Die Deckungsrückstellung wird in der Lebensversicherung sowie in der nach Art der Lebensversicherung betriebenen Kranken-, Schaden- und Unfallversicherung gebildet und soll die Leistungsverpflichtungen aus dieser Geschäftstätigkeit abbilden. In der Lebensversicherung entsteht durch den Abschluss eines Versicherungsvertrags für den Versicherungsnehmer die Verpflichtung zur Zahlung der vereinbarten Prämien. Das Versicherungsunternehmen geht demgegenüber die Verpflichtung ein, bei Eintritt vertraglich definierter Bedingungen bestimmte Zahlungen an den Versicherungsnehmer zu leisten.[222]

Die Grundidee zur Bildung einer Deckungsrückstellung resultiert in der *Lebensversicherung* grundsätzlich aus zwei unterschiedlichen Komponenten.[223]

- *Risikoanteil:* In der Risikolebensversicherung wird grundsätzlich über die gesamte Vertragslaufzeit eine gleich bleibende Prämie vereinbart, obwohl mit zunehmendem Alter des Versicherungsnehmers das Sterblichkeitsrisiko steigt. Nach dem *Äquivalenzprinzip* soll der Barwert der Nettoprämien gerade dem Barwert der Leistungen des Versicherungsnehmers entsprechen. Anfangs fällt jedoch die konstante Prämie im Verhältnis zum eingegangenen Risiko zu hoch aus. Die überhöhten Prämienanteile werden aus diesem Grund in die Deckungsrückstellung eingestellt. Später ist die vereinbarte Prämie zu niedrig, um das (dann höhere) Sterblichkeitsrisiko abzudecken, sodass die Deckungsrückstellung wieder aufgelöst wird. Am Vertragsende ist die Deckungsrückstellung für den Vertrag bei Null. Durch die Bildung der Deckungsrückstellung wird eine *periodengerechte Erfolgsermittlung* sichergestellt, da Einnahmen erst im Zuge der späteren Auflösung zu Ertrag werden.

---

222 Vgl. Becker, Thomas [Jahresabschluss, 1999], S. 114.
223 Vgl. nachfolgend Jäger, Bernd [Rückstellungen, 1999], S. 174–175.

- *Sparanteil:* Neben den Risikoanteil tritt in der Kapitallebensversicherung ein Ansparprozess für die im Erlebensfall fällige Versicherungssumme *(Verbindlichkeitscharakter)*. Die Versicherungssumme setzt sich aus dem Sparanteil der eingezahlten Prämien und den entsprechenden Zinsen zusammen. Der verzinste Sparanteil wird der Deckungsrückstellung zugeführt, sodass die Deckungsrückstellung kontinuierlich wächst und bei Vertragsende den Wert der Versicherungssumme erreicht.

Der für einen einzelnen Versicherungsvertrag aufgezeigte Verlauf der Deckungsrückstellung stellt einen idealtypischen Fall dar. In der Realität entsteht das Risiko, dass die zugrunde gelegten Annahmen nicht mit den tatsächlichen Gegebenheiten übereinstimmen. Im negativen Fall reichen die kalkulierten Beiträge für die Deckung der tatsächlich eingetretenen Versicherungsfälle nicht aus. Diese Form des Änderungsrisikos wird bereits bei Abschluss des Versicherungsvertrags berücksichtigt, indem *Sicherheitszuschläge* in der Kalkulation berücksichtigt werden. Hieraus resultieren regelmäßig *Überschüsse,* an denen die Versicherungsnehmer im Zuge der Überschussbeteiligung wiederum partizipieren.

Die *Berechnung* der Deckungsrückstellung basiert zunächst auf dem Grundsatz der *Einzelbewertung* (§ 252 Abs. 1 Nr. 3 HGB). Eine Anwendung von Näherungsverfahren ist nach § 341e Abs. 3 HGB grundsätzlich auch für die Deckungsrückstellung denkbar, falls diese zu annähernd gleichen Ergebnissen wie die Einzelbewertung führen. Allerdings ist deren Anwendung kaum in Betracht zu ziehen, da der Aufwand einer Einzelbewertung nicht als unverhältnismäßig hoch eingestuft wird.[224] Im Zuge der Einzelbewertung sind nach § 25 Abs. 1 S. 1 RechVersV *angemessene Sicherheitszuschläge* zu berücksichtigen, um Risiken aus dem Versicherungsvertrag adäquat einzubeziehen.

Die für die Berechnung der Deckungsrückstellung erforderlichen *Rechnungsgrundlagen* stimmen in der Praxis weitgehend mit den Rechnungsgrundlagen der Beitragsermittlung überein, selbst wenn für den Neubestand[225] eine Identität nicht gefordert wird. Grundsätzlich sind als Rechnungsgrundlagen
1. der Rechnungszins,
2. die Ausscheideordnung (z. B. Sterbetafeln) und
3. die Kosten

einzubeziehen.

---

224 Vgl. Treuberg, Hubert Graf von; Angermayer, Birgit [Jahresabschluss, 1995], S. 293–294.
225 Zum Altbestand werden Versicherungsverträge gerechnet, die vor dem Inkrafttreten des Dritten Durchführungsgesetzes/EWG zum VAG am 29.07.1994 abgeschlossen wurden. Für diese Verträge war ein aufsichtsrechtliches Genehmigungsverfahren erforderlich, das für den Neubestand weggefallen ist. Demnach sind die Rechnungsgrundlagen für den Altbestand starr, während für den Neubestand die Kalkulation der Tarife (unter Beachtung von § 11 VAG) frei ist.

Zu beachten ist jedoch, dass die Deckungsrückstellung mindestens dem zum jeweiligen Zeitpunkt vertraglich oder gesetzlich *garantierten Rückkaufswert* entsprechen muss (§ 25 Abs. 2 RechVersV).

Grundsätzlich hat die Berechnung der Deckungsrückstellung nach der *prospektiven Methode* zu erfolgen (§ 341f Abs. 1 S. 1 HGB). Die Höhe der Deckungsrückstellung folgt aus dem Barwert des Erwartungswertes der künftigen Verpflichtungen aus Versicherungsverträgen abzüglich des Barwertes der erwarteten künftigen Beiträge. Nur in Ausnahmefällen sieht § 341f Abs. 1 S. 2 die Berechnung nach der *retrospektiven Methode* vor, falls eine prospektive Bewertung nicht möglich ist. Retrospektiv ergibt sich die Deckungsrückstellung anhand der aufgezinsten Einnahmen und Ausgaben der vorangegangenen Geschäftsjahre.

Bei Abschluss eines Versicherungsvertrags entstehen Abschlusskosten, die erst in den kalkulierten Beiträgen der gesamten Laufzeit wieder an das Versicherungsunternehmen zurückfließen. Nach § 25 Abs. 1 S. 2 RechVersV dürfen bei der Berechnung der Deckungsrückstellung einmalige Abschlusskosten nach einem angemessenen versicherungsmathematischen Verfahren, insbesondere dem *Zillmerungsverfahren*, berücksichtigt werden. Das nach dem Mathematiker Zillmer bezeichnete Verfahren der Zillmerung führt zu einer Verteilung von Abschlusskosten über die Laufzeit des Versicherungsvertrags. Der *Höchstbetrag* für die Zillmerung beträgt nach § 4 Abs. 1 DeckRV (Deckungsrückstellungsverordnung) 40 Promille der Beitragssumme einschließlich eventuell unterjähriger Ratenzuschläge. Aus einer Nichtanwendung des Zillmerungsverfahrens folgt eine aufwandswirksame Verrechnung der gesamten Abschlusskosten im Jahr, wodurch insbesondere in Jahren mit hohem Neugeschäft eine negative Wirkung auf den Gewinn sowie auf das System der Gewinnbeteiligung entsteht.[226] Abbildung 6.5 verdeutlicht den Unterschied zwischen gezillmerter und nicht gezillmerter Deckungsrückstellung.

Die Zillmerung würde zu einer negativen Deckungsrückstellung führen, solange die rechnungsmäßigen Abschlusskosten aus den Sparbeiträgen der ersten Versicherungsjahre nicht getilgt sind und eine positive Deckungsrückstellung deshalb nicht gebildet werden kann. Um einen negativen Ausweis der Deckungsrückstellung zu vermeiden, erfolgt eine *Aktivierung von Ansprüchen für geleistete, rechnungsmäßig gedeckte Abschlusskosten* (Forderung an Versicherungsnehmer). Die Forderung wird durch die Vereinnahmung von Beiträgen in der Folgezeit aufgelöst. Erst bei vollständiger Auflösung der Forderung wird mit dem Aufbau des Deckungskapitals begonnen. Wie in Abbildung 6.5 ersichtlich, verläuft eine gezillmerte Deckungsrückstellung während der gesamten Vertragslaufzeit unterhalb der nicht gezillmerten Deckungsrückstellung. Erst bei Vertragsende entspre-

---

226 Vgl. Becker, Thomas [Jahresabschluss, 1999], S. 184.

chen sich beide Verfahren und erreichen die Höhe der Versicherungssumme. Die Aktivierung einer Forderung wird indes nicht als Verstoß gegen das Aktivierungsverbot von Abschlusskosten nach § 248 Abs. 3 HGB angesehen.[227]

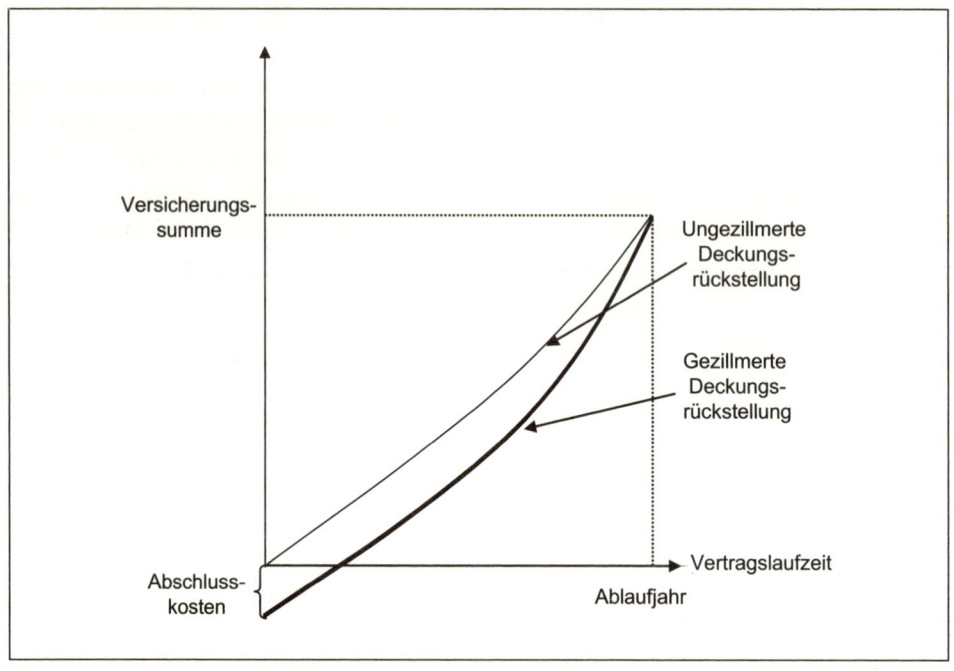

Abb. 6.5: Anwendung des Zillmerverfahrens

Der _Rechnungszins_ für die Berechnung der Deckungsrückstellung darf nicht höher sein als 60% des Zinssatzes von Bundesanleihen (§ 65 Abs. 1 Nr. 4 VAG). Derzeit darf er für Neugeschäft höchstens 2,75% betragen.

Neben der Lebensversicherung findet sich auch in der _privaten Krankenversicherung_ eine Deckungsrückstellung (_Alterungsrückstellung_ nach § 341f Abs. 3 S. 1 HGB). Die Alterungsrückstellung ist vergleichbar mit dem Risikoanteil in der Lebensversicherung. Während der Vertragslaufzeit sind in der Krankenversicherung meist konstante (alterungsunabhängige) Beiträge vereinbart. Demgegenüber verändert sich das Krankheitsrisiko (Morbiditätsrisiko) im Zeitablauf. Zunächst fällt der Beitrag gegenüber dem Morbiditätsrisiko zu hoch aus. Hieraus entsteht ein positiver »Sparbeitrag«, der in die Alterungsrückstellung eingestellt wird. Ab einem gewissen Zeitpunkt reicht der vom Versicherungsnehmer zu zahlende Beitrag nicht mehr aus, um das nun gestiegene Risiko abzudecken. Die zuvor

---

[227] Vgl. etwa Treuberg, Hubert Graf von; Angermayer, Birgit [Jahresabschluss, 1995], S. 240.

angesparte Alterungsrückstellung wird daher wieder aufgelöst, um diese Differenz auszugleichen *(Zeitausgleichsfunktion)*.

Durch die Alterungsrückstellung erhält der Versicherungsnehmer einen Anspruch auf »Verrechnung« der in früheren Jahren angesammelten Beiträge. Dieser Anspruch verfällt bei vorzeitigem Ausscheiden, d. h., der Verrechnungsanspruch gilt nur so lange, wie der Versicherungsnehmer der Gefahrengemeinschaft angehört. Diese Regelung lässt sich damit begründen, dass Stornowahrscheinlichkeiten beitragsmindernd eingerechnet werden. Ein Recht auf Anrechnung gilt allenfalls im Falle eines Tarifwechsels bei demselben Versicherungsunternehmen. Anders als in der Lebensversicherung besteht insofern auch kein Anspruch des Versicherungsnehmers auf einen Rückkaufswert.

Die *Berechnung* der Alterungsrückstellung vollzieht sich nach den gleichen Vorschriften wie in der Lebensversicherung. Grundsätzlich wird auch hier zwischen der präferierten prospektiven und der in Ausnahmefällen zulässigen retrospektiven Methode unterschieden. Der Rechnungszins ist auch bei der Alterungsrückstellung auf höchstens 2,75% festgelegt. Falls die Kapitalerträge den Rechnungszins überschreiten (Überzins) sind 80% des Zinsüberschusses der Alterungsrückstellung zuzuführen, maximal jedoch 2,5% der gesamten jeweilig vorhandenen Vorjahresrückstellung (§ 12a Abs. 1 VAG).

Auf der Grundlage des § 12c VAG wurde eine Kalkulationsverordnung (KalV) für die private Krankenversicherung erlassen, die die wesentlichen Parameter regelt (z. B. ist nach § 5 KalV ein Sicherheitszuschlag von mindestens 5% der Bruttoprämie einzurechnen). Von Bedeutung für die Abbildung der Alterungsrückstellung ist insbesondere § 16 KalV, der eine Anwendung von *Näherungsverfahren* ermöglicht. Demnach ist bei der Berechnung der Alterungsrückstellungen das arithmetische Mittel der Einzelalterungsrückstellungen mit Rundung der Versicherungsdauern auf ganze Jahre heranzuziehen.

3.3.2 Deckungsrückstellung nach US-GAAP

Die internationalen Vorschriften zur Deckungsrückstellung sind von der jeweiligen Produktkategorie abhängig. So gelten für die Lebensversicherung ohne natürliche Gewinnbeteiligung (SFAS 60) und die Lebensversicherung mit natürlicher Gewinnbeteiligung (SFAS 120) jeweils eigenständige Rechnungsgrundlagen, unterschiedliche Bewertungsvorschriften für die Deckungsrückstellung sowie eine unterschiedliche Behandlung von Abschlusskosten.[228]

---

228 Vgl. zur Bilanzierung der Deckungsrückstellung nach US-GAAP, insbesondere DAV [Lebensversicherung, 2000].

```
                    Deckungsrückstellung nach US-GAAP
                                    |
        ┌───────────────────────────┼───────────────────────────┐
Lebensversicherung          Lebensversicherung
ohne natürliche             mit natürlicher              Limited Payment
Gewinnbeteiligung           Gewinnbeteiligung                  und
  (Kategorie 1)               (Kategorie 2)              Universal Life
    SFAS 60                  SFAS 120 i. V. m.            (Kategorie 3)
                                  SOP 95-1                   SFAS 97
```

⇩   ⇩   ⇩

- Rechnungsgrundlagen   • Rechnungsgrundlagen   • Rechnungsgrundlagen
- Bewertungsvorschriften   • Bewertungsvorschriften   • Bewertungsvorschriften
- Kostenbehandlung   • Kostenbehandlung   • Kostenbehandlung

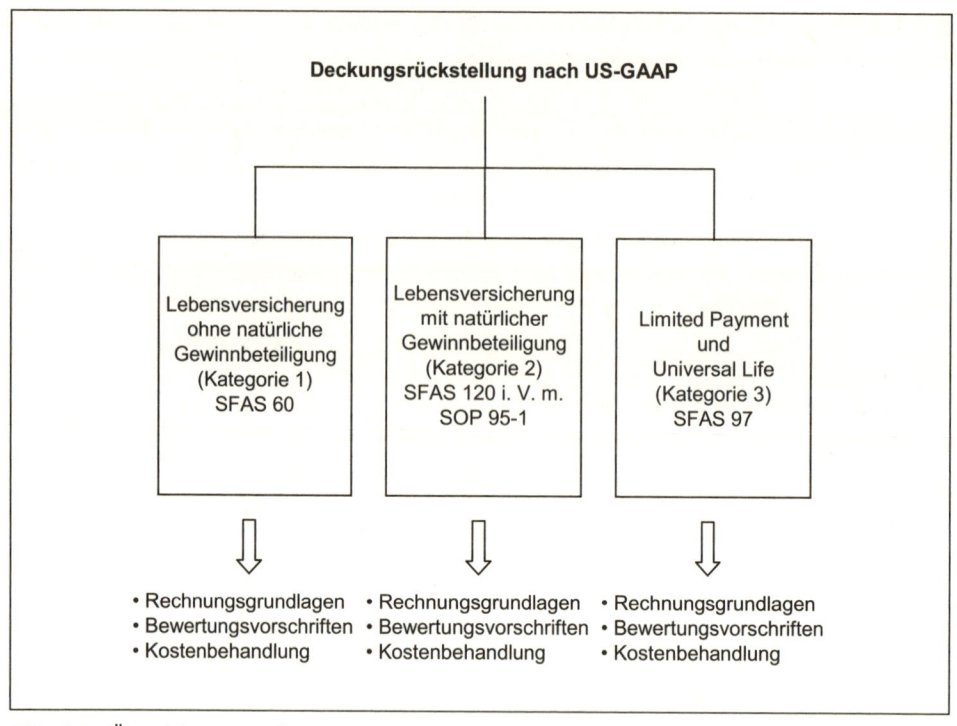

Abb. 6.6: Übersicht zur Deckungsrückstellung nach US-GAAP

Zusätzlich sieht SFAS 97 spezielle Regeln für Verträge vor, für die eine proportionale Verteilung der rechnungsmäßigen Geschäftsergebnisse zu den Beitragseinnahmen (wie SFAS 60 stets unterstellt) nicht sinnvoll ist (SFAS 97). Unter SFAS 97 fällt die Bilanzierung von Investmentverträgen, die kein signifikantes versicherungstechnisches Risiko enthalten und daher reine Finanzprodukte darstellen, sowie die Bilanzierung von Policen mit abgekürzter Beitragslaufzeit oder auch Universal-Life-Verträge (vgl. Abb. 6.6).

Produktkategorie 1

Für _Lebensversicherungsverträge ohne natürliche Gewinnbeteiligung_ (SFAS 60) sind realitätsnahe Rechnungsgrundlagen unter Berücksichtigung von Sicherheitsmargen _(Provision for Adverse Deviation)_ zu verwenden.[229] Als _Rechnungsgrundlagen_ dienen neben Kosten
1. Zinsen,
2. biometrische Rechnungsgrundlagen und
3. Storno.

---

[229] Vgl. DAV [Lebensversicherung, 2000], S. 26.

Ad 1: Die Grundlage für die Bestimmung des *Rechnungszinses* bildet eine Schätzung der Nettoverzinsung der Kapitalanlagen des Versicherungsunternehmens zum Zeitpunkt des Vertragsabschlusses abzüglich Sicherheitsmargen. Den Ausgangspunkt der Schätzung bildet das aktuelle Kapitalanlageergebnis unter Berücksichtigung von Trends, Kapitalanlagemix, (Rest-)Laufzeiten. Für die fernere Zukunft sind vorsichtigere Annahmen zugrunde zu legen, was in der Regel zu niedrigeren Rechnungszinssätzen führt.

Ad 2: Die *biometrischen Rechnungsgrundlagen* basieren auf aktuellen Sterbetafeln, die Prämiendifferenzierungsmerkmale wie Geschlecht und Alter des Versicherten sowie den Selektionseffekt berücksichtigen. Grundsätzlich sind unternehmensindividuell erarbeitete Sterbetafeln zu verwenden. In Fällen, in denen aktuelle unternehmensindividuelle Sterbetafeln nicht vorhanden sind bzw. deren Anwendung nicht sinnvoll ist, erfolgt ein Rückgriff auf Branchentafeln.

Ad 3: *Storno* ist in den Rechnungsgrundlagen explizit zu berücksichtigen. Auch hier hat das Versicherungsunternehmen auf aktuelle, unternehmensindividuelle Erfahrungen zurückzugreifen. Falls derartige Daten nicht vorhanden sind bzw. deren Anwendung nicht sinnvoll ist, erfolgt wiederum ein Rückgriff auf Branchenerfahrungen. Der Effekt von Storno kann dann unterbleiben, wenn die Deckungsrückstellung etwa dem Rückkaufswert entspricht.

Grundsätzlich gilt nach SFAS 60 das *Lock-in-Prinzip*. Demnach sind die gewählten Rechnungsgrundlagen über die gesamte Vertragslaufzeit unverändert zu lassen. Eine Ausnahme hiervon bildet jedoch das Vorliegen eines Prämiendefizits *(Premium Deficiency)*. Im Rahmen eines *Loss-Recognition-Tests* ist mittels aktueller Rechnungsgrundlagen (z. B. bezüglich Sterblichkeit, Storno und Kosten) zu prüfen, ob die auf der Basis der Locked-in-Annahmen gebildete Rückstellung und der Barwert der zugehörigen Prämien ausreichen, um die zukünftigen Leistungen sowie die Tilgung der aktivierten Abschlusskosten (DAC = Deffered Acquisition Costs) sicherzustellen (SFAS 60.35–37).

Deckungsrückstellung abzüglich DAC	<	Barwert der zukünftigen Schadenleistungen und Kosten (inklusive Regulierungskosten) abzüglich des Barwertes der zukünftigen Bruttoprämien

Falls ein Prämiendefizit vorliegt, werden in der Regel zunächst die aktivierten Abschlusskosten abgeschrieben. Nur falls diese Abschreibung nicht ausreicht, wird die Deckungsrückstellung auf der Basis aktueller Erfahrungen, jedoch ohne

Sicherheitszuschläge, erhöht.[230] Ein Loss-Recognition-Test stellt keine Stichtagsbewertung dar, sondern soll dauerhaften Veränderungen der Rechnungsgrundlagen Genüge leisten.[231]

Die *Deckungsrückstellung (Liability for Future Policy Benefits)* kann nach SFAS 60.66 sowohl prospektiv als auch retrospektiv berechnet werden. Im Falle einer *prospektiven Bewertung* ergibt sich die Deckungsrückstellung als Differenz des Barwertes der künftigen Leistungen und des Barwertes der künftigen Reserveprämien. Unter *Reserveprämie* wird grundsätzlich immer der Teil der Bruttobeiträge aufgefasst, der bei der Berechnung der Deckungsrückstellung angesetzt wird.

Für die *Bewertung der Deckungsrückstellung* nach SFAS 60 ist zunächst eine Zerlegung der Bruttobeiträge für den Neuzugang mit den gewählten Rechnungsgrundlagen durchzuführen. Der *Bruttobeitrag* (Gross Premium) setzt sich aus der *Nettoprämie* (Prämienteil zur Deckung der Leistungen und Schadenregulierung), einer *Tilgungsprämie* für aktivierte Abschlusskosten, einer *Kostenprämie* zur Deckung übriger Kosten sowie einem *Gewinnzuschlag* zusammen. Abbildung 6.7 zeigt, wie in einer Barwertbetrachtung aus der Zerlegung der einzelnen Teile der Bruttobeiträge der Barwert des Rohergebnisses aus dem Vertrag resultiert.

Barwert der Bruttobeiträge

− Barwert künftiger Leistungen (einschließlich Regulierungsaufwendungen)
− Barwert aktivierter Abschlusskosten
− Barwert der künftigen übrigen Kosten

= **Barwert des Rohergebnisses**

$$\text{Reserveprämie} = \frac{\text{BW künftiger Leistungen} + \text{BW übriger Kosten}}{\text{BW der Bruttobeiträge}}$$

(BW = Barwert)

Abb. 6.7: Bruttobeitrag und Reserveprämie nach SFAS 60

Aus dem Verhältnis des Barwertes der künftigen Leistungen und der übrigen Kosten zum Barwert der Bruttobeiträge resultiert die Reserveprämie. Die Reserveprämie wird als der (feste) Anteil vom Bruttobeitrag bestimmt, der Leistungen, Regulierungsaufwendungen und künftige übrige Kosten abdeckt. Anders formuliert stellt die Reserveprämie die Summe aus Netto- und Kostenprämie dar.

---

230 Vgl. zum Loss-Recognition-Test Geib, Gerd [Internationalisierung, 2003], Tz. 67; Herget, Thomas [US-GAAP, 2000], S. 79–81.
231 Vgl. Geib, Gerd [Internationalisierung, 2003], Tz. 67.

Auf der Basis der Beitragszerlegung erfolgt nun die Berechnung der Deckungsrückstellung, entweder retrospektiv oder prospektiv. Während die prospektive Berechnung aus der Differenz des Barwertes der künftigen Leistungen und dem Barwert der Reserveprämie bestimmt wird, zeichnet sich die retrospektive Methode durch das in Abbildung 6.8 dargestellte Grundschema aus.

	Deckungsrückstellung zum Zeitpunkt t_0
+	**Zuführung** (= Bruttobeiträge · Anteil der Reserveprämie an der Grundprämie)
=	Zwischensumme
+ −	**Zinszuführung** (Rechnungszins von 7,5% · Zwischensumme) **Entnahmen des Geschäftsjahrs** (Abläufe, Rückläufe, Todesfallleistungen, Schadenregulierungen, Verwaltungskosten)
=	**Deckungsrückstellung am Ende des Geschäftsjahres**

Abb. 6.8: Retrospektive Berechnung der Deckungsrückstellung nach SFAS 60[232]

Nach US-GAAP werden *Abschlusskosten (DAC)*, die im engen Zusammenhang mit dem Vertragsabschluss stehen und variabel zu dem akquirierten Neugeschäft sind, aktiviert. Nicht aktivierbar sind Vertriebsgemein- und Vertriebsbranchenkosten, soweit sie (kurzfristig) nicht vom Neugeschäft abhängen. Die aktivierten Abschlusskosten langfristiger Verträge, die unter SFAS 60 bilanziert werden, werden entsprechend der *Ertragsrealisation über die Laufzeit* des Versicherungsbestands verteilt (SFAS 60.29). Als Grundlage dienen die gleichen Methoden und Annahmen wie bei der Berechnung der Deckungsrückstellung (SFAS 60.34). Für die Abschreibung der DAC wird ein *Tilgungsfaktor (TF)* festgelegt, der sich aus dem Verhältnis des Barwertes (BW) der DAC und dem Barwert der zukünftigen Bruttobeiträge (Gross Premiums) ergibt:

$$TF = \frac{BW\ (DAC)}{BW\ (Bruttobeiträge)}$$

Auf der Basis dieses Tilgungsfaktors lässt sich die *Abschreibung des betrachteten Jahres* ermitteln, indem der Tilgungsfaktor mit dem Bruttobeitrag des Jahres multipliziert wird:

$$\text{Abschreibung (200X)} = TF \cdot \text{Bruttobeiträge (200X)}$$

Unter die Regelung des SFAS 60 fällt auch die Deckungsrückstellung in der *Krankenversicherung*. Im Unterschied zur Lebensversicherung enthalten deutsche Krankenversicherungsprodukte allerdings keine fixe Auszahlungssumme. Viel-

---

[232] Vgl. DAV [Lebensversicherung, 2000], S. 31.

mehr ist die Höhe der Versicherungsleistungen von vielfältigen Faktoren (z. B. den steigenden Krankheitskosten) abhängig. Insofern sind bei der Ermittlung der künftigen Beiträge mögliche Beitragserhöhungen (über Prämienanpassungen) zu berücksichtigen.[233] Ebenso werden zukünftige (gesetzlich bedingte) Überschüsse bereits bei Vertragsbeginn in die Rückstellungsberechnung einbezogen.

Produktkategorie 2

Für Lebensversicherungsverträge mit natürlicher Gewinnbeteiligung ist SFAS 120 i. V. m. SOP 95-1 anzuwenden. Die Deckungsrückstellung (Liability for Future Policy Benefits) setzt sich aus drei Teilrückstellungen zusammen (vgl. Abb. 6.9).

```
                    Deckungsrückstellung nach SOP 95-1
                                    |
        ┌───────────────────────────┼───────────────────────────┐
        │                           │                           │
  Rückstellung für           Rückstellung für            Rückstellung für
  Versicherungs-             Schlussgewinn-              drohende
  leistungen                 zahlungen                   Verluste
        =                          =                           =
  Net Level Premium          Liability for               Premium
  Reserve                    Terminal                    Deficiency
                             Dividends

  (≙ deutscher DR)
```

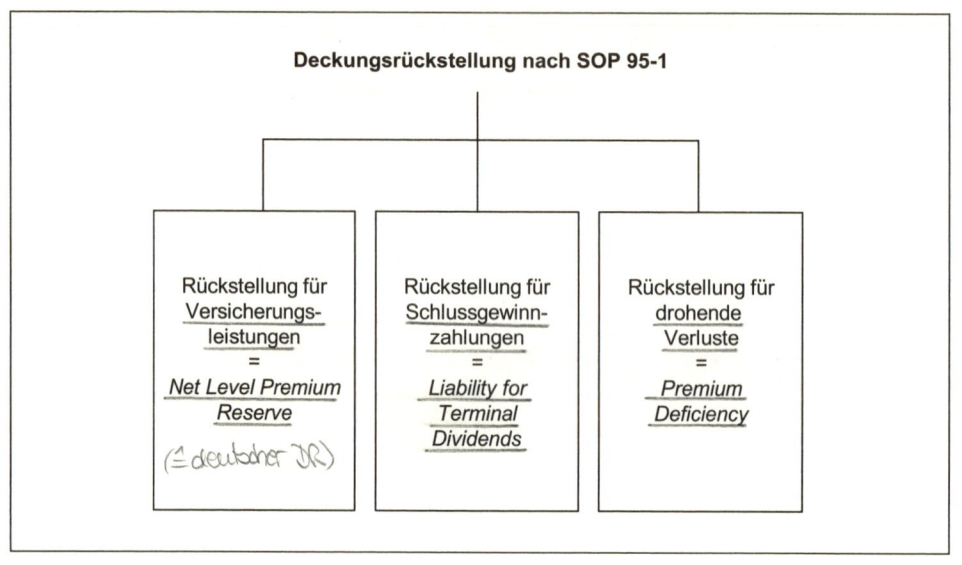

Abb. 6.9: Deckungsrückstellung bei natürlicher Gewinnbeteiligung (vgl. SOP-1.15)

Die Rückstellung für Versicherungsleistungen *(Net Level Premium Reserve)* resultiert aus dem Barwert der zukünftigen Versicherungsleistungen (inklusive erworbener Boni, jedoch ohne Schadenregulierungsaufwendungen) abzüglich des Barwertes der künftigen Reserveprämien. Künftige Gewinnbeteiligungen werden bei den Leistungen nicht einbezogen. Die *Reserveprämie* stellt in diesem Fall nur die *Nettoprämie* (abzüglich des Prämienanteils, der zur Deckung der Regulierungsaufwendungen vorgesehen ist) dar. Neben der prospektiven Methode ist auch eine retrospektive Methode möglich.

---

[233] Vgl. Mayr, Gerhard [Internationalisierung, 1999], S. 99.

Für die *Berechnung* der Deckungsrückstellung werden Rechnungsgrundlagen 1. Ordnung verwendet. Als Rechnungsgrundlagen sind wiederum
1. der Rechnungszins,
2. die biometrischen Rechnungsgrundlagen und
3. das Storno

zu unterteilen. Im Unterschied zu der Behandlung nach SFAS 60 werden keine Sicherheitszuschläge auf die ermittelten Rechnungsgrundlagen verwendet (SOP 95-1.52).

Ad 1: Der *Rechnungszins* entspricht der »*Dividend Fund Interest Rate*« oder falls diese nicht bestimmbar ist, dem für die Berechnung der Rückkaufswerte garantierten Zins. In Deutschland stellt dies der *Rechnungszins der Prämienkalkulation* dar.[234]

Ad 2: Die *biometrischen Rechnungsgrundlagen* entsprechen denjenigen der Beitragskalkulation.

Ad 3: *Stornowahrscheinlichkeiten* werden in die Berechnung nicht einbezogen.

Während die Rückstellung für künftige Versicherungsleistungen gerade der ungezillmerten Deckungsrückstellung nach deutschem Verständnis entspricht, enthält die Deckungsrückstellung nach US-GAAP zusätzlich eine *Rückstellung für Schlussgewinnzahlungen (Liability for Terminal Dividends)*. Diese wird nicht innerhalb der Rückstellung für Beitragsrückerstattung ausgewiesen, sondern direkt über die Deckungsrückstellung. Gemäß SOP 95-1 § 17 ist eine Anfinanzierung künftiger Schlussgewinnzahlungen in der »Liability for Future Policy Benefits« dann erforderlich, wenn
1. die Zahlung von Schlussgewinnen wahrscheinlich ist und
2. die Höhe des zu zahlenden Schlussgewinns mit hinreichender Genauigkeit bestimmt werden kann.

Die in der Lebensversicherung mit natürlicher Gewinnbeteiligung *aktivierten Abschlusskosten* werden über die Laufzeit des jeweiligen Versicherungsbestands konstant abgeschrieben. Die Basis für die Berechnung der Abschreibungen bildet eine Art »Bruttogewinn« aus dem Versicherungsbestand (Gross Margin). Diese bildet sowohl die Basis für die Tilgung der Abschreibungen als auch für die Anfinanzierung der Schlussgewinne.

Vor Tilgung der Abschlusskosten ist ein Werthaltigkeitstest *(Test of Recoverability)* durchzuführen.[235] Es sind diejenigen Abschlusskosten zu aktivieren, deren Barwert mit dem Barwert der Gross Margin vermindert um den Barwert der

---

234 Vgl. DAV [Lebensversicherung, 2000], S. 45.
235 Vgl. DAV [Lebensversicherung, 2000], S. 46.

Schlussüberschussanteile getilgt werden kann. Die *Tilgung der aktivierten Abschlusskosten* erfolgt mit einem festen Anteil der Gross Margin, der mit realistischen und laufend anzupassenden Rechnungsgrundlagen berechnet wird.

Die *Anfinanzierung* der Schlussgewinne erfolgt durch jährliche direkte Zuführungen zur Rückstellung für Schlussgewinne und durch die Verzinsung der Rückstellung. Der jährlichen Zuführung liegt die gleiche Bemessungsgrundlage zugrunde wie der Tilgung der aktivierten Abschlusskosten. Im Normalfall wird folglich ein fester Anteil des im jeweiligen Geschäftsjahr erwirtschafteten Bruttogewinns aus dem Versicherungsbestand (Gross Margin) zur Erhöhung der Rückstellung verwendet. Die Abbildung 6.10 zeigt die Zusammensetzung des Bruttogewinns aus dem Versicherungsbestand (Gross Margin) auf.

Bruttobeiträge	
+	Kapitalerträge auf die NLPR
−	Versicherungsleistungen/Regulierungsaufwendungen
−	laufende Kosten
−	Veränderung der NLPR
−	jährliche Überschussanteile
+/−	sonstige Erträge und Aufwendungen
=	**Bruttogewinn aus dem Versicherungsbestand** (Gross Margin)
(NLPR = Net Level Premium Reserve)	

Abb. 6.10: Gross Margins nach SOP 95-1.22

Für die Diskontierung des Barwertes der Gross Margins wird der erwartete Renditesatz der Kapitalanlagen verwendet (SOP 95-1.20). Sicherheitszuschläge (Provision for Adverse Deviation) sind in die Berechnung nicht einzubeziehen. Nach Berechnung des Barwertes (BW) der Gross Margins kann ein Tilgungsfaktor (TF) für die aktivierten Abschlusskosten (DAC) ermittelt werden. Dieser ergibt sich aus dem Verhältnis des Barwertes der DAC zum Barwert der Gross Margins:

$$TF = \frac{BW\ (DAC)}{BW\ (Gross\ Margins)}$$

Die Abschreibung des Jahres 200X folgt nun aus der Multiplikation des Tilgungsfaktors mit dem Bruttogewinn des Jahres 200X (Gross Margin 200X):

$$\text{Abschreibung (200X)} = TF \cdot \text{Gross Margin (200X)}$$

Ebenso lässt sich die Finanzierung der Schlussgewinnzahlungen auf der Basis des Barwertes der Gross Margins bestimmen. Zunächst wird ein Zuführungsfaktor bestimmt, der sich aus dem Verhältnis des Barwertes der Schlussgewinnzahlungen (Terminal Dividends = TD) zum Barwert der Gross Margins bestimmt (vgl. Beispiel 6.3).

Beispiel 6.3: Tilgung von Abschlusskosten

- Ein Lebensversicherungsunternehmen errechnet einen Barwert (DAC) in Höhe von 200.
- Der Barwert der Bruttogewinne (Gross Margin) beträgt 1.000.

Aus diesen Angaben errechnet sich ein Tilgungsfaktor in Höhe von

$$TF = \frac{BW\,(DAC)}{BW\,(Gross\,Margins)} = \frac{200}{1.000} = 0,2$$

Angenommen, im Geschäftsjahr entsteht ein Bruttogewinn in Höhe von 100, dann folgt für die Abschreibung des Jahres:

$$\text{Abschreibung (200X)} = TF \cdot \text{Gross Margin (200X)} = 0,2 \cdot 100 = 20$$

Die Deferred Acquisition Costs sind daher um 20 abzuschreiben.

Produktkategorie 3
Die Verträge von Produktkategorie 3 werden von SFAS 97 geregelt. Eine Einordnung von Produkten gemäß SFAS 97 setzt voraus, dass es sich um langfristige Verträge handelt. Ist diese Voraussetzung nicht erfüllt, werden die Verträge nach SFAS 60 bilanziert. Folgende typische Verträge sind unter SFAS 97 zu bilanzieren:
- *Verträge mit begrenzter Beitragslaufzeit* (Limited Payment): Für Verträge mit nicht laufender Beitragszahlung (z. B. auch Einmalbeiträge) ist eine Verteilung des Gewinns proportional nicht sinnvoll. Beiträge werden bei dieser Vertragsform bei Fälligkeit zwar als Ertrag verbucht, der Gewinnzuschlag wird allerdings durch die Bildung eines passiven Rechnungsabgrenzungspostens (Deferred Profit Liability) nach SFAS 97.16 auf die Laufzeit verteilt.
- *Universal-Life-Verträge:*[236] Diese flexible Form der Lebensversicherung existiert in Deutschland grundsätzlich nicht. Auch bei dieser Vertragsform ist eine proportionale Verteilung des Gewinns zu den Beiträgen nicht sinnvoll. Vielmehr hat der Versicherungsnehmer die Möglichkeit, Zeitpunkt und/oder Höhe der Beitragszahlungen innerhalb einer gewissen Bandbreite frei zu variieren. Das Versicherungsunternehmen führt für den Versicherungsvertrag ein

---

[236] Vgl. im Folgenden Geib, Gerd [Internationalisierung, 2003], Tz. 72–75.

Konto, auf dem Prämien und Zinsgewinne gutgeschrieben werden. Demgegenüber werden Risikobeiträge, Verwaltungskosten sowie Rückkaufswerte belastet. Veränderungen von Vertragselementen beruhen in der Regel nicht auf einer veränderten Situation innerhalb des Lebensversicherungsunternehmens, sondern auf Veränderungen der Kapitalmarktlage. Zahlungen der Versicherungsnehmer stellen bei Universal-Life-Verträgen keine Prämienerträge, sondern Einlagen dar. Lediglich Risikoprämien, Stornoabschläge oder sonstige Kontenentnahmen für Kosten werden zu Erträgen. Aufwendungen fallen für Versicherungsleistungen an, die den Kontostand übersteigen, sowie für Verwaltungsaufwendungen und Abschreibungen von DAC.
- *Investmentverträge:* Das Kennzeichen von Investmentverträgen ist das Fehlen eines signifikanten versicherungstechnischen Risikos. Solche Verträge führen beim Versicherungsunternehmen nicht zu einem Ausweis von Prämien, sondern zu Einlageverbindlichkeiten (Deposit Liabilities) in Höhe der entsprechenden Finanzinstrumente. Mit IAS 32 und IAS 39 existieren hierfür eigenständige Regelungen. Daher ist ein Rückgriff auf SFAS 91 und SFAS 97 nicht erforderlich, um einen IFRS-Konzernabschluss zu erstellen.

Im Folgenden werden die Regelungen für die Deckungsrückstellung nach SFAS 97 an den Beispielen der *Limited-Payment-Verträge* und der *Universal-Life-Verträge* dargestellt. Zunächst sind für die beiden Vertragsformen unterschiedliche *Rechnungsgrundlagen* zu unterscheiden:
- Für *Policen mit abgekürzter Beitragsdauer* sind die Rechnungsgrundlagen des SFAS 60 maßgeblich. Insofern ist hier ein Sicherheitszuschlag (PAD) einzubeziehen und das Lock-in-Prinzip zu berücksichtigen. Im Unterschied zu SFAS 60 werden die Gewinne unabhängig von den Beiträgen realisiert und über die Beitragszahlungsdauer hinaus verteilt.
- Bei *Universal-Life-Verträgen* erfolgt eine realitätsnahe Bewertung (Best Estimate) ohne Berücksichtigung von Sicherheitszuschlägen. Rechnungszins, Sterblichkeit und Storno sind wie in der Bilanzierung nach SFAS 60 zu behandeln. Es besteht kein Lock-in-Prinzip, d. h., dass die zugrunde gelegten Rechnungsgrundlagen regelmäßig zu überprüfen sind (FAS 97.25). Die Deckungsrückstellung von Universal-Life-Verträgen umfasst mehrere Bestandteile (vgl. Abb. 6.11).

Die *Account Balance* (SFAS 97.53) stellt ein Versicherungsnehmerguthaben dar, das einer rekursiven Ansammlung von Beiträgen abzüglich der vertraglich vereinbarten Risiko- und Kostenentnahmen entspricht. Insofern beinhaltet die Account Balance die im Vertrag enthaltenen Sicherheitsmargen. *Beitragseinnahmen, die nicht für Dienstleistungen der Periode* erzielt werden, sind zu passivieren und äquivalent zu den Abschlusskosten zu tilgen. Insofern werden Gewinne nicht vorweggenommen. Ebenso sind *Beiträge zu passivieren,* die bei Beendigung des Vertrags an die Versicherungsnehmer *zurückbezahlt* werden. Eine eventuelle Rückstellung für erwartete Verluste *(Premium Deficiency)* ist wie nach SFAS 60 zu behandeln.

Deckungsrückstellung bei Universal-Life-Verträgen

- Account Balance = Versicherungsnehmerguthaben
- passivierte Beitragsbestandteile
- Beiträge, die bei Vertragsende zurückbezahlt werden
- Premium Deficiency (vgl. SFAS 60)

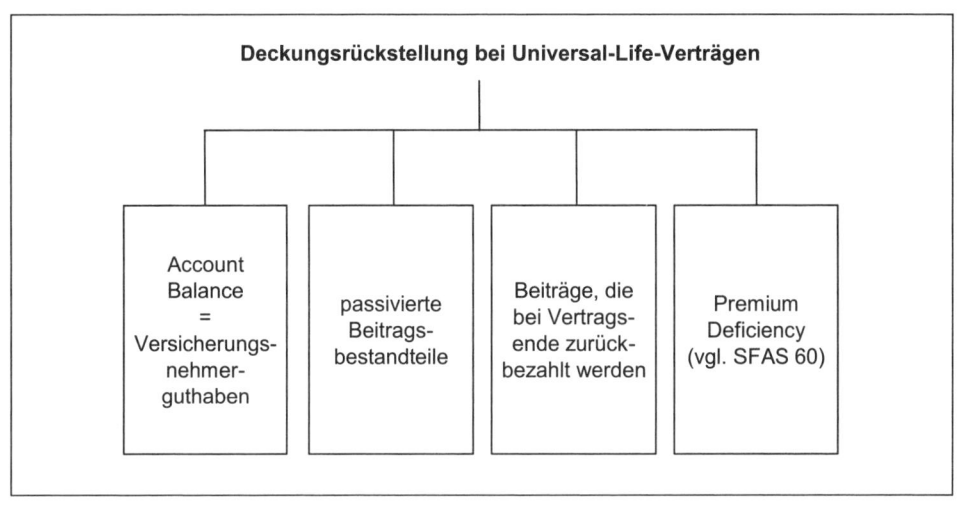

Abb. 6.11: Bestanteile der Deckungsrückstellung bei Universal-Life-Verträgen[237]

Beispiel 6.4 zeigt die Bildung der Deckungsrückstellung von Universal-Life-Verträgen.

Die Behandlung der *Abschlusskosten* nach SFAS 97 erfolgt analog zu SFAS 60 mit folgenden Ausnahmen:

- Die Tilgung der aktivierten Abschlusskosten erfolgt mit einem festen Anteil des geschätzten Rohergebnisses *(Expected Gross Profits = EGP),* das mit realistischen und laufend anzupassenden Rechnungsgrundlagen berechnet wird.
- Es ist ein Werthaltigkeitstest durchzuführen *(Test of Recoverability),* d. h., es erfolgt eine Aktivierung der Abschlusskosten, deren Barwert mit dem Barwert der Expected Gross Profits und den Veränderungen der sonstigen zu passivierenden Beträge getilgt werden kann.

---

[237] Vgl. zu dieser Zusammensetzung DAV [Lebensversicherung, 2000], S. 39.

> **Beispiel 6.4: Bildung der Deckungsrückstellung von Universal-Life-Verträgen**
>
> Es wird angenommen, dass eine retrospektive Berechnung der Deckungsrückstellung vorgenommen wird.
>
> | | |
> |---|---:|
> | Deckungsrückstellung am Beginn des Geschäftsjahres (1) | 531,70 |
> | gezahlte Beiträge des Geschäftsjahres | 719,70 |
> | abzüglich Risiko- und Kostenbeiträge des Geschäftsjahres (2) | – 244,60 |
> | *Zwischensumme* | 1.006,80 |
> | Zinszuführung (aktueller Rechnungszins · Zwischensumme) | 90,60 |
> | Entnahmen des Geschäftsjahres: | |
> | für Rückkäufe, Abläufe und Todesfallleistungen (3) | – 132,20 |
> | Deckungsrückstellung am Ende des Geschäftsjahres | 965,20 |
>
> 1. Im Geschäftsjahr 01 ist die Deckungsrückstellung am Beginn des Geschäftsjahres definitionsgemäß 0,0 (Originalwährung).
> 2. Die Risiko- und Kostenbeiträge des Geschäftsjahres werden der Deckungsrückstellung entnommen und als Beiträge gebucht (Buchungssatz: Deckungsrückstellung an Beiträge). Stornoabzüge gehen ebenfalls in die Beiträge ein.
> 3. Der jeweilige Kontowert wird angegeben.

Die Zusammensetzung der EGP wird in SFAS 97.23 geregelt. Der Aufbau des Rohergebnisses wird in Abbildung 6.12 aufgezeigt.

- **Vertragliche Risikoprämien**
  (abzüglich der geschätzten Versicherungsleistungen, die über die zugehörigen Account Balances hinausgehen)
- **Vertragliche Entnahmen für Kosten**
  (abzüglich der geschätzten laufenden Kosten)
- **Kapitalerträge**
  (abzüglich vertraglich gutzuschreibender Zinsen auf die Account Balances)
- **Vertragliche Erträge bei Beendigung des Vertrags**
- **Sonstige Erträge/Aufwendungen**

} Geschätztes Rohergebnis *(Expected Gross Profits)*

Abb. 6.12: Expected Gross Profit nach SFAS 97.23

Das Rohergebnis bildet die Summe aller vertraglichen Zuführungen abzüglich der Entnahmen aus dem Versicherungsnehmerguthaben und den zugehörigen zu erwartenden Aufwendungen und Erträgen.[238] Aus dem Verhältnis des Barwertes der aktivierten Abschlusskosten und dem Barwert der EGP lässt sich ein Tilgungsfaktor TF bestimmen. Die Diskontierung der EGP erfolgt mit demjenigen Zins, der auf die Account Balances gutgeschrieben wird (SFAS 97.22 und 25).

$$TF = \frac{BW\ (DAC)}{BW\ (Expected\ Gross\ Profits)}$$

Die Abschreibung des Jahres 200X folgt aus dem Rohergebnis des Jahres (Expected Gross Profit 200X) und dem Tilgungsfaktor:

$$Abschreibung\ (200X) = TF \cdot Expected\ Gross\ Profit\ (200X)$$

3.4 Rückstellung für noch nicht abgewickelte Versicherungsfälle

3.4.1 Schadenrückstellungen nach HGB

Ein Versicherungsfall durchläuft in der Regel unterschiedliche Phasen. Diese Phasen bedingen eine gewisse Zeitdauer, die dann zum Ansatz einer versicherungstechnischen Rückstellung führt, wenn am Abschlussstichtag Schäden wirtschaftlich verursacht, aber noch nicht abgewickelt worden sind. Abbildung 6.12 zeigt die wesentlichen Phasen eines Versicherungsfalls auf.

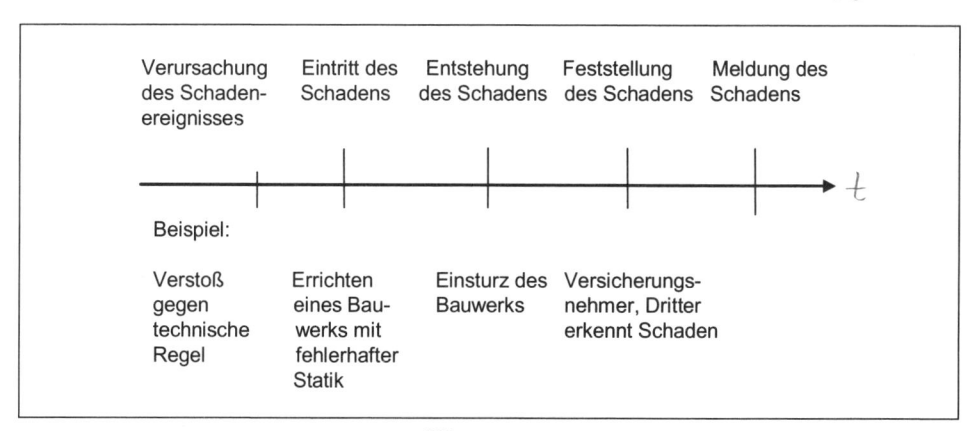

Abb. 6.13: Phasen des Versicherungsfalls[239]

---

238 Vgl. DAV [Lebensversicherung, 2000], S. 41.
239 In Anlehnung an Boetius, Jan [Handbuch., 1996], S. 285–286.

Bilanziell führt die wirtschaftliche Verursachung oder rechtliche Entstehung eines Schadens zur Ansatzpflicht von Verpflichtungen aus den bis zum Geschäftsjahr eingetretenen, aber noch nicht abgewickelten Versicherungsfällen (§ 341g Abs. 1 HGB). Diese werden auch als Schadenrückstellungen oder Schadenreserven bezeichnet bzw. im Gesetz als *Rückstellungen für noch nicht abgewickelte Versicherungsfälle*. Sie dienen der Erfassung von dem Grunde und/oder der Höhe nach ungewissen Verbindlichkeiten gegenüber Versicherungsnehmern bzw. gegenüber geschädigten Dritten aus realisierten wirtschaftlichen Risiken, die in Versicherungsverträgen von Versicherungsunternehmen übernommen worden sind.

Innerhalb der Schadenrückstellungen werden verschiedene Teilrückstellungen unterschieden:
- Teilrückstellungen für bekannte Versicherungsfälle,
- Teilrückstellungen für Rentenversicherungsfälle,
- Teilrückstellungen für Spätschäden,
- Teilrückstellungen für Schadenregulierungsaufwendungen und
- Rückstellungen für noch nicht abgewickelte Rückkäufe, Rückgewährbeträge und Austrittsvergütungen.

Gemäß § 26 Abs. 2 S. 1 RechVersV sind von der Summe der Teilrückstellungen (a) bis (d) Forderungen abzuziehen, die entstanden sind, weil aufgrund geleisteter Entschädigungen dem Versicherungsunternehmen ein Rückgriffsrecht zusteht (Regresse), weil Ansprüche auf ein versichertes Objekt, für das Ersatz geleistet wurde, bestehen (Provenues) oder weil mit anderen Versicherungsunternehmen oder Versicherungsträgern Teilungsabkommen abgeschlossen wurden. Dieser Abzug stellt eine versicherungsspezifische Ausnahme vom Saldierungsverbot des § 246 Abs. 2 HGB dar.

Die Rechtsgrundlage für die *Teilrückstellung für bekannte Versicherungsfälle* findet sich in § 341g Abs. 1 HGB. Es handelt sich um bis zum Bilanzstichtag gemeldete und damit bekannte Versicherungsfälle (des Geschäftsjahres), die jedoch noch nicht vollständig abgewickelt sind (Normalschäden). Sie stellen Einzelreserven auf der Basis von Schadenmeldungen dar und sind wesentlich dadurch charakterisiert, dass die Zeitpunkte der Schadenverursachung, des Schadeneintritts und der Schadenmeldung vor dem Bilanzstichtag liegen, d. h., das Verursachungsjahr, das Schadenereignisjahr und das Meldejahr entsprechen sich. Die Teilrückstellung für bekannte Versicherungsfälle unterliegt dem Grundsatz der *Einzelbewertung* in Höhe der bedingungsmäßigen Versicherungsleistungen (§ 252 Abs. 1 Nr. 3 i. V. m. § 341e Abs. 1 HGB). Maßgeblich für die Bewertung sind die Preisverhältnisse des Bilanzstichtags. Die Bewertung ist nicht risikoneutral, sondern vielmehr unter Beachtung des *Vorsichtsprinzips* vorzunehmen. Bei der Bewertung der einzelnen Rückstellungsbeträge sind zweifelsfrei zu erwartende

Erträge aus Regressen, Provenues und Teilungsabkommen zu berücksichtigen. Obwohl eine Abzinsung der Schadenrückstellung in der Versicherungsbilanzrichtlinie vorgesehen war (Art. 60 Abs. 1), wurde die Abzinsung nicht in deutsches Recht umgesetzt. *Ausnahmen vom Grundsatz der Einzelbewertung* sind bei der Ermittlung der Schadenrückstellung durch Verwendung von *Gruppenbewertungen* (§ 256 S. 2 i. V. m. § 240 Abs. 4 HGB) für gleichartige oder annähernd gleichwertige Vermögensgegenstände und Schulden gestattet bzw. durch *Näherungs- und Vereinfachungsverfahren* (§ 341e Abs. 3 HGB) – falls Einzel- oder Gruppenbewertung nicht möglich sind oder der damit verbundene Aufwand unverhältnismäßig hoch ist –, wenn anzunehmen ist, dass diese zu annähernd gleichen Ergebnissen wie Einzelberechnungen führen.[240]

Die *Teilrückstellung für Rentenversicherungsfälle* (Rentendeckungsrückstellung) ist vorwiegend in der Haftpflicht-, Unfall- und Kraftfahrzeugversicherung zu bilden. Sie wird gesetzlich in § 341g Abs. 5 HGB geregelt und wird für Versicherungsleistungen gebildet, die aufgrund eines rechtskräftigen Urteils, Vergleichs oder Anerkenntnis in Form einer Rente zu erbringen sind. Für den Ausweis als Rentendeckungsrückstellung muss die Pflicht des Versicherungsunternehmens zur Rentenzahlung endgültig feststehen. Ist dies nicht der Fall, so hat weiterhin der Ausweis unter der Teilrückstellung für bekannte Versicherungsfälle zu erfolgen. Eine Abzinsung ist im Handelsrecht immer nur dann vorgesehen, wenn die den Rückstellungen zugrunde liegenden Verbindlichkeiten einen Zinsanteil enthalten (§ 253 Abs. 1 S. 2 HGB). Insofern erfolgt die Bewertung der Teilrückstellung für Rentenversicherungsfälle (Rentendeckungsrückstellung) mit dem nach anerkannten versicherungsmathematischen Methoden berechneten *Barwert*. Die Bewertung hat für jeden Versicherungsfall einzeln zu erfolgen.

Die Rechtsgrundlage von *Teilrückstellungen für Spätschäden* bildet § 341g Abs. 2 HGB. Es handelt sich um die bis zum Bilanzstichtag verursachte oder eingetretene, aber bis zu diesem Zeitpunkt noch nicht gemeldete Versicherungsfälle (auch für Rentenversicherungsfälle). Charakteristisch für diese Versicherungsfälle ist insbesondere, dass die Zeitpunkte der Schadenverursachung, des Schadeneintritts und der Schadenmeldung auf zwei Geschäftsjahre entfallen. Das Verursachungsjahr bzw. Schadenereignisjahr liegt vor dem Meldejahr. Spätschadenrückstellungen lassen sich in bekannte und unbekannte Spätschäden unterteilen:[241]

---

[240] Nach dem Steuerentlastungsgesetz 1999/2000/2002 sind pauschale Abschläge auf die Schadenreserve zulässig, sofern nachgewiesen werden kann, dass die nach der reinen Einzelbewertung gebildete Reserve zu hoch ist, um dem True and Fair View zu genügen. Anders als die Gesetzesbegründung (BT-Drs. 14&265, S. 192–193) suggeriert, wird hierdurch allerdings nicht eine handelsrechtliche Zulässigkeit von pauschalen Abschlägen ermöglicht. Vgl. Geib, Gerd; Telgenbüscher, Franz R. [Posten, 2003], Tz. 99.

[241] Vgl. Geib, Gerd; Telgenbüscher, Franz R. [Posten, 2003], Tz. 127.

- *Unbekannte Spätschäden* stellen Versicherungsfälle des Geschäftsjahres und der Vorjahre dar, die bis zur inventurmäßigen Feststellung dem Versicherungsunternehmen noch nicht gemeldet worden sind (IBNR = Incurred But Not Reported).
- *Bekannte Spätschäden* (Nachmeldeschäden) stellen Versicherungsfälle des Geschäftsjahres dar, die zwischen dem Bilanzstichtag und dem Zeitpunkt der inventurmäßigen Feststellung dem Versicherungsunternehmen gemeldet wurden sowie Versicherungsfälle aus Vorjahren, die zunächst unbekannte Spätschäden darstellten, die in der Zwischenzeit aber bekannt geworden sind.

Die Bewertung der Teilschadenrückstellung für *bekannte Spätschäden* erfolgt äquivalent zur Rückstellung für bekannte Versicherungsfälle auf der Basis einer *Einzelbewertung*. Demgegenüber sind *unbekannte Spätschäden* gemäß § 341g Abs. 2 HGB *pauschal zu bewerten*, wobei die bisherigen Erfahrungen in Bezug auf die Anzahl der nach dem Abschlussstichtag gemeldeten Versicherungsfälle und die Höhe der damit verbundenen Aufwendungen zu berücksichtigen ist. Vergangenheitsdaten liefern jedoch keine ausreichenden Schlüsse über die Entwicklung der Spätschadenrisiken. Daher erfordert die Bildung von Sicherheitszuschlägen eine zukunftsorientierte Risikobeurteilung, um eine ausreichende Rückstellungsbildung zu gewährleisten.[242]

Die *Teilrückstellung für Schadenregulierungsaufwendungen* (§ 341 g Abs. 1 S. 2 HGB) wird für alle nach dem Bilanzstichtag voraussichtlich anfallenden Schadenregulierungsaufwendungen (Schadenermittlungs- und Schadenbearbeitungskosten) gebildet (vgl. Abb. 6.14). Sie umfassen sowohl Aufwendungen, die einzelnen Versicherungsfällen direkt zugerechnet werden können als auch Aufwendungen, die nur indirekt zurechenbar sind, unabhängig davon, ob sie extern oder innerhalb des Versicherungsunternehmens entstehen.

Nach § 341g Abs. 1 S. 2 HGB sind bei der Bewertung der Teilschadenrückstellung für Schadenregulierungsaufwendungen die *gesamten Schadenregulierungsaufwendungen* zu berücksichtigen. Die Bewertung der Rückstellung ist jedoch nicht eindeutig geregelt, denn von Seiten der Finanzverwaltung, des BFH sowie des Handelsrechts bestehen unterschiedliche Argumentationen hinsichtlich der Einbeziehbarkeit einzelner Schadenregulierungsaufwendungen. Der BFH hatte in einem Urteil von 1972 nur eine Rückstellungsbildung für *Schadenermittlungsaufwendungen* vorgesehen, da nach § 66 VVG lediglich eine Verpflichtung zur Schadenermittlung besteht.[243]

---

242 Vgl. Boetius, Jan [Handbuch, 1996], S. 308.
243 Vgl. Urteil I 114/65 vom 19.1.1972, in: BStBl 1972 II, S. 392–397.

Einzelne versicherungstechnische Rückstellungen 207

```
Schadenregulierungs-
aufwendungen
├── Zurechenbarkeit
│   ├── direkt einem Schaden zurechenbar
│   │   z. B. Anwalts-, Gerichts- und Prozesskosten
│   └── indirekt einem Schaden zurechenbar
│       z. B. eigene Schadenbüros
└── Arten
    ├── Schadenermittlungskosten
    │   Feststellung der Leistungspflicht dem Grunde und der Höhe nach
    └── Schadenbearbeitungskosten
        z. B. Verwaltung der Schadenakten
```

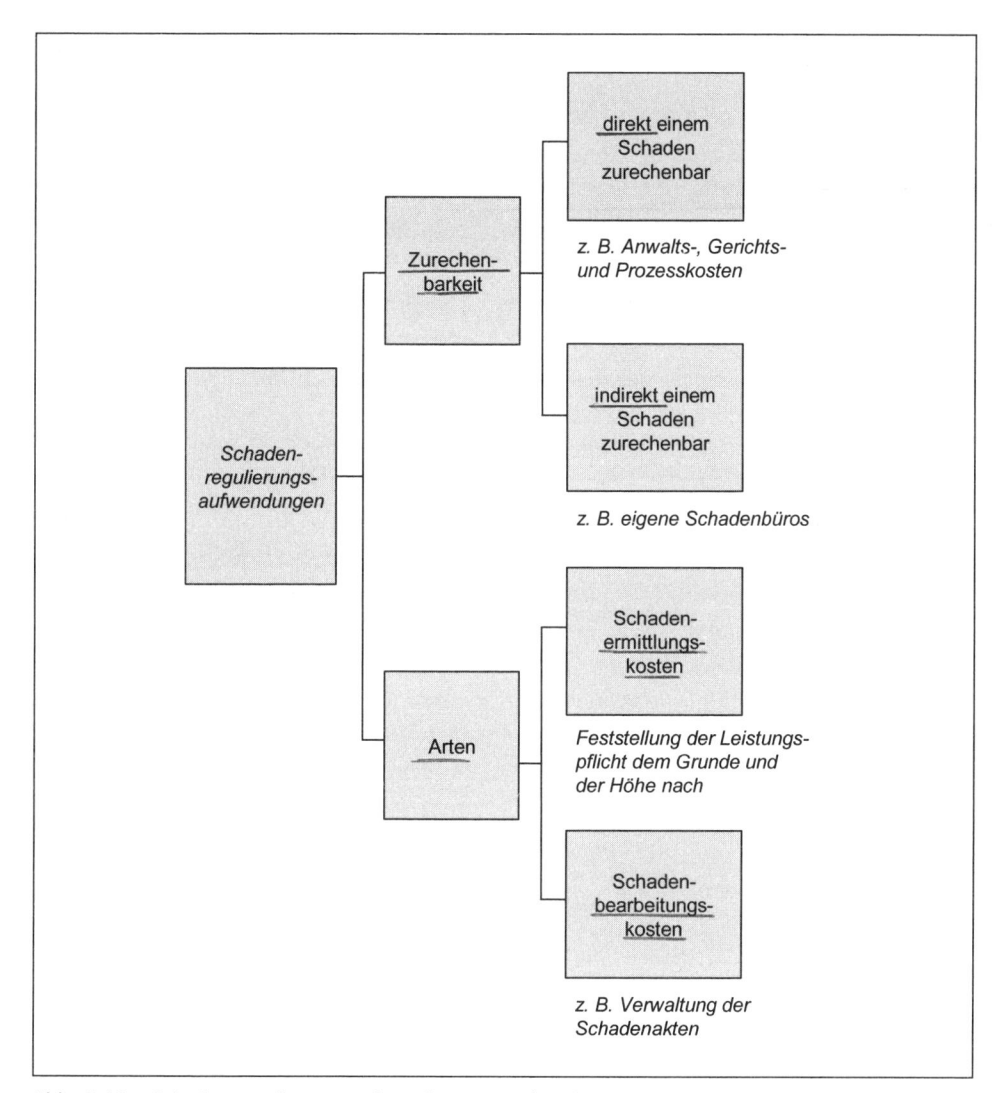

Abb. 6.14: Schadenregulierungsaufwendungen nach HGB

Demgegenüber lässt sich *handelsrechtlich* vor dem Hintergrund des Gesetzestextes argumentieren, dass Aufwendungen in solcher Höhe zu passivieren sind, wie eine *Außenverpflichtung* besteht.[244] In diesem Zusammenhang wird diskutiert, inwiefern Schadenbearbeitungskosten Aufwandsrückstellungen darstellen, für die lediglich ein Passivierungswahlrecht in Frage kommt. Nach herrschender Meinung ist es jedoch unerheblich, ob für die Passivierung der Schadenbearbeitungskosten eine Aufwandsrückstellung in Betracht zu ziehen ist. Vielmehr sind

---

244 Vgl. etwa Boetius, Jan [Handbuch, 1996], S. 317.

alle Aufwendungen, die *untrennbar mit der Erfüllung der Versicherungsleistungen* verbunden sind, mit ihren Vollkosten zu passivieren.[245] Um Probleme einer Einzelbewertung von Schadenregulierungsaufwendungen zu vermeiden, haben das BMF in der »Formel 48« sowie der GDV (Methode I und II) bereits 1973 *Pauschalmethoden* zur Bewertung der Rückstellung für Schadenregulierungsaufwendungen vorgesehen.[246] Soweit die pauschalen Verfahren nicht regelmäßig zu Verlusten führen, ist ihre Anwendung handelsrechtlich zulässig.[247]

Die »Formel 48« führt in der *Schaden- und Unfallversicherung* zu folgender Berechnung:[248]

$$\text{SRA} = \frac{\text{Schadenrückstellung} \cdot \text{gezahlte Schadenregulierungsaufwendungen}}{\text{Schadenzahlungen im Geschäftsjahr}} \cdot 0{,}48 \pm K$$

(SRA = Rückstellung für Schadenregulierungsaufwendungen; K = Korrekturbetrag)

Die Rückstellung für Schadenregulierungsaufwendungen (SRA) ergibt sich aus dem Produkt von Schadenrückstellung am Ende des Geschäftsjahres (ohne Schadenregulierungsaufwendungen) und den im Jahr gezahlten gesamten Schadenregulierungsaufwendungen dividiert durch die Schadenzahlungen im Geschäftsjahr. Das Ergebnis dieses Terms wird pauschal mit dem Faktor 0,48 multipliziert. Dieser Adjustierung liegt die Annahme zugrunde, dass

- 20 % pauschal für Schadenbearbeitungsaufwendungen abgezogen werden,
- 25 % für bis zum Stichtag bereits ausgeführte Schadenermittlungsaufwendungen abgezogen werden und
- 20 % aufgrund eines unterproportionalen Fixkostenanstiegs abgezogen werden.[249]

Der Korrekturbetrag K resultiert aus dem Verhältnis von 25 % der Differenz zwischen Schadenstückzahl am Ende und Anfang des Geschäftsjahres und Anzahl der bearbeiteten Schadenfälle. Dadurch wird der Fall berücksichtigt, dass die reservierten Schäden am Ende des Geschäftsjahres größer oder kleiner als zu Beginn des Geschäftsjahres sind.

In der *Krankenversicherung* existiert ebenfalls ein pauschales Verfahren zur Bewertung der Rückstellung für Schadenregulierungsaufwendungen (SRA):

$$\text{SRA} = \text{Schadenrückstellung} \cdot \frac{\text{Schadenregulierungsaufwendungen des Geschäftsjahrs}}{\text{Schadenleistungen im Geschäftsjahr}} \cdot 0{,}7$$

---

245 Vgl. maßgeblich Perlet, Helmut [Rückstellungen, 1986], S. 77–79. Dieser Argumentation folgend vgl. Geib, Gerd; Telgenbüscher, Franz R. [Posten, 2003], Tz. 166.
246 Vgl. Faßbender, Jürgen [Jahresabschlusspolitik, 1997], S. 213.
247 Vgl. Koch, Alfons; Krause, Hans-Josef [§ 341g HGB, 1998], Tz. 36.
248 Vgl. zu den folgenden pauschalen Methoden FM NRW [Behandlung, 1973], S. 105–106.
249 Zur Berechnung: 0,48 = (((100 – 20 %) – 25 %) – 20 %).

> **Beispiel 6.5: Schadenregulierungsaufwendungen für Schaden-/ Unfallversicherung nach der Formel 48**
> (nur Ermittlungskosten berücksichtigt)
>
> **Annahmen:**
>
> | | |
> |---|---:|
> | Bemessungsgrundlage (Ermittlung + Bearbeitung) | 100 |
> | 80 % der Bemessungsgrundlage sind Ermittlungskosten | – 20 |
> | | 80 |
> | bis zum Stichtag sind im Durchschnitt 25 % der Schadenermittlungen durchgeführt | – 20 |
> | | 60 |
> | 20 % Abschlag wegen unterproportionalen Fixkostenanstiegs | – 12 |
> | | 48 |

Schließlich erfolgt in der *Lebensversicherung* die Berechnung anhand folgender Vereinfachung:

SRA = 0,01 · (Schadenrückstellung – Versicherungssumme für abgelaufene Versicherungen)

Die *Rückstellung für noch nicht abgewickelte Rückkäufe, Rückgewährbeträge und Austrittsvergütungen* (§ 26 Abs. 1 S. 1 RechVersV) umfasst Beträge, die den Versicherungsnehmern aufgrund von geschäftsplanmäßigen Erklärungen zu vergüten sind und zwar als Rückkaufswerte für zum Bilanzstichtag vorzeitig gekündigte Verträge und Rückgewährbeträge für zum Bilanzstichtag abgelaufene Verträge. Die Rückstellung erlangt insbesondere in der Lebensversicherung Relevanz, aber auch bei Schaden-/Unfallversicherungsunternehmen, die ein Geschäft nach Art der Lebensversicherung betreiben. Die Rückstellung für noch nicht abgewickelte Rückkäufe, Rückgewährbeträge und Austrittsvergütungen ist für jeden einzelnen Versicherungsvertrag gemäß der individuellen Gegebenheiten geschäftsplanmäßig zu berechnen. Die Teilrückstellung für Regulierungsaufwendungen ist gemäß der zu erwartenden Inanspruchnahme auf der Basis der Erfahrungswerte der Vergangenheit anzusetzen.

Die *Bewertung* der einzelnen Teilschadenrückstellungen nach HGB erfolgt grundsätzlich *brutto*. Die Schadenrückstellungen für das selbst abgeschlossene und das in Rückdeckung übernommene Versicherungsgeschäft werden brutto, d. h. einschließlich des Anteils von Rückversicherern bzw. Retrozessionaren, ermittelt. Von den Bruttorückstellungen sind die auf das in Rückdeckung gegebene Versicherungsgeschäft entfallenden Anteile in der Bilanz in Vorspalten abzusetzen. Die Anteile der Rückversicherer bzw. Retrozessionare an den Bruttorückstellungen bestimmen sich nach den jeweiligen Rückversicherungsverträgen.

Abwicklungsschema

+ Schadenrückstellung zu Beginn des Geschäftsjahres
− Zahlungen im Geschäftsjahr für Vorjahres-Versicherungsfälle
− Schadenrückstellung für Vorjahres-Versicherungsfälle am Ende des Geschäftsjahres

= **Abwicklungsergebnis**

positives Ergebnis = Abwicklungsgewinn

negatives Ergebnis = Abwicklungsverlust

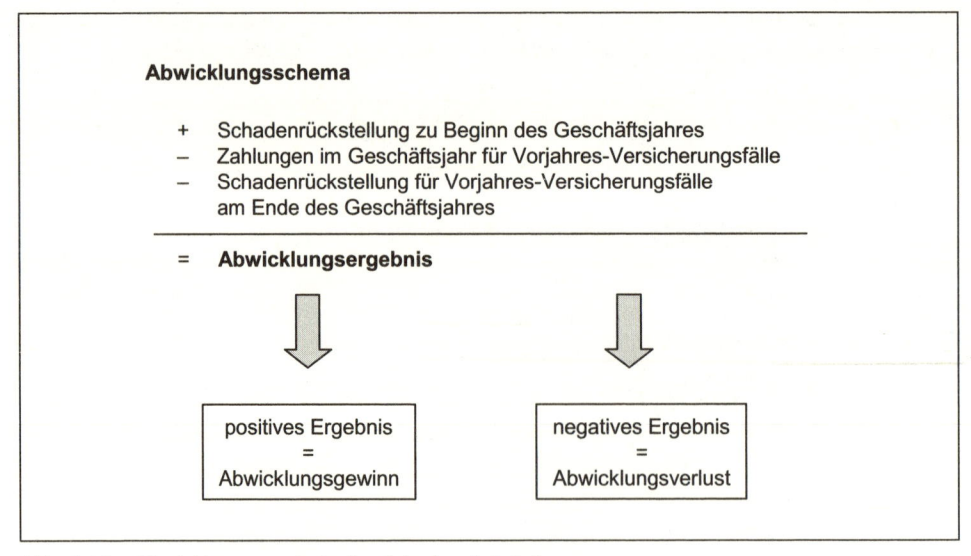

Abb. 6.15: Abwicklungsergebnis der Schadenrückstellung

Schadenjahr		Berichtsjahre				Anmerkungen
		2001	2002	2003	2004	
2001	Schadenzahlung	1.231	488	95	59	
	SchadenRS	1.129	983	809	660	
	Summe	2.360	1.471	904	719	
	Abwicklungsergebnis	0	–342*	79	90	* – 342 = 1.129 – 488 – 983 (Abwicklungsverlust)
2002	Schadenzahlung		1.739	486	90	
	SchadenRS		1.317	954	798	
	Summe		3.056	1.440	888	
	Abwicklungsergebnis		0	–123	66*	* 66 = 954 – 90 – 798 (Abwicklungsgewinn)
2003	Schadenzahlung			1.874	511	
	SchadenRS			1.411	1.055	
	Summe			3.285	1.566	
	Abwicklungsergebnis			0	–155	
2004	Schadenzahlung				1.771	
	SchadenRS				1.455	
	Summe				3.226	
	Abwicklungsergebnis				0	

Abb. 6.16: Abwicklungstreppe

Die vorsichtige Bemessung der Schadenrückstellungen äußert sich in der Regel in positiven Abwicklungsergebnissen. Das Abwicklungsergebnis resultiert aus dem in Abbildung 6.15 dargestellten Berechnungsschema.

Die Abwicklungsgewinne/-verluste werden bei den Aufwendungen für Versicherungsfälle abgesetzt bzw. hinzugerechnet. Über einen längeren Zeitraum lassen sich die Abwicklungsgewinne und -verluste als Abwicklungstreppe darstellen. Die Abbildung 6.16 zeigt dies beispielhaft.

3.4.2 Schadenrückstellungen nach US-GAAP

Die wesentliche Vorschrift für Schadenrückstellungen (Liability for Unpaid Claims) bildet in den US-GAAP SFAS 60. Eine Schadenrückstellung wird demnach für eingetretene Versicherungsfälle gebildet, einschließlich solcher Versicherunfälle, die eingetreten, aber noch nicht gemeldet sind (SFAS 60.17). Als Teilschadenrückstellungen werden folgende Komponenten unterschieden (SFAS 60.9):[250]

- Teilschadenrückstellung für bekannte Versicherungsfälle (Incurred and Reported Claims),
- Teilschadenrückstellung für Spätschäden (Incurred but not Reported Claims) und
- Teilrückstellung für Schadenregulierungsaufwendungen (Claim Adjustment Expenses).

Der Ansatz von *Teilrückstellungen für bekannte Versicherungsfälle* entspricht weitgehend den Regelungen des HGB. Sie sind zu bilden für eingetretene, gemeldete, aber noch nicht vollständig regulierte Versicherungsfälle. Im Unterschied zur handelsrechtlichen Einordnung von Nachmeldeschäden (bekannte Spätschäden) als Spätschadenrückstellung, werden diese nach US-GAAP unter die Teilrückstellung für bekannte Versicherungsfälle subsumiert.

Insofern besteht die *Teilrückstellung für Spätschäden* ausschließlich aus unbekannten Spätschäden, also solchen, die eingetreten, aber bis zur inventurmäßigen Erfassung noch nicht gemeldet sind (SFAS 60.17).

Die erwarteten Kosten für die *Regulierung* der noch nicht abgewickelten Versicherungsfälle umfassen sämtliche Regulierungskosten, die einem Versicherungsfall direkt oder indirekt zuzurechnen sind, unabhängig davon, ob es sich um externe Leistungen (z. B. Anwaltshonorare oder Gutachterkosten) oder interne Leistungen (z. B. Kosten einer betriebsinternen Schadenregulierungsabteilung)

---

250 Vgl. Mayr, Gerhard [Internationalisierung, 1999], S. 104.

handelt.251 Daher entstehen keine Änderungen gegenüber der handelsrechtlichen Ermittlung.

Die *Bewertung* der Schadenrückstellung basiert nach US-GAAP nicht notwendigerweise auf dem Grundsatz der Einzelbewertung. Die Rückstellungsbildung erfolgt in der Regel auf *Teil-Portefeuillebasis* unter Anwendung versicherungsmathematischer Schadenreservierungsverfahren wie dem Chain-Ladder-Verfahren bzw. dem Bornhuetter-Ferguson-Verfahren. Eine *Abzinsung* ist grundsätzlich nur dann gestattet, wenn die aufsichtsrechtlichen Vorschriften (Statutory Accounting) eine Abzinsung vorsehen und/oder wenn der genaue Betrag und der genaue Zeitpunkt der Rückstellung zuverlässig bestimmbar sind. Insofern ist eine Abzinsung äquivalent zu den handelsrechtlichen Vorschriften nur im Falle der Rentendeckungsrückstellungen vorzunehmen.

Für die *Höhe der Rückstellungsbewertung* ist nach US-GAAP kein dem HGB vergleichbares Vorsichtsprinzip maßgeblich. Vielmehr wird eine vorsichtige Bewertung schon dann als gegeben gesehen, wenn Schadenrückstellungen nicht abgezinst werden.252 In Anlehnung an die allgemeine Rückstellungsbildung in den US-GAAP werden Schadenrückstellungen zum wahrscheinlichsten Wert *(Best Estimate)* bewertet, wobei die Verhältnisse zum Erfüllungszeitpunkt *(Ultimate-Cost-Prinzip)* für die Bewertung heranzuziehen sind (SFAS 60.18). Daher fließen beispielsweise Preissteigerungen und sonstige soziale und ökonomische Faktoren in die Bewertung ein.

Das AICPA (SOP 92-4) unterscheidet folgende Methoden zur Bestimmung der Schadenrückstellung:253
1. die Extrapolation von historischen Schadenverläufen (Paid oder Incurred),
2. die Projektionen getrennt nach zukünftigen Schadenhäufigkeiten bzw. Schadenhöhen oder
3. die Verwendung erwarteter Schadenquoten.

Ad 1: Eine *Extrapolation* historischer Schadendaten basiert auf historischen Schadenzahlungen (Paid = gezahlte Schäden) oder auf historischen Schadenaufwendungen (Incurred = gezahlte Schäden zuzüglich Rückstellungen für Schadenfälle), die in Abwicklungsdreiecken zusammengefasst werden. Hierbei handelt es sich um ein Dreieck, das Vergangenheitsdaten sowohl nach dem Anfall- als auch nach dem Abwicklungsjahr einordnet. Auf der Basis der historischen Daten wird das Abwicklungsdreieck mit Hilfe von Prognosemethoden zu einem Rechteck ergänzt, um die vollständige Abwicklung der Schadenfälle zu schätzen. Hierauf aufbauend kann die Höhe der erforderlichen Rückstellung bestimmt werden.

---

251 Vgl. Geib, Gerd [Internationalisierung, 2003], Tz. 31.
252 Vgl. kritische Darstellung Geib, Gerd [Internationalisierung, 2003], Tz. 34.
253 Vgl. zu einem Überblick und Berechnungsbeispielen AICPA [Audits, 2001], S. 65–71.

Ad 2: Projektionen getrennt nach zukünftigen Schadenhäufigkeiten bzw. Schadenhöhen führen zur Anzahl der Schäden, die gezahlt bzw. »geschlossen« werden und errechnen die *durchschnittlichen Kosten* dieser Schäden. Die Methode wird insbesondere für kleine Schäden, die einem gleichartigen Schadenverlauf folgen, als geeignet angesehen.

Ad 3: *Erwartete Schadenquoten* (Expected Loss Ratios) basieren auf historischen Erfahrungen, die in die Zukunft projiziert werden. Die Schadenhöhe basiert auf dem Produkt aus der ermittelten Schadenquote und den entsprechenden Beiträgen.

Methode	Extrapolation	Durchschnittschäden	Erwartete Schadenquote
Vorgehen	Anordnung von Schadendaten der Vergangenheit in Abwicklungsdreiecken	Bewertung der Schadenfälle mit einem ermittelten Durchschnittsbetrag	Festlegung zukünftiger Schadenquoten mit Hilfe historischer Erfahrungen
	Ergänzung zu einem Rechteck mit Hilfe von Prognosemethoden		Schadenhöhe und damit Schadenrückstellung ergeben sich aus unterstellter Schadenquote und den zugehörigen Beiträgen

Abb. 6.17: Methoden der Schadenreservierung[254]

3.4.3 Einsatz von Aktuaren zur Ermittlung der Schadenreserve

Für die Bewertung der Schadenrückstellung ist ein Einsatz von Aktuaren unabdingbar. Grundsätzlich ist das Management für die richtige Bewertung der Schadenrückstellung in der Bilanz verantwortlich. Allerdings zeichnet sich die Bewertung durch einen hohen Komplexitätsgrad aus und erfordert Erfahrung in der Anwendung von aktuariellen Schätzverfahren. Daher findet eine Bewertung von Schadenrückstellungen nicht ohne den Einsatz von Aktuaren statt. Diese können entweder unternehmensinterne Aktuare (Nicht-Leben) darstellen oder externe Spezialisten (Consulting Actuaries) sein. Seit 1990 muss für amerikanische Schadenversicherungsunternehmen der Jahresabschluss um ein aktuarielles Testat über die Bewertung der Schadenreserve ergänzt werden.

Die Bestimmung der Schadenrückstellungen für eine bestimmte Gruppe von Schäden soll auf der Grundlage vernünftiger und nachvollziehbarer versicherungsmathematischer Methoden erfolgen.[255] Zur Schätzung der Höhe von Scha-

---

254 In Anlehnung an Mayr, Gerhard [Internationalisierung, 1999], S. 106.
255 Vgl. grundsätzlich Wiser, Ronald F. et al. [Loss, 2000], S. 210 sowie darauf stützend DAV [Schadenrückstellung, 2002], S. 4.

denrückstellungen existiert eine Vielzahl von statistischen Methoden.[256] Den Ausgangspunkt dieser Verfahren bildet in der Regel das so genannte Abwicklungsdreieck.[257]

Anfall-jahr	Schadenabwicklungsjahr							
	0	1	...	k	...	n – i	...	n – 1	n
0	$S_{0,0}$	$S_{0,1}$	...	$S_{0,k}$	...	$S_{0,n-i}$	...	$S_{0,n-1}$	$S_{0,n}$
1	$S_{1,0}$	$S_{1,1}$	...	$S_{1,k}$	...	$S_{1,n-i}$	...	$S_{1,n-1}$	
⋮	⋮	⋮		⋮		⋮			
i	$S_{i,0}$	$S_{i,1}$	...	$S_{i,k}$		$S_{i,n-i}$			
⋮	⋮	⋮		⋮					
n – k	$S_{n-k,0}$	$S_{n-k,1}$		$S_{n-k,k}$					
⋮	⋮	⋮							
n – 1	$S_{n-1,0}$	$S_{n-1,1}$							
n	$S_{n,0}$								

Abb. 6.18: Abwicklungsdreieck

Das Abwicklungsdreieck stellt einen Zusammenhang zwischen dem Schadenereignisjahr und dem Schadenabwicklungsjahr her.[258] Die Variable $S_{i,k}$ bezeichnet den Gesamtbetrag der Schadenzahlungen des Anfalljahres i, die vor dem Ende des Kalenderjahres $i + k$ abschließend reguliert werden. Durch k wird somit das Abwicklungsjahr festgelegt. Die im Dreieck dargestellten Schadenzahlungen sind für das Versicherungsunternehmen beobachtbar und stellen die Grundlage für die Schätzung der nicht beobachtbaren Schäden dar.

Für die Projektion von Schadenzahlungen in die Zukunft wird das Abwicklungsdreieck zu einem Rechteck ergänzt. Für jedes Anfalljahr $i \in \{1, ..., n\}$ und

---

256 Vgl. z. B. Willem de Wit, Gysbertus [Loss Reserving, 1981], S. 25–109.
257 Vgl. Albrecht, Peter [Regression, 1983], S. 69; Straub, Erwin [Insurance, 1988], S. 104.
258 Vgl. Buck, Heiko [Rückstellungen, 1995], S. 200.

jedes Abwicklungsjahr $k \in \{1, ..., n\}$ wird folgender Abwicklungsfaktor $F_{i,k}$ gebildet:[259]

$$F_{i,k} = \frac{S_{i,k}}{S_{i,k-1}}$$

Die nicht beobachteten Schadenzahlungen werden in der Folge dargestellt als:

$$S_{i,k} = S_{i,n-i} \prod_{l=n-i+1}^{k} F_{i,l}$$

$S_{i,k-1}$ = letzter beobachtbarer Schadenstand für Anfalljahr i.

Das bekannteste Prognoseverfahren stellt das *Chain-Ladder-Verfahren* dar, das eine Proportionalität zwischen den Spalten des Abwicklungsdreiecks unterstellt.[260] Zunächst wird für jedes Abwicklungsjahr ein Chain-Ladder-Faktor $\hat{F}$ gebildet:

$$\hat{F} = \frac{\sum_{j=0}^{n-k} S_{j,k}}{\sum_{j=0}^{n-k} S_{j,k-1}}$$

Jeder Chain-Ladder-Faktor stellt ein gewichtetes Mittel der beobachtbaren Abwicklungsfaktoren des betreffenden Abwicklungsjahres dar. Für jedes Anfalljahr und jedes Abwicklungsjahr wird schließlich aus dem letzten beobachtbaren Schadenstand und den Chain-Ladder-Faktoren der zukünftigen Abwicklungsjahre eine Zufallsvariable $\hat{S}_{i,k}$ gebildet, die als Schätzer für den Erwartungswert $E[S_{i,k}]$ dient:

$$\hat{S}_{i,k} = S_{i,n-i} \prod_{l=n-i+1}^{k} \hat{F}_l$$

Das Chain-Ladder-Verfahren stellt ein einfaches Modell der Schadenreservierung dar und weist große praktische Beliebtheit auf. Folgende Problemfelder sind mit der Anwendung des Verfahrens verbunden:

- Die Methode ist aufgrund des multiplikativen Charakters im Falle von Extremwerten nicht anwendbar.[261] Sehr hohe Beträge von $S_{i,n-i}$, etwa aufgrund eines Großschadens, führen zu einer überhöhten Prognose der zukünftigen Schäden. Im Gegensatz dazu resultiert aus einem Wert von Null für $S_{i,n-i}$ auch für $\hat{S}_{i,k}$ eine Schätzung von Null.[262]

---

[259] Vgl. Schmidt, Klaus D. [Spätschäden, 1999], S. 269–270.
[260] Vgl. z. B. Willem de Wit, Gysbertus [Loss Reserving, 1981], S. 30.
[261] Vgl. Swiss Re [Spätschadenrückstellungen, 2000], S. 16–17.
[262] Vgl. Mack, Thomas [Schadenversicherungsmathematik, 2002], S. 249.

- Das Chain-Ladder-Verfahren weist eine starke Abhängigkeit von den zufällig beobachteten Schadendaten auf und erfordert eine Stabilität der Abwicklungskoeffizienten.[263] Änderungen in der Abwicklungsgeschwindigkeit sowie Inflationseffekte sind durch Modifikationen der Daten auszugleichen.[264]

Zur Beseitigung der Schwächen des Chain-Ladder-Verfahrens wurde das *Cape-Cod-Verfahren* entwickelt, das neben den Schadendaten des Abwicklungsdreiecks zusätzlich die jeweiligen Informationen über die Prämien in die Berechnung einbezieht.[265] Die Grundidee besteht darin, den Anteil der beobachtbaren Schadenzahlungen mit den dazugehörigen Prämien zu vergleichen. Dazu wird das Verhältnis aus den beobachtbaren Schadenzahlungen und den mit einem Verzögerungsfaktor $\hat{L}_i$ gewichteten verdienten Beiträgen gebildet.[266] Der Verzögerungsfaktor stellt den Kehrwert der multiplizierten Chain-Ladder-Faktoren dar und gibt den Anteil der endgültigen Schadenzahlungen eines bestimmten Anfalljahres an, der bisher bekannt ist. Falls dieses Verhältnis einen Wert von eins aufweist, entsprechen die kumulierten Schäden exakt der Höhe der kalkulierten Prämien. In der Realität weichen die kumulierten Schäden in der Regel von den gewichteten Beiträgen ab. Daher wird das Verhältnis zwischen beiden Variablen auch als Prämienkorrekturfaktor bezeichnet.[267] Durch Multiplikation dieses Faktors mit dem Wert der verdienten Prämien sowie dem Faktor $1 - \hat{L}_i$ und anschließender Addition über alle Jahre resultiert ein Schätzer für die Schadenrückstellung.

Das Cape-Cod-Verfahren erweist sich gegenüber dem Chain-Ladder-Verfahren als robuster, da die Abhängigkeit von einzelnen Schadenereignissen geringer ist.[268] Allerdings stellt die Unterstellung eines gleich bleibenden Prämienkorrekturfaktors eine harte Annahme dar, die kaum realistisch ist. Diesem Nachteil begegnet das *Bornhuetter-Ferguson-Verfahren*, das für jedes Jahr im Voraus einen anderen A-priori-Schätzer für den Schadensatz bestimmt.[269] Dadurch gewinnt die Schätzung gegenüber dem Cape-Cod-Verfahren an Stabilität. Zur Prognose eines Trends in den Schadensätzen ist jedoch der Rückgriff auf zusätzliche Informationen aus anderen Datenquellen erforderlich.[270]

---

263 Vgl. Reich, Axel; Zeller, Wilhelm [Spätschäden, 1988], S. 808.
264 Vgl. Willem de Wit, Gysbertus [Loss Reserving, 1981], S. 30.
265 Vgl. Straub, Erwin [Insurance, 1988], S. 106–107; Schnieper, René [Seperatin, 1991], S. 124.
266 Vgl. Straub, Erwin [Insurance, 1988], S. 107.
267 Vgl. Swiss Re [Spätschadenrückstellungen, 2000], S. 19.
268 Vgl. Straub, Erwin [Insurance, 1988], S. 107.
269 Vgl. Bornhuetter, Ronald L.; Ferguson, Ronald E. [Actuary, 1972], S. 181–195; Heep-Altiner, Maria; Klemmstein, Monika [Anwendungen, 2001], S. 32.
270 Vgl. Wiser, Ronald F. et al. [Loss, 2000], S. 257–258.

Einzelne versicherungstechnische Rückstellungen 217

Beispiel 6.6: zur Berechnung von Schadenrückstellungen

(in Anlehnung an Swiss Re: Spätschadenrückstellungen in der Rückversicherung, Zürich 2000)

Gegeben ist folgendes Abwicklungsdreieck:

Anfalljahr	Abwicklung 1	2	3	4	5	6
2000	90	210	310	420	500	500
2001	130	280	360	460	600	
2002	140	290	440	600		
2003	160	240	420			
2004	120	260				
2005	110					

Im Folgenden wird die Rückstellungsbewertung nach dem Chain-Ladder-Verfahren, dem Cape-Cod-Verfahren und dem Bornhuetter-Ferguson-Verfahren aufgezeigt.

Beispiel 6.7: Schadenreservierungsverfahren nach US-GAAP

A. Berechnung auf Basis des Chain-Ladder-Verfahren

Vorgehensweise:
1. *Abwicklungsfaktor* berechnen
2. Faktor bis zum Endwert *(LDF-Faktor)* bestimmen
3. *Schätzung der Schäden* (Produkt aus bekannten Schäden und dem LDF-Faktor)
4. *Rückstellung berechnen* (Schätzwerte abzüglich bekannter Schäden)

Berechnung:

Jahr	Abwicklungsfaktor*	LDF-Faktor	
2001	1,00	1,00	
2002	1,25	1,25	(= 1 · 1,25)
2003	1,33	1,66	(= 1 · 1,25 · 1,33)
2004	1,50	2,50	
2005	2,00	5,00	

* Beispiel: Abwicklungsjahr 1 auf 2:
(210 + 280 + 290 + 240 + 260)/(90 + 130 + 140 + 160 + 120) = 2

Jahr	bekannte Schäden	LDF-Faktor	Schätzung	Rückstellung
2000	500	1,00	500	0
2001	600	1,00	600	0
2002	600	1,25	750	150
2003	420	1,66	700	280
2004	260	2,50	650	390
2005	110	5,00	550	440
Summe	**2.490**		**3.750**	**1.260**

B. Berechnung auf Basis des Cape-Cod-Verfahrens

Vorgehensweise:
1. *1-Lag-Faktor* berechnen (= 1 – 1/LDF): vgl. zur Berechnung des LDF-Faktors oben
2. *Prämienkorrekturfaktor* berechnen (= Summe der bekannten Schäden im Verhältnis zur Summe der Entschadenlast, wobei sich die Entschadenlast als Produkt aus verdienten Prämien und Lag-Faktor ergibt)
3. *Schadenrückstellung berechnen* (= Produkt aus verdienten Prämien, Prämienkorrekturfaktor und 1-Lag-Faktor)

Berechnung:

Jahr	verdiente Prämie	bekannte Schäden	Lag-Faktor	Entschadenlast	1-Lag-Faktor	Rück-stellung
2000	625	500	1,00	625	0,00	0
2001	625	600	1,00	625	0,00	0
2002	625	600	0,80	500	0,20	125
2003	625	420	0,60	375	0,40	249
2004	625	260	0,40	250	0,60	374
2005	625	110	0,20	125	0,80	498
Summe	**3.750**	**2.490**		**2.500**		**1.245**

Prämienkorrekturfaktor:
2.490/2.500 = 0,996

C. Berechnung auf Basis des Bornhuetter-Ferguson-Verfahrens

Vorgehensweise:
1. *1-Lag-Faktor* berechnen (= 1 − 1/LDF): vgl. zur Berechnung des LDF-Faktors oben
2. *jährlichen Schadensatz schätzen (im Beispiel gegeben)*
3. *Schadenrückstellung berechnen* (= Produkt aus verdienten Prämien, geschätztem Schadensatz und 1-Lag-Faktor)

Berechnung:

Jahr	verdiente Prämie	geschätzter Schadenersatz	Lag-Faktor	Entschadenlast	1-Lag-Faktor	Rückstellung
2000	625	0,800	1,00	625	0,00	0,0
2001	625	0,960	1,00	625	0,00	0,0
2002	625	1,184	0,80	500	0,20	148,0
2003	625	1,152	0,60	375	0,40	288,0
2004	625	1,160	0,40	250	0,60	435,0
2005	625	1,125	0,20	125	0,80	562,5
Summe	3.750			2.500		1.433,5

3.5 Schwankungsrückstellung und ähnliche Rückstellungen

3.5.1 Schwankungsrückstellung nach HGB

Schwankungsrückstellungen sind gemäß § 341h HGB zum *Ausgleich der Schwankungen* im Schadenverlauf künftiger Jahre zu bilden, wenn insbesondere
- nach den Erfahrungen in dem betreffenden Versicherungszweig mit erheblichen Schwankungen der jährlichen Aufwendungen für Versicherungsfälle zu rechnen ist,
- die Schwankungen nicht jeweils durch Beiträge ausgeglichen werden und
- die Schwankungen nicht durch Rückversicherungen gedeckt sind.

Schwankungsrückstellungen werden nur von *Schaden- und Unfallversicherungs-* sowie *Rückversicherungsunternehmen* gebildet. Auch bei einem großen homogenen Versicherungsbestand, bei dem ein »Risikoausgleich im Kollektiv« stattfindet, wird aufgrund zufallsbedingter Streuungen des Schadenaufwands ein »Risikoaus-

gleich in der Zeit« erforderlich.[271] Die Schwankungsrückstellung dient der bilanziellen Abbildung dieses zeitlichen Risikoausgleichs, indem sie durch Zuführungen in Unterschadenjahren bzw. Entnahmen in Überschadenjahren zu einer *bilanziellen Glättung der volatilen Ergebnisse* führt.[272] Insofern lässt sich über einen bestimmten Ausgleichszeitraum das individuelle Äquivalenzprinzip erfüllen, das fordert, dass sich die Leistungen des Versicherungsunternehmens und die Gegenleistungen der Versicherungsnehmer über einen längerfristigen Zeitraum ausgleichen.[273] Neben der Ausgleichsfunktion nimmt die Schwankungsrückstellung eine *Sicherheitsfunktion* wahr, indem sie der Bereitstellung finanzieller Mittel zur Deckung von Überschäden dient.[274] Diese Funktion erwächst aus dem Erfordernis der Bildung von Sicherheitskapital, um bei langfristiger Betrachtung einen Ruin des Versicherungsunternehmens zu vermeiden.[275] In der Folge wird die Schwankungsrückstellung in Kennzahlen zur Beurteilung der Sicherheit von Versicherungsunternehmen regelmäßig berücksichtigt.[276]

Kriterium	Schwankungsrückstellung	Drohverlustrückstellung
Ursache	zufallsbedingtes Entstehen von Unter- und Überschäden in verschiedenen Geschäftsjahren auf der Basis einer Vergangenheitsbetrachtung	wahrscheinlich nicht leistungsdeckende künftige Gegenleistungen
Ausgleich	Ausgleich von Schäden in der Zeit	kein Ausgleich in der Zeit zu erwarten
Zeitraum	mehrjährige Betrachtung und planmäßige Bildung	einperiodige Betrachtung und unplanmäßige Bildung
Komponenten des versicherungstechnischen Risikos	Zufallsrisiko	Irrtums- und Änderungsrisiko

Abb. 6.19: Abgrenzung der Schwankungsrückstellung gegenüber der Rückstellung für drohende Verluste

---

271 Vgl. Albrecht, Peter; Schwake, Edmund [Risiko, 1988], S. 656; Geib, Gerd; Telgenbüscher, Franz R. [Posten, 2003], Tz. 309.
272 Vgl. Farny, Dieter [Buchführung, 1992], S. 133.
273 Vgl. zum individuellen Äquivalenzprinzip Helten, Elmar; Karten, Walter [Risiko, 1983], S. 244.
274 Vgl. Karten, Walter [Schwankungsrückstellung, 1980], S. 60; Buck, Heiko [Rückstellungen, 1995], S. 206.
275 Vgl. Korn, Jochen H. [Schwankungsreserven, 1997], S. 54.
276 Vgl. Metzler, Marco [Jahresabschlussanalyse, 2000], S. 150.

Die Schwankungsrückstellung lässt sich von der Rückstellung für drohende Verluste aus dem Versicherungsgeschäft *abgrenzen*. Während Letztere gebildet wird, wenn Beiträge, Beitragsüberträge und Forderungen erkennbar unzureichend für einen Risikoausgleich innerhalb eines Jahres sind und daher dem Irrtums- und Änderungsrisiko begegnet, dient die Schwankungsrückstellung einer Berücksichtigung von zufallsbedingten mehrjährigen Schwankungen des Schadenaufwands in der Zeit und insofern einer Begegnung des Zufallsrisikos.

§ 29 RechVersV knüpft an die Bildung der Schwankungsrückstellung verschiedene Voraussetzungen:[277]

- Die verdienten Beiträge f. e. R. übersteigen im Durchschnitt der letzten drei Geschäftsjahre 125.000 Euro *(Bagatellklausel)*.
- Die Standardabweichung der Schadenquoten des Beobachtungszeitraums beträgt mindestens 5 % der durchschnittlichen Schadenquote *(Erheblichkeitsklausel)*.
- Die Summe aus Schaden- und Kostenquote hat mindestens einmal im Beobachtungszeitraum 100 % der verdienten Beiträge eines Geschäftsjahres überschritten *(Finanzierungsbedarfsklausel)*.

Für die *Berechnung* der Schwankungsrückstellung gilt nach der Anlage zu § 29 RechVersV ein vorgegebenes Berechnungsschema, das den Beobachtungszeitraum, den Höchstbetrag, die Zuführungen, die Entnahmen und die Auflösung regelt.

Der *Beobachtungszeitraum*, der für die Berechnung der Schwankungsrückstellung maßgeblich ist, unterscheidet sich für unterschiedliche Versicherungszweige. Dabei sind nur Geschäftsjahre zu berücksichtigen, in denen die verdienten Beiträge f. e. R. die Höhe von 125.000 Euro überschreiten. Der Beobachtungszeitraum beträgt

- 30 dem Geschäftsjahr vorausgehende Geschäftsjahre für Hagel-, Kredit-, Kautions- und Vertrauensschadenversicherungen,
- 15 dem Geschäftsjahr vorausgehende Geschäftsjahre für die übrigen Zweige der Schaden-/Unfallversicherung und
- 10 dem Geschäftsjahr vorausgehende Geschäftsjahre für »jüngere« Versicherungszweige.

Der *Höchstbetrag (= Sollbetrag)* bildet den Barwert der Überschäden des Ausgleichszeitraums, die nach vernünftiger kaufmännischer Beurteilung möglich sind. Der Höchstbetrag bestimmt sich nach folgender Formel:[278]

---

[277] Vgl. Abschnitt I Nr. 1 der Anlage zu § 29 RechVersV.
[278] Vgl. Abschnitt I Nr. 2 der Anlage zu § 29 RechVersV.

> Höchstbetrag = 4,5 · σ($\overline{SQ}$) · verdiente Beiträge − 3 · Sicherheitszuschlag · verdiente Beiträge

Die Berechnung stellt den Normalfall dar. Allerdings erfolgt der Abzug des dreifachen Terms des Sicherheitszuschlags (multipliziert mit den verdienten Beiträgen) nur dann, wenn die durchschnittliche Schadenquote kleiner ist als die Grenzschadenquote (vgl. zur Berechnung Ziffer (b)). Folgende Parameter sind für die Berechnung des Höchstbetrags zu bestimmen:

- Die *Standardabweichung* der durchschnittlichen Schadenquote σ($\overline{SQ}$) wird in zwei Schritten bestimmt:

  1. Schritt: Zunächst ist die durchschnittliche Schadenquote der letzten 15 Jahre zu bilden. Dazu wird die Summe der einzelnen Schadenquoten addiert und durch die Anzahl der Jahre geteilt.

  $$\text{Durchschnittliche Schadenquote } \overline{SQ} = \frac{\sum_{n=1}^{15} SQ}{n}$$

  2. Schritt: Anschließend ist die Standardabweichung der Schadenquoten der einzelnen Jahre von der durchschnittlichen Schadenquote des Beobachtungszeitraums zu bestimmen:

  $$\sigma(\overline{SQ}) = \sqrt{\frac{1}{n-1} \sum_{n=1}^{15} (SQ_n - \overline{SQ})^2}$$

- Der *Sicherheitszuschlag* wird als Grenzschadenquote abzüglich der durchschnittlichen Schadenquote bestimmt. Sicherheitszuschläge sind Beträge, die über den kalkulatorisch erforderlichen Risikobeitrag (= mittlere Schadenquote) hinaus in den Beitrag eingearbeitet werden. Dabei wird die Grenzschadenquote wie folgt bestimmt:

  > Grenzschadenquote = 95 %* − mittlere Kostenquote aus 3 Jahren

  * Für Rückversicherungsunternehmen wird als Basis 99 % verwendet.

Anstelle des Faktors 4,5 wird in den Versicherungszweigen der Hagel-, Kredit-, Kautions- und Vertrauensschadenversicherung ein Faktor in Höhe von 6,0 verwendet, da in diesen Sparten ein Ausgleich von Unter- und Überschäden eine längere Zeitdauer in Anspruch nimmt.

Zuführungen zur Schwankungsrückstellung werden unabhängig vom Eintritt eines Über- oder Unterschadens in Höhe von 3,5 % des Sollbetrags vorgenommen, bis dieser erreicht bzw. wieder erreicht wird.[279] Diese *Zinszuführung* soll dem Zeitwert des Geldes entgegenwirken und stellt sicher, dass in der Zukunft

---

[279] Vgl. Abschnitt I Nr. 3 der Anlage zu § 29 RechVersV.

der Nennbetrag der voraussichtlichen Überschäden zur Verfügung steht.[280] Bei _Eintritt eines Unterschadens_ im Geschäftsjahr ist dieser der Schwankungsrückstellung in voller Höhe zuzuführen, bis ihr Sollbetrag erreicht bzw. wieder erreicht ist.

Bei _Eintritt eines Überschadens_ ist der Betrag des Überschadens grundsätzlich _in voller Höhe_ der Schwankungsrückstellung zu _entnehmen_. Allerdings erfolgt eine _Kürzung_ der Überschäden um 60 % _des Sicherheitszuschlags_. Diese Kürzung wird dadurch gerechtfertigt, dass der Sicherheitszuschlag der Schwankungsrückstellung nicht zugeführt und deshalb auch nicht entnommen werden kann.

Eine _Auflösung_ der Schwankungsrückstellung erfolgt bei Wegfall der Voraussetzungen für deren Bildung.[281] Dabei besteht ein Wahlrecht zur gleichmäßigen Verteilung der Auflösung auf das Bilanzjahr und die folgenden vier Geschäftsjahre. Die Auflösung muss allerdings unterbleiben, wenn das Versicherungsunternehmen verpflichtet ist, im folgenden Geschäftsjahr wieder eine Schwankungsrückstellung zu bilden.

Neben der Schwankungsrückstellung sieht § 341h HGB die Bildung von _der Schwankungsrückstellung ähnlichen Rückstellungen_ vor.[282] Hierbei handelt es sich um Rückstellungen für Risiken gleicher Art, bei denen der Ausgleich von Leistung und Gegenleistung wegen des hohen Schadenrisikos im Einzelfall nach versicherungsmathematischen Methoden nicht im Geschäftsjahr, sondern nur in einem am Abschlussstichtag nicht bestimmbaren Zeitraum gefunden werden kann (§ 341h Abs. 2 HGB). Die Risiken weisen ein großes Schadenmaximum (MPL = Maximum Possible Loss) auf, treten allerdings nur selten ein (Großrisikenrückstellungen). Kennzeichnend für solche Risiken ist, dass sich aufgrund der Größe des Schadenpotenzials in der Regel kein Kollektiv bilden lässt, das einen Ausgleich dieser Schäden innerhalb eines Geschäftsjahres ermöglicht. § 30 Abs. 1 und 2 RechVersV konkretisiert die Rückstellungsbildung für folgende Arten:

- Großrisikenrückstellung für die Produkthaftpflichtversicherung von Pharmarisiken nach dem Arzneimittelgesetz (kurz: Pharmarückstellung) und
- Großrisikenrückstellung für die Sach- und Haftpflichtversicherungen von Anlagen zur Erzeugung oder zur Spaltung von Kernbrennstoffen oder zur Aufarbeitung bestrahlter Kernbrennstoffe gegen Kernenergieschäden (Atomanlagenrückstellung).

Es handelt sich hierbei nicht um eine abschließende Aufzählung. Weitere mögliche Rückstellungen für Großrisiken können aus Erdbeben oder anderen Naturkatastrophen resultieren.

---

280 Vgl. Nies, Helmut [Rückstellung, 1979], S. 165.
281 Vgl. Abschnitt I Nr. 7 der Anlage zu § 29 RechVersV.
282 Vgl. zur Berechnung Geib, Gerd; Telgenbüscher, Franz R. [Posten, 2003], Tz. 356–362.

Beispiel 6.8: Berechnung der Schwankungsrückstellung

Gegeben sind folgende Werte für ein Versicherungsunternehmen:

Durchschnittliche Schadenquote der letzten 15 Jahre	$(\overline{SQ})$	70 %
Summe der quadrierten Abweichungen zwischen den Schadenquoten der letzten 15 Jahre und der durchschnittlichen Schadenquote	$\left(\sum_{n=1}^{15} (SQ_n - \overline{SQ})^2\right)$	1.400
Verdiente Beiträge 2004	(BE_{2004})	100 Mio. €
Kostenquote 2002	(KQ_{2002})	20 %
Kostenquote 2003	(KQ_{2003})	26 %
Kostenquote 2004	(KQ_{2004})	26 %
Wert der Schwankungsrückstellung 2003	$(SchwR_{2003})$	37,93 Mio. €

Im Folgenden wird der Sollbetrag, die Zinszuführung und die Entnahme aus der Schwankungsrückstellung berechnet:

1. Höchstbetrag berechnen:

$$4,5 \cdot \left(\sqrt{\frac{1}{15-1} \cdot 1.400}\right) \% \cdot 100 \text{ Mio. €} - 3 \cdot 1 \% \cdot 100 \text{ Mio. €}$$

$$45 \text{ Mio. €} - 3 \text{ Mio. €} = 42 \text{ Mio. €}$$

wobei gilt:
Grenzschadenquote = 95 % − mittlere Kostenquote = 95 % − 24 % = 71 %
Sicherheitszuschlag = 71 % − 70 % = 1 %

2. Entnahme berechnen:
   Überschaden: Schadenquote 80 %
   $$0,1 \cdot 100 \text{ Mio.} - 0,6 \cdot 0,01 \cdot 100 = \textbf{9,4 Mio. €}$$

3. Zuführung berechnen:
   $$3,5 \% \cdot \text{Höchstbetrag} = 0,035 \cdot 42 \text{ Mio. €} = \textbf{1,47 Mio. €}$$

4. Schwankungsrückstellung berechnen:
   Schwankungsrückstellung 2003 + Zuführung − Entnahme
   = 37,93 Mio. € + 1,47 Mio. € − 9,4 Mio. € = **30 Mio. €**

3.5.2 Schwankungsrückstellung nach US-GAAP/IFRS

In den US-GAAP finden sich keine Vorschriften für die Bildung der Schwankungsrückstellung bzw. der Schwankungsrückstellung ähnliche Rückstellungen. Dies ist mit der Zielsetzung der Decision Usefulness vereinbar, die den Eigentümern des Unternehmens relevante Informationen liefern soll. Derzufolge widerspricht eine Glättung von Gewinnen der Informationsfunktion. Darüber hinaus stehen die Ansatzvorschriften für eine Rückstellung nach US-GAAP der Bildung einer Schwankungsrückstellung entgegen:
- Eine Schwankungsrückstellung stellt keine konkrete Außenverpflichtung des Unternehmens am Abschlussstichtag dar (CON 6.35). Die Schwankungsrückstellung dient zwar der Deckung künftiger Schäden. Allerdings hat das Versicherungsunternehmen keine Verpflichtung zur Leistung gegenüber Versicherungsnehmern aus Katastrophen, die sich erst nach Ende des Versicherungszeitraums ereignen (SFAS 5.41).
- Rückstellungen basieren auf einem Ereignis der Vergangenheit. Daher ist eine Rückstellungsbildung nur für Schäden möglich, die am Abschlussstichtag bereits eingetreten sind. Der Ansatz einer Rückstellung für zukünftige Schäden, die bisher nicht wirtschaftlich verursacht sind, steht den Ansatzvorschriften entgegen.

Auch nach den Vorschriften des IASB erfüllen die Schwankungs- und Großrisikenrückstellungen nicht die Anforderungen an eine Liability (F.49 b), sondern sie besitzen vielmehr den Charakter von Eigenkapital. Eine bewusste Bilanzglättung widerspricht der Darstellung neutraler Informationen, indem sie an die Erfüllung aufsichtsrechtlicher Anforderungen knüpft und nicht die Vermittlung entscheidungsrelevanter Informationen verfolgt. Nicht zuletzt wird die Schwankungsrückstellung allein auf der Basis vergangener Geschäftsjahre gebildet und beinhaltet daher keine relevanten Informationen über die zukünftige Risikosituation. Mit der Auflösung der Schwankungsrückstellung ist eine Umbuchung in die Gewinnrücklagen verbunden. Dabei wird im Standard ausdrücklich die Möglichkeit des Ausweises eines separaten Postens im Eigenkapital eingeräumt (IFRS 4.BC93), der dem Ausgleich zukünftiger Gewinne und Verluste dienen könnte.

Durch das Fehlen einer Schwankungsrückstellung zeichnen sich internationale Abschlüsse durch volatile versicherungstechnische Ergebnisse aus. Einzelne Ergebnisse können dadurch nur schwer interpretiert werden, da eine Vergleichbarkeit über die einzelnen Jahren kaum gegeben ist.[283] Risikotheoretisch lässt sich

---

[283] Vgl. kritisch zum Fehlen einer Schwankungsrückstellung Geib, Gerd [Internationalisierung, 2003], Tz. 38.

der Wegfall der Schwankungsrückstellung nur kompensieren, wenn ausreichend Eigenkapital gebildet wird, um ein Überschadenjahr zu decken.

3.6 Sonstige versicherungstechnische Rückstellungen

[handschriftlich: Drohverlustrückstellungen]

3.6.1 Sonstige versicherungstechnische Rückstellungen nach HGB

Die »Sonstigen versicherungstechnischen Rückstellungen« umfassen alle Rückstellungen aus dem Versicherungsgeschäft, die nicht den im Gesetz einzeln genannten Rückstellungen zugeordnet werden können. Darunter fallen insbesondere die Rückstellung für drohende Verluste aus dem Versicherungsgeschäft und die Stornorückstellung (§ 31 Abs. 1 RechVersV).

Als Folge des Imparitätsprinzips dient die *Drohverlustrückstellung* der Verlustantizipation und zielt insofern auf die vorsichtige Ermittlung eines unbedenklich entziehbaren Gewinns. Demnach dürfen Gewinne nicht ausgeschüttet werden, wenn sie der Deckung künftiger Verluste dienen. Neben der Schwankungsrückstellung, die der Glättung von Schwankungen der Schäden im Zeitablauf dient (Zufallsrisiko), nimmt die Drohverlustrückstellung für Versicherungsunternehmen eine zentrale Funktion zum Ausgleich künftiger Verluste wahr, indem sie einem erwarteten Verpflichtungsüberschuss infolge des Irrtums- und Änderungsrisikos begegnet.[284] Für Versicherungsunternehmen wird eine Rückstellung für drohende Verluste aus dem Versicherungsgeschäft nach § 341e Abs. 2 Nr. 3 HGB geregelt. Demnach ist für Verluste, mit denen nach dem Abschlussstichtag aus bis zum Ende des Geschäftsjahres geschlossenen Verträgen zu rechnen ist, eine versicherungstechnische Rückstellung zu bilden.

Mögliche *Verlustquellen* können aus einer unerwarteten Zunahme der Schadenhäufigkeit, einem unerwarteten Anstieg der durchschnittlichen Schadenhöhe, einer unerwarteten Zunahme der Aufwendungen für den Versicherungsbetrieb (z. B. Lohnkosten, Prozesskosten) oder auch infolge von Wettbewerbsbedingungen entstehen, die dazu führen, dass kostendeckende Beiträge nicht durchgesetzt werden können (z. B. Feuerversicherung).

Die *Voraussetzungen für die Bildung* einer Rückstellung für drohende Verluste aus dem Versicherungsgeschäft bestehen darin, dass wahrscheinlich nicht leistungsdeckende künftige Gegenleistungen vorliegen, für die ein Risikoausgleich in der Zeit nicht zu erwarten ist. Darüber hinaus muss am Bilanzstichtag eine hinreichende Wahrscheinlichkeit hinsichtlich des Verlusteintritts bestehen.

---

284 Vgl. Jäger, Bernd [Rückstellungen, 1991], S. 62–63.

Für die <u>Bewertung der Drohverlustrückstellung</u> ist zunächst der in § 252 Abs. 1 Nr. 3 HGB kodifizierte <u>Grundsatz der Einzelbewertung</u> abzuwägen. Aus dem Wesen der <u>Versicherung als kollektive Reservebildung</u> folgt eine auf die »Gefahrengemeinschaft«[285] bezogene, <u>kollektive Bewertung</u> der Drohverlustrückstellung.[286] Bereits infolge der in der Prämienkalkulation intendierten Zusammenfassung <u>möglichst homogener Verträge zu Teilkollektiven können gegenüber der</u> Einzelbewertung keine wesentlich abweichenden Ergebnisse vermutet werden, da homogene Verträge gerade möglichst gleichartige Risiken aufweisen (Gefahrengemeinschaft). <u>Insofern steht der Kollektivbezogenheit des Versicherungsgeschäfts der Grundsatz der Wirtschaftlichkeit einer strengen Einzelbewertung</u> entgegen. § 31 Abs. 1 Nr. 2 RechVersV konkretisiert die Bildung der Drohverlustrückstellung für Versicherungszweige oder Versicherungsarten, ohne jedoch materiell die Begriffe Versicherungszweige und -arten abzugrenzen. Eine unternehmensweite Berücksichtigung von Diversifikationseffekten entspricht aus ökonomischer Sicht gegenüber kleineren Teilkollektiven eher den tatsächlichen Verhältnissen der Vermögens-, Finanz- und Ertragslage des Unternehmens. Allerdings führt eine zunehmende Größe des Kollektivs zu Ausgleichseffekten von Gewinnen und Verlusten, deren Einklang mit dem Imparitätsprinzip immer geringer wird.

Die wesentlichen *Komponenten* der Drohverlustrückstellung stellen Prämienerträge dar, denen Schaden- und Betriebsaufwendungen[287] gegenüberstehen. Entscheidend für die Höhe der Rückstellung ist die zusätzliche Einbeziehbarkeit von nicht technischen Erfolgsgrößen (Kapitalerträgen).[288] Nach herrschender Meinung ist der Erfolg aus Kapitalanlagen rückstellungsmindernd in die Bewertung der Drohverlustrückstellung zu integrieren.[289] Die Mindermeinung[290] einer Nichtberücksichtigung von Kapitalerträgen kann ökonomisch leicht entkräftet werden. In einer finanzwirtschaftlichen Sicht des Versicherungsgeschäfts lässt sich das Versicherungsunternehmen als Finanzintermediär auffassen, der sich Eigen- und Fremdkapital beschafft und dieses auf Finanzmärkten investiert. Aufgrund dieses engen kausalen Zusammenhangs strebt das Versicherungsunter-

---

285 Zum Begriff vgl. Boetius, Jan [Handbuch, 1996], S. 219.
286 Dies zeigt sich auch in der nicht nur formell zu interpretierenden Formulierung des § 31 Abs. 1 Nr. 2 RechVersV, der eine Rückstellung für drohende Verluste für die einzelnen Versicherungszweige oder Versicherungsarten, nicht jedoch für die einzelnen Versicherungsverträge fordert. Vgl. Jäger, Bernd [Rückstellung, 1999], S. 195. Zu einer gegenteiligen Ansicht vgl. Boetius, Jan [Handbuch, 1996], S. 219.
287 Die Einbeziehung von Abschlussaufwendungen wird allerdings nach herrschender Meinung abgelehnt. Vgl. Geib, Gerd; Telgenbüscher, Franz R. [Posten, 2003], Tz. 409.
288 Vgl. zur Diskussion Jäger, Bernd [Rückstellungen, 1999], S. 195–198.
289 Vgl. bereits Karten, Walter [Inhalt, 1973], S. 1428.
290 Vgl. etwa Boetius, Jan [Handbuch, 1996], S. 227.

nehmen einen globalen Risiko-Rendite-Ausgleich an. Daher würde eine rein versicherungstechnisch motivierte Verlustüberschussbetrachtung die ökonomische Realität verkennen. Die Einbeziehung von Kapitalerträgen ist mit dem Imparitätsprinzip jedoch nur in dem Umfang vereinbar, wie dem Unternehmen finanzielle Mittel aus dem Kollektiv zufließen, die zinsbringend angelegt werden können.[291] Die Berücksichtigung der Zeitdauer für die Mittelanlage sollte grundsätzlich nicht über eine (pauschale) Abzinsung des Verpflichtungsüberschusses, sondern über eine Aufzinsung der aus der Gegenleistung resultierenden Zahlungen erfolgen, soweit die Zinserträge dem einzelnen schwebenden Geschäft zurechenbar sind.[292]

Die Drohverlustrückstellung bezieht sich ausschließlich auf *nach dem Stichtag* anfallende Leistungen aus bestehenden Verträgen, nicht auf am Stichtag bereits gemeldete, aber noch nicht abgewickelte Teile von Versicherungsleistungen.[293] Maßgeblich für die Rückstellungsbildung ist die vertragliche Restlaufzeit der Versicherungsverträge eines bewertungsrelevanten Kollektivs, d. h. nur solche Verluste, denen sich der Kaufmann nicht mehr entziehen kann, auch nicht durch eine Vertragskündigung. Die Drohverlustrückstellung beinhaltet indes ausschließlich zukunftsbezogene Erfolgserwartungen ab Bilanzstichtag und betrifft daher den noch schwebenden Teil eines Schuldverhältnisses. Infolge der Stochastizität von Schadenzahlungen können die noch zu erbringenden Leistungen lediglich auf der Basis von Erfahrungswerten geschätzt werden und sind ausschließlich auf der Basis einer Durchschnittsrechnung handhabbar.[294]

Der Grundsatz wirtschaftlicher Betrachtungsweise greift auch hinsichtlich der Einbeziehung weiterer Einflussfaktoren in die Bewertung der Drohverlustrückstellung. Zunächst erwächst hieraus die Erfordernis einer *Berücksichtigung von Aufwendungen und Erträgen aus Rückversicherungsverträgen*. Durch den Transfer von Risiken durch Rückversicherung werden Verluste, aber auch Erträge zwischen den Vertragspartnern geteilt. Insofern vermindert sich der Anteil der vom Versicherungsunternehmen zu tragenden Verluste, die jedoch teilweise mit niedrigeren Erträgen verbunden sind. Ebenso sind *Prämienanpassungsklauseln*, die zu einer Reduktion drohender Verluste eingesetzt werden, verursachungsgerecht in der Bewertung der Drohverlustrückstellung zu berücksichtigen.

Neben der Drohverlustrückstellung fällt die *Stornorückstellung* (§ 31 Abs. 1 Nr. 1 RechVersV) unter die sonstigen versicherungstechnischen Rückstellungen.

---

291 Vgl. Stuirbrink, Wolfgang; Schuster, Anselm [§ 341e HGB, 1998], Rd. 158.
292 Vgl. Geib, Gerd; Wiedmann, Harald [Abzinsung, 1994], S. 376.
293 Vgl. Jäger, Bernd [Rückstellungen, 1999], S. 200.
294 Vgl. Jäger, Bernd [Rückstellungen, 1991], S. 135.

Diese ist in Abhängigkeit von der Versicherungssparte in folgenden Fällen zu bilden:[295]

- in der Lebensversicherung im Falle einer vorzeitigen Kündigung von Versicherungen mit noch negativer Deckungsrückstellung, sofern von den aktivierten »Forderungen aus dem selbst abgeschlossenen Versicherungsgeschäft« nicht eine Pauschalwertberichtigung abgesetzt wurde,
- in der Krankenversicherung für Ausfälle, die beim Abgang von Versicherungsnehmern zu erwarten sind, aus deren Versicherung sich eine negative Alterungsrückstellung ergibt und
- in der Schaden- und Unfallversicherung für Beitragsrückforderungen durch die Versicherungsnehmer, die sich aus der Verminderung des technischen Risikos ergeben.

3.6.2 Sonstige versicherungstechnische Rückstellungen nach US-GAAP bzw. IFRS 4

Zur Bilanzierung drohender Verluste aus Versicherungsverträgen fordert IFRS 4 die Durchführung eines Liability-Adequacy-Tests, der Mindestangaben für die ausreichende Bewertung von versicherungstechnischen Rückstellungen vorgibt.[296]

Seit Verabschiedung von SFAS 5, Accounting for Contingencies, im März 1975 regelt das FASB für die US-GAAP die Bildung von *Loss Contingencies*. Ein drohender Verlust führt gemäß SFAS 5.8 nur dann zu einer Contingent Liability, wenn

1. sein Eintreten am Bilanzstichtag wahrscheinlich ist und
2. die Höhe des Verlusts hinreichend verlässlich geschätzt werden kann.

Die allgemeine Vorschrift wird für Versicherungsunternehmen nach SFAS 60.33 konkretisiert. Eine Rückstellung für Short Duration Contracts[297] ist zu bilden, »if the Sum of expected Claim Costs and Claim Adjustment Expenses, expected Dividends to Policyholders, unamortized Acquisition Costs, and Maintenance Costs exceeds related unearned Permiums.«

---

295 Vgl. Geib, Gerd; Telgenbüscher, Franz R. [Posten, 2003], Tz. 428–440.
296 Vgl. im Detail Kapitel 3.
297 Diese betreffen weitgehend die deutschen Schaden- und Unfallversicherungsunternehmen.

Für den Ansatz und die Bewertung dieser als *Premium Deficiency* bezeichneten Rückstellung kann für kurzfristige Verträge folgende Berechnungsvorschrift abgeleitet werden:

Erwartete Schadenaufwendungen
+ erwartete Schadenregulierungsaufwendungen
+ erwartete Dividenden an Versicherungsnehmer
+ nicht amortisierte aktivierte Abschlusskosten
+ erwartete Verwaltungsaufwendungen
− noch nicht verdiente Beiträge
− anteilige Kapitalerträge (Wahlrecht)
= **Premium Deficiency**

Bilanziell ist eine Premium Deficiency dergestalt zu berücksichtigen, dass zuerst noch nicht amortisierte aktivierte Abschlusskosten in Höhe der Premium Deficiency abzuschreiben sind und, falls nicht oder nicht in ausreichender Höhe vorhanden, für den übersteigenden Betrag eine Drohverlustrückstellung gebildet wird (FAS 60.34). Diese Drohverlustrückstellung ist nach US-GAAP unter den *Beitragsüberträgen* auszuweisen, die zum Zweck nicht ausreichender Beiträge gebildet werden.[298]

Für *Long Duration Contracts* sind nach SFAS 60.35–37 die ursprünglich gewählten Rechnungsgrundlagen im Rahmen eines Loss-Recognition-Tests daraufhin zu überprüfen, ob die Bruttoprämien zur Deckung der zukünftigen Leistungen ausreichen. Ein Prämiendefizit liegt vor, wenn die Deckungsrückstellung abzüglich der DAC kleiner ist als der Barwert der zukünftigen Schadenleistungen und Kosten (inklusive Regulierungskosten) abzüglich des Barwertes der zukünftigen Bruttoprämien. Beim Vorliegen eines Prämiendefizits ist die Deckungsrückstellung auf der Basis aktueller Rechnungsgrundlagen aufwandswirksam zu erhöhen, oder, äquivalent hierzu, die aktivierten DAC aufwandswirksam abzuschreiben.[299]

Entscheidend für die Berücksichtigung ist der *Zeitraum*, in dem das Unternehmen verpflichtet ist, ohne eine Kündigung durch das Unternehmen oder ohne eine Beitragsanpassung Versicherungsschutz zu leisten. Für diesen Zeitraum hat das Unternehmen ein schwebendes Geschäft abgeschlossen, aus dem ein Verlust entstehen kann.

---

298 Vgl. Swiss Re [Paradigmenwechsel, 2003], S. 43.
299 In der Praxis werden in der Regel zunächst die DAC abgeschrieben und erst in einem zweiten Schritt wird die Deckungsrückstellung erhöht.

Ein wesentlicher Aspekt bei der Bewertung der Drohverlustrückstellung ist die Frage der Höhe der Schadenaufwendungen. In SFAS 60.33 wird auf die erwarteten Schadenzahlungen und Kosten verwiesen. Offen bleibt, ob ein Sicherheitszuschlag bei der Schätzung der erwarteten Schäden einzubeziehen ist oder ob ein Best Estimate der zukünftigen Schadenzahlungen zugrunde gelegt werden soll. Gegen die Einbeziehung eines Sicherheitszuschlags nach US-GAAP ist vor allem anzuführen, dass der tatsächlich drohende Verlust aus den Versicherungsverträgen ermittelt werden soll und nicht ein vorsichtig ermittelter Verlust. Im Sinne einer den tatsächlichen Verhältnissen entsprechenden Abbildung der Vermögens-, Finanz- und Ertragslage des Versicherungsunternehmens ist insofern *kein Sicherheitszuschlag* zu berücksichtigen. Daher lehnt SFAS 60.33 eine Zugrundelegung vorsichtiger Annahmen zur Bewertung der Premium Deficiency ab. Als Ausfluss einer Vermittlung neutraler Informationen wird explizit von einem »erwarteten« Prämiendefizit gesprochen.

Entscheidend für die Bewertung der Drohverlustrückstellung ist die Bildung von *Bewertungseinheiten*. Nach SFAS 60.32 hat die Gruppierung konsistent mit der Einteilung zu erfolgen, in der das Versicherungsunternehmen die Verträge abschließt, verwaltet und deren Profitabilität misst. Die Regelung wird unter US-GAAP häufig dergestalt interpretiert, dass für die Bildung von Bewertungseinheiten und die Berechnung der Drohverlustrückstellung die Sparten des Versicherungsunternehmens, die in der Berichterstattung an die Aktionäre unterschieden werden, als Grundlage dienen.[300]

Für die Einbeziehung von *Kapitalerträgen* sieht SFAS 60.60e eine Angabepflicht im Anhang an, »whether the Insurance Enterprise considers anticipated Investment Income in Determining if a Premium Deficiency relating to short-duration Contracts exists«. Demnach besteht ein Wahlrecht für Versicherungsunternehmen, Kapitalerträge aus Beitragseinnahmen bis zum Zeitpunkt der korrespondierenden Schadenauszahlungen zu berücksichtigen. Dafür stehen grundsätzlich zwei Methoden zur Verfügung.[301] Die erste Methode stellt das *Expected-Future-Investment-Income-Konzept* dar, das zur Bildung einer Drohverlustrückstellung führt, wenn die Summe aus Prämien und erwarteten durchschnittlichen Kapitalerträgen die Summe aus Schäden und Betriebskosten unterschreitet. Alternativ wird das Konzept des *Present Value of Future Losses* diskutiert, das Kapitalerträge mit Hilfe einer Diskontierung der zukünftigen Prämien, Schäden und Kosten in die Bewertung integriert. Eine Premium Deficiency ist in letzterem Fall dann zu bilanzieren, wenn der Barwert aus zukünftigen Auszahlungen größer ist als die Anfangsprämien, die zur Deckung dieser Auszahlungen zur Verfügung stehen.

---

300 Vgl. Blanchard, Ralph [Consideration, 2000], S. 11.
301 Vgl. Insurance Companies Committee [Auditing, 1984].

Eine *Stornorückstellung* existiert in den US-GAAP in der Lebens- und Krankenversicherung nicht, da eine negative Deckungs- und Alterungsrückstellung nicht vorkommen kann. Teilweise ist das Storno bereits in den Kalkulationsgrundlagen der Deckungsrückstellung zu berücksichtigen (etwa in der Bilanzierung nach SFAS 60). Demgegenüber wird in der Schaden- und Unfallversicherung eine Rückstellung gebildet, wenn am Abschlussstichtag eine konkrete Verpflichtung aus Beitragsrückforderungen besteht.[302]

Beispiel 6.9: Berechnung der Premium Deficiency nach US-GAAP

Rechengrößen der Versicherungssparte	Werte
nicht verdiente Beiträge	450.000
DAC	50.000
Zinssatz	6,00 %
Schadenquote (inklusive Schadenregulierungskosten) (in % von den Prämien)	115,00 %
Verwaltungskostenquote (in % von den Prämien)	1,00 %

Die Schadenabwicklung in dieser Sparte gliedert sich wie folgt auf:

Jahr	0	1	2	3	4	5	6	7	8	9	10	11	12	13	14	15
%		20	10	10	10	10	5	5	5	5	5	5	5	5	0	0

Die Drohverlustrückstellung kann auf drei verschiedene Arten berechnet werden:
a) ohne Berücksichtigung von Kapitalanlagen,
b) mit Berücksichtigung der Kapitalanlagen durch Diskontierung der Schadenzahlungen der Zukunft,
c) mit Berücksichtigung der Kapitalanlagen durch Verzinsung des gebundenen Kapitals.

Für die Berechnung der Premium Deficiency ist es notwendig, aus dem Abwicklungsmuster des Jahres, das den Anteil der Schadenzahlungen des jeweiligen Abwicklungsjahres an den gesamten Schadenzahlungen darstellt, den Betrag der Schadenzahlungen eines jeden Abwicklungsjahres zu berechnen. Für Methode (a) werden die undiskontierten Schadenzahlungen benötigt (Spalte (2)), für Methode (b) die diskontierten Schadenzahlungen (Spalte (3)). Für Methode (c) müssen die anteiligen Kapitalerträge berechnet werden. Zu beachten ist, dass die Premium Deficiency nach US-GAAP nicht negativ werden darf.

---

[302] Vgl. Mayr, Gerhard [Internationalisierung, 1999], S. 116.

(1)	(2)	(3)	(4)	(5)
Jahr	brutto	diskontiert	Zahlungsströme	Kapitalerträge
0			450.000	
1	−116.150	−112.815	357.366	23.516
2	−58.075	−53.215	318.990	19.700
3	−58.075	−50.202	278.312	17.397
4	−58.075	−47.361	235.194	14.956
5	−58.075	−44.680	189.488	12.369
6	−29.038	−21.075	170.949	10.498
7	−29.038	−19.883	151.297	9.386
8	−29.038	−18.757	130.466	8.207
9	−29.038	−17.695	108.386	6.957
10	−29.038	−16.694	84.980	5.632
11	−29.038	−15.749	60.170	4.228
12	−29.038	−14.857	33.872	2.739
13	−29.038	−14.016	5.996	1.161
14	0	0	6.356	360
15	0	0	6.737	381
	−580.750	−446.999		137.487

Aus den gegebenen Daten wird zuletzt die Premium Deficiency bestimmt:

		Methode (a)	Methode (b)	Methode (c)
Nicht verdiente Beiträge		450.000	450.000	450.000
Schaden- und Regulierungskosten	−575.000			
Schaden- und Regulierungskosten sowie Verwaltungskosten (brutto)		−580.750		−580.750
Schaden- und Regulierungskosten sowie Verwaltungskosten (diskontiert)			−446.999	
Kapitalerträge				137.487
Premium Deficiency (Prämiendefizit)		−130.750	0	0

3.7 Versicherungstechnische Rückstellungen im Bereich der Lebensversicherung, soweit das Anlagerisiko von den Versicherungsnehmern getragen wird

In der Lebensversicherung existieren Versicherungsprodukte, deren Wert oder Ertrag sich nach Kapitalanlagen bemisst, für die der Versicherungsnehmer das Anlagerisiko trägt, oder deren Leistung an einen bestimmten Index gebunden ist (§ 32 RechVersV).

Der Posten »Versicherungstechnische Rückstellungen im Bereich der Lebensversicherung, wenn das Anlagerisiko von den Versicherungsnehmern getragen wird« entspricht grundsätzlich dem Betrag des Aktivpostens »Kapitalanlagen für Rechnung und Risiko von Inhabern von Lebensversicherungspolicen«. Im handelsrechtlichen Jahresabschluss werden diese Kapitalanlagen nicht zu Anschaffungskosten, sondern mit dem Zeitwert bilanziert. In dieser Höhe sind auch die versicherungstechnischen Verpflichtungen zu passivieren.

Kapitel 7: GuV, Anhang und Lagebericht in Versicherungsunternehmen

1 Gewinn- und Verlustrechnung

1.1 Abbildungsprinzipien der Gewinn- und Verlustrechnung eines Versicherungsunternehmens

In der *Gewinn- und Verlustrechnung* (GuV) werden alle Erträge und Aufwendungen des Geschäftsjahrs berücksichtigt, auf deren Basis sich der Jahresüberschuss ermitteln lässt. Neben Bilanz und Anhang bildet die GuV den Jahresabschluss. Während die Bilanz die Vermögensgegenstände und Schulden am Bilanzstichtag (Zeitpunktrechnung) enthält, zeigt die GuV die Veränderung der Bestände im Geschäftsjahr auf (Zeitraumrechnung).

Für Versicherungsunternehmen ist sowohl das Gesamtkostenverfahren (§ 275 Abs. 2 HGB) als auch das Umsatzkostenverfahren (§ 275 Abs. 3 HGB) ungeeignet, da spezifische Aufwands- und Ertragsarten (z. B. durch das Rückversicherungsgeschäft) zu berücksichtigen sind bzw. Ertrags- und Aufwandspositionen aus den allgemeinen Schemata für Versicherungsunternehmen keine Relevanz aufweisen. § 2 Abs. 1 RechVersV sieht daher ein eigenständiges Gliederungsschema für Versicherungsunternehmen vor, das in Abhängigkeit von der betriebenen Sparte nochmals unterschieden wird:
- *Formblatt 2* für Schaden- und Unfallversicherungsunternehmen sowie für Rückversicherungsunternehmen,
- *Formblatt 3* für Personenversicherungsunternehmen und
- *Formblatt 4* für Lebensversicherungsunternehmen oder Schaden- und Unfallversicherungsunternehmen, die auch das selbst abgeschlossene Unfall- bzw. Krankenversicherungsgeschäft nach Art der Lebensversicherung betreiben.

Gemeinsam ist den Formblättern die Form der *Staffelrechnung* anstelle einer Kontenform. Die Staffelrechnung wird in allen Formblättern in eine *versicherungstechnische* und eine *nichtversicherungstechnische Rechnung* unterschieden, um eine bessere Beurteilung der Erfolgsquellen des Versicherungsunternehmens zu ermöglichen. Die Zuordnung von Erträgen und Aufwendungen zur Versicherungstechnik bzw. Nichtversicherungstechnik unterscheidet sich in Abhängigkeit von der Art des betriebenen Versicherungsgeschäfts.

Für *Lebens- und Krankenversichersicherungsunternehmen* gilt eine Art »*Einheitstheorie*« zwischen Versicherungsgeschäft und Kapitalanlagegeschäft aufgrund von Sparprozessen.[303] Erträge aus und Aufwendungen für Kapitalanlagen stehen mit dem Versicherungsgeschäft in Zusammenhang und werden unter der versicherungstechnischen Rechnung ausgewiesen.

Bei *Schaden- und Unfallversichersicherungsunternehmen* und *Rückversicherungsunternehmen* besteht eine Art »*Trennungstheorie*« zwischen Versicherungsgeschäft und Kapitalanlagen, da Erträge aus und Aufwendungen für Kapitalanlagen mit dem Versicherungsgeschäft nicht in Zusammenhang stehen. Erträge aus und Aufwendungen für Kapitalanlagen werden unter der nichtversicherungstechnischen Rechnung ausgewiesen. Lediglich im Umfang der Verzinsung der versicherungstechnischen Rückstellungen erfolgt eine Umbuchung technischer Zinserträge in die versicherungstechnische Rechnung.[304]

Formblatt 2	Formblatt 3
Schaden-/Unfallversicherung	**Lebens-/Krankenversicherung**
I. Versicherungstechnische Rechnung	I. Versicherungstechnische Rechnung
1. Beitragseinnahmen 2. Technischer Zinsertrag f. e. R. 3. Sonstige versicherungstechnische Erträge/Aufwendungen f. e. R. 4. Aufwendungen für Versicherungsfälle f. e. R. 5. Veränderung der versicherungstechnischen Nettorückstellungen 6. Aufwendungen für Beitragsrückerstattung 7. Aufwendungen für Versicherungsbetrieb 8. Sonstige versicherungstechnische Erträge/Aufwendungen f. e. R. 9. Zwischensumme 10. Veränderung der Schwankungsrückstellung 11. Versicherungstechnisches Ergebnis f. e. R.	1. Beitragseinnahmen 2. Beiträge aus der Brutto-RfB 3. Erträge aus Kapitalanlagen (KA) 4. Nicht realisierte Gewinne aus KA 5. Sonstige versicherungstechnische Erträge/Aufwendungen f. e. R. 6. Aufwendungen für Versicherungsfälle f. e. R. 7. Veränderung der versicherungstechnischen Netto-Rückstellungen 8. Aufwendungen für Beitragsrückerstattung 9. Aufwendungen für Versicherungsbetrieb 10. Aufwendungen für KA 11. Nicht realisierte Verluste aus KA 12. Sonstige versicherungstechnische Erträge/Aufwendungen f. e. R. 13. Versicherungstechnisches Ergebnis f. e. R.

Abb. 7.1: Versicherungstechnische Rechnung

---

303 Vgl. Farny, Dieter [Buchführung, 1992], S. 140.
304 Vgl. Farny, Dieter [Buchführung, 1992], S. 142.

Formblatt 2	Formblatt 3
Schaden-/Unfallversicherung	Lebens-/Krankenversicherung
I. Nichtversicherungstechnische Rechnung	I. Nichtversicherungstechnische Rechnung
1. Erträge aus Kapitalanlagen 2. Aufwendungen für KA 3. Technischer Zinsertrag 4. Sonstige Erträge 5. Sonstige Aufwendungen 6. Ergebnis der normalen Geschäftstätigkeit 7. Außerordentliches Erträge 8. Außerordentliche Aufwendungen 9. Außerordentliches Ergebnis 10. Steuern vom Einkommen und Ertrag 11. Sonstige Steuern 12. Erträge aus Verlustübernahme 13. Abgeführte Gewinne	1. Sonstige Erträge 2. Sonstige Aufwendungen 3. Ergebnis der normalen Geschäftstätigkeit 4. Außerordentliche Erträge 5. Außerordentliche Aufwendungen 6. Außerordentliches Ergebnis 7. Steuern vom Einkommen und Ertrag 8. Sonstige Steuern 9. Erträge aus Verlustübernahme 10. Abgeführte Gewinne 11. Jahresüberschuss/Jahresfehlbetrag

Abb. 7.2: Nichtversicherungstechnische Rechnung

Frühere Rechnungslegungsvorschriften für Versicherungsunternehmen haben meist eine *Spartenerfolgsrechnung* vorgesehen, damit der Erfolg einzelner Sparten von den Adressaten separat beurteilt werden konnte. Aus Gründen der Klarheit ist die Spartenerfolgsrechnung in der Gewinn- und Verlustrechnung weggefallen. Lediglich im Anhang sieht § 51 Abs. 4 Nr. 1 RechVersV Angaben vor, die eine Spartenerfolgsrechnung ersetzen sollen.

Die Gewinn- und Verlustrechnung von Versicherungsunternehmen wird weitgehend vom Sekundärprinzip bestimmt. Demnach werden die gesamten Personal- und Sachaufwendungen (zuzüglich kalkulatorischer Mietaufwendungen) in die folgenden vier *Funktionsbereiche* zugeordnet (§ 43 Abs. 1 S. 1 RechVersV):
- Regulierung von Versicherungsfällen, Rückkäufen und Rückgewährbeträgen,
- Abschluss von Versicherungsverträgen,
- Verwaltung von Versicherungsverträgen und
- Verwaltung von Kapitalanlagen.

Aufwendungen, die den genannten Funktionsbereichen nicht zugeordnet werden können, sind unter dem Posten »Sonstige Aufwendungen« auszuweisen.

Die Zuordnung zu den Aufwendungen soll möglichst *verursachungsgerecht* erfolgen. Unmittelbar sind Aufwendungen dann zuordenbar, wenn diese beitragsabhängig oder nur für einen Funktionsbereich oder einen Versicherungszweig bzw. eine Versicherungsart angefallen sind. Eine *Gemeinkostenschlüsselung* soll weitgehend nach objektiven Größen (z. B. Bestand, Neugeschäft, Kopfzahl) erfolgen.[305]

1.2 Erfolgsrechnung von Schaden- und Unfallversicherungsunternehmen sowie von Rückversicherungsunternehmen

1.2.1 Versicherungstechnische Rechnung

Verdiente Beiträge für eigene Rechnung
Die wesentliche Ertragskomponente stellen in der versicherungstechnischen Rechnung die *verdienten Beiträge für eigene Rechnung* dar (§ 341 Abs. 1 HGB). Den Ausgangspunkt für die Berechnung der verdienten Beiträge f. e. R. bilden die *gebuchten Bruttobeiträge*. § 36 Abs. 1 RechVersV enthält ein umfassendes Schema über die Beiträge, die in die gebuchten Bruttobeiträge einzubeziehen sind. Darunter fallen insbesondere die im Geschäftsjahr fällig gewordenen Beiträge und Beitragsraten sowie Beiträge, die erst nach dem Abschlussstichtag berechnet werden können, Einmalbeiträge, Nachschüsse, Nachverrechnungsbeiträge und Anteile der Versicherungsunternehmen am Mitversicherungsgeschäft. Hiervon sind die Versicherungssteuer sowie Abschreibungen von uneinbringlich gewordenen Beitragsforderungen an die Versicherungsnehmer sowie Aufwendungen aus der Bildung und Erhöhung der Pauschalwertberichtigung zu den Beitragsforderungen an die Versicherungsnehmer abzuziehen (§ 36 Abs. 2 RechVersV). Für das *in Rückdeckung übernommene Versicherungsgeschäft* sind unter den gebuchten Bruttobeiträgen auszuweisen
1. Beiträge und Nebenleistungen der Versicherungsnehmer, die von den Vorversicherern für das Geschäftsjahr gutgeschrieben worden sind,
2. Beiträge, die von einem Versicherungspool übernommen worden sind sowie
3. Portefeuille-Eintrittsbeiträge, die bei Abschluss oder Erhöhung des in Rückdeckung übernommenen Geschäfts vom Vorversicherer erhalten wurden (§ 36 Abs. 3 S. 1 RechVersV).

Von den gebuchten Bruttobeiträgen werden *abgegebene Rückversicherungsbeiträge* abgesetzt. § 37 RechVersV fasst unter die abgegebenen Rückversicherungsbeiträge die den Rückversicherern gutgeschriebenen Beiträge und Nebenleistungen, an einen Versicherungspool abgegebene Beiträge und Portefeuille-Eintrittsbeiträge, die bei Abschluss oder Erhöhung des in Rückdeckung gegebenen Versicherungsgeschäfts an den Rückversicherer abgeführt wurden.

---

305 Vgl. Stuirbrink, Wolfgang; Schuster, Anselm [§ 43 RechVersV, 1998], S. 505.

Durch den Abzug der abgegebenen Rückversicherungsbeiträge resultieren gebuchte Beiträge für eigene Rechnung. Um eine periodengerechte Erfolgsermittlung zu gewährleisten, sind ferner die *Veränderungen der Bruttobeitragsüberträge* sowie – getrennt hiervon – die *Veränderung des Anteils der Rückversicherer an den Bruttobeitragsüberträgen* zu verrechnen. Im Ergebnis resultieren die verdienten Beiträge für eigene Rechnung. Abbildung 7.3 fasst die Ermittlung der verdienten Beiträge zusammen:

gebuchte Bruttobeiträge
− abgegebene Rückversicherungsbeiträge
= gebuchte Beiträge für eigene Rechnung
+/− Veränderung der Bruttobeitragsüberträge
+/− Veränderung des Anteils der Rückversicherer an den Bruttobeitragsüberträgen
= verdiente Beiträge für eigene Rechnung

Abb. 7.3: Verdiente Beiträge für eigene Rechnung

Technischer Zinsertrag für eigene Rechnung
Die Gewinn- und Verlustrechnung von Schaden- und Unfallversicherungsunternehmen sowie Rückversicherern zeichnet sich durch eine Trennung von Erträgen aus Kapitalanlagen von der versicherungstechnischen Rechnung aus. Um das Ergebnis der versicherungstechnischen Rechnung allerdings nicht verfälscht darzustellen, müssen aus der nichtversicherungstechnischen Rechnung Erträge in die versicherungstechnische Rechnung umgebucht werden, soweit sich diese aus der Anlage von verzinslichen versicherungstechnischen Rückstellungen ergeben. § 38 RechVersV sieht unter dem Posten »*Technischer Zinsertrag für eigene Rechnung*« folgende Zinserträge vor:
- Erträge aus der Anlage des Deckungsstocks bei Schaden- und Unfallversicherungsunternehmen, die nach Art der Lebensversicherung betrieben werden,
- die Zinszuführungen zur Bruttorentendeckungsrückstellung in den selbst abgeschlossenen Unfall- und Haftpflichtversicherungen und
- Depotzinserträge aus den bei den Vorversicherern in Höhe der Brutto-Deckungsrückstellungen gestellten Sicherheiten.

Die Ausbuchung des technischen Zinsertrags aus der nichtversicherungstechnischen Rechnung stimmt allerdings in der Höhe nicht mit der Einbuchung überein. Während die Ausbuchung brutto erfolgt, wird die Einbuchung für eigene Rechnung (netto) vorgenommen.
Anteilig an die Rückversicherer zu vergütende Depotzinsen, die sich auf die einbehaltenen Sicherheiten zu den in § 38 Abs. 1 S. 1 RechVersV genannten De-

ckungsrückstellungen beziehen, werden vom Bruttobetrag abgezogen (Ausnahme vom Saldierungsverbot des § 246 Abs. 2 HGB).

Beispiel 7.1: Umbuchung des technischen Zinsertrags

Unter den Kapitalerträgen der nichtversicherungstechnischen Rechnung sind 100.000 € als Verzinsung der verschiedenen Deckungsrückstellungen enthalten. Es wird angenommen, dass der Rückversicherungsanteil an den Depotzinsen 20.000 € beträgt.

Nichtversicherungstechnische Rechnung

	Erträge aus Kapitalanlagen 100.000 €

Die Umbuchung des technischen Zinses aus der nichtversicherungstechnischen Rechnung in die versicherungstechnische Rechnung ergibt sich wie folgt:

Nichtversicherungstechnische Rechnung		Versicherungstechnische Rechnung	
technischer Zinsertrag (brutto) 100.000 €	Erträge aus Kapitalanlagen 100.000 €	sonstige Aufwendungen –20.000 €	technischer Zinsertrag f. e. R. 80.000 €

Achtung: Der Posten »Technischer Zinsertrag« in der nichtversicherungstechnischen Rechnung stellt einen Aufwandsposten dar!

Sonstige versicherungstechnische Erträge

Unter den Posten »Sonstige versicherungstechnische Erträge« sind nach § 40 RechVersV alle versicherungstechnischen Erträge auszuweisen, die keinem anderen Posten zugeordnet werden können (z. B. »Mahngebühren und Verzugszinsen von Versicherungsnehmern und von Versicherungsnehmern nicht abgehobene, verjährte Beitragsrückerstattungen«).

Aufwendungen für Versicherungsfälle für eigene Rechnung

Die Aufwendungen für Versicherungsfälle für eigene Rechnung setzen sich gemäß § 41 Abs. 1 RechVersV getrennt aus den Zahlungen für Versicherungsfälle und der Veränderung der Rückstellung für noch nicht abgewickelte Versicherungsfälle zusammen. Diese sind nach dem modifizierten Nettoprinzip auszuweisen, indem in der Vorspalte der Bruttobetrag und der Anteil der Rückversicherer auszuweisen ist, während in der Hauptspalte die Aufwendungen für eigene Rechnung verbleiben.

Nach § 41 Abs. 2 RechVersV fallen unter die *Zahlungen für Versicherungsfälle* die gesamten im Geschäftsjahr erfolgten Zahlungen für Versicherungsfälle des Geschäftsjahres und der Vorjahre abzüglich der im Geschäftsjahr erhaltenen Zahlungen aufgrund von Regressen, Provenues und Teilungsabkommen sowie der Zahlungen des Prozessgegners zur Erstattung der Kosten (§ 26 Abs. 2 S. 2 RechVersV). Der Bruttobetrag der Zahlungen enthält ferner die dem Funktionsbereich »Regulierung von Versicherungsfällen, Rückkäufen und Rückgewährbeträgen« zugeordneten Personal- und Sachaufwendungen, die aus externen und internen Regulierungsaufwendungen bestehen.

Die Veränderung des Bruttobetrags der *Rückstellung für noch nicht abgewickelte Versicherungsfälle* resultiert aus der Differenz zwischen dem Rückstellungswert am Ende und demjenigen am Anfang des Geschäftsjahres (§ 41 Abs. 3 RechVersV).

Veränderungen der übrigen versicherungstechnischen Nettorückstellungen
Unter dem Posten »Veränderung der übrigen versicherungstechnischen Nettorückstellungen« werden vorwiegend Veränderungen aus der Deckungsrückstellung, der Stornorückstellung und der Rückstellung für drohende Verluste aus dem versicherungstechnischen Geschäft ausgewiesen. Es handelt sich um Rückstellungen, die jährlich neu ermittelt werden und die nicht abgewickelt werden.[306] Nicht unter diesen Posten fallen allerdings Veränderungen der Schwankungsrückstellung und ähnlicher Rückstellungen sowie Beitragsüberträge.

Aufwendungen für erfolgsabhängige und erfolgsunabhängige Beitragsrückerstattungen für eigene Rechnung
Nach § 42 Abs. 2 RechVersV umfassen die erfolgsabhängige Beitragsrückerstattung in der Schaden- und Unfallversicherung und die Aufwendungen für die erfolgsunabhängige Beitragsrückerstattung in der Schaden- und Unfallversicherung sowie der Rückversicherung
1. die Zuführung zur Rückstellung für Beitragsrückerstattung und
2. Verluste aus der Abwicklung der aus dem vorhergehenden Geschäftsjahr übernommenen Rückstellungen (wobei entsprechende Gewinne die Aufwendungen vermindern).

Aufwendungen für den Versicherungsbetrieb für eigene Rechnung
Unter die »Aufwendungen für den Versicherungsbetrieb für eigene Rechnung« fallen Aufwendungen, die zu Funktionsbereichen »Abschluss von Versicherungsverträgen« und »Verwaltung von Versicherungsverträgen« zugeordnet worden sind.

---

306 Vgl. Treuberg, Hubert Graf von; Angermayer, Birgit [Jahresabschluss, 1995], S. 379.

Unter die *Abschlussaufwendungen* fallen nach § 43 Abs. 2 RechVersV die *unmittelbar zurechenbaren Aufwendungen* (z. B. Abschlussprovisionen, Courtagen und Aufwendungen für die Anlegung der Versicherungsakte, für die Aufnahme des Versicherungsvertrags in den Versicherungsbestand und für die ärztlichen Untersuchungen im Zusammenhang mit dem Abschluss von Versicherungsverträgen) und die *mittelbar zurechenbaren Aufwendungen* (z. B. die allgemeinen Werbeaufwendungen und die Sachaufwendungen, die im Zusammenhang mit der Antragsbearbeitung und Policierung anfallen).

Die *Verwaltungsaufwendungen* werden durch § 43 Abs. 3 RechVersV konkretisiert und umfassen

1. den Beitragseinzug und die Bestandsverwaltung einschließlich der entsprechenden Provisionen,
2. die Schadenverhütung und -bekämpfung,
3. die Gesundheitsfürsorge zugunsten der Versicherungsnehmer sowie
4. die Bearbeitung der Beitragsrückerstattung und der passiven Rückversicherung und Retrozession.

Von den Bruttoaufwendungen für den Versicherungsbetrieb sind die erhaltenen Provisionen und Gewinnbeteiligungen aus dem in *Rückdeckung gegebenen Versicherungsgeschäft* abzuziehen (§ 43 Abs. 4 S. 2 RechVersV).

Sonstige versicherungstechnische Aufwendungen für eigene Rechnung
Unter den Posten »Sonstige versicherungstechnische Aufwendungen für eigene Rechnung« sind die versicherungstechnischen Aufwendungen auszuweisen, die sonst keinem anderen Posten zugeordnet werden können.

Veränderung der Schwankungsrückstellung und ähnlicher Rückstellungen
Der Posten »Veränderung der Schwankungsrückstellung und ähnlicher Rückstellungen« ergibt den Saldo aus allen Zuführungen und Entnahmen aus diesen Rückstellungen. Insofern zeigt der Posten die Veränderung zwischen dem Bilanzwert am Ende und demjenigen am Beginn des Geschäftsjahres.

Versicherungstechnisches Ergebnis für eigene Rechnung
Der Saldo aller versicherungstechnischen Erträge und Aufwendungen führt – nach Abzug der Anteile für Rückversicherer – zum versicherungstechnischen Ergebnis für eigene Rechnung.

1.2.2 Nichtversicherungstechnische Rechnung

Erträge aus Kapitalanlagen
Schaden- und Unfallversicherungsunternehmen sowie Rückversicherungsunternehmen haben Erträge aus Kapitalanlagen in der nichtversicherungstechnischen

Rechnung auszuweisen, während Lebens- und Krankenversicherungsunternehmen einen Ausweis unter der versicherungstechnischen Rechnung vornehmen. Dennoch ist die Aufteilung des Postens »Erträge aus Kapitalanlagen« einheitlich für alle Formblätter geregelt.

---

a) Erträge aus Beteiligungen
   (davon: aus verbundenen Unternehmen)

b) Erträge aus anderen Kapitalanlagen
   (davon: aus verbundenen Unternehmen)

   aa) Erträge aus Grundstücken, grundstücksgleichen Rechten und Bauten einschließlich der Bauten auf fremden Grundstücken

   bb) Erträge aus anderen Kapitalanlagen

c) Erträge aus Zuschreibungen

d) Gewinne aus dem Abgang von Kapitalanlagen

e) Erträge aus Gewinngemeinschaften, Gewinnabführungs- und Teilgewinnabführungsverträgen

f) Erträge aus der Auflösung des Sonderpostens mit Rücklageanteil

---

Abb. 7.4: Erträge aus Kapitalanlagen

Erträge aus Beteiligungen sind erst in dem Jahr zu vereinnahmen, in dem ein Beschluss der zuständigen Organe vorliegt, der einen Anspruch begründet. Nur im Falle einer Mehrheitsbeteiligung bzw. bei Abhängigkeit des Unternehmens ist eine frühere Vereinnahmung möglich, falls der Jahresabschluss der Beteiligungsgesellschaft zum Zeitpunkt der Prüfung des Versicherungsunternehmens aufgestellt, geprüft, festgestellt und mit einem entsprechenden Ausschüttungsvorschlag versehen ist.[307]

Erträge aus anderen Kapitalanlagen werden in die Unterposten »Erträge aus Grundstücken, grundstücksgleichen Rechten und Bauten einschließlich der Bauten auf fremden Grundstücken« sowie »Erträge aus anderen Kapitalanlagen« unterteilt. Unter die Erträge aus Grundstücken fallen bei Versicherungsunternehmen auch *kalkulatorische Mieten* für die eigengenutzten Grundstücke und Bauten. Diese werden jedoch nicht ergebniswirksam, da ihnen in selber Höhe ein Aufwand (unter den Aufwendungen für den Versicherungsbetrieb) entgegensteht. Allerdings soll mit dem Ausweis eine Vergleichbarkeit zwischen den Kosten- und Kapitalanlageergebnissen von Versicherungsunternehmen geschaffen werden, gleichgültig, ob diese in eigengenutzten oder gemieteten Gebäuden arbeiten.[308]

---

307 Vgl. Treuberg, Hubert Graf von; Angermayer, Birgit [Jahresabschluss, 1995], S. 392.
308 Vgl. BT-Drs. 823/94, S. 140

Unter die Erträge aus anderen Kapitalanlagen fallen alle laufenden Erträge aus Kapitalanlagen, die nicht unter den Erträgen aus Beteiligungen sowie Erträgen aus Gewinngemeinschaften, Gewinnabführungs- und Teilgewinnabführungsverträgen auszuweisen sind. Insbesondere fallen hierunter Erträge aus Ausleihungen an verbundene Unternehmen bzw. an Unternehmen, mit denen ein Beteiligungsverhältnis besteht sowie Erträge aus sonstigen Kapitalanlagen und Depotzinsen.

Erträge aus Zuschreibungen stellen buchmäßige Gewinne dar, die aus einer Höherbewertung von Kapitalanlagen resultieren. Diese entstehen vor allem bei der Auflösung und Verminderung von Einzel- und Pauschalwertberichtigungen und der Rückgängigmachung von Abschreibungen (Wertaufholungsgebot).

Gewinne aus dem Abgang von Kapitalanlagen entstehen bei der Veräußerung von Kapitalanlagen sowie der Einlösung von Wertpapieren.

Aufwendungen für Kapitalanlagen
Äquivalent zu den Erträgen aus Kapitalanlagen ist die Strukturierung des Postens »Aufwendungen für Kapitalanlagen« für alle Formblätter einheitlich geregelt: *Aufwendungen für die Verwaltung von Kapitalanlagen, Zinsaufwendungen und sonstige Aufwendungen für Kapitalanlagen* enthalten diejenigen Personal- und Sachaufwendungen, die dem Funktionsbereich »Verwaltung von Kapitalanlagen« zugeordnet werden (§ 46 Abs. 2 RechVersV). Zusätzlich werden hierunter Zinsaufwendungen und sonstige Aufwendungen für die Kapitalanlagen gefasst. § 46 Abs. 3 RechVersV konkretisiert diese Aufwendungen als

a) Aufwendungen im Zusammenhang mit Grundstücken (z. B. Betriebskosten, Instandhaltungskosten),
b) Depotgebühren,
c) Vergütungen an den Treuhänder für den Deckungsstock,
d) Verluste aus Beteiligungen an Personengesellschaften und
e) Schuldzinsen für Hypotheken auf den eigenen Grundbesitz.

Abschreibungen auf Kapitalanlagen (§§ 253, 254 i. V. m. § 279 HGB) resultieren aus den Bewertungsvorschriften von Kapitalanlagen nach § 341b HGB. Sie umfassen:
- planmäßige Abschreibungen (§ 253 Abs. 2 S. 1 und 2 HGB),
- Abschreibungen auf den niedrigeren Börsen- oder Marktpreis bzw. auf den beizulegenden Wert (§ 253 Abs. 3 S. 1 und 2 HGB),
- außerplanmäßige Abschreibungen von Kapitalanlagen, die wie Anlagevermögen zu bewerten sind (§ 253 Abs. 2 S. 3 HGB),
- außerplanmäßige Abschreibungen zur Übernahme steuerlich zulässiger Wertansätze (§ 254 i. V. m. § 279 Abs. 2 HGB) und
- Abschreibungen zur Antizipation von künftigen Wertschwankungen (§ 253 Abs. 3 S. 3 HGB).

Separat auszuweisen sind unter den Aufwendungen für Kapitalanlagen ferner *Verluste aus dem Abgang von Kapitalanlagen, Aufwendungen aus Verlustübernahme* sowie Einstellungen in den *Sonderposten mit Rücklageanteil*, soweit diese Kapitalanlagen betreffen. Abbildung 7.5 fasst den Ausweis der Aufwendungen für Kapitalanlagen zusammen:

- Aufwendungen für die Verwaltung von Kapitalanlagen, Zinsaufwendungen und sonstige Aufwendungen für die Kapitalanlagen
- Abschreibungen auf Kapitalanlagen
- Verluste aus dem Abgang von Kapitalanlagen
- Aufwendungen aus Verlustübernahme
- Einstellungen in den Sonderposten mit Rücklageanteil

Abb. 7.5: Aufwendungen für Kapitalanlagen

Sonstige Erträge und Aufwendungen

Unter den »*Sonstigen Erträge*« werden alle Erträge aus der nichtversicherungstechnischen Rechnung zusammengefasst, die nicht unter einem anderen Posten ausgewiesen werden (§ 47 S. 1 RechVersV). Im Einzelnen werden folgende Erträge in § 47 S. 2 RechVersV genannt:

- *Erträge aus erbrachten Dienstleistungen* (z. B. aus Bestandsbetreuung oder Arbeits- und Überweisungsprovisionen),
- *Auflösungen des Sonderpostens mit Rücklageanteil*, soweit diese nicht den Kapitalanlagen zuzuordnen sind,
- *Zinsen und ähnliche Erträge*, soweit diese nicht Kapitalanlagen betreffen (z. B. aus laufenden Bankguthaben bzw. dem Kontokorrentverkehr des Rückversicherungsgeschäfts)[309] und
- *Eingänge aus abgeschriebenen Forderungen* sowie *Auflösungen und Verminderungen der Pauschalwertberichtigungen zu den Forderungen*, die nicht aus Kapitalanlagen oder Beiträgen herrühren.

Neben den explizit geregelten Erträgen fallen unter die sonstigen Erträge Währungskursgewinne, Erträge aus der Auflösung von anderen Rückstellungen (z. B. Pensionsrückstellungen) und Erträge aus der Veräußerung von Teilen der Betriebs- und Geschäftsausstattung.

Im Posten »*Sonstige Aufwendungen*« sind gemäß § 48 S. 1 RechVersV die nichtversicherungstechnischen Aufwendungen auszuweisen, die nicht einem

---

309 Vgl. Stuirbrink, Wolfgang; Schuster, Anselm [§ 47 RechVersV, 1998], S. 523.

anderen Posten zuzuordnen sind. § 48 S. 2 RechVersV unterscheidet folgende Aufwandsarten:
- *Personal- und Sachaufwendungen, die keinem Funktionsbereich* zugeordnet werden können (z. B. Aufwendungen für Dienstleistungen, Währungskursverluste, Aufwendungen, die das Unternehmen als Ganzes betreffen),
- Aufwendungen für die *Einstellung in den Sonderposten mit Rücklageanteil*, soweit diese nicht aus Kapitalanlagen herrühren,
- *Zinsen und ähnliche Aufwendungen* (z. B. Schuldzinsen für sonstige Verbindlichkeiten, Zinsen auf das Genussrechtskapital, Zinszuführungen zu den Pensionsrückstellungen),
- *Abschreibungen auf Forderungen* sowie die Aufwendungen aus der Bildung und Erhöhung der *Pauschalwertberichtigungen* zu den Forderungen, soweit diese nicht Kapitalanlagen (Ausweis unter den Abschreibungen auf Kapitalanlagen) bzw. Beitragsforderungen an die Versicherungsnehmer (Abzug von den gebuchten Bruttobeiträgen) betreffen,
- in Rechnung gestellte *Zentralverwaltungsaufwendungen* der ausländischen Generaldirektion für die inländische Niederlassung.

Außerordentliche Erträge und Aufwendungen
Als außerordentlich werden Erträge und Aufwendungen dann bezeichnet, wenn sie außerhalb der gewöhnlichen Geschäftstätigkeit anfallen. Beispielhaft fallen unter die »*Außerordentlichen Erträge*« Gläubigerverzichte bei Sanierungen, Erlöse aus dem Verkauf eines Gesamt- oder Teilversicherungsbestands oder öffentliche Zuschüsse zu einer Sitzverlegung sowie zu den »*Außerordentlichen Aufwendungen*« Aufwendungen zur Durchführung von Betriebsaufspaltungen und Bußgelder bzw. Geldstrafen.

Steuern
In der Gewinn- und Verlustrechnung werden folgende Steuern unterschieden:
- *Steuern vom Einkommen und Ertrag* (z. B. Körperschaftsteuern, Kapitalertragsteuern und Gewerbeertragsteuern),
- *sonstige Steuern* (z. B. Vermögensteuer, Grundsteuer, Gewerbekapitalsteuer).

Erträge aus Verlustübernahme und abgeführte Gewinne
Unter dem Posten »*Erträge aus Verlustübernahme*« werden im Wesentlichen Erträge ausgewiesen, die aufgrund eines Beherrschungs- oder Gewinnabführungsvertrags entstehen. Falls demgegenüber Gewinne aufgrund von Unternehmensverträgen an eine Obergesellschaft abgeführt werden, sind diese unter dem Posten »*Auf Grund einer Gewinngemeinschaft, eines Gewinnabführungsvertrags oder eines Teilgewinnabführungsvertrags abgeführte Gewinne*« auszuweisen.

Jahresüberschuss/Jahresfehlbetrag
Der *Jahresüberschuss/Jahresfehlbetrag* ergibt sich als Saldo aller Aufwendungen und Erträge und stellt den im Geschäftsjahr entstandenen Gewinn nach Steuern dar. Nicht berücksichtigt werden jedoch die von der Geschäftsleitung oder Hauptversammlung (§ 58 AktG) im Rahmen der Gewinnverwendung bewirkten Veränderungen der Rücklagen. Falls die Bilanz unter Berücksichtigung einer vollständigen oder partiellen Verwendung des Jahresergebnisses aufgestellt wird, schließt sich an den Jahresüberschuss/Jahresfehlbetrag die Ergebnisverwendung an. Darunter fallen
1. Gewinn-/Verlustvorträge aus dem Vorjahr,
2. Entnahmen aus der Kapitalrücklage,
3. Veränderungen der Gewinnrücklagen sowie
4. Veränderungen des Genussrechtskapitals.

Als Saldo verbleibt der *Bilanzgewinn/Bilanzverlust*, der als ausschüttungsoffener Gewinn zur Verfügung steht.

1.3 Erfolgsrechnung von Lebens- und Krankenversicherungsunternehmen

Die Gewinn- und Verlustrechnung von Lebens- und Krankenversicherungsunternehmen unterscheidet sich von der Schaden- und Unfallversicherung im Wesentlichen dadurch, dass die Erträge und Aufwendungen aus Kapitalanlagen in die versicherungstechnische Rechnung einbezogen werden. Zusätzlich finden sich folgende spezifische Ertrags- und Aufwandsposten:

Beiträge aus der Brutto-Rückstellung für Beitragsrückerstattung
In dem Posten »Beiträge aus der Brutto-Rückstellung für Beitragsrückerstattung« werden Beträge ausgewiesen, die der Rückstellung für Beitragsrückerstattung von Lebensversicherungsunternehmen bzw. der Rückstellung für die erfolgsabhängige Beitragsrückerstattung entnommen und in voller Höhe in die Deckungsrückstellung eingestellt werden. Insofern steht dem Ertragsposten ein äquivalenter Aufwandsposten entgegen, sodass keine Ergebniswirkung entsteht.

Nicht realisierte Gewinne und Verluste aus Kapitalanlagen
»Nicht realisierte Gewinne bzw. Verluste aus Kapitalanlagen« resultieren nach § 39 RechVersV aus der Zeitwertbilanzierung der Kapitalanlagen für Rechnung und Risiko von Inhabern von Lebensversicherungspolicen (fondsgebundene Lebensversicherung). Für die Bestimmung der nicht realisierten Gewinne bzw. Verluste erfolgt ein Vergleich von Zeitwert und Buchwert derjenigen Kapitalanlagen, für die das Risiko vom Versicherungsnehmer zu tragen ist. Falls der Anschaf-

fungswert den Zeitwert übersteigt, entstehen nicht realisierte Verluste aus Kapitalanlagen. Demgegenüber resultieren nicht realisierte Gewinne aus Kapitalanlagen, falls der Zeitwert den Anschaffungswert überschreitet.

Trotz eines Ausweises von unrealisierten Gewinnen bzw. Verlusten entsteht keine Ergebniswirkung, da bei Veränderungen des Anlagestocks der fondsgebundenen Lebensversicherung eine entsprechende Anpassung der zugehörigen Deckungsrückstellung erfolgt. Diese Gegenbuchung wird unter dem Posten »Veränderung der übrigen versicherungstechnischen Nettorückstellungen« ausgewiesen.[310]

Aufwendungen für erfolgsabhängige und erfolgsunabhängige Beitragsrückerstattung f. e. R.

Zu den Posten »Aufwendungen für erfolgsabhängige und erfolgsunabhängige Beitragsrückerstattung f. e. R.« gehören die Aufwendungen für die erfolgsabhängige Beitragsrückerstattung in der Lebens- und Krankenversicherung und die Aufwendungen für die erfolgsunabhängige Beitragsrückerstattung in der Krankenversicherung (§ 42 RechVersV). Neben der Zuführung zur Rückstellung für Beitragsrückerstattung umfassen die Aufwendungen für die erfolgsunabhängige Beitragsrückerstattung auch die Verluste aus der Abwicklung der aus dem vorhergehenden Geschäftsjahr übernommenen Rückstellungen. Falls hieraus Gewinne entstanden sind, werden die Aufwendungen entsprechend vermindert.

1.4   Erfolgsrechnung nach US-GAAP

Die Vorschriften der IFRS enthalten ein allgemeines Mindestschema über den Aufbau der Gewinn- und Verlustrechnung. Nach IAS 1.78 (überarbeitet 2003) sind mindestens folgende GuV-Posten anzugeben:

- Umsatzerlöse (Revenues),
- Finanzierungsergebnis (Finance Costs),
- Gewinn- und Verlustanteile an assoziierten Unternehmen und Joint Ventures, die nach der Equity-Methode bilanziert werden (Share of Profits and Losses of Associates and Joint Ventures Accounted for Using the Equity Method),
- Gewinne bzw. Verluste vor Steuern, die beim Abgang von Vermögenswerten oder der Tilgung von Schulden in Verbindung mit eingestellten Geschäftsaktivitäten entstehen (Pre-Tax Gain or Loss Recognised on the Disposal of Assets or Settlement of Liabilities Attributable to Discontinuing Operations),
- Steueraufwendungen (Tax Expenses) und
- Periodenergebnis (Profit or Loss).

---

310   Vgl. Treuberg, Hubert Graf von; Angermayer, Birgit [Jahresabschluss, 1995], S. 432.

Ferner sieht IAS 1.82 den Ausweis des Anteils von Minderheitsgesellschaften am Ergebnis (minority interest) sowie den Anteil des Ergebnisses, das den Eigentümer des Mutterunternehmens (equity holders of the parent) zuzurechnen ist, vor. Weitere Posten, Überschriften und Zwischensummen sind ergänzend auszuweisen, wenn es der IAS fordert oder wenn es – unter Beachtung des Grundsatzes der Wesentlichkeit – für eine verständliche Darstellung der Ertragslage des Unternehmens notwendig ist (IAS 1.83). Insofern sind die wesentlichen versicherungstechnischen Ertrags- und Aufwandskategorien (z. B. Beiträge, Aufwendungen für den Versicherungsbetrieb, Aufwendungen für Versicherungsfälle und Erträge und Aufwendungen aus Kapitalanlagen) gesondert darzustellen.[311]

Die Gewinn- und Verlustrechnung nach IFRS unterscheidet nicht in eine versicherungstechnische und eine nichtversicherungstechnische Rechnung. Vor Überarbeitung des IAS 1 war dennoch eine Erfolgssegmentierung notwendig, da eine Trennung zwischen dem Ergebnis aus der gewöhnlichen Tätigkeit und außerordentlichen Posten vorzunehmen war. Seit der Überarbeitung des IAS 1 im Jahr 2003 ist der Ausweis von außerordentlichen Posten allerdings nicht mehr erlaubt (IAS 1.85). Vielmehr sind alle Erträge und Aufwendungen der gewöhnlichen Geschäftstätigkeit zuzurechnen. Dadurch sollen Probleme bei der Abgrenzung von Erfolgsquellen vermieden werden.

	brutto	netto
Erträge:		
verdiente Beiträge	3.350	2.900
an den RV abgegebene Beiträge	(450)	–
verdiente Beiträge f. e. R.	2.900	2.900
Kapitalanlageergebnis	1.700	1.700
sonstige Erträge	400	400
	5.000	**5.000**
Aufwendungen:		
Schadenzahlungen inklusive Schadenregulierungsaufwendungen	2.200	1.900
Rückversicherungsdeckung	300	–
Schadenzahlungen f. e. R.	**1.900**	**1.900**
Abschlusskosten	1.450	1.450
sonstige Kosten	1.150	1.150
Gesamtkosten	**4.500**	**4.500**
Gewinn vor Steuern	**500**	**500**

Abb. 7.6: Gewinn- und Verlustrechnung gemäß SFAS 113.120

---

311 Vgl. Mayr, Gerhard [Internationalisierung, 1999], S. 53.

Äquivalent zu den IFRS kennen die US-GAAP keine versicherungsspezifische Gliederung der Gewinn- und Verlustrechnung. In der US-amerikanischen Versicherungspraxis ist anders als nach HGB eine Trennung von versicherungstechnischer und nichtversicherungstechnischer Rechnung nicht üblich. Abbildung 7.6 zeigt den Aufbau der Gewinn- und Verlustrechnung gemäß SFAS 113.

Aus der Beispielrechnung gemäß SFAS 113 können folgende Aussagen über die Gewinn- und Verlustrechnung getroffen werden:

- Die GuV nach US-GAAP stellt eine *Mischform aus Primär- und Sekundärprinzip* dar. Beiträge werden – wenngleich mit geringerem Detaillierungsgrad – äquivalent zum HGB nach dem Primärprinzip ausgewiesen.[312] Die Personal- und Sachaufwendungen werden demgegenüber nach dem Sekundärprinzip ausgewiesen, indem eine Zuteilung zu den Funktionsbereichen Kapitalanlagen (Net Investment Income), Schadenregulierung (Claims and Claim Settlement Expenses) und Abschlusskosten (Policy Acquisition Costs) erfolgt. Aufwendungen, die diesen Funktionsbereichen nicht zugeordnet werden können, sind unter die Sonstigen Aufwendungen (Other Expenses) zusammenzufassen.

- Es werden nach dem *Erfolgsprinzip* nur die verdienten Beiträge (Earned Premiums) ausgewiesen. Insofern wird in der GuV auf das im HGB vorgeschriebene Umsatzprinzip (Ausweis der gebuchten Beiträge) verzichtet. Grundsätzlich können Versicherungsunternehmen nach den US-GAAP jedoch die gesamten Beiträge, auf die ein Rechtsanspruch besteht (Ultimate Premium-Concept), ausweisen. Nach US-GAAP enthalten die gezeichneten Beiträge *Pipeline Premiums*. Sie resultieren aus erwarteten Beitragsadjustierungen jeglicher Art (SFAS 60 Part. 14) und stellen die Differenz zwischen gezeichneten Beiträgen und gebuchten Beiträgen dar. Die gezeichneten Beiträge enthalten demnach die gebuchten Beiträge und die Beiträge, die auf der Basis der Versicherungsverträge einer Periode und auf Grund zuverlässig sicherer Schätzbarkeit (Responsible Estimable) erwartet werden (SFAS 60 Part 14a). Die Pipeline Premiums werden nach der besten Schätzung (Best Estimate) des Managements bestimmt. Im Ausweis nach US-GAAP sind die zu zahlenden Versicherungssteuern abzusetzen. Falls das Versicherungsunternehmen Steuerschuldner ist, wird die Versicherungssteuer unter den sonstigen Steueraufwendungen ausgewiesen. Im Gegensatz zum HGB werden Beitragszahlungen bei Rentenversicherungen nicht als Versicherungsbeiträge eingeordnet und in der Folge sind diese nicht in der GuV auszuweisen (Deposit Accounting). Demgegenüber werden auch nach US-GAAP Beiträge im Rahmen einer Kapitallebensversicherung vollständig als Versicherungsbeiträge ver-

---

312 Vgl. Mayr, Gerhard [Internationalisierung, 1999], S. 180.

einnahmt, wodurch es zur Abbildung erfolgsunwirksamer Sparanteile in der Erfolgsrechnung kommt.[313] Zahlungen für Versicherungsfälle werden in einer Summe nach dem Erfolgsprinzip ausgewiesen. Insofern erfolgt eine Periodenabgrenzung bereits in der Buchführung.
- Die US-GAAP kennen keine Unterteilung nach Teilversicherungsbeständen. Daher wird anstelle eines Spartenrechnungsprinzips ein *Gesamtbestandsprinzip* angewendet.
- Statt der im HGB vorgenommenen Aufspaltung des Erfolgs in eine versicherungstechnische und eine nichtversicherungstechnische Rechnung zeichnen sich die US-GAAP durch ein *Gesamterfolgsprinzip* aus. Lediglich das Kapitalanlageergebnis wird separat ausgewiesen.
- Während im HGB der Ausweis der Rückversicherung nach dem modifizierten Nettoprinzip erfolgt, wird nach den US-GAAP die Bilanz nach dem Bruttoprinzip und die GuV grundsätzlich nach dem *Nettoprinzip* dargestellt. In diesem Fall werden die Rückversicherungsanteile im Anhang (Notes) angegeben. *Alternativ* hierzu ist ein *offener Abzug* der Rückversicherungsanteile vom Bruttobetrag in der GuV zulässig.

2 Anhang

2.1 Anhang von Versicherungsunternehmen nach HGB

2.1.1 Funktionen des Anhangs

Versicherungsunternehmen haben nach § 341a Abs. 1 und 2 HGB grundsätzlich die in den Vorschriften für große Kapitalgesellschaften enthaltenen Regelungen zum Anhang zu berücksichtigen. Weitere Angabepflichten sind in den §§ 341 ff. HGB sowie in den Vorschriften der RechVersV enthalten. Neben Vorschriften in HGB und RechVersV finden sich auch im Aktiengesetz Regelungen zum Anhang.

Der Anhang als Element des Jahresabschlusses hat Erläuterungs-, Ergänzungs-, Korrektur- und Entlastungsfunktion:[314]
- Die *Erläuterungsfunktion* des Anhangs zeichnet sich wesentlich dadurch aus, dass Informationen aus Bilanz und GuV (etwa über die angewandten Bilanzierungs- und Bewertungsmethoden bzw. ein Abweichen von gesetzlich vorgeschriebenen Bilanzierungs- oder Bewertungsmethoden) kommentiert wer-

---

313 Vgl. Mayr, Gerhard [Internationalisierung, 1999], S. 182.
314 Vgl. zu den Funktionen des Anhangs Baetge, Jörg et al. [Bilanzen, 2005], S. 757.

den. Beispielhaft für den Jahresabschluss von Versicherungsunternehmen stellt die Angabe und Begründung für die Anwendung von Näherungsverfahren oder Vereinfachungsverfahren (§ 27 Abs. 4 S. 1 RechVersV) eine Erläuterungsfunktion dar.
- Die *Ergänzungsfunktion* des Anhangs führt zu einem Ausweis von Informationen, die weder in der Bilanz noch in der GuV enthalten sind. Beispielsweise haben Versicherungsunternehmen in einer Summe den Zeitwert für zum Anschaffungswert ausgewiesene Kapitalanlagen (§ 54 RechVersV) auszuweisen.
- Die *Korrekturfunktion* des Anhangs resultiert aus der Forderung des § 264 Abs. 2 S. 2 HGB, ein den tatsächlichen Verhältnissen der Vermögens-, Ertrags- und Finanzlage entsprechendes Bild zu vermitteln. So sind im Anhang Informationen zu geben, falls ein den tatsächlichen Verhältnissen entsprechendes Bild nicht vermittelt wird.
- Nicht zuletzt führt der Anhang zu einer *Entlastung* der Bilanz und GuV, falls Informationen in den Anhang verlagert werden, um die Klarheit von Bilanz und GuV zu verbessern. Beispielhaft wird bei Versicherungsunternehmen anstelle eines Anlagespiegels, der für Versicherungsunternehmen gemäß § 341a Abs. 2 HGB ausgeschlossen ist, die Entwicklung der Aktivposten nach Formblatt 1 im Anhang dargelegt, sofern keine entsprechende Darstellung in der Bilanz erfolgt (§ 51 Abs. 2 RechVersV).

2.1.2 Überblick über die Anhangsangaben

Der *erste Block* von Anhangsangaben resultiert aus den *Vorschriften des HGB*. Nach § 341a Abs. 1 HGB sind die Vorschriften für große Kapitalgesellschaften anzuwenden. Ausgenommen von der Anwendung sind nach § 341a Abs. 2 S. 1 HGB insbesondere die Angaben über den Materialaufwand des Geschäftsjahres (§ 285 Nr. 8a HGB) und die Inanspruchnahme von größenabhängigen Erleichterungen (§ 288 HGB).[315] Abbildung 7.7 gibt einen Überblick über die nach HGB vorgeschriebenen Anhangsangaben.[316]

---

315 Zusätzliche Anwendungsbefreiungen nennt § 341a Abs. 2 S. 2. HGB.
316 Vgl. Baetge, Jörg et al. [Bilanzen, 2005], S. 765; Treuberg, Hubert Graf von; Angermayer, Birgit [Jahresabschluss, 1995], S. 458–459.

§§ HGB	Anhangsangaben
§ 264 Abs. 2 S. 2	Angaben, falls der Jahresabschluss kein den tatsächlichen Verhältnissen entsprechendes Bild vermittelt
§ 265 Abs. 1 S. 2	Abweichungen in der Form und Darstellung aufeinander folgender Bilanzen und GuV
§ 265 Abs. 2 S. 2, 3	nicht vergleichbare bzw. angepasste Vorjahresbeträge
§ 265 Abs. 4 S. 2	Ergänzung des Jahresabschlusses nach Maßgabe einer für andere Geschäftszweige vorgeschriebenen Gliederung
§ 268 Abs. 4 S. 2	nach dem Abschlussstichtag entstehende »Sonstige Vermögensgegenstände«, die einen größeren Umfang aufweisen
§ 268 Abs. 5 S. 3	nach dem Abschlussstichtag entstehende Verbindlichkeiten, die einen größeren Umfang aufweisen
§ 269 S. 1	Erläuterung von aktivierten Ingangsetzungs- und Erweiterungsaufwendungen
§ 274 Abs. 2 S. 2	Erläuterung von aktiven latenten Steuern
§ 277 Abs. 4 S. 2, 3	Erläuterung von Betrag und Art der außerordentlichen bzw. periodenfremden Erträge und Aufwendungen, soweit diese nicht von untergeordneter Bedeutung sind
§ 280 Abs. 3	Angabe und Begründung des Betrags der im Geschäftsjahr aus steuerrechtlichen Gründen unterlassenen Zuschreibungen
§ 281 Abs. 2 S. 1	Angabe der Vorschriften, nach denen eine Wertberichtigung gebildet worden ist
§ 284 Abs. 2 Nr. 1	Angabe der angewandten Bilanzierungs- und Bewertungsmethoden
§ 284 Abs. 2 Nr. 2	Angaben der Grundlagen der Währungsumrechnung
§ 284 Abs. 2 Nr. 3	Abweichungen von Bilanzierungs- und Bewertungsmethoden und ihr Einfluss auf die Lage des Unternehmens
§ 284 Abs. 2 Nr. 4	Unterschiedsbeträge bei Anwendung von Vereinfachungsverfahren, wenn ein erheblicher Unterschied im Vergleich zu einer Bewertung auf Basis des letzten vor dem Abschlussstichtag bekannten Börsenkurses oder Marktpreises vorliegt
§ 285 Nr. 1	Gesamtbetrag der Verbindlichkeiten mit einer Restlaufzeit von mehr als fünf Jahren
§ 285 Nr. 3	Gesamtnennbetrag der sonstigen finanziellen Verpflichtungen; allerdings nur insoweit, als sie nicht im Rahmen des Versicherungsgeschäfts entstanden sind (§ 341a Abs. 2 S. 2 HGB)
§ 285 Nr. 5	Ausmaß der Ergebnisbeeinflussung durch Anwendung steuerrechtlicher Vorschriften

§ 285 Nr. 6	Belastung des Ergebnisses der gewöhnlichen Geschäftstätigkeit und des außerordentlichen Ergebnisses durch Steuern vom Einkommen und Ertrag
§ 285 Nr. 7	durchschnittliche Arbeitnehmeranzahl (getrennt nach Gruppen)
§ 285 Nr. 9	finanzielle Beziehungen der Gesellschaft zu Organmitgliedern, früheren Organmitgliedern und deren Hinterbliebenen (Bezüge, Kredite und Haftungsverhältnisse)
§ 285 Nr. 10	Angabe aller Organmitglieder
§ 285 Nr. 11	Angabe über Beteiligungsgesellschaften
§ 285 Nr. 11a	Name, Sitz und Rechtsform der Unternehmen, deren unbeschränkt haftender Gesellschafter die Kapitalgesellschaft ist
§ 285 Nr. 12	Erläuterung von »Sonstigen Rückstellungen«, die nicht gesondert ausgewiesen werden, die jedoch einen nicht unerheblichen Umfang haben
§ 285 Nr. 13	Gründe für die planmäßige Abschreibung des Geschäfts- oder Firmenwertes
§ 285 Nr. 14	Name und Sitz des Mutterunternehmens, das den Konzernabschluss für den größten und kleinsten Kreis von Unternehmen aufstellt sowie Angabe über den Ort, an dem die Konzernabschlüsse erhältlich sind
§ 341c	Angabe eines passivischen Unterschiedsbetrags zwischen Anschaffungskosten und einem höheren Nennbetrag (in Bilanz oder Anhang)

Abb. 7.7: Wesentliche Anhangsangaben nach HGB

Durch das Bilanzrechtsreformgesetz (BilReG) wurden zusätzliche Anhangsangaben in § 285 HGB eingeführt. Im Einzelnen sind dies:
- bei kapitalmarktorientierten Unternehmen getrennte Angabe von Honoraren für Abschlussprüfung, sonstige Bestätigungs- und Bewertungsleistungen, Steuerberatungsleistungen und sonstige Leistungen,
- Art und Umfang jeder Kategorie der derivativen Finanzinstrumente einschließlich des Zeitwertes und der Berechnungsmethode und
- Angaben zu Finanzinstrumenten, die zum Finanzanlagevermögen gehören und über ihrem Zeitwert ausgewiesen werden.

Neben den Vorschriften im HGB findet sich in der RechVersV ein *zweiter Block* von Anhangsvorschriften, die für versicherungsspezifische Geschäftsvorfälle zu leisten sind. Insbesondere in Abschnitt 5 (§§ 51–56 RechVersV) sind eine Reihe von Anhangsangaben aufgelistet. Die Abbildung 7.8 zeigt überblicksartig die wichtigsten Angaben auf:[317]

---

[317] Vgl. Treuberg, Hubert Graf von; Angermayer, Birgit [Jahresabschluss, 1995], S. 460–462.

§§ RechVersV	Anhangsangaben
§ 3	gesonderter Ausweis von bestimmten in Bilanz und GuV zusammengefassten Posten
§ 6 Abs. 2	Entwicklung der immateriellen Vermögensgegenstände
§10 Abs. 2	Betrag der Darlehen und Vorauszahlungen auf Versicherungsscheine, falls sich dieser nicht aus der Bilanz ergibt sowie Aufgliederung der übrigen Ausleihungen (unter Beachtung der Wesentlichkeit)
§ 12 S. 2	Erläuterung der »Anderen Kapitalanlagen« (unter Beachtung der Wesentlichkeit)
§ 14 Abs. 2	Zusammensetzung des Anlagestocks und Zahl der Anteilseinheiten
§ 19	Erläuterung der »Anderen Vermögensgegenstände« (unter Beachtung der Wesentlichkeit)
§ 26 Abs. 2	Regresse, Provenues und Teilungsabkommen, die von der Schadenrückstellung abgesetzt wurden (unter Beachtung der Wesentlichkeit)
§ 27 Abs. 4	Anwendung von Näherungs- und Vereinfachungsverfahren und deren Einfluss auf die Lage des Unternehmens sowie zeitliche Konkretisierung bei Anwendung dieser Verfahren
§ 28 Abs. 8, 9	Entwicklung der Rückstellung für Beitragsrückerstattung, Angaben über bestimmte Anteile dieser Rückstellung sowie Rechnungsgrundlagen für Schlussüberschussanteile
§ 31 Abs. 1 Nr. 2	Aufgliederung der Drohverlustrückstellung für einzelne Versicherungszweige oder Versicherungsarten (unter Beachtung der Wesentlichkeit)
§ 38 Abs. 2	Erläuterung der Übertragung des technischen Zinsertrags
§ 41 Abs. 5	Erläuterung des Abwicklungsergebnisses der Schadenrückstellung nach Art und Höhe
§ 42 Abs. 3	Aufspaltung der erfolgsabhängigen und erfolgsunabhängigen Rückstellung für Beitragsrückerstattung
§ 43 Abs. 5	Aufspaltung von Abschluss- und Verwaltungskosten
§ 51 Abs. 2	Entwicklung der immateriellen Vermögensgegenstände und Kapitalanlagen nach Muster 1
§ 51 Abs. 3	Haftungsverhältnisse nach § 251 HGB
§ 51 Abs. 4	eingeschränkte Spartenpublizität unter Angabe von Vorjahreszahlen
§ 51 Abs. 5	Provisionen und sonstige Bezüge der Versicherungsvertreter für das selbst abgeschlossene Versicherungsgeschäft sowie Personalaufwendungen nach Muster 2
§ 51 Abs. 6	Erträge aus der Auflösung des Sonderpostens mit Rücklageanteil, soweit sie nicht aus Kapitalanlagen herrühren (unter Beachtung der Wesentlichkeit)

§ 52 Nr. 1a	Bilanzwert der eigengenutzten Grundstücke und Bauten
§ 52 Nr. 1b	Höhe des Genussrechtskapitals, das vor Ablauf von 2 Jahren fällig wird
§ 52 Nr. 1c	Methoden der Ermittlung der einzelnen versicherungstechnischen Rückstellungen (mit Ausnahme der Rückstellung für Beitragsrückerstattung) sowohl brutto als auch im Bezug auf den Anteil der Rückversicherer
§ 52 Nr. 2a	Berechnung der versicherungstechnischen Rückstellungen bei Lebens- und Pensions- und Sterbekassen einschließlich der darin enthaltenen Überschussanteile, der verwendeten versicherungsmathematischen Methoden und Berechnungsgrundlagen
§ 52 Nr. 2b	verzinslich angesammelte Überschussanteile von Lebensversicherungsunternehmen sowie Pensions- und Sterbekassen, die im Unterposten »Verbindlichkeiten aus dem selbst abgeschlossenen Versicherungsgeschäft gegenüber Versicherungsnehmern« enthalten sind
§ 53	zusätzliche Angaben für Versicherungsunternehmen, die im selbst abgeschlossenen Versicherungsgeschäft mehrere Geschäftszweige betreiben
§ 54	Zeitwert für die zum Anschaffungswert ausgewiesenen Kapitalanlagen in einer Summe
§ 55 Abs. 7	Bewertungsmethode für Grundstücke und Bauten sowie Zuordnung zu dem Jahr, in dem die Bewertung erfolgte
§ 56 Abs. 6	angewandte Bewertungsmethode sowie der Grund für ihre Anwendung im Rahmen der Zeitwertermittlung der übrigen Kapitalanlagen
§ 62 Abs. 1	Vermittlung eines den tatsächlichen Verhältnissen entsprechenden Bildes bei Anwendung von Vereinfachungen gegenüber den Formblättern

Abb. 7.8: Anhangsangaben der RechVersV

Als *dritten Block* umfasst das Aktiengesetz eine Reihe von rechtsformspezifischen Vorschriften. Wesentliche Anhangsangaben betreffen den Eigenkapitalanteil bei Wertaufholungen (§ 58 Abs. 2a AktG), die Mitgliedschaft von Organen in Aufsichtsräten und anderen Kontrollgremien (§ 125 Abs. 1 S. 3 AktG), Erläuterungen zu den Rücklagen (§ 152 Abs. 2, 3 AktG), die Überleitung zum Bilanzergebnis (§ 158 Abs. 1 S. 2 AktG), Angaben zu Vorratsaktien, eigenen Aktien, Aktien je Gattung, genehmigtem Kapital, Wandelschuldverschreibungen, Genussscheinen sowie wechselseitigen und mitteilungspflichtigen Beteiligungen (§ 160 Abs. 1 AktG) und die Erläuterung einer Kapitalherabsetzung (§ 240 S. 3 AktG). Auf Versicherungsunternehmen, die nicht Aktiengesellschaften, Kommanditgesellschaften auf Aktien oder kleinere Vereine sind, sind § 152 Abs. 2 und 3, entsprechend anzuwenden (§ 341a Abs. 4 HGB). Im Falle von § 160 AktG gilt die entsprechende Anwendung jedoch nur für Genussrechte.

2.1.3 Erläuterung ausgewählter Pflichtangaben

Im Folgenden werden einige wichtige Anhangsangaben kurz erläutert:

Anlagespiegel nach Muster 1

§ 51 Abs. 2 RechVersV sieht für Versicherungsunternehmen Angaben über die Entwicklung der Aktivposten »Immaterielle Vermögensgegenstände«, »Grundstücke, grundstücksgleiche Rechte und Bauten einschließlich der Bauten auf fremden Grundstücken«, »Kapitalanlagen in verbundenen Unternehmen und Beteiligungen« und »Sonstige Kapitalanlagen« vor.

Während für Industrieunternehmen nach § 268 Abs. 2 HGB eine Bruttomethode angewendet wird, d. h., dass die historischen Anschaffungskosten als Ausgangsbasis dienen, sieht Muster 1 eine *Nettomethode* vor, indem von den Bilanzwerten des Vorjahres ausgegangen wird. Abbildung 7.9 zeigt einen Anlagespiegel nach Muster 1.

		Bilanzwert Vorjahr	Zugänge	Umbuchungen	Abgänge	Zuschreibungen	Abschreibungen	Bilanzwert Vorjahr
A.	Immaterielle Vermögensgegenstände							
B.I.	Grundstücke, grundstücksgleiche Rechte und Bauten einschließlich Bauten auf fremdem Grund							
B.II.	Kapitalanlagen in verbundenen Unternehmen und Beteiligungen							
	1. Anteile an verbundenen Unternehmen							
	2. Ausleihungen an verbundene Unternehmen							
	3. Beteiligungen							
	4. Ausleihungen an verbundene Unternehmen, mit denen ein Beteiligungsverhältnis besteht							
	5. Summe B. II.							
B.III.	Sonstige Kapitalanlagen							
	1. Aktien, Investmentfonds, und andere nicht festverzinsliche Wertpapiere							
	2. Inhaberschuldverschreibungen und andere festverzinsliche Wertpapiere							
	3. Sonstige Ausleihungen							
	4. Einlagen bei Kreditinstituten							
	5. Summe B.III.							
Gesamt								

Abb. 7.9: Anlagespiegel nach Muster 1

Während vertikal die einzelnen Aktivposten aufgelistet werden, wird horizontal die Entwicklung der Aktivposten dargestellt. Zusätzlich zu dem in Abbildung 7.9 aufgezeigten Schema sind die immateriellen Vermögensgegenstände in die einzelnen Bestandteile nach § 6 Abs. 2 RechVersV aufzugliedern. Ein zusätzliches Problem resultiert aus *Währungskursunterschieden,* falls Kapitalanlagen in Fremdwährungen gehalten werden. Diese werden entweder unter den Zu- und Abschreibungen erfasst oder in einer gesonderten Spalte für Währungsdifferenzen dargestellt.[318] Im Falle der Erfassung unter den Zu- und Abschreibungen resultiert jedoch eine Unstimmigkeit mit der Gewinn- und Verlustrechnung, da Währungskursdifferenzen dort unter den »Sonstigen Erträgen und Aufwendungen« verbucht werden. Daher sollte ein entsprechender Vermerk aus Kursdifferenzen erfolgen, falls auf eine separate Spalte für Währungskursdifferenzen verzichtet wird.

Zeitwertangabe

Seit 1997 sieht § 54 RechVersV zusätzlich zu den Angaben über die Entwicklung der Kapitalanlagen eine Angabe des Zeitwertes derjenigen Kapitalanlagen vor, die zum Anschaffungswert bilanziert werden. Dadurch soll den Adressaten ein Einblick in die stillen Reserven der Kapitalanlagen ermöglicht werden. Daneben ist die Angabe der Zeitwerte seit 2003 Bestandteil des aufsichtsrechtlichen Meldewesens.

Während in der Regelung von 1997 nur die Summe der Zeitwerte der Kapitalanlagen anzugeben war, ist mit Inkrafttreten des Versicherungsvertragsgesetzes 2008 eine Änderung von § 54 RechVersV verbunden. Damit ist für sämtliche Kapitalanlagen, die in der Bilanz zu Anschaffungskosten oder zum Nennwert ausgewiesen sind, im Anhang der Zeitwert anzugeben. Die Aufschlüsselung ist entsprechend der Darstellung der Kapitalanlagen in der Bilanz vorzunehmen.

Aus den Zeitwerten der einzelnen Kapitalanlagen ist die Summe der Zeitwerte der Kapitalanlagen zu ermitteln und offenzulegen, die in die Berechnung der Beteiligung der Versicherungsnehmer an den stillen Reserven einzubeziehen sind. Diesem Betrag ist die Summe der (fortgeführten) Anschaffungskosten der in die Berechnung der Beteiligung an den stillen Reserven einzubeziehenden Kapitalanlagen gegenüberzustellen. Durch Saldierung beider Werte erhält man den Betrag der stillen Reserven zum Bilanzstichtag.

---

318 Vgl. Treuberg, Hubert Graf von [Anhang, 2003], Tz. 50.

Für die Ermittlung der Zeitwerte gelten die Vorschriften von § 55 RechVersV und § 56 RechVersV:
- Der Zeitwert von *Immobilien*, der mindestens alle fünf Jahre im Wege einer Schätzung nach einer allgemein anerkannten Methode zu bestimmen ist, basiert auf dem geschätzten Marktwert (ohne Berücksichtigung von planmäßigen Abschreibungen), der um etwaige Wertminderungen seit der letzten Schätzung und (voraussichtlichen) Realisierungsaufwendungen bei einem (geplanten) Verkauf zu vermindern ist.
- Der Zeitwert der *übrigen Kapitalanlagen* basiert auf dem *Freiverkehrswert*, den im Fall von börsennotierten Kapitalanlagen der *Börsenkurswert* oder im Fall von nicht börsennotierten Kapitalanlagen ein *gehandelter Durchschnittswert* am Markt darstellt. Äquivalent zur Bewertung von Grundstücken sind (voraussichtliche) Realisierungsaufwendungen bei einem (geplanten) Verkauf abzuziehen.

Spartenpublizität

Nach den bis 1994 geltenden Vorschriften wurde für sämtliche Versicherungssparten eine Sonderrechnung in der GuV erstellt. Im Zuge der EU-Harmonisierung wurde die Spartenpublizität abgeschafft und durch eine (partielle) Verlagerung von Informationen in den Anhang ersetzt. Die Angaben sind gemäß § 51 RechVersV in das gesamte selbst abgeschlossene Geschäft, das gesamte in Rückdeckung übernommene Geschäft und das gesamte Versicherungsgeschäft als Summe daraus zu unterteilen. Zusätzlich sind die Angaben zum selbst abgeschlossenen Geschäft, mit bestimmten Ausnahmen (größenabhängigen Erleichterungen nach § 51 Abs. 4 RechVersV) in Versicherungszweiggruppen sowie in Versicherungszweige und -arten zu untergliedern. Die Abbildung 7.10 gibt einen Überblick über die geforderten Anhangsangaben.

Angaben	Untergliederung der Angaben des selbst abgeschlossenen Geschäfts in Versicherungszweiggruppen, Versicherungszweige und -arten

1. Gebuchte Bruttobeiträge
2. Verdiente Bruttobeiträge
3. Verdiente Nettobeiträge
4. Bruttoaufwendungen für Versicherungsfälle
5. Bruttoaufwendungen für den Versicherungsbetrieb
6. Rückversicherungssaldo
7. Versicherungstechnisches Ergebnis für eigene Rechnung
8. Versicherungstechnische Bruttorückstellungen
davon:
  a) Bruttorückstellung für noch nicht abgewickelte Versicherungsfälle
  b) Schwankungsrückstellung und ähnliche Rückstellungen
9. Anzahl der mindestens einjährigen Versicherungsverträge
	1. Unfall- und Krankenversicherung davon:
	  a) Unfallversicherung
	  b) Krankenversicherung
	2. Haftpflichtversicherung
	3. Kraftfahrzeug-Haftpflichtversicherung
	4. Sonstige Kraftfahrtversicherungen
	5. Feuer und Sachversicherung
	davon:
	  a) Feuerversicherung
	  b) Verbundene Hausratversicherung
	  c) Verbundene Gebäudeversicherung
	  d) Sonstige Sachversicherung
	6. Transport- und Luftfahrtversicherung
	7. Kredit- und Kautionsversicherung
	8. Rechtsschutzversicherung
	9. Beistandsleistungsversicherung
	10. Sonstige Versicherungen

Abb. 7.10: Spartenpublizität im HGB

Personalaufwendungen

Anstelle der Angaben über den Personalaufwand nach § 285 Nr. 8b HGB sieht § 51 Abs. 5 RechVersV für Versicherungsunternehmen eine Angabe über die Provisionen und sonstigen Bezüge der Versicherungsvertreter für das selbst abgeschlossene Versicherungsgeschäft sowie über die Personalaufwendungen vor.

Im Einzelnen werden

a) Provisionen,
b) sonstige Bezüge,
c) Löhne und Gehälter,
d) soziale Abgaben und Aufwendungen für Unterstützung und
e) Aufwendungen für Altersversorgung

unterschieden.

2.2 Anhang von Versicherungsunternehmen nach US-GAAP und IFRS

Der Anhang ist nach IAS 1.7 ein gleichwertiger Bestandteil neben der Bilanz, der GuV, der Kapitalflussrechnung, der Eigenkapitalveränderungsrechnung und der Segmentberichterstattung. Die Hauptaufgabe des Anhangs besteht in der *Informationsvermittlung* durch Wahrnehmung einer Erläuterungs-, Ergänzungs- und Entlastungsfunktion gegenüber den anderen Abschlussbestandteilen. Der Aufbau des Anhangs ist in IAS 1.103 geregelt. Der Anhang soll demnach Informationen über die Grundlagen der Aufstellung des Abschlusses sowie die gewählten Bilanzierungs- und Bewertungsmethoden geben (IAS 1.103a). Darüber hinaus sind Informationen zu geben, die von den IFRS gefordert, aber an keiner anderen Stelle im Abschluss dargestellt werden (IAS 1.103b). Ferner sind im Anhang Angaben notwendig, die nicht in den anderen Abschlussbestandteilen gemacht werden, die aber für die Darstellung eines den tatsächlichen Verhältnissen entsprechenden Bildes notwendig sind (IAS 1.103c). IAS 1 unterscheidet insbesondere folgende Anhangsvorschriften:

- Anhangsangaben über *Bilanzierungs- und Bewertungsmethoden* sowie des Einflusses des Managements auf die Vermögens- und Erfolgsrechnung (IAS 1.108–115),
- Anhangsangaben über *wesentliche Ursachen von Schätzunsicherheiten* (IAS 1.116–124) sowie
- *weitere Angaben*, wie z. B. der Sitz und die Rechtsform des Unternehmens, eine Beschreibung der Geschäftätigkeit und der Hauptaktivitäten des Unternehmens sowie die Angabe der Namen des Mutterunternehmens bzw. des obersten Unternehmens im Konzern (IAS 1.125–126).

Neben den allgemeinen Angabepflichten des IAS 1 finden sich ausführliche Vorschriften zu spezifischen Geschäftsvorfällen in den einzelnen Rechnungslegungsstandards, wobei diese die im HGB geforderten Angaben bei weitem übertreffen.

Versicherungsspezifische Anhangsangaben sind in *IFRS 4* enthalten. Während die Anforderungen im eigentlichen Standard sehr allgemein gehalten sind (IFRS 4.36–39), gibt die ergänzende *Implementation Guidance* ausführliche Hinweise, wie diese Anforderungen zu erfüllen sind (IFRS 4.IG11–71). Letztere weist jedoch in ihrer Gesamtheit keinen Verpflichtungscharakter auf (IFRS 4.IG11), sondern gibt nur Anhaltspunkte über mögliche Angaben. Die im Einzelnen dargestellten Offenlegungspflichten können im Anhang zusammengefasst präsentiert werden (IFRS 4.IG14). IFRS 4.IG15–16 weisen ausdrücklich auf IAS 1 hin, indem nur materiell bedeutsame Posten offengelegt werden müssen. IFRS 4 unterscheidet grundsätzlich zwei Blöcke von Anhangsangaben:

- Angaben über Bilanz und GuV-Posten (IFRS 4.36–37) sowie
- Informationen über zukünftige Zahlungsströme (IFRS 4.38–39).

Im *ersten Block* sind vornehmlich die Bewertungsmethoden sowie die Annahmen der in Bilanz und GuV ausgewiesenen Werte offenzulegen (IFRS 4.IG17). Die wesentlichen der Bewertung zugrunde liegenden Annahmen müssen einzeln erläutert und möglichst quantifiziert werden (IFRS 4.IG31–33). Beispielsweise sind Einschätzungen über zukünftige Entwicklungen der unterstellten Annahmen (etwa Mortalitätstrends) und Abhängigkeiten zwischen den verschiedenen Annahmen aufzuzeigen. Insbesondere ist auch darzulegen, von welchem Sicherheitsniveau die Bewertung geprägt wird.[319] Daneben sind Abweichungen einer stetigen Bewertung dahingehend zu erklären, welche Effekte auf Änderungen in den Annahmen zurückgehen (IFRS 4.IG34–36).

Die im *zweiten Block* geforderten Informationen zu den Zahlungsströmen des Versicherungsgeschäfts können als eine Überleitung zu dem für Phase 2 vorgesehenen Asset-Liability-Measurement-Ansatz interpretiert werden. Demnach sind Aussagen über die Höhe, den Zeitpunkt und die Unsicherheit der zukünftigen Zahlungsströme aus den Versicherungsverträgen zu treffen (IFRS 4.38). Als Ausgangspunkt hierzu dienen insbesondere interne Modelle, die einen Bezug zur Steuerung des Unternehmens schaffen sollen (IFRS 4.IG41). Daneben wird eine Verbindung zum Risikomanagementsystem hergestellt, da über allgemeine Aussagen zum Aufbau, zu den Zielen des Risikomanagementsystems sowie über konkrete Risiken des gezeichneten Portefeuilles zu berichten ist.[320] Insbesondere ist hierbei über die Sensitivität gegenüber Änderungen der Einflussfaktoren und Konzentrationen von versicherungstechnischem Risiko zu berichten. Ferner ist offenzulegen, inwiefern das Versicherungsunternehmen bezüglich der Versicherungsverträge einem Zinsänderungsrisiko (garantierte Mindestverzinsung) oder einem Kreditrisiko (Rückversicherungsbeziehungen) ausgesetzt ist (IFRS 4.39). Abbildung 7.11 gibt einen Überblick über die Anhangsangaben nach IFRS 4:

---

319 Vgl. Rockel, Werner; Sauer, Roman [Exposure Draft 5, 2003], S. 1114.
320 Vgl. Hommel, Michael [Standardentwurf, 2003], S. 2116. Vgl. für ein Anwendungsbeispiel IFRS 4.IG61.

Anhangsblock	Beispiele
Bilanz und GuV-Posten	– Angaben über Sicherheitszuschläge in den Schätzungen – Datenquellen, die Grundlage der Schätzungen sind – Ausmaß, in dem Schätzungen konsistent mit beobachtbaren Marktpreisen sind – Angaben, inwiefern Erfahrungswerte aus der Vergangenheit in Schätzungen einfließen sowie Gründe, warum von diesen Trends abgewichen wird – Angaben, wie der Versicherer zukünftige Entwicklungen wie Mortalitätstrends oder Krankheitskostensteigerungen ableitet
Informationen über zukünftige Zahlungsströme	
Allgemein	– risikopolitische Strategien zu Annahmepolitik, Limits und Rückversicherung – Ausmaß eines unternehmensübergreifenden Risikomanagements – Asset-Liability-Management-Strategien – Möglichkeiten, zusätzliches Eigenkapital aufzunehmen – Informationen, wie Garantien und Zinszusagen, die das Zinsänderungsrisiko beeinflussen – Sensitivitätsanalysen des Eigenkapitals und des Jahresergebnisses im Hinblick auf wesentliche Einflussgrößen
Informationen über das versicherungstechnische Risiko	– Informationen aus der Managementperspektive – Ermittlungsmethoden und zugrunde liegende Annahmen der Quantifizierung des versicherungstechnischen Risikos – Messung des Risikos an mehr als einer Dimension – Sensitivitätsanalysen des Eigenkapitals und des Jahresergebnisses im Hinblick auf wesentliche Einflussgrößen
Informationen über Konzentrationen von versicherungstechnischen Risiken	– Gründe von Risikokonzentrationen – Informationen vor und nach Rückversicherung – Informationen über die Entwicklung einer in das Eigenkapital gebuchten Schwankungsrückstellung – Beschreibung der Risikokonzentrationen – Informationen über vergangene Großschäden
Schadenentwicklung	– Informationen in Bezug auf bilanzielle Größen – Korrektur bei außergewöhnlichen Ereignissen – Angaben nach Anfalljahr oder Zeichnungsjahr

Abb. 7.11: Anhangsangaben nach IFRS 4

Versicherungsspezifische Vorschriften für den Anhang finden sich auch in den US-GAAP. Abbildung 7.12 gibt einen Überblick wichtiger Anhangsangaben nach US-GAAP.

Anhangsblock	Beispiele

Rückstellungen (SFAS 60.60, SOP 94-5.10–11)	– Schadenrückstellungen
	  – Bewertungsgrundlagen der Schadenrückstellung
	  – bei Abzinsung von Schadenrückstellung Angabe des Buchwertes sowie des Zinssatzes
	  – Anfangs- und Schlussbestand (brutto sowie RV-Anteil)
	  – Schadenaufwendungen bzw. Schadenzahlungen aus dem Geschäftsjahr sowie dem Vorjahr
	  – Gründe für die Änderung der Vorjahres-Schadenrückstellung und Erläuterung einer eventuellen Prämienanpassung
	  – Schätzmethoden bei komplex zu ermittelnden Schadenrückstellungen in Zusammenhang mit Giftmüll, Asbest und Umweltsanierungen
	– Rechnungsgrundlagen der Deckungsrückstellung (freiwillige Angabe des durchschnittlichen Zinssatzes)
	– Angabe über die Einbeziehung von Kapitalerträgen bei der Berechnung der Drohverlustrückstellung

Abschlusskosten (SFAS 60.60)	– Art der aktivierten Abschlusskosten – Abschreibungsmethoden – Abschreibungsbetrag des Geschäftsjahrs – Zinssatz für die Berechnung der Gross Margins bei Verträgen mit natürlicher Gewinnbeteiligung
Gewinnbeteiligung (SFAS 60.60)	– prozentualer Anteil der Versicherungen mit Gewinnbeteiligung – Bilanzierung- und Bewertungsmethoden – Höhe der Gewinnbeteiligung im Geschäftsjahr und sonstige den Versicherungsnehmern gutgeschriebene Beträge
Rückversicherung (SFAS 113.27–28)	– Art, Zweck und Auswirkung auf das Versicherungsgeschäft des Erstversicherers – erfolgswirksame Rückversicherungsanteile, falls diese in der GuV nicht gesondert angegeben werden – Angabe der gebuchten und verdienten Beiträge für kurzfristige Verträge (selbst abgeschlossenes, abgegebenes und übernommenes Geschäft), falls nicht in der GuV angegeben – Angabe der Beiträge und sonstigen Erträge vom Versicherungsnehmer bei langfristigen Verträgen (selbst abgeschlossenes, abgegebenes und übernommenes Geschäft), falls nicht in der GuV angegeben – Methoden der Ertragsrealisation aus Rückversicherungsverträgen – Angaben zum Kreditrisiko von Rückversicherungsanteilen

Abb. 7.12: Anhangsangaben nach US-GAAP[321]

---

[321] Vgl. Mayer, Gerhard [Internationalisierung, 1999], S. 161–162.

3 Lagebericht

3.1 Lagebericht von Versicherungsunternehmen nach HGB

Mittelgroße und große Kapitalgesellschaften haben neben dem Jahresabschluss einen Lagebericht aufzustellen (§ 289 HGB). Der Lagebericht hat reine Informationsfunktion, er verdichtet die Abschlussinformationen und ergänzt sie in sachlicher wie zeitlicher Hinsicht.[322] In dieser Funktion stellt der Lagebericht ein eigenständiges Rechnungslegungsinstrument dar und ist kein Bestandteil des Jahresabschlusses.

Dennoch sind Jahresabschluss und Lagebericht eng verbunden. Zum einen soll der Lagebericht ein den tatsächlichen Verhältnissen entsprechendes Bild des Geschäftsverlaufs (einschließlich des Geschäftsergebnisses) und der Lage des Unternehmens vermitteln *(Verdichtungsfunktion)*. Zum anderen hat der Lagebericht »eine ausgewogene und umfassende, dem Umfang und der Komplexität der Geschäftstätigkeit entsprechende Analyse des Geschäftsverlaufs und der Lage der Gesellschaft« sowie eine Beurteilung der wesentlichen Chancen und Risiken zu enthalten *(Ergänzungsfunktion)*.

Für Versicherungsunternehmen fordert § 341a Abs. 1 HGB die Aufstellung eines Lageberichts nach den für große Kapitalgesellschaften geltenden Vorschriften. Die Aufstellung des Lageberichts hat für Versicherungsunternehmen in den ersten vier Monaten eines Geschäftsjahres für das vergangene Geschäftsjahr zu erfolgen (§ 341a Abs. 1 HGB).[323]

Der Inhalt des Lageberichts ist in § 289 HGB geregelt, der durch das Gesetz zur Kontrolle und Transparenz im Unternehmensbereich (KonTraG) 1998 und zuletzt durch das Bilanzrechtsreformgesetz (BilReG) inhaltlich erweitert wurde. Gemäß § 289 Abs. 1 HGB sind der *Geschäftsverlauf* und die *Lage* der Kapitalgesellschaft *darzustellen* und zu *analysieren*. In die Analyse sind die für die Geschäftstätigkeit bedeutsamsten *finanziellen und nichtfinanziellen*[324] *Leistungsindikatoren* einzubeziehen und unter Bezugnahme auf die im Jahresabschluss ausgewiesenen Beträge und Angaben zu erläutern. Als nichtfinanzielle Leistungsindikatoren nennt § 289 Abs. 3 HGB z. B. Informationen über Umwelt- und Arbeitnehmerbe-

---

322 Vgl. Baetge, Jörg et al. [Bilanzen, 2003], S. 727–728.
323 Die Aufstellungspflicht ist unabhängig von der Größe und Rechtsform eines Versicherungsunternehmens, vgl. Treuberg, Hubert Graf von; Angermayer, Birgit [Jahresabschluss, 1995], S. 531. Die Aufstellungsfrist verlängert sich auf zehn Monate bei »Versicherungsunternehmen, die ausschließlich Rückversicherung betreiben oder deren Beiträge aus in Rückdeckung übernommenen Versicherungen die übrigen Beiträge übersteigen« (§ 341a Abs. 5 HGB).
324 Nichtfinanzielle Leistungsindikatoren sind nur für große Kapitalgesellschaften verpflichtend anzugeben (§ 289 Abs. 3 HGB).

lange. Daneben fordert § 289 Abs. 1 HGB eine Beurteilung der *voraussichtlichen Entwicklung* mit ihren wesentlichen *Chancen* und *Risiken,* wobei die zugrunde liegenden Annahmen zu erläutern sind.

Darüber hinaus sollen gemäß § 289 Abs. 2 HGB Vorgänge von besonderer Bedeutung nach dem Schluss des Geschäftsjahres erläutert werden. Weiterhin soll über den Bereich Forschung und Entwicklung sowie über bestehende Zweigniederlassungen der Gesellschaft berichtet werden. § 289 Abs. 2 Nr. 2 HGB sieht ferner vor:

- eine Darstellung der *Risikomanagementziele und -methoden* der Gesellschaft einschließlich ihrer Methoden zur Absicherung aller wichtigen Arten von Transaktionen, die im Rahmen der Bilanzierung von Sicherungsgeschäften erfasst werden und, falls für die Beurteilung der Lage oder der voraussichtlichen Entwicklung von Belang,
- eine Darstellung der Preisänderungs-, Ausfall- und Liquiditätsrisiken und der Risiken aus Zahlungsstromschwankungen, denen die Gesellschaft ausgesetzt ist.

Versicherungsaktiengesellschaften müssen ferner nach § 312 Abs. 3 S. 3 AktG »die Schlusserklärung eines gegebenenfalls erstellten Berichts über Beziehungen zu verbundenen Unternehmen (Abhängigkeitsbericht) in den Lagebericht«[325] aufnehmen.

§ 57 Abs. 2 RechVersV legt fest, welche Angaben von Versicherungsunternehmen zusätzlich zu den in § 289 HGB genannten zu machen sind. Es handelt sich hierbei um die Erläuterung der *betriebenen Versicherungszweige und -arten* für das selbst abgeschlossene und für das in Rückdeckung übernommene Versicherungsgeschäft sowie um einen Bericht über den *Geschäftsverlauf* in diesen Versicherungszweigen und -arten.

Nach Auffassung der Bundesanstalt für Finanzdienstleistungsaufsicht (BaFin) ist weiterhin einzugehen auf den Abschluss von Unternehmensverträgen[326], die Aufgabe des Going-Concern-Prinzips[327] und einen etwaigen Liquidationsbeschluss. Sollte ein Versicherungsunternehmen gemäß § 81b VAG zur Vorlage

---

325 Treuberg, Hubert Graf von; Angermayer, Birgit [Jahresabschluss, 1995], S. 531. Aufgrund dieser Regelung muss eine Aktiengesellschaft Auskunft darüber geben, ob Rechtsgeschäfte mit verbundenen Unternehmen angemessen vergütet wurden (§ 312 Abs. 3 AktG).

326 Zu den Unternehmensverträgen zählen Beherrschungs- und Gewinnabführungsverträge nach § 291 AktG sowie Gewinngemeinschaften, Teilgewinnabführungsverträge und Betriebspacht- bzw. Betriebsüberlassungsverträge (§ 292 AktG).

327 Das Going-Concern-Prinzip schreibt vor, dass bei der Bewertung von Vermögensgegenständen und Schulden von der Unternehmensfortführung auszugehen ist, vgl. § 252 Abs. 1 Nr. 2 HGB.

eines Solvabilitäts- oder Finanzierungsplans verpflichtet sein, ist darüber ebenfalls im Lagebericht zu berichten.[328]

Weitere Vorschriften zur Lageberichterstattung enthält der deutsche Rechnungslegungs Standard (DRS) 15, der für alle Mutterunternehmen, die einen Konzernlagebericht gemäß § 315 HGB aufzustellen haben oder freiwillig aufstellen, maßgeblich ist. Daneben wird DRS 15 für die Anwendung auf den Lagebericht gemäß § 289 HGB empfohlen. Im Standard werden Grundsätze der Lageberichterstattung definiert: Vollständigkeit, Verlässlichkeit, Klarheit und Übersichtlichkeit, Vermittlung der Sicht der Unternehmensleitung und Konzentration auf nachhaltige Wertschaffung. Wesentliche Inhalte von DRS 15 stellen die Darstellung des eingesetzten Steuerungssystems anhand quantitativer Maßstäbe (DRS 15.38) sowie Angaben zur Vermögens-, Finanz- und Ertragslage dar:

- Die *Vermögenslage* soll anhand von Angaben zu Höhe und Zusammensetzung des Vermögens sowie wesentlichen Veränderungen zum Vorjahr erläutert werden (DRS 15.77).
- Die Darstellung der *Finanzlage* umfasst die Grundsätze und Ziele des Finanzmanagements (DRS 15.61) sowie die Darstellung der Kapitalstruktur anhand der internen und externen Finanzierungsquellen (DRS 15.62).
- Die *Ertragslage* soll anhand der Ergebnisentwicklung und der Ergebnisstruktur sowie der Ertragsquellen dargestellt werden, wobei Veränderungen zum Vorjahr, außergewöhnliche Erträge sowie Trends zu erläutern sind (DRS 15.50).

Insbesondere der wachsende Bedarf an einer zukunftsorientierten Berichterstattung hat den Gesetzgeber im Zuge der Verabschiedung des KonTraG sowie im BilReG dazu veranlasst, den § 289 Abs. 1 HGB bzw. § 315 Abs. 1 HGB um die Darstellung der Risiken der künftigen Entwicklung zu erweitern. Dieser so genannte *Risikobericht* muss vom Abschlussprüfer gemäß § 317 Abs. 2 HGB auf seine zutreffende Darstellung geprüft werden.

Da der Gesetzgeber die Ausgestaltung des Risikoberichts nicht näher konkretisiert hat, haben sich sowohl der Hauptfachausschuss des Instituts der Wirtschaftsprüfer in Deutschland e. V. (IDW) in dem IDW-Rechnungslegungsstandard zur Aufstellung des Lageberichts (IDW RS HFA 1) als auch das Deutsche Rechnungslegungs Standards Committee (DRSC) im Deutschen Rechnungslegungs Standard Nr. 5 (DRS 5) zur Risikoberichterstattung sowie zur Risikoberichterstattung von Versicherungsunternehmen (DRS 5-20) mit der Umsetzung der gesetzlichen Vorgabe befasst.

---

[328] Vgl. Treuberg, Hubert Graf von; Angermayer, Birgit [Jahresabschluss, 1995], S. 532.

DRS 5 sowie DRS 5-20 speziell für Versicherungsunternehmen geben für Mutterunternehmen, die gesetzlich zur Aufstellung eines Risikoberichts gemäß § 315 Abs. 1 S. 5 HGB verpflichtet sind oder die einen solchen freiwillig aufstellen, verpflichtende und für den Lagebericht nach § 289 HGB empfohlene Angaben über den Mindestinhalt des Risikoberichts. In dieser Funktion ergänzen sie DRS 15 (Lageberichterstattung). DRS 5.9 versteht unter Risiko die »Möglichkeit von negativen künftigen Entwicklungen der wirtschaftlichen Lage des Konzerns«. Das DRSC hat im DRS 5-20 eine Risikokategorisierung für Versicherungskonzerne vorgegeben. Die gesamte Risikolage eines Versicherungskonzerns kann demnach in versicherungstechnische Risiken, Risiken aus dem Ausfall von Forderungen aus dem Versicherungsgeschäft, Risiken aus Kapitalanlagen sowie operationale und sonstige Risiken eingeteilt werden, wobei Diversifizierungseffekte zu berücksichtigen sind (DRS 5-20.3). Die genannten Risiken sind von den Unternehmen inhaltlich zu konkretisieren.

DRS 5-20.3 definiert das *versicherungstechnische Risiko* als »Möglichkeit, dass für das Versicherungsgeschäft wesentliche Zahlungsströme von ihrem Erwartungswert abweichen«. Gegenstand des Versicherungsgeschäfts ist die Bereitstellung des Produkts Versicherungsschutz, das vom Versicherungsnehmer gegen Entrichtung einer festgelegten Prämie erworben wird und diesen gegen eventuell eintretende, im Voraus definierte Schäden finanziell absichert. Dieses so genannte Risikogeschäft stellt den Hauptbestandteil des Versicherungsgeschäfts dar. Der Eintritt des Versicherungsfalls ist zufallsabhängig, sodass die Entschädigungsleistung des Versicherungsunternehmens stochastischen Charakter hat. Daher stellt sich für Versicherungsunternehmen die Frage, ob die im Voraus entrichteten Prämienzahlungen ausreichen, um zukünftige Schadenaufwendungen decken zu können. In Abhängigkeit von der betriebenen Versicherungssparte unterscheidet DRS 5-20

- für die Schaden-/Unfallversicherung das Prämien-/Schadenrisiko (unter Einbeziehung von Naturkatastrophen oder sonstigen Kumulen),
- für die Lebens- und Krankenversicherung das Prämien-/Versicherungsleistungsrisiko und
- für Zweige mit garantierten Zinsleistungen das Zinsgarantierisiko.

Daneben wird das Risiko, dass versicherungstechnische Rückstellungen nicht ausreichend reserviert werden (Reserverisiken) als weitere versicherungstechnische Risikoart eingeordnet. Versicherungstechnische Risiken sind nach Abzug der passiven Rückversicherung zu betrachten.

DRS 5-20.9 stellt klar, dass Risiken zu quantifizieren sind, »wenn dies nach anerkannten und verlässlichen Methoden möglich und wirtschaftlich vertretbar ist« und ferner entscheidungsrelevante Informationen für die Adressaten mit der quantitativen Angabe verbunden sind. Falls eine Quantifizierung unterbleibt, gibt

DRS 5-20 einen Rahmen für Mindestangaben vor, die für jede Risikokategorie anstelle der quantifizierten Risiken anzugeben sind. Eine Quantifizierung der versicherungstechnischen Risiken soll auf der Basis von Value-at-Risk-Modellen, Szenario- oder Sensitivitätsanalysen (bzw. Stress-Tests) oder Embedded-Value-Ansätzen (Lebensversicherung) erfolgen (DRS 5-20.22). DRS 5-20.24 präzisiert die Mindestangaben dahingehend, dass wenigstens zum Prämien-/Schadenrisiko und zum Reserverisiko die Schadenquoten und Abwicklungsergebnisse der Eingangsschadenrückstellung über zehn Jahre hinweg anzugeben sind. Für die Lebensversicherung sind Mindestangaben zu biometrischen Risiken und Stornorisiken (jeweils anhand von Angaben in Bezug auf die Angemessenheit der Berechnungsgrundlagen) sowie zum Zinsgarantierisiko vorgegeben.

Risiken aus dem Ausfall von Forderungen werden als Risiken bezeichnet, die aus Forderungen gegenüber Rückversicherern, Versicherungsnehmern und Versicherungsvermittlern resultieren (DRS 5-20.3). Nach den Kategorien des Jahresabschlusses betrachtet, können die Bestandteile der Ausfallrisiken aus dem Posten »Forderungen« in der Bilanz abgelesen werden. Sie werden auch als *Delkredererisiken* bezeichnet. Forderungsausfälle gegenüber Versicherungsnehmern betreffen vor allem Verträge in der Gewerbe- und Industrieversicherung. Versicherungsvermittler können damit beauftragt sein, das Prämieninkasso durchzuführen, was ebenfalls ein Ausfallrisiko darstellt. Betreibt ein Versicherungsunternehmen aktive Rückversicherung, d. h., bietet es selbst Rückversicherungsschutz an, entstehen Forderungen gegenüber Rückversicherungsmaklern. Erwirbt ein Versicherungsunternehmen Rückversicherungsschutz im Rahmen der passiven Rückversicherung, so können im Schadenfall Forderungen gegen den Rückversicherer entstehen, die dem Ausfallrisiko unterliegen. Vermittelt ein Versicherungsunternehmen Versicherungen für andere Versicherungsunternehmen, entstehen daraus ebenfalls dem Ausfallrisiko unterliegende Forderungen. DRS 5-20 schreibt folgende Mindestangaben vor:
- ausstehende Forderungen mit einem am Bilanzstichtag mehr als 90 Tage zurückliegenden Fälligkeitszeitpunkt,
- die durchschnittliche Ausfallquote der letzten drei Jahren und
- Forderungen gegenüber Rückversicherungsunternehmen, soweit möglich nach externen Ratingklassen gegliedert.

Risiken aus Kapitalanlagen untergliedert DRS 5-20.3 in Marktrisiken, Bonitätsrisiken und Liquiditätsrisiken:
- Das *Marktrisiko* wird als »potenzieller Verlust aufgrund von nachteiligen Veränderungen von Marktpreisen oder preisbeeinflussenden Parametern« definiert. Als Komponenten werden Zinsänderungsrisiken, Risiken aus Aktien und sonstigen Eigenkapitalpositionen sowie Währungsrisiken unterschieden.

- Das *Bonitätsrisiko* ist definiert als »Risiko eines Verlusts oder entgangenen Gewinns aufgrund des Ausfalls eines Schuldners«.
- Das *Liquiditätsrisiko* wird als Risiko definiert, dass »Zahlungsverpflichtungen insbesondere aus Versicherungsverträgen nicht jederzeit« nachgekommen werden kann.

Zur Quantifizierung von Kapitalanlagerisiken nennt DRS 5.20-30 Value-at-Risk-Ansätze (sowie Stress-Tests und Back-Testing-Verfahren), Asset-Liability-Ansätze und Szenario- oder Sensitivitätsanalysen. Erfolgt keine Quantifizierung, ist bezüglich der Marktrisiken darzustellen, wie sich ein 20-prozentiger Kursverlust auf den Zeitwert von Aktien und anderen nicht festverzinslichen Wertpapieren auswirkt. Bei festverzinslichen Wertpapieren und Ausleihungen sollen die Auswirkungen auf den Zeitwert dargestellt werden, wenn die Zinskurve um einen Prozentpunkt nach oben oder nach unten verschoben wird.

Angaben zum Bonitätsrisiko bei festverzinslichen Wertpapieren und Ausleihungen sind nach der Art der Emittenten zu machen und gegebenenfalls durch externe Ratingklassen zu ergänzen. Die Darstellung des Liquiditätsrisikos soll Angaben darüber enthalten, wie der Kapitalanlagenbestand und die laufenden Zahlungsströme in Bezug auf die Verpflichtungen aus dem Versicherungsgeschäft abgestimmt werden.

Unter »*Operationale Risiken*« fasst DRS 5-20 Risiken in betrieblichen Systemen oder Prozessen, insbesondere in Form von betrieblichen Risiken (aufgrund von menschlichem oder technischem Versagen bzw. durch externe Einflussfaktoren) oder rechtlichen Risiken (aus vertraglichen Vereinbarungen oder rechtlichen Rahmenbedingungen). Als Mindestangaben nennt DRS 5-20.34 organisatorische und funktionale Aspekte im Bereich der Verwaltung (z. B. Prozesse), des Personalwesens (z. B. dolose Handlungen) und der technischen Ausstattung (insbesondere IT-Systeme). Daneben sind Maßnahmen zum Risikomanagement-Prozess (Identifikation, Begrenzung, Handhabung und Überwachung) operationaler Risiken anzugeben.

Die Risikoeinschätzung soll von einem dem jeweiligen Risiko adäquaten Prognosezeitraum ausgehen (DRS 5-30.12). Darunter ist für bestandsgefährdende Risiken grundsätzlich ein Jahr, für andere wesentliche Risiken eine überschaubarer Zeitraum von regelmäßig zwei Jahren zu verstehen; bei längeren Marktzyklen oder Großprojekten wird ein längerer Prognosezeitraum empfohlen (DRS 5.24). Die Risikoberichterstattung ist von der Prognoseberichterstattung zu trennen. Folgerichtig dürfen Risiken nicht mit Chancen verrechnet werden. Die getrennte Darstellung hat zu erfolgen, obwohl zwischen der erforderlichen Prognose über die voraussichtliche Entwicklung des Konzerns mit ihren wesentlichen Chancen und Risiken und dem Risikobericht ein sachlicher Zusammenhang besteht

(DRS 5-20.18). Die Berichterstattung über Chancen der voraussichtlichen Entwicklung erfolgt im Prognosebericht nach DRS 15 (Lageberichterstattung).

Den Maßstab für die Risikoberichterstattung stellt der Versicherungsbestand am Bilanzstichtag dar, wobei wertaufhellende Ereignisse bis zur Aufstellung des Konzernlageberichts zu berücksichtigen sind (DRS 5-20.19). Wesentliche Veränderungen gegenüber dem Vorjahr sind zu beschreiben, soweit dies für die Beurteilung der Risiken erforderlich ist (DRS 5-20.20).

Das Risikomanagement umfasst gemäß DRS 5.9 die systematische und dauerhafte »Identifikation, Analyse, Bewertung, Steuerung, Dokumentation und Kommunikation von Risiken sowie die Überwachung dieser Aktivitäten« auf der Grundlage einer »definierten Risikostrategie«. Das Risikomanagement muss in angemessenem Umfang beschrieben werden (DRS 5.28). Dazu sind Angaben über Strategie, Prozess und Organisation des Risikomanagements erforderlich (DRS 5.29). Falls risikopolitische Maßnahmen getroffen wurden, sind diese neben den jeweiligen Risiken darzustellen. Die eingeschränkte Darstellung eines Restrisikos nach risikopolitischer Maßnahme ist nur dann zulässig, wenn das Risiko durch wirksame Maßnahmen kompensiert wird (DRS 5.21). Genannt werden in diesem Zusammenhang z. B. Versicherungen oder Termingeschäfte (DRS 5.22). Abbildung 7.13 fasst die wichtigsten Angaben zur Risikoberichterstattung zusammen.

Risikokategorie	Mindestangaben nach DRS 5-20
Versicherungstechnische Risiken	– in der Schaden-/Unfallversicherung Schadenquoten der letzten 10 Jahre sowie Abwicklungsergebnisse der Eingangsschadenrückstellungen der letzten 10 Jahre – in der Lebensversicherung Angaben über die Angemessenheit der verwendeten Berechnungsgrundlagen für biometrische Risiken sowie Annahmen zu Stornowahrscheinlichkeiten
Risiken aus dem Ausfall von Forderungen aus dem Versicherungsgeschäft	– Ausfallquote der letzten 3 Jahre – Forderungen gegenüber Rückversicherern
Risiken aus Kapitalanlagen	– Auswirkungen eines 20-prozentigen Kursverlusts bei Aktien – Auswirkungen einer einprozentigen Verschiebung der Zinskurve bei festverzinslichen Wertpapieren – Emittenten festverzinslicher Wertpapiere und Ausleihungen – Abstimmung von Kapitalanlagenbestand/laufenden Zahlungsströmen mit den Verpflichtungen aus dem Versicherungsgeschäft
Operationale Risiken	– Verwaltung – Personal – technische Ausstattung – rechtliche Risiken

Abb. 7.13: Risikoangaben nach DRS 5-20

3.2 Lagebericht von Versicherungsunternehmen nach US-GAAP und IFRS

Nach US-amerikanischen Rechnungslegungsvorschriften existiert mit dem »*Operating and Financial Review and Prospects*« (OFR) ein dem Lagebericht vergleichbares Rechnungslegungsinstrument, das Bestandteil der von ausländischen Gesellschaften einzureichenden Form 20-F ist. Im Vergleich zum Lagebericht nach § 289 Abs. 1 HGB, der eine Beschreibung des Geschäftsverlaufs und der Lage des Unternehmens für das abgelaufene Geschäftsjahr fordert, wird in dem OFR ein Zeitraum von drei Jahren zugrunde gelegt. Wesentliche Inhalte betreffen die Ertragslage (z. B. außerordentliche Ereignisse), die Sicherheitslage (z. B. Kapitalausstattung) und die Liquidität des Unternehmens. Andere nach HGB geforderte Informationen, wie die Angaben über besondere Vorgänge nach Bilanzstichtag, finden sich im Anhang (Notes). Ein dem deutschen Lagebericht vergleichbarer Risikobericht findet sich nach US-amerikanischer Rechnungslegung nicht in einer geschlossenen Form. Vielmehr enthalten einzelne Standards (z. B. Offenlegungsvorschriften nach SFAS 5 zu *Contingencies*, Informationen zu *Risikokonzentrationen* im Segmentbericht nach SFAS 131 sowie Angabepflichten zu Finanzderivaten und Sicherungsgeschäften nach SFAS 133), Regelungen der *AICPA* (Frühwarnsystem) und weitere Vorschriften der *SEC* (z. B. Angaben zu Marktrisiken nach Item 5) eine Fülle risikoorientierter Angaben.[329]

Nach den Vorschriften des IASB existiert kein dem Lagebericht vergleichbares Rechnungslegungsinstrument. Regelungen über Angabepflichten sind in den einzelnen Standards enthalten. So fordert IAS 1.23 Angaben zur Ertragslage sowie zur Kapitalausstattung und Verschuldung. Risikoorientierte Informationen finden sich in IAS 1.23, der eine Angabepflicht von Risiken fordert, die möglicherweise zu einer Einschränkung des Going-Concern-Prinzips führen. Detaillierte Informationen über Risiken enthalten IAS 32 und 39 zu Finanzinstrumenten sowie IFRS 4 für Versicherungsverträge.[330] Kürzlich hat das IASB IFRS 7 veröffentlicht, der für Financial Instruments Angaben zu Risiken bündelt.

---

329 Vgl. Dobler, Michael [Risikoberichterstattung, 2004], S. 143–147.
330 Vgl. Dobler, Michael [Risikoberichterstattung, 2004], S. 143–147.

4 Weitere Publizitätsinstrumente

4.1 Segmentberichterstattung

Die Segmentberichterstattung vermittelt Informationen über wesentliche Geschäftsfelder eines Unternehmens und über sein Umfeld, d. h. über Chancen und Risiken einzelner Geschäftsfelder. Mit der Segmentberichterstattung wird das Ziel verfolgt, Mängel des aggregierten Abschlusses durch die Publikation feinerer (segmentierter) Informationen auszugleichen. Seit Verabschiedung des BilReG ist die Segmentberichterstattung ein fakultatives Element des Konzernabschlusses nach § 297 Abs. 2 HGB. Bei Aufstellung einer Segmentberichterstattung entfällt die Angabepflicht nach § 314 Abs. 1 Nr. 3 HGB (Aufgliederung der Umsatzerlöse nach Tätigkeitsbereichen und geographisch bestimmten Märkten). Das Wahlrecht zur Segmentberichterstattung gilt nicht für Unternehmen, die einen IFRS-Konzernabschluss nach § 315a HGB erstellen sowie für Unternehmen, die übergangsweise einen Konzernabschluss nach anderen international anerkannten Rechnungslegungsgrundsätzen (vor allem US-GAAP) aufstellen.

Die Grundlage für die Segmentberichterstattung liefern DRS 3 sowie speziell für Versicherungsunternehmen DRS 3.20.[331] Nach § 297 Abs. 1 S. 2 HGB i.V.m. § 341j Abs. 1 S.1 HGB können die gesetzlichen Vertreter eines Versicherungsunternehmens, das Mutterunternehmen ist, den Konzernabschluss um eine Segmentberichterstattung erweitern. Andere Unternehmen, die freiwillig eine Segmentberichterstattung erstellen, sollen ebenfalls DRS 3-20 anwenden. Für Versicherungsunternehmen sieht DRS 3-20.8 zumindest eine Segmentierung in *Nicht-Lebensversicherungsgeschäft* und *Lebensversicherungsgeschäft* vor. Falls das Krankenversicherungsgeschäft nicht als eigenständiges Segment ausgewiesen und nach Art der Lebensversicherung betrieben wird, muss es dem Lebensversicherungsgeschäft zugeordnet werden (DRS 3-20.10). Daneben wird für die produktorientierte Segmentierung eine gesonderte Berichterstattung für Rückversicherungsgeschäft und Finanzdienstleistungen empfohlen.

DRS 3.20 unterscheidet in Anlehnung an IAS 14 eine *primäre* und eine *sekundäre Segmentierung*. Falls die primäre Segmentierung produktorientiert erfolgt, ist die sekundäre Segmentierung grundsätzlich nach geographischen Kriterien erforderlich (DRS 3-20.11). Falls die geographische Segmentierung jedoch für die unternehmensinterne Entscheidungsfindung keinen Einfluss hat, sind für die sekundäre Segmentierung auch andere Kriterien (z. B. Sparten, Kundengruppen oder Rechtseinheiten) möglich (DRS 3-20.13). Ist jedoch die geographische Segmentierung Grundlage für unternehmensinterne Entscheidungen, bildet diese

---

331 Vgl. Dobler, Michael; Hacker, Bernd [Segmentberichterstattung, 2003], S. 49–54.

das Kriterium für die primäre Segmentierung (DRS 3-20.12). Folglich erfolgt die sekundäre Segmentierung in diesem Fall produktorientiert.

Die einzelnen *Ausweispflichten* regeln Tz.15-20. Für jedes Segment sind die in Abbildung 7.14 genannten Angaben zu leisten.

- Erfasste Bruttobeiträge aufgeteilt nach externen und intersegmentären Bruttobeiträgen
- Verdiente Beiträge (netto)
- Ergebnis aus Kapitalanlagen
- Sonstige versicherungstechnische Erträge (netto)
- Aufwendungen für Versicherungsfälle (netto)
- Aufwendungen für Beitragsrückerstattung (netto)
- Aufwendungen für den Versicherungsbetrieb (netto)
- Sonstige versicherungstechnische Aufwendungen (netto)
- Segmentergebnis
- Immaterielle Vermögensgegenstände, unterteilt nach Geschäfts- oder Firmenwert und sonstigen Kapitalanlagen
- Kapitalanlagen für Rechnung und Risiko von Inhabern von Lebensversicherungspolicen
- Versicherungstechnische Rückstellungen (netto)
- Versicherungstechnische Rückstellungen im Bereich der Lebensversicherung, soweit das Anlagerisiko von den Versicherungsnehmern getragen wird
- Sonstige Schulden

Abb. 7.14: Segmentierungsobjekte nach DRS 3-20

Die Angabepflichten für die sekundäre Segmentierung sind in ihrem Umfang wesentlich geringer. Anzugeben sind die Bruttobeiträge einschließlich intersegmentärer Bruttobeiträge sowie Kapitalanlagen (DRS 3-20.19). Falls eine Zuordnung der Kapitalanlagen für die sekundäre Segmentierung nicht möglich ist, sind die versicherungstechnischen Rückstellungen anzugeben (DRS 3.20.20).

IFRS 8 ersetzt den bisherigen Standard IAS 14 und führt (spätestens) ab dem Geschäftsjahr 2009 für kapitalmarktorientierte Unternehmen zu neuen Vorschriften für die Segmentberichterstattung. Im Kern steht die Identifizierung von operativen Segmenten, die auf der internen Steuerung basieren (management approach), die Unterscheidung des alten Standards zwischen primären und sekundären Berichtsformaten entfällt. Operative Segmente zeichnen sich nach IFRS 8.5 durch folgende Charakteristika aus:
- aus der Geschäftstätigkeit werden Erträge und Aufwendungen generiert,
- das operative Ergebnis wird durch die Unternehmensleitung im Rahmen der Allokation von Ressourcen und der Performancebeurteilung regelmäßig analysiert,
- für das Segment sind eigenständige Finanzdaten verfügbar.

Berichtspflichtig sind operative Segmente, wenn sie eines von drei Wesentlichkeitskriterien erfüllen:

- Segmenterlöse > 10% der gesamten Erlöse,
- Segmentgewinn bzw. -verlust > 10% des Gesamtergebnisses,
- Segmentvermögen > 10% des Gesamtvermögens.

Wesentliche Neuerung von IFRS 8 ist die Anpassung an die Regeln des SFAS 131, u. a. Ausweis interner Bewertungsmaßstäbe zur Erfolgsmessung, die anstelle der Bewertungsvorschriften des externen Rechnungswesens maßgeblich sind. Da eine Überleitungsrechnung (reconciliation) der Segmentdaten (insbesondere Umsatz, Ergebnis, Vermögen und Schulden) auf die entsprechenden Daten des externen Rechnungswesens erforderlich ist, könnte es in der praktischen Anwendung Probleme bereiten, sofern für die verschiedenen Segmente unterschiedliche Steuerungsgrößen verwendet werden (z. B. die im Lebensversicherungsbereich gängige mehrperiodige Steuerung auf Basis des embedded value im Vergleich zu einperiodigen Ansätzen im Non-Life-Bereich). IFRS 8 sieht hier die Verwendung desjenigen Wertmaßstabs vor, der die größtmögliche Nähe zum externen Rechnungswesen aufweist (IFRS 8.26). Daneben sind die Segmentabgrenzung, die interne Organisationsstruktur sowie die Produkte und Dienstleistungen, mit denen die Segmenterlöse erwirtschaftet werden, zu erläutern. Kritiker sehen ein weiteres Problem im Verlust der Stetigkeit im Zeitverlauf, da die interne Steuerung keinen Zwängen unterliegt.

4.2 Kapitalflussrechnung

Kapitalflussrechnungen ergänzen Bilanz und GuV dahingehend, dass sie detaillierte Informationen über die Finanzlage des Unternehmens vermitteln. Damit sollen Adressaten über die Fähigkeit des Unternehmens informiert werden, künftige Einzahlungsüberschüsse zu erwirtschaften, Zahlungsverpflichtungen zu erfüllen und Ausschüttungen an die Anteilseigner zu leisten. Daneben bildet die Kapitalflussrechnung häufig die Basis für die Ableitung des Cashflows je Aktie, der als Anhaltspunkt für die Bewertung von Aktien gilt.

Grundsätzlich lassen sich Kapitalflussrechnungen entweder direkt oder indirekt ermitteln. Eine direkte Ermittlung stellt die einzelnen Ein- und Auszahlungen nach Bereichen gegliedert unmittelbar gegenüber. Eine indirekte Ermittlung erfordert die Ableitung der Zahlungsströme aus Bilanz und Erfolgsrechnung.

Die Kapitalflussrechnung zählt nach § 297 Abs. 1 HGB zu den Pflichtelementen des Konzernabschlusses. Bei der Erstellung der Kapitalflussrechnung ist DRS 2 bzw. speziell für Versicherungsunternehmen DRS 2-20 zu beachten. International üblich und auch in DRS 2 übernommen, ist die Untergliederung der Kapitalflussrechnung in Cashflows aus der laufenden Geschäftstätigkeit, Cashflows aus der Investitionstätigkeit und Cashflows aus der Finanzierungstätigkeit.

Die Basis einer Kapitalflussrechnung bildet der Finanzmittelfonds. In diesem sind ausschließlich Zahlungsmittel und Zahlungsmitteläquivalente enthalten (DRS 2.16). Zahlungsmitteläquivalente stellen Finanzmittel dar, die aufgrund ihrer raschen Liquidierbarkeit als Liquiditätsreserve gehalten werden und nur geringen Wertschwankungen unterliegen. Bei Versicherungsunternehmen gelten als Finanzmittelfonds die unter dem Bilanzposten »Laufende Guthaben bei Kreditinstituten, Schecks und Kassenbestand« ausgewiesenen Zahlungsmittel und Zahlungsmitteläquivalente (DRS 2.20-12). Die aus dem Versicherungsgeschäft resultierenden Zahlungsströme sind nach Abzug der Rückversicherungsanteile auszuweisen (DRS 2-20.10). Abbildung 7.15 zeigt das Mindestgliederungsschema für Versicherungsunternehmen nach DRS 2-20 auf.

Während DRS 2 grundsätzlich sowohl die direkte als auch die indirekte Ermittlung der Zahlungsströme aus laufender Geschäftstätigkeit ermöglicht (DRS 2.24), wird für Versicherungsunternehmen ausschließlich die indirekte Ermittlung empfohlen (DRS 2-20.14). Neben dem Mindestgliederungsschema empfiehlt DRS 2-20 für internationale Abschlüsse einen Ausweis der Veränderung der aktivierten Abschlusskosten sowie der Veränderungen von Wertpapieren im Handelsbestand (DRS 2-20.15).

Der Cashflow aus Investitionstätigkeit umfasst Ein- und Auszahlungen aus der Veräußerung und dem Erwerb von in den Konzernabschluss einbezogenen Unternehmen und sonstigen Geschäftseinheiten, von übrigen Kapitalanlagen sowie aus dem Kauf und Verkauf von Kapitalanlagen aus der fondsgebundenen Lebensversicherung.

Dem Cashflow aus Finanzierungstätigkeit werden die Zahlungsströme zugeordnet, die aus Transaktionen mit den Kapitalgebern und den Minderheitengesellschaftern konsolidierter Tochterunternehmen sowie aus der Aufnahme oder Tilgung von Finanzschulden resultieren (DRS 2.34). Für Versicherungsunternehmen ergibt sich hier keine branchenbezogene Besonderheit.

Internationale Vorschriften zur Kapitalflussrechnung finden sich in SFAS 97 und IAS 7, wobei diese Standards keine Besonderheiten für einzelne Branchen kennzeichnen.

	Periodenergebnis vor außerordentlichen Posten
+/–	Veränderungen der versicherungstechnischen Rückstellungen (netto)
+/–	Veränderung der Depot- (bzw. Abrechnungs-)Forderungen und -verbindlichkeiten
+/–	Veränderung der sonstigen Forderungen und Verbindlichkeiten
–/+	Gewinn/Verlust aus dem Abgang von Kapitalanlagen
+/–	Veränderung sonstiger Bilanzposten
–/+	sonstige zahlungsunwirksame Aufwendungen und Erträge sowie Berichtigungen
+/–	Ein- und Auszahlungen aus außerordentlichen Posten
=	**Cashflow aus laufender Geschäftstätigkeit**
+	Einzahlungen aus dem Verkauf von konsolidierten Unternehmen und sonstigen Geschäftseinheiten
–	Auszahlungen aus dem Erwerb von konsolidierten Unternehmen und sonstigen Geschäftseinheiten
+	Einzahlungen aus dem Verkauf und der Endfälligkeit von übrigen Kapitalanlagen
–	Auszahlungen aus dem Erwerb von übrigen Kapitalanlagen
+	Einzahlungen aus dem Verkauf von Kapitalanlagen der fondsgebundenen Lebensversicherung
–	Auszahlungen aus dem Erwerb von Kapitalanlagen der fondsgebundenen Lebensversicherung
+	sonstige Einzahlungen
–	sonstige Auszahlungen
=	**Cashflow aus der Investitionstätigkeit**
+	Einzahlungen aus Eigenkapitalzuführungen
–	Auszahlungen an Unternehmenseigner und Minderheitsgesellschafter
–	Dividendenzahlungen
+/–	Einzahlungen und Auszahlungen aus sonstiger Finanzierungstätigkeit
=	**Cashflow aus der Finanzierungstätigkeit**

Abb. 7.15: Kapitalflussrechnung nach DRS 2-20

4.3 Eigenkapitalspiegel und Eigenkapitalveränderungsrechnung

§ 297 Abs. 1 HGB sieht für den Konzernabschluss zwingend die Aufstellung eines Eigenkapitalspiegels vor. Der Eigenkapitalspiegel führt zu einer systematischen Darstellung des Konzerneigenkapitals und des Konzerngesamtergebnisses (DRS 7.1). Die Darstellung erfolgt gesondert für das Eigenkapital des Mutterunternehmens und das Eigenkapital der Minderheitsgesellschafter (DRS 7.2). Der Konzerneigenkapitalspiegel enthält die Veränderung der in Abbildung 7.16 angegebenen Posten des Konzerneigenkapitals.

gezeichnetes Kapital des Mutterunternehmens − nicht eingeforderte ausstehende Einlagen des Mutterunternehmens + Kapitalrücklage + erwirtschaftetes Konzerneigenkapital − eigene Anteile, die zur Einziehung bestimmt sind + kumuliertes übriges Konzernergebnis, soweit es auf die Gesellschafter des Mutterunternehmens entfällt
= **Eigenkapital des Mutterunternehmens gemäß Konzernbilanz**
− eigene Anteile, die nicht zur Einziehung bestimmt sind
= **Eigenkapital des Mutterunternehmens**

+ Eigenkapital der Minderheitsgesellschafter
  − davon: Minderheitenkapital
  − davon: Kumuliertes übriges Konzernergebnis, soweit es auf Minderheitsgesellschafter entfällt

= **Konzerneigenkapital**

Abb. 7.16: Eigenkapitalspiegel nach DRS 7

Ein Eigenkapitalspiegel zeigt die Veränderungen des Eigenkapitals aus erfolgswirksamen Veränderungen und Veränderungen aus Geschäften mit Anteilseignern. Gegenüber dem Eigenkapitalspiegel zeigt eine Eigenkapitalveränderungsrechnung sowohl erfolgswirksame Veränderungen als auch Veränderungen aus erfolgsneutralen Bewertungsanpassungen. Dadurch soll verdeutlicht werden, inwieweit der Erfolg des Unternehmens auf das operative Geschäft zurückzuführen ist. Die Eigenkapitalveränderungsrechnung ist vor allem nach den US-GAAP (SFAS 130) und den IFRS (IAS 1) zwingender Bestandteil obligatorischer Rechnungslegung. IAS 1.8 sieht zwei Darstellungsmöglichkeiten für die Eigenkapitalveränderungsrechnung vor. Nach der ersten Variante sollen nur diejenigen Veränderungen des Eigenkapitals aufgezeigt werden, die keine Kapitaltransaktionen sind. Demgegenüber enthält Variante 2 sämtliche Eigenkapitalveränderungen.

Kapitel 8: Bilanzierung der Rückversicherung

1 Grundzüge der Rückversicherung

1.1 Definition und Funktionen der Rückversicherung

Die Rückversicherung stellt eine Form der Risikoteilung zwischen Versicherungsunternehmen dar. In der einfachsten Definition wird unter Rückversicherung die »Versicherung eines Versicherungsunternehmens« verstanden.[332] Im Rahmen eines Rückversicherungsvertrags tritt ein (Erst-)Versicherer *(Zedent)* einen Teil der von ihm übernommenen Originalrisiken oder einen Teil des bereits transformierten (Teil-)Kollektivrisikos an einen oder mehrere Rückversicherer *(Zessionar)* gegen Entgelt ab.[333] Der Rückversicherer kann durch *Retrozession* im Rahmen seiner Risikopolitik wiederum einen Transfer von Risiken an einen weiteren Rückversicherer vornehmen. Durch die Aufteilung eines Gesamtrisikos auf viele Beteiligte *(Atomisierung),* lassen sich über die Kapazität einzelner Wirtschaftssubjekte hinaus Groß- und Größtrisiken tragen.

In Abhängigkeit der *Marktstellung* von Erst- und Rückversicherer ist zwischen aktiver und passiver Rückversicherung zu unterscheiden:
- *Aktive Rückversicherung* liegt vor, wenn ein Versicherungsunternehmen als Anbieter von Rückversicherungsschutz am Markt auftritt.
- Im Rahmen einer *passiven Rückversicherung* tritt ein Versicherungsunternehmen als Nachfrager von Rückversicherungsschutz am Markt auf.

Die Rückversicherung wirkt sich auf das Zielsystem des Vorversicherers aus und hat vornehmlich folgende *Funktionen:*[334]
- *Reduktion des versicherungstechnischen Risikos:* Für das Versicherungsunternehmen besteht die Gefahr, dass die kalkulierte Prämie nicht ausreicht, um die in einem Zeitraum zu zahlenden Schäden zu begleichen. Die Rückversicherung stellt neben anderen Instrumenten (z. B. Bestandspolitik, Preispolitik, Selbstbeteiligung, Sicherheitsmittelpolitik) ein wesentliches risikopolitisches

---
[332] Vgl. zu unterschiedlichen Definitionen der Rückversicherung Liebwein, Peter [Rückversicherung, 2000], S. 3–4.
[333] Vgl. Schradin, Heinrich R. [Steuerung, 1994], S. 11.
[334] Vgl. zu einem Überblick über die Funktionen der Rückversicherung Liebwein, Peter [Rückversicherung, 2000], S. 41–50.

Instrument des Versicherungsunternehmens dar, indem durch Rückversicherung das versicherungstechnische Risiko reduziert wird.
- *Rückversicherung als Kapitalersatz:* Infolge der Risikominderung benötigt das Versicherungsunternehmen weniger Sicherheitsmittel, d. h., mit Hilfe von Rückversicherungsnahme kann das gleiche Sicherheitsniveau mit weniger Eigenkapital erzielt werden. Im Zuge der geltenden aufsichtsrechtlichen Vorschriften zur Solvabilität ist jedoch mindestens eine Selbstbehaltquote von 50% beim Erstversicherer zu berücksichtigen.
- *Erhöhung der Zeichnungskapazität:* Die Rückversicherung erhöht auch die Zeichnungskapazität des Erstversicherers, da Risiken versichert werden können, die ein einzelner Erstversicherer aufgrund von Höhe und/oder Streuung von Risiken nicht allein tragen könnte.
- *Finanzierungseffekt:* Die Rückversicherung kann als Finanzierungsinstrument (z. B. bei Neugründung oder Akquisition) dienen. Falls ein Erstversicherer bei Neubeginn die Höhe der Abschlusskosten und Betriebskosten nicht durch die vereinnahmten Prämien decken kann, führt die Rückversicherung zu einer Vorfinanzierung (Aufbauhilfe). Damit wird bei starkem Wachstum oder bei Geschäftsaufbau ein Verlustausweis vermieden.
- *Jahresabschlusspolitischer Effekt:* Die Rückversicherung führt zu einer Stabilisierung des versicherungstechnischen Ergebnisses f. e. R. und unterstützt daher das Ziel einer Gewinnglättung. Durch die Vereinnahmung von Rückversicherungsprovisionen und Gewinnbeteiligungen kann durch Rückversicherung eine Verringerung der Aufwendungen für den Versicherungsbetrieb f. e. R. erzielt werden.
- *Serviceleistungen:* Rückversicherungsunternehmen übernehmen oftmals eine Reihe von Servicefunktionen für Erstversicherer (z. B. Unterstützung bei der Beitragskalkulation, fachliche Beratung, technische Unterstützung).

1.2 Formen der Rückversicherung

1.2.1 Vertragsrechtliche Formen

In einer rechtlichen Sichtweise sind Rückversicherungsverträge dahingehend zu unterscheiden, ob bei den Vertragspartnern eine Pflicht oder ein Wahlrecht zum Risikotransfer besteht. Grundsätzlich existieren fakultative und obligatorische Rückversicherungsverträge:[335]

---

[335] Vgl. Liebwein, Peter [Rückversicherung, 2000], S. 53–57.

- Im Rahmen einer *fakultativen Rückversicherung* (bzw. Einzel-Rückversicherung) besitzen sowohl der Zedent als auch der Zessionar ein Wahlrecht, ein Risiko zu zedieren bzw. zu übernehmen. Das Charakteristikum der fakultativen Rückversicherung besteht darin, dass der Vorversicherer die wesentlichen Charakteristika eines Vertrags offenlegt und der Rückversicherer daraufhin entscheiden kann, ob er sich an diesem Risiko beteiligt oder nicht. Die Laufzeit des Rückversicherungsvertrags stimmt üblicherweise mit der Laufzeit der Originalpolice überein.
- Im Zuge einer *obligatorischen Rückversicherung* verpflichten sich beide Vertragspartner im Voraus, alle unter den Vertrag fallenden Risiken zu zedieren bzw. zu akzeptieren (Zessions- und Annahmepflicht). Im Gegensatz zur fakultativen Rückversicherung werden daher nicht Einzelrisiken, sondern (Teil-) Portefeuilles rückversichert. Die Laufzeit des Rückversicherungsvertrags stimmt nicht notwendigerweise mit der Laufzeit der Originalpolice überein.

Neben den Grundformen der fakultativen und obligatorischen Rückversicherung gibt es Mischformen zwischen beiden, wobei Letztere in praxi nicht gängig ist:
- *Fakultativ-obligatorische Rückversicherung:* Der Erstversicherer hat ein Wahlrecht zum Transfer von Risiken an den Rückversicherer. Demgegenüber muss der Rückversicherer jedes Risiko akzeptieren.
- *Obligatorisch-fakultative Rückversicherung:* Der Erstversicherer ist verpflichtet, die unter den Vertrag fallenden Risiken an den Rückversicherer zu transferieren. Demgegenüber hat das Rückversicherungsunternehmen ein Wahlrecht das Risiko zu akzeptieren.

1.2.2 Versicherungstechnische Formen

Versicherungstechnisch (nach Art der Beteiligung des Zessionars an den Originalrisiken) können Rückversicherungsverträge in proportionale und nicht proportionale Rückversicherungsverträge unterteilt werden.[336]

Proportionale Rückversicherungsverträge zeichnen sich dadurch aus, dass der Zessionar an den Originalprämien und an den Schäden mit einem bestimmten, festen Prozentsatz beteiligt ist (Proportionalität zwischen Rückversicherungsanteil an Prämien und Schäden). Folgende Formen der proportionalen Rückversicherung können unterschieden werden:
- *Quotenrückversicherung:* Bei der Quotenrückversicherung ist der Rückversicherer an allen unter den Vertrag fallenden Schäden mit einem bestimmten, festen Prozentsatz beteiligt.

---

336 Vgl. umfassend Liebwein, Peter [Rückversicherung, 2000], S. 61–210.

- *Summenexzendenten-Rückversicherung:* Der Zedent legt im Rahmen eines Summenexzedenten zunächst einen Selbstbehalt (Maximum) fest, der den Betrag kennzeichnet, den der Zedent bereit ist zu tragen. Die über das Maximum hinausgehenden Haftungen werden zwischen Zedent und Zessionar im Verhältnis von Selbstbehalt zu darüber hinausgehender Versicherungssumme aufgeteilt.[337] Dieser Prozentsatz bestimmt dann für dieses Risiko die Aufteilung von Prämien und Schäden.

Nicht proportionale Rückversicherungsverträge sind dadurch charakterisiert, dass der Zessionar an Schäden beteiligt ist, die einen vereinbarten Betrag (Priorität) übersteigen. Nach oben wird die Haftung des Rückversicherers in der Regel beschränkt. Der vom Zessionar übernommene Teil der Haftung wird als Haftstrecke oder als Layer bezeichnet. Falls Schäden die Höhe der Haftstrecke übersteigen, fallen diese wieder an den Zedenten zurück. Oftmals werden diese Risiken jedoch von einem weiteren Rückversicherungsvertrag abgedeckt. Folgende grundlegenden Formen der nicht proportionalen Rückversicherung können unterschieden werden:

- *Einzelschadenexzedenten-Rückversicherung:* Der Rückversicherer übernimmt den Teil eines Einzelschadens, der die Priorität des Zedenten übersteigt, bis maximal zur Höhe seines Haftungslimits.
- *Kumulschadenexzedenten-Rückversicherung:* Diese Form der Rückversicherung wird zum Schutz vor Schadenereignissen angewendet, die mehrere Einzelschäden hervorrufen. Damit soll der zufälligen Häufung von einzelnen Schäden aus einem Ereignis begegnet werden. Der Kumulschadenexzedent greift pro Schadenereignis, bei dem die Summe der Schäden die Priorität übersteigt. Die Priorität wird so festgelegt, dass sie nicht durch Schäden aus einem einzelnen Versicherungsvertrag überschritten wird.
- *Jahresüberschaden-Rückversicherung (Stop Loss):* Der Rückversicherer übernimmt diejenigen Schäden, die eine bestimmte absolute Summe oder eine bestimmte Schadenquote in einem Jahr überschreiten. Wiederum kann der Rückversicherer eine Haftungsstrecke festlegen. Darüber hinausgehende Beträge fallen an den Zedenten zurück.

Neben den klassischen Rückversicherungsformen, bei denen der Risikotransfer im Vordergrund steht, nimmt die *Finanzrückversicherung* (Financial Reinsurance) einen besonderen Stellenwert ein. Diese stellt eine Kombination von Risikotransfer und Risikofinanzierung dar. In diesem Zusammenhang werden Rückversicherungsverträge primär aus finanz- und erfolgswirtschaftlichen Motiven abgeschlossen. Finanzrückversicherungsverträge gelten als hochgradig individuelle

---

337 Vgl. Liebwein, Peter [Rückversicherung, 2000], S. 67.

und maßgeschneiderte Rückversicherungsverträge.[338] Charakteristisch sind meist die explizite Berücksichtigung von Kapitalerträgen in der Preiskalkulation und der verstärkte vertragsindividuelle Ausgleich in der Zeit. Die Verträge zeichnen sich dementsprechend durch lange Laufzeiten und lange Schadenabwicklungszeiten aus. Um solche Verträge als Rückversicherungsvertrag einzuordnen, ist zu prüfen, inwieweit ein Transfer von versicherungstechnischem Risiko stattfindet.

Versicherungsrisiken können neben dem Transfer auf Rückversicherer auch durch Lösungen des Alternativen Risikotransfers (ART) finanziert werden. Dabei werden, neben zahlreichen alternativen Gestaltungen, die Risiken mithilfe von Verbriefungen auf den Kapitalmarkt transferiert. Bekannte Formen hierfür sind Katastrophenbonds oder Versicherungsderivate. In der Regel wird die Rückzahlung und oder Verzinsung des Finanzinstruments an die Entwicklung eines individuellen Schadenportefeuilles (indemnity-trigger) oder eines nicht-unternehmensindividuellen Parameters gekoppelt (index-trigger). Als Vorteile solcher Lösungen gelten gemeinhin die Erweiterung der Deckungskapazität durch Nutzung des Kapitalmarkts als Risikoträger, die Abdeckung von zuweilen nur schwer versicherbaren Risiken und die teilweise Abkopplung von den Preiszyklen des klassischen Rückversicherungsmarktes zur Optimierung des Kapitalmanagements.

Neben der Versicherung von Katastrophenrisiken werden auch Risiken aus dem Lebensversicherungsbereich verbrieft, wie etwa Langlebigkeitsrisiken. Meist erfordern diese Transaktionen die Einschaltung von Zweckgesellschaften, welche einerseits als Emittent der ART-Instrumente am Kapitalmarkt auftreten, andererseits mit einem Derivat oder einem Rückversicherungsvertrag die Risiken von dem abgebenden Versicherungsunternehmen übernehmen.

Die *Vertragsformen* der Rückversicherung lassen sich anhand des Zeitbezugs in retrospektive und prospektive Verträge unterscheiden. *Retrospektive* Vertragsformen beziehen sich auf das Geschäft der Vergangenheit und sichern die Bilanz bezüglich der Verpflichtungen, die aus bereits abgeschlossenen Originalverträgen resultieren. Demgegenüber decken *prospektive* Verträge das laufende und zukünftige Geschäft ab.

Folgende typische *retrospektive* Rückversicherungsverträge *(Retrospective-Aggregate-Vereinbarungen)* werden oftmals undifferenziert der Financial Reinsurance zugeschrieben:

---

338 Vgl. zur Finanzrückversicherung ausführlich Liebwein, Peter [Rückversicherung, 2000], S. 305–362.

- Beim *Time-and-Distance-Vertrag* werden zukünftige Zahlungsverpflichtungen aus bereits abgeschlossenem Geschäft vom Erst- an den Rückversicherer transferiert, wobei die Verpflichtungen des Rückversicherers von der tatsächlichen Schadenzahlungsentwicklung losgelöst werden (vereinbartes Auszahlungsmuster). Meist werden solche Verträge nicht als Rückversicherungsvertrag anerkannt.
- Der *Loss-Portfolio-Transfer* führt zu einem Transfer zukünftiger Zahlungsverpflichtungen aus bereits abgeschlossenem Geschäft vom Erst- an den Rückversicherer, wobei meist Verpflichtungen aus bereits eingetretenen und gemeldeten Schäden des Erstversicherers gedeckt werden.
- Beim *Adverse Development-Cover* erfolgt eine Deckung unzureichender Schadenrückstellungen des Erstversicherers (Übernahme eines Teils des Reservierungsrisikos).

Retrospektive Rückversicherungsverträge weisen den *Vorteil* auf, dass der Rückversicherer das Risiko einer beschleunigten Schadenabwicklung sowie einer unzureichenden Schadenreservierung übernimmt. Folgende Verträge sind im Rahmen prospektiver Techniken typisch:
- Beim *Financial Quota-Share* handelt es sich um klassische Quotenverträge, bei denen die finanz- oder ertragswirtschaftlich bezogenen Zusatzvereinbarungen einen besonderen Stellenwert einnehmen.
- *Funded Covers* bezwecken den Aufbau eines verzinslichen Fonds beim Rückversicherer. Wenn bei Eintritt eines Exzessschadens der Rückversicherer nur in Höhe des bestehenden Fonds haftet, dann liegt kein Rückversicherungsvertrag vor.
- *Spread-Loss-Verträge* stellen eine Art »Zwischenkredit« an den Erstversicherer dar, dessen Rückzahlung im Rahmen der Rückversicherungsentgelte des Erstversicherers erfolgt. Mit diesem reinen Finanzierungscharakter wäre die Anerkennung als Versicherungsvertrag (vgl. § 7 VAG) zu hinterfragen.

Maßgeblich bei all diesen Konstruktionen ist jedoch ausschließlich der Transfer von versicherungstechnischen Risiken. So ist beispielsweise ein Loss-Portfolio-Transfer bzw. ein Adverse Development-Cover auf ein advers abgewickeltes Geschäft (z. B. Asbest) tendenziell durch ein hohes versichersicherungstechnisches Risiko gekennzeichnet. Selbiges trifft z. B. für die Kombination aus Funded Cover und Spread Loss zu, die dem Rückversicherer hohe Verluste z. B. beim Eintritt von Naturkatastrophen-Ereignissen bescheren kann.

2 Zahlungsströme der Rückversicherung

2.1 Preiskomponenten der Rückversicherung

Als Grundlage der Bilanzierung von Rückversicherung sind zunächst die einzelnen Zahlungsströme aus dem Rückversicherungsvertrag zu betrachten.

In der *proportionalen Rückversicherung* kann der Rückversicherer weitgehend auf die Preiskomponenten aus der Originalpolice zurückgreifen. Grundsätzlich zeichnet sich ein Rückversicherungsvertrag durch folgende *Zahlungsströme* aus.[339] Der Zedent zahlt für den Risikotransfer an den Zessionar eine *Rückversicherungsprämie*. Diese greift im Wesentlichen auf die Beitragskalkulation in der Erstversicherung (Originalbeitrag) zurück. Aufgrund der proportionalen Aufteilung des Risikos werden auch die Originalbeiträge gemäß dem Haftungsaufteilungsverhältnis verteilt. Der Rückversicherer beteiligt sich an den Kosten des Zedenten durch die Zahlung einer *Rückversicherungsprovision*. Die Höhe dieser Provision ist abhängig von der Kostenstruktur von Erst- und Rückversicherer, der Risikostruktur des zedierten Geschäfts (Provision als eine Art Risikoabschlag, der umso höher wird, je weniger volatil das Geschäft ist) und von den absatzpolitischen Zielen des Rückversicherers.[340] Zusätzlich beteiligt der Rückversicherer in Abhängigkeit vom Ergebnis des Vertrags den Zedenten am Gewinn aus der Zession *(Gewinnanteil)* bzw. leistet der Zedent eine *Schaden- und Verlust-Selbstbeteiligung*. Der Zessionar zahlt letztlich an den Zedenten die im Vertrag geregelte *Rückversicherungsleistung*.

In der *nicht proportionalen Rückversicherung* fehlt ein Bezug zwischen Original- und Rückversicherungsprämie. Daher wird eine eigenständige Kalkulation (Quotierung) der *Rückversicherungsprämie* (Rückversicherungsentgelt) notwendig. Als Verfahren werden das Burning-Cost-Verfahren (das auf der Schadenerfahrung der Vergangenheit basiert), das Exposure Rating (das auf der Zusammensetzung des rückgedeckten Portefeuilles basiert) und das Pay-Back-Verfahren (das auf der Schadenfrequenz bzw. Wiederkehrperiode bestimmter Schadenereignisse basiert) unterschieden. Äquivalent zur proportionalen Rückversicherung, wenngleich deutlich seltener, kann eine *Gewinnbeteiligung* des Vorversicherers vereinbart werden. Ebenso kann unter Umständen eine *Überschaden-Selbstbeteiligung* des Zedenten erforderlich sein. Weiterhin kann in der nicht proportionalen Rückversicherung der Fall eintreten, dass ein Rückversicherer bereits für die volle Haftungsstrecke eine Rückversicherungsleistung erbracht hat. In diesem Fall entsteht für den Zedenten eine Deckungslücke für die restliche Vertragslaufzeit. Um diese

---

339 Vgl. Thiemermann, Michael [Rückversicherung, 1993], S. 131.
340 Vgl. Liebwein, Peter [Rückversicherung, 2000], S. 86.

decken zu können, kann der Zedent eine Wiederauffüllungsprämie *(Reinstatement-Entgelt)* entrichten, um weiterhin Rückversicherungsschutz zu erhalten.

Abbildung 8.1 fasst die Zahlungsströme der proportionalen und nicht proportionalen Rückversicherung zusammen.

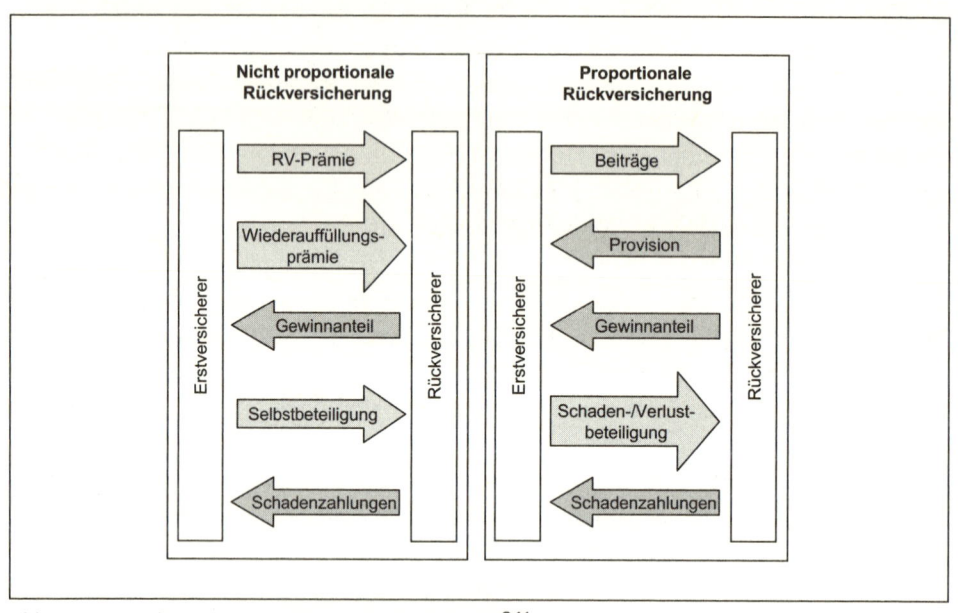

Abb. 8.1: Preiskomponenten der Rückversicherung[341]

2.2 Haftung der Rückversicherung

Neben den Preiskomponenten entstehen durch Portefeuilleein- und -austritte weitere Zahlungsströme zwischen Zedent und Zessionar, um die Haftung bei Beginn und Ende eines Rückversicherungsvertrags zu regeln.[342]

In der *proportionalen Rückversicherung* existieren grundsätzlich zwei verschiedene Deckungsarten, von denen die Portefeuillebehandlung abhängt:

- *Business Written:* Der Rückversicherer haftet für die rückgedeckten Schäden aus Versicherungsverträgen, die während der Laufzeit des Rückversicherungsvertrags neu abgeschlossen oder erneuert werden (Policies Issued Basis).
- *Business in Force:* Der Rückversicherer haftet für diejenigen rückgedeckten Schäden, deren Originalpolicen während der Laufzeit des Rückversicherungsvertrags in Kraft sind (Earned Premium Basis).

---

341 In Anlehnung an Liebwein, Peter [Rückversicherung, 2000], S. 82 und S. 208.
342 Vgl. zur Haftung in der Rückversicherung Liebwein, Peter [Rückversicherung, 2000], S. 101–131 und 211–228.

Im Fall einer *Business-Written-Haftung* sind Rückversicherungsleistungen nur für diejenigen Schäden zu leisten, für die eine Rückversicherungsprämie gezahlt wurde. Insofern ist für jeden Schaden eine Prüfung notwendig, ob die Prämienfälligkeit der Originalpolice unter den Versicherungsvertrag fällt oder nicht. Aus Gründen der Vereinfachung kann zwischen den Vertragspartnern vereinbart werden, dass der Rückversicherer an allen Schäden beteiligt ist, die in die Rückversicherungsperiode fallen. Der Rückversicherer erhält einen Anteil an den Beitragsüberträgen des Vorjahres *(Beitragsportefeuilleeintritt)* bzw. er befreit sich in seltenen Fällen von der Haftung für Schäden, die nach Ende des Rückversicherungsvertrags eintreten, indem er einen Teil der zu viel gezahlten Prämienanteile an den Zedenten zurückzahlt *(Beitragsportefeuilleaustritt)*.

Im Rahmen einer *Business-in-Force-Deckung* ist die Behandlung des Beitragsportefeuilles grundsätzlich vorgegeben, da der Rückversicherer für alle Schäden haftet, deren Originalpolice während der Laufzeit des Rückversicherungsvertrags in Kraft ist. Der Rückversicherer tritt stets in das Beitragsportefeuille ein und bei Beendigung des Rückversicherungsvertrags aus dem Beitragsportefeuille aus.

Neben den Beiträgen sind auch die Schäden den Vertragsparteien eindeutig zuzuordnen. Mit der *Schadenportefeuillebehandlung* wird geklärt, welcher Vertragspartner für welche Schadenfälle haftet. Daher ist bei Beginn eines Rückversicherungsvertrags zu klären, ob der Rückversicherer in das Schadenportefeuille eintritt oder nicht. In letzterem Fall haftet der bisherige Rückversicherer für die vor Beginn des Rückversicherungsvertrags eingetretenen, aber noch nicht abgewickelten Schäden. Tritt der neue Rückversicherer in das Schadenportefeuille ein, übernimmt er gegen Zahlung einer Schadenreserveeintrittsprämie das Abwicklungsrisiko aus den angefallenen Schäden. Ebenso wie beim Eintritt in das Schadenportefeuille kann der Rückversicherer durch Schadenportefeuilleaustritt von der Abwicklung der Schäden befreit werden (Schadenreserveablösung).

In der Praxis kommt auch das unechte *Clean-Cut-Verfahren* zur Anwendung, das zu keiner Cashflow-Wirkung, aber zu einer gesteigerten Transparenz und zu einer Arbeitsvereinfachung beim Erstversicherer führt. Bezüglich der Portefeuillebehandlung wird festlegt, dass der Rückversicherer aus dem Beitrags- und Schadenportefeuille austritt, gleichzeitig jedoch mit Beginn des neuen Vertragsjahres wieder in das Beitrags- und Schadenportefeuille eintritt.

In der *nicht proportionalen Rückversicherung* wird in der Regel vereinbart, dass der Rückversicherer für alle (Exzess-)Schäden haftet, die während der Laufzeit des Schadenexzedenten eintreten (Loss Occuring during the Reinsurance Contract Period). Andere Deckungsarten sehen vor, dass der Rückversicherer für Schäden haftet, die während der Laufzeit des Rückversicherungsvertrags gezeichnet werden (Loss Occuring on Risks attaching during the Reinsurance Contract Period) oder deren Anspruchstellung in der Laufzeit des Rückversicherungsvertrags erfolgt ist (Claims made).

Im Unterschied zur proportionalen Rückversicherung wird der Rückversicherer in der nicht proportionalen Rückversicherung nicht an den Originalbeiträgen beteiligt. Daher existiert in der nicht proportionalen Rückversicherung kein Beitragsportefeuille. In der Regel findet auch kein Schadenportefeuilleeintritt zu Beginn des Rückversicherungsvertrags statt, es sei denn es handelt sich um Financial-Reinsurance-Verträge, bei denen im Zuge eines Loss-Portfolio-Transfers ein Eintritt in das Schadenportefeuille vorgesehen ist. Auch ein Austritt aus dem Schadenportefeuille findet nur sehr selten statt.

2.3 Depotstellung

Im Zuge von Rückversicherungsbeziehungen wird in den verschiedenen Ländern vereinbart, dass aus Sicherheitsgründen für den Erstversicherer bestimmte Beträge dem Cashflow zwischen Erst- und Rückversicherer entzogen werden.[343] Damit soll der Zedent für den Fall (zumindest teilweise) abgesichert werden, dass der Zessionar seinen Zahlungsverpflichtungen nicht nachkommen kann. In manchen Ländern sind Depots auch aufsichtsrechtlich motiviert, insbesondere wenn versicherungstechnische Rückstellungen nach dem Bruttoprinzip ausgewiesen werden. In diesem Fall sind die Rückstellungen in voller Höhe mit Aktiva zu bedecken. Die Depotbeträge werden meist aus den Beitragsüberträgen oder den Schadenreserven gewonnen. Die Bindung der Mittel im Depot wird in der Regel für ein Jahr festgelegt und anschließend werden die einbehaltenen Beträge wieder an den Rückversicherer zurückgegeben. Es können zwei unterschiedliche Formen von Depots unterschieden werden:

- *Bardepot:* Der Rückversicherer stellt dem Erstversicherer Geldmittel zur Verfügung, über die der Erstversicherer frei verfügen kann (Einbehaltung von Teilen der Rückversicherungsprämie). Für den Rückversicherer entsteht eine Depotforderung und für der Erstversicherer eine Depotverbindlichkeit.
- *Wertpapierdepot:* Der Rückversicherer hinterlegt Wertpapiere bei einer Bank. Auf das eingerichtete Wertpapierdepot hat der Erstversicherer ein Pfändungsrecht. Das wirtschaftliche Eigentum bleibt jedoch beim Rückversicherer, der dadurch Risiko und Erträge aus den Kapitalanlagen trägt.

Gelegentlich wird die Bonität des Rückversicherers auch über eine Bankbürgschaft *(Letter of Credit)* sichergestellt. In diesem Fall übernimmt eine Bank im Falle von Liquiditätsproblemen des Rückversicherers dessen Zahlungsverpflichtungen gegenüber dem Erstversicherer.

---

343 Vgl. Liebwein, Peter [Rückversicherung, 2000], S. 246–252.

3 Bilanzierung der Rückversicherung nach HGB

3.1 Abrechnungsforderungen und -verbindlichkeiten

Bilanziell werden Abrechnungsforderungen aus dem Rückversicherungsgeschäft durch § 16 RechVersV und Abrechnungsverbindlichkeiten aus dem Rückversicherungsgeschäft durch § 34 RechVersV geregelt. Bei den Abrechnungsforderungen sind dabei Forderungen an verbundene Unternehmen sowie Forderungen an Unternehmen, mit denen ein Beteiligungsverhältnis besteht, gesondert als *Davon-Vermerk* auszuweisen.

Unter den Abrechnungsforderungen und -verbindlichkeiten sind die *laufenden Abrechnungen* mit den Vor- und Rückversicherern und den Rückversicherungsmaklern aus dem in Rückdeckung gegebenen und dem in Rückdeckung übernommenen Geschäft auszuweisen (§ 16 Abs. 1 S. 1 RechVersV bzw. § 34 S. 1 RechVersV). Darunter fallen die aus Rückversicherungsbeiträgen, technischen Zinsen, Schäden, Provisionen und Gewinnanteilen sowie durch Einbehalt oder Veränderung von Depots entstandenen liquiden Salden.[344] Dabei besteht für Abrechnungsforderungen und -verbindlichkeiten gegenüber demselben Unternehmen kein Saldierungsverbot.

§ 16 S. 2 RechVersV regelt die bilanzielle Behandlung im Zuge des unechten *Clean-Cut-Verfahrens*, das zu einem fiktiven Portefeuilleaustritt und einem anschließenden Portefeuilleeintritt führt. Bilanziell wird der Austritt aus dem Beitrags- und Schadenportefeuille nicht abgebildet. Die nicht abgelösten versicherungstechnischen Rückstellungen sowie die Anteile der Rückversicherer an diesen Rückstellungen sind demnach unter den entsprechenden Unterposten der versicherungstechnischen Rückstellungen auszuweisen (§ 16 S. 2 HS. 2 RechVersV). Nur bei tatsächlichem Portefeuilleaustritt umfassen die Abrechnungssalden die Austrittsbeträge (§ 16 S. 2 HS. 1 RechVersV).

3.2 Depotforderungen und -verbindlichkeiten

Depotforderungen und -verbindlichkeiten werden durch § 13 RechVersV und § 33 RechVersV geregelt. Der Ausweis erfolgt als Depotforderungen aus dem in Rückdeckung übernommenen Geschäft (unter den Kapitalanlagen) bzw. als Depotverbindlichkeiten aus dem in Rückdeckung gegebenen Geschäft. Eine Saldierung von Depotforderungen mit anderen Verbindlichkeiten gegenüber dem Vorversicherer verbietet § 13 Abs. 2 RechVersV. Ebenso ist eine Saldierung von De-

---

344 Vgl. Stuirbrink, Wolfgang; Schuster, Anselm [§ 16 RechVersV, 1998], S. 453.

potverbindlichkeiten mit Forderungen an den Rückversicherer nicht erlaubt (§ 33 Abs. 2 RechVersV).

Ein Ausweis von Depotforderungen und -verbindlichkeiten kommt nur im Rahmen eines *Bardepots* vor. In diesem Fall ist nach § 13 Abs. 1 RechVersV beim Rückversicherer eine »Depotforderung aus dem in Rückdeckung übernommenen Geschäft« in Höhe der vom Vorversicherer einbehaltenen oder bei diesem gestellten Sicherheiten auszuweisen. Analog entsteht für den Vorversicherer eine Depotverbindlichkeit, die nach § 33 Abs. 1 RechVersV unter dem Posten »Depotverbindlichkeit aus dem in Rückdeckung gegebenen Versicherungsgeschäft« auszuweisen ist.

Bei Vorliegen eines *Wertpapierdepots* verbleiben die als Sicherheit hinterlegten Wertpapiere in der Regel im (wirtschaftlichen) Eigentum des Rückversicherers. Daher sieht § 13 Abs. 3 RechVersV vor, dass die Wertpapiere weiterhin beim Rückversicherer unter den jeweiligen Kapitalanlagepositionen auszuweisen sind.

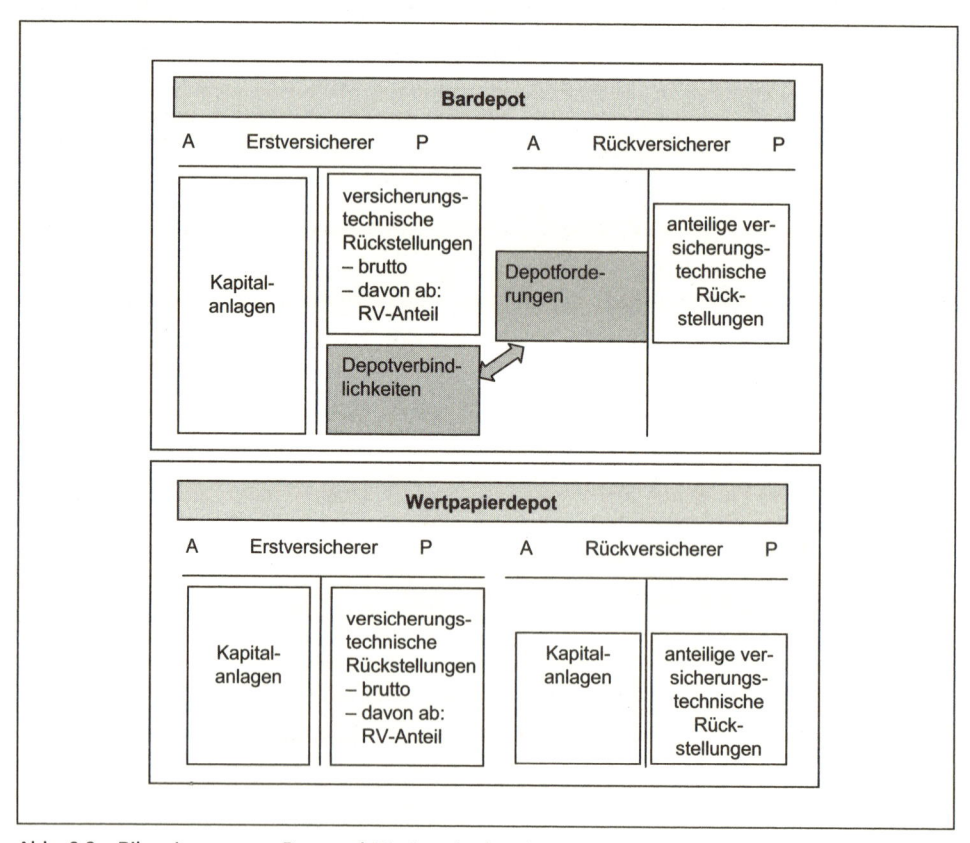

Abb. 8.2: Bilanzierung von Bar- und Wertpapierdepot

> **Beispiel 8.1: Bilanzierung von Depotforderungen und -verbindlichkeiten**
>
> **Ausgangssituation:**
> - proportionaler Quoten-Rückversicherungsvertrag mit Quote von 40%
> - Kapitalanlagen in Höhe von 100 (brutto)
> - Deckungsrückstellung in Höhe von 100 (brutto) gegenüber
>
> **Bilanzierung bei Bardepot:**
> Buchung Erstversicherer: Kapitalanlagen 100 an Deckungsrückstellung 60
> Depotverbindlichkeiten 40
> Buchung Rückversicherer: Depotforderungen 40 an Deckungsrückstellung 40
>
> **Bilanzierung bei Wertpapierdepot:**
> Buchung Erstversicherer: Kapitalanlagen 60 an Deckungsrückstellung 60
> Buchung Rückversicherer: Kapitalanlagen 40 an Deckungsrückstellung 40

3.3 Ausweisvorschriften

Der Ausweis der passiven Rückversicherung erfolgt nach HGB grundsätzlich auf der Basis des *modifizierten Nettoprinzips*. Hierbei werden die Bruttobeiträge in Vorspalten ausgewiesen und davon der Anteil der Rückversicherung abgezogen. In der Hauptspalte werden die resultierenden Nettobeträge ausgewiesen.

Auch die versicherungstechnischen Rückstellungen werden nach dem modifizierten Nettoprinzip abgebildet. In der Gewinn- und Verlustrechnung kommt ebenfalls das modifizierte Nettoprinzip bei der Abbildung der verdienten Beiträge f. e. R., der Aufwendungen für Versicherungsfälle f. e. R. sowie der Aufwendungen für den Versicherungsbetrieb f. e. R. zur Anwendung. Daneben findet sich jedoch auch das Nettoprinzip beim Ausweis der erfolgsabhängigen und -unabhängigen Beitragsrückerstattung f. e. R., den sonstigen versicherungstechnischen Erträgen und Aufwendungen f. e. R. und der Veränderung der übrigen versicherungstechnischen Nettorückstellungen.

Die einzelnen Zahlungsströme der Rückversicherung werden wie folgt behandelt:

- Die abgegebenen *Rückversicherungsbeiträge* werden von den gebuchten Bruttobeiträgen subtrahiert. Analog erfolgt die Berücksichtigung des Rückversicherungsanteils bei der Veränderung der Beitragüberträge.
- *Provisionen und Gewinnbeteiligungen* stellen eine Beteiligung des Rückversicherers an den Betriebskosten des Erstversicherers dar und mindern daher die Bruttoaufwendungen für den Versicherungsbetrieb.
- *Depotzinsen* für die Deponierung von Sicherheiten beim Zedenten werden in der Gewinn- und Verlustrechnung als Aufwand berücksichtigt. Bei Lebens- und Krankenversicherungsunternehmen werden diese unter dem Posten

»Sonstige versicherungstechnische Aufwendungen f. e. R.« ausgewiesen (§ 44 Nr. 2d RechVersV). Bei Schaden- und Unfallversicherungsunternehmen sind diese von den im Posten »Technischer Zinsertrag f. e. R.« enthaltenen Zinserträgen abzusetzen, falls sie im Zusammenhang mit Sicherheiten für die Anteile der Rückversicherer an den Brutto-Beitragsdeckungsrückstellungen, den Brutto-Rentendeckungsrückstellungen und den Brutto-Deckungsrückstellungen stehen. Falls die Depotzinsen andere Sicherheiten betreffen, sind sie unter den sonstigen Aufwendungen auszuweisen.

- Die Anteile des Rückversicherers an den *Versicherungsleistungen* des Zedenten mindern die vom Erstversicherer ausgewiesenen Bruttoaufwendungen in entsprechender Höhe.

3.4 Bilanzierung von Verpflichtungen aus Rückversicherungsverträgen

Die Bilanzierung von Verpflichtungen aus Rückversicherungsverträgen erfordert eine sachgerechte Bewertung der Verpflichtungen aus dem Versicherungsvertrag. Bei einem Non-Life-Vertrag ist zu untersuchen, ob sich durch eine zukünftige Inanspruchnahme des Vertrags ein Verpflichtungsüberschuss ergeben kann, der zu passivieren ist. Demgegenüber ist ein Verpflichtungsüberschuss bei einem Lebensrückversicherungsvertrag bereits mit einer Passivierungspflicht bei Vertragsabschluss verbunden.

Bei *Schaden- und Unfallversicherungsunternehmen* wird ein Verpflichtungsüberschuss zu jedem Bilanzstichtag anhand der Differenz aus dem Barwert der zukünftig zu zahlenden Rückversicherungsprämien abzüglich der zukünftig erwarteten Schadenleistungen des Rückversicherungsunternehmens bemessen. Die Bewertung einer entsprechenden Rückstellung hat anhand der Grundsätze ordnungsmäßiger Buchführung zu erfolgen. Nach dem Stichtagsprinzip ist ein Verpflichtungsüberschuss zu jedem Stichtag zu überprüfen und die Schadeneintrittswahrscheinlichkeit dabei jeweils neu zu ermitteln. Falls die erhaltenen Schadenleistungen über die Restlaufzeit des Vertrags »natürlich« zurückgezahlt werden bzw. die Vertragslaufzeit verlängert wird, ist ein Verpflichtungsüberschuss nur dann anzunehmen, wenn der Zedent die Kündigung beabsichtigt und ein Ausgleich des Rückversicherungssaldos damit verbunden ist. Ein Verpflichtungsüberschuss ist auch dann gegeben, wenn das Rückversicherungsunternehmen ein Kündigungsrecht mit Ausgleichsanspruch hat. Falls eine garantierte Rückzahlung von Prämien (als Schadenleistung oder Gewinnanteil) vorliegt, ist die Verpflichtung beim Rückversicherer zu passivieren.

> **Beispiel 8.2: Bilanzierung einer Verpflichtung aus Sicht des Zedenten und des Rückversicherers**
>
> **1. Fall:**
> - Es wird ein Rückversicherungsvertrag zur Katastrophendeckung unterstellt.
> - Die Laufzeit beträgt 5 Jahre.
> - Es wird über die Laufzeit eine maximale Haftstrecke von 40 Mio. € vereinbart.
> - Die Rückversicherungsprämie beträgt 8 Mio. €.
> - Die Schadeneintrittswahrscheinlichkeit beträgt 20%.
> - Die erwartete Schadenhöhe bei Schadeneintritt beträgt 40 Mio. €.
> a) *Bei Vertragsbeginn* sind der Barwert der Leistungen und der Barwert der Rückversicherungsprämien ausgeglichen.
> b) Während der Laufzeit des Vertrags *nach einem Schadenereignis* ist der zukünftige Leistungsbarwert gleich Null. Die zukünftig zu zahlenden Rückversicherungsprämien stellen einen Verpflichtungsüberschuss dar, der zu passivieren ist. Falls die Haftstrecke nicht voll ausgeschöpft wird, ist der Verpflichtungsüberschuss entsprechend geringer.
>
> **2. Fall:** wie Fall 1, aber keine Begrenzung der Haftstrecke auf die Laufzeit
> a) *Bei Vertragsbeginn:* vgl. 1. Fall
> b) Während der Laufzeit des Vertrags *nach einem Schadenereignis* entsteht kein Verpflichtungsüberschuss, da der Rückversicherer für die Restlaufzeit weiterhin möglicherweise haften muss.
>
> **3. Fall:** Verlängerung der Vertragslaufzeit nach Schadeneintritt (keine Kündigungsmöglichkeit des Zedenten ohne Ausgleich des Restsaldos, bei Kündigung des Zessionars keine Ausgleichsverpflichtung)
> a) *Bei Vertragsbeginn:* vgl. 1. Fall
> b) Während der Laufzeit des Vertrags *nach einem Schadenereignis* entsteht aufgrund der Verlängerung eine weitere Haftung des Rückversicherers. Demnach stehen den zukünftig zu zahlenden Rückversicherungsprämien auch zukünftig zu erwartende Schadenleistungen gegenüber.
>
> *Bilanzierung aus Sicht des Rückversicherers*
> a) *Bei Vertragsbeginn* sind der Barwert der Leistungen und der Barwert der Rückversicherungsprämien ausgeglichen.
> b) Während der Laufzeit des Vertrags ist bei Leistungsüberschuss des Zedenten eine entsprechende Verpflichtung zu passivieren. Falls keine Schadenereignisse vorliegen, entspricht diese der Höhe der kumulierten Prämienzahlungen.

Bei einem *Lebensrückversicherungsvertrag* ist eine Verpflichtung auf der Basis der Differenz aus dem Barwert der zukünftig zu zahlenden Rückversicherungsprämien und dem Barwert der zukünftig erwarteten Leistungen zu ermitteln. Falls ein Rückversicherungsunternehmen im Zuge eines Quoten- oder Summenexzedentenvertrags im Leistungsfall die Zahlung eines Teils der Versicherungssumme übernimmt, ist der an den Bruttorückstellungen abzusetzende Betrag mit den gleichen Rechnungsgrundlagen und Bewertungsmethoden zu bewerten wie der Bruttobetrag. Daraus sind folgende Konsequenzen abzuleiten:
- Der Rückversicherungsanteil an der Deckungsrückstellung ist wie die Deckungsrückstellung prospektiv als Differenz von Barwert der Leistungen und Barwert der Prämien zu ermitteln.

- Die vertragliche Abmachung über die Höhe der Rückversicherungsprämie ist bei der Bewertung des Rückversicherungsanteils an der Deckungsrückstellung zu beachten (bei der Bewertung des Rückversicherungsanteils an der Deckungsrückstellung kann ein angemessener Verwaltungskostenzuschlag zur Deckung der Verwaltungskosten des Rückversicherers berücksichtigt werden). Existiert ein positiver Unterschiedsbetrag (Prämienzuschlag) zwischen Rückversicherungsprämie und ermitteltem Leistungsbarwert ist die höhere Prämie im Rückversicherungsanteil an der Deckungsrückstellung anzusetzen. Der infolge des Prämienzuschlags verminderte Rückversicherungsanteil erhöht die Nettodeckungsrückstellung des Lebensversicherungsunternehmens (Verpflichtungsüberhang). Falls der Rückversicherungsvertrag so ausgestaltet ist, dass der Rückversicherer den Bruttobeitrag nach den Rechnungsgrundlagen des Tarifs erhält und der Erstversicherer eine angemessene laufende Provision erhält, kann für den Rückversicherungsanteil die Deckungsrückstellung prospektiv als Leistungsbarwert abzüglich Prämienbarwert ermittelt werden.
- Eine im Vergleich zum Leistungsbarwert niedrigere Rückversicherungsprämie führt unter Beachtung des Realisationsprinzips nicht zu einer Aktivierung. Entsprechend gelten Gewinne beim Lebensversicherungsunternehmen, die aus gegenüber dem Leistungsbarwert zu geringen Rückversicherungsprämien entstehen, erst nach Fälligkeit als realisiert. Bei der Berechnung des Rückversicherungsanteils ist der Leistungsbarwert (Normprämie) anzusetzen.
- Stornoleistungen des Lebensversicherungsunternehmens an den Rückversicherer sind zu berücksichtigen, soweit diese nicht bereits durch die Bewertung des Rückversicherungsanteils an der Deckungsrückstellung gedeckt sind.

3.5 Bilanzierung von retrospektiven Verträgen

Retrospektive Verträge stellen Rückversicherungsverträge dar, die nach dem 01.01. eines Bilanzjahres abgeschlossen werden und deren Abschluss nicht oder nur zum Teil auf die Zukunft ausgerichtet ist und/oder deren Wirkung bei Vertragsabschluss ganz oder teilweise bereits bekannt ist.

Falls ein Rückversicherungsvertrag für das zu bilanzierende Bilanzjahr abgeschlossen wird, dessen *volle Wirkungsweise jedoch bei Abschluss feststeht, gilt er als unzulässig*. Die Terminierung des Vertragsabschlusses vor oder nach Bilanzstichtag hat hierauf keinen Einfluss. Vielmehr sind die volle Kenntnis der Sachlage sowie die Ergebnisauswirkung des Vertrags maßgeblich.

Die Voraussetzung für die Gültigkeit eines retrospektiven Rückversicherungsvertrags stellt ein *hinreichender Risikotransfer* dar. Ein ausreichender Unsicherheitsfaktor ist anhand der gedeckten Sparte oder der Vergangenheitserfahrung zu prüfen. Bislang gab es im Gegensatz zur Praxis nach US-GAAP keine Operationalisierung des Kriteriums »hinreichende Unsicherheit«. Nach der HGB-Praxis war dieser vielmehr im Einzelfall mit dem Wirtschaftsprüfer abzustimmen. Mit der Novelle des VAG zum 2. Juni 2007 wurde der § 121e VAG zur Regulierung der Finanzrückversicherung eingeführt. Nach § 121e VAG wird zwischen Finanzrückversicherungsverträgen mit hinreichenden versicherungstechnischen Risikotransfer und solchen, welche zwar nicht als versicherungsfremdes Geschäft eingeordnet werden, jedoch keinen hinreichenden Risikotransfer beinhalten, unterschieden. Erstere gelten als Rückversicherung nach VAG, über Letztere ist der Aufsichtsbehörde gesondert zu berichten. Die Fragestellung, unter welchen Bedingungen ein Risikotransfer als hinreichend anzusehen ist, wird Gegenstand einer noch ausstehenden Verordnung sein. Es zeichnet sich derzeit ab, dass der hinreichende Risikotransfer im

- *Non-life-Bereich* in Anlehnung an die Vorschläge Us-amerikanischer Aktuarsvereinigungen auf Basis des sog. Expected Reinsurer Deficit (ERD)[345] mit einem Schwellenwert von 1 % zu berechnen sein wird und
- im *Life-Bereich* als gegeben angenommen wird, wenn der Rückversicherungsvertrag keine unabdingbare Rückzahlungsverpflichtung des Zedenten für negative Salden vorsieht.

Im Rahmen der Bilanzierung eines *Loss-Portfolio-Transfers* ergibt sich aufgrund von Diskontierungseffekten beim Zedenten eine erfolgswirksame Kapitalfreisetzung. Daraus resultiert eine erfolgswirksame Erhöhung des Eigenkapitals. Grundsätzlich können für die Bilanzierung zwei Effekte unterschieden werden:
- Überschreitet der Rückversicherungsbeitrag die Schadenreserve, folgt für den Erstversicherer ein Verlust, der sofort erfolgswirksam zu erfassen ist. Zum Teil gleicht sich dieser Effekt durch die Realisierung eines Ertrags aus der Diskontierung aus.
- In der Regel ist der Rückversicherungsbeitrag niedriger als die Schadenreserve. Der Gewinn ist beim Erstversicherer sofort erfolgswirksam zu vereinnahmen. Beim Rückversicherer entsteht ein Verlust, der in den Folgejahren durch entstehende Kapitalanlageerträge ausgeglichen wird. Weitere Gewinneffekte können ferner durch eine im Vergleich zum Erstversicherer unterschiedliche Abwicklungsqualität beim Rückversicherer entstehen.

Mehrjahresverträge beinhalten sowohl prospektive als auch retrospektive Vertragsbestandteile. Für die Bilanzierung des retrospektiven Teils ist das *Wertaufhel-*

---

[345] Das Konzept des Expected Reinsurer Deficit (ERD) wird in Abschnitt 4.1 dieses Kapitels eingeführt.

lungsprinzip (§ 252 Abs. 1 Nr. 4 HGB) entscheidend. Ein Rückversicherungsvertrag ist als solcher zu bilanzieren, wenn eine Wertaufhellung stattgefunden hat. Falls der Rückversicherungsvertrag jedoch *wertbegründend* ist, erfolgt im aktuellen Jahresabschluss keine Bilanzierung. Sowohl der retrospektive als auch der prospektive Vertragsbestandteil werden in der Folgeperiode bilanziert.

4 Bilanzierung der Rückversicherung nach US-GAAP

4.1 Kriterien für die Anerkennung eines Rückversicherungsvertrags

SFAS 113 stellt die Grundlage für die Bilanzierung von Rückversicherungsverträgen nach US-GAAP dar. Der Anlass für die Verabschiedung des Standards war die unzureichende Abbildung von Finanzrückversicherungsverträgen in der Vergangenheit. Mit SFAS 113 soll eine Beurteilung dahingehend möglich sein, ob ein Rückversicherungsvertrag den Erstversicherer hinreichend absichert. Außerdem sollen Prinzipien für die Bilanzierung der Rückversicherung im Allgemeinen abgeleitet werden.[346]

Das *Insurance Risk* lässt sich in zwei Komponenten unterteilen. Die erste Komponente stellt das *Underwriting Risk* dar, das aus der Unsicherheit über den Endbetrag der vertraglich vereinbarten Nettozahlungsströme aus Prämien, Provisionen, Schadenzahlungen und Schadenabwicklungskosten resultiert (SFAS 113.121). Die zweite Komponente – das *Timing Risk* – drückt die zeitliche Unsicherheit über die Dauer der Schadenabwicklung aus (SFAS 113.121).

SFAS 113 setzt für die Anerkennung von kurzfristigen Rückversicherungsverträgen *(Short-Duration-Verträge)* folgende Kriterien fest:[347]

- Zunächst gilt das Kriterium des *Transfers eines signifikanten Versicherungsrisikos*. Ein Vertrag kann nur dann einen Versicherungsvertrag begründen, wenn hinreichend Versicherungsrisiko transferiert wird. Damit erfolgt eine Abgrenzung von Versicherungsrisiken gegenüber anderen Risiken (insbesondere Finanzrisiken). SFAS 113.8 sieht eine Prüfung sämtlicher Vertragsvereinbarungen vor, die das Versicherungsrisiko beim Rückversicherer einschränken (z. B. über Rückerstattung bei schlechter Schadenerfahrung, Kündigungsregelungen, Vereinbarungen über eine zusätzliche Zession profitablen Geschäfts oder Anpassungsklauseln) bzw. die Leistungen an den Erstversicherer verzö-

---

346 Vgl. ausführlich zur Bilanzierung der Rückversicherung nach US-GAAP Wormsbächer, Ellen [Rückversicherung, 2001].
347 Vgl. SwissRe [Paradigmenwechsel, 2002], S. 61–66.

gern (z. B. über vereinbarte Zahlungspläne bzw. über mehrjährig einbehaltene Beträge). Erfolgt kein hinreichender Transfer eines Versicherungsrisikos, wird der Vertrag nicht als Rückversicherungsvertrag eingeordnet, sondern im Rahmen des Deposit Accounting behandelt. Das Kriterium eines hinreichenden Transfers von Versicherungsrisiko ist dann nicht erfüllt, wenn es *unwahrscheinlich* ist, dass entweder die Höhe (Underwriting Risk) oder der Zeitpunkt (Timing Risk) von Leistungen des Rückversicherers *signifikant* variieren (SFAS 113.9). Für die Kriterien »unwahrscheinlich« und »signifikant« sieht SFAS 113 keine weitere Konkretisierung vor. Als Hilfestellung können die Wahrscheinlichkeitskriterien nach SFAS 5 herangezogen werden.

- Das zweite Kriterium ist *die Eintrittswahrscheinlichkeit eines signifikanten Verlusts* (SFAS 113.9b). Um die erforderliche Eintrittswahrscheinlichkeit eines möglichen signifikanten Verlusts zu beurteilen, hat sich in der Praxis eine Faustformel von 0,1 bis 1 % für low frequency/high severity (z. B. Naturgefahren) bzw. 10 bis 15 % für high frequency/low severity als nützlich erwiesen.

- Als drittes Kriterium gilt die *Möglichkeit eines signifikanten Verlusts*. Zur Beurteilung eines möglichen signifikanten Verlusts erfolgt ein Vergleich des Barwertes aller erwarteten Zahlungsströme zwischen Zedent und Zessionar mit der diskontierten Summe sämtlicher Zahlungen, die an den Rückversicherer zu leisten sind. Der Barwert der erwarteten Zahlungsströme soll dabei sämtliche endgültigen preisbestimmenden Faktoren (Beiträge, Provisionen, Schadenaufwendungen, Schadenregulierungskosten sowie weitere variable Vereinbarungen) der Zession umfassen (SFAS 113.64). Die Ermittlung dieses Barwertes erfordert eine Projektion unterschiedlicher Schadenszenarien. Dabei ist für alle Szenarien ein identischer Zinssatz heranzuziehen, um einen Einfluss des Zinsrisikos auf die Anerkennung von Rückversicherungsverträgen zu vermeiden (SFAS 113.65). Von einem signifikanten Verlust wird in der Regel dann gesprochen, wenn der Barwert der Zahlungsströme im Verlustfall zwischen Zedent und Zessionar zumindest 100 bis 1.000% der diskontierten Zahlungen an den Zessionar für low frequency/high severity bzw. 10 bis 15% für high frequency/low severity beträgt.

In den USA wurden Finanzrückversicherungsverträge oftmals außerhalb des Naturgefahrenbereichs angewendet oder die Höchstschadenleistungen des Rückversicherers stark begrenzt. Vor diesem Hintergrund liegt tendenziell ein High-frequency-/Low-severity-Vertrag vor. Die Anwendung einer 10-prozentigen Eintrittswahrscheinlichkeit eines signifikanten 10-prozentigen Rückversicherungsverlusts konstituiert in diesem Kontext die so genannte »10/10-Regel«.

Die 10/10-Regel weist mehrere Schwachpunkte auf (siehe auch unten), weshalb vor allem Aktuarsverbände in den USA auf eine Weiterentwicklung hin zu modernen aktuariellen Verfahren der Risikobemessung drängen. Ein umfassenderes Bild ergibt sich dadurch, dass der Erwartungswert eines adversen Ereignisses (vgl. expected shortfall) zu einem Rückversicherungsverlust einer Mindestanforderung unterworfen wird. Hierzu kann als Verallgemeinerung des 10/10-Regel die Produktregel dienen. Das Produkt aus Eintrittswahrscheinlichkeit und relativer Verlusthöhe sollte ein gewisses Maß an relativer Gesamtexponierung erreichen (vgl. Beispiel).

Beispiel 8.3: Produktregel zur Bemessung des Risikotransfers

Gegeben sei ein Vertrag mit einer Rückversicherungsprämie von 1200 Euro.

Szenario	Eintrittswahrscheinlichkeit	Verlusthöhe absolut	Verlusthöhe in % Prämie	Ergebnis
A	10%	120	120/1200 = 10%	10% · 10% = 1%
B	1%	3000	3000/1200 = 250%	1% · 250% = 2,5%
C	30%	36	36/1200 = 3%	30% · 3% = 0,9%

Resultat: Würde für die Anwendung der Produktregel ein Mindestniveau von 1% gefordert werden, wäre nur in Szenario A (1%) und B (2,5%), nicht aber C (0,9%) ein hinreichender Risikotransfer zu bescheinigen.

Direkt auf dem auch in internen Risikomodellen von Versicherungsunternehmen Verwendung findenden Risikomaß des »Expected Shortfall« baut eine zweite Möglichkeit der Quantifizierung des hinreichenden Risikotransfers auf, die Größe des Expected Reinsurer Deficit (ERD). Der ERD ergibt sich vereinfacht aus dem Produkt von Verlustwahrscheinlichkeit und der durchschnittlichen Verlusthöhe. Die durchschnittliche Verlusthöhe stellt sich als Erwartungswert aller Verlustergebnisse des Rückversicherers, ausgedrückt als positiver Prozentsatz der Prämie, dar. Im Idealfall ist er auf Basis der Dichtfunktion des Rückversicherungsergebnisses zu bestimmen. Dabei sind alle Zahlungsströme (Schäden, Kosten, Provisionen, jedoch keine Kapitalkosten) auf einer Barwertbasis zu betrachten. Vor dem Hintergrund des impliziten Intensitätsniveaus der 10/10-Regel bietet sich für eine regelbasierte Vorgehensweise ein Mindestmaß von 1% der Rückversicherungsprämie an.[348]

---

348 Zum Konzept des ERD vgl. Sauer, Roman [Risikotransfer, 2005], S. 1815–1820.

Die Abbildung 8.3 zeigt nochmals die Zusammenhänge zwischen 10/10-Regel und Produktregel bzw. ERD auf:

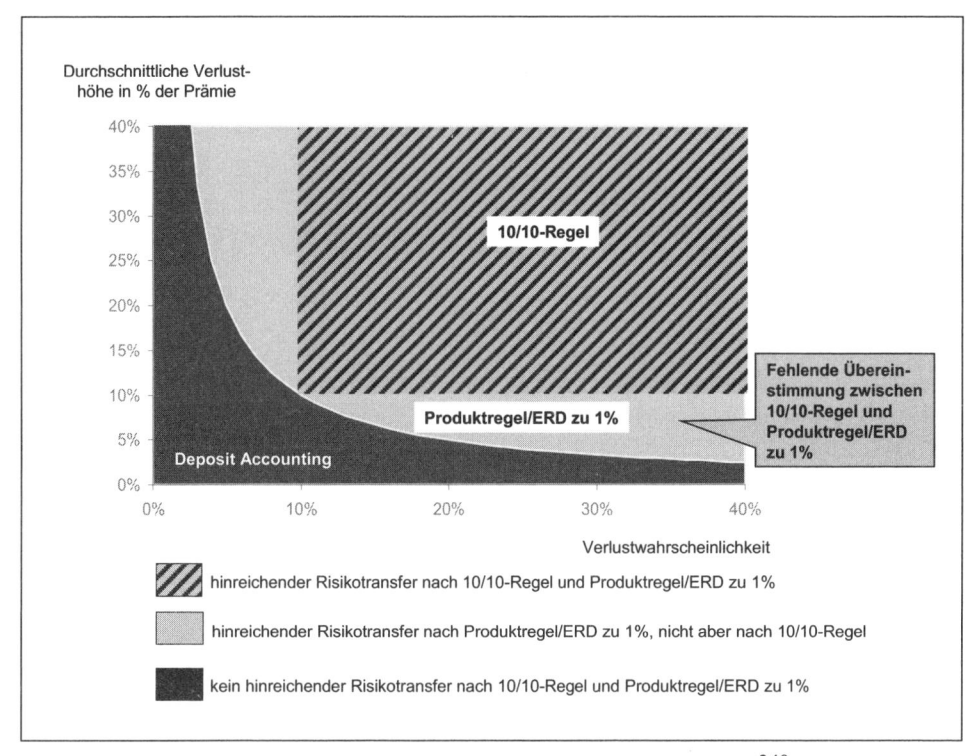

Abb. 8.3: Vergleich von 10/10-Regel und den modernen Verfahren des ERD[349]

Langfristige Rückversicherungsverträge (Long-Duration-Verträge) betreffen meist Zessionen der Lebens- und Krankenversicherung. Falls solche Verträge kein Mortalitäts- bzw. Morbiditätsrisiko enthalten, ist eine Bilanzierung als Rückversicherungsvertrag nicht möglich. Vielmehr werden solche Verträge nach SFAS 97 als Investmentverträge erfasst. Bei langfristigen Verträgen ist es erforderlich, dass der Zessionar einem signifikanten Verlustrisiko aus dem Transfer von Versicherungsrisiko ausgesetzt ist. Abbildung 8.4 fasst die Kriterien nach SFAS 113 zusammen.

Die Kriterien in SFAS 113 sind nicht eindeutig. Im Schrifttum wurden mehrere Kritikpunkte an den Anerkennungskriterien angebracht:[350]

---

349 Vgl. GDV [Finanzrückversicherung, 2006], S. 9.
350 Vgl. Wormsbächer, Ellen [Rückversicherung, 2001], S. 135–144.

```
┌─────────────────────────────────────────────────────────────────────┐
│              ┌──────────────────────────┐                           │
│              │ Transfer von signifikantem│  nein                    │
│              │   Versicherungsrisiko    │─────┐                     │
│              └──────────────────────────┘     │                     │
│                          │ ja                 ▼                     │
│       ┌──────────────────────────────┐   ┌──────────────────┐       │
│  S    │ Eintrittswahrscheinlichkeit  │nein│                  │      │
│  h    │   eines signifikanten Verlusts│───▶│ keine Anerkennung│      │
│  o    └──────────────────────────────┘   │ als Rückversicherung│    │
│  r                │ ja                   │                  │       │
│  t    ┌──────────────────────────────┐   │                  │       │
│       │ Existenz eines signifikanten │nein│                  │       │
│  D    │       Verlustrisikos         │───▶│                  │       │
│       └──────────────────────────────┘   └──────────────────┘       │
│                   │ ja                                              │
│       ┌──────────────────────────────────┐                          │
│       │ Anerkennung als Rückversicherungsvertrag │                   │
│       │  (Deckung von Short-Duration-Verträgen)  │                   │
│       └──────────────────────────────────┘                          │
└─────────────────────────────────────────────────────────────────────┘
```

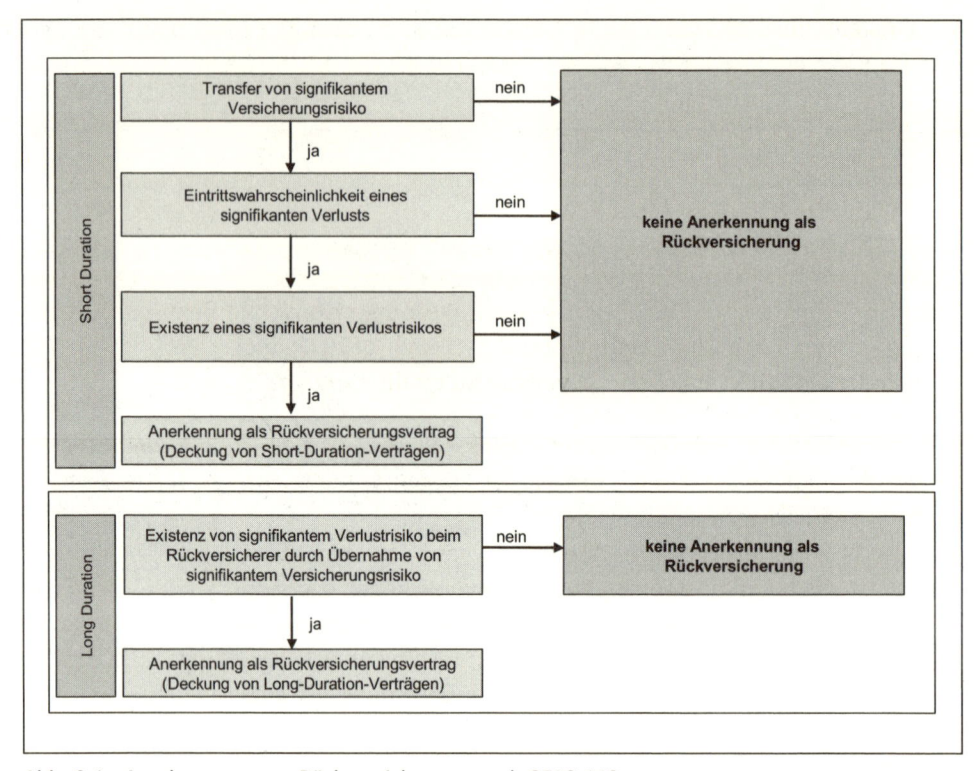

Abb. 8.4: Anerkennung von Rückversicherung nach SFAS 113

- Die in der Praxis entwickelten Grenzwerte sind nicht für sämtliche Low-frequency-/High-severity-Versicherungsverträge anwendbar. Vor allem bei *seltenen Höchstschäden* (Sleep Insurance), wie z. B. Naturkatastrophen, kann das Kriterium eines signifikanten Verlustrisikos nicht erfüllt werden (sofern pauschale Sätze angewendet werden), da die Wahrscheinlichkeit solcher Risiken relativ gering ist. SFAS 113 regelt jedoch derartige Problemfälle nicht spezifisch, sondern nur im Rahmen der allgemeinen Vorschriften.
- Die Interpretation der *Eintrittswahrscheinlichkeit* eines signifikanten Verlusts nach SFAS 113 führt zu Verwerfungen mit der Wahrscheinlichkeit, die an ungewisse Verbindlichkeiten in SFAS 5 gesetzt wird. Demnach reicht nach SFAS 113 eine geringe Wahrscheinlichkeit (reasonable possible im Sinne von more than remote) aus, während das Objektivierungskriterium nach SFAS 5 für den Eintritt einer ungewissen Verbindlichkeit eine Wahrscheinlichkeit größer als 50% fordert (reasonable possible als more likely than not). Dennoch verwenden beide Standards den unbestimmten Rechtsbegriff »reasonable possible«.

- Anstelle der Zahlungsströme zwischen Zedent und Zessionar sollte die *Veränderung der Risikosituation des Erstversicherers* für die Anerkennung als Rückversicherungsvertrag maßgeblich sein.
- *Proportionale Rückversicherungsverträge,* deren Abschluss in der Erfüllung von Solvabilitätsvorschriften begründet liegt, werden im Extremfall nicht als Rückversicherungsvertrag eingeordnet. Das ist insbesondere dann der Fall, wenn Kollektive zediert werden, deren Variabilität zu gering ist, um das Kriterium eines hinreichenden Transfers von versicherungstechnischem Risiko zu erfüllen. Letztgenannter Fall wird allerdings durch die Bezugnahme auf das rückversicherte Originalgeschäft (SFAS 113.11) auch unter US-GAAP wieder als Rückversicherungsvertrag zu qualifizieren sein.

In der Praxis haben sich Indikatoren entwickelt, die auf jeden Fall in die Stichprobe der explizit zu testenden Einzelfälle aufgenommen werden. Diese werden auch als »*Rote Flaggen*« (Red Flags) bezeichnet:

- Nach SFAS 113.8 können Hinweise darauf bestehen, dass das versicherungstechnische Risiko, das an den Rückversicherer transferiert wird, begrenzt wird. Mögliche Indikatoren hierfür stellen erwartete Rückerstattungen *(Experience Refunds)*, abänderbare Vertragsklauseln *(Adjustable Features)*, die zusätzliche Zession von profitablem Geschäft *(Additions of profitable Lines of Business to the Reinsurance Contract)* sowie Kündigungsklauseln *(Cancellation Provisions)* dar.
- Weitere Indikatoren für eine Einzelfallprüfung bezüglich des transferierten versicherungstechnischen Risikos stellen atypisch konstruierte Wiederauffüllungsprämien, Staffelprovisionen (schadenverlaufsabhängige Rückversicherungsprovisionen) und die Gewinn- bzw. Verlustbeteiligungen dar.
- Verzögerungen von Schadenleistungen durch den Rückversicherer durch vertraglich festgelegte Zahlungspläne (Payment Schedules) und über mehrere Jahre einbehaltene Beträge (Accumulating Retention from Multiple Years) stellen Indikatoren für die Begrenzung eines Timing-Risikos dar (SFAS 113.8).

4.2 Bilanzierung von Rückversicherungsverträgen nach US-GAAP

Der *Ausweis* von Rückstellungen nach US-GAAP erfolgt grundsätzlich ohne Abzug von Rückversicherungsanteilen (brutto). Als Gegenposten wird eine Forderung gegenüber dem Rückversicherer *(Reinsurance Recoverables)* aktiviert. Darunter sind der Anteil des Rückversicherers an den versicherungstechnischen Rückstellungen und sämtliche Forderungen gegenüber dem Rückversicherer zu subsumieren. Gegebenenfalls wird auch der Beitrag für eine retrospektive Deckung unter die Reinsurance Recoverables gefasst.

Ein eigenständiger Ausweisposten existiert für den Anteil des Rückversicherers an den Beitragsüberträgen, der unter dem Posten »*Prepaid Reinsurance Premium*«, d. h. als vorausbezahlte Rückversicherungsprämie, aktiviert wird (SFAS 113.14). Falls vom Rückversicherer Sicherheiten gestellt werden (Depotstellung) erfolgt keine Saldierung mit den Forderungen, sondern eine Passivierung als »*Funds Held under Reinsurance Treaties*«.

Unter den Abschlusskosten, die nach US-GAAP aktiviert werden, sind nur die Nettoabschlusskosten auszuweisen und über die Laufzeit zu verteilen, sodass an dieser Stelle eine Ausnahme des Saldierungsverbots vorliegt.

Der Ausweis der Rückversicherung in der Gewinn- und Verlustrechnung ist nicht explizit geregelt. Die Rückversicherungsanteile können als Abzug vom Bruttobetrag separat ausgewiesen werden (Premium Ceded bzw. Reinsurance Recoveries) bzw. nur in Klammern genannt werden (SFAS 113.87). Das FASB präferiert einen Bruttoausweis, unterbindet jedoch (anders als in der Bilanz) nicht die Anwendung eines Nettoausweises in der Erfolgsrechnung, da die Erfolgsrechnung keine Informationen zum Delkredererisiko vermitteln würde (SFAS 113.86). Nach IFRS bilanzierende Unternehmen, welche über IFRS 4 in der Versicherungstechnik US-GAAP anwenden, müssen jedoch beachten, dass ein Nettoausweis nach IFRS 4 nicht gestattet ist.

Die Bilanzierung von Verträgen, die nach Durchführung eines Risikotransfertests als Rückversicherungsvertrag eingestuft werden, erfolgt in Abhängigkeit von der Laufzeit der in Deckung genommenen Verträge (kurz- oder langfristig) sowie innerhalb der kurzfristigen Verträge in Unterscheidung von retrospektiver oder prospektiver Deckung (vgl. Abb. 8.5).

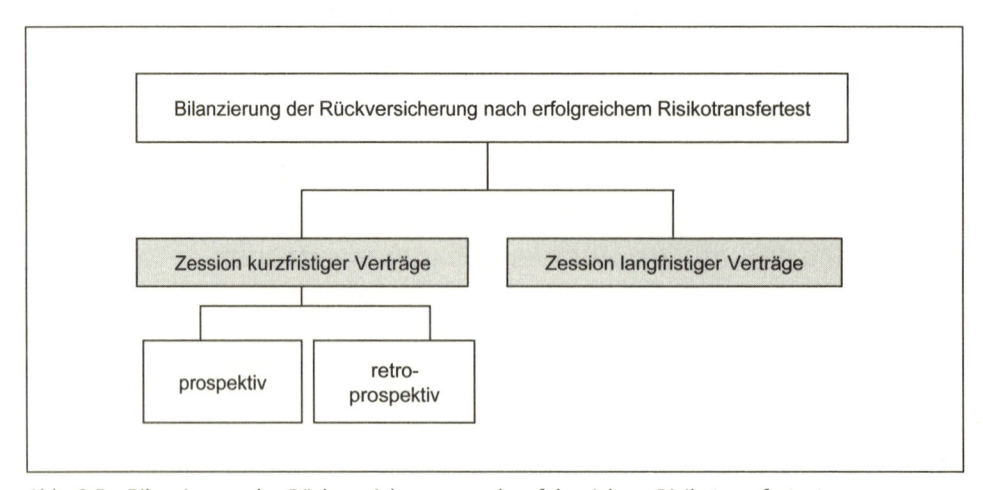

Abb. 8.5: Bilanzierung der Rückversicherung nach erfolgreichem Risikotransfertest

Kurzfristige Rückversicherungsverträge mit prospektiver Deckung werden nach SFAS 113.21-25 und EITF 93-6 geregelt. Der für die prospektive Rückversicherung gezahlte Zessionsbetrag wird vom Zedenten als »*Prepaid Reinsurance Premiums*« aktiviert und über die Laufzeit der Zession entsprechend dem vereinbarten Rückversicherungsschutz erfolgswirksam aufgelöst. Besondere Regelungen gelten im Falle von variablen Prämien:

- *Variable Prämien:* Falls die Höhe der Prämien variabel ist, sind (sofern möglich) Anpassungen verlässlich abzuschätzen, sodass die voraussichtlich effektive Prämie (Ultimate Amount) über die Laufzeit verteilt wird (SFAS 113.21). Davon sind vor allem *prospektive Aggregate Contracts* betroffen, bei denen während der Laufzeit die an den Rückversicherer gezahlte Prämie einem Erfahrungskonto gutgeschrieben wird.
- *Feste Laufzeit und schlechter Schadenverlauf:* Falls bei schlechtem Schadenverlauf eine verlaufsabhängige Zusatzprämie zu leisten ist, wird nach der Methode des »*With and Without*« bei Eintritt des Schadens eine Verbindlichkeit passiviert, die die Differenz zwischen erhöhter Zessionsprämie nach Schadeneintritt und Zessionsprämie ohne Schaden widerspiegelt (EITF 93-6, Summary A.1). Falls – etwa im Rahmen einer Wiederauffüllungsprämie (Reinstatement Premium) – der Deckungsumfang in Folge des schlechten Schadenverlaufs erhöht wird, resultiert das Problem, dass sich sowohl die Rückversicherungsprämie als auch der Deckungsumfang verändern. In diesem Fall wird die Wiederauffüllungsprämie als Prämie für zusätzlichen Rückversicherungsschutz verbucht, bis das ursprüngliche Prämien-/Versicherungsschutz-Verhältnis (*Rate on Line*) hergestellt ist. Für den restlichen Anteil der Zusatzprämie wird wiederum eine Verbindlichkeit (verlaufsabhängige Zusatzprämie) gebildet.[351]
- *Feste Laufzeit und guter Schadenverlauf:* Im Falle eines positiven Schadenverlaufs wird eine Forderung aktiviert, insofern der Rückversicherer zur Zahlung eines Ausgleichs verpflichtet ist.

Die Bilanzierung von *kurzfristigen Rückversicherungsverträgen mit retrospektiver Deckung* ist abhängig vom Verhältnis des Anteils des Rückversicherers an den versicherungstechnischen Rückstellungen und der gezahlten Rückversicherungsprämie.

---

351 Vgl. im Detail Wormsbächer, Ellen [Rückversicherung, 2001], S. 152.

Beispiel 8.4: Amortisation bei retrospektiver Deckung

Annahme: Es wird ein retrospektiver Rückversicherungsvertrag abgeschlossen. Dabei wird eine Schadenrückstellung in Höhe von 25.000 Euro zu einer Rückversicherungsprämie von 22.259 Euro zediert. Für 5 Jahre wird jeweils mit einem Schaden von 5.000 Euro gerechnet. Die Rückversicherungsprämie wurde mit einem konstanten Zins von 4% diskontiert.

Bei Anwendung der *Interest Rate-Method* ergibt sich folgende Berechnung:

	Schaden-rückstellung	Barwert der erwarteten Schadenzahlungen	Deferred Gain	Auflösung
Vertragabschluss	25.000	22.259	2.741	0
Jahr 1	20.000	18.149	1.851	−890
Jahr 2	15.000	13.875	1.125	−726
Jahr 3	10.000	9.430	570	−555
Jahr 4	5.000	4.808	192	−378
Jahr 5	0	0	0	−192
gesamt				−2.741

mit: Amortisation = Schadenrückstellung
 − Barwert der erwarteten Schadenzahlungen
 − Deferred Gain des Vorjahres

Bei Anwendung der *Recovery-Method* ergibt sich folgendes Schema:

	Schadenrückstellung	tatsächliche Schadenzahlungen	Deferred Gain	Auflösung
Vertragsabschluss	25.000	0	2.741,0	0
Jahr 1	20.000	5.000	2.192,8	−548,2
Jahr 2	15.000	5.000	1.644,6	−548,2
Jahr 3	10.000	5.000	1.096,4	−548,2
Jahr 4	5.000	5.000	548,2	−548,2
Jahr 5	0	5.000	0	−548,2
gesamt		25.000		−2.741,0

mit: Amortisation = (angefallene Schadenzahlungen der Periode/Anteil des Rückversicherers an der Schadenrückstellung) x Deferred Gain des Vorjahres

Falls der Anteil des Rückversicherers an den Rückstellungen *höher* ist als die gezahlte Rückversicherungsprämie (z. B. in Folge der Berücksichtigung künftiger Kapitalanlageerträge), erfolgt eine Aktivierung der gezahlten Rückversicherungsprämie als Forderung (Reinsurance Recoveries) und zwar in Höhe des Anteils des Rückversicherers an den versicherungstechnischen Rückstellungen (SFAS 113.22). Der resultierende Unterschiedsbetrag wird im Posten »*Deferred Gain*« passiviert und über die voraussichtliche Abwicklungsdauer der Schäden verteilt. Dadurch wird die Vereinnahmung von Erträgen aus dem Versicherungsvertrag zu Vertragsbeginn stark eingeschränkt. Für die Vereinnahmung des Ertrags über die Laufzeit werden zwei Methoden unterschieden:

- Die *Interest Rate Method* wird angewendet, falls Höhe und Zeitpunkt der Leistungen des Rückversicherers zuverlässig schätzbar sind. Der Deferred Gain wird nach Maßgabe der erwarteten Schadenzahlungen unter Berücksichtigung von Zinseffekten aufgelöst.[352] Dazu wird in jeder Periode der Barwert der restlichen erwarteten Schadenzahlungen mit dem neuen Anteil des Rückversicherers an den versicherungstechnischen Rückstellungen, der sich nach der Schadenregulierung im Geschäftsjahr ergibt, verglichen. Der entstehende Ertrag je Periode wird als »*Underwriting Gain/Other Income*« gebucht.
- Sind Höhe und Zeitpunkt der Leistungen nicht zuverlässig schätzbar, wird die *Recovery-Method* angewendet. Die Auflösung des Deferred Gain erfolgt nach Maßgabe der tatsächlichen Schadenzahlungen ohne Berücksichtigung von Zinseffekten. Dazu wird der insgesamt zu verteilende Unterschiedsbetrag mit dem Quotienten aus bereits vom Rückversicherer erhaltenen Versicherungsleistungen und dessen Anteil an den Schadenrückstellungen multipliziert.

Übersteigen die Zahlungen an den Rückversicherer dessen Anteil an den versicherungstechnischen Rückstellungen (z. B. aufgrund der Berücksichtigung eines Nachreservierungsrisikos) führt dies zu einem Verlust beim Zedenten. In der Bilanz werden entweder die Brutto-Rückstellungen erhöht oder es erfolgt eine Verringerung der Forderungen gegenüber dem Rückversicherer bzw. eine Kombination aus beiden Möglichkeiten (SFAS 113.23). Es erfolgt daher eine sofortige aufwandswirksame Verbuchung des Unterschiedsbetrags.

Sollten sich über die Abwicklungsdauer Veränderungen zu den zu Beginn erwarteten Leistungen des Zessionärs ergeben, so fordert FAS 113.24 bei der Amortisation des *Deferred Gains* ein sogenanntes *Catch-up-Adjustment* vorzunehmen. Dabei ist der *Deferred Gain* zum Stichtag auf einen Betrag anzupassen, der sich ergeben hätte, wenn die neuen Informationen bezüglich der geänderten An-

---

[352] Vgl. SwissRe [Paradigmenwechsel, 2002], S. 80.

nahmen über die erwarteten Rückversicherungsleistungen bereits zu Beginn der Amortisierung vorgelegen hätten. Der resultierende Unterschiedbetrag ist sofort ergebniswirksam zu erfassen.

Abbildung 8.6 fasst die Bilanzierung der retrospektiven Rückversicherung zusammen.

Verträge, die *sowohl prospektive als auch retrospektive Deckungen* beinhalten (Blended Contract) sind wie zwei getrennte Verträge zu bilanzieren, sofern dies möglich ist (SFAS 113.25). Andernfalls sind die Regelungen für retrospektive Verträge heranzuziehen.

Die Bilanzierung von *Rückversicherungsverträgen, die langfristige Versicherungsverträge in Deckung nehmen,* wird dahingehend unterschieden, ob die Vereinbarung zwischen Erst- und Rückversicherung eine kurze oder lange Laufzeit einnimmt (SFAS 113.25):

- *Langfristige Vereinbarungen* führen zu einer Verteilung der Aufwendungen aus der Rückversicherung über die Laufzeit der Verträge (SFAS 113.111).
- *Kurzfristige Verträge* werden über die Restlaufzeit der Rückversicherungsvereinbarung verteilt (SFAS 113.111).

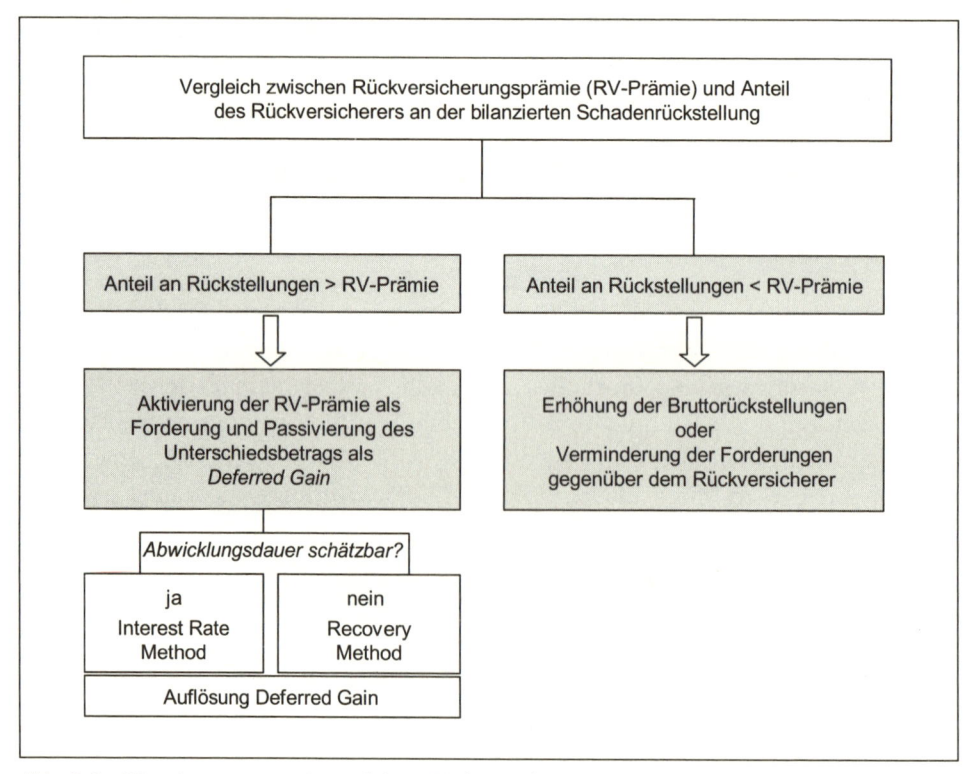

Abb. 8.6: Bilanzierung von retrospektiven Rückversicherungsverträgen

4.3 Bilanzierung von nicht als Rückversicherung eingestuften Verträgen

Rückversicherungsverträge, die nicht die Kriterien des Risikotransfers nach SFAS 113 erfüllen, werden nach den Regeln des *Deposit Accounting* bilanziert. 1998 wurde mit SOP 98-7, *Deposit Accounting for Insurance and Reinsurance Contracts, that do not transfer Insurance Risk,* ein Statement zur Bilanzierung des Deposit Accounting geschaffen. Das Statement gibt keine Auskunft darüber, *wann* ein Deposit Accounting anzuwenden ist, sondern nur, *wie* dieses zu bilanzieren ist. Vielmehr sind die Anwendungsvoraussetzungen aus SFAS 5 und SFAS 113 zu entnehmen. Neben Rückversicherungsverträgen, die nach SFAS 113 nicht die Kriterien eines Risikotransfers erfüllen, sind auch Multiple-Year-Verträge, für die ein versicherungstechnisches Risiko nicht bestimmbar ist (EITF 93-6 bzw. 14), nach SOP 98-7 zu bilanzieren. Die Anwendung ist nur für kurzfristige Verträge vorgesehen, während langfristige Verträge, wie sie insbesondere im Bereich der Lebens- und Krankenversicherung auftreten, nicht in den Anwendungsbereich fallen.

Das Grundprinzip des Deposit Accounting besteht darin, den Vertrag als eine Art »Darlehensgeschäft« zu bilanzieren. Prämienzahlungen des Zedenten werden dabei nicht erfolgswirksam verbucht, sondern als Abrechnungsforderungen *(Asset)* aktiviert. Somit entsteht für den Zedenten ein Aktivtausch »Abrechnungsforderungen gegen Kasse«. Die vom Rückversicherer zu zahlenden Schadenzahlungen werden ebenfalls nicht erfolgswirksam, sondern als Abrechnungsforderungen *(Liability)* passiviert. Zukünftige Zahlungen (z. B. Provisionen, Schäden oder Gewinnanteile) werden erfolgsneutral über die entsprechenden Bilanzkonten abgebildet. Eine Erfolgswirkung entsteht nur durch effektive Kosten des Vertrags, wie Zinseffekte und Gebühren *(Non-Technical Income)*.

SOP 98-7 klassifiziert Verträge, die kein versicherungstechnisches Risiko transferieren, in Abhängigkeit von Art und Umfang des Risikos in vier Kategorien (SOP 98-7.8a–d):[353]

- Verträge, die *ausschließlich ein signifikantes Timing Risk* transferieren (Typ 1): Diese Verträge werden vornehmlich aus Liquiditätsgründen abgeschlossen, wobei die Anfangsbewertung des Deposits nicht wesentlich von der künftigen Schadenerwartung des Versicherungsvertrags abhängt. Typische Beispiele für solche Verträge sind Erfahrungskonten *(Experience Accounts)*, die Beitrags- und Schadenzahlungen der Vertragspartner bis zum Ende der Laufzeit saldieren, wobei der Saldo am Ende der Vertragslaufzeit vollständig ausgeglichen ist. Ein negativer Saldo löst in der Regel eine Prämienanpassung nach

---

[353] Vgl. im Detail Wormsbächer, Ellen [Rückversicherung, 2001], S. 159–163.

oben aus. Falls ein positiver Saldo entsteht, wird der Zedent meist prozentual am Gewinn beteiligt.
- Verträge die *ausschließlich ein signifikantes Underwriting Risk* transferieren (Typ 2): Diese Verträge enthalten kein Timing Risk, indem z. B. zeitnahe Schadenleistungen durch den Rückversicherer mit Hilfe vertraglich festgelegter Zahlungspläne (Payment Schedules) oder über Beträge, die über mehrere Jahre einbehalten werden *(Accumulating Retention from Multiple Years)*, verzögert werden (SFAS 113.8).
- Verträge, die *weder ein signifikantes Timing noch ein signifikantes Underwriting Risk* transferieren (Typ 3): In der Praxis nehmen solche Verträge jedoch einen geringen Stellenwert ein, da sie eher den Charakter von Darlehen aufweisen.
- Verträge, die *kein hinreichend zu bestimmendes Risiko transferieren* (Typ 4): Diese Verträge enthalten unklare Bedingungen oder ungenügende Informationen, um zuverlässig zu schätzen, ob ein unzureichendes Timing Risk oder ein unzureichendes Underwriting Risk vorliegt. SOP 92-5 enthält Regeln für die Anfangsbewertung solcher Verträge. Nach einer Übergangszeit ist davon auszugehen, dass eine Kategorisierung gemäß Typ 1–3 möglich ist.

Bei *Vertragsbeginn* wird grundsätzlich beim Erstversicherer ein Deposit aktiviert, das die diskontierte Differenz zwischen gezahlter Rückversicherungsprämie und bereits bestehenden Erstattungsansprüchen gegenüber dem Rückversicherer widerspiegelt (SOP 98-7).

Für die *Folgebilanzierung* sieht SOP 98-7 vor, dass Verträge, die nur ein Timing Risk transferieren (Typ 1) bzw. Verträge, die weder Timing Risk noch Underwriting Risk transferieren (Typ 3), nach der *Interest Rate Method* (SFAS 91.18-19) zu bilanzieren sind. Dadurch erfolgt eine Verzinsung des Aktivums beim Erstversicherer mit dem erwarteten internen Zinsfuß bei Typ 1 bzw. dem risikofreien Zinssatz bei Typ 3. Entscheidend für die Behandlung der Erträge und Aufwendungen aus dem Vertrag ist deren Einordnung unter den Kapitalanlagebereich als »*Interest Income or Expense*« (SOP 98-7.10). Jegliche Anpassungen des Deposits infolge von Änderungen der Annahmen werden ebenfalls den Erträgen und Aufwendungen aus Kapitalanlagen zugerechnet.

Beispiel 8.5: Vertrag ohne Timing und Underwriting Risk

Annahmen:
- Es fällt eine Rückversicherungsprämie in Höhe von 1.000 an.
- Die Deckung besteht für ein Jahr.
- Zu Vertragsbeginn werden für fünf Jahre Zahlungsforderungen in Höhe von 250 pro Jahr (am Jahresende) erwartet.
- Der Zins zu Vertragsbeginn stellt insofern ca. 8% dar (Barwert der jährlichen Zahlung in Höhe von 250).

Beschreibung	Zinsertrag	Zahlungsforderungen	Deposit Balance
Anfangszahlung			1.000
Jahr 1	80		1.080
Ende Jahr 1		(250)	830
Jahr 2	66		896
Ende Jahr 2		(250)	646
Jahr 3	52		698
Ende Jahr 3		(250)	448
Jahr 4	36		484
Ende Jahr 4		(250)	234
Jahr 5	16		250
Ende Jahr 5		(250)	0
gesamt	**250**	**(1.250)**	**0**

Buchungen Jahr 1	
Asset an Kasse	1.000
Asset an Zinsertrag	80
Kasse an Asset	250

Buchungen Jahr 2	
Asset an Zinsertrag	66
Kasse an Asset	250

Beispiel 8.6: Vertrag mit signifikantem Timing Risk

Annahmen:
- Es fällt eine Rückversicherungsprämie in Höhe von 1.000 an.
- Die Deckung besteht für ein Jahr.
- Zu Vertragsbeginn werden für fünf Jahre Zahlungsforderungen in Höhe von 225 pro Jahr (am Jahresende) erwartet.
- Der Zins zu Vertragsbeginn stellt insofern ca. 4% dar (Barwert der jährlichen Zahlung in Höhe von 225).
- Im Jahr 2 werden anstelle von 225 nur 200 rückerstattet. Damit verändern sich die Zahlungszeitpunkte der vorhergesagten Rückerstattungen. Die Neubewertung des Zinssatzes ergibt einen Wert von 3,63% für die nächsten 4 Jahre.

Beschreibung	Zinsertrag	Zahlungsforderungen	Deposit Balance
Anfangszahlung			1.000
Jahr 1 (4%)	40		1.040
Ende Jahr 1		(225)	**815**
Jahr 2 (4%)	33		848
Ende Jahr 2		(200)	648
Anpassung	**(8)**		640
Jahr 3 (3,63%)	23		663
Ende Jahr 3		(175)	488
Jahr 4 (3,63%)	18		506
Ende Jahr 4		(175)	331
Jahr 5 (3,63%)	12		343
Ende Jahr 5		(175)	168
Jahr 6 (3,63%)	7		175
Ende Jahr 6		(175)	0
gesamt	**125**	**(1.125)**	**0**

Beispiele aus KPMG: US-GAAP Technical Training

Buchungen Jahr 1	
FinRe Asset an Kasse	1.000
FinReAsset an Zinsertrag	40
Kasse an Fin Re Asset	225

Buchungen Jahr 2	
FinReAsset an Zinsertrag	33
Kasse an FinRe Asset	200
Zinsertrag an Kasse	8

Beispiel 8.7: Vertrag mit signifikantem Underwriting Risk

Annahmen:
- Es fällt eine Rückversicherungsprämie in Höhe von 1.000 an.
- Die Deckung besteht für ein Jahr.
- Es werden Zahlungsforderungen in Höhe von 1.000 erwartet, wobei keine Zahlung vor Jahr 8 erfolgt, außer wenn ein Versicherungsfall eintritt.
- Das Timing Risk wird dadurch vermieden, dass eine Schadenzahlung in voller Höhe erst am Ende von Jahr 8 erfolgt.
- Am Ende von Jahr 1 tritt ein Schaden in Höhe von 5.000 an.
- Der risikolose Zins (bereinigt um Ausfallrisiken) beträgt 6%.
- Am Ende von Jahr 3 steigt der geschätzte Schaden von 5.000 auf 6.000 an.

Beschreibung	Abschreibung	Verrechnung der Schäden	Rück-erstattungen	Deposit Balance
Anfangszahlung				1.000
Amortisation	1.000			
Jahr 1		3.325*		3.325
Jahr 2		200		3.525
Jahr 3		211		3.736
Anpassung		**747**		**4.483**
Jahr 4		270		4.753
Jahr 5		284		5.037
Jahr 6		303		5.340
Jahr 7		**320**		5.660
Jahr 8		340	6.000	0
gesamt		**6.000**	**6.000**	**0**

* $5.000/1{,}06^7 = 3.325$

Buchungen Jahr 1	
Asset an Kasse	1.000
Schadenaufwendungen an Asset	1.000
Schadenaufwendungen an Schadenreserven	5.000

Buchungen Jahr 2	
Asset an Schadenaufwendungen	200

Buchungen Jahr 3	
Asset an Schadenaufwendungen	211
Schadenaufwendungen an Schadenreserven	1.000
Asset an Schadenaufwendungen	747

Verträge, die ausschließlich ein signifikantes Underwriting-Risiko transferieren (Typ 2) werden mit Hilfe eines Barwertansatzes *(Fair Value-Method)* bewertet. Die Bilanzierung erfolgt in Abhängigkeit davon, ob bereits rückversicherte Schäden eingetreten sind:

- Sind noch *keine rückgedeckten Schäden eingetreten,* wird das Deposit in Höhe der Rückversicherungsprämie gebildet, für die noch keine Deckung erbracht wurde. Bei prospektiven, proportionalen Deckungen entspricht dies dem Anteil des Rückversicherers an den Beitragsüberträgen. Bei nicht proportionalem Rückversicherungsschutz über einen mehrjährigen Zeitraum wird ebenfalls die Rückversicherungsprämie aktiviert und in den Folgejahren erfolgswirksam reduziert.
- Sofern *ein rückversicherter Schaden eintritt,* wird das Deposit um den Barwert der zukünftigen Zahlungen des Rückversicherers erhöht. In der Gewinn- und Verlustrechnung werden die Aufwendungen für Versicherungsfälle beim Zedenten entsprechend gekürzt. Die Veränderung des Deposits infolge des erbrachten Rückversicherungsschutzes wird in den Schadenaufwendungen gegengebucht. Als Diskontierungszins wird der risikolose Zins von Staatsanleihen mit ähnlicher Laufzeit zugrunde gelegt. Falls unter einem Vertrag eine Vielzahl von Schäden eingetreten ist, ist die Verwendung eines durchschnittlichen Zinssatzes erlaubt. Unterschiede in der Wahl des Zinssatzes können in der Praxis einen erheblichen Einfluss auf die Bewertung ausüben.

Verträge, die sich durch ein unbestimmtes Risiko auszeichnen, werden nach der *Open Year-Method* (SOP 92-5) bilanziert. Effekte aus solchen Verträgen führen so lange zu keiner Erfolgswirkung, bis ausreichend Informationen erhältlich sind, um die Rückversicherungsprämien zuverlässig zu bestimmen. In diesem Fall erfolgt eine Umklassifizierung in eine der drei oben genannten Vertragstypen. Solange keine zuverlässige Messung möglich ist, wird ein Aktivposten *(Open Underwriting Balance)* in Höhe der kumulierten Zahlungsströme zwischen Erst- und Rückversicherer gebildet.

Die Abbildung 8.6 gibt einen zusammenfassenden Überblick über die Regeln des Deposit Accounting.

SOP 98-7 legt ferner *Anhangsangaben* fest, die im Zuge des Deposit Accounting zu leisten sind. Offenzulegen sind eine Beschreibung der Verträge, die nach den Regeln des Deposit Accounting bilanziert werden, sowie eine Aufspaltung der Summe der Assets und Liabilities in einzelne Verträge. Daneben sind folgende Änderungen des Deposits offenzulegen, die aus dem Transfer von Versicherungs- oder Rückversicherungsverträgen entstehen, die nur ein signifikantes Underwriting Risk enthalten:

Bilanzierung der Rückversicherung nach US-GAAP

Retrospective Interest Method

GuV-Einfluss unter Kapitalanlagebereich

1. Deposit-Verzinsung fußt auf dem internen Zinsfuß (Typ 1) oder risikolosem Zins (Typ 3)
2. Anpassung des Deposits als Kapitalanlageertrag bzw. -aufwand bei Änderung der Annahmen

Fair Value-Method

GuV-Einfluss – Schadenaufwendungen

1. Anfangsbewertung des Deposits in Abhängigkeit vom Eintritt eines rückversicherten Schadens
2. Sobald ein Schaden eintritt, erfolgt eine Bewertung des Deposits auf Basis des Barwerts der erwarteten Zahlungsströme aus dem Vertrag zuzüglich dem Teil der Rückversicherungsprämie, für den noch keine Deckung erbracht wurde
3. Änderungen des Deposits werden in der GuV mit den Schadenaufwendungen verbucht
4. der Diskontierungsfaktor, der für die Barwertberechnung verwendet wird, soll dem risikolosen Zins von Staatsanleihen mit ähnlicher Laufzeit entsprechen

Open Year-Method

kein GuV-Einfluss

1. kein GuV-Einfluss, solange die Rückversicherungsprämie verlässlich geschätzt und über die Laufzeit verteilt werden kann
2. Umklassifizierung, falls die Rückversicherungsprämie verlässlich über die Laufzeit verteilt werden kann

---

1. Vertrag transferiert nur signifikantes Timing-Risiko (Typ 1) oder
2. Vertrag transferiert weder signifikantes Timing- noch Underwriting-Risiko (Typ 3)

3. Vertrag transferiert nur signifikantes Underwriting Risiko (Typ 2)

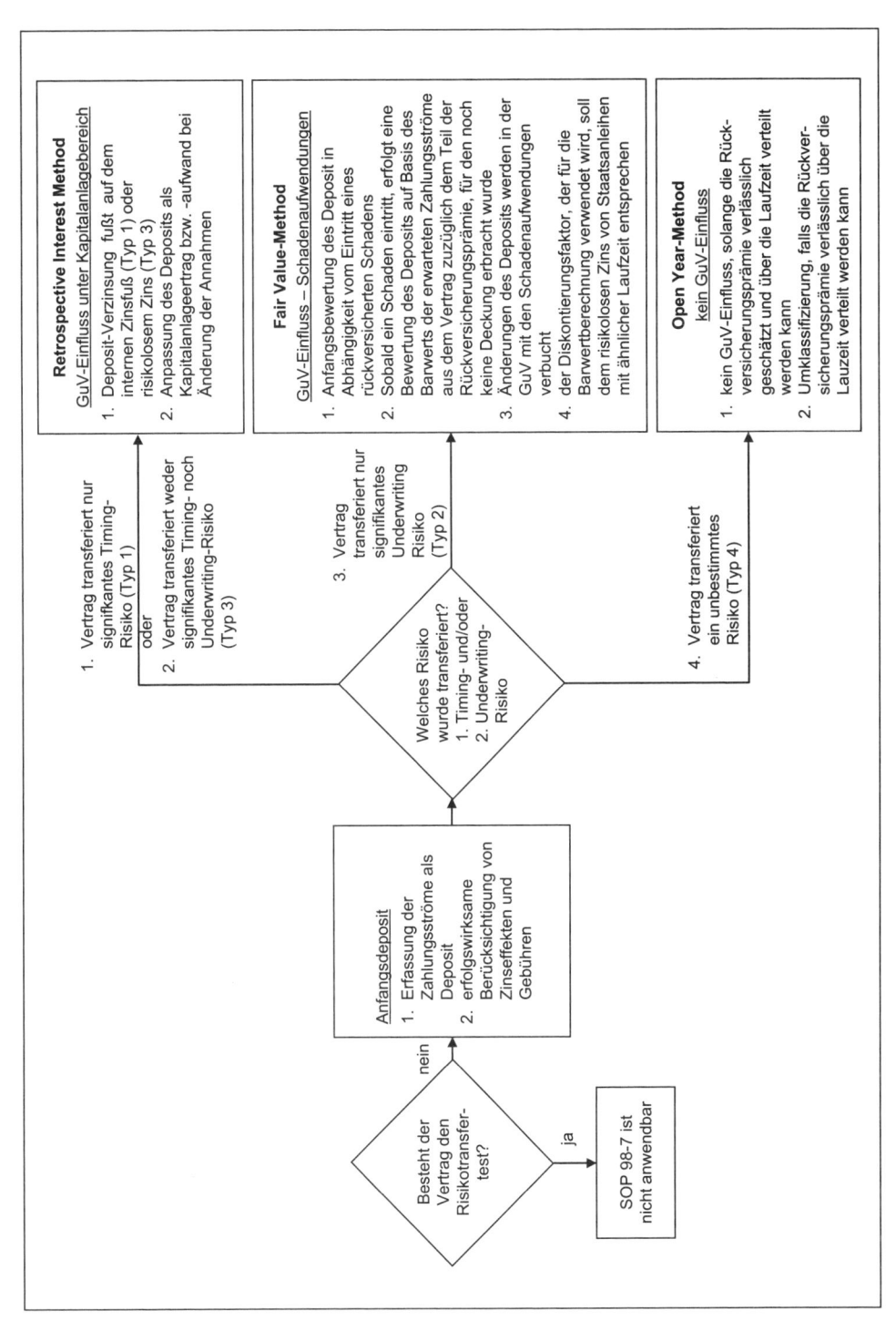

4. Vertrag transferiert ein unbestimmtes Risiko (Typ 4)

Welches Risiko wurde transferiert?
1. Timing- und/oder
2. Underwriting-Risiko

Anfangsdeposit
1. Erfassung der Zahlungsströme als Deposit
2. erfolgswirksame Berücksichtigung von Zinseffekten und Gebühren

Besteht der Vertrag den Risikotransfertest?

- nein → (Anfangsdeposit)
- ja → SOP 98-7 ist nicht anwendbar

Abb. 8.7: Deposit Accounting nach SOP 98-7

- der Barwert der anfänglich erwarteten Forderungen an den Rückversicherer aus dem Versicherungs- oder Rückversicherungsvertrag, die mit den Schadenaufwendungen verrechnet werden,
- jegliche Anpassungen bezüglich der erwarteten Forderungen unter Angabe der einzelnen Komponenten der Anpassung und
- die dem Vertrag zurechenbaren Abschreibungen bis zum Ende der Vertragslaufzeit.

4.4 Bilanzierung von Mehrjahresverträgen

Mit EITF 93-6 »Accounting for Multiple-Year Retrospectively Rated Contracts by Ceding and Assuming Enterprises« sowie Topic D-35 »FASB Staff Views on Issue No. 93-6« bestehen Sonderregelungen für die Bilanzierung von Mehrjahresverträgen, die retrospektive Vertragsklauseln enthalten (z. B. Funded Catastrophe-Covers). Solche Verträge zeichnen sich dadurch aus, dass Ereignisse einer Periode zu Rechten und Verpflichtungen in einer anderen Periode führen. Beispielsweise kann vereinbart werden, dass bei Eintritt von Schäden, die im Vertragsjahr eine bestimmte Höhe überschreiten, die Prämien in künftigen Jahren erhöht werden, es sei denn, der Zedent nimmt eine Änderung im künftigen Deckungsumfang aus dem Vertrag in Kauf. Dadurch entsteht beim Zedenten eine Verpflichtung, entweder höhere Prämien in Kauf zu nehmen oder einen veränderten Deckungsumfang zu akzeptieren. Allgemein formuliert führt ein Mehrjahresvertrag mit retrospektiven Vertragsklauseln entweder zu

- einer Änderung der Höhe oder des Zeitpunkts künftiger Zahlungsströme aus dem Vertrag (z. B. aus Prämienanpassungen oder in Form von Rückerstattungen) oder
- zu Änderungen des künftigen Deckungsumfangs aus dem Vertrag.

Falls ein solcher Vertrag von einer der Vertragsparteien gekündigt werden kann, ohne dass hieraus eine Verpflichtung entsteht, findet EITF 93-6 keine Anwendung.

In EITF 93-6 wird geregelt, in welchem Umfang aus solchen Vertragskonstrukten Assets und Liabilities bei den Vertragsparteien zu bilanzieren sind. So entsteht unter Umständen beim Zedenten eine Liability und beim Rückversicherer ein Asset, falls zukünftige Zusatzprämien fällig werden und umgekehrt, beim Zedenten ein Asset und beim Rückversicherer eine Liability falls der Zedent bei Schadenfreiheit eine Rückerstattung erhält. Zusätzlich enthält EITF 96-3 Vorschriften darüber, wie bei Änderungen des Deckungsumfangs aus Verträgen mit erfahrungsabhängigen Rückversicherungsprämien zu verfahren ist.

EITF 93-6 enthält *drei Bedingungen* für Mehrjahresverträge mit retrospektiven Vertragsklauseln, die kumulativ erfüllt werden müssen, damit diese als Rückversicherungsvertrag nach SFAS 113 bilanziert werden können:
- Der Vertrag muss die Kriterien für einen kurzfristigen Vertrag erfüllen (*Short Duration* nach SFAS 60.7a).
- Der Vertrag darf keine Elemente enthalten, die verhindern, dass die Kriterien für einen Risikotransfer nach SFAS 113.8–13 zuverlässig angewendet werden.
- Die erwartete Endprämie (*Ultimate Premium*) muss zu Vertragsbeginn zuverlässig geschätzt werden können und im Verhältnis zur Bereitstellung des Versicherungsschutzes verteilt werden (SFAS 60.14 bzw. SFAS 113.21).

Falls eine dieser drei Bedingungen nicht erfüllt ist, wird der Vertrag nicht als Rückversicherungsvertrag anerkannt. In diesem Fall ist der Vertrag nach den Regeln des Deposit Accounting zu bilanzieren.

Verträge, die alle drei Bedingungen erfüllen, werden entsprechend der in EITF 96-3 definierten Mustersachverhalte bilanziert:
- *Sachverhalt 1:* Beim Zedenten entsteht eine Verpflichtung und beim Rückversicherer entsteht ein Asset, falls der Zedent eine vertragliche Verpflichtung hat, Zahlungen an das Rückversicherungsunternehmen zu leisten, die aufgrund der Erfahrung des Vertragsverlaufs entstanden sind. Die Höhe des Betrags soll mittels der Methode des »*With and Without*« bestimmt werden. Dazu wird die Differenz zwischen der Rückversicherungsprämie, die ohne Berücksichtigung der retrospektiven Vertragsklauseln bestehen würde und der Prämie, die mit diesen Klauseln entsteht, gebildet. Falls der Zedent das Wahlrecht hat, den Vertrag vor Fälligkeit zu kündigen und hieraus eine Änderung der Zahlungsströme (z. B. eine geringere Zahlungsverpflichtung beim Zedenten) entsteht, wird die Verpflichtung wie folgt bilanziert:
  – Falls die Entscheidung zur Kündigung getroffen wurde, soll die Bewertung auf der Basis von Annahmen der Vertragsauflösung und der bis zu diesem Zeitpunkt gemachten Erfahrung erfolgen.
  – Falls noch keine Entscheidung bezüglich der Kündigung getroffen wurde, ist der niedrigere Betrag aus »*With-and-Without-Methode*« unter Annahme einer Kündigung sowie der »*With-and-Without-Methode*« ohne Unterstellung einer Kündigung zu wählen.
- *Sachverhalt 2:* Beim Zedenten entsteht ein Asset und beim Rückversicherer eine Liability, falls aufgrund der Erfahrung aus dem Vertragsverlauf eine Zahlung vom Rückversicherer an den Zedenten erfolgt.
- *Sachverhalt 3:* Anpassungen des Deckungsumfangs des Rückversicherungsvertrags werden analog zu den anderen Sachverhalten behandelt. Falls beispielsweise der Deckungsumfang gekürzt wird, ohne dass sich dies in einer Reduktion der Rückversicherungsprämie niederschlägt, sollte der Zedent bei

Eintritt der Deckungsreduktion einen Verlust und der Rückversicherer einen Gewinn verbuchen.

Ingesamt führen die Regelungen des EITF 93-6 dazu, dass die vom Zedenten beabsichtigte Glättung des Periodenerfolges durch retrospektive Vertragsklauseln verhindert wird.

Beispiel 8.8: Mehrjahresvertrag mit retrospektiven Vertragsklauseln

Annahmen:
- Die Laufzeit des Vertrags beträgt 4 Jahre.
- Die jährliche Prämie beträgt 5 Mio.
- 80% Rückerstattungen werden erwartet.
- Die maximale Deckung beträgt 8 Mio. in jedem Jahr.
- In den Jahren 1 bis 3 tritt kein Schaden ein.
- Im Jahr 4 tritt ein Bruttoschaden in Höhe von 20 Mio. ein.

	GuV des Zedenten									
	falsch					richtig				
	Jahr 1	Jahr 2	Jahr 3	Jahr 4	gesamt	Jahr 1	Jahr 2	Jahr 3	Jahr 4	gesamt
Verdiente Prämien	(5)	(5)	(5)	7	(8)	(1)	(1)	(1)	(5)	(8)
Bruttoschadenaufwendungen	–	–	–	(20)	(20)	–	–	–	(20)	(20)
Rückversicherungsforderungen	–	–	–	8	8	–	–	–	8	8
Versicherungstechnischer Gewinn/Verlust	**(5)**	**(5)**	**(5)**	**(5)**	**(20)**	**(1)**	**(1)**	**(1)**	**(17)**	**(20)**

erwartete Rückerstattung
= 3 (5 xs 8) = 12
Für Jahr 4 folgt:
(5) + 12 = 7

erwartete Rückerstattung
= (5 xs 8) = 4
Für Jahre 1 bis 3 folgt:
(5) + 4 = (1)

Beispiel aus KPMG: US-GAAP Technical Training

Im Beispiel 8.8 wird aufgezeigt, dass der Zedent keine Gewinnglättung erreichen kann, wenn er, wie von EITF 93-6 gefordert, nach jedem Jahr (Jahr 1–3) die ihm zustehende Gewinnbeteiligung von 4 Mio. Euro bereits erfolgswirksam vereinnahmt.

Kapitel 9: Jahresabschlussanalyse von Versicherungsunternehmen

1 Grundzüge der Jahresabschlussanalyse

Die Jahresabschlussanalyse dient der Aufbereitung, Verdichtung und Auswertung von Informationen aus dem Jahresabschluss, um einen Einblick in die Vermögens-, Finanz- und Ertragslage eines Unternehmens zu erlangen. Von entscheidender Bedeutung für die Aussagekraft einer Analyse zur Lage des Unternehmens ist die Festlegung der jeweiligen Erkenntnisziele:

Zunächst ist in Abhängigkeit vom *Betrachtungsziel* zu unterscheiden, welche Aussagen mit Hilfe der Bilanzanalyse gewonnen werden sollen. In Abhängigkeit von den Zielen eines Versicherungsunternehmens können die Ertragskraft (Rentabilität), die Sicherheit (Risikolage), die Liquidität oder auch das Wachstum im Mittelpunkt der Analyse stehen.

Im Rahmen der Jahresabschlussanalyse ist ferner zu untersuchen, auf welcher *Aggregationsstufe* Informationen analysiert werden, d. h. ob der Konzern als Ganzes, ein einzelnes Unternehmen oder auch nur ein Geschäftsfeld (Segment) betrachtet werden sollen. Dabei ist darauf zu achten, dass unter Umständen verschiedene Rechnungslegungssysteme für Einzel- und Konzernabschluss angewendet werden. Weiterhin ist für die Vergleichbarkeit relevant, ob Informationen konsolidiert (d. h. auf Basis der Eliminierung konzerninterner Leistungsbeziehungen) oder segmentiert (d. h. ohne Eliminierung geschäftsfeldübergreifender konzerninterner Leistungsbeziehungen) dargestellt werden.

In Abhängigkeit vom Erkenntnisziel des Analysten ist das *Betrachtungsmedium* zu bestimmen. Innerhalb der Bilanzanalyse kann der Zweck der Analyse eine Betrachtung unterschiedlicher Rechnungslegungsinstrumente zur Folge haben. Neben dem Jahresabschluss stehen dem Analysten mit dem Lagebericht, der Kapitalflussrechnung, der Segmentberichterstattung und dem Eigenkapitalspiegel weitere extern zugängliche Instrumente zur Verfügung. Daneben veröffentlichen kapitalmarktorientierte Unternehmen zunehmend Informationen der internen Steuerung, deren Qualität jedoch eingeschränkt ist, falls diese nicht durch eine unabhängige Instanz geprüft werden.

Weiterhin ist zu unterscheiden, welchen *Betrachtungshorizont* veröffentlichte Informationen unterstellen. In der Regel basieren Rechnungslegungsinformationen auf Ist-Zahlen (Actual), d. h. sie basieren auf einem Stichtag der Vergangenheit und bilden Geschäftsvorfälle einer vergangenen Periode ab. Zusätzlich finden sich zunehmend prospektive Informationen über die künftige Entwicklung.

In diesem Zusammenhang lassen sich Jahreshochrechnungen (Forecast) und Planrechnungen (meist 1 bis 3 Jahre) unterscheiden.

Im Zuge der Analyse von Informationen des externen Rechnungswesens sollte stets der begrenzte Aussagegehalt der Bilanzanalyse beachtet werden. Weder lässt sich mit Hilfe von Bilanzkennzahlen die tatsächliche ökonomische Lage des Unternehmens ableiten noch erlauben die veröffentlichten Informationen eine vollumfängliche Analyse der Unternehmenslage. Der Jahresabschluss basiert auf periodisierten Zahlungsströmen und orientiert sich an einer Kalenderjahresperspektive, während die Steuerung des Versicherungsgeschäfts weitgehend auf Basis von Zeichnungsjahren sowie einer Mehrperiodenbetrachtung (insbesondere in der Lebensversicherung) erfolgt.

In Abhängigkeit von der *Betrachtungsperspektive* des Analysten ist es daher stets sinnvoll, die eigene Analyse mit den zugänglichen Informationen von Rating-Gesellschaften, Informationen der Aufsicht oder auch Veröffentlichungen des Unternehmens zu vergleichen.

Ebene	**Ausprägungen**
Betrachtungsziele	– Rentabilität – Sicherheit – Liquidität – Wachstum
Aggregationsgrad	– Konzern (wirtschaftliche Einheit) – Legaleinheit (rechtliche Einheit) – Segment (Steuerungseinheit)
Betrachtungsmedium	– Bilanziell: HGB bzw. IFRS (Bilanz, GuV, Anhang, Kapitalflussrechnung, Eigenkapitalspiegel, Lagebericht) – Ökonomisch: Veröffentlichungen zu Unternehmenswert, ökonomischem Kapital, Risikokapital, Excess-Kapital, EEV
Betrachtungshorizont	– Einperiodig (z. B. Actual, Forecast) – Mehrperiodig (z. B. Planrechnung, Embedded Value)
Betrachtungsperspektive	– Rechnungslegung (Jahresabschluss, Quartalsabschluss) – Rating (Rating-Ergebnisse) – Aufsicht (Solvabilität) – Steuerung (EEV, RoRaC, VBM)

Abb. 9.1: Ebenen einer Analyse der Lage des Unternehmens

Innerhalb des externen Rechnungswesens gibt es folgende *Ansatzpunkte* für eine Bilanzanalyse:
- In der Regel erfolgt ein Vergleich eines Unternehmens mit verschiedenen Unternehmen (Betriebsvergleich), die über ein ähnliches Risiko- und Ertragsprofil (Peer-Group) verfügen und/oder eine Analyse über die Entwicklung eines Unternehmens in der Zeit (Zeitvergleich);

- Für die Analyse werden verschiedene absolute oder relative Kennzahlen gebildet. Mit Hilfe einer Zerlegung von Kennzahlen in weitere Kennzahlen, soll ein sachlogischer Beziehungszusammenhang (Kennzahlensystem) entstehen. In Konzepten zur wertorientierten Steuerung werden Risiken und Erträge auf Basis von Risikokapitalkonzepten gegenübergestellt. Übertragen auf die externe Jahresabschlussanalyse kann dieser Systematik folgend in einem einfachen Kennzahlensystem zwischen der Analyse der Ertragslage und der Analyse der Sicherheits- bzw. Risikolage unterschieden werden. Innerhalb der Ertragslage können Kennzahlen der Gesamtertragsanalyse (z. B. Rentabilitätskennzahlen) sowie einzelne wesentliche Ergebnistreiber analysiert werden. Darunter fallen im Versicherungsgeschäft neben den Prämien als wichtigste Ertragsquelle, die Auszahlungen für Schadenfälle und die Kosten des Versicherungsunternehmens. Von besonderer Bedeutung für die Profitabilität von Versicherungsunternehmen ist darüber hinaus das Ergebnis aus der Kapitalanlagetätigkeit. Im Zuge einer Analyse der Risikolage werden im Wesentlichen Risiken der Versicherungstechnik und Risiken der Kapitalanlage unterschieden. In der externen Analyse werden gängige – die tatsächliche Risikolage stark reduzierende – Kennzahlen verwendet, die jedoch auch heute noch für aufsichtsrechtliche Beurteilungen maßgeblich sind.

2 Analyse der Ertragslage von Versicherungsunternehmen

2.1 Einflussfaktoren auf die Ertragslage von Versicherungsunternehmen

Mit der Analyse der Ertragslage soll untersucht werden, wie das Jahresergebnis entstanden ist, welche Komponenten das Ergebnis beeinflusst haben und wie nachhaltig das Jahresergebnis ist, d. h. welche Aussagen über die künftige Ertragskraft abgeleitet werden können. Aus externer Sicht liefert die Erfolgsrechnung (GuV) die wesentliche Informationsquelle über das Ergebnis der Periode sowie die einzelnen Ertragsquellen.

Die wesentlichen Einflussgrößen auf den Erfolg aus einem Versicherungsvertrag stellen Prämienzahlungen der Versicherungsnehmer dar, denen als Auszahlungen während der Vertragslaufzeit vornehmlich Kosten und Schäden entgegenstehen. Daneben wird die Ertragslage von den Zu- und Abflüssen des Kapitalanlagegeschäfts sowie der Rückversicherungsnahme beeinflusst:

Das *Beitragsvolumen* wird bilanziell auf Basis von gebuchten bzw. verdienten Beiträgen ausgewiesen, die jeweils in einer Bruttosicht (d. h. mit der Einbeziehung der Rückversicherung) oder Nettosicht (für eigene Rechnung) abgebildet werden können:

- *Gebuchte Bruttobeiträge* liefern die Basis für den »Gesamtumsatz« des Versicherungsunternehmens. Diese absolute Kennzahl wird häufig im Vergleich zu einer Vorjahresperiode gesetzt und als Wachstumsindikator angesehen. Ebenso lässt sich im Unternehmensvergleich ein Anhaltspunkt über den Anteil eines Unternehmens am gesamten Umsatz im Markt (Marktanteil) gewinnen. Die gewonnenen Erkenntnisse zum Umsatzwachstum sollten jedoch dahingehend überprüft werden, ob eine verstärkte Akquisitionsleistung, Prämienanpassungen oder auch Währungseinflüsse Ursache für das Wachstum sind.
- Von Interesse für die Analyse ist ferner die Veränderung der *verdienten Bruttobeiträge* im Vergleich zu den gebuchten Bruttobeiträgen. Falls diese sich nicht gleichmäßig verändern, liegt die Ursache in der Veränderung der Bruttobeitragsüberträge. Beispielsweise kann ein erhebliches Wachstum in der Vorperiode zu steigenden verdienten Bruttobeiträgen führen, während die gebuchten Bruttobeiträge sogar rückläufig sein könnten.
- Daneben ist zu untersuchen, inwiefern eine veränderte *Rückversicherungs- bzw. Retrozessionspolitik* dazu führt, dass ein höherer bzw. geringerer Anteil der gebuchten Bruttobeiträge im Eigenbehalt des Versicherers bleibt. Wiederum können dadurch z. B. trotz höherer gebuchter bzw. verdienter Bruttobeiträge niedrigere gebuchte bzw. verdiente Nettobeiträge im Periodenvergleich resultieren.

Die *Schadenzahlungen* stellen die zweite wesentliche Analysegröße dar, wobei analog zu den Prämien zu unterscheiden ist, ob diese brutto oder netto betrachtet werden. Innerhalb der Analyse ist zu beachten, dass Schadenaufwendungen in zwei Komponenten unterteilt werden:

- Zahlungen für Versicherungsfälle, d. h. der Periode zuzurechnende, zahlungswirksame Aufwendungen sowie Zahlungen, die in einer anderen Periode aufwandswirksam sind,
- die Veränderung der Rückstellung für noch nicht abgewickelte Versicherungsfälle, d. h. Aufwendungen, die erst in späteren Perioden zahlungswirksam werden bzw. Erträge in Form der Auflösung der Rückstellung (Gegenposten zu nicht aufwandswirksamen Zahlungen der Periode).

Die Höhe der *Kosten* gilt aufgrund der steigenden Wettbewerbsintensität auf den Versicherungsmärkten als zentraler Wettbewerbsfaktor für die Zukunft.[354] Die

---

354 Vgl. *Heimes, Klaus* [Jahresabschlussanalyse, 2003], S. 210.

wesentlichen Kostengrößen eines Versicherungsunternehmens stellen die Verwaltungskosten sowie die Abschlusskosten dar. Analog unterscheidet die GuV Aufwendungen für den Versicherungsbetrieb in die beiden betriebswirtschaftlichen Funktionen »Aufwendungen für den Abschluss von Versicherungsverträgen« und »Aufwendungen für die Verwaltung von Versicherungsverträgen«.[355] Während Verwaltungskosten stets als Aufwand der laufenden Periode zu verbuchen sind, besteht für Abschlusskosten ein Bilanzierungsproblem. Im Zuge einer periodengerechten Erfolgsermittlung ist grundsätzlich eine wirtschaftliche Zuordnung der zu Vertragsbeginn anfallenden Abschlusskosten auf die Vertragsdauer geboten. Eine solche Aktivierung und Verteilung von Abschlusskosten ist jedoch nach deutschem Handelsrecht unzulässig (§ 248 Abs. 3 HGB). Vielmehr werden Abschlusskosten in der GuV nach HGB als Aufwendungen für den Versicherungsbetrieb ausgewiesen.[356] Nach US-GAAP führt der Deferral and Matching-Ansatz zu einer grundsätzlichen Aktivierung von Abschlusskosten (Deferred Acquisition Costs).[357] Durch die Aktivierung und die Abschreibung werden gegenüber dem HGB Aufwendungen zeitlich verschoben, d. h. bei Vertragsbeginn fallen die Abschlusskosten niedriger als nach HGB aus.[358]

2.2 Vergleich der Ertragslage nach HGB und IFRS

2.2.1 Gesamtertragsanalyse

Im Rahmen einer Gesamtbetrachtung stellt die Eigenkapitalrentabilität (Return on Equity) die wesentliche Kennzahl dar.[359] Die Rentabilitätsanalyse ist aussagefähiger als die Betrachtung absoluter Erfolgsgrößen, da das Anspruchsniveau der Eigentümer als Verzinsung des eingesetzten Kapitals prozentual ausgedrückt

---

355 Die Abschluss- und Verwaltungsaufwendungen werden aber nur in der GuV der Lebens- und Krankenversicherung direkt aufgeschlüsselt, während für Schaden-/Unfallversicherer Angaben im Anhang vorgeschrieben sind. Vgl. Heimes, Klaus [Jahresabschlussanalyse, 2003], S. 211.
356 Der Abschlusskostenabzug bei der Berechnung der Beitragsüberträge bzw. die Zillmerung der Deckungsrückstellung führen jedoch zu einer partiellen Verteilung der Abschlussaufwendungen auf die Versicherungsperiode.
357 Vgl. Geib, Gerd [Internationalisierung, 2003], S. 8.
358 Der Effekt wird teilweise ausgeglichen, indem aufgrund des Ultimate-Premium-Konzepts höhere Provisionen entstehen, die einen Ausgleich von Inflation und Beitragsanpassungen dienen. Vgl. Swiss Re [Paradigmenwechsel, 2002], S. 23.
359 Im Kern entspricht die Sichtweise der Eigenkapitalrentabilität auch modernen Wertsteuerungskonzepten. Anstelle des bilanziellen Eigenkapitals bestimmen diese ein Risikokapital, das das notwendige Kapital widerspiegelt, um das Unternehmen mit einer bestimmten Überlebenswahrscheinlichkeit fortzuführen. Vgl. Dal Santo, Daniel [Kapitalmanagement, 2002], S. 64. Ebenso werden bei der Ergebnisgröße im Zähler Anpassungen gemacht, um bilanzpolitische Einflüsse (z. B. die Glättung von Gewinnen) rückgängig zu machen.

wird. Die Eigenkapitalrentabilität gibt folglich an, inwiefern sich der Einsatz des Kapitals der Eigentümer im betrachteten Zeitraum gelohnt hat. Bilanziell wird die Eigenkapitalrentabilität durch das Verhältnis aus Jahresüberschuss bzw. -fehlbetrag zum mittleren Eigenkapital (unter Berücksichtigung des Sonderpostens mit Rücklageanteil sowie abzüglich ausstehender Einlagen) bestimmt.[360]

Return on Equity = Jahresüberschuss / mittleres Eigenkapital

Unterschiede in der Eigenkapitalrentabilität zwischen HGB und internationaler Rechnungslegung liegen in den einzelnen Ansatz- und Bewertungsvorschriften beider Bilanzierungssysteme, die zu einer unterschiedlichen Erfolgswirkung und daher zu einem unterschiedlichen Jahresüberschuss führen. Auf der Aktivseite beruhen diese Unterschiede auf den Kapitalanlagen, die nach IAS 39 weitgehend zum beizulegenden Zeitwert bilanziert werden, während nach HGB Kapitalanlagen im Wesentlichen zu (fortgeführten) Anschaffungskosten bilanziert werden. Auf der Passivseite werden die versicherungstechnischen Rückstellungen im HGB nach vorsichtigen Grundsätzen sowie überwiegend nach dem Grundsatz der Einzelbewertung bilanziert. Nach US-GAAP erfolgt die Bewertung auf Basis eines Best Estimate (i. d. R. der Erwartungswert bzw. der Modalwert) sowie unter Zugrundelegung von Bewertungsportfeuilles.

In der Praxis konnte bei Umstellungen auf internationale Rechnungslegung die Erfahrung gemacht werden, dass das Eigenkapital in der internationalen Rechnungslegung deutlich höher als nach HGB war.[361] Die Ursachen liegen vornehmlich in einer Aktivierung von Abschlusskosten nach US-GAAP, den zum Zeitwert bewerteten Kapitalanlagen, der fehlenden Schwankungsrückstellung und der niedrigeren Bewertung der versicherungstechnischen Rückstellungen. Gegenläufige Effekte zeigen sich bei der Deckungsrückstellung, die nach US-GAAP nicht gezillmert wird sowie bei der Rückstellung für Beitragsrückerstattung, die nach US-GAAP in hohem Maße latente Ansprüche aus erfolgsneutralen Werterhöhungen der Kapitalanlagen enthält.[362] Weiterhin kann eine nach HGB und IFRS unterschiedliche Definition der Eigen-/Fremdkapitalabgrenzung bei hybriden Finanzierungsinstrumenten zu Abweichungen beim bilanzierten Eigenkapital führen.[363]

Die beschriebenen Effekte gleichen sich teilweise dadurch aus, dass Abhängigkeiten zwischen ihnen bestehen. So führt eine Steigerung der Kapitalanlagen nicht notwendigerweise zu einer Erhöhung des Eigenkapitals. Vielmehr führen unrealisierte Gewinne der Kategorie *Available for Sale* zum Großteil zu einem An-

---

360 Vgl. Metzler, Marco [Jahresabschlussanalyse, 1999], S. 110.
361 Vgl. Fourie, Dirk et al. [Abschlussanalyse, 2005a], S. 104.
362 Vgl. zum sog. Shadow-Accounting Herger, Thomas R. et al. [US-GAAP, 2000], S. 365–377.
363 Vgl. hierzu auch Kapitel 5.

stieg der latenten Rückstellung für Beitragsrückerstattung und zu einem Anstieg der latenten Steuern. Lediglich der verbleibende Betrag erhöht unmittelbar das Eigenkapital. Ebenso führt zwar die Aktivierung von Abschlusskosten zu einer Erhöhung des Eigenkapitals, gleichzeitig jedoch führt der Verzicht auf eine Zillmerung zu einem höheren Ausweis der Deckungsrückstellung und damit zu einer Verringerung des Eigenkapitals.

Zusätzliche Effekte auf das Eigenkapital finden sich im Rahmen der Bilanzierung weiterer Vermögenswerte und Schulden:
- Im Vergleich zur steuerrechtlich getriebenen Bewertung der Pensionsrückstellungen nach § 6a EStG im HGB zeichnen sich IFRS meist durch eine höhere Bemessung der Pensionsrückstellungen aus.[364] Die Ursache liegt vor allem in der Berücksichtigung von künftigen Lohn- und Gehaltssteigerungen sowie Karrieretrends bei der Berechnung der Pensionsrückstellungen nach IAS 19. Insofern führt dieser Effekt zu einem geringeren Eigenkapital nach internationalen Vorschriften.[365]
- Die Pflicht zur Bilanzierung aktiver latenter Steuern (insbesondere die Aktivierung von Verlustvorträgen) führt zu einem höheren Eigenkapital im Vergleich zur HGB-Rechnungslegung.[366]
- Das Verbot zur Bilanzierung eines Sonderpostens mit Rücklageanteil nach IFRS führt zu einem höheren Eigenkapitalausweis gegenüber HGB. Der Sonderposten wird aufgelöst und in die Gewinnrücklagen umgebucht.[367]
- Die Pflicht zur Aktivierung von immateriellen Vermögensgegenständen unter bestimmten Voraussetzungen (Aktivierung selbsterstellter Software, Aktivierung und Verbot der planmäßigen Abschreibung des Goodwill) führen gegenüber dem HGB zu einer Zunahme des Eigenkapitals.[368]

Die Wirkung einer Umstellung von HGB auf US-GAAP auf den Jahresüberschuss lässt sich im Ergebnis nicht eindeutig feststellen, gerade weil der Gesamterfolg in der Totalperiode unabhängig vom jeweiligen Rechnungslegungssystem ist. In der Tendenz zeigt sich aufgrund der im Rahmen der Eigenkapitalveränderung beschriebenen Effekte auch eine entsprechende Erhöhung des Jahresüberschusses zum Umstellungszeitpunkt. Dies gilt jedoch nicht in vollem Umfang, da die erfolgsneutral bewerteten Wertpapiere der Kategorie *Available for Sale* zu keiner

---

364 Vgl. Pellens, Bernhard et al. [Internationale Rechnungslegung, 2004], S. 421.
365 Der Effekt wird jedoch teilweise ausgeglichen, da die Differenz zwischen steuerrechtlichem Betrag und IAS/IFRS-Betrag zu aktiven latenten Steuern führt. Vgl. Zwirner, Christian et al. [Rechnungslegung, 2004], S. 227.
366 Vgl. Schmid, Reinhold [Darstellung, 2005], S. 84.
367 Vgl. Ballwieser, Wolfgang [Umstellung, 2000], S. 451.
368 Vgl. Pellens, Bernhard et al. [Internationale Rechnungslegung, 2004], S. 274.

Veränderung des Jahresergebnisses führen. Daher ist gegenüber der Eigenkapitalrentabilität nach HGB ein niedrigerer Wert zu erwarten.

In der Analyse ist die Aussagekraft der Eigenkapitalrentabilität nach IFRS stark eingeschränkt. Dies hängt damit zusammen, dass die erfolgsneutral bewerteten Kapitalanlagen nach IFRS zwar zu Schwankungen des Eigenkapitals führen, nicht jedoch zu einer Erfolgswirkung, d. h. zu einer Schwankung des Jahresüberschusses. Damit wird aufgrund des Accounting-Mismatches die ökonomische Realität nur unzureichend abgebildet.

Beispiel 9.1: Problematik der Aussagefähigkeit des RoE nach IFRS

Der Marktwert der Assets eines Versicherungsunternehmens sinkt aufgrund eines Zinsanstieges am Markt im Jahr 2007 um 50 Mio. Euro. Aufgrund der Einordnung der Bonds in die Kategorie Available for Sale (fixed-income) erfolgt die Wertänderung erfolgsneutral, d. h. die Neubewertungsrücklage verändert sich um –50 Mio. Euro. Bei einem Gesamteigenkapital von annahmegemäß 1 Mrd. Euro verringert sich dieses folglich auf 950 Mio. Euro.

Das Unternehmen erwirtschaftet sowohl 2006 als auch 2007 einen Jahresüberschuss von 100 Mio. Euro, der vollständig thesauriert wird, d. h. das Eigenkapital um 100 Mio. Euro erhöht. Die Marktwertänderung hat nach IFRS keinen Einfluss auf die Höhe des Jahresüberschusses. Die folgenden Kennzahlen beziehen sich jeweils auf das durchschnittlich gebundene Kapital, d. h. $(EK_t + EK_{t-1}) / 2$.

RoE 2006 = 100 Mio. Euro / 950 Mrd. Euro = 10,5% (bezogen auf durchschnittlich gebundenes Kapital)
RoE 2007 = 100 Mio. Euro / 1.025 Mio. Euro = 9,8%
RoE bereinigt = 50 Mio. Euro / 1.025 Mio. Euro = 4,9%

2.2.2 Analyse einzelner Quellen der Ertragslage

2.2.2.1 Erfolgsegmentierung

Eine Analyse der einzelnen Quellen der Ertragslage basiert auf einer Zuordnung von Aufwendungen und Erträgen zu bestimmten Ertragsgruppen.[369] Damit soll untersucht werden, inwiefern einzelne zusammengehörige Segmente zum Erfolg des Unternehmens beigetragen haben. § 275 HGB sieht eine Trennung des Ergebnisses in ordentliche und außerordentliche Ertragskomponenten vor. Diese Segmentierung soll die Nachhaltigkeit von Erträgen, d. h. deren zukünftige Planbarkeit, aufzeigen.[370] Während FARNY bereits 1975 eine Zuordnung von Erträgen auf ordentliche und außerordentliche Komponenten fordert, hat sich nach HGB eine Segmentierung des Gesamtertrages in ein versicherungstechnisches und ein nicht versicherungstechnisches Ergebnis entwickelt, obwohl die Zeitraumbezogenheit

---

[369] Vgl. Farny, Dieter [Buchführung, 1992], S. 174.
[370] Vgl. Gräfer, Horst [Bilanzanalyse, 1997], S. 106.

des Versicherungsgeschäfts und die dadurch entstehende Möglichkeit zur Kapitalanlage gerade die Zusammengehörigkeit von Versicherungs- und Kapitalanlagegeschäft verdeutlicht.[371]

Das *versicherungstechnische Ergebnis* sagt aus, welcher Gewinn aus dem reinen Versicherungsgeschäft entstanden ist, und zwar nach Berücksichtigung der Rückversicherung und vor Steuern.[372] Die grundsätzliche Fragestellung besteht darin, inwiefern es dem Versicherungsunternehmen gelungen ist, ein zumindest ausgeglichenes versicherungstechnisches Ergebnis zu erzielen, d. h. ob das versicherungstechnische Ergebnis größer oder gleich Null ist.[373] Wesentlich für die Analyse des versicherungstechnischen Ergebnisses ist die Zu- oder Entnahme zur Schwankungsrückstellung.[374] In schadenarmen Jahren wird der Schwankungsrückstellung Kapital zugeführt.[375] Damit fällt das versicherungstechnische Ergebnis nach Schwankungsrückstellung schlechter aus als vor Schwankungsrückstellung. Demgegenüber werden in schadenreichen Jahren Beträge aus der Schwankungsrückstellung entnommen, wodurch das Ergebnis verbessert wird, d. h., das versicherungstechnische Ergebnis nach Schwankungsrückstellung ist besser als vor Schwankungsrückstellung.

Gegenüber dem HGB unterscheidet die Internationale Rechnungslegung nicht zwischen einem versicherungstechnischen und einem nicht versicherungstechnischen Ergebnis.[376] Eine gesonderte Analyse des versicherungstechnischen Ergebnisses verlangt insofern den Aufwand einer Zuordnung der ausgewiesenen Erträge und Aufwendungen (z. B. nach dem Schema der RechVersV). Viele kapitalmarktorientierte Unternehmen unterscheiden jedoch in ihrer Gliederung operative und nicht-operative Ergebnisbestandteile. Lohnender scheint daher eine Analyse der einzelnen Erfolgsfaktoren über die Bildung relativer Kennzahlen. Im Folgenden werden die wichtigsten Kennzahlen der Erfolgsanalyse betrachtet und anhand der betrachteten Bilanzierungssysteme unterschieden.

---

371 Vgl. Farny, Dieter [Versicherungsbilanzen, 1975], S. 37–38.
372 Man unterscheidet zwei Varianten des versicherungstechnischen Ergebnisses: zum einen das versicherungstechnische Ergebnis f.e.R. vor Schwankungsrückstellung. Es wird in der GuV häufig nur als »Zwischensumme« bezeichnet. Zum anderen das versicherungstechnische Ergebnis f.e.R. nach Schwankungsrückstellung. Es wird in der GuV als »versicherungstechnisches Ergebnis« bezeichnet. Vgl. Heimes, Klaus [Jahresabschlussanalyse, 2003], S. 216–217.
373 In der Versicherungstechnik spricht man in diesem Zusammenhang auch vom Äquivalenzprinzip, d. h. die Leistung der Versicherungsnehmer und die Leistung des Versicherungsunternehmens entsprechen sich im Durchschnitt. In diesem Fall wäre das versicherungstechnische Ergebnis gerade Null.
374 Vgl. Heimes, Klaus [Jahresabschlussanalyse, 2003], S. 217.
375 Vgl. zur Bilanzierung der Schwankungsrückstellung Geib, Gerd/Telgenbüscher, Franz R. [Posten, 2003], Tz. 356–362.
376 Die IAS/IFRS kennen grundsätzlich keine branchenbezogenen Regelungen. Ein Mindestgliederungsschema zur GuV – allerdings auf branchenunabhängiger Basis – findet sich in IAS 1.78.

2.2.2.2 Schaden- und Kostenquote

Die *Schadenquote* ist eine zentrale Kennzahl für Versicherungsunternehmen zur Analyse der Ertragslage.[377] Sie gibt einen Anhaltspunkt über die Schadensituation beziehungsweise die Schadenbelastung eines Versicherungsunternehmens. Je niedriger die Schadenquote ist, umso mehr Deckungsbeitrag bleibt dem Versicherungsunternehmen zur Deckung von Abschluss- und Verwaltungsaufwendungen und zur Erzielung eines versicherungstechnischen Gewinns.[378]

Die Schadenquote beschreibt das Verhältnis der Schadenleistungen an Versicherungsnehmer zu den verdienten Beiträgen.[379]

Schadenquote = Schadenleistungen / verdiente Beiträge

In Abhängigkeit von der Berücksichtigung der Rückversicherung kann die Schadenquote brutto oder netto betrachtet werden. Wenn beide Kennzahlen verglichen werden, lassen sich Rückschlüsse auf die Wirkung der bestehenden Rückversicherungsbeziehungen ziehen.[380]

Ein Vergleich der Schadenquote nach HGB und US-GAAP kann unmittelbar auf den bereits beschriebenen Effekten bei der Abbildung von Prämien und Schäden aufbauen. Während für die Schadenzahlungen keine wesentlichen Unterschiede zwischen den Rechnungslegungssystemen gelten, sind die Schadenrückstellungen tendenziell nach internationalen Vorschriften niedriger bewertet. Im Nenner führt die Berücksichtigung von Pipeline Premiums regelmäßig zu höheren Werten der Beiträge nach US-GAAP.[381] Im Ergebnis wird die Schadenquote nach internationalen Vorschriften tendenziell niedriger als nach HGB sein.[382] Im Einzelfall können allerdings die dargestellten gegenläufigen Effekte zu einer Umkehrung dieses Grundsatzes führen. Dies gilt insbesondere, wenn bei sinkenden Geschäftsvolumen die Abwicklungsgewinne nach HGB die niedrigere Rückstellungsbildung nach US-GAAP überkompensieren.

Die *Kostenquote*, häufig in der Praxis auch »Kostensatz« genannt, charakterisiert die Fähigkeit des Versicherungsunternehmens zu wirtschaftlichem und versicherungstechnisch wirkungsvollem Ressourceneinsatz. Sie beschreibt das Ver-

---

377 Vgl. Farny, Dieter [Buchführung, 1992], S. 178.
378 Vgl. zu den Prämienbestandteilen Helten, Elmar/Karten, Walter [Risiko, 1984], S. 66–68.
379 Vgl. zur Definition Metzler, Marco [Jahresabschlussanalyse, 1999], S. 123.
380 Die Nettoschadenquote ist dabei die relevante Größe für die betriebswirtschaftliche Wirkung auf das Versicherungsunternehmen. Sie klärt die Frage, was nach der Wirkung der Rückversicherung vom Versicherungsunternehmen noch an Schadenzahlungen zu leisten ist.
381 Dieser Effekt hat sich grundsätzlich auch in der Praxis bestätigt. Vgl. Lach, Gunther/Lohse, Ute [Entwicklung, 2004], S. 25–28.
382 Vgl. Swiss Re [Paradigmenwechsel, 2002], S. 46.

hältnis der Abschluss- und Verwaltungsaufwendungen für den Versicherungsbetrieb zu den verdienten Beiträgen.[383]

Kostenquote = Abschluss- und Verwaltungsaufwendungen / verdiente Beiträge

Die zentrale Frage besteht darin, welcher Teil des Umsatzes, also der Beitragseinnahmen, verwendet werden muss, um die Kosten aus dem Versicherungsbetrieb zu decken. Die Kostenquote sagt aus, welcher Teil der verdienten Beiträge zur Deckung von Abschluss- und sonstigen Verwaltungsaufwendungen herangezogen werden kann.[384] Je niedriger die Kostenquote, umso mehr Deckungsbeitrag bleibt dem Versicherungsunternehmen zur Deckung von Schäden und zur Erzielung eines versicherungstechnischen Gewinns. Bei der Analyse von Kostenquoten ist zu beachten, dass sowohl Beitragseinnahmen, als auch Aufwände die Quote beeinflussen. So kann ein Anstieg der Kostenquote von einem Umsatzrückgang bei gleich bleibendem Kostenvolumen herrühren, von einem Kostenanstieg bei gleich bleibendem Umsatz oder von überproportionalem Kostenanstieg bei unterproportionalem Umsatzwachstum.

Grundsätzlich gilt gegenüber einer Bruttosicht eine Betrachtung der Kostenquote auf Nettobasis als theoretisch aussagekräftiger, da sie beschreibt, welcher Aufwand in Relation zu den Beiträgen nach Wirkung der Rückversicherung im aktuellen Geschäftsjahr tatsächlich zu bestreiten ist.[385] Allerdings können auch Rückversicherungsprovisionen und Gewinnbeteiligungen jahresabschlusspolitisch motiviert sein, womit die Bruttobetrachtung ebenfalls eine wichtige Bedeutung erlangt.[386] Problematisch ist bei der Nettobetrachtung vor allem, dass die Höhe der Rückversicherungsprovision als zentrales Preisregulativ der proportionalen Rückversicherung mitunter stark von der Profitabilität des zedierten Geschäfts beeinflusst wird, und somit nicht ausschließlich eine Erstattung von Abschluss- und Verwaltungskosten darstellt. Dies gilt insbesondere bei der Vereinbarung von Gewinnbeteiligungen und Staffelprovisionen, deren Höhe sich nach dem Schadenverlauf bestimmt. Diese haben keinerlei Bezug zur Kostensituation beim Zedenten, was bei der Interpretation der Kennzahlen Berücksichtigung finden sollte.

Grundsätzlich lässt sich die Kostenquote in die Bestandteile Abschlusskostenquote und Verwaltungskostenquote aufteilen.[387] Dies ist jedoch regelmäßig nur vor Rückversicherung möglich, da sich die erhaltenen Rückversicherungsprovisionen nicht willkürfrei auf die Funktionen Abschluss- und Verwaltung

---

[383] Vgl. bereits Farny, Dieter [Versicherungsbilanzen, 1975], S. 54–55.
[384] Vgl. beispielhaft Metzler, Marco [Jahresabschlussanalyse, 1999], S. 130.
[385] Vgl. Heimes, Klaus [Jahresabschlussanalyse, 2003], S. 213.
[386] Vgl. Liebwein, Peter [Rückversicherung, 2000], S. 43–44.
[387] Vgl. beispielhaft Farny, Dieter [Buchführung, 1992], S. 178.

aufgliedern lassen und meist separat ausgewiesen werden. Im Rahmen eines Vergleichs der *Abschlusskostenquote* zwischen HGB und US-GAAP ist zu beachten, dass Abschlusskosten nach US-GAAP – soweit sie variabel sind – als Deferred Acquisition Costs (DAC) aktiviert und damit nicht in der Periode sofort erfolgswirksam vereinnahmt werden.[388] Auf der anderen Seite wird dieser Effekt im HGB teilweise durch den Kostenabzug bei den Beitragsüberträgen sowie der Zillmerung im Rahmen der Bewertung der Deckungsrückstellung kompensiert. Zusätzlich fallen nach US-GAAP auf die Pipeline Premiums Provisions-Verbindlichkeiten an, was ebenfalls einen gegenläufigen Effekt hervorruft. Durch die Berücksichtigung von Pipeline Premiums in den Prämien wird der Nenner der Kostenquote nach US-GAAP tendenziell höher ausfallen. Der Zähler wird in Folge der Aktivierung von Abschlusskosten niedriger sein. Daher kann grundsätzlich von einer niedrigeren Kostenquote nach US-GAAP ausgegangen werden. Je nach Einfluss der beschriebenen, gegenläufigen Argumente, kann auch ein entgegengesetzter Effekt entstehen.

Die *Verwaltungskostenquote* wird in Folge der unterschiedlichen Beitragszusammensetzung ebenfalls nach US-GAAP tendenziell niedriger ausfallen.[389] Allerdings zeichnen sich sowohl die Abschluss- als auch Verwaltungskostenquote durch eine höhere Volatilität aus.[390]

Die Summe aus Schaden- und Kostenquote wird als *Combined Ratio* bezeichnet.[391]

Combined Ratio = Kostenquote + Schadenquote

Die »Combined Ratio« ist eine Kennzahl zur Bewertung der Leistungsfähigkeit eines Versicherungsunternehmens in seinem Kerngeschäft. Liegt die Combined Ratio über 100%, dann war das Versicherungsunternehmen nicht in der Lage, ein positives bzw. ausgeglichenes Ergebnis in der Versicherungstechnik zu erwirtschaften.

Wie in den einzelnen Kennzahlen dargestellt, sind Schadenquote sowie Abschluss- und Verwaltungskostenquote nach US-GAAP regelmäßig niedriger als nach HGB. Daher führt auch die Addition dieser Kennzahlen zur Combined Ratio zu einem tendenziell niedrigeren Ergebnis. Allerdings sind die oben dargelegten gegenläufigen Effekte im Einzelfall zu prüfen.

---

388 Vgl. hierzu und im Folgenden Swiss Re [Paradigmenwechsel, 2002], S. 46–47.
389 Vgl. Swiss Re [Paradigmenwechsel, 2002], S. 47.
390 Zu beachten sind auch Umklassifizierungen zwischen Schadenquote, Verwaltungskosten- und Abschlusskostenquote, die in Folge von indirekten Schadenregulierungskosten und Abschlusskostengemeinkosten entstehen können. Insofern ist eine Vergleichbarkeit einzelner Kennzahlen (sowohl nach HGB als auch nach US-GAAP) nicht immer gegeben.
391 Umso erstaunlicher ist die Tatsache, dass die Combined Ratio in den Dissertationen von Heimes und Metzler nicht erwähnt und untersucht werden. Vgl. Metzler, Marco [Jahresabschlussanalyse, 1999] sowie Heimes, Klaus [Jahresabschlussanalyse, 2003].

Die Aussagefähigkeit der Kennzahl im Sinne einer Jahreszahl ist stark eingeschränkt, da die Kalenderjahresbetrachtung aufgrund der Langfristigkeit von möglichen Auszahlungs-Pattern im Versicherungsgeschäft keine Aussage über den Erfolg eines Zeichnungsjahres erlaubt.

> **Beispiel 9.2: Problematik der Aussagefähigkeit einer Combined Ratio auf Kalenderjahresbasis**
>
> **Beispiel 1:** Ein Versicherungsunternehmen erleidet im Jahr 2007 eine erhebliche Nachreservierung seiner Schadenreserven. Die Ursache der Nachreservierung liegt in früheren Zeichnungsjahren, in denen Asbest-Risiken gezeichnet wurden, die erst jetzt zu gesundheitlichen Problemen bei Patienten geführt haben. Die Schadenquote des Kalenderjahres und somit die Combined Ratio verschlechtert sich durch diese Nachreservierung wesentlich, und verdeckt dabei, dass das Zeichnungsjahr 2007 u. U. ein sehr erfolgreiches Jahr war.
>
> **Beispiel 2:** Ein anderes Versicherungsunternehmen hatte in den Vorjahren aufgrund von Asbest-Risiken Rückstellungen gebildet, die sich im Jahr 2007 als überhöht erweisen. Das Unternehmen löst diese Rückstellungen in hohem Maße auf und verbessert damit die Combined Ratio 2007 erheblich. Dabei wird verdeckt, dass das Zeichnungsjahr 2007 u. U. ein sehr schlechtes Zeichnungsjahr war.

Eine Analyse auf Basis von Zeichnungsjahren sollte daher stets neben einer Kalenderjahresbetrachtung erwogen werden. Weiterhin sollte die Combined Ratio um außerordentliche Effekte (z. B. Nachreservierungen, Auflösung von Schadenrückstellungen, einmalige Großschäden) bereinigt werden.

2.2.2.3 Kapitalanlageergebnis

Die Kenntnis der erzielten Verzinsung der Kapitalanlagen ermöglicht die Bewertung der Ertragsstärke eines Versicherungsunternehmens im Geschäftsfeld der Vermögensanlage. Die zentrale Kennzahl zur Messung des Kapitalanlageerfolgs stellt die Nettoverzinsung (Return on Investment) dar.[392] Die Nettoverzinsung benennt den relativen Erfolg aus der Kapitalanlage bezogen auf das Kapitalanlagevolumen. Bilanziell wird sie aus dem Verhältnis des Ergebnisses aus Kapitalanlagen zum mittleren Kapitalanlagebestand ermittelt.[393]

Return on Investment = Ergebnis aus Kapitalanlagen / mittlerer Kapitalanlagebestand

---

[392] Die Nettoverzinsung wird auch als Verbandsformel bezeichnet. Vgl. Heimes, Klaus [Jahresabschlussanalyse, 2003], S. 203. Vgl. zu einer Aufzählung weiterer Kennzahlen des Kapitalanlagebereichs Fourie, Dirk et al. [Abschlussanalyse, 2005b], S. 176.

[393] In der Nettoverzinsung werden alle in der Vermögensanlage anfallenden Erträge und Aufwendungen erfasst. Eingeschlossen sind neben den laufenden Erträgen aus Zinsen, Dividenden etc. und dem Aufwand für die Verwaltung der Kapitalanlagen auch außerplanmäßige Erträge und Aufwendungen.

Eine hohe Verzinsung spricht für eine hohe Ertragskraft des Versicherungsunternehmens. Eine gleichmäßige Verzinsung ist ein Indiz für professionelles Kapitalanlagemanagement und langfristige Stabilität. Eine stabile Nettoverzinsung ist oft auf die gezielte Jahresabschlusspolitik eines Versicherungsunternehmens zurückzuführen. Dabei werden Bewertungsreserven auf Kapitalanlagen je nach Erfordernis aufgelöst oder gebildet.

Im Unterschied zu HGB existiert für viele Wertpapiere nach IFRS kein Anschaffungswertprinzip in der Folgebewertung.[394] Somit wird das Realisationsprinzip regelmäßig durchbrochen, indem Werte über Anschaffungskosten teilweise realisiert werden (through profit or loss) und teilweise ergebnisneutral (available for sale) berücksichtigt werden.[395] In der Praxis werden Wertpapiere meist in die Kategorie *Available for sale* eingeordnet, wodurch keine Erfolgswirksamkeit entsteht. Allerdings erhöht sich durch die Zeitwertbilanzierung im Falle von Wertsteigerungen der mittlere Kapitalanlagebestand, auch wenn das Ergebnis nicht beeinflusst wird. Dadurch entsteht bei positiven Wertänderungen eine gegenüber dem HGB niedrigere Nettoverzinsung, da im HGB Wertänderungen über die Anschaffungskosten nicht berücksichtigt werden.

Andererseits werden im zur Veräußerung verfügbaren Bestand Aufwendungen vermieden, so lange keine dauerhafte Wertminderung vorliegt.[396] Durch die Fair-Value-Bilanzierung sinkt der mittlere Bestand der Kapitalanlagen, was im HGB nach dem strengen Niederstwertprinzip grundsätzlich ebenfalls der Fall ist. Allerdings kann seit der Neuregelung des § 341b Abs. 2 HGB (VersKapAG) auf eine Abschreibung verzichtet werden, so lange diese Wertpapiere dem Anlagevermögen zugeordnet werden und keine dauerhafte Wertminderung vorliegt. Daher wird der mittlere Kapitalanlagebestand bei Wertminderungen nach HGB tendenziell höher sein. Auf der anderen Seite bleiben die Wertminderungen nach IFRS in der Regel ergebnisneutral, wodurch das Ergebnis aus den Kapitalanlagen nicht beeinträchtigt wird. Damit kann tendenziell im Falle von Wertminderungen eine nach IFRS höhere Nettoverzinsung festgestellt werden.

Die dargestellten Effekte werden teilweise kompensiert bzw. sind gegenläufig wenn Wertpapiere in hohem Maße in die Kategorie »Through profit or loss« eingeordnet werden. In diesem Fall würde sich die Wertsteigerung sowohl im Ergebnis als auch im mittleren Kapitalanlagebestand niederschlagen, wodurch

---

394 Im Folgenden werden lediglich Finanzinstrumente untersucht. Nicht intensiv betrachtet werden Grundstücke und Gebäude. Der wesentliche Unterschied zwischen HGB und IFRS liegt in der verschiedenen Nutzungsdauer. Während HGB auf steuerrechtliche Vorschriften abstellt (§ 7 Abs. 4-5 EStG) sind nach IAS/IFRS betriebswirtschaftlich begründete Abschreibungsdauern maßgeblich. In der Regel führt dies zu längeren Abschreibungsdauern bzw. geringeren jährlichen Abschreibungen nach IAS/IFRS. Vgl. Fourie, Dirk/Velthuysen, Oliver [Grundbesitz, 2001], S. 649.
395 Vgl. Pellens Bernhard et al. [Internationale Rechnungslegung, 2004], S. 497–499.
396 Nach IAS 39.58 ist jährlich ein Werthaltigkeitstest durchzuführen. Vgl. zum Verfahren Pellens, Bernhard et al. [Internationale Rechnungslegung, 2004], S. 509–510.

gegenüber dem HGB keine erheblichen Unterschiede in der Nettoverzinsung zu erwarten sind. Allerdings zeichnet sich die Nettoverzinsung nach IFRS hier durch eine weit höhere Volatilität aus.

Weitgehend gleichläufig sind die Effekte, bei Wertpapieren der anderen Kategorien, weil diese wie im HGB nach fortgeführten Anschaffungskosten bewertet werden. Zu beachten ist die international nicht übliche Bilanzierung von Namensschuldverschreibungen zum Nennwert (§ 341c HGB).[397] Während im HGB Namensschuldverschreibungen häufig zum Nennwert bilanziert werden, sind diese nach IFRS einer der Kategorien zuzuordnen. Dadurch entfällt die Verteilung von Differenzen zwischen Nennwert und Anschaffungskosten, die im Falle eines gegenüber den Anschaffungskosten höheren Nennbetrags zur Bildung eines passiven Rechnungsabgrenzungspostens führt, der als zusätzlicher Zins über die Laufzeit verteilt wird.[398] Erfolgt nach IAS 39 demgegenüber eine Bewertung zu fortgeführten Anschaffungskosten wird der Unterschiedsbetrag nach der Effektivzinsmethode unmittelbar auf die Anschaffungskosten zugeschrieben, d. h. es wird kein Rechnungsabgrenzungsposten gebildet.[399] Im HGB wird dadurch zunächst der Zinsertrag gegenüber den IFRS geringer ausfallen, während der Kapitalanlagebestand gleich ist, d. h. die Nettoverzinsung ist zunächst geringer als nach IAS 39 und später – bei Auflösung des Unterschiedsbetrages – höher.[400]

> **Beispiel 9.3: Problematik der Aussagefähigkeit des RoI nach IFRS**
>
> Der Marktwert der Assets eines Versicherungsunternehmens ist aufgrund eines Zinsanstieges am Markt im Jahr 2007 um 50 Mio. € auf 950 Mio. € gesunken (Einordnung der Bonds in die Kategorie Available for Sale fixed-income). In den Jahren 2005 und 2006 war der Marktwert konstant bei 1 Mrd. €.
>
> Das Unternehmen erwirtschaftet sowohl 2006 als auch 2007 ein Kapitalanlageergebnis von 80 Mio. €. Die Marktwertänderung hat nach IFRS keinen Einfluss auf die Höhe des Kapitalanlageergebnisses.
>
> RoI 2006 = 80 Mio. € / 1 Mrd. = 8%
> RoI 2007 = 80 Mio. € / 0,5 · (1 Mrd. € + 950 Mio. €) = 8,2%
>
> Bereinigt man das Kapitalanlageergebnis um die Marktwertveränderung der Assets, errechnet sich ein Total Return, der die ökonomische Realität adäquater widerspiegelt.
>
> Total Return = 30 Mio. € / 0,5 · (1 Mrd. € + 950 Mio. €) = 3,1%

---

[397] Vgl. zur Behandlung nach § 341c HGB Stuirbrink, Wolfgang/Schuster, Anselm [§ 341c HGB, 1998], S. 227–228.
[398] Vgl. Stuirbrink, Wolfgang/Schuster, Anselm [§ 341c HGB, 1998], S. 228.
[399] Vgl. Fourie, Dirk et al. [Abschlussanalyse, 2005b], S. 174.
[400] Der umgekehrte Fall eines aktiven Unterschiedsbetrages hat grundsätzlich eine entgegengesetzte Wirkung. Allerdings ist hierbei das Wahlrecht nach HGB zur Bildung eines aktiven Unterschiedsbetrages zu beachten. Die von Fourie et al. festgestellte Bilanzverkürzung nach IFRS ist daher nicht immer tatsächlich vorhanden. Vgl. Fourie, Dirk et al. [Abschlussanalyse, 2005b], S. 174.

Analog zum RoE ist die Aussagefähigkeit des RoI nach IFRS durch die erfolgsneutrale Bewertung der Kategorie Available for Sale eingeschränkt, wenn die Marktwerte der Assets die Berechnungsbasis bilden. Letztere schwanken in Abhängigkeit von Wertschwankungen der Assets, während das Kapitalanlageergebnis unverändert bleibt.

2.2.3 Überblick über Angabepflichten zur Ertragslage

Die Abbildung 9.2 gibt einen Überblick über Angabepflichten nach HGB bzw. IFRS, die für eine Analyse der Ertragslage hilfreich sind:

Kriterium		HGB	IFRS bzw. US-GAAP
Gesamtertragslage		– Darstellung von Ergebnisentwicklung, wesentlichen Veränderungen, Trends und ungewöhnlichen Entwicklungen (DRS 15.50) – Wesentliche Veränderungen in der Struktur einzelner Aufwendungen und Erträge (DRS 15.59)	– Erläuterungen wesentlicher Einflussfaktoren auf die Ertragslage inkl. Änderungen im wirtschaftlichen Umfeld (IAS 1.9) – Sensitivitätsanalysen des Eigenkapitals und des Jahresergebnisses im Hinblick auf wesentliche Einflussgrößen (IFRS 4.39)
Ertragsquellen	Kapitalanlagen	Zeitwert für die zum Anschaffungswert ausgewiesenen Kapitalanlagen in einer Summe (§ 54 RechVersV)	Erträge und Aufwendungen aus einzelnen Kapitalanlagekategorien sowie Zinsergebnis aus Nicht-Kapitalanlage (IFRS 7.20)
	Beiträge	Darstellung der Entwicklung des Umsatzes (DRS 15.55)	–
	Schäden	– Erläuterung des Abwicklungsergebnisses der Schadenrückstellung nach Art und Höhe (§ 41 Abs. 5 RechVersV) – Schadenquoten und Abwicklungsergebnisse der Eingangsschadenrückstellung über zehn Jahre hinweg (DRS 20.24)	– Angaben über Sicherheitszuschläge in den Schätzungen (IFRS 4.36) – Bewertungsgrundlagen der Schadenrückstellung (SFAS 60.60)
	Kosten	Aufspaltung von Abschluss- und Verwaltungskosten (§ 43 Abs. 5 RechVersV)	Art der aktivierten Abschlusskosten sowie Abschreibungsmethodik (SFAS 60.60)
	Ergebnis der Rückversicherung	Methoden der Ermittlung der einzelnen versicherungstechnischen Rückstellungen sowohl brutto als auch im Bezug auf den Anteil der Rückversicherer (§ 52 Nr. 1c RechVersV)	– Art, Zweck und Auswirkung auf das Versicherungsgeschäft des Erstversicherers (SFAS 113.27) – Methoden der Ertragsrealisation aus Rückversicherungsverträgen (SFAS 113.27)

Abb. 9.2: Informationen über die Ertragslage

3 Analyse der Sicherheitslage von Versicherungsunternehmen nach HGB, IFRS und Fair-Value-Bilanzierung

3.1 Einflussfaktoren auf die Sicherheitslage von Versicherungsunternehmen

Die Sicherheitslage nimmt für Versicherungsunternehmen einen zentralen Stellenwert ein. Die Risiken eines Versicherungsunternehmens können in die Komponenten versicherungstechnische Risiken, Kapitalanlagerisiken, Ausfallrisiken und operationelle Risiken unterteilt werden:

- Das *versicherungstechnische Risiko* besteht in der Ungewissheit, ob die a priori kalkulierten Prämien für die Schadenaufwendungen der Periode ausreichen.[401] Die Ursache für diese mögliche Unterdeckung kann dabei sowohl in der Vergangenheit (aufgrund einer falschen Kalkulation der Prämien) als auch in der künftigen Prognose des Schadenverlaufs (z. B. aufgrund von Zufallsschwankungen oder einer Änderungen der Rahmenbedingungen) liegen.
- Das *Kapitalanlagerisiko* besteht darin, dass aufgrund von Marktpreis- und Preisvolatilität ein möglicher Verlust entsteht.[402] Die Ursache eines Verlustes kann in Zinsänderungen, Aktienkursrisiken, Währungsrisiken, Rohstoffrisiken, Optionspreisrisiken oder weiteren Risiken der Kapitalanlage (z. B. aus Private Equity, Hedge Funds, Leasingverträgen oder Immobilien) begründet sein.
- *Kreditrisiken* umschreiben das Verlustpotenzial, welches aus der Zahlungsunfähigkeit von Schuldnern herrührt. Im Versicherungsbereich entstehen *Ausfallrisiken* vornehmlich aus dem Ausfall von Rückversicherungsunternehmen sowie – weit weniger bedeutend – aus dem Ausfall von Zahlungen von Versicherungsnehmern bzw. Versicherungsvermittlern.
- *Operationelle Risiken* stellen die Gefahr von Fehlentscheidungen dar, die durch Veränderungen auf den Märkten oder in Änderungen der Rechts-, Wirtschafts- oder Gesellschaftsordnung begründet sind.

---

401 Vgl. Helten, Elmar [Erfassung, 1994], S. 8.
402 Vgl. Johanning, Lutz [Value-at-Risk, 1998], S. 15.

3.2 Bilanzielle Messung der Sicherheitslage von Versicherungsunternehmen

Eine ökonomische Messung der Sicherheits- bzw. Risikolage von Versicherungsunternehmen basiert auf einer Quantifizierung der einzelnen Risiken und deren Aggregation zu einer Gesamtrisikoverteilung. In Abhängigkeit von der zugrunde liegenden Risikoeinstellung wird mit Hilfe eines Risikomaßes dasjenige Kapital bestimmt, das unter einer bestimmten Wahrscheinlichkeit die Fortführung des Unternehmens sicherstellt.

Auf Basis des veröffentlichten Jahresabschlusses lässt sich ein ökonomisches Kapital aus verschiedenen Gründen nicht ableiten:[403]

- Der Jahresabschluss unterliegt dem Stichtagsprinzip, während für eine Quantifizierung der Risikolage ein stochastischer Prozess maßgeblich ist. Die in der Bilanz ausgewiesenen Vermögenswerte und Schulden erlauben keine Aussage über den zukünftigen Verlauf des Unternehmens. Vielmehr sind sie an die Ansatz- und Bewertungsvorschriften des Rechnungslegungssystems gebunden. Jahresabschlussanalyse basiert auf einfachen Kennzahlen, die unmittelbar aus dem veröffentlichten Regelwerk ableitbar sind. Risiken und Sicherheitspotenziale werden dabei nur ungenau abgeschätzt, insbesondere werden Abhängigkeiten zwischen den Risiken kaum erfasst.
- Die Zwecksetzung des jeweiligen Bilanzierungssystems kann von einer neutralen Darstellung der Risikolage des Unternehmens abweichen. Wenn z. B. der resultierende Periodengewinn als Basis für die Gewinnverteilung an Investoren und Fiskus (Ausschüttungsbemessung) sowie als Informationsgrundlage über die Ertragslage des Unternehmens dient, steht dabei nicht die Bestimmung einer Risikolage im Vordergrund.
- Die bilanzielle Lage des Unternehmens kann durch Ausnutzung von Ansatz- und Bewertungswahlrechten in einem hohen Umfang bilanzpolitisch gestaltet werden.

3.3 Analyse der Sicherheitslage von Versicherungsunternehmen

3.3.1 Analyse der Vermögensstruktur

Eine Analyse von Kapitalanlagerisiken basiert zunächst auf einer Betrachtung der Vermögensstruktur. Nach den Vorschriften des HGB sind einzelne Anlagekate-

---

403 Vgl. Hassler, Melanie et al. [Analyse, 2006], S. 1542.

gorien unmittelbar in der Bilanz sichtbar (Formblatt 1 RechVersV). Für die Risikolage lassen sich folgende Aussagen treffen:[404]
- Ein hoher Anteil an Aktien im Portfolio des Versicherungsunternehmens führt zu einer starken Abhängigkeit von Kapitalmarktschwankungen auf das Versicherungsunternehmen.
- In der Praxis ordnen Versicherungsunternehmen Kapitalanlagen häufig unter die Kategorien Inhaberschuldverschreibungen und Namensschuldverschreibungen. Erstere aufgrund ihrer Liquiditätswirkung, Letztere, weil Namensschuldverschreibungen nach HGB die Möglichkeit einer Nennwertbilanzierung eröffnen.[405]
- Ein hoher Anteil an Beteilungsvermögen ist typisch für größere Versicherungsunternehmen. Allerdings entsteht aus solchen Beteiligungen eine beträchtliche Abhängigkeit von Einzelrisiken, die einen hohen Bedarf an Risikokapital zur Folge hat.
- Der Immobilienbestand liegt normalerweise in einem sehr niedrigen Prozentbereich, da diese Anlageform meist eine niedrige Performance und geringe Fungibilität aufweist und sich dadurch negativ auf das Kapitalanlage-Ertragspotenzial auswirken kann.[406]

Für die Messung der Risikolage der Kapitalanlagen ist eine Analyse der *stillen Reserven* bzw. *stillen Lasten* von erheblicher Bedeutung:
- Stille Reserven entstehen dann, wenn der Marktwert einer Kapitalanlage ihren Buchwert übersteigt. Im HGB gilt das Anschaffungswertprinzip, nach dem Anschaffungskosten auch bei Wertsteigerungen die Obergrenze der Bewertung bilden. Im Anhang von Versicherungsunternehmen ist die Summe der Zeitwerte offenzulegen.
- Insbesondere die Möglichkeit der Einstufung von Aktien als dauerhaft dem Geschäftsbetrieb dienend, führt bei Versicherungsunternehmen zur Bildung von *stillen Lasten*, wenn ein Wertverlust, der voraussichtlich nur vorübergehend ist, nicht bilanziell abgebildet wird.

In der internationalen Rechnungslegung werden einzelne Kapitalanlagearten grundsätzlich nicht separat ausgewiesen, sondern zu Wertpapierkategorien gebündelt. Allerdings fordert IFRS 7 Angaben zu einzelnen Kapitalanlagekategorien.

---

404 Vgl. Hassler, Melanie et al. [Analyse, 2006], S. 1543.
405 Vgl. Metzler, Marco [Jahresabschlussanalyse, 1999], S. 157–158; Heimes, Klaus [Jahresabschlussanalyse, 2003], S. 80–82.
406 Vgl. Heimes, Klaus [Jahresabschlussanalyse, 2003], S. 81.

Eine Bildung von stillen Reserven widerspricht indes der Darstellung neutraler Informationen in den IFRS. Durch die in der Praxis gängige Einordnung von Wertpapieren in die Kategorie »Available for Sale« wird der größte Anteil der gehaltenen Kapitalanlagen zum Zeitwert bewertet, wodurch eine Bildung von stillen Reserven nicht möglich ist. Gleichzeitig besteht nach IFRS nicht die Gefahr der Bildung stiller Lasten, weil ein Unterlassen von Abschreibungen bei nur vorübergehender Wertminderung nicht zulässig ist.[407] Durch die Zeitwertbilanzierung werden Marktschwankungen der Kapitalanlagen unmittelbar in der Bilanzierung abgebildet und der Einblick in die Risikolage auf den ersten Blick verbessert. Aussagen über die künftige Entwicklung der Kapitalanlagen lassen sich damit jedoch ebenfalls nicht treffen.

3.3.2 Analyse der Reservesituation

Die Beurteilung der Adäquanz der Reserveausstattung stellt eine wesentliche Aufgabe externer Analysten bei der Beurteilung der Sicherheitslage dar. Eine Analyse der Reservesituation ist aus externer Sicht sehr schwierig, da die Reserveausstattung von der Art des betriebenen Versicherungsgeschäfts (short-tail oder long-tail business), dem Wachstumsprofil der Gesellschaft, der Art des betriebenen Rückversicherungsgeschäfts (z. B. gruppenintern oder extern) oder auch dem Einfluss des Währungsrisikos bei internationalen Gesellschaften abhängt. Zusätzlich lassen sich aus den im Anhang gegebenen Informationen über Schadendreiecke aufgrund deren unterschiedlichem Darstellungs- und Aggregationsgrad häufig keine tiefgehenden Analysen aufbauen.

Einen ersten Einblick in die Analyse der Reserveausstattung liefert eine Betrachtung der *Brutto-Schadenquote*. Ein sehr rudimentärer Anhaltspunkt könnte darin liegen, dass ein Unternehmen mit einem im Peer-Vergleich vergleichbaren Bestand im Durchschnitt über eine sehr hohe Schadenquote verfügt und daher als übermäßig vorsichtig eingestuft wird bzw. mit einer sehr niedrigen Schadenquote als aggressiv eingeordnet wird.

Folgende Kennzahlen zur Analyse der Reserveausstattung werden beispielhaft gebildet:
- Die »*Paid to incurred ratio*«stellt das Verhältnis aus gezahlten und reservierten Schäden dar und ermöglicht eine Aussage über den Grad an Vorsicht in der Reservepolitik. Ein niedriges Verhältnis aus *paid to incurred* wird häufig mit einer konservativen Reservepolitik gleichgesetzt.

---

407 Vgl. Pellens, Bernhard et al. [Internationale Rechnungslegung, 2004], S. 506–507.

- Die Abwicklungsquote (Abwicklungsergebnis im GJ/Schadenrückstellung 1.1. GJ) ist ein Maßstab für die Angemessenheit der im Vorjahr gebildeten Schadenrückstellung.
- Die *Brutto-Reservequote* setzt die Brutto-Schadenreserven in das Verhältnis zu den verdienten Brutto-Beiträgen, wobei ein höheres Verhältnis für ein höheres Maß an Vorsicht spricht.
- Der Anteil der *Spätschadenreserven (IBNR)* an den *Brutto-Schadenreserven*, wobei die Aussagekraft dieser Kennzahl von der Abwicklungsdauer des Bestandes abhängt.
- Das Verhältnis aus *Spätschadenreserven* (IBNR) zu den *verdienten Prämien* ermöglicht eine Aussage über noch vorhandene Sicherheitspuffer. Die Kennzahl sollte nicht zu volatil sein und bei lang laufendem Geschäft nicht zu schnell abnehmen.

3.3.3 Analyse der Kapitalstruktur

Während die Analyse der Vermögensstruktur Aussagen über die Risiken der Kapitalanlage ermöglichen soll, dient eine Untersuchung der Kapitalstruktur der Analyse des versicherungstechnischen Risikos. Diese setzen in der Regel vorhandene Sicherheits- bzw. Eigenmittel ins Verhältnis zu bestimmten Risikogrößen, die sich an bilanziellen Maßgrößen orientieren.[408] Damit steht die bilanzielle Analyse der Kapitalstruktur in enger Beziehung zur Operationalisierung der Kapitalausstattung in einfachen aufsichtsrechtlichen Modellen bzw. Modellen von Rating-Agenturen.

Das noch ausstehende versicherungstechnische Risikopotenzial wird bilanziell häufig durch die Höhe der Beitragsüberträge widergespiegelt. Diesem Gedankengang liegt die Vermutung zugrunde, dass Beiträge in der Höhe im Geschäftsjahr vereinnahmt werden, wie dies dem zugehörigen Risiko der Periode entspricht. Noch ausstehende Risiken aus den erhaltenen Beiträgen werden mit Hilfe einer Prämienrückstellung in die nächste Periode übertragen. Hieraus erwächst für die Beurteilung der Risikolage eine einfache Faustformel, die sogenannte »*Kenney-Regel*«. Diese unterstellt, dass die Höhe der Beitragsüberträge mit Eigenkapital (nach Berücksichtigung stiller Reserven) zu bedecken ist.[409] Die Beitragsüberträge stellen hierbei ein grobes Maß für die aus den noch nicht verdienten Beiträgen zu erwarteten zukünftigen Schadenzahlungen dar.

Kenney-Regel: Eigenkapital > Beitragsüberträge

---

408 Vgl. Heimes, Klaus [Jahresabschlussanalyse, 2003], S. 293.
409 Vgl. Braeß, Paul [Bedeutung, 1964], S. 11.

Die Aussagekraft der Kenney-Regel ist stark eingeschränkt, da in den meisten Bilanzierungssystemen die Beitragsüberträge zeitproportional abgegrenzt werden und damit einem Rechnungsabgrenzungsposten entsprechen und somit nicht auf eine Bewertung der künftigen Risiken aus den erhaltenen Beiträgen fokussieren. Zusätzlich geht die Kennzahl davon aus, dass die kalkulierten Beiträge das künftige Risiko aus den Beiträgen abbilden. Gerade in der Kalkulation selbst liegt jedoch ein wesentlicher Bestandteil des versicherungstechnischen Risikos.

Auf die Kenney-Regel können keine eindeutigen Aussagen im Vergleich zwischen HGB und internationaler Rechnungslegung gewonnen werden. Durch den Ausweis eines höheren Zählers (Eigenkapital) und eines gleichzeitig höheren Nenners (Beitragsüberträge) können keine allgemeinen Aussagen auf die Kenney-Regel getroffen werden. Grundsätzlich dürfte das höhere Eigenkapital jedoch den Effekt aus der Steigerung der Beitragsüberträge übertreffen. Nach US-GAAP sind sämtliche Beitragsteile (inkl. Pipeline Premiums und Ratenzahlungen) für die gesamte Vertragslaufzeit zu berücksichtigen und nicht nur die im Geschäftsjahr fällig gewordenen Beiträge (Ultimate Premium Concept). Ferner werden Abschlusskosten nicht von den Beitragsüberträgen abgezogen sowie die Drohverlustrückstellung unter den Beitragsüberträgen ausgewiesen, sobald die aktivierten Abschlusskosten aufgebraucht sind. Damit ergibt sich nach internationalen Regelungen eine tendenziell höhere Bemessung der Beitragsüberträge.

Neben den abgegrenzten Beiträgen der nächsten Periode wird die Risikolage häufig durch die in einem Jahr *erhaltenen Beiträge bzw. eingetretenen Schadenfälle* quantifiziert.[410] Die vereinfachte Quantifizierung der Risikolage über Prämien ist risikotheoretisch kaum aussagekräftig, da die in der Vergangenheit kalkulierten Beiträge keine Aussage über den künftigen Schadenverlauf erlauben. Ebenso sagt die Höhe der Schadenaufwendungen einer Periode kaum etwas über eine nachhaltige künftige Schadenhöhe aus. In der Praxis kann man sich dadurch behelfen, dass mit Hilfe einer »Normalisierung« die Höhe der Basisschäden berechnet werden, d. h. dass Einmaleffekte (z. B. aus Naturkatastrophen oder Nachreservierungen) eliminiert werden.

Der Abdeckungsgrad der Beiträge bzw. Schäden mit Eigenkapital, eigenkapitalähnlichen Posten bzw. versicherungstechnischen Reserven führt zu einer Bildung verschiedener Kennzahlen:
- Der Eigenkapitalanteil gibt das Verhältnis von Eigenkapital (unter Berücksichtigung des eigenkapitalähnlichen Sonderpostens mit Rücklageanteil) zu verdienten Netto-Beiträgen bzw. Netto-Schadenaufwendungen an.

Eigenkapitalanteil = Eigenkapital / verdiente Netto-Beiträge bzw.
= Eigenkapital / Netto-Schadenaufwendungen

---

410 Vgl. hierzu und im Folgenden Metzler, Marco [Jahresabschlussanalyse, 1999], S. 149–150.

Der Eigenkapitalanteil rechnet lediglich den Sonderposten mit Rücklageanteil zum Eigenkapital hinzu, während weitere Eigenkapitalsurrogate wie Genussrechte und nachrangige Verbindlichkeiten nicht integriert werden. Diese sollten in der Analyse grundsätzlich ebenfalls beachtet werden.

Im Vergleich mit internationaler Rechnungslegung lassen sich wiederum keine eindeutigen Aussagen treffen, falls im Nenner Netto-Beitragseinnahmen zugrunde gelegt werden. Bei Zugrundelegung der Netto-Schadenaufwendungen im Nenner führt die tendenziell geringere Bewertung der Schadenrückstellungen nach internationalen Regeln zu einem höheren Eigenkapitalanteil gegenüber nationalen Vorschriften.

- Das Sicherheitskapital trägt dem Eigenkapitalcharakter der Schwankungsrückstellung Rechnung und ordnet diese dem Eigenkapital zu.[411] Zusätzlich werden die sonstigen versicherungstechnischen Rückstellungen (insbesondere die Drohverlustrückstellungen) als Sicherheitsmittel gefasst, die ebenfalls zur Bedeckung von Netto-Beiträgen bzw. Netto-Schadenaufwendungen zur Verfügung stehen.

  Sicherheitskapital = Sicherheitsmittel / verdiente Netto-Beiträge bzw.
  = Sicherheitsmittel / Netto-Schadenaufwendungen

Die Schwankungsrückstellung ist nach internationalen Normen grundsätzlich dem Eigenkapital zuzurechnen. Daher entspricht die Kennzahl international weitgehend dem Eigenkapitalanteil.

- Der *Cover* unterstellt, dass sowohl Eigenkapital als auch versicherungstechnisches Fremdkapital der Deckung künftiger Schadenzahlungen durch das Versicherungsunternehmen dienen.

  Cover = Eigenkapital + vt. Rückstellungen / verdiente Netto-Beiträge bzw.
  = Eigenkapital + vt. Rückstellungen / Netto-Schadenaufwendungen

Die Aggregation von Eigenkapital und sämtlichen versicherungstechnischen Reserven vermengt den Charakter von Eigen- und Fremdkapital, da Verpflichtungen grundsätzlich keine Sicherungsfunktion ausüben.

3.3.4 Überblick über Angabepflichten zur Analyse der Risikolage

Die Abbildung 9.3[412] gibt einen Überblick über die Angabepflichten nach HGB und IFRS, die für eine Analyse der Risikolage hilfreich sind:

---

411 Vgl. bereits Braeß, Paul [Schwankungsrückstellung, 1967], S. 7.
412 Vgl. Hassler, Melanie et al. [Analyse, 2006], S. 1543.

	HGB	IAS/IFRS bzw. US-GAAP
Risikomanagementziele und -methoden	– Darstellung der Risikomanagementziele und -methoden einschließlich ihrer Methoden zur Absicherung aller wichtigen Arten von Transaktionen, die im Rahmen der Bilanzierung von Sicherungsgeschäften erfasst werden (§ 289 Abs. 2 HGB) – Angaben über Strategie, Prozess und Organisation des Risikomanagements (DRS 5.29)	– Risikomanagementziele und Methoden (IFRS 4.39a und IFRS 7.33b)
Versicherungstechnisches Risiko	– Quantifizierung der versicherungstechnischen Risiken auf Basis von *Value-at-Risk*-Modellen, Szenario- oder Sensitivitätsanalysen (bzw. Stress-Tests) oder *Embedded-Value*-Ansätzen (DRS 5-20.22) – Schadenquoten und Abwicklungsergebnisse in Prozent der Eingangsschadenrückstellung über zehn Jahre (DRS 5-20.24)	– Ziele, Strategien und Prozesse sowie Methoden zum Management der Risiken aus Versicherungsverträgen (IFRS 4.39a) – Informationen zum versicherungstechnischen Risiko, einschließlich Sensitivitätsanalyse und Erläuterungen zur Risikokonzentration und Schadenabwicklung (IFRS 4.39c i.V.m. IFRS 4.39A) – Informationen zu Marktrisiken aus Derivaten, die in einen Versicherungsvertrag eingebettet sind, sofern die eingebetteten Derivate nicht zum *fair value* bilanziert werden (IFRS 4.39e)
Kapitalanlagerisiko	– Quantifizierung der Risiken auf Basis von *Value-at-Risk*-Ansätzen (sowie Stress-Tests und *Back-Testing*-Verfahren), *Asset-Liability*-Ansätzen und Szenario- oder Sensitivitätsanalysen (DRS 5-20.30) – Darstellung, wie sich ein 20-prozentiger Kursverlust auf den Zeitwert von Aktien und andere nicht festverzinsliche Wertpapiere auswirkt (bei fehlender Quantifizierung; DRS 5-20.31a) – Auswirkungen einer einprozentigen Verschiebung der Zinskurve auf den Zeitwert bei festverzinslichen Wertpapieren und Ausleihungen (DRS 5-20.31b) – Angaben zum Bonitätsrisiko bei festverzinslichen Wertpapieren und Ausleihungen nach der Art der Emittenten (DRS 5-20.32)	– Qualitative Angaben über einzelne Kapitalanlagerisiken und deren Entstehung (IFRS 7.33a) – Ziele, Methoden und Prozesse für das Management und die Messung der Risiken (IFRS 7.33b) – Qualitative Angaben zu Veränderungen gegenüber der Vorperiode (IFRS 7.33c) – Quantitative Angaben zu Risikoausmaß und möglichen Konzentrationsrisiken (IFRS 7.34) – Sensitivitätsanalysen für jeden Typ von Marktrisiken unter Beschreibung der Methoden und Annahmen sowie Veränderungen gegenüber der letzten Periode (IFRS 7.40)

Ausfall- und Liquiditätsrisiken	– Ausstehende Forderungen mit einem am Bilanzstichtag mehr als 90 Tage zurückliegenden Fälligkeitszeitpunkt (DRS 5-20.27a) – Durchschnittliche Ausfallquote der letzten drei Jahre (DRS 5-20.27b) – Forderungen gegenüber Rückversicherungsunternehmen, soweit möglich nach externen Ratingklassen gegliedert (DRS 5-20.27c) – Darstellung des Liquiditätsrisikos anhand von Angaben zur Abstimmung des Kapitalanlagenbestands und der laufenden Zahlungsströme mit den Verpflichtungen aus dem Versicherungsgeschäft (DRS 5-20.33)	– Angaben zu Ausfall- und Liquiditätsrisiken aus Versicherungsverträgen, die nach den Paragraphen 31 bis 42 von IFRS 7 erforderlich wären, falls IFRS 7 für die Versicherungsverträge Anwendung finden würde (IFRS 4.39d) – Informationen über Ausfallrisiken und Kreditsicherheiten für jede Klasse von finanziellen Vermögensgegenständen (IFRS 7.36) – Analyse der finanziellen Vermögensgegenstände, die überfällig oder in ihrem Wert gemindert sind (IFRS 7.37) – Informationen zu finanziellen und nicht-finanziellen Vermögensgegenständen, die als Kreditsicherheiten in den Besitz des Unternehmens übergegangen sind (IFRS 7.38) – Beschreibung der Fälligkeit von finanziellen Verbindlichkeiten sowie der risikopolitischen Maßnahmen in Bezug auf das damit verbundene Liquiditätsrisiko (IFRS 7.39)
Operationelle Risiken	Organisatorische und funktionale Aspekte im Bereich der Verwaltung (z. B. Prozesse), des Personalwesens und der technischen Ausstattung (insbesondere IT-Systeme) (DRS 5-20.34)	–

Abb. 9.3: Angabepflichten nach HGB und IFRS

4 Kennzahlenkatalog in der Jahresabschlussanalyse von Lebens- und Krankenversicherungsunternehmen

Die Analyse von Versicherungsunternehmen hat stets die Besonderheiten einzelner Sparten zu berücksichtigen. Für die *Lebensversicherung* hat der Gesamtverband der deutschen Versicherungswirtschaft (GdV) einen festgelegten Kennzahlenkatalog erarbeitet. Dieser gliedert sich in vier Blöcke:

- Der Block zur *Bestandsentwicklung* enthält Kennzahlen zu Neuzugang (laufende Beiträge bzw. Einmalbeiträge), vorzeitigem Abgang sowie zum Bestand und dessen Veränderung (z. B. Anzahl der Versicherungen, Aufteilung des Bestandes).
- Unter den Block *Beiträge und Aufwendungen* fallen z. B. Kennzahlen zum Anteil von Einmalbeiträgen an den Gesamtbeiträgen oder Kennzahlen zu Abschluss- und Verwaltungsaufwendungen.
- Der Block *Kapitalanlagen und Kapitalerträge* beschreibt Kennzahlen zur Zusammensetzung der Kapitalanlagen und zur Kapitalanlageverzinsung (laufende Durchschnittsverzinsung[413], Nettoverzinsung).
- Der letzte Block *Leistungen, insbesondere Überschussbeteiligung und RfB* enthält Kennzahlen zu Jahresüberschuss und RfB, insbesondere die Überschussquote (Zuführung zur RfB und Jahresüberschuss in % der Summe der gebuchten Beiträge und den Netto-Erträgen aus Kapitalanlagen), die Eigenkapitalquote (Abdeckung der Deckungsrückstellung mit Eigenkapital) und die Eigenmittelquote (Maßstab für die Abdeckung von Risiken aufgrund unvorhersehbarer Einwicklungen des Kapitalmarktes oder der Sterblichkeit durch Eigenkapital und nicht festgelegte Mittel der Rückstellung für Beitragsrückerstattung).

Die zentrale Größe in der *Ertragsanalyse* eines Lebensversicherungsunternehmens stellt der *Rohüberschuss* dar, an dem die Versicherungsnehmer nach § 81c Abs. 1 VAG angemessen zu beteiligen sind. Der Rohüberschuss errechnet sich vereinfacht als Saldo von Erträgen und Aufwendungen des Versicherungsunternehmens, mit Ausnahme derjenigen Aufwendungen, die für die Gewinn- und Überschussbeteiligung der Versicherungsnehmer anfallen (Beitragsrückerstattung, Direktgutschrift und Überzins).[414] Die Abbildung 9.4 zeigt die Berechnung des Rohüberschusses ausgehend vom versicherungstechnischen Gewinn/Verlust nach HGB.

Oftmals sind Informationen über die Direktgutschrift nicht extern verfügbar. Daher wird der Rohüberschuss häufig als Summe von Jahresüberschuss zuzüglich der Zuführung zur RfB (= vereinfachter Rohüberschuss) berechnet. Auf Basis des vereinfachten Rohüberschusses lässt sich eine Annäherung an die Beteiligungsquote (bzw. Zuführungsquote) der Versicherungsnehmer am Rohüberschuss berechnen, indem das Verhältnis aus Zuführung zur RfB durch den vereinfachten Rohüberschuss gebildet wird.

---

413 Diese Kennzahl erfasst alle laufenden Erträge aus Kapitalanlagen, vermindert um die laufenden Aufwendungen auf Kapitalanlagen wie Normal-Abschreibungen auf Grundstücke (Current Income). (Abschreibungen aufgrund von Kursverlusten, Sonderabschreibungen sowie Gewinne aus dem Abgang von Kapitalanlagen bleiben unberücksichtigt).

414 Vgl. hierzu und im Folgenden Heimes, Klaus [Jahresabschlussanalyse, 2003], S. 229–230.

> **Versicherungstechnischer Gewinn/Verlust**
> + Aufwendungen für Beitragsrückerstattung f.e.R. (Zuführung RfB)
> + Direktgutschrift Gewinnanteile VN (bis 5%)
> + Überzins auf Gewinnanteile VN (über 5% hinaus)
> + Direktgutschrift auf Deckungsrückstellung brutto
> = **vt. Rohüberschuss feR**

Abb. 9.4: Rohüberschuss

Eine Kennzahl zur Analyse der *Risikolage* eines Lebensversicherungsunternehmens stellt die *Eigenmittelquote* nach dem Schema des GDV dar. Diese berechnet sich vereinfacht als Eigenmittel (Eigenkapital + freie RfB + Schlussüberschussanteilsfonds) dividiert durch die Summe aus 4% der mathematischen Reserven (Deckungsrückstellung zzgl. Beitragsüberträge), 1% der Deckungsrückstellung der fondsgebundenen Lebensversicherung und 3‰ des riskierten Kapitals f.e.R. gemäß der Versicherungssummen ausgewählter Versicherungszweige.

Für die *Krankenversicherung* existiert ein Kennzahlenkatalog des PKV-Verbandes mit drei Blöcken:

- Kennzahlen zur *Sicherheit des Unternehmens und Finanzierbarkeit* der Beiträge im Alter (Eigenkapitalquote, RfB-Quote und die Überschussverwendungsquote),
- Kennzahlen zum *Erfolg und zur Leistung des Unternehmens* (die versicherungsgeschäftliche Ergebnisquote, die Schaden-, Verwaltungskosten- und Abschlusskostenquote sowie die Nettoverzinsung),
- Kennzahlen zum *Bestand und zur Bestandsentwicklung* (Bestands- und Wachstumskennzahlen).

Die Abbildung 9.5 zeigt den Kennzahlen-Katalog nach dem PKV-Verband:

Kennzahl	Definition	Kurzinterpretation
A1 Eigenkapitalquote	$\dfrac{\text{Eigenkapital}}{\text{verdiente Brutto-Beiträge}}$	Ausgleich kurzfristiger Verluste
A2 RfB-Quote	$\dfrac{\text{RfB}}{\text{verdiente Brutto-Beiträge}}$	Finanzierung der Beitragsrückerstattung und Möglichkeit zur Einflussnahme bei Beitragsanpassungen
A3 RfB-Zuführungsquote	$\dfrac{\text{RfB-Zuführung}}{\text{verdiente Brutto-Beiträge}}$	Anteil der Beitragseinnahmen eines Geschäftsjahres, der für Beitragsrückerstattung genutzt wird

Kennzahl	Formel	Bedeutung
A4 RfB-Entnahmeanteile	$\dfrac{\text{Einmalbeiträge aus der RfB}}{\text{Gesamtentnahme aus der RfB}}$ $\dfrac{\text{Barausschüttung aus der RfB}}{\text{Gesamtentnahme aus der RfB}}$	Verwendung der RfB für Einmalbeiträge (dauerhafte Beitragsreduzierungen, Milderung von Beitragsanpassungen, Finanzierung von Leistungserhöhungen) oder Barausschüttungen
A5 Überschussverwendungsquote	$\dfrac{\text{Zuführung zur RfB + Betrag gem. §12a VAG}}{\text{Rohergebnis nach Steuern}}$	Beteiligung der Versicherungsnehmer am wirtschaftlichen Gesamterfolg
B1 Versicherungsgeschäftliche Ergebnisquote	$\dfrac{\text{Versicherungstechnisches Ergebnis}}{\text{verdiente Brutto-Beiträge}}$	Zusammenfassende Betrachtung der Schaden- und Kostensituation des Versicherers (negativer Wert könnte Indiz für Beitragsanpassungen sein)
B2 Schadenquote	$\dfrac{\text{Schadenaufwand}}{\text{verdiente Brutto-Beiträge}}$	Umfang der Beitragseinnahmen, die in Versicherungsleistungen und Alterungsrückstellungen fließen
B3 Verwaltungskosten	$\dfrac{\text{Verwaltungsaufwendungen}}{\text{verdiente Brutto-Beiträge}}$	Beeinflussung z. B. durch Investitionen in Datenbewirtschaftung, Personalkosten
B4 Abschlusskostenquote	$\dfrac{\text{Abschlussaufwendungen}}{\text{verdiente Brutto-Beiträge}}$	Abhängig von Anteil an Neu- und Bestandsgeschäft (allerdings auch abhängig von der Art der Außendienststruktur sowie von Vertrieb, Marketing und Werbung)
B5 Nettoverzinsung	$\dfrac{\text{Kapitalanlageergebnis}}{\text{mittlerer Kapitalanlagebestand}}$	Sämtliche Erträge und Aufwendungen für bzw. aus Kapitalanlagen (d. h. inkl. Gewinne und Verluste aus dem Abgang von Kapitalanlagen sowie Ab- und Zuschreibungen auf Kapitalanlagen)
B6 Laufende Durchschnittsverzinsung	$\dfrac{\text{Laufendes Kapitalanlageergebnis}}{\text{mittlerer Kapitalanlagebestand}}$	Regelmäßiges Kapitalanlageergebnis (Current Income)
C1 Bestandskennzahl	Bestandsgrößen und Marktanteile hinsichtlich Beitragseinnahmen und versicherte Personen	Information über Bestandsgröße und -struktur
C2 Wachstumskennzahl	Wachstumsraten hinsichtlich Beitragseinnahmen und versicherte Personen	Beurteilung der Wachstumssituation des Unternehmens

Abb. 9.5: Kennzahlenkatalog nach dem PKV-Verband

5 Die Sicht der Analysten

Für börsennotierte Unternehmen nimmt die Beurteilung der Kapitalmarktperformance durch Analysten einen zentralen Stellenwert ein. Die Aktienanalyse kann grundsätzlich auf zwei Arten erfolgen:
- Mit der *Fundamentalanalyse* wird eine Aktiengesellschaft auf Basis von Kennzahlen zu betriebswirtschaftlichen Daten bzw. zum ökonomischen Umfeld eines Unternehmens bewertet. Das Ergebnis ist meist die Festlegung eines Kursziels für das Unternehmen und die Abgabe einer Kauf- oder Verkaufsempfehlung für das analysierte Papier.
- Die technische Analyse (*Chartanalyse*) strebt auf Basis historischer Kursverläufe eine Vorhersage der künftigen Kursentwicklung an.

Die wichtigsten Kennzahlen der Fundamentalanalyse sind:
- Das *Ergebnis je Aktie* (Earnings-per-Share): Diese Kennzahl gibt an, welcher Teil des gesamten Unternehmensgewinns auf eine Aktie entfällt.
- Das *Kurs-Gewinn-Verhältnis* (Price-Earnings-Ratio): Die Kennzahl erhält man, indem man den aktuellen Aktienkurs durch den Konzerngewinn je Aktie dividiert.
- Das *Kurs-Buchwert-Verhältnis* (Price-Book-Value): Diese Kennzahl wird errechnet, indem man den aktuellen Aktienkurs durch den Buchwert je Aktie dividiert.
- Die *Marktkapitalisierung* (aktueller Börsenwert eines Unternehmens): Diese berechnet sich aus dem Produkt von Anzahl der Aktien und dem aktuellen Kurswert.

6 Grenzen der Jahresabschlussanalyse

Im Rahmen einer externen Jahresabschlussanalyse sollte stets beachtet werden, dass eine Aussage über die tatsächliche ökonomische Lage des Unternehmens nicht getroffen werden kann. Die begrenzte Aussagekraft der Bilanzanalyse lässt sich beispielhaft wie folgt begründen:
- Durch die isolierte Betrachtung hoch verdichteter Kennzahlen werden bewusst Detailinformationen ausgeblendet. Bilanzanalyse ist immer auf einen kleinen Ausschnitt der Gesamtlage des Unternehmens fokussiert. Eine Übertragung der gewonnen Erkenntnisse auf die Gesamtlage des Unternehmens (Induktion) führt zu häufig zu Fehlinterpretationen.

- Bilanzkennzahlen erlauben keine Aussage über Interdependenzen mit anderen Kennzahlen. Weder ist die Gewichtung einzelner Kennzahlen vorgegeben, noch sind Anzahl und Zusammenhang der einzubeziehenden Kennzahlen eindeutig.
- Die externe Rechnungslegung ist zweckgerichtet, d. h. die im Jahresabschluss gegebenen Informationen sind Regeln der Gewinnermittlung unterworfen. Damit lässt sich weder ein vollständiges Bild der Lage des Unternehmens gewinnen, noch ist eine Vergleichbarkeit zwischen einzelnen Unternehmen uneingeschränkt möglich.
- Externe Rechnungslegung basiert auf dem Grundprinzip der periodengerechten Erfolgsermittlung. Erträge und Aufwendungen sind unabhängig von den entsprechenden Zahlungsströmen. Periodisierung in der Rechnungslegung verzerrt den Einblick in die Vermögens-, Finanz- und Ertragslage. Daneben liefert die Abbildung eines periodengerechten Gewinns eine unzureichende Prognosebasis für die zukünftige Entwicklung.
- Bilanzierung steht grundsätzlich unter dem Prinzip der Objektivierung, um möglichst vergleichbare Informationen zu vermitteln. Die ökonomische Realität wird dabei nicht ausreichend widergespiegelt.
- Bilanzierungssysteme ermöglichen den bilanzierenden Unternehmen stets Spielräume (Jahresabschlusspolitik), die eine vergleichende Analyse über die Zeit bzw. zu anderen Unternehmen einschränken.

Kapitel 10: Bilanzierung und Aufsichtsrecht

1 Bilanzierung und Solvency I

Bilanzierung ist bei Versicherungsunternehmen nicht nur für handelsrechtliche und steuerrechtliche Zwecke notwendig, sondern auch für die Belange der Versicherungsaufsicht. Die Versicherungsindustrie ist eine der weltweit am stärksten durch aufsichtsrechtliche Vorschriften regulierten Branchen. Die Regulierung dient in erster Linie dem Zweck, die Versicherungsnehmer zu schützen. Die Aufsichtsbehörden müssen sicherstellen, dass die Versicherungsunternehmen mit einer hohen Wahrscheinlichkeit ihren Verpflichtungen gegenüber den Versicherungsnehmern nachkommen können. Daher benötigen die Aufsichtsbehörden Informationen über die Solvenz der Versicherungsunternehmen.[415]

Die entscheidende Frage ist nun, wie die Solvenz von Versicherungsunternehmen gemessen werden kann und welches Rechnungslegungssystem verwendet werden soll, um die Eigenmittel, die einem Versicherungsunternehmen für die Erfüllung der aufsichtsrechtlichen Kapitalanforderungen zur Verfügung stehen, zu ermitteln.

Wie die Solvenz derzeit in Deutschland gemessen wird, wird am Beispiel des deutschen Solvabilitätsmodells für Schaden-Unfall-Versicherungsunternehmen dargestellt, bei dem ein auf Kennzahlen gestütztes Modell verwendet wird. Es wird die Risikolage des Versicherungsunternehmens anhand zweier Kennzahlen gemessen und ergibt als Ergebnis die sog. Soll-Solvabilität. Der Soll-Solvabilität werden die freien unbelasteten Eigenmittel des Unternehmens, die aus dem Eigenkapital abgeleitet werden, gegenübergestellt.

Als Grundlage für die Ermittlung des notwendigen Kapitals und für die Höhe der Eigenmittel des Unternehmens dient gemäß § 53c Abs. 4 VAG der HGB-Jahresabschluss des letzten Geschäftsjahres.

Es sind drei verschiedene Größen bei der Messung der Soll-Solvabilität relevant: die Solvabilitätsspanne, der Garantiefonds und der Mindestgarantiefonds. Gemäß § 1 Abs. 1 KapAusstVO sind bei der Berechnung der Solvabilität von Schaden-Unfall-Versicherungsunternehmen zwei Größen zu berücksichtigen: der Beitragsindex und der Schadenindex. Grundlage für den Beitragsindex sind die Beiträge des letzten Geschäftsjahres und für den Schadenindex die durchschnittlichen Aufwendungen für Versicherungsfälle der letzten drei bzw. sieben Ge-

---

[415] Vgl. zu dieser Thematik insbesondere Hartung, Thomas [Eigenkapitalregulierung, 2007].

schäftsjahre. Für die Berechnung der Solvabilitätsspanne ist der jeweils höhere Index zu verwenden.

Notation:[416]

SI_n = Schadenindex im Jahr n;

SD_n = Schadendurchschnitt der Jahre n, $n-1$, $n-2$;

SbQ_n = Durchschnittliche Selbstbehaltsquote der Jahre n, $n-1$, $n-2$, minimal 50%;

SA_n^b = Aufwendungen für Versicherungsfälle brutto;

SA_n^n = Aufwendungen für Versicherungsfälle netto;

SZ_n^b = Zahlungen für Versicherungsfälle brutto im Jahr n;

SR_n^b = Schadenrückstellung brutto Ende Geschäftsjahr n;

BI_n = Beitragsindex im Jahr n;

B_n^b = Bruttobeiträge im Jahr n;[417]

SSP_n = Solvabilitätsspanne im Jahr n.

Schadenindex

$$SI_n = \begin{cases} (0{,}26 \cdot SD_n) \cdot SbQ_n & SD_n \leq 50 \text{ Mio. €} \\ [0{,}26 \cdot 50 \text{ Mio. €} + 0{,}23 (SD_n - 50 \text{ Mio. €})] \cdot SbQ_n & SD_n > 50 \text{ Mio. €} \end{cases};$$

mit

$$SbQ_n = \max\left(\frac{1}{3} \cdot \left(\frac{SA_n^n}{SA_n^b} + \frac{SA_{n-1}^n}{SA_{n-1}^b} + \frac{SA_{n-2}^n}{SA_{n-2}^b}\right); 0{,}5\right);$$

$$SD_n = \frac{\sum_{i=0}^{2} SZ_{n-i}^b}{3} + \frac{SR_{n-i}^b - SR_{n-3}^b}{3}.$$

Beitragsindex

$$BI_n = \begin{cases} (0{,}18 \cdot B_n^b) \cdot SbQ_n & B_n^b \leq 35 \text{ Mio. €} \\ [0{,}18 \cdot 35 \text{ Mio. €} + 0{,}16 (B_n^b - 35 \text{ Mio. €})] \cdot SbQ_n & B_n^b > 35 \text{ Mio. €} \end{cases};$$

Für bestimmte Versicherungssparten sind die Beiträge und die Aufwendungen um 50% zu erhöhen.

---

416 Die formelmäßige Abbildung der deutschen Solvabilitätsvorschriften basiert auf Schmeiser, Hato [Ansätze, 1997].

417 Der Beitragsindex errechnet sich anhand der gebuchten oder verdienten Bruttobeiträge. Maßgebend ist der jeweils höhere Betrag.

Solvabilitätsspanne

$SSP_n = \max(BI_n; SI_n)$

Weiterhin relevant ist der Garantiefonds, der gemäß § 53c Abs. 1 Satz 2 VAG ein Drittel der Solvabilitätsspanne beträgt. Dieser Garantiefonds wird durch eine Absolutgröße nach unten begrenzt, den sog. Mindestgarantiefonds.[418]

Der Soll-Solvabilität, die durch das Modell ermittelt wird, ist die Ist-Solvabilität, d. h. der Betrag an verfügbaren Mitteln zur Bedeckung der Soll-Solvabilität, gegenüberzustellen. In den gesetzlichen Regelungen ist die Ist-Solvabilität nicht mit dem Eigenkapital des Versicherungsunternehmens gleichzusetzen, es sind hier die sog. Eigenmittel maßgeblich. Diese sind in § 53c VAG definiert und umfassen für Schaden-Unfall-Versicherungsunternehmen:

- bei Aktiengesellschaften das Grundkapital abzüglich des Betrags der eigenen Aktien,[419]
- die Kapitalrücklage und die Gewinnrücklagen (§ 53 Abs. 1 Nr. 2 VAG),
- den sich nach Abzug der auszuschüttenden Dividenden ergebenden Gewinnvortrag (§ 53 Abs. 1 Nr. 3 VAG).

Eine Reihe weiterer Positionen nach § 53 Abs. 3 VAG sind:

- unter bestimmten Voraussetzungen, Kapital, das gegen Gewährung von Genussrechten eingezahlt ist bzw. Kapital das aufgrund nachrangiger Verbindlichkeiten eingezahlt ist,
- auf Antrag und mit Zustimmung der Aufsichtsbehörde die Hälfte des nicht eingezahlten Teils des Grundkapitals, des Gründungsstocks oder der bei öffentlich-rechtlichen Versicherungsunternehmen dem Grundkapital bei Aktiengesellschaften entsprechenden Posten, wenn der eingezahlte Teil 25 vom Hundert des Grundkapitals, des Gründungsstocks oder der bei öffentlich-rechtlichen Versicherungsunternehmen dem Grundkapital bei Aktiengesellschaften entsprechenden Posten erreicht,
- bei Versicherungsvereinen auf Gegenseitigkeit und nach dem Gegenseitigkeitsgrundsatz arbeitenden öffentlich-rechtlichen Versicherungsunternehmen, wenn sie nicht die Lebensversicherung oder die Krankenversicherung betreiben, die Hälfte der Differenz zwischen den nach der Satzung in einem

---

418 Dieser ist in der Kapitalausstattungsverordnung geregelt und variierte ursprünglich nach Sparte und damit der Art des versicherten Risikos. Derzeit beträgt er 3 Mio. Euro. Der Betrag vermindert sich auf 2 Mio. Euro für Unternehmen, die kein Geschäft in den folgenden Versicherungszweigen betreiben: Haftpflicht für Landfahrzeuge mit eigenem Antrieb, Luftfahrzeughaftpflicht, See-, Binnensee- und Flussschifffahrthaftpflicht, Allgemeine Haftpflicht, Kredit sowie Kaution.

419 Bei VVaG der eingezahlte Gründungsstock, bei öffentlich-rechtlichen Versicherungsunternehmen die dem Grundkapital bei Aktiengesellschaften entsprechenden Posten.

Geschäftsjahr zulässigen Nachschüssen und den tatsächlich geforderten Nachschüssen,
- die stillen Nettoreserven, die sich aus der Bewertung der Aktiva ergeben, soweit diese Reserven keinen Ausnahmecharakter haben.

Von der Summe dieser Beträge sind der um die auszuschüttende Dividende erhöhte Verlustvortrag sowie die aktivierten Aufwendungen für die Ingangsetzung und Erweiterung des Geschäftsbetriebs gemäß § 269 HGB und ein aktivierter Geschäfts- oder Firmenwert gemäß § 255 Abs. 4 HGB abzuziehen (§ 53c VAG Abs. 3 Satz 1).

Insgesamt lässt sich aber feststellen, dass es eine Vielzahl an Kritikpunkten an dieser Regelung gibt, so dass es leicht nachvollziehbar ist, dass derzeit eine Diskussion über eine Ablösung dieser Regelungen existiert:[420]
- Das System beinhaltet eine Vielzahl einzelner Regelungen und Elemente, so dass eine betriebswirtschaftliche Würdigung und Bewertung des Solvabilitätssystems schwierig ist.
- Die Messung der Risikolage des Versicherungsunternehmens ist äußerst grob, denn das versicherungstechnische Risiko wird bei Schadenversicherern mit den absoluten Beträgen der Prämien oder Schäden für eigene Rechnung erfasst, was zwar technisch einfach, aber risikotheoretisch unzureichend ist.
- Die vollständige Berücksichtigung von Risiken ist nicht gegeben, so werden z. B. die Kapitalanlagerisiken überhaupt nicht berücksichtigt.
- Die numerischen Vorgaben wie Prozentzahlen in den Formeln für die Solvabilität sind risikotheoretisch nicht begründbar und nur als Kompromisslösung im Rahmen des politischen Entscheidungsablaufs erklärbar.
- Die begrenzte Anrechenbarkeit der Rückversicherung ist nicht der tatsächlichen Risikolage entsprechend, denn durch hohe Rückversicherung sinkt das Risiko des Erstversicherers.
- Die Heranziehung des sog. Beitragsindizes als Kriterium für die Risikolage des Versicherungsunternehmens ist nicht immer realistisch, denn eine Beitragssteigerung durch Durchsetzung des Einbezuges hoher Sicherheitszuschläge vermindert das Risiko des Versicherungsunternehmens anstatt es zu erhöhen.
- Der Verfahrensklasse liegt keine klare und einheitliche Eigenkapital- bzw. Eigenmitteldefinition zugrunde.[421] Dies wird am Beispiel des deutschen Solvabilitätssystems deutlich.

---

420 Vgl. hierzu und im Folgenden Farny, Dieter [Versicherungsbetriebslehre, 2006] sowie *Helten, Elmar; Hartung, Thomas* [Modernisierung, 2004].
421 Vgl. KPMG [Study, 2002], S. 73.

- Der Vergangenheitsbezug der Berechnungen kann zu Verwerfungen bei aktuellen Veränderungen führen.
- Eine Verbesserung des internen Risk-Management-Prozesses erfolgt bei der Anwendung der auf Kennzahlen basierenden Verfahren nicht.

Die derzeitigen Regeln stehen aus obengenannten Gründen in der Kritik, so dass ein Beibehalten dieses Modells nicht diskutiert wird. Der Entwurf der Rahmenrichtlinie fasst die Kritik kurz und prägnant zusammen mit der Aussage, dass die derzeitigen Regelungen veraltet und nicht risikoorientiert sind.[422]

2 Überblick über Solvency II

Um Regelungen zu entwickeln, die einen Großteil der oben beschriebenen Mängel überwinden, wurde von der EU-Kommission ein Projekt namens Solvency II initiiert. Dieses Projekt basiert auf einem sog. Drei-Säulen-Ansatz.

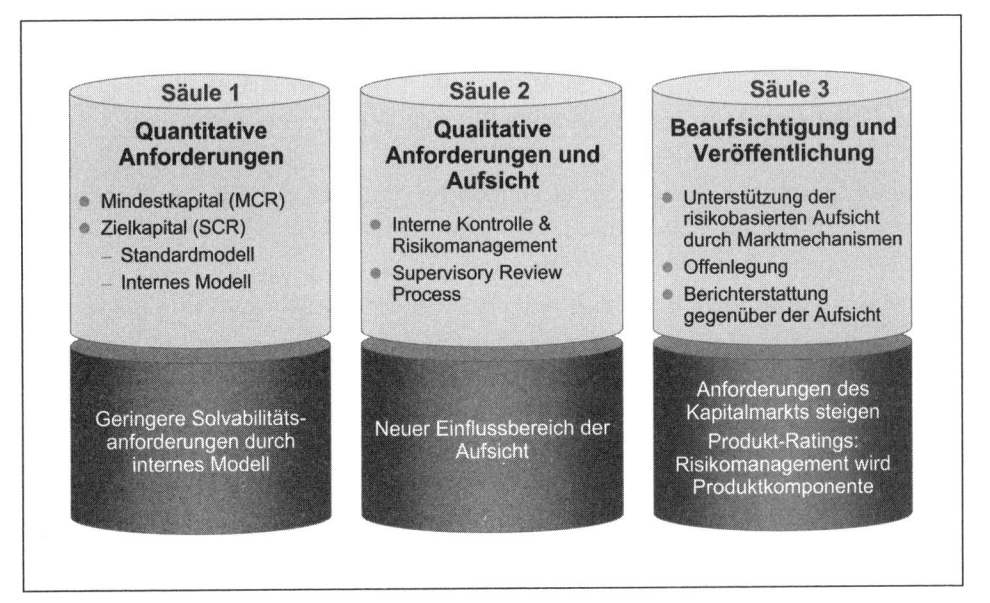

Abb. 10.1: Drei-Säulen-Ansatz

---

422 Vgl. *Europäische Union* [Rahmenrichtlinie, 2007], S. 1.

Nachdem inzwischen bereits mehrere Studien (Quantitative Impact Studies, QIS) in den Unternehmen der einzelnen Länder durchgeführt worden sind, veröffentlichte die EU-Kommission im Juli 2007 einen Richtlinienentwurf, in dem die zentralen Anforderungen benannt werden:
- Bei der Verwendung von Risikomodellen sind quantitative Vorschriften hinsichtlich der Bewertung der Vermögenswerte und Verbindlichkeiten sowie der versicherungstechnischen Rückstellungen, der Bewertung der Eigenmittel und der Bewertung der Solvenz- und Mindestkapitalanforderung zu beachten (Säule 1).
- Die Versicherer müssen über ein wirksames Governance-System verfügen, mit klarer Zuweisung und Aufteilung der Zuständigkeiten und einem funktionierenden System zur Informationsermittlung (Säule 2).
- Die Versicherer müssen die Anforderungen an die externe Berichterstattung erfüllen, sowohl gegenüber der Öffentlichkeit als auch gegenüber der Aufsicht (Säule 3).

Säule 1
Die erste Säule umfasst das Thema finanzielle Ressourcen und legt quantitative Standards fest. Durch die Vorschriften der Säule I werden die Anforderungen an die Kapitalausstattung der Versicherungsunternehmen festgelegt.
- Die Mitgliedstaaten sorgen dafür, dass die (Rück)Versicherungsunternehmen anrechnungsfähige Eigenmittel zur Bedeckung der *Solvenzkapitalanforderung* (Solvency Capital Requirement, SCR) besitzen (Art. 99). Die Solvenzkapitalanforderung entspricht dem ökonomischen Kapital, das die Insolvenzwahrscheinlichkeit auf 0,5% begrenzt (»Value-at-Risk«-Methode) und wird entweder gemäß einer Standardformel oder unter Verwendung eines internen Modells berechnet. Die SCR soll das tatsächliche Risikoprofil des Unternehmens widerspiegeln, bedeckt zumindest das versicherungstechnische Risiko (Nichtleben, Leben, Kranken), das Markt-, Kredit- und Betriebsrisiko (Art. 100) und muss mindestens einmal jährlich berechnet und kontinuierlich überwacht werden (Art. 101).
- Die Mitgliedsstaaten sorgen des Weiteren dafür, dass die (Rück-)Versicherungsunternehmen anrechnungsfähige Basiseigenmittel zur Bedeckung der *Mindestkapitalanforderung* (Minimum Capital Requirement, MCR) besitzen (Art. 125). Die MCR ist das Eigenmittelniveau, unterhalb dessen die Interessen der Versicherungsnehmer ernsthaft gefährdet wären, falls das Unternehmen seine Geschäftstätigkeit fortsetzen dürfte. Sie wird vierteljährlich auf klare und einfache Art und Weise berechnet.

Geändert werden soll auch die Ermittlung der Eigenmittel. Dabei soll die Bewertung der Vermögenswerte nun auf Fair-Value-Basis erfolgen und nicht mehr nach

HGB-Regeln. Dies betrifft vor allem auch die Bewertung der versicherungstechnischen Rückstellungen, deren Höhe starken Einfluss auf die Solvabilitätsanforderungen haben.

Säule 2

Hier geht es vor allem um Anforderungen an ein *Governance System* und das Risikomanagement von Versicherungsunternehmen. Die Rahmenrichtlinie zu Säule 2 beginnt mit allgemeinen Vorschriften und legt die Rolle der Aufsichtsbehörden fest. So haben die Mitgliedsstaaten dafür zu sorgen, dass den Aufsichtsbehörden die notwendigen Mittel an die Hand gegeben werden, um das Hauptziel der Beaufsichtigung, den Schutz der Versicherten, zu bewerkstelligen (Art. 27). Des Weiteren befasst sie sich mit allgemeinen Grundsätzen der Beaufsichtigung, der Transparenz und Rechenschaftspflicht, allgemeinen Aufsichtsbefugnissen, dem aufsichtsrechtlichen Überprüfungsverfahren und Kapitalaufschlägen. Letztlich zuständig für die Einhaltung der Richtlinie ist das Verwaltungs- und Managementorgan.

Konkretisiert werden weiterhin Anforderungen an das Governance-System, indem allen Versicherungsunternehmen vorgeschrieben wird, über ein wirksames *Governance-System* zu verfügen, welches ein solides und vorsichtiges Management der Geschäftstätigkeit gewährleistet (Art. 41).

Ein wirksames Governance-System muss die folgenden Anforderungen erfüllen:

- Vorhandensein eines wirksamen Risikomanagementsystems, das die Strategien, Prozesse und Meldeverfahren umfasst, die erforderlich sind, um die eingegangenen oder potenziellen Risiken kontinuierlich auf Einzelbasis und aggregierter Basis sowie ihre Interdependenzen zu überwachen, handzuhaben und zu melden.
- Das *Risikomanagement* soll die Risiken abdecken, die in die Berechnung der Solvenzkapitalanforderung einzubeziehen sind sowie die Risiken, die bei dieser Berechnung nicht vollständig erfasst worden sind. Abgedeckt werden müssen zumindest die Bereiche Risikoübernahme und Rücklagenbildung, Aktiv-Passiv-Management, Anlagen (insbesondere Derivate), Liquiditäts- und Konzentrationsmanagement sowie Rückversicherung und andere Risikominderungstechniken. Die Unternehmen schaffen eine Funktion »Risikomanagement«, die die Umsetzung des Risikomanagementsystems erleichtert. Falls das Unternehmen ein Voll- oder ein Teilmodell als internes Modell benutzt, entstehen Zusatzaufgaben, die durch diese Funktion abgedeckt werden müssen. Das sind Konzeption und Umsetzung, Testen, Validierung und Dokumentierung des internen Modells sowie Unterrichtung des Verwaltungs- oder Managementorgans über die Leistung des internen Modells und über die gemachten Verbesserungen.

Als Teil seines Risikomanagementsystems führt jedes Versicherungs- und Rückversicherungsunternehmen *seine interne Bewertung des Risikos und der Solvabilität* durch. Diese Bewertung muss Folgendes umfassen:
- den globalen Solvabilitätsbedarf unter Berücksichtigung des spezifischen Risikoprofils, der genehmigten Risikotoleranzschwellen und der Geschäftsstrategie,
- die kontinuierliche Einhaltung der Eigenkapitalanforderungen,
- den Umfang, mit dem das Risikoprofil des Unternehmens erheblich von den bei der Solvenzberechnung verwendeten Annahmen abweicht.

Die (Rück-)Versicherungsunternehmen verfügen über eine wirksame *versicherungsmathematische Funktion*. Diese ist damit betraut, die Berechnung der versicherungstechnischen Rückstellungen zu koordinieren, die Angemessenheit der verwendeten Methoden und Basismodelle zu gewährleisten, die Qualität und Hinlänglichkeit der zugrunde gelegten Daten zu bewerten und die bestmöglichen Schätzdaten mit Erfahrungswerten zu vergleichen. Zudem muss sie dem Verwaltungs- und Managementorgan über die Verlässlichkeit und Angemessenheit der Berechnung der Rückstellungen berichten und einen Beitrag zur wirksamen Umsetzung des Risikomanagementsystems leisten, insbesondere im Hinblick auf die Schaffung von Risikomodellen. (Art. 47 Abs. 1). Es ist darauf zu achten, dass dies von Personen mit ausreichenden Kenntnissen in der Versicherungs- und Finanzmathematik ausgeführt wird (Art. 47 Abs. 2).

Die Unternehmen verfügen über ein wirksames *internes Kontrollsystem*, welches zumindest Verwaltungs- und Rechnungslegungsverfahren, einen internen Kontrollrahmen, angemessene Meldevereinbarungen auf allen Unternehmensebenen und eine Funktion der Überwachung der ständigen Einhaltung der Anforderungen umfasst (Art. 45). Ob das interne Kontrollsystem des Unternehmens für seine Tätigkeit weiterhin ausreichend und angemessen ist, wird durch die Funktion *Internes Audit* bewertet. Außerdem prüft diese noch die Konformität der Unternehmenstätigkeiten in Bezug auf all seine internen Strategien, Prozesse und Meldeverfahren. Das Interne Audit muss objektiv und von anderen operativen Tätigkeiten unabhängig sein und alle Erkenntnisse und Empfehlungen dem Verwaltungs- oder Managementorgan mitteilen (Art. 46).

Die Unternehmen verfügen über eine *schriftliche Politik*, die zumindest das Risikomanagement, die interne Kontrolle, das interne Audit und die Auslagerung betrifft, und mindestens einmal jährlich überprüft wird. Die Umsetzung dieser Politik ist sicherzustellen (Art. 41 Abs. 3).

Durch die in »Säule 2« definierten qualitativen Elemente ergeben sich mit Solvency II neue Anforderungen an das Risikomanagement für Versicherungen. Diese gehen weit über die bisherigen Anforderungen an die Risikofrüherkennung durch das KonTraG hinaus und haben die Verzahnung des Risikomanagements mit der Gesamtorganisation und der Unternehmenssteuerung als wesentliches Ziel.

Säule 3
Die dritte Säule behandelt Berichterstattung und Offenlegungspflichten. Dabei sollen Marktmechanismen die risikobasierte Aufsicht unterstützen. Es werden qualitative und quantitative Regelungen zur Offenlegung von Daten sowie Informationen zur Risikosituation und Solvabilität des Unternehmens geregelt. Dazu zählen beispielsweise Informationen über die Art der Internen Kontrollen, über das Risikomanagement und das Asset-Liabiltiy-Management, über die Durchführung risikopolitischer Maßnahmen und die Struktur der zur Solvabilitätsberechnung herangezogenen Eigenmittel. Auch soll dargelegt werden, welche Risiken vom Unternehmen identifiziert und kontrolliert werden.

In Säule 3 werden alle Regeln zur *Beaufsichtigung* und *Veröffentlichung* zusammengefasst. So schreiben die Mitgliedstaaten den Versicherungs- und Rückversicherungsunternehmen vor, den Aufsichtsbehörden diejenigen Informationen zu übermitteln, die für die Zwecke der Beaufsichtigung erforderlich sind (Art. 35). Des Weiteren schreiben sie die jährliche Veröffentlichung eines Berichts über ihre Solvabilität und ihre Finanzlage vor. Dieser Bericht hat gemäß Art. 50 die folgenden Angaben zu enthalten:
- eine Beschreibung der Geschäftstätigkeit und der Leistungen des Unternehmens,
- eine Beschreibung des Governance-Systems und eine Bewertung seiner Angemessenheit für das Risikoprofil des Unternehmens,
- eine Beschreibung, der Risikoexponierung, der Risikokonzentration, der Risikominderung und der Risikosensitivität, die für jede Risikokategorie gesondert vorzunehmen ist;
- eine Beschreibung der für die Vermögenswerte, die versicherungstechnischen Rückstellungen und sonstigen Verbindlichkeiten verwendeten Bewertungsgrundlagen und –Methoden mit Erläuterung der Hauptunterschiede zur bilanziellen Bewertung im Jahresabschluss sowie
- eine Beschreibung des Kapitalmanagements unter Angabe zumindest folgender Bestandteile: Angabe von Struktur, Betrag und Qualität der Eigenmittel, des Betrages der MCR und der SCR, der Hauptunterschiede zwischen der Standardformel und jedem internen Voll- bzw. Teilmodell und des Betrages für die Nichteinhaltung der MCR oder wesentlichen Nichteinhaltung der SCR sowie deren Ursprung, Konsequenzen und ergriffene Abhilfemaßnahmen.

Die Entscheidung, ob zusätzliche Information offengelegt wird, liegt bei den Unternehmen.

Diese Vorschriften sorgen für mehr Transparenz für alle Marktteilnehmer. Es profitieren folglich nicht nur die Aufsichtsbehörden, sondern auch die Versicherungsnehmer, Rating-Agenturen, Investoren und andere Shareholder des Versicherungsunternehmens von Solvency II.

3 Berechnung der Kapitalanforderung unter Solvency II

3.1 Grundsätze für die Versicherungstechnischen Rückstellungen

Es gibt grundsätzlich drei verschiedene Möglichkeiten, unter Solvency II die Kapitalanforderungen zu ermitteln:
- Standardmodell,
- Partialmodell,
- Internes Modell.

Mit Hilfe der Quantitative Impact Studies (QIS) sollen die quantitativen Auswirkungen von Solvency II und die praktische Implementierbarkeit der erarbeiteten Vorschläge ermittelt werden. QIS wird auf nationaler Ebene von der jeweiligen Aufsichtsbehörde durchgeführt (in Deutschland durch die BaFin), wobei sich interessierte Unternehmen dort direkt anmelden.

Ein wichtiger Aspekt bei QIS II war die Ausgestaltung des Standardmodells und die Diskussion alternativer Berechnungsmethoden für das SCR. Bei QIS III, welches zwischen April und Juni 2007 stattfand, lag der Schwerpunkt auf der Kalibrierung des bei Solvency II verwendeten Standardmodells.

3.2 Standardmodell

Das Standardmodell wird im Folgenden anhand des Beispiels der Standardformel in QIS III dargestellt. Die Standardformel in QIS III zur Berechnung der SCR ist nach dem Baukastenprinzip konstruiert. Sie berücksichtigt Diversifikationseffekte innerhalb jedes Risikomoduls und während des Aggregationsprozesses.

Als Risikomaß wird bei QIS III der Value-at-Risk verwendet, also der Betrag, der benötigt wird, um mit einer Wahrscheinlichkeit von 99,5% die Schwankung der Eigenmittel über einen Zeitraum von einem Jahr abzufangen.

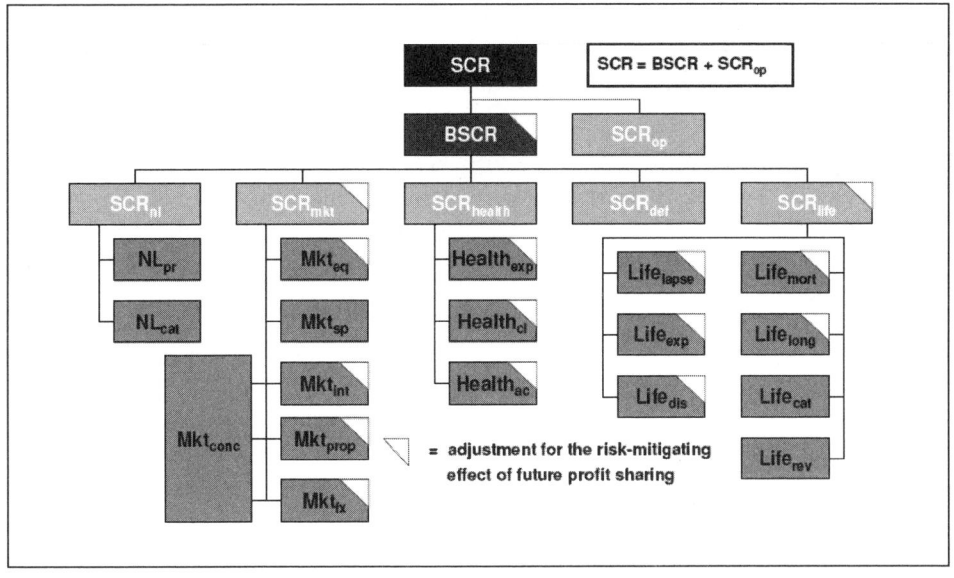

Abb. 10.2: Struktur der Risiken im Standardmodell QIS III

Gemäß Art. 102 ist die *Solvenzkapitalanforderung* die Summe aus der Basissolvenzkapitalanforderung (BSCR) und der Kapitalanforderung für das operationelle Risiko (SCR$_{op}$).

Für die *Basissolvenzkapitalanforderung* werden die Kapitalbeträge für das Versicherungstechnische Risiko Nichtleben (SCR$_{nl}$), das versicherungstechnische Risiko Leben (SCR$_{life}$), das versicherungstechnische Risiko Kranken (SCR$_{health}$), das Kontrahentenausfallrisiko (SCR$_{def}$) und das Marktrisiko (SCR$_{mkt}$) benötigt.

Für einzelne Teilrisiken wird noch der das Risiko mindernde Effekt zukünftiger Gewinnbeteiligungen (KC) benötigt.

Mit diesen Inputfaktoren lässt sich die BSCR mit folgender Formel berechnen:

$$BSCR = \sqrt{\sum_{r,c} CorrSCR_{r,c} \cdot SCR_r \cdot SCR_c} - \min\left\{\sqrt{\sum_{r,c} CorrSCR_{r,c} \cdot KC_r \cdot KC_c}; FDB\right\}$$

Dabei ist CorrSCR eine festgelegte Matrix, welche die Korrelationskoeffizienten der einzelnen Risikoarten vorschreibt.

Im Folgenden wird ein Überblick über die einzelnen Komponenten dargestellt, aus welchen sich die Basissolvenzkapitalanforderung zusammensetzt. Dabei ist zu beachten, dass diese Komponenten mit Ausnahme von SCR$_{def}$ wiederum aus mehreren Einzelrisiken bestehen, welche teilweise unter Berücksichtigung von Korrelation aggregiert werden.

Die einzelnen Kapitalbeträge werden durch Szenarien (vor allem bei den Marktrisiken und den Risiken der Versicherungstechnik in Leben) berechnet, bei anderen Teilrisiken auch durch verhältnismäßig einfache vorgegebene Formeln.

- Das *Marktrisiko* (SCR_{mkt}) setzt sich zusammen aus Immobilienrisiko, Zinsrisiko, Aktienrisiko, Währungsrisiko, Spreadrisiko und Konzentrationsrisiko.

    Am Beispiel des Immobilienrisikos wird ein Szenario dargestellt, das zu der Kapitalanforderung führt: Das *Immobilienrisiko* (Mkt_{prop}) ist definiert als die Veränderung des Nettovermögenswertes des Unternehmens unter der Bedingung, dass die Grundstücke und Gebäude 20% ihres Wertes verlieren (Immobilien-Markt-Schock). Dieses Szenario wird einmal betrachtet unter der Annahme, dass die Gewinnbeteiligungen unverändert bleiben und zusätzlich unter der Annahme, dass das Unternehmen aufgrund dieses Schocks die Möglichkeit hat, die Gewinnbeteiligungen anzupassen. Die Differenz dieser beiden Berechnungen bildet den Risikopuffer in der Gewinnbeteiligung, KC_{prop}.

    Das Marktrisiko und der Risikopuffer für das Marktrisiko ergeben sich schließlich durch

    $$SCR_{mtk} = \sqrt{\sum_{r,c} CorrMkt_{r,c} \cdot Mkt_r \cdot Mkt_c},$$

    wobei CorrMkt die zugehörige Korrelationsmatrix ist, bzw.

    $$KC_{mtk} = \sqrt{\sum_{r,c} CorrMkt_{r,c} \cdot KC_r \cdot KC_c}.$$

- Das *Kontrahentenausfallrisiko* (SCR_{def}) behandelt den möglichen Ausfall eines Risikominderungskontrahenten wie z. B. eine Rückversicherung oder Finanzderivate. Auf der Basis der Ersatzkosten, welche im Falle eines Ausfalls des Kontrahenten entstehen würden, und der Ausfallwahrscheinlichkeiten, welche u. a. vom externen Rating abzuleiten sind, wird das Kapital SCR_{def} berechnet.

- Das *Risiko für Versicherungstechnik Nichtleben* (SCR_{nl}) setzt sich zusammen aus dem Prämien- und Reservenrisiko (NL_{pr}) und aus dem Katastrophenrisiko (NL_{cat}).

- Das *Risiko für Versicherungstechnik Leben* setzt sich aus Langlebigkeitsrisiko ($Life_{long}$), Invaliditätsrisiko ($Life_{dis}$), Stornorisiko ($Life_{lapse}$), Sterblichkeitsrisiko ($Life_{mort}$), Betriebskostenrisiko ($Life_{exp}$) und Katastrophenrisiko($Life_{cat}$) zusammen. Hier wird wieder angenommen, dass diese einzelnen Risikoarten z. T. korreliert sind. Folglich berechnet sich SCR_{life} durch

    $$SCR_{life} = \sqrt{\sum_{r,c} CorrLife_{r,c} \cdot Life_r \cdot Life_c}.$$

    Völlig analog zum Vorgehen beim Marktrisiko wird auch hier ein Risikopuffer in der Gewinnbeteiligung kalkuliert.

Zusammenfassend lässt sich sagen, dass ein Standardmodell ein einheitliches Risikomaß und einen einheitlichen Zeithorizont verwendet, auf Basis ökonomischer Prinzipien bewertet und prinzipiell Diversifikations- und Entlastungseffekte berücksichtigt. Es unterstützt allerdings nicht bei der Analyse des individuellen Risikoprofils, da es oft nur ein einziges Szenario kalkuliert, und nicht ausreichend mehrjährige Aspekte beinhaltet. Des Weiteren kann es nicht auf organisatorische Besonderheiten einzelner Unternehmen abgestimmt werden. Es kann keine unternehmensspezifische Abhängigkeitsmuster liefern und Entlastungseffekte, beispielsweise durch Rückversicherungen, nicht exakt berücksichtigen.

3.3 Interne Voll- und Teilmodelle

Unter Solvency II gibt es noch zwei weitere Modellkonzepte, die in Genauigkeit, aber auch in Komplexität und Aufwand der Standardformel überlegen sind und breitere Einsatzmöglichkeiten bieten. Im Gegenzug sind sie mit höherer Komplexität und mehr Aufwand verbunden. Im Partialmodell werden Teile des Standardansatzes an die Unternehmensstruktur angepasst, während im Internen Modell die Risikomessung voll unternehmensspezifisch durchgeführt wird. Dies hat den Vorteil, dass diese Modelle nicht nur, wie das Standardmodell, für Aufsichtszwecke, sondern auch zur Steuerung der Rückversicherung, zum Kapitalmanagement und, zumindest das interne Modell, zur Unternehmensplanung und -steuerung genutzt werden können.

Die Rahmenrichtlinie zu Säule 1 stellt auch Anforderungen an Partial- und volle interne Modelle:
- Die Verwaltungs- oder Managementorgane müssen den Antrag an die Aufsichtsbehörden zwecks Genehmigung befürworten (Art. 113). In diesem übermitteln die (Rück)Versicherungsunternehmen zumindest die Unterlagen, aus denen hervorgeht, dass das interne Modell folgenden Anforderungen genügt (Art. 109):
  - Die Unternehmen haben nachzuweisen, dass das interne Modell im Unternehmen verwendet wird und in ihrem Governance-System eine wichtige Rolle spielt (»Verwendungstest«, Art. 117).
  - Das Modell muss statistische Qualitäts-, Kalibrierungs- und Validierungsstandards erfüllen (Art. 118, 119, 121).
  - Die Unternehmen haben die Konzeption und die operationellen Einzelheiten ihres internen Modells zu dokumentieren (Art. 122).
- Nach Erhalt der Genehmigung dürfen die Unternehmen nicht zur Berechnung der SCR gemäß der Standardformel zurückkehren, es sei denn unter hinreichend gerechtfertigten Umständen und vorbehaltlich der Genehmigung der Aufsichtsbehörden (Art. 114).

- Falls es nicht zweckmäßig ist, das SCR gemäß der Standardformel zu berechnen, weil das Risikoprofil der betreffenden Unternehmen wesentlich von den Annahmen abweicht, können die Aufsichtsbehörden die Unternehmen auffordern, ein internes Modell zu verwenden (Art. 116)
- Im Falle eines internen Modells in Form eines Teilmodells wird die aufsichtliche Genehmigung nur dann erteilt, wenn das Modell obigen Anforderungen genügt, das Unternehmen den begrenzten Anwendungsbereich angemessen begründet und das unternehmensindividuelle Risikoprofil im Vergleich zum Standardmodell besser abgebildet wird (Art. 110). So soll das »Picken von Rosinen« verhindert werden.

4 Bilanzierung und Solvency II

4.1 Grundsätze für die Ermittlung der Eigenmittel

Grundsatz

Der Zusammenhang zwischen der Bilanzierung und Solvency II wird am engsten bei der Fragestellung sichtbar, mit welchen Bilanzierungsnormen die verfügbaren Eigenmittel gemessen werden sollen.[423] Diese Eigenmittel hat das Unternehmen zur Verfügung, um die Kapitalanforderungen zu erfüllen.

Die Anforderungen der Säule 1 beruhen auf dem wirtschaftlichen Gesamtbilanzansatz. Bei diesem Ansatz wird davon ausgegangen, dass die verfügbaren finanziellen Mittel von Versicherungs- und Rückversicherungsunternehmen ihren Finanzbedarf insgesamt decken sollten. Als Konsequenz dieses Ansatzes gilt der Grundsatz:

Anrechnungsfähige Eigenmittel ≥ Solvenzkapitalanforderung

Eigenmittel sind verfügbare Finanzmittel, die als Risikopuffer dienen und finanzielle Verluste auffangen können. Sie sind gemäß Art. 85 die Summe aus Basiseigenmitteln (also Bestandteilen der Bilanz) und ergänzenden Eigenmitteln, jeweils im Sinne der Artikel 86 und 87:
- Die Basiseigenmittel setzen sich aus dem gemäß Art. 73 bewerteten Überschuss der Vermögenswerte über die Verbindlichkeiten, abzüglich des Betrages der direkt vom Unternehmen gehaltenen eigenen Aktien, sowie den nachrangigen Verbindlichkeiten zusammen.

---

423 Vgl. zum Zusammenhang zwischen Solvency und Bilanzierung vor allem *Sauer Roman* [Gestaltung, 2006].

- Die ergänzenden Eigenmittel bestehen aus nicht zu Basiseigenmitteln zählenden Bestandteilen, z.B. Beitragsnachzahlungen, und können zum Auffangen von Verlusten herangezogen werden. Ihre Bestimmung bedarf der vorherigen aufsichtlichen Genehmigung.

In Artikel 73 sind die Grundsätze für die Ermittlung der Vermögenswerte und Verbindlichkeiten zur Ermittlung der Basiseigenmittel ausgehend von der IFRS-Definition für den beizulegenden Zeitwert festgelegt:[424]
1. Die Mitgliedstaaten haben dafür zu sorgen, dass – sofern nicht anderweitig festgelegt – die Versicherungs- und Rückversicherungsunternehmen ihre Vermögenswerte und Verbindlichkeiten wie folgt bewerten:
    a) die Vermögenswerte werden mit dem Betrag bewertet, zu dem sie zwischen sachverständigen, vertragswilligen und voneinander unabhängigen Geschäftspartnern getauscht werden können,
    b) die Verbindlichkeiten werden mit dem Betrag bewertet, zu dem sie zwischen sachverständigen, vertragswilligen und voneinander unabhängigen Geschäftspartnern übertragen oder abgerechnet werden können.

Bei der Bewertung der Verbindlichkeiten wird keine Berichtigung zwecks Berücksichtigung der Bonität des Versicherungsunternehmens vorgenommen.
2. Details über die Methoden und Annahmen werden noch durch Durchführungsbestimmungen der Kommission festgelegt werden.

4.2 Grundsätze für die versicherungstechnischen Rückstellungen

Für die Ermittlung der beizulegenden Zeitwerte der Aktiva gibt es u.a. mit IAS 39 schon konkrete Regelungen. Für die Bewertung der versicherungstechnischen Rückstellungen gibt es noch keinen entsprechenden IFRS-Standard. Daher sind in den Artikeln 74 bis 77 detaillierte Vorschriften für die Bewertung der versicherungstechnischen Rückstellungen vorgegeben:

Bewertung der versicherungstechnischen Rückstellungen
Allgemeine Bestimmungen sind im Artikel 74 enthalten:
1. Die Mitgliedstaaten haben dafür zu sorgen, dass Versicherungs- und Rückversicherungsunternehmen versicherungstechnische Rückstellungen für ihre sämtlichen Versicherungs- und Rückversicherungsverpflichtungen gegen-

---

[424] [EU, 2007], Seite 10 bzw. Seite 107.

über den Versicherungsnehmern und den Anspruchsberechtigten von Versicherungs- oder Rückversicherungsverträgen bilden.
2. Die Berechnung der versicherungstechnischen Rückstellungen basiert auf dem aktuellen Veräußerungswert.
3. Die Berechnung der versicherungstechnischen Rückstellungen erfolgt unter Berücksichtigung der von den Finanzmärkten gelieferten Informationen sowie allgemein verfügbarer Daten über technische Versicherungs- und Rückversicherungsrisiken und hat mit diesen konsistent zu sein (Marktkonsistenz)
4. Die versicherungstechnischen Rückstellungen müssen auf vorsichtige, verlässliche und objektive Weise berechnet werden.

Die Berechnung der versicherungstechnischen Rückstellungen wird in Art. 75 konkretisiert:
1. Der Wert der versicherungstechnischen Rückstellungen hat der Summe aus einem »besten Schätzwert« und einer Risikomarge, wie in Absatz 2 und 3, erläutert zu entsprechen.
2. Der beste Schätzwert entspricht dem wahrscheinlichkeitsgewichteten Durchschnitt zukünftiger Cashflows unter Berücksichtigung des Zeitwerts des Geldes (erwarteter Gegenwartswert künftiger Cashflows) und unter Verwendung der relevanten risikofreien Zinskurve.
Die Berechnung des besten Schätzwertes hat auf der Grundlage aktueller und glaubwürdiger Informationen sowie realistischer Annahmen zu erfolgen und stützt sich auf angemessene versicherungsmathematische Methoden und statistische Techniken.
Bei der bei der Berechnung des besten Schätzwertes verwendeten Cashflow-Projektion werden alle ein- und ausgehenden Cashflows berücksichtigt, die zur Abrechnung der Versicherungs- und Rückversicherungsverbindlichkeiten während ihrer Laufzeit benötigt werden.
Der beste Schätzwert wird brutto berechnet, d.h. ohne Abzug der von Rückversicherungsverträgen und Zweckgesellschaften einzufordernden Beträge. Diese werden gemäß Art. 79 gesondert berechnet.
3. Die Risikomarge hat dergestalt zu sein, dass sichergestellt wird, dass der Wert der versicherungstechnischen Rückstellungen dem Betrag entspricht, den die Versicherungs- und Rückversicherungsunternehmen fordern würden, um die Versicherungs- und Rückversicherungsverpflichtungen übernehmen und erfüllen zu können.
4. Die Versicherungs- und Rückversicherungsunternehmen nehmen eine getrennte Bewertung des besten Schätzwertes und der Risikomarge vor.
Können künftige Cashflows in Verbindung mit Versicherungs- oder Rückversicherungsverbindlichkeiten jedoch anhand von Finanzinstrumenten nachgebildet werden, für die ein Marktwert direkt zu ermitteln ist, so wird

der Wert der versicherungstechnischen Rückstellungen auf Grundlage des Marktwerts dieser Finanzinstrumente bestimmt. In diesem Fall sind gesonderte Berechnungen des besten Schätzwerts und der Risikomarge nicht erforderlich.

5. Nehmen die Versicherungs- und Rückversicherungsunternehmen eine gesonderte Bewertung des besten Schätzwerts und der Risikomarge vor, wird die Risikomarge unter Bestimmung der Kosten der Zurverfügungstellung eines Betrages an anrechnungsfähigen Eigenmitteln berechnet, der der Solvenzkapitalanforderung zu entsprechen hat, die für die Bedeckung der Versicherungs- und Rückversicherungsverbindlichkeiten und Rückversicherungsverbindlichkeiten während ihrer Laufzeit erforderlich ist.

Der Satz, der für die Bestimmung der Kosten der Zurverfügungsstellung des Betrags an anrechnungsfähigen Eigenmitteln verwendet wird (Kapitalkosten-Satz), hat für alle Versicherungs- und Rückversicherungsunternehmen gleich zu sein.

Der zu Grunde gelegte Kapitalkosten-Satz hat dem über dem einschlägigen risikofreien Zinssatz liegenden zusätzlichen Satz zu entsprechen, den ein Versicherungs- oder Rückversicherungsunternehmen, das einen – wie in Abschnitt 3 erläutert - Betrag an anrechnungsfähigen Eigenmitteln hält, der der Solvenzkapitalanforderung entspricht, tragen müsste, um diese Mittel halten zu können.

In den Art. 76 bis 84 werden noch eine Reihe von detaillierten Anforderungen an die Berechnungen der versicherungstechnischen Rückstellungen gestellt:

Art. 76: Sonstige bei der Berechnung der versicherungstechnischen Rückstellungen zu berücksichtigende Aspekte

Die Versicherungs- und Rückversicherungsunternehmen berücksichtigen über Artikel 75 hinaus bei der Berechnung der versicherungstechnischen Rückstellungen folgende Aspekte:

1. sämtliche bei der Bedienung der Versicherungs- und Rückversicherungsverpflichtungen anfallende Aufwendungen,
2. die Inflation, einschließlich der Inflation der Aufwendungen und der Versicherungsansprüche,
3. sämtliche Zahlungen an Versicherungsnehmer und Anspruchsberechtigte, einschließlich künftiger freiwilliger Bonuszahlungen, die die Versicherungs- und Rückversicherungsunternehmen vornehmen dürften, ob sie nun vertraglich garantiert sind oder nicht und sofern diese Zahlungen nicht unter Artikel 89 fallen.

> **Beispiel:**[425]
>
> In QIS III wurde für die Bewertung der versicherungstechnischen Rückstellungen die sog. Cost-of-Capital-Methode getestet, die den Grundsätzen von Art. 75 entspricht:
> Es ergeben sich bei der Berechnung der Risikomarge drei Rechenschritte:
> 1. Man bestimmt die SCR (Kapitalanforderungen) für die Jahre *1, 2, …* bis zur endgültigen Abwicklung des Portfolios. (Der SCR für das Jahr *0* entspricht dem Kapitalbedarf, den das Unternehmen gegenwärtig hat und muss exakt auf Basis des Standardmodells ermittelt werden.) Auch die Ermittlung der SCR für die Jahre *1,2, …* sollte grundsätzlich mit der gleichen Methode erfolgen.
> 2. Man multipliziert jeden der zukünftigen SCR durch den Cost-of Capital-Faktor (beispielsweise 6% über dem risikofreien Zinssatz), um die Kosten für das Halten der künftigen Kapitalbeträge zu berechnen.
> 3. Diskontierung der oben berechneten Beträge mit dem risikofreien Zinssatz.
>
> **Schritte zur Ermittlung der Risiko Margin beim CoC-Ansatz**
>
> 1 Projektion der SCR für zukünftige Jahre bis zur Abwicklung des Portfolios
>
> 2 Bestimmung der Kapitalkosten, um die zukünftigen SCR vorzuhalten
>
> 3 Diskontierung der Kosten für das Vorhalten der SCR durch Abzinsung mit risikofreiem Zinssatz
>
> $$RM = \sum_{i=1}^{n} CoC\_factor \times SCR_i \times v^i$$
>
> Abb. 10.3: Beispiel Cost-of-Capital-Methode

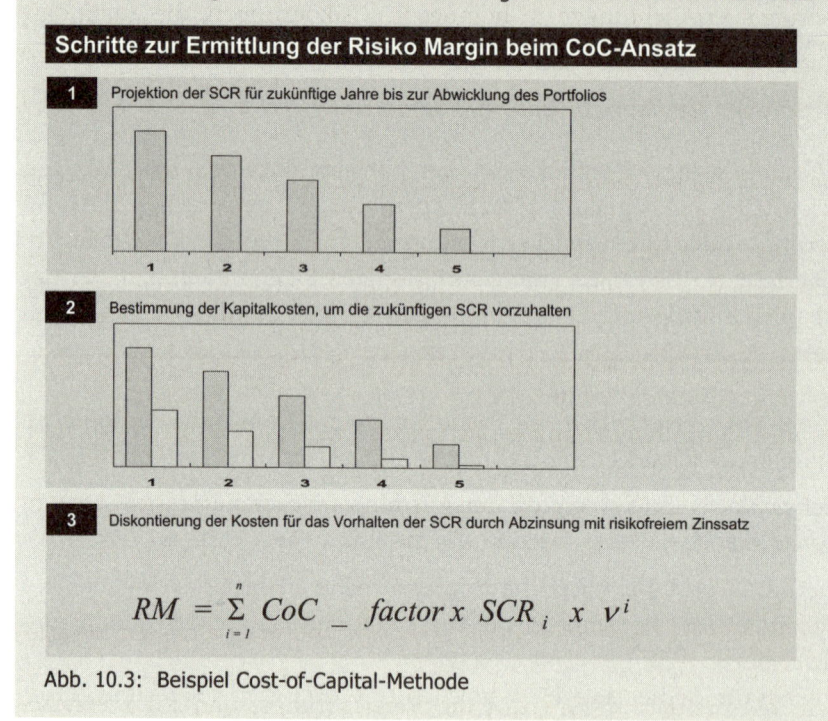

Art. 77: Bewertung von Finanzgarantien und vertraglichen Optionen, die Gegenstand der Versicherungs- und Rückversicherungsverträge sind
Bei der Berechnung der versicherungstechnischen Rückstellungen berücksichtigen die Versicherungs- und Rückversicherungsunternehmen den Wert der Finanzgarantien und sonstiger vertraglicher Optionen, die Gegenstand der Versicherungs- und Rückversicherungsverträge sind.

---

425 Vgl. CEIOPS [QIS III, 2007], S. 6

Alle Annahmen der Versicherungs- und Rückversicherungsunternehmen in Bezug auf die Wahrscheinlichkeit, dass die Versicherungsnehmer ihre Vertragsoptionen, einschließlich Storno- und Rückkaufsrechte, ausüben werden, sind als realistisch anzusehen und haben sich auf aktuelle und glaubwürdige Informationen zu stützen. Die Annahmen tragen entweder explizit oder implizit der Auswirkung Rechnung, die künftige Veränderungen der Finanz- und Nichtfinanzbedingungen auf die Ausübung dieser Optionen zeitigen könnten.

Art. 78: Segmentierung
Bei der Berechnung ihrer versicherungstechnischen Rückstellungen segmentieren die Versicherungs- und Rückversicherungsunternehmen ihre Versicherungs- und Rückversicherungsverpflichtungen in homogene Risikogruppen, die zumindest nach Geschäftsbereichen getrennt sind.

Art. 79: Eintreibbare Forderungen aus Rückversicherungsverträgen und gegenüber Zweckgesellschaften
Die Berechnung der Versicherungs- und Rückversicherungsunternehmen von eintreibbaren Beträgen aus Rückversicherungsverträgen und gegenüber Zweckgesellschaften hat den Artikeln 74 bis 78 zu genügen.

Bei der Berechnung der Beträge, die aus Rückversicherungsverträgen und von Zweckgesellschaften beitreibbar sind, berücksichtigen die Versicherungs- und Rückversicherungsunternehmen die zeitliche Differenz zwischen den Beitreibungen und den direkten Zahlungen.

Das Ergebnis dieser Berechnung ist anzupassen, um den aufgrund des Ausfalls der Gegenpartei erwarteten Verlusten Rechnung zu tragen. Diese Anpassung gründet sich auf eine Bewertung der Ausfallwahrscheinlichkeit der Gegenpartei und dem sich daraus ergebenden durchschnittlichen Verlust (Verlust bei Ausfall).

Art. 80: Qualität der Daten und Anwendung einer Einzelfallanalyse bei den versicherungstechnischen Rückstellungen
Die Mitgliedstaaten sorgen dafür, dass die Versicherungs- und Rückversicherungsunternehmen über interne Prozesse und Verfahren verfügen, um die Angemessenheit, die Vollständigkeit und die Exaktheit der bei der Berechnung der versicherungstechnischen Rückstellungen verwendeten Daten zu gewährleisten.

Verfügen die Versicherungs- und Rückversicherungsunternehmen nur über ungenügende Daten von angemessener Qualität, um eine verlässliche versicherungsmathematische Methode auf eine Untergruppe ihrer Versicherungs- und Rückversicherungsverpflichtungen oder auf beitreibbare Beträge aus Rückversicherungsverträgen und gegenüber Zweckgesellschaften anzuwenden, so kann eine Einzelfallanalyse für die Berechnung des besten Schätzwerts gewählt werden.

Art. 81: Vergleich vor dem Hintergrund von Erfahrungsdaten
Die Versicherungs- und Rückversicherungsunternehmen verfügen über Prozesse und Verfahren, mit denen sichergestellt wird, dass die besten Schätzwerte und die Annahmen, die der Berechnung der besten Schätzwerte zu Grunde liegen, regelmäßig mit Erfahrungsdaten verglichen werden.

Zeigt der Vergleich eine systematische Abweichung zwischen den Erfahrungsdaten und den Berechnungen des besten Schätzwerts von Versicherungs- und Rückversicherungsunternehmen, hat das betreffende Unternehmen entsprechende Anpassungen der verwendeten versicherungsmathematischen Methoden oder Annahmen vorzunehmen.

Art. 82: Angemessenheit der Höhe der versicherungstechnischen Rückstellungen
Auf Anfrage der Aufsichtsbehörden haben die Versicherungs- und Rückversicherungsunternehmen die Angemessenheit der Höhe ihrer versicherungstechnischen Rückstellungen sowie die Anwendbarkeit und die Relevanz der verwendeten Methoden sowie die Adäquatheit der angewandten statistischen Basisdaten nachzuweisen.

Art. 83: Anhebung der versicherungstechnischen Rückstellungen
In dem Maße, in dem die Berechnung der versicherungstechnischen Rückstellungen von Versicherungs- und Rückversicherungsunternehmen nicht den Artikeln 74 bis 81 genügt, können die Aufsichtsbehörden von den Versicherungs- und Rückversicherungsunternehmen eine Anhebung des Betrags der versicherungstechnischen Rückstellungen fordern, so dass sie der in den genannten Artikeln vorgesehenen Höhe entsprechen.

4.3 Anrechenbarkeit von Eigenmitteln

Die Eigenmittel werden auf der Grundlage folgender Merkmale in drei Klassen (»Tiers«) eingeteilt: Nachrangigkeit, Verlustausgleichsfähigkeit, Permanenz, festgelegte Laufzeit und obligatorische finanzielle Kosten (Art. 92).
- In Bezug auf die Solvenzkapitalanforderung unterliegen die Beträge der Bestandteile von »Tier 2« und »Tier 3« gewissen Begrenzungen. So wird gewährleistet, dass zum einen der Anteil der »Tier 1«-Bestandteile über einem Drittel und zum anderen der Anteil der »Tier«-Bestandteile unter einem Drittel der gesamten anrechnungsfähigen Eigenmittel liegt (Art 97. Abs. 1).
- In Bezug auf die Mindestkapitalanforderung wird der Anteil der anrechnungsfähigen »Tier 2«-Bestandteile auf den Gesamtbetrag des »Tier 1«-Bestandes begrenzt.

Literaturverzeichnis

ACLI/IAA (Supplement, 2004): Supplement to the Second Joint Report of the ACLI – IAA Research Project, 2004.
Adler, Hans; Düring, Walther; Schmaltz, Kurt (Rechnungslegung, 1995): Rechnungslegung und Prüfung der Aktiengesellschaft, bearbeitet v. Forster, Karl-Heinz et al., Stuttgart 1995.
AICPA (Audits, 2001): Audits of Property and Liability Insurance Companies, New York 2001.
Albrecht, Peter (Regression, 1983): Parametric Multiple Regression Risk Models: Some Connection with IBNR, in: Insurance and Mathematic Economics, (2), 1983, S. 69–73.
Albrecht, Peter; Schwake, Edmund (Risiko, 1988): Risiko, Versicherungstechnisches, in: Farny, Dieter; Helten, Elmar; Koch, Peter; Schmidt, Reimer (Hrsg.): Handwörterbuch der Versicherung, Karlsruhe 1988, S. 651–657.
Angerer, August (Abzinsung, 1994): Zur Abzinsung der Rückstellung für noch nicht abgewickelte Versicherungsfälle, in: Schwebler Robert et al. (Hrsg.): Dieter Farny und die Versicherungswissenschaft, Karlsruhe 1994, S. 35–44.
Angermayer, Birgit; Oser, Peter (Konzern, 1996): Konzernrechnungslegung von Versicherungsunternehmen: Eine systematische Betrachtung vor dem Hintergrund des Versicherungsbilanzrichtlinie-Gesetzes, in: VW, (51), 1996, S. 887–893 (Teil 1), S. 955–960 (Teil 2) und S. 1037–1041 (Teil 3).
AVÖ (Leitfaden, 2001): Leitfaden zur Bilanzierung nach IAS/US-GAAP in österreichischen Versicherungsunternehmen, Wien 2001.

Baetge, Jörg (Notwendigkeit, 1990): Notwendigkeit und Möglichkeiten der Eigenkapitalstärkung, in: Baetge, Jörg (Hrsg.): Rechnungslegung, Finanzen, Steuern und Prüfung in den neunziger Jahren, Düsseldorf 1990, S. 205–240.
Baetge, Jörg; Kirsch, Hans-J.; Thiele, Stefan (Bilanzen, 2005): Bilanzen, 8. Aufl., Düsseldorf 2005.
Baetge, Jörg; Kirsch, Hans-Jürgen (Grundsätze, 1995): Grundsätze ordnungsmäßiger Buchführung, in: Küting, Karlheinz; Weber, Claus-Peter (Hrsg.): Handbuch der Rechnungslegung, Kommentar zur Bilanzierung und Prüfung, Bd. I a, 4. Aufl., Stuttgart 1995, S. 135–173.
Baetge, Jörg; Zülch, Henning (Fair Value, 2001): Fair Value-Accounting, in: BFuP, (53), 2001, S. 543–562.
Ballwieser, Wolfgang (Grundsätze, 2005): Grundsätze ordnungsmäßiger Buchführung, in: Castan, Edgar (Hrsg.): Beck'sches Handbuch der Rechnungslegung, München 1987, Stand Dezember 2005, Abschnitt B 105, 42 Seiten.
Baur, Wolfgang (Periodisierung, 1984): Die Periodisierung von Beitragseinnahmen und Schadenausgaben im aktienrechtlichen Jahresabschluss von Schaden- und Unfallversicherungsunternehmen, Karlsruhe 1984.

Becker, Thomas (Jahresabschluss, 1999): Der Jahresabschluss eines Lebensversicherungsunternehmens: Eine funktionstheoretische Analyse, Wiesbaden 1999.

Blanchard, Ralph (Considerations, 2000): Considerations in the Calculation of Premium Deficiency Reserves (Under U.S. accounting rules), Casualty Society Forum 2000.

BMF (Beitragsüberträge, 1974): Bemessung der Beitragsüberträge bei Versicherungsunternehmen, Schreiben vom 30. April 1974, in: VerBAV, (23), 1975, S. 118.

Boetius, Jan (Handbuch, 1996): Handbuch der versicherungstechnischen Rückstellungen, Handels- und Steuerbilanzrecht der Versicherungsunternehmen, Köln 1996.

Bornhuetter, Ronald L.; Ferguson, Ronald E. (Actuary, 1972): The Actuary and IBNR, in: Proceedings of the Casualty Actuarial Society, (59), 1972, S. 181–195.

Buck, Heiko (Rückstellungen, 1995): Die versicherungstechnischen Rückstellungen im Jahresabschluss von Schaden- und Unfallversicherungsunternehmen: Nach Handels- und Ertragsteuerrecht unter besonderer Berücksichtigung der Versicherungstechnik, Bergisch Gladbach und Köln 1995.

Busse von Colbe, Walther (Rechnungswesen, 1998): Rechnungswesen, in: Busse von Colbe, Walther; Pellens, Bernhard (Hrsg.): Lexikon des Rechnungswesens, 4. Aufl., München et al. 1998, S. 599–602.

CEIOPS (QIS III, 2007): CEIOPS: QIS III Technical Instructions, 2007.

Coenenberg, Adolf. G. (Jahresabschluss, 2005): Jahresabschluss und Jahresabschlussanalyse: betriebswirtschaftliche, handelsrechtliche, steuerrechtlich und internationale Grundsätze: HGB, IFRS, US-GAAP, 20. Aufl., Stuttgart 2005.

Dal Santo, Daniel (Kapitalmanagement, 2002): Kapitalmanagement bei Allfinanzkonglomeraten: Ausgestaltung im Spannungsfeld zwischen staatlichen Eigenmittelvorschriften und Marktdisziplin, Bern et al. 2002.

DAV (Grundsatzpapier, 2002): DAV-Grundsatzpapier zu IAS, Köln 2002.

DAV (Krankenversicherung, 2001): Rechnungslegung nach IAS/US-GAAP: Aktuarielle Praxis in der Privaten Krankenversicherung, 2001.

DAV (Lebensversicherung, 2000): Rechnungslegung nach IAS/US-GAAP: Aktuarielle Praxis in der Deutschen Lebensversicherung, 2000.

DAV (Schadenrückstellung, 2002): Aktuarielle Aspekte der Schadenrückstellung in der Schaden- und Unfallversicherung: Papier der DAV-Arbeitsgruppe Schadenreservierung, (Download unter http://www.der-aktuar.de, Stand: Februar 2004).

Dobler, Michael (Risikoberichterstattung, 2004): Risikoberichterstattung: eine ökonomische Analyse, Frankfurt am Main 2004.

Dobler, Michael (Überleitungsrechnungen, 2007): Kapitalmarktrelevanz von Überleitungsrechnungen gemäß Form 20-F: Bestandsaufnahme und Diskussion, in: DBW, 2007, (im Druck).

Dobler, Michael, Gampenrieder, Peter (Goodwillbilanzierung, 2006): Analyse der Goodwillbilanzierung von Versicherungskonzernen nach IFRS, in: ZfV, 2006, S. 393–397 (Teil I) und S. 431–435 (Teil II).

Dobler, Michael; Hacker, Bernd (Segmentberichterstattung, 2003): Analyse der Segmentberichterstattung von Versicherungsunternehmen nach DRS 3-20, in: ZfV, 2003, S. 49–54.

Dobler, Michael; Hettich, Sylvia (Rahmenkonzepte, 2007): Geplante Änderungen der Rahmenkonzepte von IASB und FASB – Konzeption, Vergleich, Würdigung, in: IRZ (Zeitschrift für Internationale Rechnungslegung), 2007, S. 29–36.

Dobler, Michael; Maul, Karl-Heinz (Wertpapiere, 2007): Die Wertpapiere des Umlaufvermögens und die flüssigen Mittel, in: v. Wysocki, Klaus; Schulze-Osterloh, Joachim; Hennrichs, Joachim; Kuhner, Christoph (Hrsg.): Handbuch der Jahresabschlusses in Einzeldarstellungen (HdJ), Loseblattkommentar, Köln (Stand: Februar 2007), Abt. II/7.

Döllerer, Georg (Grundsätze, 1959): Grundsätze ordnungsmäßiger Bilanzierung, deren Entstehung und Ermittlung, BB, (6) 1959, S. 1217–1221.

Dorenkamp, Ludger (Näherungsverfahren, 1998): § 341e Abs. 3 HGB: Schätzung auf Grund von Näherungsverfahren (§ 341e Abs. 3 HGB), in: Budde, Wolfgang et al.: Beck'scher Versicherungsbilanz-Kommentar: Handels- und Steuerrecht: §§ 341 bis 341o HGB, München, 1998, S. 237–244.

DSR (Positionspapier 1, 2002): Positionspapier Konzernrechnungslegung von Versicherungsunternehmen, 2002.

Eichacker, Hans (Finanzplanung, 1981): Finanzplanung im Versicherungsunternehmen, Karlsruhe 1981.

Ellenbürger, Frank; Horbach, Lothar; Kölschbach, Joachim (Einzelfragen, 1996): Ausgewählte Einzelfragen zur Rechnungslegung von Versicherungsunternehmen nach neuem Recht (Teil I), in: WPg, (49), 1996, S. 41–50.

Europäische Kommission (Finanzberichterstattung, 2002): Erörterung der Zusammenhänge zwischen der Finanzberichterstattung und der Rechnungslegung von Versicherungsunternehmen gegenüber den Aufsichtsbehörden, Markt/2514/02.

Europäische Kommission (Reflections, 2003): Reflections on the Possible Impact of the IASB Insurance Project »Phase 1« and Revised IAS 32/39 on EU Financial Reporting and Prudential Legislation, Markt/2527/03, (Download unter: http://www.europa.eu.int, Stand: Februar 2004).

Europäische Union (Rahmenrichtlinie, 2007): Entwurf der Rahmenrichtlinie Solvency II, Stand Juli 2007.

Farny, Dieter (Buchführung, 1992): Buchführung und Periodenrechnung im Versicherungsunternehmen, 4. Aufl., Wiesbaden 1992.

Farny, Dieter (Versicherungsbetriebslehre, 2006): Versicherungsbetriebslehre, 4. Aufl., Karlsruhe 2006.

Farny, Dieter (Versicherungsbilanzen, 1975): Versicherungsbilanzen, Frankfurt 1975.

Faßbender, Jürgen (Jahresabschlusspolitik, 1997): Jahresabschlusspolitik von Erstversicherungsunternehmen: eine Untersuchung auf der Grundlage des Handelsrechts, Lohmar (u. a.) und Köln 1997.

FM NRW (Behandlung, 1973): Ertragssteuerliche Behandlung der Schadenermittlungs- und Schadenbearbeitungskosten bei Versicherungsunternehmen, Erlaß vom 22. Februar 1973, in: VerBAV, (22), 1973, S. 105–106.

Förschle, Gerhard (Beteiligungen, 2002): Beteiligungen, in: Ballwieser, Wolfgang et al. (Hrsg.): Handwörterbuch der Rechnungslegung und Prüfung: Enzyklopädie der Betriebswirtschaftslehre, Bd. 8, Stuttgart 2002, S. 330–346.

Fourie, Dirk; Velthuysen, Oliver (Grundbesitz, 2001): Bilanzierung von Grundbesitz nach IAS: Cost model oder Fair value model? Bringt IAS 40 neue Optionen für deutsche Versicherungskonzerne?, in: VW, (56), 2001, S. 648–650.

Fürstenwerth, Frank v.; Weiß, Alfons (Versicherungsalphabet, 2001): Versicherungsalphabet: Begriffserläuterungen der Versicherung aus Theorie und Praxis, 10. Aufl., Karlsruhe 2001.

GDV (Finanzrückversicherung, 2006): Finanzrückversicherung (Finite Re) – Bilanzierung unter besonderer Berücksichtigung des hinreichenden Risikotransfers-, Ergebnisse der Arbeitsgruppe Bilanzierung Finite RE, Berlin 2006.

Geib, Gerd (Diskussionsstand, 2001): Diskussionsstand eines IFRS für Versicherungsgeschäfte, in: Geib, Gerd (Hrsg.): Rechnungslegung von Versicherungsunternehmen: Festschrift zum 70. Geburtstag von Horst Richter, Düsseldorf 2001, S. 111–126.

Geib, Gerd (Internationalisierung, 2003): Internationalisierung der Rechnungslegung von Versicherungsunternehmen, in: IDW (Hrsg.): Rechnungslegung und Prüfung der Versicherungsunternehmen, 4. Aufl., Düsseldorf 2003, Kapitel G.

Geib, Gerd (Offenlegung, 1997): Die Pflicht zur Offenlegung des Zeitwertes von Kapitalanlagen der Versicherungsunternehmen nach der Umsetzung der Versicherungsbilanzrichtlinie, Köln 1997.

Geib, Gerd; Ellenbürger, Frank; Kölschbach, Joachim (Fragen, 1992): Ausgewählte Fragen zur EG-Verrsicherungsbilanzrichtlinie (VersBiRiLi): Teil II, in: WpG, (45), 1992, S. 221–224.

Geib, Gerd; Telgenbüscher, Franz R. (Posten, 2003): Die versicherungstechnischen Posten des Jahresabschlusses der Schaden- und Unfallversicherungsunternehmen, in: IDW (Hrsg.): Rechnungslegung und Prüfung der Versicherungsunternehmen, 4. Aufl., Düsseldorf 2003, Kapitel B IV.

Geib, Gerd; Wiedmann, Harald (Abzinsung, 1994): Zur Abzinsung von Rückstellungen in der Handels- und Steuerbilanz, Die Wirtschaftsprüfung, (47), 1994, S. 369–377.

Groh, Manfred (Abzinsung, 1988): Abzinsung von Verbindlichkeitsrückstellungen?, in: BB, (43) ,1988, S. 1919.

Grünberger, David; Grünberger, Herbert (Finanzinstrumente, 2004): Finanzinstrumente: Neufassung von IAS 32 und 39 verabschiedet, in: StuB, 2004, S. 120–121.

Gürtler, Max (Erfolgsrechnung, 1958): Die Erfolgsrechnung der Versicherungsbetriebe, 2. Aufl., Berlin und Frankfurt 1958.

Haller, Axel (Ziele, 2000): Wesentliche Ziele und Merkmale US-amerikanischer Rechnungslegung, in: Ballwieser, Wolfgang (Hrsg.): US-amerikanische Rechnungslegung, 4. Aufl., Stuttgart 2000, S. 1–27.

Hartung, Thomas (Unternehmensbewertung, 2000): Unternehmensbewertung von Versicherungsgesellschaften, Wiesbaden 2000.

Hartung, Thomas (Eigenkapitalregulierung, 2007): Eigenkapitalregulierung bei Versicherungsunternehmen: eine ökonomisch-risikotheoretische Analyse verschiedener Solvabilitätskonzeptionen, Karlsruhe 2007.

Hassler, Melanie; Sauer, Roman; Schneider, Irmgard (Möglichkeiten, 2006): Möglichkeiten der bilanziellen Analyse der Sicherheitslage von Versicherungsunternehmen – Vergleich zwischen HGB, IFRS und Fair-value-Bilanzierung, in Wlg, (24), 2006, S. 1539–1548.

Hayn, Sven; Waldersee, Georg Graf (IAS, 2002): IAS / US-GAAP / HGB im Vergleich: Synoptische Darstellung für den Einzel- und Konzernabschluss, 3. Aufl., Stuttgart 2002.

Heep-Altiner, Maria; Klemmstein, Monika (Anwendungen, 2001): Versicherungsmathematische Anwendungen in der Praxis mit Schwerpunkt Kraftfahrt und Allgemeine Haftpflicht, Karlsruhe 2001.

Helten, Elmar; Bittl, Andreas (Versicherungsbetriebslehre, 2000): in: Gabler Wirtschafts-Lexikon, Bd. 4: S-Z, 15. Aufl., Wiesbaden 2000, S. 3310–3314.

Helten, Elmar; Bittl, Andreas; Liebwein, Peter (Versicherung, 2000): Versicherung von Risiken, in: Dörner, Dietrich; Horváth, Péter; Kagermann, Henning (Hrsg.): Praxis des Risikomanagements – Grundlagen, Kategorien, branchenspezifische und strukturelle Aspekte, Stuttgart 2000, S. 153–191.

Helten, Elmar; Hartung, Thomas (Modernisierung, 2004): Modernisierung versicherungswirtschaftlicher Eigenkapitalnormen durch Solvency II, in: Finanzbetrieb (6) Heft 4, S. 293–303.

Helten, Elmar; Karten, Walter (Risiko, 1984): Das Risiko und seine Kalkulation, Wiesbaden 1984.

Herget, Thomas (US-GAAP, 2000): US-GAAP for Life Insurers, Schaumburg, Illinois 2000.

Herzog, Peter (Rechtssystem, 1989): Einführung in das Rechtssystem der Vereinigten Staaten, in: Sonnemann, Erik (Hrsg.): Rechnungslegung, Prüfung, Wirtschaftsrecht und Steuern in den USA, Wiesbaden 1989, S. 169–204.

Hesberg, Dieter (Bilanzierung, 1999): Bilanzierung von Versicherungsunternehmen, in: Castan, Edgar (Hrsg.): Beck'sches Handbuch der Rechnungslegung, München 1999, Teil B 910.

Hesberg, Dieter (Handbuch, 1996): Bilanzierung von Versicherungsunternehmen, in: Castan, Edgar et al. (Hrsg.): Beck'sches Handbuch der Rechnungslegung, München 1996, Bd. I, B 910.

Hesberg, Dieter (Internationalisierung, 2001): Internationalisierung der Jahresabschlüsse von Versicherungskonzernen: Anlass für eine Neuausrichtung der Rechnungslegung deutscher Versicherungsunternehmen?, in: Freidank, Carl-Christian (Hrsg.): Die deutsche Rechnungslegung und Wirtschaftsprüfung im Umbruch, Festschrift für Wilhelm Theodor Strobel zum 70. Geburtstag, München 2001, S. 175–199.

Hesberg, Dieter (Rechnungswesen, 1997): Das Rechnungswesen im Versicherungsbetrieb I, Studientext 18: Versicherungsbetriebslehre, in: Asmus, Werner; Gassmann, Jürgen (Hrsg.): Versicherungswirtschaftliches Studienwerk, Wiesbaden 1997.

Heuser, Paul J.; Theile, Carsten (IFRS, 2007): IFRS Handbuch: Einzel- und Konzernabschluss, 3. Aufl., Köln 2007.

Hippler, Michael (Schuldverschreibungen, 1998): Bilanzierung von Schuldverschreibungen im Jahresabschluss von Versicherungsunternehmen, Karlsruhe 1998.

Hitz, Jörg-Markus; Kuhner, Christoph (Barwertermittlung, 2000): Erweiterung des US-amerikanischen conceptual framework um Grundsätze der Barwertermittlung: Inhalt und Bedeutung des Statement of Financial Accounting Concepts No. 7, in: WpG, (53), 2000, S. 889–902.

Hölzl, Werner (Nichtversicherungstechnische Posten, 2001): Die nichtversicherungstechnischen Posten des Jahresabschlusses, in: IDW (Hrsg.): Rechnungslegung und Prüfung der Versicherungsunternehmen, 4. Aufl., Düsseldorf 2001, Kapitel C.

Hommel, Michael (Standardentwurf, 2003): ED 5: Der neue Standardentwurf für Versicherungsverträge – ein Placebo mit Nebenwirkungen, BB, (58) 2003, S. 2114–2120.

IASB (Issues Paper, 1999): Issues Paper: Insurance Contracts.

IASB (DSOP, 2001): Draft Statement of Principles: Insurance Contracts.

IASB (DP, 2007): Dicussion Paper: Preliminary Views on Insurance Contracts.

IDW (§ 341b HGB, 2001): Entwurf IDW Stellungnahme zur Rechnungslegung: Leitlinie zur Auslegung des § 341b HGB (neu): IDW ERS VFA 2, in: WPg, (54), 2001, S. 1403–1405.

Insurance Companies Committee (Auditing, 1984): Auditing Standards Division, American Institute of Certified Public Accountants, »Computation of Premium Deficiencies in Insurance Enterprises«, Issues Paper, March 1984.

Jäger, Bernd (Rückstellungen, 1991): Rückstellungen für drohende Verluste aus schwebenden Geschäften in den Bilanzen von Versicherungsunternehmen, Wiesbaden 1991.

Jäger, Bernd (Rückstellungen, 1999): Die Versicherungstechnischen Rückstellungen im Handels- und Steuerrecht: Betriebswirtschaftliche Diskussion und zugleich Stellungnahme zu Boetius, Jan: Handbuch der versicherungstechnischen Rückstellungen – Handels- und Steuerbilanzrecht der Versicherungsunternehmen, in: ZVersWiss, (88), 1999, S. 150–206.

Karten, Walter (Inhalt, 1973): Zu Inhalt und Abgrenzung der Rückstellung für drohende Verluste aus schwebenden Geschäften in Versicherungsbilanzen, VW, (28), 1973, S. 1425–1428.

Karten, Walter (Schwankungsrückstellung, 1980): The New »Schwankungsrückstellung«, in: Annual Statements of German Insurers – An Application of Theory of Risks?, in: Geneva Papers of Risk and Insurance, (32), 1980, S. 54–62.

Kieso, Donald E.; Weygandt, Jerry J.; Warfield, Terry D. (Accounting, 2001): Intermediate Accounting, 10. Aufl., New York u. a. 2001.

KPMG [Study, 2002]: Study into the methodologies to assess the overall position of an insurance undertaking from the perspective of prudential supervision, Brüssel 2002.

Koch, Alfons; Krause, Hans-Josef (§ 341g HGB, 1998): § 341g HGB: Rückstellungen für noch nicht abgewickelte Versicherungsfälle, in: Budde, Wolfgang et al.: Beck'scher Versicherungsbilanz-Kommentar: Handels- und Steuerrecht: §§ 341 bis 341o HGB, München, 1998, S. 303–329.

Kölschbach, Joachim (Zeitwerte, 2000): Versicherungsbilanzen: Zeitwerte auf dem Vormarsch: Zur Anpassung der International Accounting Standards an Versicherungsunternehmen, in: VW (55), 2000, S. 432–436.

Korn, Jochen Heinrich (Schwankungsreserven, 1997): Schwankungsreserven im handelsrechtlichen Jahresabschluss von Schaden- und Unfallversicherungsunternehmen: Zugleich ein Beitrag zur pauschalierten Bewertung rückstellungsbegründender Tatbestände, Karlsruhe 1997.

KPMG (IFRS aktuell, 2004): IFRS aktuell: Neuregelungen 2004, Stuttgart 2004.

KPMG (Rechnungslegung, 1994): Rechnungslegung von Versicherungsunternehmen nach neuem Recht, Frankfurt am Main 1994.

KPMG (Study, 2002): Study into the methodologies to assess the overall position of an insurance undertaking from the perspective of prudential supervision, Brüssel 2002.

Kromschröder, Bernhard (Besonderheiten, 1994): Besonderheiten des Jahresabschlusses der Versicherungsunternehmen, in: Ballwieser, Wolfgang (Hrsg.): Bilanzrecht und Kapitalmarkt, Festschrift zum 65. Geburtstag von Adolf Moxter, Düsseldorf 1994, S. 770–805.

Krumnow, Jürgen et al. (RechKredV, 1994): Rechnungslegung der Kreditinstitute: Kommentar zum Bankbilanzrichtlinie-Gesetz und zur RechKredV, Stuttgart 1994.

Kuhlewind, Andreas-Markus (Grundlagen, 1997): Grundlagen einer Bilanzrechtstheorie in den USA, Frankfurt am Main u. a. 1997.

Kühnberger, Manfred (Drohverlustrückstellungen, 1990): Zur Bildung von Drohverlustrückstellungen bei Versicherungsunternehmen, VW, (45), 1990, S. 695–703.

Lamers, Alfons (Aktivierungsfähigkeit, 1981): Aktivierungsfähigkeit und Aktivierungspflicht immaterieller Werte, München 1981.

Leffson, Ulrich (Grundsätze, 1987): Die Grundsätze ordnungsmäßiger Buchführung, 7. Aufl., Düsseldorf 1987.

Leuthier, Rainer (Konsolidierungskreis, 2002): Konsolidierungskreis, in: Ballwieser, Wolfgang et al. (Hrsg.): Handwörterbuch der Rechnungslegung und Prüfung: Enzyklopädie der Betriebswirtschaftslehre, Bd. 8, Stuttgart 2002, S. 1131–1341.

Liebwein, Peter (Rückversicherung, 2000): Klassische und moderne Formen der Rückversicherung, Karlsruhe 2000.

Lorch, Manfred (Gestaltung, 1974): Publizitätsorientierte Gestaltung der Rechnungslegungsvorschriften für Versicherungsunternehmen: Eine betriebswirtschaftliche Untersuchung mit einem Vergleich mit den neuen Rechnungslegungsvorschriften von 1973, Karlsruhe 1974.

Lorenz, Egon; Wandt, Manfred (Versicherungsrecht, 2001): Versicherungsrecht: Versicherungsvertragsrecht, Versicherungsaufsichtsrecht, Internationales Versicherungsrecht, 2. Aufl., Karlsruhe 2001.

Lück, Wolfgang (Materiality, 1975): Materiality in der internationalen Rechnungslegung, Wiesbaden 1975.

Mack, Thomas (Schadenversicherungsmathematik, 2002): Schadenversicherungsmathematik, Karlsruhe 2002.

Mayr, Gerhard (Internationalisierung, 1999): Internationalisierung der Konzernrechnungslegung deutscher Versicherungsunternehmen, Wiesbaden 1999.

Menn, Bernd-Joachim; Wahl, Christian (Sachanlagen, 2002): Sachanlagen, in: Ballwieser, Wolfgang et al. (Hrsg.): Handwörterbuch der Rechnungslegung und Prüfung: Enzyklopädie der Betriebswirtschaftslehre, Bd. 8, Stuttgart 2002, S. 2136–2150.

Metzler, Marco (Jahresabschlussanalyse, 2000): Wertorientierte Jahresabschlussanalyse von Schaden- und Unfallversicherungsunternehmen, Köln 2000.

Meyer, Lothar (Vorsichtsprinzip, 1994): Das Vorsichtsprinzip bei der Bilanzierung von Versicherungsunternehmen im Licht der Deregulierung, in: Mehring, Hans-Dieter; Wolff, Volker (Hrsg.): Festschrift für Dieter Farny zur Vollendung seines 60. Lebensjahres, Karlsruhe 1994, S. 99–110.

Moxter, Adolf (Zweck, 1987): Zum Sinn und Zweck des handelsrechtlichen Jahresabschlusses nach neuem Recht, in: Havermann, Hans (Hrsg.): Bilanz und Konzernrecht. Festschrift für Reinhard Goerdeler, Düsseldorf 1987, S. 361–374.

Nies, Helmut (Rückstellung, 1979): Zur Neuordnung der Rückstellung zum Ausgleich des schwankenden Jahresbedarfs, in: VW, (34), 1979, S. 156–167.

Pellens, Bernhard (Goodwill, 2001): Neue Goodwill-Bilanzierung nach US-GAAP – der Impairment-Only Approach des FASB, in: Der Betrieb, (54), 2001, S. 713–720.

Pellens, Bernhard (Rechnungslegung, 2006): Internationale Rechnungslegung, 6. Aufl., Stuttgart 2006.

Perlet, Helmut (Rückstellungen, 1986): Rückstellungen für noch nicht abgewickelte Versicherungsfälle in Handels- und Steuerbilanz, Karlsruhe 1986.

Pflaum, Rainer (Investmentfonds, 1993): Wertpapier-Investmentfonds in Lebensversicherungsunternehmen: Ein Leitfaden für Praktiker, Wiesbaden 1993.

Rehkugler, Heinz (Finanzanlagen, 2002): Finanzanlagen, in: Ballwieser, Wolfgang et al. (Hrsg.): Handwörterbuch der Rechnungslegung und Prüfung: Enzyklopädie der Betriebswirtschaftslehre, Bd. 8, Stuttgart 2002, S. 772–782.

Reese, Raimo; Wiese, Jörg (Ermittlung, 2007): Komponenten des Zinsfußes in Unternehmensbewertungskalkülen, Theoretische Grundlagen und Konsistenz, Frankfurt a. M. 2006, S. 13–49.

Reese, Raimo; Wiese, Jörg (Komponenten, 2006): Die kapitalmarktorientierte Ermittlung des Basiszinses für die Unternehmensbewertung, in: Zeitschrift für Bankrecht und Bankwirtschaft, (19), 2007, S. 38–52.

Reich, Axel; Zeller, Wilhelm (Spätschäden, 1988): Spätschäden, in: Farny, Dieter; Helten, Elmar; Koch, Peter; Schmidt, Reimer (Hrsg.): Handwörterbuch der Versicherung, Karlsruhe 1988, S. 807–809.

Reutter, Karl (Schuldscheindarlehen, 1988): Schuldscheindarlehen, in: Farny, Dieter et al. (Hrsg.): Handwörterbuch der Versicherungswirtschaft, Karlsruhe 1988, S. 759–762.

Richter, Horst; Geib, Gerd (Grundzüge, 1990): Grundzüge und Einzelfragen der Rechnungslegung nach dem Bilanzrichtlinien-Gesetz, in: Welzel, Hans-Joachim et al. (Hrsg.): Kompendium zur Rechnungslegung der Versicherungsunternehmen (KoRVU), Karlsruhe 1990, Bd. I, Abschnitt A.

Rockel, Werner (Fair Value, 2005): Fair Value-Bilanzierung versicherungstechnischer Verpflichtungen – Eine ökonomische Analyse, Wiesbaden 2005.

Rockel, Werner; Sauer, Roman (Exposure Draft 5, 2003): IASB Exposure Draft 5: Insurance Contracts – Zur Versicherungsbilanzierung nach IFRS ab 2005, in: WPg, (56), 2003, S. 1108–1119.

Sauer, Roman (Risikotransfer, 2005): Was ist hinreichender Risikotransfer? Rahmenbedingungen nach HGB, IAS/IFRS und US-GAAP, in: VW (60), 2005, S. 1814–1820.

Sauer Roman (Gestaltung, 2006): Solvabilitätsorientierte Gestaltung der Bilanzierung von Versicherungsunternehmen, Karlsruhe 2006.

Schäfer, Wolf (Grundsätze, 1977): Grundsätze ordnungsmäßiger Bilanzierung für Forderungen, 2. Aufl., Düsseldorf 1977.

Schaffer, Christian (Unternehmensführung, 2005), S. 15–33. Führt wertorientierte Unternehmensführung zur messbaren Wertsteigerung?, Frankfurt a. M. 2005, S. 15–33.

Scharpf, Paul (IAS 39, 2001): Rechnungslegung von Financial Instruments nach IAS 39, Stuttgart 2001.

Schildbach, Thomas (US-GAAP, 2002): US-GAAP: Amerikanische Rechnungslegung und ihre Grundlagen, 2. Aufl., München 2002.

Schmalenbach, Eugen (Dynamische Bilanz, 1953): Dynamische Bilanz, unter Mitwirkung von Bauer, Richard, 11. Aufl., Köln u. a. 1953.

Schmeiser, Hato (Ansätze, 1997): Schmeiser, Hato: Risikotheoretisch fundierte Ansätze zur Neugestaltung des europäischen Solvabilitätssystems für Schadenversicherer, Passau 1997.

Schmidt, Klaus D. (Spätschäden, 1999): Reservierung für Spätschäden: Modellierung am Beispiel des Chain Ladder-Verfahrens, in: Allgemeines Statistisches Archiv, (83), 1999, S. 267–280.

Schnieper, René (Separating, 1991): Separating True IBNR and IBNER Claims, in: Astin Bulletin, (21), 1991, S. 111–127.

Schradin, Heinrich (Steuerung, 1998): Finanzielle Steuerung der Rückversicherung: Unter besonderer Berücksichtigung von Großschadenereignissen und Fremdwährungsrisiken, Karlsruhe 1998.

Simon, Herman Veit (Bilanzen, 1899): Die Bilanzen der Aktiengesellschaften und der Kommanditgesellschaften auf Aktien, 3. Aufl., Berlin 1899.

Stöffler, Michael (§ 6 RechVersV, 1998): § 6 RechVersV, in: Budde, Wolfgang et al.: Beck'scher Versicherungsbilanz-Kommentar: Handels- und Steuerrecht: §§ 341 bis 341o HGB, München, 1998, S. 423–426.

Straub, Erwin (Insurance, 1988): Non-Life Insurance Mathematics, Zürich 1988.

Stuirbrink, Wolfgang; Schuster, Anselm (§ 12 RechVersV, 1998): § 12 RechVersV: Andere Kapitalanlagen, in: Budde, Wolfgang et al.: Beck'scher Versicherungsbilanz-Kommentar: Handels- und Steuerrecht: §§ 341 bis 341o HGB, München 1998, S. 441–443.

Stuirbrink, Wolfgang; Schuster, Anselm (§ 15 RechVersV, 1998): § 15 RechVersV: Forderungen aus dem selbst abgeschlossenen Versicherungsgeschäft, in: Budde, Wolfgang et al.: Beck'scher Versicherungsbilanz-Kommentar: Handels- und Steuerrecht: §§ 341 bis 341o HGB, München 1998, S. 447–452.

Stuirbrink, Wolfgang; Schuster, Anselm (§ 16 RechVersV, 1998): § 16 RechVersV: Abrechnungsforderungen aus dem Rückversicherungsgeschäft, in: Budde, Wolfgang et al.: Beck'scher Versicherungsbilanz-Kommentar: Handels- und Steuerrecht: §§ 341 bis 341o HGB, München 1998, S. 452–454.

Stuirbrink, Wolfgang; Schuster, Anselm (§ 341c HGB, 1998): § 341c HGB: Namensschuldverschreibungen, Hypothekendarlehen und andere Forderungen, in: Budde, Wolfgang et al.: Beck'scher Versicherungsbilanz-Kommentar: Handels- und Steuerrecht: §§ 341 bis 341o HGB, München 1998, S. 224–228.

Stuirbrink, Wolfgang; Schuster, Anselm (§ 341e HGB, 1998): § 341e HGB: Rückstellung für drohende Verluste aus dem Versicherungsgeschäft, in: Budde, Wolfgang et al.: Beck'scher Versicherungsbilanz-Kommentar: Handels- und Steuerrecht: §§ 341 bis 341o HGB, München 1998, S. 264–273.

Stuirbrink, Wolfgang; Schuster, Anselm (§ 43 RechVersV, 1998): § 43 RechVersV: Aufwendungen für den Versicherungsvertrieb für eigene Rechnung, in: Budde, Wolfgang et al.: Beck'scher Versicherungsbilanz-Kommentar: Handels- und Steuerrecht: §§ 341 bis 341o HGB, München 1998, S. 497–509.

Stuirbrink, Wolfgang; Schuster, Anselm (§ 47 RechVersV, 1998): 47 RechVersV: Sonstige Erträge, in: Budde, Wolfgang et al.: Beck'scher Versicherungsbilanz-Kommentar: Handels- und Steuerrecht: §§ 341 bis 341o HGB, München 1998, S. 522–525.

Stuirbrink, Wolfgang; Westenhoff, Manfred; Reich, Hanno (§ 341e HGB, 1998): § 341e HGB: Rückstellung für Beitragsrückerstattung, in: Budde, Wolfgang et al.: Beck'scher Versicherungsbilanz-Kommentar: Handels- und Steuerrecht: §§ 341 bis 341o HGB, München 1998, S. 252–264.

Swiss Re (Paradigmenwechsel, 2002): Paradigmenwechsel in der Rechnungslegung? Versicherungstechnik nach German GAAP und US-GAAP, München 2002.

Swiss Re (Spätschadenrückstellungen, 2000): Spätschadenrückstellungen in der Rückversicherung, Zürich 2000.

Thiemermann, Miachel (Rückversicherung, 1993): Rückversicherung und Zahlungsströme; Ein Beitrag zur Finanzwirtschaft von Rückversicherungsunternehmen, Bergisch Gladbach/Köln 1993.

Treuberg, Hubert Graf von (Anhang, 2003): Anhang und Lagebericht, in: IDW (Hrsg.): Rechnungslegung und Prüfung der Versicherungsunternehmen, 4. Aufl., Düsseldorf 2003, Kapitel D.

Treuberg, Hubert Graf von; Angermayer, Birgit (Jahresabschluss, 1995): Jahresabschluss von Versicherungsunternehmen: Handbuch zum Versicherungsbilanzrichtlinie-Gesetz und zur RechVersV, Stuttgart 1995.

Warnecke, Eberhard (Schwankungsrückstellung, 1998): § 341h: Schwankungsrückstellung und ähnliche Rückstellungen, in: Budde, Wolfgang et al.: Beck'scher Versicherungsbilanz-Kommentar: Handels- und Steuerrecht: §§ 341 bis 341o HGB, München 1998, S. 329–343.

Weber, Kurt (Grundgrößen, 1998): Grundgrößen des Rechnungswesens, in: Busse von Colbe, Walther; Pellens, Bernhard (Hrsg.): Lexikon des Rechnungswesens, 4. Aufl., München et al. 1998, S. 318–323.

Widmann, Ralf; Korkow, Kati (Spielräume, 2002): Spielräume bei der IAS-Bilanzierung noch zu groß: Stand der Entwicklungen eines IFRS-Standards für Versicherungsverträge, in: VW, (57), 2002, S. 1236–1239.

Will, Reiner; Weidenfeld, Gerd (Ausweis, 1996): Erfolgswirtschaftliche Wirkungen des geänderten Ausweises der Betriebsaufwendungen in der Gewinn- und Verlustrechnung von Schaden- und Unfallversicherungsunternehmen, in: WPg, (49) 1996, S. 431–439.

Willem de Wit, Gysbertus (Loss Reserving, 1981): Loss Reserving Methods: Paper of the Research Department Nationale-Nederlanden, o. O. 1981.

Wiser, Ronald F.; Cockley, Ellen; Gardner, Andrea (Loss, 2001): Loss Reserving, in: Casualty Actuarial Society (Hrsg.): Foundations of Casualty Actuarial Science, 4. Aufl., Arlington 2001, S. 197–285.

Wormsbächer, Ellen (Rückversicherung, 2001): Rückversicherung nach US-GAAP und SAP: Zahlungsströme aus Rückversicherungsverträgen im Sach-/Haftpflichtgeschäft – Abbildung im Jahresabschluss nach US-amerikanischem Recht, Karlsruhe 2001.

Ziegler, Günter (Bilanzrecht, 1975): Bilanzrecht und Bilanzpolitik: Bilanzierungsfragen bei Versicherungsunternehmen, in: Kalwar, Hans (Hrsg.): Sorgen, Vorsorgen, Versichern, Festschrift für Heinz Gebhardt, Karlsruhe 1975, S. 467–477.

Stichwortverzeichnis

A

Abbildungsprinzipien 23, 235
Abgegebene Rückversicherungsbeiträge 238
Abrechnungsforderungen 289
Absatzmarkt 6
Abschlussaufwendungen 242
Abschlusskosten 75, 100, 114, 195, 201, 302
Abschlusskostenquote 328
Abschreibungen 46
– auf Kapitalanlagen 244
Absicherungsbedarf 1
Absicherungsbeziehung 150
Abwicklungsdreieck 214
Abwicklungsergebnis 210
Abzinsung 51
Account Balance 200
Accounting-Mismatch 150, 324
Accruals 164
Adressaten 12, 57
Adverse Development-Cover 284
Agio 49
Aktien, Investmentanteile und andere nicht festverzinsliche Wertpapiere 126
Aktivseite 105
Aktuare 213
Alterungsrückstellung 190
– Berechnung 191
Analysten 345
andere Gewinnrücklagen 161
andere Kapitalanlagen 140
andere Vermögensgegenstände 148
Anderskosten 18
Änderungsrisiko 3
Anhang 251, 261
– Funktionen 251
– Überblick 252
Anhangsangabe 255, 263, 264, 312
Anlageimmobilien 119
Anlagespiegel 257

Ansatz- und Bewertungskonzeptionen 67
Anschaffungs- und Herstellungskosten 60, 67
Ansteckungsrisiko 3
Äquivalenzprinzip 187, 220
Asset-Liability-Measurement-Ansatz 81, 87, 101, 103, 262
Asset-Liability-Mismatching 12
Assets 59, 66
Assets Held Back to Insurance Liabilities 80
Aufwendungen 17, 66
– außerordentliche 17
– für den Versicherungsbetrieb 241
– für Kapitalanlagen 244
– für Versicherungsfälle 240
– neutrale 17
– periodenfremde 17
– sachzielfremde 17
Ausgaben 16
Ausgleichsforderungen 141
Ausleihungen 124
Außenverpflichtung 207
Ausweis der Forderungen 144
Auszahlungen 16
Available for Sale 77, 136, 322, 323, 330

B

Back-Testing-Verfahren 270
Bardepot 288, 290
Barwert 68
Beibehaltungswahlrecht 46
Beitragsindex 348
Beitragsportefeuilleaustritt 287
Beitragsportefeuilleeintritt 287
Beitragsrückerstattung 179, 184, 241, 248
– erfolgsabhängige 180
– erfolgsunabhängige 180, 181
– Voraussetzung 180

Beitragsüberträge 9, 42, 43, 166, 175
– Ermittlung 176
Beitragsvolumen 320
bekannte Spätschäden 206
Berechnung der Deckungsrückstellung 188
Best Estimate 174, 250
Best Practice 68, 170
Bestandswert 115
Beteiligungen 122, 124
Betriebsvergleich 318
Bewertung 44, 117, 119, 120, 168
– von Forderungen 145
– von Kapitalanlagen 137
Bewertungseinheiten 151, 231
Bewertungsmethodenstetigkeit 22
Bilanzgewinn/Bilanzverlust 247
Bilanzglättung 225
Bilanzierung, zeitversetzte 51
Bilanzierungsfunktion 160
Bilanzierungsmethode 74
Bilanzierungsziel 54
Bilanzrechtsreformgesetz 63, 254
Bilanzstruktur 35
Bilanztheorie 88
BilReG 63
Blended Contract 306
Bonitätsberücksichtigung 98
Bonitätsrisiko 270
Bornhuetter-Ferguson-Verfahren 216
Börsennotierung 55
Bruchteilsverfahren 177
Bruttobeitragsüberträge 239
Bruttoprinzip 29
Brutto-Reservequote 337
Brutto-Schadenquote 336
Bundesanstalt für Finanzdienstleistungsaufsicht 12
Business Combinations 86
Business in Force 286
Business-in-Force-Deckung 287
Business Written 286

C

Cape-Cod-Verfahren 216
Cashflow
– aus der Finanzierungstätigkeit 275
– aus der Investitionstätigkeit 275

– aus der laufenden Geschäftstätigkeit 275
– aus Finanzierungstätigkeit 276
– aus Investitionstätigkeit 276
Cashflow-Hedge 150
Cashflow-Hedging 153
Catch-up-Adjustment 305
Chain-Ladder-Verfahren 215
Chartanalyse 345
Clean-Cut-Verfahren 287, 289
Combined Ratio 328
Conceptual Framework 57, 64
Contingencies 272
Contingent Liabilities 164
Cost-of-Capital-Methode 364
Current-Estimate-Approach 93
Current-Exit-Value 92, 100

D

Darlehen 132
dauernde Wertminderung 128
Deckungsbeitrag 327
Deckungsrückstellung 9, 143, 187, 191, 194, 248
– Berechnung 188
– Komponenten 187
– Methoden 189
– Zillmerung 189
Deckungsstock 239
Deferral-Matching-Ansatz 87, 103
Deferred Acquisition Costs 114
Deferred Gain 305
Delkredererisiken 269
Deposit Accounting 250, 307, 313, 315
Depotforderungen 289
Depotstellung 288
Depotverbindlichkeiten 289
Depotzinsen 291
Depotzinserträge 239
derivative Finanzinstrumente 71
Diagnoserisiko 3
Disagio 49
Diskontierung 80, 93, 94
Diversifikationseffekte 12, 98
Draft Statement of Principles 69
Drohverlustrückstellung 220, 226, 228, 231
– Bewertung 227
– Komponenten 227
Durchschnittschäden 213

E

eigene Anteile 148, 149
Eigenkapital 59, 66, 162, 322, 323
– Funktionen 155
– Zusammensetzung 157
Eigenkapitalanteil 338
Eigenkapitalgeber 13
Eigenkapitalinstrument 162
Eigenkapitalrentabilität 321
Eigenkapitalspiegel 278
Eigenmittel 360, 366
Eigenmittelquote 343
Einblicksregelung 18
Einheitstheorie 236
Einlagen 59, 139
Einnahmen 16
Eintrittswahrscheinlichkeit 297
Einzahlungen 16
Einzelabschluss 63
Einzelbewertungsprinzip 50
Einzelgewinne 59
Einzelschadenexzedenten-Rückversicherung 282
Einzelverkehrsfähigkeit 37
Einzelverluste 59
Einzelverwertbarkeit 37
Einzelvollstreckbarkeit 37
Entity Specific Value 90
Entnahmen 59
Entry Value 90, 97
Equity 66
Equity-Methode 125
Erfolgsegmentierung 324
Erfolgsprinzip 25, 250
Erfolgsrechnung 248, 319
Ergebnis
– je Aktie 345
– versicherungstechnisches 325
Ergebnistreiber 319
Ergebnisverwendung 158
Erlöse 17
Erneuerungsrechte 115
Erstversicherungsunternehmen 4
Erträge 17, 67
– aus anderen Kapitalanlagen 243
– aus Beteiligungen 243
– aus Kapitalanlagen 242
– aus Zuschreibungen 244

Ertragslage 267, 319
Ertragsquellen 319
Ertragsrealisation 60
Ertragswertverfahren 129
erwartete Schadenquoten 213
Exit Value 90, 97
Expected Gross Profits 201
Expected Reinsurer Deficit 298
Expected Shortfall 298
Expected-Cashflow-Approach 93
Expected-Future-Investment-Income-Konzept 231
Extrapolation 212

F

Fair Value 90, 120
Fair Value-Method 312
Fair-Value-Hedge 150
Fair-Value-Hedge-Accounting 153
Fair-Value-Option 152
Faktormärkte 6
Financial Assets 138
Financial Quota-Share 284
Financial Reinsurance 282
Finanzierungseffekt 280
Finanzierungsfunktion 160
Finanzinstrumente 133
– Kategorien 134
Finanzlage 267
Finanzrückversicherung 282
Finanzrückversicherungsverträge 297
Finanzverwaltung 14
Folgebewertung 45
Fondsgebundene Lebensversicherung 142
Forderungen 39, 144, 146, 246
– Arten 144
– Ausweis 144, 146
– Bewertung 145, 147
Forecast 318
Forschungs- und Entwicklungsphase 111
Fortführungsprinzip 21
Fundamentalanalyse 345
Funded Covers 284
Funktionsbereiche 237

G

Garantien 76
gebuchte Bruttobeiträge 238
Gemeinkostenschlüsselung 238
Gesamtbestandsprinzip 28, 251
Gesamterfolgsprinzip 28, 251
Gesamtertragsanalyse 319
Gesamtkostenverfahren 235
Geschäfts- oder Firmenwert 108, 109
– derivativer 39
– entgeltlich erworbener 38
gesetzliche Rücklagen 161
Gewinn- und Verlustrechnung 19, 235, 247, 248
– Mindestschema 248
Gewinnabführungsvertrag 246
Gewinnanteil 285
Gewinnbeteiligung 192, 196, 285
Gewinne aus dem Abgang von Kapitalanlagen 244
Gewinne bzw. Verluste aus Kapitalanlagen 247
Gewinnrücklagen 161, 225
Gezeichnetes Kapital 158
Gliederungsschema 107
Gliederungsvorschriften 105
Going-Concern-Prinzip 266
Goodwill 112, 115
Großrisikenrückstellung 223
Großschadenrisiko 3
Grundbesitz 120
Grundgeschäft 151
Grundsätze ordnungsmäßiger Buchführung 19
– Gewinnermittlungs-GoB 21
– Informations-GoB 22
Grundstücke 116
– Bewertung 117, 119, 120
– eigengenutzte 117
– fremdgenutzte 117
grundstücksgleiche Rechte 117
Gründungsstock 157, 158, 159
Grundvermögen 116
Gruppenbewertung 50, 169

H

Handelsgesetzbuch 33
Harmonisierung 55

Hedge-Accounting 152
Held-to-Maturity 135
Hypotheken-, Grundschuld- und Rentenforderungen 131

I

IASB 62
IASC 62
IFRS 62
– Überschussbeteiligung 84
IFRS 4
– Ansatz- und Bewertungsvorschriften 74
– Anwendungsbereich 70
– Embedded Derivatives 82, 83
– Entwicklung 68
– Offenlegungspflichten 261
– Offenlegungsvorschriften 86
– Problemfelder 77
– Rückversicherung 85
– Unbundling 82
– Zielsetzung 70
Immaterialität 10
Impairment-Only Approach 114
Imparitätsprinzip 20, 21
Implementation Guidance 261
indexgebundene Lebensversicherung 142
Information 12
Informationsfunktion 18, 58
Ingangsetzung und Erweiterung 108
Inhaberschuldverschreibungen 129
Inhalt des Lageberichts 265
Intangible Asset 110
Interest Rate Method 305, 308
International Accounting Standards Board 62
International Accounting Standards Committee 62
International Financial Reporting Standards 62
Internes Modell 359
Investitionsrechnung 16
Investment-Maintenance-Reserve 81
Investmentverträge 200
Irrtumsrisiko 3
Issues Paper 68
Ist-Solvabilität 349

J

Jahresabschlussanalyse 317
Jahresüberschaden-Rückversicherung 282
Jahresüberschuss/Jahresfehlbetrag 247

K

kalkulatorische Mieten 243
Kapital, ökonomisches 334
Kapitalanlageergebnis 329
Kapitalanlagen 9, 133
– Bewertung 47, 137
– Kategorien 39
Kapitalanlagerisiko 333
Kapitalausstattung 337
Kapitalerhaltung 11
Kapitalerträge 231
Kapitalflussrechnung 275
Kapitalgesellschaften 31
Kapitalkonsolidierung 160
Kapitalmarkt 7
Kapitalrücklage 157, 159
Kapitalstruktur 11, 23
Katastrophenrisiko 3
Kenney-Regel 337
Kennzahlen 319
Kennzahlenkatalog 341, 343
Kennzahlensystem 319
Kollektivbildung 10
Komponentenansatz 119
Konfidenzniveau 96
Kontrahentenausfallrisiko 358
Kontrollsystem, internes 354
Kosten 17, 320
– durchschnittliche 213
– kalkulatorische 18
Kostenabzug 176
Kosten-Nutzen-Überlegungen 61
Kostenquote 326, 327
Kostensatz 326
Krankenversicherung 343
Kreditrisiken 333
Kumulrisiko 3
Kumulschadenexzedenten-Rückversicherung 282
Kundenbeziehung 92, 99
Kurs-Buchwert-Verhältnis 345
Kurs-Gewinn-Verhältnis 345

L

Lagebericht 265, 272
– Funktionen 265
– Inhalt 265
Lageberichterstattung 267, 271
Langfristigkeit 9
Lasten, stille 335
laufende Guthaben 148
laufende Überschussanteile 181
Lebensrückversicherungsvertrag 293
Lebensversicherung 341
Letter of Credit 288
Liabilities 59, 66, 164
Liability-Adequacy-Test 75, 93, 229
Limited Payment 199
liquide Mittel 148, 149
Liquiditätsrisiko 270
Loans and Receivables 136
Lock-In-Prinzip 93
Long Duration Contracts 172, 230
Long-Duration-Verträge 299
Loss Contingencies 229
Loss-Portfolio-Transfer 284, 295
Loss-Recognition-Test 194

M

Marktanteil 320
Marktkapitalisierung 345
Marktrisiko 269, 358
Matching Principle 60
Maximum Possible Loss 223
Mehrjahresverträge 295, 314
Mindestkapital 352
Missbrauchsaufsicht 33
Multiple-Year-Verträge 307

N

Näherungsverfahren 50, 51, 169, 177
Namensschuldverschreibungen 131
Nennwertbilanzierung 48, 131
Nettoprinzip 29
– modifiziertes 29, 291
Nettoverzinsung 329
Neubewertung 119
Neubewertungsbetrag 111
nicht proportionale Rückversicherung 285

nicht proportionale Rückversicherungsverträge 282
Nichtversicherungstechnik 7
nichtversicherungstechnische Rechnung
   235
Niederstwertprinzip
– gemildertes 45, 47, 127
– strenges 45, 48, 126
Nullstellungsmethode 50, 169

O

Objektivierungsprinzip 21
Offenlegung 61, 355
Offenlegungspflichten 261
Offenlegungsvorschriften 86
Öffentlichkeit 14
Öffnungsklausel 56
Open Year-Method 312
operationale Risiken 270
Optionen 76
Organisationsfonds 157, 159

P

Paid to incurred ratio 336
Pauschalmethode 177, 208
Pauschalwertberichtigungen 246
Peer-Group 318
Pensionsrückstellungen 164, 323
Periodisierungsprinzip 20
Personalaufwendungen 260
Personal- und Sachaufwendungen 246
Personenhandelsgesellschaften 31
Pipeline Premiums 250, 326
Policy Liabilities 174
Premium Deficiency 76, 193, 201, 230, 231
Prepaid Reinsurance Premiums 303
Present Value of Future Losses 231
Present Value of Future Profits 115
Pricing 97
Primär- und Sekundärprinzip 250
Primärprinzip 24, 250
Produktrege 298
Prognoserisiko 3
Prognosezeitraum 270
proportionale Rückversicherung 285
Provisionen und Gewinnbeteiligungen
   291
Publizität 12

Q

Quantifizierung 96
Quantitative Impact Studies (QIS) 352, 356
Quotenrückversicherung 281

R

Rahmenbedingungen 53
Realisationsprinzip 20, 21, 330
realisierbarer Betrag 67
Rechnungsabgrenzungsposten 39, 43,
   149, 175
Rechnungsgrundlagen 193, 197
Rechnungslegung
– Elemente 64
– externe 12
– handelsrechtliche 31
– interne 12
– Ziele 56
– Zielsetzung 64
– Zweck 19
Rechnungslegungssystem 53
Rechnungswesen 15
– externes 15
– internes 15
Rechtsformen 4
Rechtssystem 54
RechVersV 33
Recovery-Method 305
Red Flags 301
Regulierung 347
Reinstatement Premium 303
Reinstatement-Entgelt 286
Relevanz 58, 65
Rentenverpflichtungen 45
Rentenversicherung 72
Reservebildung 2
Reserven, stille 335
Reservesituation 336
retrospektive Verträge 294
Return on Equity 322
Return on Investment 329
Revenue Recognition 60
Risiken 1, 91
– aus dem Ausfall von Forderungen 269
– aus Kapitalanlagen 269
– operationelle 333
– signifikante 71
– versicherungstechnische 2, 333, 358

Risikoadjustierung 95
Risikoangaben 271
Risikoanteil 187
Risikoausgleich in der Zeit 220
Risikobericht 267
Risikokapital 7
Risikokonzentrationen 272
Risikolage 334
Risikomanagement 271, 353
Risikomanagementziele 266
Risikomarge 95, 97
Risikomaß 334
Risikoprämie 96
Risikorealisierung 103
Risikotransfertest 302
Rohüberschuss 342, 343
Rückkaufsoption 84
Rücklagen
– andere Gewinnrücklagen 161
– für eigene Aktien 161
– gesetzliche Rücklagen 161
– Gewinnrücklagen 161
– Kapitalrücklagen 161
– satzungsmäßige Rücklagen 161
Rückstellungen 45, 168
– für Beitragsrückerstattung 42, 84, 167, 247
– für drohende Verluste 41, 163, 226
– für latente Beitragsrückerstattung 184
– für noch nicht abgewickelte Versicherungsfälle 204, 241
– für Rentenversicherungsfälle 52
– für Schadenregulierungsaufwendungen 208
– für Schlussgewinnzahlungen 197
– für ungewisse Verbindlichkeiten 41, 163
– für Versicherungsleistungen 196
– Großrisikenrückstellung 75
– Schwankungsrückstellung 75
– versicherungstechnische 41, 42, 49, 163, 361, 363
Rückversicherer 14
Rückversicherung 85, 100
– aktive 279
– Ausweis 301
– Bilanzierung 30
– Definition 279

– fakultative 281
– Formen 280, 281
– Funktionen 279
– Haftung 286
– obligatorische 281
– passive 279
– Preiskomponenten 286
– Vertragsformen 283
Rückversicherungsbeiträge 291
Rückversicherungsleistung 285
Rückversicherungsmarkt 6
Rückversicherungsprämie 285, 294
Rückversicherungsprovision 285, 327
Rückversicherungsunternehmen 5
Rückversicherungsverträge 85
– Kriterien 296
– prospektive 283
– retrospektive 283

S
Sachanlagen 119, 147, 148
Schaden- und Verlust-Selbstbeteiligung 285
Schadenindex 348
Schadenportefeuillebehandlung 287
Schadenquote 326
Schadenrückstellungen 166, 203, 204, 211
Schadenzahlungen 320, 326
Schlussgewinne 198
Schlussgewinnzahlungen 199
Schulden 59, 66
– Kriterien 40
Schuldscheinforderungen 132
Schwankungsrückstellung 166, 219, 225, 242
– Abgrenzung 221
– Berechnung 221
– Voraussetzungen 221
Segmentberichterstattung 273
Segmentierung 273
Segmentierungsobjekte 274
Sekundärprinzip 24
Serviceleistungen 280
Shadow Accounting 81
Short Duration Contracts 172
Short-Duration-Verträge 296
Sicherheitsfunktion 220

Sicherheitskapital 339
Sicherheitsrücklage 158
Sicherungsbeziehung 150, 151
Sicherungsinstrument 151
signifikanter Verlust 297
signifikantes Risiko 172
signifikantes Versicherungsrisiko 296
Sleep Insurance 300
Soll-Solvabilität 349
Solvabilität 347
Solvabilitätsspanne 348, 349
Solvency II 351
Solvenz 347
Solvenzkapital 352, 357
sonstige Aufwendungen 237, 245
sonstige Ausleihungen 131
sonstige Erträge 245
sonstige versicherungstechnische
  Erträge 240
sonstige versicherungstechnische
  Rückstellungen 167, 226
Sparanteil 188
Sparkomponente 82
Spartenerfolgsrechnung 237
Spartenpublizität 28, 259
Spartenrechnungsprinzip 28
Spartentrennungsprinzip 5
Spätschadenreserven 337
Spread Loss 284
Spread-Loss-Verträge 284
Staffelrechnung 235
Standardmodell 356
Standardsystem 51
Standards zur Bilanzierung 171
Stetigkeit 59
Steuern 246
Steuerung, wertorientierte 319
Stichtagsprinzip 21
Stochastizität 10
– doppelte 10
– einfache 10
Stop Loss 282
Storno 99, 193
Stornorückstellung 228, 232
Stress-Tests 269, 270
Summenexzendenten-Rückversicherung
  282
Swap 151

T
technischer Zinsertrag 239
Teilerfolgsprinzip 28
Teilrückstellungen 204
– für Rentenversicherungsfälle 205
– für Schadenregulierungs-
  aufwendungen 206, 211
– für Spätschäden 205, 211
Teilschadenrückstellungen
– Bewertung 209
– für bekannte Versicherungsfälle 211
– für Spätschäden 211
Through Profit 134
Through Profit or Loss 137
Tiers 366
Tilgungsfaktor 195
Time-and-Distance-Vertrag 284
Timing Risk 296
Totalperiode 323
Trennungstheorie 236

U
übernommenes Versicherungsgeschäft
  238
Überschaden-Selbstbeteiligung 285
Überschussbeteiligung 172
Ultimate Premium Concept 338
Umsatzerlöse 59
Umsatzkostenverfahren 235
Umsatzprinzip 25
unbekannte Spätschäden 206
Underwriting Risk 296
Universal-Life-Versicherung 173
Universal-Life-Verträge 199
Unsicheres Ereignis 72
Unternehmenskauf 115

V
Value of Business Acquired 115
variable Prämien 303
Verbindlichkeiten 45
verbundene Unternehmen 121, 124
verdiente Beiträge 238
Vergleichbarkeit 59, 65
Verlängerung von Verträgen 114
Verlässlichkeit 65
Verlustrücklage 158
Verlustübernahme 246

Vermögensgegenstände 37, 44, 59, 66
- immaterielle 38, 108
- Kriterien 38
- sonstige 39, 147
Vermögenslage 267
Vermögensstruktur 11, 23, 334
Verordnungen 34
Verpflichtung 40
Verpflichtungsüberhang 294
Versicherung 1, 2
- Charakteristika 8
Versicherungsaufsichtsgesetz 4
Versicherungsbestand 108
Versicherungsfall 203
Versicherungskapitalanlagen-
   Bewertungsgesetz 48
Versicherungsleistungen 292
Versicherungsnehmer 13
Versicherungsrisiko 71
Versicherungsschutz 1
Versicherungstechnik 7
versicherungstechnische Rechnung 235
versicherungstechnische Rückstellungen 165
versicherungstechnisches Ergebnis 242
versicherungstechnisches Risiko 268
Versicherungsunternehmen 1
- Typen 5
Versicherungsvermittler 14
Versicherungsvertrag 71
Versicherungszweige 259
Verständlichkeit 65
Vertragsverlängerung 99
Verwaltungsaufwendungen 242
Verwaltungskostenquote 328

Vollständigkeitsgebot 36
Vorräte 119, 147
Vorsichtsprinzip 20, 61, 74, 168
- besonderes 23

W

Wertaufhellungsprinzip 22, 296
Wertaufholung 46, 119
Werthaltigkeitstest 114, 201
Wertpapierbewertung 140
Wertpapierdepot 288, 290
Wesentlichkeit 61, 120
Wiederbeschaffungskosten 67
With and Without 303
With-and-Without-Methode 315

Z

Zahlungsbemessung 18
Zahlungsströme 5, 92, 276
Zeichnungskapazität 280
Zeitraumbezogenheit 8, 43
Zeitvergleich 318
zeitversetzte Bilanzierung 170
Zeitwert, beizulegender 361
Zeitwertangabe 258
Zeitwertermittlung 143
Zillmerung 114, 189
Zins, risikoloser 94
Zinsen 246
Zinsentwicklung 79
Zinsstrukturkurve 95
Zufall 7
Zufallsrisiko 3
Zugangsbewertung 44
Zuverlässigkeit 58